中国古代司法文明史

（第四卷）

本卷主编 张晋藩

本卷作者 （按撰写篇章顺序）

林 乾 李乃栋 李 青 李典蓉

张 翅 张晋藩

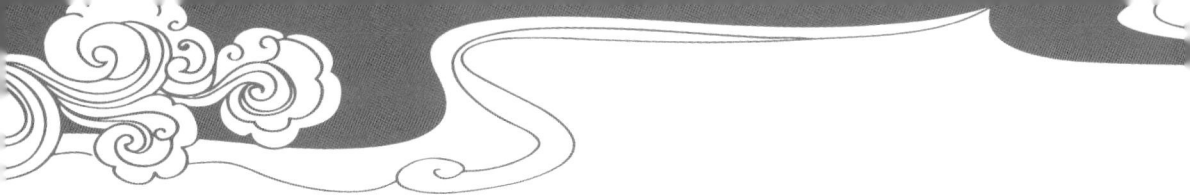

张晋藩 主编

中国古代司法文明史

第四卷

人民出版社

目　录

第一章　清代的司法机构

清代是以满族贵族为主体的中国最后一个封建王朝，其司法制度既有承继，又有创新，前者主要吸取了明朝司法制度的经验教训，后者主要是指保留或建立了适合本民族特点的一系列司法制度。这使清朝的司法制度具有内容丰富、形式复杂、制度完备、严密统一等特征。

第一节　中央"三法司"与地方司法机构

一、中央"三法司"

清沿明制，以刑部、都察院、大理寺为"三法司"，在形式上既听命于皇帝，又构成互相制衡的中央最高司法机构，但其职权不但与明代相去甚远，而且有清一代也屡有变化。

（一）刑部职官、机构设置及其职掌

刑部作为全国最高司法审判机关，有"刑名总汇"之称，下设多少不等的司、处、房、厅、所、馆等机构。其长官为尚书与侍郎，统称"堂官"。

刑部尚书，古代称为"秋官"，习称"大司寇"。顺治五年（1648）定满、汉尚书各一人，雍正后定满、汉尚书均为从一品。

刑部侍郎，顺治元年（1644）设满、汉左右侍郎各一人。定制，侍郎为正二品。刑部"堂官"共同负责部务，凡以部的名义上奏的公文均需全体堂官签署；同时，每个堂官又有权单独向皇帝陈奏自己的意见。

在刑部堂官之上，清沿满洲旧制，顺治八年（1651），以诸王、贝勒管理部务，但旋罢旋设，不为制。雍正元年始，渐次确立以大学士管理部务的体制，称为管部大臣，其地位、权力在本部堂官之上。由诸王、贝勒管理部务过渡到以大学士管理部务，反映了皇权加强、对部务控制强化的趋势，因为大学士直接听命于皇帝，而诸王贝勒拥有本旗实力，与皇帝的集权要求相背离。管部大臣与刑部堂官似有分工。《刑部事宜》称：期功服制改缓、强盗免死减等俱会大学士；勾到略节送大学士。[1] 另外，遇有钦重要案，管部大臣偕刑部堂官驰往查办。管部大臣的设置，弥补了明初废除丞相后"事皆朝廷总之"的弊端，在六部与皇帝之间找到了既不能专权又听命于皇帝的桥梁。故所谓"部权特重"[2] 不能片面理解。

在刑部堂官以下，设有"司官"，分为郎中、员外郎、主事三级。

郎中定制为三十八人，正五品，分管各司事务。

员外郎定制为四十六人，从五品，在各司属下，分管各种事务。

主事定制为四十四人，正六品，办理各司公务。

刑部官吏，最多时额定编制为四百零七人，在六部中是职官最多的一个部。

刑部组织机构的设置同户部一样，以省为名，初设江南、浙江、福建、四川、湖广、陕西（兼管甘肃、新疆）、河南、江西、山东、山西、广东、广西、云南、贵州等十四个清吏司。后增直隶（今河北）、奉天清吏司，又

---

① 《刑案汇览》卷末，《刑部事宜》。

② 《清史稿·刑法志三》。

分江南为江苏、安徽二司，共十七个清吏司，在尚书、侍郎领导下，分别掌管各该分省的司法审判事务。同时，各司也兼管部内的各种司法行政事务和其他事务。

据《刑部事宜》载，各司专办外衙门及坐办事件如下：

直隶司：京畿道、顺天府尹、东陵、西陵、热河都统、围场副都统、密云副都统、山海关副都统、古北口、张家口、独石口、喜峰口、芦峰口、塔子沟、三座塔、巴沟、乌兰哈达、喀拉河屯、多伦诺尔、察哈尔四旗半、镶黄、镶白、正白、正蓝、正黄半旗；

奉天司：宗人府、理藩院、盛京五部、奉天府尹、盛京将军、吉林将军、黑龙江将军；

江苏司：江南道、江宁将军、京口副都统、漕运总督、南河总督、恩诏、赎罪处；

安徽司：镶红旗、宣武门；

江西司：江西道、中城、正黄旗、西直门；

福建司：户部、户科、宝泉局、左右翼、仓场、坐粮厅、大通桥、京通各仓、镶蓝旗、阜成门、福州将军、汉俸、公费、尚书、侍郎、郎中、员外郎、主事、司库、司务、司狱、笔帖式、库使；

浙江司：浙江道、本部、刑科、都察院、南城、杭州将军、乍浦副都统、现审汇题、题驳议叙、随结随题、赃罚豁免、递籍汇题、斩绞监犯病故、五城赃罚、汉司官坐班、汉司官齐斋、汉司官救护、派汉陪奏官、书吏役满、南北两监换更锣更鼓更梆；

湖广司：湖广道、荆州将军；

河南司：河南道、礼部、礼科、太常寺、鸿胪寺、光禄寺、钦天监、国子监、太医院、东城、正红旗、得（德）胜门；

山东司：山东道、兵部、兵科、太仆寺、提督衙门、青州副都统、东河总督；

山西司：山西道、军机处、内阁、中书科、内廷各馆、内务府、奉宸苑、上驷院、武备院、翰林院、詹事府、起居注、北城、镶白旗、崇文门、归化城都统、绥远城将军、察哈尔三旗半、镶红、镶蓝、正红、正黄半旗、各司年例汇奏、支领纸张；

陕西司：陕西道、大理寺、西城、西安将军、宁夏将军、凉州副都统、伊犁将军、乌鲁木齐都统、囚粮；

四川司：四川道、工部、工科、成都将军、修理工程、刑具、承办秋审；

广东司：广东道、銮仪卫、广州将军、正白旗、安定门；

广西司：广西道、通政司、囚衣、承办朝审；

云南司：云南道、镶黄旗、东直门、封开印信、预用空白；

贵州司：贵州道、吏部、吏科、正蓝旗、朝阳门、汉堂司官升迁事故、汉官京察、汉官保举、汉官奏留补缺。①

除以上十七司之外，刑部还设有以下机构：

督捕司，初隶兵部，康熙三十八年（1699）改隶刑部，并分为前、后两司，后又并为一司，专掌追捕"逃人"。

秋审处，由刑部尚书酌委司官坐办或兼办，另有额设经承二人。职掌传各司秋审、朝审略节、磨对清汉红格、行文工部取报刊刷装订黄册、招册、送九卿詹事科道招册。

减等处，无额定职官，由刑部尚书酌委郎中、员外郎、主事数员，在本处办事。凡有"恩诏"（遇国家大庆典诏赦罪犯）由减等处汇集各省及现审案件，核议应否减免，送江苏清吏司查核具奏。

律例馆，顺治二年（1645），特简王大臣为总裁，以各部院通习法律者，为提调、纂修等官。乾隆七年始隶刑部。总裁无定员，以刑部堂官兼充。提调官一人，纂修官四人，以刑部司员兼充。收掌官四人，翻译官四人，誊录官六人，以刑部笔帖式充任。掌修法令，刊定条式颁行。每五年将律令例汇辑编排，是为小修。到十年，重编新格，或补充，或删减，定为宪典，颁行

---

① 《刑案汇览》卷末，《刑部事官》。

全国，是为"大修"。除纂修律例外，尚有稽核律例之职，凡各司案件有应驳及应更正者，皆交律例馆稽核。

提牢厅，满、汉主事各一人（任期一年），满、汉司狱八人（任期三年），经承二人。掌管更夫禁卒各项事件，稽查南、北监。现审人犯（在京衙门移送者）由当月司（分发承审之司）发交。外省解到人犯由承审司发交，移付验明收禁。犯人衣粮等物，分由各承办司支领。①

赃罚库，满司库一人，满库使二人，经承一人。掌收储刑部现审案内赃罚款项。

赎罪处，无额定职官，由尚书酌委郎中、员外郎、主事数员，在本处办事。凡赎罪案件，开列所犯案情，具奏批准以后，将应缴银数行知户部，令依限完缴。本处对外行文，用江苏清吏司印。

饭银处，无额定职官，由尚书酌委满、汉司员各一人管理，一年期满更换。掌收储各省报解饭银及户、工两部拨给饭银。各级官员及书吏的饭银，各有定额，官员按月支给。书吏按季按单位支给。其余各役工食及杂项开支，都由饭银处核发。

清档房，满洲堂主事二人，缮本笔帖式十二人，经承八人。掌保管档案，并缮写满、汉文奏折及不由科抄的题本。各司已结未结之案，每三月汇奏一次。此外本部旗员之保举升补等事，由清档房办理。

汉档房，满洲堂主事三人，汉军堂主事一人，缮本笔帖式二十八人，经承十四人。掌缮满、汉文之题本。凡科抄交刑部办理事件，由有关司承办（具稿呈堂）后，再由汉本房缮正式题本上报。

司务厅，满、汉司务各一人，经承二人，掌收外省衙门文书，编号登记后，分发各司办理，如有各省投文解到罪犯，登其数，给以批回，将人犯移付承审之司，再交提牢厅收禁，此外并掌巡察出入、约束胥隶等事。

督催所，无额定职官，仅有经承三人，由尚书酌委司员在本所办事。掌

---

① 参见张秀夫：《提牢备考译注》卷首，法律出版社 1997 年版。

督催各司题咨现审案件，分别规定期限，须在限内办完现审案件。每月终，汇奏各省命盗案件及现审案内赃罚银数，皆在每年终分别汇题。

当月处，满、汉司员各一人，由各司郎中、员外郎、主事及七品小京官轮值，另有经承二人。掌监用堂印（刑部印），并改在京各衙门来文，编号登记后，分交各司办理。五城察院及步军统领等衙门移送现审案件呈堂后，也分交各司审办。凡旗人命案应由刑部相验者，由当月处派员往验。刑部题本，由当月处送内阁。内阁有奏折，上谕传抄，由当月处满、汉司员分抄满、汉文之件。①

为了达到事权分散，便于控制的目的，刑部各司处的分工，本来已属繁乱，而且由于越省犯罪案件的增多，使各直省题咨案件到刑部后，无法按规定划归各该省司核覆。凡遇此类案件，刑部要求由犯事地方核覆。但又有一案之内，人犯众多，又散逃各省，被获者若归拿获地方的刑部司，就会出现一案散在各司，延误核覆时间。如乾隆五十四年（1789），江苏巡抚将李二奸拐苗氏一案咨部。刑部律例馆认为，案犯李二虽是江苏拿获审办，但该犯系在原籍山东郓城县诱拐苗氏同逃，故此案应归山东清吏司具稿核覆。②

对于各省的题咨案件似乎不难责有所归，而在京各处移咨现审等件就更难有责成。本来，刑部原有十七司的分工，"所以专责成而均分理也"。按刑部办事程序，对在京各处衙门奏咨现审案件，如案关重大、事属疑难，除签另一司审办外，又另委他司人员会同审问，这就造成"所坐之司即得推诿"，各司司员"遇有稍难审问之事，即呈堂派审，或托故调司"，而派审员见案情难断，或稍有碍于情面者，故意推托告假告病，该堂官不得不又改派他员审核，以致辗转延搁，经年累月不能完结，甚至有吏役乘隙播弄，串供索诈之弊。尽管御史等官极言其弊，但刑部以"格碍难行"为由，率由不改。③

① 参见：《清光绪会典》卷五七；《历代职官表》卷一三；《刑案汇览》卷末，《刑部事宜》。
② 《刑案汇览》卷末，《各省题咨案件分别归司办理》。
③ 《刑案汇览》卷末，《案情疑难重大再行派员审办》。

综观刑部职责主要有以下几个方面：核拟全国死刑案件；办理秋审、朝审事宜；审理京师地区的"现审案件"；批结全国军流遣罪案件；主持修订律例；司法行政事务。附带说明的是，清沿明制，实行两京制，在盛京设置除吏部外的五部。盛京刑部，康熙元年（1662）设，有侍郎一人，郎中四人，员外郎六人，堂主事二人，主事六人，额定官数五十四人。其职掌：审办盛京旗人及边外蒙古案件；每年秋审，会同其他四部侍郎及奉天府尹审议汇题。此外，奉天府重犯秋审，也会同盛京刑部酌定具题。

（二）都察院职官、机构设置及其职掌

清于崇德元年（1636）设都察院于盛京。初设承政和左右参政等官，无定员。官员以满人为主，参用蒙、汉。定都北京后，于顺治元年（1644）改承政为左都御史，参政为左副都御史，无定员。五年（1648）定左都御史满、汉各一人。十年（1653）定左都御史为正二品。康熙二十九年（1690），将左都御史列为议政大臣。雍正八年（1730），升为从一品，与六部尚书同。

左副都御史，都察院副主官，顺治元年始设，三年，定满、汉各二人，正三品。

左佥都御史，都察院副主官，初设汉一人，乾隆十三年（1748）裁撤。都察院的右都御史、右副都御史不专设，例为各省总督、巡抚及漕运总督、河道总督之兼衔。

都察院内部机构主要有九房一库，即印房、吏房、户房、礼房、兵房、刑房、工房、火房、本房、架阁库。由二十五位经承分别主管，此外，有门吏一人，负责堂官交办的事件，及档案文书的保管等。乾隆六年（1741）以前，钦部事件及议处等事，由河南道监察御史承办，五城详报一切刑名钱粮及各部移咨案件，皆由吏、户、礼、兵、刑、工六房书吏直接定稿呈堂办理。经历和都事虽为本院首领之官，但经历仅管科道差、五城注销、吏役等事；都事仅管缮本和满官册籍，事务较简。乾隆六年以后，始将吏、户、刑三部关涉事务，划归经历掌管，将礼、兵、工三部关涉事务，划归都事掌

管。自此，经历厅和都事厅成为都察院内部的主要办事机构。

都察院还设有值月处和督催所。值月处于乾隆四年（1739）始设，每天派满洲御史1人当值，负责收各部院有关八旗的文移及内阁传抄事件。另派笔帖式1人在署值宿，负责登记册籍。督催所于乾隆十三年（1748）始设。按年轮委满汉御史1人负责，凡各厅、道、五城承办事件，由其实力督催，按限完成，否则察核纠参。

都察院的主要职能机构为六科、十五道、五城察院，此外，尚有宗室御史处及稽察内务府御史处等相关机构。

六科，即吏、户、礼、兵、刑、工六科，顺、康时期，沿袭明制，为独立的监察机关，主要监督六部政务。康熙五年（1666）后定制，六科各设掌印给事中满、汉各一人；给事中满、汉各一人，共二十四人。六科的人数为一百六十七人。雍正元年（1723）将其合并入都察院。

十五道，是按省区划分的监察机构。顺治初年即设河南、江南、浙江、山东、山西、陕西、湖广、江西、福建、四川、广东、广西、云南、贵州、京畿等十五道。以河南、山东、山西、陕西、江南、浙江六道为掌印道，各设满洲掌印御史1人，称坐道；再设监察御史1至2人协理，称协道；其余九道则附于六掌印道之中。直至乾隆十三年（1748）才明确按省分道的具体原则。

十五道分掌有关省份的刑名，如京畿道管顺天府、直隶省，兼管盛京；陕西道管陕西，兼管甘肃、新疆；江南道管江苏、安徽；湖广道管湖南、湖北等二三个省区。此外，十五道还分别稽察京内各衙门事务，如京畿道稽察内阁，河南道稽察吏部、詹事府、步军统领衙门、五城察院，山西道稽查兵部、翰林院、六科等。

掌印御史、御史，定制均为从五品，无高下之分，唯掌印御史以资深者任之。十五道总人数为一百三十七人。

都察院下属及相关机构还有宗室御史处：雍正五年（1727）设，又称稽察宗人府衙门，由十五道的宗室御史兼管，1人掌印，1人协理，下设经承

3人。稽察宗人府的有关事务，每月两次注销宗人府银库的钱粮册籍；每年春秋二季，核察盛京将军颁发的宗室觉罗红白事银两。

内务府御史处：又称稽察内务府御史衙门。雍正四年（1726）初设，为内务府机构，十三年（1735）裁，乾隆三年（1738）又复设内务府御史2人，由协理陕西道及掌贵州满御史2人兼任，下设经承3人，掌稽察内务府的有关事务，以及混入紫禁城内的闲杂人员等。

五城察院：又称五城御史衙门，简称五城，是稽察京师地方治安的机构。京师地面划分为五城十坊：中城分中西、中东二坊；东城分朝阳、崇南二坊；西城分关外、宣南二坊；南城分东南、正东二坊；北城分灵中、日南二坊。顺治元年（1644），初设五城兵马司，每城一司。每司设指挥1人，副指挥2人，吏目1人，均为汉人。顺治三年（1646），为稽察外地来京官员钻营嘱托、交通贿赂、串通京棍，破坏官场风纪和京师治安，始命都察院派出巡城御史，督令五城兵马司指挥和各坊官员，加强访缉违法之人。

五城兵马司设有经承和捕役，后增设铺司巡检1人，负责稽察街巷事宜。五城与刑部相关涉：刑部十八司轮流监印，当月收各处来文并解到人犯。遇有民人及外城或街道旗人命案，交坊相验；内城及营房旗人，当月官相验活伤，分司后本司相验，若实系自尽，无可审理者，当月官办稿完结。盗窃案件，由副指挥与吏目踏勘审解。其余词讼案件，由指挥报巡城御史审断。杖罪以下，自行完结，徒罪以上，送刑部定案。①

五城各设公所，每月初一、十五，由御史、司坊官督率乡约人员（地方官选举的耆老），宣讲皇帝告诫官民的诏令，名为"条教"（顺治颁布的"六谕文"、康熙颁布的上谕十六条及雍正颁布的"圣谕广训"十六条），目的是"共知向善""以敦风化"。

都察院有"风宪衙门"之称，监察是其主要职掌，按《大清会典》规定：都察院"掌司风纪，察中外百司之职，辨其治之得失与其人之邪正。率科道官

---

① 《刑案汇览》卷末，《刑部事宜》。

而各矢其言责，以饬官常，以兼国宪。……凡重辟则会刑部、大理寺以定谳，（参）与秋审、朝审"①。司法事务乃其职责之重要部分，主要有以下两方面：

一是会谳。即与刑部、大理寺共同复核、拟议全国的死刑案件。清代沿袭了隋唐以来确立的死刑案件由中央最高司法机关核拟的制度。京师的死刑案件，由刑部承办"现审"，都察院、大理寺参加会审，有"会小法"与"会大法"之分别。"会小法"由承办的刑部清吏司长官充当召集人，大理寺派出一名寺丞或评事，都察院则派出一名御史参加。由于参加会审的并非各机构的最高长官，因此，这种会审又被称作"会小法"。会小法对会审案件所作出的处理意见被送往刑部会堂之后，即由该部堂召集三法司的高级会审。参加高级会审的成员都是组成三法司各机构的长官，因此，与"会小法"相对应，这一会审又被称作"会大法"。如果会大法所作出的判决与会小法的判决不一致，会大法则将原案发还会小法，由其修改原判决。如果会大法与会小法所作判决一致，则将其判决以书面形式上奏皇帝。皇帝以书面形式，签署对三法司所奏报的意见。② 顺治十五年（1658），奏准"嗣后凡三法司核拟事情，御史会同大理寺官（与刑部）面审同议"。③ 各省的死刑案件，奉旨"三法司核拟具奏"者，刑部拟订出谳语意见，"送都察院参核"，都察院参核无异再转送大理寺审核。《刑部事宜》也载：斩绞人犯俱会三法司，过堂定稿题奏。另外热审减等人犯俱送稿知会三法司。④

二是参加"秋审"及"朝审"。都察院作为"九卿"之一，参加秋、朝审的会审大典。除此之外，都察院在秋、朝审中还有单独的职责包括复奏和勾到等（详后）。由于都察院属"风宪衙门"，为充分发挥其监督职能，都察院所属"科道"官在执行公务时，如上条陈，参劾官员，办理复奏，勾到题本，都不必呈报都察院主官左都御史。他们可以直接上书皇帝，这一点是其

① 《清光绪会典》卷六九。
② 《清史稿·刑法志三》。
③ 《钦定台规》卷一〇，《会谳》。
④ 《刑案汇览》卷末，《刑部事宜》。

他部院司官所不具备的。所以，在清朝的文牍中，科道常与九卿并列。

（三）大理寺职官、机构设置及其职掌

清于顺治元年（1644）沿袭明制，始设大理寺作为平反刑狱的机关。其长官为卿、少卿。

大理寺卿，满、汉各一人，康熙九年（1670）定制，为正三品，地位低于刑部尚书和左都御史。大理寺少卿，满、汉各一人，康熙后定制为正四品。

大理寺分为左、右二寺。各设寺丞三人，满、汉、汉军各一人。分别受理复核内外刑案及其分工，京外按省区划分，京内按衙门划分。左寺掌顺天府一部分州县，直隶省一部分府县及奉天、山东、江苏、安徽、浙江、四川、广东、贵州等省刑名案件与京内吏部、户部、礼部、都察院、内务府、光禄寺、太常寺、太仆寺、钦天监、太医院、步军统领衙门咨办事件；右寺掌顺天府一部分州县，直隶省一部分府县及山西、河南、江西、福建、湖北、湖南、陕西、甘肃、广西、云南等省刑名案件与京内宗人府、内阁、兵部、刑部、工部、通政使司、翰林院、詹事府、国子监、鸿胪寺等衙门咨办事件。

大理寺作为"三法司"之一，其主要职责是"平反"冤狱，即复核死刑案件有无冤错。即所谓"掌平天下之刑名，凡重辟则率其属而会勘。大政事下九卿议者则与焉，与秋审、朝审"①。

大理寺的主要司法活动，一是参加三法司"会谳"。京师的死刑案件，大理寺官员与都察院官员先后赴刑部"会小法""会大法"，共同面审。意见相同没有疑义后，三法司会同题报皇帝裁决。如情罪不明，律例未协，将刑部所拟题稿送还，再为参酌，如彼此意见仍有不同，左、右寺官即另拟稿呈堂，送刑部、都察院酌议。如意见仍不能一致，三衙门可各自分别具奏（只准有两议），请皇帝作最后决定。各省重案督抚具题，以随本"揭帖"送大理寺。左、右二寺先据揭帖详推案情，看所拟罪名与引用律例是否符合，预

---

① 《清光绪会典》卷六九。

拟意见呈堂，俟刑部定稿送寺，与所拟意见相合，没有疑义，即画稿会题；二是大理寺还会同刑部各司、都察院各道审决"热审"案件。热审在每年小满后、立秋前一日期内举行，对在押、杖罪以下人犯减等或宽免。左、右寺会同将刑部审办之案，审拟呈堂，笞罪宽免，枷杖减等，其人犯，暂交该旗各地方官保释，俟立秋后，送刑部发落。另外，京内外永远枷示人犯，由该管衙门汇报大理寺，每年终，大理寺开列名单及所犯案情略节汇奏，满十年，由刑部疏枷发遣。

（四）三法司之间的关系

三法司在司法审判事务中，虽以刑部为首，故有"部权特重"之谓。但纵观清代重案会审之实际，尤其是康雍乾时期，"三法司核议"或会审的作用仍不可低估。顺治十年（1653），时任大理寺卿的魏琯上条陈于顺治帝福临，申明大理寺的作用是"取其所问者而平反之也"。他进一步解释："持天下之事者（刑）部也，执法纠正者（都察）院也，办理冤枉者大理（寺）也。"他指出，刑部审判、都察院监察、大理寺核复的关系。[①] 雍正即位之初，即在上谕中强调："刑部直省命盗案件，主稿虽在刑部，然必由三法司等衙门公同确勘画题，方行请旨。"对于地方督抚中，有将人命等案"止用咨覆刑部，既不具题，又不照会都察院、大理寺衙门"的行为予以纠正。[②]

按清制，三法司在会审时可以有不同意见，如果复核仍不能统一，可以将两种意见分别具奏，由皇帝裁决。事实上，都察院与刑部确在核拟重案时屡有两议。以致乾隆帝以部院各持意见，竟成两衙门相角，因此曾降旨训谕。其后又走向另一极端，三法司奉旨议奏重案，往往以两议为讳。故乾隆十八年（1753）五月十八日又谕：敕交三法司核拟重案，原期详慎，以昭平允，其事属众议佥同，固成信谳，如或迹涉两是，间有一二人不能尽归划一者，自

---

① 《清文献通考》卷七七。
② 《清世宗实录》卷七。

不妨各抒己见，候旨酌夺。嗣后仍可两议具题，但不得合部合院各成一稿。①
乾隆二十六年（1761）九月，又有左副都御史窦光鼐与刑部争议之事。是年九
卿秋谳会议，窦光鼐以广西囚犯陈父悔守田禾杀贼，不宜入情实，贵州囚犯
罗阿扛逞凶杀人，不宜入缓决，持异议，签商刑部。因语言愤激，刑部将此
事上奏。乾隆帝谕责窦光鼐以气质用事，笔舌忿争，哓哓不已。谓此等习气，
在前明弊政一视为固然，以致各立门户，大坏朝政；而刑部前后两奏，亦或有
不足服窦光鼐之心者。命大学士来保等核议具奏。寻奏覆：秋审两案情如刑部
议。部议窦光鼐当左迁，乾隆帝命仍留任。在这一事件中，乾隆帝以窦光鼐
"意气自用"，"于国宪朝章不可为训"给予责饬，但对刑部将签出未定之稿先
行密奏也不以为然。②又如，康熙时魏象枢任左都御史，"不计身家，不避嫌怨，
奉朝廷大公之法，与海内臣工共相遵守"。③十八年（1679）四月，魏象枢补
授刑部尚书，但魏以大贪未清为由，引汉臣汲黯之例，上疏请辞新命仍就原
职。康熙特命魏加刑部尚书衔，仍留原任。这是以都察院为重的典型事例。

　　由于清代尤其是康雍乾时期，比较重要的案件多交"三法司核拟"，使
刑部不能专擅其职，这也是加强皇权，使最高司法审判权操纵在皇帝手中的
制度性措施。从康雍乾时期的许多大案要案之审拟看，不但"三法司核拟"
收到了实际效果，并非流于形式，而且，清代帝王往往将更重要的案件交九
卿议、交大学士议、交军机大臣议。这些三法司以上级别的核议，突出地反
映了皇权操纵司法审判的事实。因此对"刑部权重"不可片面理解。

二、地方司法机构

（一）地方机构设置的变化

清代地方各省府州县的司法审判职能均由地方各级行政官员担任，即行

① 《清高宗实录》卷四四六。
② 参见《清高宗实录》卷六四四、六四五；《清史稿》卷三二二，《窦光鼐传》。
③ （清）魏象枢：《寒松堂集》卷四，《惊闻宠命直陈下情等事疏》，中华书局1996年版。

政、司法合一。由于司法从属于行政，而清代地方机构设置与明代相比有诸多变化，因而其司法审判制度也自有其特点。清代地方行政机构的设置，主要沿袭了明朝的体制，但又有所完善和发展。这主要表现在：一是总督、巡抚正式成为地方最高长官。明代废除行中书省后，以都、布、按三司为地方最高军、政、司法监察长官。明英宗正统以后，为强化地方职能，使三司能够协调统一，不断派总督、巡抚于周边及地方各地。至迟嘉靖后期，督抚成为事实上的地方长官，三司也为其部属。但从法律地位及归属上，督抚仍为中央派遣监察地方之官，三司仍为地方最高长官。因此，官私文献仍将督抚列为中央官。①

清代承继了明中叶的体制，并在法律上将督抚作为地方军政长官。但布、按二司原有的省级大员的地位并没有动摇，只是在其上有督抚相督率而已。因此，清代的省级机构实际包括两级，即督抚—布按。

清代在机构设置上，贯彻"权力分寄制"的原则，中央的权力分寄于地方督抚，督抚分寄于布、按。在省以下的机构设置中仍然如此。这涉及清代地方机构设置的另一个重要变化：增加直隶州，将府的管辖权缩小。按《明史·地理志》的记载，明朝南北直隶及各布政司共辖府159个、州240个、县1144个。清代康熙以前，府的数目（163个）与明代相比几乎没有变化。明代万历时有直隶州45个，其中西南广西、云南和贵州三个省有24个，在清代，这24个直隶州已有21个改成府，这无疑是清代对边远地区控制力加强的反映。除西南三省的直隶州外，明代还有21个直隶州，直到康熙朝仍然没有变化。但雍正年间，直隶州不仅数目上升，而且赋予它行政机构的新意义。在13年间，总计新设的直隶州达到70个，共有直隶州82个。②

直隶州的大量新设与强化地方行政机构的司法职能有密切关系。雍正二

---

① 林乾：《试论明代总督巡抚制度》，《社会科学辑刊》1988年第2期。

② ［日］真水康树：《明清地方行政制度研究》，北京燕山出版社1997年版。

年（1724），吏部尚书隆科多具题时曾说："近见直隶各省，因府治辽远，请旨改州、县、直隶诸州分辖近县，以便就远盘查，无鞭长不及之虑。但州名直隶，则与府治一体，事经创始，名器宜重，与其更换于后，不如拣择于前，查该州有稽查钱粮管理刑名之责，与知府无异。"①这就是说，由于相当多的府治所辖境远，不能周知地方，因此将许多散州及部分县、直隶厅升为直隶州，解决鞭长莫及之虞。由于直隶州的增加，以及一部分直隶州升为府，使府辖县的比例有了很大变化，雍正以前，每个州平均辖县 8 个，雍正以后，所辖县为 6.6 个。②大量直隶州的设置缓解了府治管辖能力不足的问题。同时，由于直隶州同于府级，因此，随着乾隆时期道级机构的完善，直隶州及所属承审事件，"向例由道审转"走向定制。③到嘉道时期，关于初审招解审转，《大清律例》规定："凡距省城边远府厅州所属之各厅州县承审案件，除罪应斩绞及命案内减军流人犯仍解省勘办外，其寻常遣、军、流、徒各犯均归该巡道就近审转，径详督抚，并移知臬司备案，免其解犯赴省。"如果有鸣冤翻异，才"分别提审解省"。关于每年覆办秋审人犯，也规定："距省城边远之府州县所属秋审人犯均免其解省"，由该管道"各于巡历时逐一亲加研鞫，造册加结，移报院司汇覆""倘有鸣冤翻异者，即将本犯解省，听候院司覆审"。④

巡道从乾隆朝起司法职能逐渐扩大：一是到此时守、巡制度趋于完善，巡道在司法及监察所属司法行政的作用方面越来越大；二是从乾隆中叶起社会矛盾、阶级矛盾更加尖锐，加上人口骤增，社会关系、法律关系越来越复杂，司法案件也成倍增加，总揽一省刑名司法的臬司不胜其繁，需要辅佐的巡道分掌更多的司法职能。

---

① 《隆科多等谨题为条奏事》，《吏科史书》167 册。

② ［日］真水康树：《明清地方行政制度研究》，北京燕山出版社 1997 年版。

③ 《大清会典事例》卷八四五，《刑部·刑律断狱·有司决囚等第二》。

④ 参见《大清会典事例》卷八四五，《刑部·刑律断狱·有司决囚等第二》；《六部处分则例》卷四八，《刑部·审断下》。

尽管清史学界对道是否构成一级行政机构仍有不同意见，但道具有司法职能确属无疑。如果从道的设置情况以及由府直接解司的案件审转程序上看，也可以把道视为一级非完整的地方行政机构。府州之下设县，在清代没有变化。由此，清代地方机构设置可以总括为省—道—府—县四级。

（二）地方司法机构及其职能

清代沿袭明制，在地方机构设置上，仍然是司法从属于行政。或者说，地方各级行政长官兼有司法职能。因此，有行政机构设置的地方就有司法权的行使。但由于各上下级机构对应负责的重点不一，因而从司法角度看，行政机构与司法机构又不尽等同。

1. 厅、州、县

县作为基层政权组织，自秦汉以降，历代没有变化。清代在明代将县分为上中下的基础上，在一些冲要地方设州，一些边远少数民族聚居、杂居地方设厅，其地位大致与县相等。清代全国共设有县及厅、州1500个左右。司法刑名是州县的头等大事，也是州县官考成的主要内容，所谓"牧令所司，刑名钱谷二事为先务"，[①]"查州县一官与民最亲，凡词讼全审理"，[②]正是清人对州县司法重要性的反映。清律规定：州县为"初审"，"凡军民人等遇有冤抑之事，应先赴州县衙门具控，如审断不公，再赴该管上司呈明，若再屈抑，方准来京上诉"。[③]这就从诉讼中明确了州县作为第一审级的地位和作用。

民事案件，包括轻微刑事或治安案件，州县有全权管辖，称为州县"自理案件"，限二十日完结。州县最大权限是处以笞、杖、枷刑。当然，州县也可以不处刑，而进行训诫和调处；就刑事案件而言，凡是境内发生的人命、强盗等应判处徒刑和徒刑以上的刑事案件，州县都负有侦查和初审之

---

① 《牧令须知》卷六。
② 《皇朝经世文编》卷九三，《请禁原官公审覆审疏》。
③ （清）薛允升：《读例存疑》卷三九，《诉讼·越诉》。

责。侦查职责，包括缉捕、查赃、勘验现场、检验尸伤、采取强制措施等等。州县对捕获的人犯进行审理，称为"初审"。初审要根据和引用《大清律例》的条款来定罪量刑，称为"拟罪"或"拟律"。州县初审完毕，应按期将案卷、拟罪意见和案犯一起解送上司复审。事实上，相当多的因乡里纠纷而引起的人命案也在州县审结。《明清法官断案实录》载，清代江山县令马瑞图审理活杀妻命案：看得江思，乃江京之弟也。于某月某日，忽以活杀妻命控京。本县疑之，未有亲兄无故而杀其弟妇者。且该方地保绝无报呈，必非真命。适有往府公干之役，行至中道，忽迂其途而过之。呼地保邻右一讯，始知思以卖药为生，其术甚庸，其手甚辣。妻患和平之证（症），而思以狼虎之剂攻之，不旋踵而毙命，此其以刀圭杀人之长技也。不讼己而讼人，不讼他人而讼其手足，岂此杀人妙术得之家传，向为父兄所授，故追咎其所来耶？痛责杖惩，使之悔而改业①。类似的案例颇多。由于法律上赋予州县有"自理案件"权，尽管清代律例对这种权力有限制范围，但因"民间细故"而引起的人命案，如果案情无疑窦，州县可以调处解决。

州县还负有维护治安、宣讲法律、进行教化等司法职能。就宣讲法律而言，目的是"明刑弼教"。法律条文并不是单独宣讲，而是将其附于圣谕广训之后，在宣讲完圣谕后讲解法律条文。州县所宣讲的法律条文，不是《大清律例》全文，只是摘录了与民有关的条文。正如叶世倬所言："律例帙繁，势难尽喻于民，而百姓囿于见闻之陋锢，于习染之污，有明犯爰书而习焉不察者，殊堪悯恻。兹于律例中择其地方易犯各条，略加注释，并以律载服制条目附于后，于宣讲圣谕后并讲一二十条，使愚民动色相戒。又令绅耆家购一编，暇日为子弟讲说，庶知遵守，不复误罗法网，则默化潜移，藉以保其身家"。②宣讲法律早在顺治时即已形成制度。顺治十二年（1655）便准魏裔介奏："各问刑衙门止有律书一部，小民不得与闻，故犯法者众。令督抚

① 未了、文菡编著：《明清法官断案实录》下册，光明日报出版社1999年版，第58—59页。
② （清）叶世倬：《律例须知弁言》，《牧令书》卷一六，《教化》。

17

将刑律有关民者摘而录之，有司于春秋暇日为之讲说，并令学官为士子讲习。圣谕广训之后，即附律条，宣讲上谕之时，并将所刑律条亦为明白宣示"，① 目的是使百姓"咸知法纪，雇惜身家，以远罪戾"。②

2. 府、直隶厅、州

清朝在全国设有府 80 多个，直隶厅、州 100 多个。府一般辖有五六个至八九个州县，直隶州一般辖有二三个县，直隶厅一般不辖县。

府有"决讼检奸"的职责，是州县的上一审级。直隶厅州既辖县又亲民，所以既是所辖县的上一级，又是本州民、刑案件的直接受理者。雍正帝曾明确说，"刑名案件，知府尤为上下关键，务期明允公当，地方始无冤民。不可听属员恳求，亦不可畏上司驳诘而草率苟且，以致讼狱颠倒。"③

府级的司法职责主要是复核州县上报的刑事案件，复审州县解来的人犯，查核有无翻供，查验人证、物证，审查州县上报案卷有无错谬，州县"拟罪"是否妥当。如果府级复核无异议，就作出自己的"看语"，即本级的"拟罪"意见，再上报省按察司。如有异议，可驳回。而直隶州的案件，则报本管道台审转。对于这一点，清代法学家薛允升说："州县一切案犯，由府审转解司（按察司），直隶州一切案犯由道审转解（按察）司，此定章也，而刑律并无明文。"如平阳太守程先达在稽查郭黑子殴死柴货郎一案时，先据平陆县详，称黑子见财起意，借口伴送，因而杀死，拟以谋杀得财，按律斩抵。而同案犯刘大定事后知情不首，律杖一百。及再批夏县审拟，将刘大定拟斩而黑子拟绞。程先达"参稽两招，拟议悬殊，复驳太平细鞫"。此次细鞫后，仍同平陆县所拟。程"细加阅酌"，认定黑子恶迹彰明，供证符合，确有可凭，仍照平陆县前拟。刘大定仍拟满杖，以惩容隐之罪。其举首之郭祥生、郭良翰均免议。因事干辟案，"卑府未敢擅便，伏候上裁"。将该案上报。④

---

① 《钦颁州县事宜》，《宣讲圣谕律条》。
② 《皇朝经世文编》卷二三。
③ （清）阮元等：《广东通志》卷一，《训典》一。
④ 《明清法官断案实录》下，光明日报出版社 1999 年版，第 9 页。

府级还接受军民百姓不服州县审判的上诉和申诉。

3. 按察使司

按察使司，又称臬司，其司法职能颇多，除主管一省的治安及保甲外，还负责审理自理案件。《大清律例》中有"按察使自理事件，限一月完结"的规定，但哪些属于按察使自理事件，却没有明确规定。大致有两个方面：一是审理督抚、藩司、学政、提督及本司等衙门书吏、差役、幕友、长随等人的轻微刑事案件，犹如刑部审理京师五城的刑事案件一样；二是审理所属州县上控的民间词讼。按察司最重要的司法职能是复审府级上报的刑案，对徒刑案卷进行复核（徒刑人犯不解省），对军流、死刑人犯进行复审。如无异议，便可加上"审供无异"的看语，上报督抚。如发现上报的案情有疏漏，供词、证据不符，可以驳回"重审"，或者改发别的州县（常常是发省城的首县）"更审"。如浙江臬司毛一麟复审擒获山贼案，匠人朱思湖时住梅坞山，土寇猝至，遂为所擒。及官兵进剿土寇，思湖乘机逃脱。后为官兵抓获。地方州县以朱思湖通贼上报臬司。毛一麟在复审时认为：谓其似贼则可，若遽指为贼，恐揭竿队下无此徒手之兵也。且通也者，身在局外而暗通线索之称也。既有线索可通，何必亲入其地。且既获之后，无一被害之人出讦乎。驳令直隶厅复审。直隶厅果然平反此案。毛一麟在审拟此案后批词曰："若非该厅虚衷平反，不徇成说，几于天日为昏矣。仰候详明释放缴。"①

军、流人犯，按察司复审后，就可将人犯发回原审州县关押待罪。而死刑人犯，按察司审后，尚不能发回，要报督抚复审。

按察司还主办全省秋审事务，管理狱政（详后）。

4. 总督、巡抚

清代每省设一巡抚，二三省设一总督，有的总督又兼任巡抚。总督比巡抚级别略高（总督为从一品，巡抚为正二品），但并非上下级关系。按察司

---

① 《明清法官断案实录》下，光明日报出版社1999年版，第101页。

虽综理全省刑名事务，但不能代表省级最高司法权力，仍须报呈督、抚，所以督、抚是全省最高审级。

督抚的司法职能在于督促、查核地方终审、具题等项。督促所属按限结案是其重要职责。如广东总督卢崇峻在督促陈姓一家四口被杀案时批令所属道：老陈一家四口，被贼杀死，地方官及该捕员役，平时失于防范，事后又不即行捕获，深可发指，仰道勒限严缉，如十日不获，即行提比。再阅刀伤，非有深怨积怒之人，未必如此残毒。或密访老陈夙昔有无仇隙者，设法严行查究可也。速速！①数日后，果获真凶，卢又批：前阅刀伤，已知为仇人杀害。曾令密访，今果缉到，适获我心，且信乎鬼神之有灵矣！仰严审妥招解报。

督抚有权批复徒刑案件，按察司复核无异的徒刑案件，呈报督抚，督抚审核后，如无异议即批复执行。徒刑人犯由督抚决定服刑地点，一般是在本省内的州县，人犯由犯罪所在州县起解。督抚对军流刑的案卷复核，如对按察司的看语无异议，则咨报刑部，听候批复。对死刑案件，由督抚进行复审。按察司将案卷和人犯一起解督抚，督抚按例当堂亲审。如"与司、府、县审供相同"，就作出看语，专案向皇帝具题，同时抄写副本（题本的副本）咨送都察院、大理寺等。甘肃巡抚刘斗覆核的二起人命案，州县官或以斗殴拟罪，或重罪轻拟，刘斗一一加以驳回。在前一案中，刘斗批词曰：陈万策嗔恨李成，绳拴毒殴，是明怀一必杀之心矣，非斗殴可比。至检伤痕五处，致命者首在腰眼，长三寸，宽一寸，鞭乎棍乎，并无讯及。岂一棍击臂而伤分两处乎？且藤鞭非落牙之器，满面血流，鞭伤果如是耶？中途凶殴，情更昭然。伤痕并未究明，成何谳法？事关故杀，援赦殊属不协，仰司严加确讯妥招，如律解报，毋得宽纵，而使冤鬼夜号缴。②另一件是张凤翼被杀案，经刘斗驳回，由下属道重新审拟，纠正了错误。刘斗批词曰：张凤翼之死

---

① 《明清法官断案实录》下，光明日报出版社 1999 年版，第 23 页。

② 《明清法官断案实录》下，光明日报出版社 1999 年版，第 17—18 页。

也，明系同谋故杀，罪在不赦。李茂魁病故即真，亦与起解中途及累毙狱底之例不合。迨发县检，并无仵作一言，县官擘空臆断。至于子弟告免检验，官司受而为理，则又俱蹈章程矣。彼县官愦愦，已属可讶，何该厅职任刑名，亦视人命如草菅，高阁经年，今始具由请销？岂金能语而法无灵乎？经承真浑身是胆。仰道通提到官，严加检审妥招，确拟如律报。①

值得注意的是，按清朝制度，严禁"佐杂擅理词讼"，"官非正印者（长官），不得受民词"。就是说，审判权只授予地方长官，各种佐杂官均不得受理案件。

第二节 清代"三法司"的权力制衡

三法司制度肇始于唐代的"三司推事"，即重大案件由大理寺卿会同刑部尚书、御史中丞共同审理。至清代，以刑部、都察院、大理寺组成的中央三法司体制渐趋成熟。清代的中央司法审判实务显以刑部为首，故有"部权特重"②之说。但纵览清代，尤其是康雍乾时期重案会审的实际，都察院、大理寺所发挥出的制衡作用亦不可低估。三法司是死刑等重罪的规范式审理机构，"三法司核拟具奏"的审判形式，"此固有其深意在焉，而非无意义之制度"③。从已有研究成果看，学界对刑部完成了绝大部分中央司法职权并无争议，但多认为所谓"核拟具奏"不过是徒有形式，大理寺、都察院的司法职权似未受到足够重视。另从司法审级方面看，地方司法制度的研究成果颇多，对中央司法制度的研究又多集中于刑部，而把三法司视作整体，理清三

---

① 《明清法官断案实录》下，光明日报出版社 1999 年版，第 19 页。

② 《清史稿·刑法志三》："外省刑案，统由刑部核覆。不会法者，院寺无由过问，应会法者，亦由刑部主稿。在京讼狱，无论奏咨，俱由刑部审理，而部权特重。"

③ 那思陆：《清代中央司法审判制度》，北京大学出版社 2004 年版，第 220 页。

法司与皇权的关系、与地方司法职权的关系、与其他中央司法职权的关系等的研究，成果相对薄弱，还有较大的拓展空间。本文便试图以三法司为主线，探索中央集权体制下，清代司法的权力制衡问题。

一、三法司内部的权力制衡

（一）"三法司核拟具奏"是死刑等重罪的规范式审理形式

清初，三法司会审案件范围颇广，至顺治十年（1653）题准："刑部审拟人犯，有犯罪至死者，亦有犯罪不至死者，若概经三法司拟议，恐于典例不合。嗣后凡犯罪至死者，刑部会同院寺复核。"[①] 至此，三法司会核案件的范围缩小至死罪案件。

各省督抚具题定拟死罪（包括监候）的案件，经内阁票拟进呈皇帝，多奉旨"三法司核拟具奏"。京师现审案件由刑部审理，罪至死刑的题奏皇帝，而后也须经三法司会审（乾隆以后，京师死罪案件不再分刑部初审及三法司复核两阶段，而系直接由三法司会同审理[②]）。所谓核拟就是依律例对案件进行复核，确保适用法律正确、事实认定清楚、定罪量刑适当。依乾隆五年《大清律例》，死罪罪名共449条，其中包括凌迟17条，斩绞立决132条，斩绞监候287条，杂犯死罪13条。[③] 对督抚所拟，三法司或驳回"再行确审"，或指出错谬后改拟，或经复核无异议后，提出立决或监候的明确意见，奏闻皇帝，由皇帝作出最终判决。对于案情特别重大复杂、三法司内部也不能形成统一意见，或皇帝认为三法司所拟仍存疑窦时，往往会将案件交九卿议、交大学士议、交军机大臣议，以示慎重。而在案件核拟过程中（或之前），皇帝也会以下谕旨的形式直接过问案件，提出处理意见乃至指示改判。

---

① 《大清会典事例》卷一〇二一。

② 那思陆：《清代中央司法审判制度》，北京大学出版社2004年版，第186页。

③ 据乾隆五年《大清律例》统计。

那么，何种案件会交三法司处理呢?

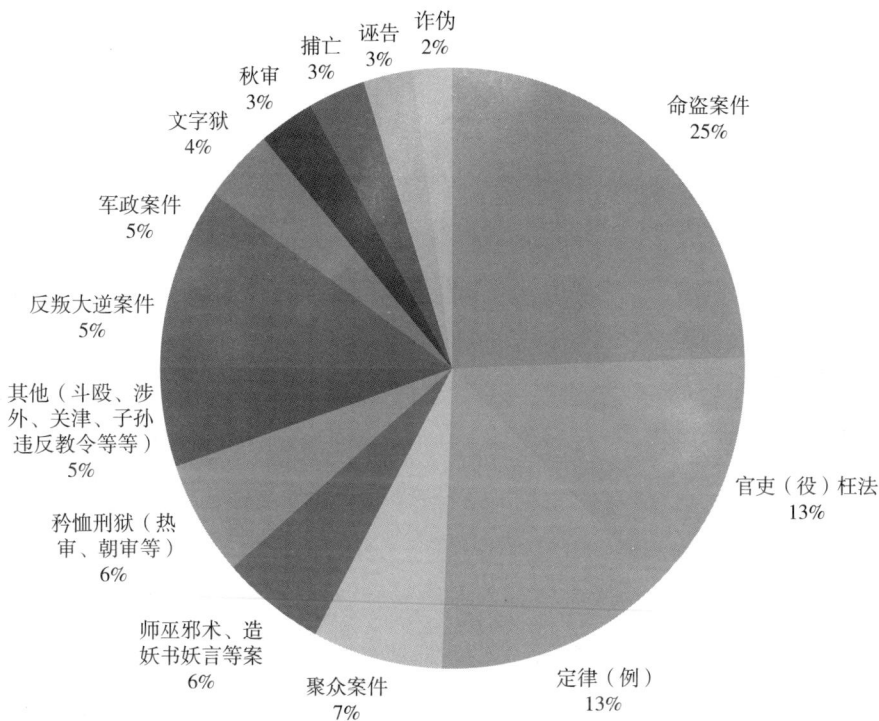

图1 清代"三法司核拟具奏"案件分类占比图

说明：该图依《清实录》所载自顺治二年（1645）至光绪二十四年（1898）"三法司核拟具奏"案件统计，共225件，包含命盗案件55件，官吏（役）枉法案件30件，聚众案件16件，师巫邪术、造妖书妖言案件13件，矜恤刑狱（包括热审、朝审）14件，反叛大逆案件11件，军政案件11件，文字狱9件，秋审7件，捕亡7件，诬告6件，诈伪5件，其他案件（斗殴、涉外、关津、子孙违反教令等）12件。其中就某类案件着三法司议定律例（章程、办法），与具体案件审拟中涉及定例的案件，合并单列一类"定律（例）"，共29件。

　　首先，历代统治者都格外重视危害治安及财产类的犯罪，而参照图1，具体到司法实务则更具有说服力。在笔者所统计的"三法司核拟具奏"案件中，命盗案件占了四分之一。依《大清律例》，强盗得财者，不分首从皆斩；[①]

_____

① 《大清律例》卷二三，《刑律·贼盗上·强盗》。

对于盗窃罪，赃至满贯(一百二十两)及三犯计赃五十两以上皆拟绞监候。① 清律还常将"洋盗"与谋反大逆相提并论，首犯凌迟处死，从犯常赦所不原。从司法场域看，命盗犯罪不仅意味着烧杀抢掠，同时还意味着挑战皇权秩序。② 这类案件显然是统治者眼里的"大事"，国家必须严密控制，因此由中央司法机关三法司给予严厉处罚，以稳固统治基础，稳定社会秩序。除此之外，三法司对聚众案件（7%）的处置也占了相当比例。如《大清会典事例》载，盐徒聚众，除十人以上拒捕若杀人及伤三人者，仍照例不分首从皆斩、为首者枭示外，其余十人以上曾否拒捕有无杀伤之案，亦照强盗例，严刑审究。将法所难宥，情有可原，一一于疏内开明，仍照例定拟斩决具题。大学士会同三法司分别详议，将应正法者正法、应发遣者发遣。③ 这类案件以乾隆时期尤多，经过康雍乾三朝经营，清代于乾隆朝达到顶峰，但隐藏在"盛世"的表象下各种社会矛盾和问题也开始浮现。聚众抗官、抗粮、闹漕等诸多群体性突发事件愈演愈烈，民众的不满往往指向官府，"公权力"受到严重冲击。④ 为应对这种情况，一方面，朝廷要求刑部等衙门修订例文，加重对聚众行为的惩罚力度；另一方面，在司法审判环节，三法司对此类案件的复核、拟罪也日趋严厉，形成了法律重刑化和司法趋紧相配合的高压态势。

这种政治高压还体现在对谋反、大逆等侵犯皇权的犯罪的惩罚上。这类案件占比虽少（5%），但对比明、清律发现，后者加重了处罚的力度。按照清律，凡谋反大逆案件中，只要参与共谋，便不分首从皆凌迟处死，其正犯之祖父、父、子、孙、兄弟及同居之人，不分异性，以及正犯之伯叔父、兄弟之子，不限籍之异同，只要是十六岁以上男性，不论笃疾、废疾皆斩；知

① 《大清律例》卷二三，《刑律·贼盗上·窃盗》。
② 徐忠明、杜金：《谁是真凶——清代命案的政治法律分析》，广西师范大学出版社2014年版，"序"第5页。
③ 《大清会典事例》卷七六二，《刑部·户律课程·盐法一》。
④ 林乾：《清代群体性事件的法律定例》，《中国古代法制与秩序国际学术研讨会文集》，中国政法大学法律史学研究院主办，2011年10月29日。

情故纵隐匿者，亦斩。① 此外，师巫邪术、造妖书妖言类犯罪占了三法司核拟具奏案件的6%，文字狱案件占4%，则体现了清代加强思想控制、严惩异端的思想高压政策。除师巫邪术为首者绞监候外，② 清代相对于明代，还扩大了谋反大逆律的适用范围：对于倡立邪教，传徒惑众滋事案内之亲属，仍照律缘坐外，其有人本愚妄，书词狂悖，或希图诓骗财物，兴立邪教，尚未传徒惑众，及编造邪说，尚未煽惑人心，并奸徒怀挟私嫌，将谋逆重情捏造匿名揭帖，冀图诬陷，比照反逆及谋叛定罪之案正犯照律办理。③ 而对于文字狱案件，《大清律例》中虽没有直接条款规定如何处罚，但在具体操作中，所有的文字狱案件均是按谋反大逆律定罪的。乾隆朝甚至有不待三法司核拟，即行处决的例子。如乾隆二十四年（1759），发生了沈大章造刻逆书一案，已按法定程序批交三法司核拟速奏。但乾隆帝阅毕后续进奏之折，认为该犯于书中言"兴复宋代、指斥本朝"，罪大恶极，"若候法司核覆到后方行正法，转使苟延视息，不得即正典刑，且法司亦断无更有拟议之处"，随即传谕该抚一面听候部文，一面先将沈大章即行凌迟处决。④ 这种严厉的政策及司法适用，显然是为扼杀反对专制主义的意识，弹压反抗民族压迫的社会思潮。

其次，官吏（役）枉法案件占了三法司核拟具奏案件的14%，充分说明了清代对国家公务人员管理之严、处罚力度之大。皇帝通过三法司，对小至胥役、大至督抚尚书的徇私枉法行为进行严厉制裁，以期整肃官箴、刷新吏治，使专制权力的国家机器更好地运转，维系帝国的司法公正。军政案件（占5%），往往由军机大臣（或兵部）会同三法司核拟，说明三法司的权力亦涉及军事司法领域。军政案件受三法司监督核拟，有利于打击军事腐败与加强军事纪律，也体现了清代中央司法权的高度集中与统一。

第三，三法司参与热审、朝审以及秋谳大典共约占10%，则体现了"哀

---

① 《大清律例》卷二三，《刑律·贼盗上·谋反大逆》。
② 《大清律例》卷一六，《礼律·祭祀·禁止师巫邪术》。
③ 《大清律例》卷一六，《礼律·祭祀·禁止师巫邪术》。
④ 《清高宗实录》卷五九四。

矜慎刑"的司法理念。慎重人命是传统中国司法理念的核心价值所在，更是统治者宣扬德政，笼络民心的重要措施。一方面，这些矜恤刑狱的措施有利于防范地方滥用司法权，保障嫌犯权利、维护司法公正；另一方面，其他中央司法职权的加入，也对三法司的司法权形成制约，便于皇权掌控中央最高司法权。

总之，这些"三法司核拟具奏"的案件，体现了清代统治者"抓大放小"的制度设计。对清代来说，空前辽阔的疆域同时也意味着巨大的治理成本，因此，国家司法需要有所取舍。对于"琐事"细案，一部分可由基层社会组织自行解决，一部分也能在地方司法机关层层审转复核中消化。而这些危害社会稳定、挑战皇权秩序或者得以宣扬皇帝德政的案件才是统治者眼中的"大事"，只要国家的中央司法机构——三法司抓住这些所谓"大事"，即能在相当程度上维持社会秩序的稳定。死罪等重大疑难案件交"三法司核拟具奏"的制度设计，也正是出于这样的政治意图。

（二）三法司核拟死罪案件职掌分配

从制度层面讲，刑部、都察院、大理寺分掌不同的司法职权，互相制衡、互相监督，是保证司法公正、避免冤狱的有效措施；而从加强皇权的角度来看，皇权控制下的中央司法权一分为三，既能防止一头独大，又有利于皇权操纵、控制司法。清代的司法审判事务，虽云"部权特重"，以刑部为首，但纵观清代重案会审的实际情况，尤其是康雍乾时期，"三法司核拟具奏"或三法司会审的作用仍不可小觑。据《大清会典》，清代三法司会核、会审各省死罪案件与京师死罪案件的职能分工关系，如"表1 清代三法司会核各省死罪案件职掌分配表"、"表2 清代三法司会审京师死罪案件职掌分配表"① 所示：

---

① 参见《大清会典》卷六九。另参考那思陆：《清代中央司法审判制度》，北京大学出版社2004年版，第58—59页。

表1　清代三法司会核各省死罪案件职掌分配表

省份（地区）＼三法司	刑部	都察院	大理寺
直隶	直隶司	京畿道	左、右寺轮掌
盛京（奉天）	奉天司		左寺
吉林			
黑龙江			
江苏	江苏司	江南道	
安徽	安徽司		
山西	山西司	山西道	右寺
山东	山东司	山东道	左寺
河南	河南司	河南道	右寺
陕西	陕西司	陕西道	
甘肃			
新疆			
浙江	浙江司	浙江道	左寺
江西	江西司	江西道	右寺
湖北	湖广司	湖广道	
湖南			
四川	四川司	四川道	左寺
福建	福建司	福建道	右寺
广东	广东司	广东道	左寺
广西	广西司	广西道	右寺
云南	云南司	云南道	
贵州	贵州司	贵州道	左寺

说明：乾隆二十六年（1761），刑部改现审左司为奉天司，改现审右司为直隶司，十七司之名称始行确定。乾隆十四年（1749），都察院十五道并给印信，各自分理各省刑名。故本表适用期间自乾隆十四年（1749）至宣统三年（1911）。

表2　清代三法司会审京师死罪案件职掌分配表

刑部	都察院	大理寺
直隶司现审案件	京畿道	左、右寺轮掌
奉天司现审案件		
江苏司现审案件	江南道	左寺
安徽司现审案件		
山西司现审案件	山西道	右寺
山东司现审案件	山东道	左寺
河南司现审案件	河南道	右寺
陕西司现审案件	陕西道	
浙江司现审案件	浙江道	左寺
江西司现审案件	江西道	右寺
湖广司现审案件	湖广道	
四川司现审案件	四川道	左寺
福建司现审案件	福建道	右寺
广东司现审案件	广东道	左寺
广西司现审案件	广西道	右寺
云南司现审案件	云南道	
贵州司现审案件	贵州道	左寺

说明：京师现审案件由刑部十七司轮流签分，签分之承办司确定后，会审之道、寺随之确定。本表使用时间同上表，始自乾隆十四年（1749），至宣统三年（1911）止。

为确保三法司之间的制约关系得以运行，清代就三法司会审规定了一系列制度措施，其中首要的便是三衙门在会核案件时应"面审同议"。顺治十二年（1655）上谕刑部、都察院、大理寺曰：

……事不同审，稿不面议，岂能得平？以后核拟死罪，在京者，尔等各堂官面同研审，在外题奏者，各将原招详察明白，面同议覆。①

至顺治十五年（1658）议准："嗣后凡奉旨三法司核拟事件，御史会同部寺面审同议。"②"面审同议"的方式在清代随着司法实务的发展也有所变化，雍正五年（1727）又议准："凡会审事件，刑部移会到日，该道满汉御史各一人到部，会同承审司官取供。都御史一人会到刑部堂官录供定稿，刑部堂官画题，续送院画题。"③十一年（1733），镶蓝旗汉军都统兼户部右侍郎韩光基条奏，三法司于刑名重案应行会勘者，都察院、大理寺堂官，并不亲身到部，止委员办理，或止凭送稿画题，殊非慎重谳狱之意。嗣后会勘案件，刑部知会院寺堂官，务至衙门秉公会审，倘饰词推故不到，请将该院寺堂官交部议处。④雍正从之。清代后期面审同议的方式已经稍有不同，据《清史稿》载，"死罪既取供，大理寺委寺丞或评事，都察院委御史，赴本司会审，谓之会小法。狱成呈堂，都察院左都御史或左副都御史，大理寺卿或少卿，挈同属员赴刑部会审，谓之会大法。"⑤

其次，明确了院、寺有纠正刑部定拟错误的责任，否则将会受到处罚。雍正十一年（1733），大学士张廷玉奏请，若刑部不详慎引例，院、寺应查明改正。经九卿议奏，皇帝批准：

> 三法司衙门，理宜一体详慎。嗣后凡应法司会审事件，刑部引例不确，院寺即查明律例改正。倘院寺驳改犹未允协，三法司堂官会同妥议。如院寺扶同朦混，别经发觉，将院寺官员一并交部议处。⑥

反之，院、寺若据理依法纠正刑部的错误，则会受到皇帝的褒奖。嘉庆二十四年（1819），大理寺签商刑部议覆李何氏拒奸杀死周得估一案，嘉庆

---

① 《清世祖实录》卷九四。
② 《大清会典事例》卷一〇二一。
③ 《大清会典事例》卷一〇二一。
④ 《清世宗实录》卷一三二。
⑤ 《清史稿·刑法志》。
⑥ 《清世宗实录》卷一二九。

认为"比例平允，具见留心参酌"，将大理寺卿龄椿等赏加纪录三次，以示奖励。他在上谕中说，国家慎重刑名，因此才会有三法司会议之制。所有刑部会题各案，都察院、大理寺堂官，均应当悉心酌核，"惟期情法之平，合众论以成一是"。上谕还指出，"若漫无可否，一味随同画诺，亦安用多此会议为耶？"①要求都察院、大理寺于会审时务应虚公详慎，履行好自己的司法职责。

当然，三法司体制也有一个从不成熟到比较成熟的过程。尤其在顺治年间，刑部权重、大理寺式微，三个法司之间未建立起应有的平衡，因而也就无法发挥出三法司体制的制衡作用。例如顺治十三年（1656）六月，因朝廷钱粮不敷，须为裁汰冗员以节省财政，而大理寺所掌司法事务相对较少，称其"不过三法司会议时，少有事耳……堂官三员办理足矣"，命将大理寺员额暂行裁汰，嗣后钱粮充裕再行增设。②可见在清初顺治年间，大理寺的职权未受到足够重视。针对这一问题，大理寺卿魏琯上《申明三法司旧例疏》称，"今大理虽备法司之末，而平反二字，向未申明……非设官立法之初意矣"，指出大理寺没有起到应有的平反冤狱的作用。要求凡是奉旨"该部知道"的，自应刑部径复；但若奉旨"下三法司议"及至死罪者，则应三法司会同审理，"以备一王之大法也"。③同样，康熙三年（1664），都察院系下广东道御史李秀，针对清初三法司衙门会审皆"勉强趋赴""依样画题"，"未见翻驳一案、出入一囚"的现状，一针见血地指出，这是因为"法司诸臣，彼此恐招嫌怨，不肯力破情面"，请敕三法司会审时应"各出看语，通列具题，专候睿裁"。④

随着清代经济社会的发展，特别是康雍乾时期出于强化皇权，加强对司法权控制的考虑，清代统治者逐渐认识到三法司体制的重要性。为使三法司

① 《清仁宗实录》卷三五六。
② 《清世祖实录》卷一〇二。
③ 《清经世文编》卷九三，《刑政四》。
④ 《清圣祖实录》卷一一。

会核机制正常运转，对于刑部专权，或会核时院寺不作为的行为保持警惕，并时时"敲打"。雍正帝即位之初，便在上谕中强调："直省命盗案件，主稿虽在刑部，然必由三法司等衙门公同确勘画题，方行请旨。"对于地方督抚将人命等案"止用咨覆刑部，既不具题，又不照会都察院、大理寺衙门"的行为予以纠正。① 乾隆十二年（1747），就云南李文贵殴死胞兄李文远一案，皇帝批评三法司会核时大理寺并不尽心改正。他指出，"三法司之设，原以公同商榷，俾情罪相当，以慎重民命也"，批评大理寺"不过随同画题，并未见尽心改正之处"，表扬了都察院下的御史"尚有留心商酌者"。② 乾隆二十六年（1761）秋审，都察院左副都御史窦光鼐以广西囚犯陈父悔守田禾杀贼，不宜入情实，贵州囚犯罗阿扛逞凶杀人，不宜入缓决，持异议，签商刑部。因言语愤激，刑部将此事上奏。乾隆帝以窦光鼐"意气自用"，"于国宪朝章不可为训"予以饬责，但对刑部将签出未定之稿先行密奏也不以为然。③ 他强调都察院、大理寺也是三法司，不应有名无实，而应发挥其监察、平反的作用。

清代也有都察院权重之时。康熙时都察院左都御史魏象枢，"不计身家，不避嫌怨，奉朝廷大公之法，与海内臣工共相遵守"。④ 十八年（1679）四月，康熙帝补授魏象枢为刑部尚书，但魏以大贪未清为由，引汉臣汲黯例，⑤ 上疏请辞新命仍就左都御史。康熙遂特命魏象枢加刑部尚书衔，仍留原任。这是以都察院为重的典型事例。另外，还有三司会审时刑部堂官回避，由都察院左都御史主导会核的例子。嘉庆七年（1802）秋审，原拟缓决之广东省姚得辉、四川省许臻威二犯，应改情实一折，批令三法司核拟具奏。复经大学士董诰等面奏，将刑部衙门回避。此二案件之会核，实由都察院左都御史普

---

① 《清世宗实录》卷七。
② 《清高宗实录》卷二七一。
③ 《清高宗实录》卷六四四、卷六四五。
④ （清）魏象枢：《寒松堂集》卷四，《惊闻宠命直陈下情等事疏》，中华书局1996年版。
⑤ 汲黯，汉武帝时名臣，以直谏廷诤著称。——笔者注

福主持，而后将核拟结果奏报皇帝，嘉庆批示仍照原拟入于缓决，并著"该部（刑部）知道"。①

总之，清代重案必交"三法司核拟"，并通过一系列制度性措施保证实施，一方面使得"部权特重"的刑部不能专擅其职，另一方面也是强化皇权对最高司法权之掌控的必要手段。从清代前期许多重案的审拟来看，"三法司核拟具奏"收到了实际效果，并非流于形式。三法司制度设计的核心目的就是通过权力的相互制衡，以最大限度地减少徇私枉法、保证司法公正。清代尤其是顺治到乾隆时期，还常会出现三法司"两议"的情况，说明中央三个司法衙署的制衡起到了重要作用，发挥了组织效能。

（三）三法司权力制衡的集中体现——"两议"

各省死罪案件，刑部定拟后，分别送都察院、大理寺会核。院寺若无不同意见，即可画题。院寺如认为须酌议改拟，则应声明缘由，送回刑部查核定拟。刑部参酌院寺意见后，再行定拟判决，俟院寺画题后，最终定谳。且三法司核拟各省死罪案件，若"刑部引律不确，院寺即行查明律例改正；院寺驳改未允，三法司堂官会同妥议"。②按此程序会核，一般来说得出的结果应为"一议"。但当三司意见不同，且难以协商解决时，三法司得为"两议"。

"两议"制度肇始于顺治十年（1653）。是年，上谕三法司："凡审拟死罪，议同者，合具看语；不同者，各具看语奏闻。永著为例。"③也就是说，三法司各衙署在审拟死罪案件时可以有两种不同意见，并上奏皇帝定夺。之后，又在上谕中进一步规定了三法司核拟死罪须面同研审，且不仅京内案件，外省题奏者亦须"面同议覆"。④另外，都察院御史因其职权的特殊性，可以

---

① 《清仁宗实录》卷一〇二。
② 《大清会典》卷二。
③ 《清世祖实录》卷七八。
④ 《清世祖实录》卷九四。

单独直接上奏，对三法司审拟提出不同意见。

随着情势的变化，清代"两议"之制也有变化。至乾隆年间，因刑部、都察院"每各持意见，彼此分朋，竟成两衙门相角"，皇帝认为"此实恶习，有关政体"，故而曾降旨训谕。乾隆十八年（1753），针对法司办理刑名往往以两议为讳的情况，指出，"避立异之名，苟且附和，亦岂国家设官集议之本意？"①《大清会典》将两议的形式规定了下来："三法司核拟重案，如迹涉两是，有一二人不能尽归画一者，许各抒所见，候旨酌夺。但不得一衙门立一意见，判然与刑部立异。其有两议者，刑部进本时，亦不得夹片申明前议之是，指驳后议之非。惟当两议并陈，静候上裁。"②

1."两议"之制的作用

首先，限制刑部专权，制衡中央司法权。

如前所述，三法司制度存在的重要理由就是对中央司法权的制衡，而允许三法司"两议"正是这种权力制衡得以实现的必要保障。正如雍正元年（1723），上谕大学士等：

> 刑部直省命盗案件，主稿虽在刑部，然必由三法司等衙门、公同确勘画题，方行请旨。今……有该督抚……止用咨覆刑部，既不再题，又不照会都察院、大理寺衙门。是以部中奸猾胥役，得以操纵其事，暗地招摇。……嗣后凡三法司会议案件，……督抚咨覆到部，……作何完结之后，令刑部知会画题衙门，公同刷卷。③

刑部虽然是三司会核的主稿、是大部，但由于有"面同研审"和"两议"的制度设计，都察院、大理寺的权力得到了加强，有力地制约了大部专权，减少了官员胥吏徇私枉法。

雍正十一年（1733），更确立了都察院、大理寺如果对刑部的审拟意见"扶同蒙混"，怠于行使复核平反职能时，则要受到议处。是时，大学士张廷

---

① 《清高宗实录》卷四三九。

② 《大清会典》卷六九。

③ 《清世宗实录》卷七。

玉奏请详慎引例之条。指出，刑部在引用律例条文科断时，往往删去前后文辞，仅仅摘中间数语，"即以所断之罪承之"。更有需比照定拟的案件，或避轻就重，或避重就轻，"高下其手，率由此起"。该折经九卿会议具奏：

> 三法司衙门，理宜一体详慎，嗣后凡应法司会审事件，刑部引例不确，院寺即查明律例改正。倘院寺驳改犹未允协，三法司堂官会同妥议。如院寺扶同朦混，别经发觉，将院寺官员一并交部议处。①

雍正从九卿所奏。这就在制度上对院、寺的责任作了规定，意见不合即当两议，否则要受到议处，保证了中央最高司法权的制衡，限制了刑部专权。

其次，哀矜慎刑，减少冤假错案。

《论语》中记有曾子"如得其情，则哀矜而勿喜"②的名言。出于"哀矜慎刑"的司法理念，在清代的司法实践中，对于人命案件和死罪案件，才会必须经由繁复的层层审转复核程序，才会在证明标准上强调"信谳铁案"这样毫无疑问的程度，才会稍涉疑问就要待质候审，只要疑点尚未消除，就必须罪疑从轻。③三法司作为皇权下纠正冤狱错案的最后屏障之一，两议之制对于慎重刑狱、无枉无纵具有不可或缺的重要作用。

顺治十六年（1659），对于周亮工因贪墨被参，而承问官程之璇、田绲馨徇情包庇一案，十一月，刑部以周亮工被参各款案内，审实赦后赃银一万有奇，情罪重大，应立斩，家产籍没入官具题。另承问官程之璇、田绲馨等徇情将赃银豁免，除程之璇已经物故外，田绲馨等俱拟绞监候，其家产、并程之璇家产，一并籍没入官。④疏入，下三法司核议。次年二月，三法司议

---

① 《清世宗实录》卷一二九。

② 《论语·子张》。

③ 徐忠明、杜金：《谁是真凶：清代命案的政治法律分析》，广西师范大学出版社2014年版，"序"第7页。

④ 《清世祖实录》卷一三〇。

奏，称周亮工赃私踰万法不可赦，应如前拟立斩，籍没。承问官田缉馨等，一拟绞监候，一拟杖不折赎。得旨："此案前后口供，参差不一，且两议轻重悬殊，何以惩戒贪私？事关重辟，著再严加详审确议具奏。"①三法司遵旨覆审本案，周亮工仍照前拟立斩籍没，承问官田缉馨等以其"瞻徇情面"拟绞、家产一并籍没。得旨：周亮工，依拟应斩，著监候秋后处决，家产籍没；田缉馨，依拟应绞，著监候秋后处决。余俱依议。②在同一时间段，还发生了浙江巡按牟云龙将原参贪官吴之荣赃银脱卸，不行审追一案。刑部审奏牟云龙脱卸赃银四万余两，应拟斩。③下三法司核拟后又出现两议：一议牟云龙虽无受贿实据，但妄请脱卸贪官，应照前议拟立斩；一议"或系承问官隐匿受赃原情"，请敕该督抚取承问官和书办等的口供，以凭定拟。得旨："著该督抚严取申详经承员役口供，再加详审确议，画一具奏。"④回顾以上两案，刑部题报交三法司核议，却得出两种截然不同的审拟意见，顺治皇帝面对差异悬殊的"两议"，前案指出了案件疑点，认为"事关重辟"，令三法司再议；后案认为证据不充分，着该督抚补充经承员役的口供材料后再行定拟。从而保证了中央司法权的慎重行使。

反之，若都察院、大理寺堂官碍于情面，不行使"两议具奏"的权力，一味随同刑部画题，则难以发挥应有的监督制衡作用。康熙三年（1664），广东道御史李秀，就三法司数十年间未曾翻驳一案事上疏：

> 刑狱出入，生死攸关。在外督抚成招，在内刑部定案，自缳首以上，必敕三法司核拟，此诚明慎用刑之至意也。近见三法司衙门会审，皆勉强趋赴，当其承问时，出论多有参差。及至成招看语，仍然照旧，依样画题。数十年来，未见翻驳一案，出入一囚者，总因法司诸臣，彼此恐招嫌怨，不肯力破情面……

① 《清世祖实录》卷一三二。
② 《清世祖实录》卷一三四。
③ 《清世祖实录》卷一三一。
④ 《清世祖实录》卷一三三。

奏折指出，重案必交三法司核拟的题中之义便是，事关生死，必须明慎用刑。对于刑部所拟，院寺若碍于情面、依样画题，则违背了三法司之设的初衷。因而他"请敕三衙门，各出看语，通列具题，专候睿裁"。①

康熙十九年（1680），三法司审拟刘三等十七人强盗一案，一议认为俱应立斩；一议认为李四等三人并未承认，应监候秋审，其他人等拟立斩。康熙帝询问大学士索额图等，奏曰："臣等亦曾公同商酌，罪疑惟轻，后议似是。"上也以后议为允当，令着即照后议行。②次年，三法司又将孟金标、钱家祯等十九人强盗一案两议具题：前议立斩；后议认为贼首张文焕等在逃，应"俟获日对质审结"。上曰："罪疑惟轻，与其失入，毋宁从宥。尔等云何？"大学士勒德洪等奏曰："诚如圣谕。"上曰："此案著依后议。"③以上二则两议案例，都体现了"罪疑惟轻"的司法原则，说明当三法司审拟案件出现两种意见而又存在疑点时，皇帝的最终裁决会更加慎重，如遇到此种情形，皇帝甚至会将案件交由更高层面审理，即交九卿会审或交大学士等会同三法司审理。康雍乾时期，有时更将三法司两议之题本折角，使成为折本，俟御门听政时处理，④从而最大限度地减少了冤假错案的发生。

此外，三法司"两议"还会使得原承审官免于处罚。因督抚题报案件若拟重、拟轻，经刑部或者三法司改判、驳回，原审督抚往往会受到一定的处罚，轻者申饬、重者革职查办。而三法核拟重案出现两议时，往往意味着案情复杂，抑或可矜可疑。据《大清会典事例》记载，清代先后于康熙九年⑤、嘉庆五年⑥两次题准：督抚将重犯引律具题，或拟重、或拟轻，曾经三法司两议具题者，督抚并承问官俱免议。

① 《清圣祖实录》卷一一。
② 《康熙起居注》康熙十九年五月十九日丁未。
③ 《康熙起居注》康熙二十年四月初三日丙戌。
④ 那思陆：《清代中央司法审判制度》，北京大学出版社2004年版，第141页。
⑤ 《大清会典事例》卷八五二，《刑部》。
⑥ 《大清会典事例》卷一二三，《吏部》。

2."两议"与法司争竞之间须为平衡

"两议"之制，也产生了一些问题：

首先，三法司会核案件从"判然两立"到以两议为讳。

乾隆年间，凡三法司核拟之案，"动辄两议，沿习成风"，① 严重影响司法效率。为应对重案频发的情况，对原有的两议之制进行了限制。一是允许个人有不同意见，但不得有衙门之间的对立，三者之间应尽可能地会议出较为一致的意见上奏。乾隆六年（1741），湖北巡抚范璨奏称，民人江在金殴伤大功服兄江声先身死，拟斩决，并声明"应否比照救母情切，酌量宽减"。刑部议覆，查江在金供内，虽有怕声先误打伊母之语，然实无救母情形，自不便比照此例议减。但都察院左都御史杭弈禄等，以江在金并无与兄斗殴之事，若照弟殴大功服兄律，拟以斩决，未免"情轻法重"，认为应改为斩监候。两种不同处理意见上奏皇帝，得旨：江在金改为应斩，着监候秋后处决，余依议。此案的分歧在于，刑部系按律定拟，而都察院、大理寺一方则是"原情定罪"。对此，乾隆训谕称，"三法司惟应按律定拟，不得意为轻重"，院、寺于此案另议监候，"虽属原情，究非立法之本义"。更指出，"两议之事，间或一二人意见不同则可"，如果演变成一衙门立一意见，而与刑部"判然两议"，则会破坏三法司的一体性，"甚有关系"。②

大理寺少卿周炎因奉上述训谕，针对日益增多的不同判拟意见，奏言，法司会议不得各立意见，曾经奉有谕旨，今三法司仍蹈故辙，动成两议。请嗣后三法司核拟事件，有应酌改者，即移知刑部，定期赴刑部衙门，公同面议，画一定拟。得旨："允行。下部知之。"③ 是故，奏准：

> 嗣后三法司核拟事件，刑部定稿，移送画题，如遇有院寺见以
> 为应酌改者，移知刑部。刑部即速定期，移知院寺，齐赴刑部，公
> 同面议。主稿者不得狃成见而不移，会稿者不得逞私心而自用。务

---

① 《清高宗实录》卷一五三。
② 《清高宗实录》卷一四七。
③ 《清高宗实录》卷一五三。

期细绎案情，详拟律例，各秉虚公，画一定拟。

十一年（1746）又奏准："近来法司衙门会核之案，有两议并陈者，主稿衙门，或又夹片申明前议之是，指驳后议之非。有关政体，实非浅鲜。嗣后会议之案，间有同异，务于进本之前，平心商榷，期于平允。倘必不能画一，则两议并陈，静候上裁，不得夹片豫为申说。"①

由于前述乾隆时期对"两议"之制进行了限制，即可以有个人意见的不同，但禁止三衙署之间意见对立。从而导致了"两议"之制走向另一个极端，即三法司核拟案件往往以两议为讳，这又与三法司设置的初衷相违背。乾隆十八年（1753），据左都御史梅珏成于召对时奏称，近年法司办理刑名，"每以两议为讳"。对此，上谕曰：

敕交三法司核拟（重案）……如或迹涉两是，间有一二人不能尽归画一者，自不妨各抒所见，候旨酌夺，向来原未定有不准两议之例。朕前因刑部、都察院每各持意见，彼此分朋，竟成两衙门相角。此实恶习，有关政体，是以降旨训谕。而乾隆六年，大理寺少卿周俒，因奉有训饬谕旨，遂奏请画一具题。夫狱一成而不变，案情律意，推校不惮周详，要归一是而已，固不得逞其偏见，攘臂相争。而避立异之名，苟且附和，亦岂国家设官集议之本意？且懦黠者，转得藉口以为萌目无策。嗣后三法司核拟重案，如有一二人意见不能相同者，原可两议具题，但不得合部合院，各成一稿。②

乾隆也意识到，限定两议后，都察院、大理寺或惧担"两议"的责任转而附和刑部意见，三法司恐成为刑部"一言堂"，导致大部专权。因此，他又强调"两议"于三法司会审的重要性，再次通行晓谕，强调允许不导致衙门对立前提下的"两议"。

---

① 《大清会典事例》卷一〇二一，《都察院》。
② 《清高宗实录》卷四三九。

其次，御史参与三法司会核"不作为"或"乱作为"。御史有单独上奏、直达天听的权力。御史参与案件会核，若有不同意见，应当另议奏闻。三司会核重案往往关系到人犯生死，有些御史为博虚名，于是在参与重案会核时采取既不画题、又不另奏的消极不合作态度。如雍正二年（1724），刑部等衙门议奏焦宏勋侵隐庄亲王财产议罪一案，御史杨缵绪、田嘉谷俱不画题，又不另议具奏，引发雍正帝极大不满，称其"非欲沽名，即系徇私"，传谕二人明白回奏，并要求嗣后凡会稿有不画题者，该部即行声明具奏。①雍正认为二人实属沽名钓誉、耽误命案审理，因为按规定，田嘉谷、杨缵绪于焦宏勋一案，意见不合，即当两议，或者将不画题缘由缮折奏闻。不然，即应同三法司画题具奏。后九卿等又遵旨询问御史田、杨，奏入，雍正下长圣旨对二御史此种行为，及于司法审判"专务虚声"的风气予以严厉斥责，称：

> 伊等既故为隐瞒，设朕不问及，不知伊等之不曾画题，竟照法司所议完结，伊等必以为人命案件，三法司大臣官员不能详审定案，是以我等不曾画题，借此邀名干誉，无所不至。古人慎重民命，每戮一人，必谋之左右，谋之大夫，更谋之国人。今纵不能谋之国人，如何与议官员内，尚尔议论不能佥同……如有于心不合之处，不妨奏闻，朕自有定夺。……今观田嘉谷、杨缵绪之所为，是专务虚声，自树党援，非愚昧无知，即其心叵测……此风断不可长。……大小臣工犹有各执己见、邀誉盗名者，朕必治以重罪。②

最终，御史田嘉谷、杨缵绪等被重罚革职回籍，以为邀名干誉者鉴。

此外，还有御史"乱作为"，导致与本部堂官意见每每相左的情况。如乾隆十一年（1746），云南李文贵殴死胞兄李文远一案，三法司会审将李文贵依弟殴胞兄致死律，拟斩立决。而御史宜兆畀等认为，李文远的伤系自行

① 《清世宗实录》卷一八。
② 《清世宗实录》卷一八。

碰跌、夺爬所致，"另议"主张对李文贵量为末减。① 御史确实有单独上奏权，但乾隆认为，一是，此案御史与都察院堂官"各分门户"，于定例"甚属不合"；二是，御史有不同意见，应依司法程序，先通过都察院堂官向刑部提出核查，待三法司并未采纳而作出"一议"的核拟结果后，方可单独提出另议。于是，后议之宜兆罴等被交吏部议处。与此同时，原案件经九卿会议，认同了该御史的主张，奏请照伊等所议覆奏。乾隆允行，称，"三法司之设，原以公同商榷，俾情罪相当，以慎重民命也"。他批评了大理寺于该案只不过是随同画题，"并未见尽心改正之处"；御史宜兆罴等，"竟分门户，并未遵奉朕从前所降谕旨"，但念其对案件尚数留心，提出的异议也属实，最终被处以"降级，从宽留任"。而听闻此案将宜兆罴等交部议处后，又出现其他御史等将已经"两议"之案撤名的情况，乾隆帝批评"此不特非秉公办理之道，抑且全未喻朕教训伊等之本意矣"，着一并饬行。②

总之，在中央一级司法审判层面，清代三法司之间确实有互相制衡、互相监督的关系。尤其"两议"之制使得都察院、大理寺的权力得到了加强，有力制约了大部专权，减少了官员胥吏徇私枉法，起到了制衡中央司法权的作用。同时，三法司作为皇权下避免冤狱错案的最后屏障之一，"两议"之制所体现的"哀矜慎刑"的司法理念，对于慎重刑狱、无枉无纵具有不可或缺的重要作用。然而允许三法司"两议"可能会致使三法司各持己见，彼此分朋，"竟成两衙门相角"；亦有御史为邀虚名而于会稿时不画题，或者每每与本部堂官意见相左。这些情况扰乱了司法程序，影响了司法效率。当皇帝有所警觉，对"两议"进行一定程度的限制时，又导致三衙门因唯恐圣怒而忌讳两议。这又与三法司设置的初衷——互相制衡的内在精神相左。乾隆时期一直在"两议"与不得分衙门争竞之间找平衡，而这种平衡恐怕才是"两议"之制发挥应有之义的关键所在。

---

① 《清高宗实录》卷一一。
② 《清高宗实录》卷一一。

二、三法司的对上制约与对下监督

(一) 三法司制度的对上制约

"皇帝独揽司法权"被描述成中国古代司法制度的基本特征,但全国那么多案件,皇帝如何"独揽"得过来?皇权的行使,事实上受到天道观念、祖制家法、社会舆情以及权力惯例的种种制约,[①] 从大量清代档案来看,清代皇帝对死刑案件的审断极少发生历史上曾有过的君主随意杀人的现象,"三法司核拟具奏"之类的批红谕旨比比皆是,正说明"重案必下三法司"的制度得到了较好地执行,保证了案件按照法定程序审理,使得皇帝任性生杀的情况在一定程度上受到约束。

1. 法律上的限制

在封建专制集权的社会里,法制的存在也是一个客观的事实。至迟从隋朝始,中国封建社会形成了比较完善的有关法司职守的法律,而这样的法律对于限制皇帝司法也起到了很大的作用。因为既然要求法司按法行事,那么皇帝也不得随意违背法律。[②]

尤其至清代,君主专制权力发展到顶峰,对司法权的控制不断强化,不仅为三法司的运作设计了复杂的组织架构,还规定了司法官员必须严格"照律定拟"。早在顺治三年 (1646),清代第一部法典《大清律集解附例》颁行之初,顺治帝就强调对法典的严格遵守,要求子孙臣民"世世守之"。雍正五年 (1727),修订后的《大清律集解》颁行,雍正帝再次强调对清律的"永为遵守"。至乾隆五年 (1740)《大清律例》正式颁行,规定"内外问刑衙门,凡有问拟悉令遵照办理","违者,论如律"。[③] 与此同时,这套制度也限制了皇帝的手脚,因此,皇帝有时得创造"例外",越法权断,用非常手段来

---

① 徐忠明、杜金:《谁是真凶——清代命案的政治法律分析》,广西师范大学出版社 2014 年版,"序"第 5 页。

② 林乾:《传统中国的权与法》,法律出版社 2013 年版,第 242 页。

③ 张峥嵘、刘勇强、金懋初点校:《大清律例》,天津古籍出版社1993年版,"凡例"第20—21页。

控制三法司、彰显自己的最高司法权。之所以称之为"例外"，是因为这种皇权越法权断的行为并非清代司法运作的常态。皇帝行使司法权，必须以律例等成文法典为规范性依据。

只要法司之审理与拟罪，系严格依据法律进行的，皇帝也未必能够予以改判。嘉庆元年（1796），山西孙伦元因窃锯孙守智树枝被后者殴伤，不久前者感觉无颜做人，自缢身死。法司认为孙伦元身死系行窃败露，轻生自尽，与人无尤；唯孙伦元系孙守智无服族祖，尊卑名分犹存，该抚将该犯依折伤成废满徒律上加一等，拟杖一百、流二千里，与律相符，应请照覆。但嘉庆称"究因尊长犯窃所致"，认为处刑重了，遂驳回令有司再行查核。法司遵旨查核覆奏，仍坚持原拟，称："亲有养赡之义，故相盗律内得以服制递减免刺；若有杀伤，仍以本律从其重者论，所以轻窃盗而重杀伤也。职等检查并无办过此等成案，公同酌核，应请仍照前议照覆。"奉批："既无成案，只可照覆。"[1] 嘉庆皇帝最终同意了法司的主张。又如咸丰九年（1859），刑部等衙门具题、审拟犯妇罪名一案。四川民妇任苏氏与李思沅通奸，李思沅起意将本夫谋死。该犯妇任苏氏讯称不知情，经刑部等衙门照拟绞候具题，酌入秋审缓决。咸丰皇帝审阅案情后，认为其中有几点疑窦：一是，若该犯妇于事后得知系李思沅谋死伊夫，因被吓禁而不敢声张，为何于李思沅起意弃尸时，甘心"听从抬弃"？二是，任苏氏既然与李思沅"捏称夫妇同逃"，那么她所称并未同谋、屡欲赴案具报，"殊难凭信"。咸丰怀疑该犯妇"恋奸忘仇"，并着裕瑞另委妥员，提集全案卷宗悉心研鞫，再行定拟具奏，以成信谳。寻奏，任苏氏"委不知情"，仍拟绞候。案件下三法司议也并无异议，于是咸丰予以批准。[2]

因此，有学者认为中国的司法实践都是以皇帝的意志为转移，[3] 这与清

---

① （清）祝庆祺等编：《刑案汇览三编》，北京古籍出版社 2004 年版，第 634—635 页。

② 《清文宗实录》卷九十八。

③ ［日］寺田浩明：《日本的清代司法制度研究与对"法"的理解》，载王亚新、梁治平编译：《明清时期的民事审判与民间契约》，法律出版社 1998 年版，第 119 页。

代司法实践是不相符的。事实上，皇帝在判案时，也不能随心所欲。据统计，《驳案新编》所收总共312件命案中，皇帝推翻刑部判决做出改判的只有28件，占全部案件的十分之一都不到。① 至于不顾律例和案情，不考虑三法司的意见，随心所欲乱判的事例，还从未发现。

2. 程序上的制约

清代皇帝行使司法权，还不得不遵循严格的司法程序和烦琐的仪式。比如秋审程序、勾决仪式等，这些司法程序与程式是君主行使死刑复核权的表现，就如现在最高人民法院行使这类权力一样，目的在于防止滥杀无辜，不能不加分析地把这种做法作为专制制度进行批判。② 而统治者于此也格外重视，因此这些繁杂的程序有清一代均照行不止。至于三法司制度的运行，顺治十年（1653），上谕命"三法司凡审拟死罪，议同者合具看语，不同者，各具看语奏闻"，并"永著为例"③，由此逐渐发展为清代相沿谨遵的死罪等重案必"交三法司核拟具奏"的"祖制"。以雍正三年（1735）的钦案——"年羹尧案"为例，先是吏部参劾，接着雍正"敕下法司"将年羹尧锁拿来京；④ 待三法司审理完毕，拟"九十二大罪"奏请皇上将其"立正典刑"，最终雍正着"从宽改为赐死"。⑤ 该案中吏部与法司，均是在雍正本人的授意下进行参奏和审理的，天下共知，而案件最终的审判结果，也完全体现了圣意。⑥ 但是年案的处理过程，基本上合乎清代司法审判的法定程序和法律制度，雍正也并没有越过三法司直接杀人。可见即便是皇帝亲自审理的钦命案件，仍要经三法司核拟这一程序。

清代前期，皇帝"乾纲独断"，往往直接过问案件的审拟，并成为惯例。⑦

① 何勤华：《清代法律渊源考》，《中国社会科学》2001年第7期。
② 杨一凡：《重新认识中国法律史》，社会科学文献出版社2013年版，第508页。
③ 《清世祖实录》卷七八。
④ 《吏部等衙门参劾奏本》，转引自郑秦：《清代司法审判制度研究》，第16页。
⑤ 《清世宗实录》卷三九。
⑥ 郑秦：《清代司法审判制度研究》，第17页。
⑦ 林乾：《传统中国的权与法》，法律出版社2013年版，第291页。

然而，皇帝仍然要反复与三法司对案情进行讨论，以免给三法司及世人一种以圣旨压人的感觉。雍正二年（1724），七十（人名，笔者注）等结党依附廉亲王，且迁延不交任内浮额税银，又造言怨望，引发雍正帝震怒。他谕总理事务王、大臣等曰："……廉亲王之意，不过欲触朕之怒，多行杀戮，使众心离散，希图扰乱国家耳。……今七十等，……若不绳以国法，则宪典不行矣。"又谕刑部："今大臣等，因朕一时之怒，请将七十正法。朕若日后追悔，大臣等亦不可当。尔等会同议政大臣、三法司，秉公详议具奏。如有不便画一之处，各抒所见，另议具奏。"① 雍正这种"要做明君"的心理取向在清代很具有代表性，尤其再加上三法司"两议"的制度设计，使得君主任情生杀、越法独裁和"权断"的情况在一定程度上有所克服和警戒。

由实录所载"三法司核拟具奏"案件及清代的刑科题本、重囚招册等诸多档案材料来看，死罪等重案必交三法司核拟的制度得到了较好地遵行，基本上是依照既定格式、并严格依法定程序来审拟的。与明代相比，诸如廷杖朝臣、厂卫司法等法外措施并未被清朝统治者所采用。这保证了案件审理中的"程序正义"，也使皇帝依自己的喜怒而生杀人的情况，受到了一定的制约和抑制。可以说，古代传统中央司法制度经历几千年发展，至清代已趋于成熟、稳定，皇帝司法权的行使也已经制度化、法律化，他们从历代的教训中，懂得利用法定程序才能确立长久稳定的法制。

（二）三法司对地方司法的监督作用

《大清律例》规定，"凡（有司于）狱囚（始而）鞫问明白，（继而）追勘完备……至死罪者，在内法司定议，在外听督抚审录，无冤依律议拟（斩绞情罪），法司覆勘定议，奏闻（候有）回报，（应斩决者）委官处决。"② 即京师死罪案件由三法司会审，其他各地方罪至斩、绞者，督抚奏闻皇帝，复

---

① 《清世宗实录》卷二〇。
② 《大清律例》卷三七，《刑律·贼盗·断狱下·有司决囚等第》。

44

批"三法司核拟具奏"。清代是中国历史上疆域最大的朝代之一，为维护帝国的司法统一，朝廷一刻也不敢放松对地方司法权的监管。在清代的司法实践中，对于地方督抚专擅司法、蒙混中央，或不通律例"一涉揣摩"圣意，以及办案不规范等情况，都通过三法司予以监督和驳正，以维系帝国的司法公正。

1. 监督把关地方问刑

三法司有监督把关地方问刑的职权。康熙二十年（1681）五月，谕三法司：

> 帝王以德化民，以刑弼教，莫不敬慎庶狱，刑期无刑。故谳决之司，所关最重，必听断明允、拟议持平，乃能使民无冤抑，可几刑措之风……在外督抚臬司及问刑各官审理重案，有律例未谙、定拟失当、草率完结者，有胶执成见、改窜供招、深文罗织者，有偏私索诈、受嘱徇情、颠倒是非者。有一于此，民枉何由得伸？并著严加申饬内外大小问刑各衙门，洗心涤虑、持廉秉公，务期原情准法、协于至当。不得故纵市恩，亦不得苛刻失入。痛改积习，加意祥刑，以副朕尚德好生，钦恤民命至意。①

康熙指出了地方司法机关审拟重案存在的种种积弊：一是不谙律例，定拟失当；一是不依事实，锻炼成狱；更严重的是借案勒索、受贿枉法，颠倒是非的情况。这些重案经逐级审转，最终都需要三法司的把关与监督。

雍正亦对地方司法机关狱讼不得其情，唯锻炼口供冀免三法司之驳查的情况十分重视。雍正元年（1723），他谕按察司：

> 朕惟直省大小狱讼，民命所关，国家各设按察司以专掌之。一切州县申详，至尔司而狱成，凡督抚达部题奏事件，皆由尔司定案，任岂不重与。……夫折狱凭口供，而平反凭案卷。今法吏不求得情，惟求完结，州县案卷之申详尔司者，多锻炼口供，附于律

---

① 《清圣祖实录》卷九四。

例，冀免尔司之驳查。尔司之详督抚，督抚之揭部院者，又加文致
焉，冀免三法司之驳查。……奏当既成，虽皋陶视之，犹以为死有
余辜者也。口供案卷如是，冤抑何从平反？①

在这里雍正强调各省按察使司在狱成之始的重要作用，但从另一方面，
地方狱讼案件的卷宗经按察使、督抚、部院直至三法司，层层锻炼、加文致
焉，冀免驳查，以致"虽皋陶视之，犹以为死有余辜者也"，可见三法司平
反冤狱的困难程度，而作为皇权之下维护司法公正的最后一道屏障，三法司
监督地方司法的关键作用可见一斑。②

三法司防范、打击地方督抚专擅司法、"高下其手"的作用，还体现在
当皇帝发觉案情有问题时，或特差司官覆审，甚至命将人犯直接拿解来京，
交三法司审拟。如康熙三十六年（1697）十一月，谕大学士等，"昨见高阳
县盗案情有可疑，特差司官覆审。今据奏，张三等果非真盗、严刑诬坐、希
图销案。"康熙斥责直隶巡抚③沈朝聘"竟不详察，草率完结定罪具题，殊
属不合"，并着三法司会同吏部议处。④乾隆二十六年（1761），对于福建巡
抚为水师提督贪墨罪行的请减，乾隆帝认为其"揽权斡旋"，"高下其手"，
而受到革职发配赎罪的严厉处罚。而闽浙总督于案件"随声附和"，也被处
以革职留任。巡抚、总督于该案件审拟中，一个揽权操纵、欺谩圣上，一个
随声附和、不行作为，乾隆皇帝为使该案能审出确实，命将马龙图着拿解来
京，交三法司严审定拟，案件其余方面亦着三法司核议具奏。⑤

对于地方司法官不懂法、不依法办案，只知揣摩皇帝旨意、意为加减的
做法，皇帝也通过肯定三法司驳案的形式予以纠正。乾隆三十七年（1772），

① 《清世宗实录》卷三。
② 至乾隆五年（1740），此项规定被以"直揭三法司，是启属员陵上之渐""为属员者，安
敢以一事之批驳，擅揭部科，致通省之上司尽成嫌隙"（《清世宗实录》卷三）的理由议
准删除。
③ 康熙八年（1669）裁撤直隶总督一职，雍正元年（1723）重设。
④ 《清圣祖实录》卷一八六。
⑤ 《清高宗实录》卷六三七。

管关织造寅保的家人高尚德，踢毙徐二，浙江巡抚熊学鹏以高尚德逞凶踢毙平民，拟绞决上奏。案件经三法司核覆，认为系因徐二漏税争衅，被踢身死，与无故殴毙平民不同，高尚德仍应以斗杀律绞候。对此，乾隆称三法司"所驳甚是"，依议行。分析案情，高尚德踢毙人命不假，但徐二原系漏税之人，因不服愤争而被脚踢致毙，这与倚势逞凶、殴毙平民有间，按斗杀本律定拟已足蔽辜。因而三法司依律予以驳正。而反观该抚熊学鹏，并不细核案情，而因另案中轻判曾被训谕，于该案便揣摩圣意，拟以立决，其实过当。乾隆在谕旨中进一步指出：

> 夫决不待时之犯，原因罪恶重大，法难姑待。如强盗情无可原，及谋叛大逆邪教妖言之类，自不容稍稽显戮。……（高尚德）何至遽拟立决？……殊不思封疆大吏，于刑名案件，竟不揆事理之轻重，率用私意窥测，致引断失律可乎？

熊学鹏着交部议处。由此案，乾隆意识到，像熊学鹏这样于律例并不熟悉的地方大员还有很多，他们不认真推敲案情反而一味揣摩迎合圣意的做法，会严重影响司法公正，因此三法司的监督驳正作用是不可或缺的。他还告诫掌握地方司法权的各督抚："朕于一切谳牍，虚公审权，应宽应严，从不豫存成见。其中有原拟过轻，经朕敕部另拟，或原拟过重，复驳令改议者，各就案犯真情，反覆推究，务期一一公当，皆随其人之所自取。正如鉴空衡平，物来顺应，初非先有意向。则各督抚又何从为之揣摩？况一涉揣摩，则事理已不得其平，复何以称弼教协中之意？"①

2.三法司对地方督抚题、奏案件的复核程序

地方督抚于死罪案件的具题或者具奏，原则上，寻常死罪案件应专本具题，情节重大死罪案件应专折具奏。②由此，中央司法职权与地方司法职权的关系，最主要地，体现在中央对地方督抚题、奏案件的复核与驳案上。但

---

① 《清高宗实录》卷九一八。
② 《大清律例》卷三七，《刑律·断狱下·有司决囚等第》附例。

需要指出的是，如果把刑部、三法司当作各省的"上一审级"是不恰当的，地方督抚的具题是向皇帝直接报告，而非向法司。① 且地方各省总督、巡抚，身兼尚书、侍郎衔和右（副）都御史衔，与中央部院平级而非各部的下级，所以中央部院无权直接受理地方督抚的题本。正如题本的结束语都是这样的：

> 臣谨具题，伏祈皇上睿鉴，敕下法司核拟施行，谨题请旨。

督抚以题本向皇帝报告案件，并请皇帝敕下刑部三法司核拟办理，同时，还应将与题本同样的内容，以"揭帖"的形式分别咨送刑部、都察院、大理寺。其中，都察院接受揭帖始见于康熙十七年（1678），是年议准："各省由三法司核拟事件，各具揭帖二通，一揭送院，一揭送该道。"② 大理寺接受揭帖，规定于《大清会典》："各省总督巡抚具题重辟，皆以随本揭帖投寺，各按其应分应轮，发左右寺。"③

（1）驳令再审

设计驳审程序的原因和意义首先在于，强化中央司法权对地方司法权的控制，以便实现"内重外轻"的政治意图。④ 依清例，"凡督抚具题事件内，有请罪不协、律例不符之处，部驳再审"。⑤ 另外，法律还明确规定，死罪重案如果三法司（刑部）核拟认为督抚拟罪畸轻、畸重，也应驳令其再审，例载："凡斩绞案件，如督抚拟罪过轻而部议从重者，应驳令再审；如拟罪过重而部议从轻，其中尚有疑窦者，亦当驳令妥拟。"⑥ 因此，地方督抚具题（或具奏）的死罪案件，经三法司会核认为法律适用错误，或者案件事实认定不清，三法司奏准皇帝可予以驳令再审。

---

① 郑秦：《清代司法审判制度研究》，湖南教育出版社 1988 年版，第 151 页。

② 《大清会典事例》卷一〇二一。

③ 《大清会典》卷六九。

④ 徐忠明、杜金：《谁是真凶——清代命案的政治法律分析》，广西师范大学出版社 2014 年版，第 41 页。

⑤ 《大清律例》卷三七，《刑律·断狱下·有司决囚等第》附例。

⑥ 《大清律例》卷三七，《刑律·断狱下·断罪不当》附例。

　　乾隆四十年（1775）十二月，江苏巡抚萨载具题陈八戳死陈胜章一案，将陈八拟以绞候、用绳套胞弟陈胜章颈之陈裕章拟以斩决。三法司核议认为"拟议两歧"，驳令该督再行确审。法司分析：第一，如若陈裕章先将伊兄陈胜章用绳套颈，然后喝令人殴打以致毙命，那么便与自殴胞兄致死无异，自应将陈裕章问拟斩决，而不应复将陈八拟以绞抵；但陈胜章之死，其实是陈八之木尺戳伤，尸格具在，既然将陈八拟绞，为何又将陈裕章仍拟斩决？第二，该抚的题报没有搞清楚"套"与"缚"的迥然不同，如若陈裕章将伊兄陈胜章手足拴缚以致无法抵抗，被殴毙命，那么后者的死是由于"缚"，前者仍难逃杀兄的罪名；但事实上陈裕章只是将伊兄用绳套颈，尚未达到无法抵抗的程度，因此陈胜章之死，其实是由于陈八的殴打，而不由于"套"。总之，陈裕章仅应律以套兄罪名，不宜遽拟重辟。乾隆帝对三法司之驳案表示支持，认为"所驳甚是"，称此案该抚等"援引罪名，一命两抵，太觉错谬……事关生死出入，尤不应妄涉深文"。并着传谕萨载（抚）、龙承祖（按）据实明白回奏。①

　　转至第二年（1776）正月，萨载、龙承祖各回奏称，陈裕章因拔豆细故争角，拴缚亲嫂，迨伊兄陈胜章往与争殴，陈裕章又抓伤胞兄咽喉，然后用绳拴套兄颈，强拉前行，致被陈八戳死。该抚等以其情形凶暴，伦纪攸关，是以问拟斩决。而对于"一命两抵"的矛盾之处到底应不应改，俱未置一词。乾隆帝称其"含糊殊甚"，著再传谕二人速将此案是否应遵部驳、抑或仍从原拟，即行详确覆奏。寻奏入：陈裕章，究非与陈八先有谋约，应遵部驳改正，照弟殴胞兄本律定拟；陈八，照原拟具题。得旨，俟题到有旨。②

　　由此案可知，驳审死罪案件的程序为：三法司核拟各省督抚具题（具奏）死罪案件，若认为适用律例有误、案情存有疑窦，则可驳令该督（抚）再审；驳审得叙明驳案缘由奏闻御前，俟皇帝裁决，而后皇帝谕令该督（抚）再行

---

① 《清高宗实录》卷九九九。

② 《清高宗实录》卷一〇〇一。

确审具奏，方可定案。

但另一方面，如果皇帝对三法司的驳案理由不予支持，那么法司对督抚的驳令再审行为就不能成立。比如：乾隆二十八年（1763），山西洪洞县民郑凌放枪捕贼，致伤继母身死一案，巡抚明德拟以凌迟具题。三法司核拟本内所叙情形事由后认为，该犯郑凌捕贼放枪时，适伊母在房靠窗窥瞰，枪砂散开，"误伤殒命，黑夜之中实属思虑所不及"，"核其情法，尚属两歧"。于是驳令该抚另审妥拟，并将驳案缘由奏闻。乾隆帝览奏后认为，"拟议尚未尽允协"，称："郑凌致死继母陈氏，放枪虽由捕贼，然既系继母，又同院居住，岂不知伊母卧房所在？辄向放枪致死，尤不当令其苟活人世，致乖伦理。"着三法司再行核拟具奏。寻议：查向例，子孙过失杀祖父母、父母，止拟杖一百流三千里，实未允协。请嗣后子孙有过失杀祖父母、父母者，拟绞立决，毋得仍照旧例。并通行各省载入例册。乾隆从之。[①]

（2）改拟

各省具题（具奏）的死罪案件，经三法司复核，认为案件事实认定并无不妥，但适用律例错误的，三法司可予以改拟。乾隆八年（1743）定例，"凡斩、绞案件，……倘刑部所见既确，即改拟题复，不必辗转驳审，致滋拖累"[②]，三法司之改拟大多数情况下依据此定例。兹摘录乾隆朝《刑科题本》所载案例说明：

> 刑部等衙门，经筵讲官·议政大臣·刑部尚书·加尚书·加二
> 级·纪录三十一次臣尹继善等谨题。

> （前残）（删）该臣等会同吏部、都察院、大理寺，会看得柳州
> 府罗城县瑶人贾扶南等烧杀何扶反等二十五命一案。据广西巡府杨
> 超曾疏称：缘何扶反系贾扶吾之义弟，先年贾扶吾念其穷苦，将架
> 或村田房分给何扶反住居耕种。讵何扶反不务恒业，荡尽无倚。（删）

---

① 《清高宗实录》卷六九〇。

② 《大清律例》卷三七，《刑律·断狱下·断罪不当》附例。

兹据审拟招解，经臣覆加研鞫，据贾扶南直将听从已故贾扶吾商约索取猪酒起衅，伤死何扶反、杨富升、杨富明、杨苏桥，及贾扶紧放火烧屋，共伤二十五命，并掳得牛只猪鸡等物，宰食俵分，各实情供认不讳。再三严诘，并无预谋劫掳烧杀情事。查贾扶吾殴死何扶反、杨富明、杨苏桥三命，除殴伤杨氏轻罪不议外，应拟斩决；贾扶素持枪连戳伤何扶反、欧贵明、杨富明，应行拟遣，但均已病故，应毋庸议。贾扶南业经殴倒杨富升，又连殴头颅两下，以致杨富升登时殒命，应拟斩监候。未获之贾扶紧、贾扶凤、贾扶稿、贾扶施、贾扶引、贾扶该、贾扶齐、贾扶痕，缉获另结。将村老石扶调等拟杖，援赦免罪等因，具题前来。

查贾扶吾等烧杀何扶反等六家二十五命，虽据该府审明，并无预谋劫掳杀烧情事，但殴杀四命，又连伤多人，复行烧杀二十余命，虽属临时起意，故杀惨毙六家，凶残已极，不应如该抚所拟。除戳伤三人应改拟斩决之贾扶素，于取供后病故不议外；贾扶吾应改照杀一家非死罪三人为首监故者，将财产断付被杀之家，妻子流二千里，仍剉尸枭示例，应仍剉尸枭首示众，将财产断付被杀之家，妻子流二千里安置。为从之贾扶南，应改照杀一家非死罪三人为从加功者斩律，应拟斩立决。脱逃未获放火杀人之贾扶紧，及伤人之贾扶凤、贾扶稿并伙犯贾扶施、贾扶引、贾扶该、贾扶齐、贾扶痕，应令该抚悬赏勒缉，务获审拟具题。……再，此案系刑部主稿，合并声明。臣等未敢擅便，谨题请旨。

乾隆三年四月十二日

经筵讲官·议政大臣·刑部尚书·加二级·纪录三十一次臣尹继善。①

---

① 中国第一历史档案馆等编：《清代地租剥削形态》，中华书局 1982 年版，第 21—25 页。转引自那思陆：《清代中央司法审判制度》，北京大学出版社 2004 年版，第 129—130 页。

上案例中，广西巡抚杨超曾定拟如下：贾扶吾殴死何扶反、杨富明、杨苏桥三命，除殴伤杨氏轻罪不议外，应拟斩决；贾扶素持枪连戳伤何扶反、欧贵明、杨富明，应行拟遣。以上二人因均已病故，应毋庸议。贾扶南业经殴倒杨富升，又连殴头颅两下，以致杨富升登时殒命，应拟斩监候。

该抚所拟经刑部会同都察院、大理寺等会核，认为"不应如该抚所拟"。首先在案情危害程度上，三法司以贾扶吾等烧杀何扶反等六家二十五命，"凶残已极"；其次认为该抚适用法律有误，导致罪、刑不相应。因此作出改拟：贾扶吾，虽已病故，应改照杀一家非死罪三人为首监故者仍剉尸枭示例，将其剉尸枭首示众，财产断付被杀之家，妻子流二千里安置。为从之贾扶南，应改照杀一家非死罪三人为从加功者斩律，应拟斩立决。贾扶素，戳伤三人，应改拟斩决，因于取供后病故，不议。

三法司对督抚定拟之改拟仍须奏闻御前，待皇帝批准方可定案。除此之外，《大清律例》还规定："凡督抚具题事件……若驳至三次，督抚、司、道等官不酌量情罪改正，仍执原议具题，部院复核，其应改正者，即行改正。将督抚、司、道等官，一并交部议处。"① 可见对于督抚具题案件，部驳达三次，督抚等仍按原拟具题的，由法司复核予以改正。

3. 对旗人及苗疆等少数民族地方的死罪复核

按清制，三法司是皇帝之下的最高司法机关，受理、复核天下刑名案件。蒙古、新疆等所谓"外藩"案件虽由理藩院受理，但罪至斩、绞的，须会同三法司（刑部）核拟②。"苗疆"及其他西南少数民族地区，在改土归流之后，刑案同内地一样依照《大清律例》审办，③ 因而死罪案件亦须经逐级审转复核，直至刑部、三法司。此外，作为满人建立的政权，清代初期在司法上做了一些旨在保护旗人的制度安排，但之后逐渐收紧了旗人特权，使旗

---

① 《大清律例》卷三七，《刑律·断狱下·官司出入人罪》附例。

② 《理藩院则例·通例下》。

③ 郑秦：《清代司法审判制度研究》，湖南教育出版社1988年版，第95页。

人刑事案件经过法司定拟,更多地受到应有之处罚。这样,各民族地区①乃至各地方特权阶层的死罪核拟权统一在中央。

(1)旗人案件

因清代是少数民族政权,统治基础是以满人为主体的旗人,故而对旗人案件在制度设计和司法上偏向于保护旗人的利益。除在法律上规定了旗人的犯罪活动大都可以得到宽免外,在司法程序上,与寻常案件至死罪才交三法司核拟不同,各省旗人案件徒罪以上即由将军、都统或副都统审理完结、题奏皇帝,交由刑部或三法司复核;京师旗人徒罪以上案件,则直接由刑部或三法司审拟。旗人案件由三法司(刑部)复核或审拟后,仍需奏闻皇帝批准。②

除闲散旗人外,绝大多数旗人均为八旗兵,在征服中国的过程中驻防各地。旗人犯寻常死罪,若其祖、父、子孙等曾经立战功、阵亡者,刑部或督抚须在具题(奏)时声明请旨是否宽免;而死罪以外的案件也往往宽免其罪或者减轻处罚。但也有例外:

乾隆二十七年(1762),湖南查出兵部书吏黄在中等在楚勾通武员作弊婪贿一案,牵涉兵部书吏与地方武职大员多人。因有定例,旗人犯军流徒罪,均准枷责发落。该督(爱必达)抚(冯钤)原拟,案内应发烟瘴充军之刘煊、马元龄,因系旗人,照例解部完结。但案件经三法司核拟,不准折枷,请发黑龙江当差,并将核拟结果奏报皇帝。帝曰:"若辈向来恃有此例,转以为身系旗人,即遇罪谴,仍可室家保聚,不至投畀远方,是非所以爱惜保全。适长其遂非怙终之习,而轻于捍法也。且使此等幸逃法网之人,聚集京师,尤为有损无益。"于是乾隆着定新例:嗣后凡满洲犯有军流遣罪,如系寻常事故,仍照旧例枷责完结;倘有似此寡廉鲜耻之徒,……自应削去户籍,依律发遣。其如何完结之处,该部逐案声明请旨。最终乾隆帝支持了三

① 西藏地区较为特殊,依《善后章程》与《西藏通制》规定,清代中央对西藏地区司法仅有形式上的终审权。——笔者注

② 《大清会典事例》卷八三八。

法司的主张，将此案之刘煊、马元龄，即着发往烟瘴地面充军。①

统治者并没有一味地包庇、纵容旗人的犯罪行为，面对八旗子弟的犯罪活动可能导致的社会不稳定因素，维护国家法制秩序被摆到了首要位置。除上述案例之外，清代立法逐渐收紧了旗人特权，使旗人刑事案件经过法司定拟，更多地受到应有之处罚。如在《大清律例》"犯罪免发遣律"下条例规定，"凡旗人殴死有服卑幼，……其有情节惨忍者，发往黑龙江三姓等处"，而且"不准枷责完结"。旗员中如有诬告、讹诈、行同无赖不顾行止者，亦如之。②（乾隆十九年、二十一年定例，二十二年改定）乾隆三十一年定例，旗下家奴犯军、流等罪，俱依例发驻防为奴，不准折枷。至道光五年又奏准，凡犯所列举罪行，罪至徒、流、充军、发遣者，分别发配，不准折枷。③ 清代薛允升也评价"此例行而直以民人待之矣"④，至此，旗人的一般刑罪不再拥有折枷免发遣的特权，均要经法司按律定拟实发了。

总之，虽然清代法律赋予旗人种种特权，但清代统治者在处理民族等级特权与国家法制统一的关系上，可以说尽到了最大努力，表现了清代司法体制的成熟性。

（2）苗疆等西南少数民族地区死罪案件

"苗疆"及其他西南少数民族地区，在改土归流之后，刑案均照《大清律例》审办，因而死罪案件亦经层层审转复核，直至刑部三法司。因为视同汉族地区，也就无须咨报理藩院。《大清律例》规定，"改土为流之土司，本犯系斩、绞者，仍于各本省分别正法监候"，"凡土蛮、傜僮、苗人，仇杀、劫掳及聚众捉人讹禁者，所犯系死罪，将本犯正法，一应家口父母、兄弟、子侄俱令迁徙"。⑤ 在"白昼抢夺"律下附例："苗人聚众至百人以上，烧村劫

① 《清高宗实录》卷六六四。
② 《大清律例》卷四，《名例律上·犯罪免发遣》附例。
③ 《大清律例》卷四，《名例律上·犯罪免发遣》附例。
④ （清）薛允升：《读例存疑》卷二。
⑤ 《大清律例》卷五，《名例律下·徒流迁徙地方》附例。

杀，抢掳妇女，拿获讯明，将造意首恶之人，即在犯事地方斩决，枭示。其为从内如系下手杀人放火，抢掳妇女者，俱拟斩立决。"①

最有名的还是"苗人伏草捉人例"，"凡苗人有伏草捉人，横加枷肘勒银取赎者，初犯为首者，斩监候；……再犯者，不分首从，皆斩立决"②。还规定有"苗人有图财害命之案，均照强盗杀人斩决、枭示例办理"③，等等。如乾隆三十九年（1774），署湖广总督湖北巡抚陈辉祖奏，永顺府苗人石老豹，犯有因索欠缚人，买人女嫁祸他人，掣骗银两、反唆害被骗之人等几大罪状，应比照苗人伏草捉人、横加枷杻、勒银取赎，为首者斩监候例，即行正法。得旨，三法司核拟具奏。④可见这些苗人及其他西南少数民族地区的死罪案件，都要经地方督抚具题（奏）皇帝，再交三法司复核拟罪具奏。这保证了法律在西南少数民族地区的适用，有力地维护了帝国法制的统一。

（三）三法司对生杀权柄下移的抵制

清代前期，皇帝乾纲独断，对司法权的操控非常严密，封疆大吏对中央颇为敬畏，办事尤恐有误。如曾任户部郎中的梅曾亮所言，"东西南北，方制十余万里，手足动静视中国头目，大小省督抚开府持节之吏，畏惧凛凛，殿陛若咫尺"，其"事权之一，纲纪之肃，推校往古，无有伦比"。⑤自乾隆朝开始，为从重从快处理谋反、叛乱和聚众抗官等严重危及统治秩序的案件的需要，主动下放司法权，似"一面具奏、一面正法""立时正法"这类架空三法司死罪复核权的情况逐渐增多。虽乾隆皇帝一再强调"立时正法"只是"因时制宜、辟以止辟"，称"此朕刑期无刑，不得已之苦衷，将来革薄

---

① 《大清律例》卷二四，《刑律·贼盗中·白昼抢夺》附例。
② 《大清律例》卷二五，《刑律·贼盗下·恐吓取财》附例。
③ 《大清律例》卷二六，《刑律·人命·谋杀人》附例。
④ 《清高宗实录》卷九七一。
⑤ （清）梅曾亮：《梅伯言全集》，《柏枧山房文集》第二卷，（台湾）国学扶轮社1917年版，第1页。

从忠，刁风丕变，再行酌定，另降谕旨"[①]。他也曾通谕各督抚，寻常案件不得概行从重处罚、不得概请王命将人犯先行正法。但咸丰初年，地方督抚被正式授予了"就地正法"权，[②] 自此，封疆大吏审拟死刑案件甚至不用再专案题结，更不必办理秋审，只要对人犯加以"土匪马贼"等罪名即可"就地正法"。

以"就地正法"之制被过度适用的咸同时期为例，一方面，朝廷的军事弹压，辅之以残酷严苛的"就地正法"制度，使得规模空前、持续十数年的太平天国和捻军被血腥地镇压下去，从而有效地维系了清王朝的统治；然而，该制度的实施，又导致地方督抚取得了过大的权力（尤其是司法权），死罪案件由"督抚审拟、三法司复核、皇帝裁决"这一国家统一的法制被破坏，死刑核拟权下移，这又出乎清代君主预料之外。[③] 同治三年（1864）太平天国被镇压下去，七年，捻军亦败亡，国家的动乱已经结束，但对于就地正法之制，"疆吏乐其便己，相沿不改"。就这一问题，科道言官与地方督抚大吏展开了多次交锋。

同治八年（1869）二月，御史袁方城等奏请将"盗案照旧核办"，如果"寻常盗案，亦不待审转复核"便"径行处决"，实在难以保证其中没有冤滥。上谕称"前因军务方殷，各该地方官拿获匪徒，即行就地正法，原属一时权宜之计"，朝廷本就无意"下放"生杀大权，因此要求"除现有军务地方仍准照办外，其业经肃清省分，遇有获案要犯，著仍照旧章，详由该管上司覆核办理，以重人命"。[④] 然而，到了五月，直隶总督曾国藩上奏，请"仍照

---

① 《清高宗实录》卷三一四。

② 据《清史稿》卷一四二，《刑法志二》："为就地正法一项，始自咸丰三年。时各省军兴，地方大吏，遇土匪窃发，往往先行正法，然后奏闻。嗣军务敉平，疆吏乐其便己，相沿不改。"但据邱远猷考证，晚清政府实行"就地正法之制"，并非"始自咸丰三年"太平天国建都南京之后，而是始于金田起义后的 1851 年。参见其论文《太平天国与晚清"就地正法之制"》，《近代史研究》1998 年第 2 期。

③ 邱远猷：《晚清政府何时何地开始实行"就地正法之制"》，《历史档案》2000 年第 3 期。

④ 《清穆宗实录》卷二五三。

奏定章程办理"。理由是，直隶军务虽已肃清，但各匪余孽尚多，必须迅速严办；若令地方官于拿获匪犯后，仍照例层层审转复核，会使得"犷悍之徒，久稽显戮"；且羁禁解审途中，万一疏虞，可能会导致凶犯逃脱。中央不得已作出妥协，上谕覆称，"自系为除暴安良、消患未萌起见。著照所请，嗣后直隶省拿获枭匪土匪……仍照历次奏定章程，由地方官审讯明确，禀明督抚，批饬该管府州亲往覆讯后，即行就地正法"。不仅如此，与直隶相邻且情形相近的山东、河南两省，亦"著各该抚一体照办"。① 可见，中央的这次收回"就地正法"权的尝试失败了。我们不难看出晚清统治者对于手握实权的督抚大吏的无奈，虽然上谕再次声称"一俟盗贼衰息，即照旧章办理"，也曾颁布过一个《就地正法章程》加以规范，但收效不大，各省照正常程序"题奏之件十无一二"，就地正法者"每岁犹不下数千百人"。②

　　针对各地滥用就地正法权导致生杀权柄下移，威胁王朝法制统一的情况，以光绪年间"王树汶临刑呼冤案"为契机，三法司所代表的中央司法职权与河南巡抚李鹤年所代表的地方司法职权经过数次角力与博弈，最终使《就地正法章程》被废止，王树汶这类错案得以纠正。

　　该案是晚清著名冤案之一，当时引起朝野关注，民间野史《春冰室野乘》更是对案件的背景、临刑呼冤的现场描述得绘声绘色。称光绪五年（1879），河南省南阳府镇平县"盗魁"胡体泌（安），率众行劫该县富户，被该抚涂宗瀛檄令全省通缉。体泌遂贿赂串通衙门胥役，欲以其家童王树汶顶包。在他们的私刑毒打，及"定案后决无死法"逛骗下，年仅十五岁（一说十八岁）的树汶被当作正犯拿获归案。县令马翥大喜过望，在没有辨明人犯身份真伪的情况下，便草草定案、禀府邀功。随后案件经南阳府、省按察使司、巡抚、刑部逐级审转复核都没有发现问题，一直到皇帝勾决后、王树汶被执行死刑的当天，才大呼曰："我乃邓州民王树汶也，安有所谓胡体泌者？"依律，

① 《清穆宗实录》卷二五九。
② 《大清会典事例》卷八五〇，《刑部·断狱·有司决囚等第》历年事例。

犯人临刑呼冤，须停止行刑，奏闻复鞫，监刑官遂立即停止行刑，禀之以该抚涂宗瀛。宗瀛下所司覆鞫得，该犯自称王树汶，其父名王季福，居邓州、业农，随后该抚一面檄行邓州知州朱光第，逮王季福为验，一面上奏请旨将该案覆鞫，以免枉纵。光绪七年（1881）七月，上谕"下部知之"，① 启动复审。

在这期间，原抚涂宗瀛调离，李鹤年继任河南巡抚，使此案似可平反的良好势头生出变化。曾谳此案的前南阳府知府、现陈许道任恺，"与鹤年有连"，恐案件若平反自己将被重咎，寄信至邓州知州朱光第，"以危言怵之"，阻止逮拿王季福。朱光第不为所动，拿得季福，使之与树汶相质，证明果然是父子关系。② 但一直到十一月，该案仍"日久未据讯结"。据御史陈启泰奏，风闻承审各员有夤缘新任抚臣（李鹤年），意在避重就轻，串令该犯诬认为从，如有不承，拟即监毙灭口等语。于是上谕饬催新抚李鹤年迅将此案秉公讯结。③

十二月，该抚李鹤年力反前任涂宗瀛前议，奏称：树汶虽非体泩，但系属盗案中把风接赃的从犯，依律强盗不分首从皆立斩，仍以树汶为此案正凶、原谳者无罪，并请朝廷派员覆讯。而他对官役误捕、真胡体泩在逃的情弊，"悉置之不问"，使得言官大哗，纷纷弹劾鹤年护庇原承审官任恺。朝廷遂派河道总督梅启照，会同李鹤年讯明具奏。④ 过去，钦差治狱存在仅令属官鞫之、大臣特受其成的陋规，而河工诸僚佐，有九成是鹤年故吏，因而"夙承鹤年意"。而梅启照一方面不愿"畏祸纵盗"，⑤ 另一方面业已衰老，行将乞休，此时也不想"显树同异"。在御史李映看来，照此下去该案恐难平反，于是在第二年（光绪八年）的三月上奏：一是指责该省回护原审各官

---

① 《清德宗实录》卷一三二；（清）李岳瑞：《春冰室野乘》卷中，《镇平王树汶之狱》。

② （清）赵尔巽等：《清史稿》卷四七九，《列传·循吏四·朱光第》；另据（清）李岳瑞：《春冰室野乘》卷中，《镇平王树汶之狱》。

③ 《清德宗实录》卷一三九。

④ 《清德宗实录》卷一四一；（清）李岳瑞：《春冰室野乘》卷中，《镇平王树汶之狱》。

⑤ 参见吴慰祖、汪胡桢等辑：《清代河臣传》，《清代传记丛刊》第 56 册，台北明文书局 1985 年版。

处分；二是该抚以王树汶系被胡广德收为义子后改名胡体浤，称两人系同一人，对此，御史李映认为"勉强牵合，赃证皆不足据，若率行结案，恐成冤狱"。并请添派大员，或将案件直接提部研讯。上仍着梅、李二人悉心研讯，毋得稍涉瞻徇回护。①

八年（1882）九月，梅、李对此案的审拟结果终于奏到，遂转批刑部速议具奏。刑部指出李鹤年等审理呼冤案，显然存有情弊，并在言官的一再呼吁下，皇帝随即发布上谕，命该抚将全案人证、卷宗，派员妥速解京，交刑部悉心研鞫，务期水落石出。②刑部又奏，该案办理未协，请饬查主稿员名议处。得旨，着俟定案时，声明请旨。③李鹤年对刑部的"刁难"大为不满，他稽留人证物证等，迟迟不肯解交刑部，以示抗议。历十月、十一月，经刑部再次奏请，朝廷迭催，李鹤年方才将所有人证卷宗等递解到部。④该抚的态度也使得朝廷决意要彻查此案，当刑部查核该案后奏称，现讯各供与该县原详不符，须提该县到案时，朝廷甚至四百里加急谕令李鹤年："迅将前任镇平县知县马翥派员先行解部质讯，毋稍迟延；前提之差役乔四，并著赶紧拿获解部"。⑤案件移交刑部后，李鹤年还派其下属、刑部尚书潘祖荫之门生进京游说，致使潘尚书态度"中变"，几次将奏稿毁掉，想仍按照河南原拟定案。此时，郎中赵舒翘以去留相争，称"舒翘一日不去秋审（处），此案一日不可动也"。恰在此时，潘祖荫丁忧回籍，张之万接任刑部尚书。祖荫亦旋悟，贻书其继任者，自咎为门下士所误。案件审理复又向有利于平反的方向发展。⑥

十二月，刑部讯明奏称，王树汶实系顶充，并非正盗。据案发县的县役供称，拿获胡体浤后，被快班总役刘学汰等得赃释放，其他人证亦均供称胡

---

① 《清德宗实录》卷一四四。
② 《清德宗实录》卷一五一。
③ 《清德宗实录》卷一五二。
④ 《清德宗实录》卷一五三。
⑤ 《清德宗实录》卷一五五。
⑥ （清）李岳瑞：《春冰室野乘》卷中，《镇平王树汶之狱》。

体洝实有其人，因而此案另有正盗胡体洝，众供确凿，亟应严拿到案。上谕遂着李鹤年派员即将逸盗胡体洝拿获，送部究办。① 而李鹤年却以查无其人等词，空言支饰，光绪九年（1883）正月，经刑部要求，朝廷再次下旨饬催该抚将胡体洝查拿务获，毋得意存延宕。②

终于在光绪九年（1883）二月，据刑部、三法司审明确情：

一、胡体洝系被总役刘学汰受贿纵放；

二、胡广得等行劫，让王树汶在旷野看守衣物，并未告知其抢劫事由，王树汶亦未上盗，而系程孤堆、王老幺被教令证明他上盗；

三、王树汶本未分赃，以胡广得赃物坐之是该省属员按照巡抚意旨，先到邓州出钱买人作证，又到镇平县勒劝事主张肯堂，将失单中本无之物认为赃物；

四、署理镇平知县教令多人出具王树汶背上烧戳，是马知县考讯别案而致，后来河道总督梅启照审理此案将刘学汰家属全拿到案，勒令将刘学汰交出并解送到省城开封，而开封知府王兆兰连详数禀，处处为原审开脱，候补知府马永修又逼令各犯承认，使刘学汰成为无干之人回县；

五、马知县自顾考成，事事听从劣幕指使，仅招解王树汶一人，消弭巨案以塞事主之口，遂致“大盗狡脱，幼弱代僵”。复审知府王、马等意在保全宦局，舍真情不办，强坐盗赃，以此物指为彼物，以两人作为一人，李鹤年等受其愚弄两次拿获刘学汰到省，复任其逍遥事外，依据犯证歧异供词定王树汶斩首罪名。③

于是刑部、三法司定拟具奏并经皇帝批准：

> 程孤堆、王老幺斩立决。王树汶比依洋盗案内为匪服役并未随行上盗，杖一百、徒三年。念其以幼稚身受非刑，久淹囹圄，几至

① 《清德宗实录》卷一五六。

② 《清德宗实录》卷一五八。

③ 参考林乾：《传统中国的权与法》，法律出版社 2013 年版，第 314 页；徐忠明：《晚清河南王树汶案的黑幕与平反》，《法制与社会发展》2014 年第 2 期。

惨罹大辟，从宽准予减免。

承审此案的镇平县知县马蕎、开封府知府王兆兰、候补知府马永修以故入人罪，即行革职，发军台效力赎罪。前任南阳府任恺，业已病故，遂免议。

衙役刘学汰、刘诠汰、刘黑十、施游伯身死，毋庸议。

特旨交审此案的河南巡抚李鹤年、东河道总督梅启照，均著即行革职。①

李鹤年在三法司宣布判决前后，并没有停止对法司审理案件的干预。河南省部分官员在李鹤年的授意下，陆续到京城抗诉，如开封府知府王兆兰，仍以胡体浍与王树汶系为一人递呈混诉，请钦派大臣会同覆讯。对此，上谕曰"毋庸议"，如前所述将其发配军台效力。按常理，经国家最高司法机构三法司联合审理并奏准，王树汶一案应是结案了。但李鹤年仍然不服，光绪九年（1883）四月又上奏称，"强盗案内，例无看守衣服专条，请饬妥议罪名"，也即要求重新修法。上谕着都察院堂官会同刑部，详晰妥议具奏。又有太仆寺少卿钟佩贤奏称，盗犯罪名，请饬议酌复旧例。得旨，着归入李鹤年前奏并议具奏。②五月初，都察院牵稿，会同刑部驳回了李鹤年制定新法的要求，都察院按照皇帝的批示，对李鹤年的质疑一一进行解答，也可以说是一次释法活动。都察院主要指出以下问题：

第一，在引证李鹤年前面引述的法律条文后，都察院指出，凡办理盗案，事前分别同谋与否，事后区别分赃与否，而尤其重要的，临时分别上盗不上盗。即便是同治九年（1870）严定新例，而不上盗之犯，也未闻一概判拟死刑。本案王树汶被胡广得协令在旷野看守衣服，胡广得抢人之语，该犯临时听闻，与事前共谋者迥异，既未上盗，亦未分赃，不得谓之从，自不得谓之盗，这就是律例内所谓"别故不行、不分赃之犯"，刑部

---

① 《清德宗实录》卷一八〇。

② 《清德宗实录》卷一六二。

定案时因该犯被协服役，与共谋为盗别故不行者有所区别，因此比照洋盗案内为匪服役并未随行上盗之例，问拟满徒，两条例文相比，罪名实际没有出入。

第二，针对李鹤年称自己遵守例文而被处罚，都察院予以驳斥说，河南省办理此案的主要过错在于，始终以王树汶顶替胡体安为最重，李鹤年说自己因为拘守例文而受罚，实际是文过饰非；又说胡体安有无，无关王树汶罪名出入，不知王树汶之冤，由于刘学汰教供，而刘学汰教供由于胡体安行贿而脱逃，原审荒谬，复审弥缝，全在于此，岂能说与罪名无关？查把风、接赃全在盗所，刑部奏结此案时，已经将何谓把风、何谓接赃详细解释，程孤堆、王老幺都供说，在外时并没有王树汶在内，把一个不是把风之人，仍然判拟把风，这不是锻炼周内又是什么？

第三，都察院驳回了李鹤年制定新法的请求，指出治盗新例本极周密，如果中外问刑衙门悉心体察，成例成案，确可遵循，倘若地方官变本加厉、任意开脱，法司也自能遇案纠驳，何至无所措手。详细斟酌，看守衣服之犯，仍以上盗、不上盗分别科断，不必另立专条，致多窒碍，亦不必因此将盗案分别首、从，致启分歧。所请毋庸议。①

初七日，军机大臣奉旨：依议，钦此。

至此，王树汶临刑呼冤案终于完结，胡体安本人最终也未抓获，②野史称其"卒无恙"，③但王树汶这个小人物却在中央与地方司法权的角力中幸运地活了下来。呼冤案发生后，督抚大吏为所欲为、草菅人命的弊端一时成为众矢之的，也集中放大了就地正法的问题所在。④对此，都察院副左都御史张佩纶有着精辟的认识，在案件经三法司会稿时，他阅疏稿后援笔增数语于牍尾曰："长大吏草菅人命之风，其患犹浅，启疆臣藐视朝廷之渐，其患实

---

① 林乾：《传统中国的权与法》，法律出版社 2013 年版，第 316 页。

② 参见陈德鹏：《王树汶临刑呼冤案考略》，《平顶山学院学报》2011 年 2 月，第 26 卷第 1 期。

③ （清）李岳瑞：《春冰室野乘》卷中，《镇平王树汶之狱》。

④ 林乾：《传统中国的权与法》，法律出版社 2013 年版，第 318 页。

深。"一时督抚，皆为之侧目。① 光绪八年（1882），先有御史胡隆洵奏请废除就地正法之制，遭到封疆大吏们的激烈反对，甚至有二十余省督抚、驻防将军、都统等上奏，一致认为就地正法"难以停止，自系实在情形"。同年二月，御史陈启泰又上奏，称各省盗案就地正法章程，流弊甚大，请饬停止。他还说，部臣所称各省就地正法案件每岁不下数千百人，其中法无可宥者，固所必有，情有可原者，难保必无。因此所有各省盗案就地正法章程，应请断自宸衷，特予停止，饬令仍照旧例解勘，分别题奏，以重刑宪，毋令地方官吏久擅杀之权。上着刑部汇入各省覆奏御史胡隆洵折，一并妥议具奏。②

光绪八年四月，刑部综合各省及御史们的意见、权衡利弊之后，提出："除甘肃省现有军务，广西为昔年肇乱之区，且剿办越南土匪以及各省实系土匪、马贼会匪游勇，案情重大，并形同叛逆之犯，均暂准就地正法"，其他盗案，停止执行。③光绪皇帝朱批：

> 就地正法乃不得已之举，该御史所奏自为慎重民命起见，著各省督抚将盗案就地正法章程即行停止。……此事屡经言官陈奏，刑部定议，何以各督抚总未遵行？今断自朕衷，将就地正法章程概行停止，著内外问刑衙门遵旨办理。④

由此，三法司所代表的中央司法权，与封疆大吏所代表的地方司法权经过多次角力，不但使王树汶这类冤案得到矫正，更重要的是，通过本案，清廷决意收回生杀权柄、将实行二十几年的《就地正法章程》废止。虽然刑部的意见只是一种限制性意见或者说折中方案，在晚清内忧外患的局势下，"军务"和"土匪、马贼、会匪、游勇"自不可能停息，因而就地正法也不

---

① （清）李岳瑞：《春冰室野乘》卷中，《镇平王树汶之狱》。

② 《清德宗实录》卷一四三。

③ 《光绪朝东华录》，中华书局 1958 年版，总第 1319 页。转引自李贵连《晚清"就地正法"考》，《中南政法学院学报》1994 年第 1 期。

④ 参见中国第一历史档案馆"刑部奏河南胡体浃案审明拟结折"，光绪九年二月二十九日，录副奏折。

会轻易停止。只是通过三法司的努力，清代晚期在形式上保持了国家的法制统一。

三、专制制度对三法司体制的控制

在清代乾纲独断的政治背景下，皇帝大都紧握最高司法权，威柄决不下移，乾隆称"从来生杀予夺之权操之自上"[①]，嘉庆也有"我朝家法，刑赏大权，悉由乾断"[②]的谕旨。而作为连接皇帝与各法司衙署的重要一环，三法司就成了皇帝控制的核心，[③]它是加强皇权，特别是加强皇帝对司法权控制的重要载体，因此，三法司体制的运作是被君主牢牢压在"五指山"下的。

（一）皇帝就三法司会审案件"定调子"

笔者依《清实录》，就皇权介入"三法司核拟具奏"案件的类别、介入的形式及产生的后果做了统计，如表3所示：

表3 皇权介入"三法司核拟具奏"案件分析

案件类别	案件数	提出审拟意见数	指示改判、驳回数	交与其他机关会审数
命盗案件	55	12	11	4
官吏（役）枉法	30	13	5	9
定律（例）	17	7	6	-
聚众案件	16	7	1	1
师巫邪术、造妖书妖言等案	13	5	2	-

---

① 《大清会典事例》卷八四七。

② 《清仁宗实录》卷一二四。

③ 林乾：《传统中国的权与法》，法律出版社2013年版，第291页。

续表

案件类别	案件数	提出审拟意见数	指示改判、驳回数	交与其他机关会审数
反叛大逆案件	11	1	1	-
军政案件	11	-	5	-
文字狱	9	5	4	-
秋审	8	1	2	-
其他（诬告、诈伪、子孙违反教令等等）	30	9	-	-
合计	200	60	37	14

说明：皇帝就抽象事项谕令三法司核拟的，因不涉及具体案件，未录入案件基数，如一些矜恤刑狱事项和部分定律（例）事项等。另外，军政案件多由军机大臣会同三法司核拟，秋审皆由九卿会审，故此二项不统计"交与其他机关会审"案件数量。

从上表来看，皇帝就案件"提出审拟意见数"所占比重最高（60件），所谓"提出审拟意见"是指，皇帝将案件交三法司核拟具奏时（或之后），又发上谕就案件性质、如何定罪量刑提出了明确的或具有倾向性的意见。上谕有的是饬责原审督抚所拟不妥，有的是谕内阁、军机大臣等对题本、公文作出批示，这些对具体案件的上谕虽不是对三法司所发出，但皇帝的意见与批示三法司仍需遵守。而皇权控制三法司最显著的表现在于，三法司尚未就案件进行核拟，上谕已经就该案件定了"调子"。三法司唯有按照圣意进行处理，做皇帝行使最高司法权的忠实的工具。

先来看一个皇帝对刑部等衙门议覆的案件提出处理意见，命三法司照此意见改拟的例子。乾隆三十六年（1771），刑部等衙门议覆，河南巡抚何煟审拟林朱氏与林朝富通奸，商谋买药毒死伊媳黄氏一本。将林朝富照该抚所拟，定以斩候；林朱氏拟发伊犁等处给厄鲁特兵丁为奴。乾隆认为对前者系属按律定拟，但对后者虽比该抚原拟"发驻防兵丁为奴"稍为加重，而核其情罪，实不足以蔽辜。他在上谕中分析："凡故杀子孙定例，以子孙先有违犯，或因其不肖，一时忿激所致，是以照例科断。若其中别有因事起意致死，情节较重，已不得复援寻常尊卑长幼之律定拟。"此案林朱氏与林朝富通奸，为伊媳黄氏撞见，始则欲污之以塞口，及黄氏不从，复商谋药死。乾隆称其："处心惨毒，姑媳之恩，至此已绝，岂可仅照发遣完案？俾得觍颜存活，使伦常风化之大闲，罔知惩创，而坚贞之烈妇，无人抵命，将明刑弼教之谓何？"于是命法司衙门，嗣后凡定拟尊长故杀卑幼案件，有似此等败伦伤化、恩义已绝之罪犯，纵不至立行正法，亦应照平人谋杀之律，定拟监候，秋审时入于情实。所以林朱氏一案，即"著三法司照此改拟具题完结"。① 似此类令三法司"遵照核办""照此改拟具题"等各案，突出反映了皇帝紧握最高司法权，严密控制三法司的事实。大约是自康熙年间发明奏折制度以来，全国重大案件在具题的同时（或之前），还须上折奏闻，奏折的时效性使得在走一般程序的题本到达刑部、三法司时（或之前），皇帝往往已经掌握了案件的具体情况，并相应做出首肯、改判或者直接命法司"遵照核办"的指示。例如乾隆三十八年（1773），山西匪棍骆正修伪造谕旨希图诓骗、定拟斩候一案，因该巡抚三宝上题本数日之后方才上奏折，而受到乾隆皇帝传旨申饬。② 由此可知皇帝对三法司乃至全盘司法事务控制得有多么严。

此外，皇帝还经常下谕旨，对三法司的司法活动作出宏观性、原则性的规定。试举两例说明：康熙二十五年（1686），皇帝召刑部、都察院、大理寺以及大小诸臣面谕，对法司衙门谳鞫刑狱时"不得其情，专事苛刻"的情况，以及普遍存在的"惟以深文为能事，锻炼为尽职"等陋习表示了担忧，因为"及狱词既具，奏牍既成，即反覆推详，欲求其更生之路，亦甚难矣"。他还说，"朕于尔诸臣所上章疏，有情可矜疑、罪未允协者，皆驳令覆审"，并且"披阅史册，采择历代贤臣慎刑事绩，书之简牍"，令内阁三法司官"详加省视"，对三法司核拟案件提出原则性的指导意见。③

---

① 《清高宗实录》卷八九八。
② 《清高宗实录》卷九三七。
③ 《清圣祖实录》卷一二五。

又有雍正六年（1728）正月禁止"一罪而引两律"的谕旨，不但是对三法司等内外问刑衙门的具体限制，更对有清一代的案件审理产生了深远影响：

> 凡律例之设，乃详情察理、揆度至当，而后定者也。审拟罪案之时，应引某条则引之，断无轻重任意或介在两可之理。常见外省本章及法司议覆疏内，往往有先引一例，复云不便照此治罪，更引重罪以坐之。……夫治狱之道，贵得其平，而司刑之官，在乎执法。今以一罪而引两律，则是法无一定，而狱不得其平矣，岂朕明刑弼教之至意乎？嗣后再有两引条例者，外省督抚提镇本章，著通政司驳回，将情由参奏。三法司本章，著内阁驳回，将情由参奏。若所犯之罪，当引轻律而故意坐以重罪，亦难逃朕之洞鉴。内外执法臣工，各宜凛遵毋忽。①

禁止"一罪而引两律"的规定，本质上是皇权通过对三法司的限制，来保证狱得其平、杜绝法司衙门营私舞弊，具有积极意义和深远影响，我们在之后的案卷材料中也极少再看到一罪两引的案例。

（二）改判或直接驳回法司所拟

与上述直接介入案件审拟并令三法司照办的极端情况相对应，在大部分情况下，皇帝往往通过下发谕旨的形式，责令三法司改拟某个具体的判决结果或者驳回重审。尤其在康雍乾时期，皇帝可谓博学多识，法律修养很高，常根据自己对形势的估计、对法律的解释和对案情的知悉，来决定如何运用自己手中的最高司法权。② 这些改判与驳回案件（37件，参见表3），当然有对三法司适用法律、定罪量刑错误的纠正，但也有相当一部分是三法司所拟符合法律且结果并无舛错，而出于维护封建伦理秩序、巩固统治基础的需

---

① 《清世宗实录》卷六五。

② 郑秦：《清代司法审判制度研究》，湖南教育出版社 1988 年版，第 12 页。

要，皇帝运用手中的"自由裁量权"，在法司所拟基础上作出加重或减轻处罚的判决。另外，在特殊情况下皇帝还会越法"权断"，用非常手段来控制三法司、彰显自己的最高司法权。

1. 认为三法司定拟错误、失当

当皇帝认为三法司所拟存在事实不清、证据不充分的错谬时，常常驳回重拟。其中顺治十七年（1660）原任山东巡抚耿焞娄赃一案，先后驳回法司所拟共三次之多，很具有代表性。驳审的过程罗列如下：

> 刑部奏：原任山东巡抚耿焞、济南知府贾一奇、济南同知杨桂英、中军张有才、潍县知县尚祜卿等娄赃，分处斩、绞、家产籍没。①

> 三法司覆议：耿焞贪娄情实应照初议立斩，籍没。②

> 得旨：耿焞未经招承其余各款、俱称审无实据。……事关重辟应加详慎。著并贾一奇、杨桂英、张有才等再行详审确供具奏。③

> 三法司会题，仍照前议。

> 得旨：供证亦未明确……著再加详审。④

> 三法司覆审，俱照前议上闻。

> 得旨：耿焞等情罪，仍未得确供实据。……著会同内大臣等、再加详审确拟具奏。⑤

> 内大臣同刑部议奏，耿焞病故，除妻子外，家产籍没入官。

> 从之。⑥

此案顺治皇帝将三法司所议罪名，驳令重拟达三次，给出的理由均是没有审得"确供实据"。因为古代"生杀大权操之自上"，事关人命，皇帝不允

---

① 《清世祖实录》卷一三一。
② 《清世祖实录》卷一三四。
③ 《清世祖实录》卷一三四。
④ 《清世祖实录》卷一三五。
⑤ 《清世祖实录》卷一三七。
⑥ 《清世祖实录》卷一四三。

许掌死罪核拟权的三法司颟顸了事。又有乾隆四十六年（1781），三法司具题，核覆直隶总督袁守侗审拟蔚州民陶银误砸胞叔陶尚义受伤身死一案，照例拟斩决、夹签请旨。乾隆帝对此提出几处异议：首先，砸伤陶尚义身死的"碾框"本系家族共用物品，该犯于黄夜独自往去，想要取走卖钱，"其形迹本与偷窃无异"。其次，在伊叔被惊醒、查问喝阻时，该犯如果能将碾框妥当放置并立即赔罪道歉，怎会伤及其叔？这明显是伊叔追赶时，该犯"使性冲撞，用力摔去"，才致使陶尚义受伤。第三，如果真的是无心砸伤，为何正好伤及要害，于次日殒命？这其中恐怕存在"有心干犯"情事。况且案发后尸亲之子通知保长、一同禀报时，曾有"求为父伸冤"之语，若果系误伤致死，那为何要说"伸冤"？总之，乾隆认为此案还存在种种疑窦，"法司自应逐加核驳，令该督再行提讯确实"，这才是法司详慎庶狱、使死者不致含冤而应该做的，"何竟率行照覆，并为夹签声请耶？"乾隆遂将此本交行在刑部另行改驳发回。①

当然还有皇帝认为三法司对案件性质认定有误而拟罪过当，从而责令法司改拟。乾隆三十五年（1770），三法司核覆江西省私铸钱文之袁槐毓、吴显四二犯，定拟斩决。对此，乾隆帝认为"殊未允协""未免过当"。因为这类私铸钱文犯罪，究与叛逆不法及行劫盗犯等具有紧迫危险性的犯罪不同，"有何不可待之有"？在定案时，按律拟斩监候，俟秋审时入于情实，"已足示儆，没必要即行正法"。而且会"使无识之徒，妄生揣摩，以为有意从严，甚无谓也"。袁槐毓、吴显四均由乾隆帝指示改为应斩监候，秋后处决。②

以上几则案例，对于三法司所拟，皇帝认为一是对案件性质认识有偏差，一是对案情事实认定存疑，因而分别改判或驳回。而更具有普遍意义的是对法司引律不确的纠正。如乾隆四十三年（1778）七月，护军文元被雇夫赵大扎伤身死一案，三法司议，将赵大依雇工人殴家长至死律，拟以斩决。

---

① 《清高宗实录》卷一一三五。

② 《清高宗实录》卷八五六。

此案的关键点在于赵大是否属于"雇工"，从而决定该案到底能不能适用"雇工殴死家长致死律"。乾隆皇帝分析，该犯之母徐氏，虽经立契典与文元家，但典限满后，契已给还；之后伊母子仍在文元家，月得工钱服役，又经辞出，在外居住。"究与现在雇工者有间"，因此，皇帝认为案发时赵大之于文元并非雇佣关系，不得适用该律科断。他进一步提出，起衅之由系文元因赵大积有余赀，"因主仆旧时名分，冀其仆资助，多方需索"，甚至屡次寻闹、扭殴，"尤属无耻"，致赵大情急扎伤，尚非有心干犯。综合以上理由，乾隆帝对三法司所拟作了改判：赵大，着从宽改为应斩监候，秋后处决。[①] 就本案而言，乾隆皇帝的指示于情于理都是妥适的，他作为国家司法权柄的最高掌握者，不但深谙儒家法伦理观念下律例条文订立的内涵，甚至比负责核拟的三法司官员更通晓法律的适用。而皇帝通过亲自裁决三法司审拟具题(奏)的死罪等重案，以对全国的司法活动进行监督和控制，牢固掌握并有效行使国家最高司法权。

2. 法司按律定拟，皇帝原情加减

这种情况体现在上谕中往往表述为"固属按律（例）定拟，但核其情罪……"，即皇帝肯定了三法司所拟是符合法律的，但出于维护封建伦理秩序、巩固统治基础的需要，又运用手中的"自由裁量权"，在法司拟罪的基础上作出加重或减轻处罚的判决。正如康熙二十五年(1686)上谕所揭示的：

> 刑法者，专以禁戢凶暴。若豪强奸慝，固难宽宥，其贫贱愚昧者，略施宽贷，亦未尝不可耳。[②]

这体现了他行使最高司法权着力打压豪强奸慝、宽贷贫苦弱者的鲜明态度。这种原情加减的情况在"性矜明察"[③]的乾隆时期尤多，他还进一步提出，与其为抵偿恶棍执行法律，不如保全善良而原情论罪。三十九年(1774)，三法司核题，濮姚氏等殴伤濮运贞身死，将姚氏拟以绞候。刑部等

---

① 《清高宗实录》卷一〇六三。
② 《清圣祖实录》卷一二五。
③ 《清史稿》卷一四二，《刑法志一》。

衙门以案系"共殴",将濮姚氏拟抵,实际上也属于照律办理。但乾隆帝分析案情认为:此案启衅之由,系濮运贞以族侄图奸濮景霞之妻姚氏,经控县枷责有案,乃濮运贞挟恨,肆行辱骂,姚氏因欲殴打泄愤。故该案中,濮运贞始而图奸族婶,继复挟怨寻殴,淫凶不法,其致死实由自取;姚氏抵御强暴,与寻常谋殴之情节不同,此等若入秋谳,亦应在可矜之列,又何必令其久系图圄?他指出,此类案件"是执法而令抵偿恶棍,不若原情而得保全善良之为当也"。因此乾隆对三法司之定拟作出改判,着将濮姚氏免死、减等发落,其余各犯亦一例拟减完案。[①]他认为只有如此治狱,方能使屈抑得到伸张,才能称得上"平允"。

需要说明的是,能够行使自由裁量权的人有且只有皇帝一人,三法司绝对禁止自由裁量,唯有"按律定拟"。这也是皇权掌握最高司法权的必然要求。雍正皇帝就曾再三指令三法司"皆应照本律定拟","其有应行从重者,亦必待朕酌其情罪,特颁谕旨"。[②]乾隆二十九年(1764)秋审时,时任刑部尚书舒赫德等,奏请将情实人犯内伤毙缌麻尊长之杜廷顺、黄煊权、赵亚九三犯,改为缓决。这一做法破坏了秋审"向例",即凡有关服制之犯,督抚原拟情事,刑部、九卿等不得改拟缓决,而是预留皇帝"于勾到时,量其案情稍轻,念缌麻与期服有间,自可酌予缓勾",无怪乎乾隆气愤地说:"伊等所进情实犯中,竟不令朕宽免一人矣?"并将"折掷还"。随即通谕九卿及内外问刑衙门,饬责舒赫德等:"喋喋议缓,惟恐不及,是早以三宥自居,朕将何所庸其权度乎?"[③]因为乾隆帝认为法司是无权对案件进行"权度"的,这触犯了皇帝的最终司法裁量权。

3. 越法权断

三法司是重罪(死刑)的规范式审理机构,为了严格控制三法司的司法权,皇帝设计了复杂的组织架构,并规定了司法官员必须依照律例行使权

---

① 《清高宗实录》卷九五七。

② 《大清会典事例》卷八五。

③ 《清高宗实录》卷七一八。

力，否则严惩不贷。与此同时，这套制度也限制了皇帝的手脚，因此，皇帝有时得创造"例外"，越过三法司的正确拟断来杀人（或活人），彰显自己的最高司法权。

乾隆二十二年（1757）秋审，湖南布政使杨灏侵扣婪赃一案，最能体现皇权越法操纵司法审判的事实。该案杨灏在藩司任上"于应发买补运江谷价二十万余两，每百两扣银一两三四钱及二两六七钱不等，通计侵扣银三四千两入己"，二十一年（1756）由其上司湖南巡抚陈宏谋参奏下狱。① 经刑部奏准斩监候，"虽已交纳赃银，不准减等"。② 转至二十二年，新上任的湖南巡抚蒋炳以其"限内完赃"，援引《大清律例》雍正三年（1725）所定完赃减等例，③ 在秋审招册将其改拟缓决上报。后三法司九卿科道等廷谳时，因确有律例明文规定，亦均认同该抚改拟，将杨灏列入秋审官犯册内缓决人犯册。乾隆皇帝阅之勃然大怒，认为案件的处理"甚属纰谬，阅之不胜骇然"，斥责臣下"不权衡事之轻重""窃弄威柄，施党庇伎俩，朝臣亦可谓有权，今日检阅之下，不胜手战愤栗"。除着将原拟之蒋炳交部严加治罪外，三法司交部从重严加议处，其与审之九卿科道等俱着交部议处，在京票拟之大学士等"依样葫芦，并不夹签声明"，着明白回奏。④ 此时的三法司惶恐万分，即刻依圣意改拟，奏称：

---

① 《清高宗实录》卷五二一。
② 《清高宗实录》卷五三四。
③ 《大清律例》卷二三，《刑律·贼盗上》，"监守自盗仓库钱粮"条附例七七〇：监守盗仓库钱粮，除审非入己者，各照那移本条律例定拟外，其入己数，在一百两以下，至四十两者，仍照本律问拟，准徒五年。其自一百两以上，至三百三十两、杖一百，流二千里。至六百六十两，杖一百、流二千五百里。至一千两，杖一百、流三千里。至一千两以上者，拟斩监候，勒限一年追完。如限内全完，死罪减二等发落，流徒以下免罪。若不完，再限一年勒追，全完者，死罪及流徒以下，各减一等发落。如不完，流徒以下，即行发配。死罪人犯监禁，均再限一年，着落犯人妻及未分家之子名下追赔。三年限外不完者，死罪人犯永远监禁。全完者，奏明请旨，均照二年全完、减罪一等之例办理。至本犯身死，实无家产可以完交者，照例取结豁免。其完赃减免之犯，如再犯赃，俱在本罪上加一等治罪。文武官员犯侵盗者，俱免刺字。
④ 《清高宗实录》卷五四六。

　　今奉圣主恩加训饬，如梦初醒，悚惧战栗，心魂失措，虽万死不足以自赎。乃蒙皇上天恩，不加治罪，仅交部从重严加议处。返躬局蹐，感激惶愧，实无地可以自容。谨将杨灏一犯改拟情实，恭缮黄册，另本进呈。①

　　乾隆龙颜大怒的原因，不外乎包括三法司在内的司法官员触犯了他予人生死的最高司法权，故而质问："在朝诸臣，有敢窃弄威福，能生死人者为谁?"② 其实本案自湖南巡抚蒋炳至三法司、九卿科道，无不是依照《大清律例》完赃减等例办理。究其原因，乾隆还顾虑，若官员认为只要完赃即可免死，那么贪墨之风恐将"前腐后继"，这是讲政治的体现，而非讲法律。一年之后即乾隆二十三年（1758），对同类案件乾隆帝却做出了截然不同的判决——道员钮嗣昌侵亏库项仓储入已至一万余两，问拟斩候，因限内完赃，减等发往军台效力。上谕还指出"此虽向例，但思侵亏仓库钱粮入己，限内完赃，准予减等之例，实属未协"③，显然乾隆承认完赃减等是"向例"，那么之前对杨灏以情实斩首明显就是越法裁判了，他实际上要达到的是"使人果知犯法在所不赦，熟肯以身试法"的目的，完赃减等例也就此被废止。④ 至钮嗣昌于军台效力期满，兵部上奏请旨时，上曰"该犯钮嗣昌事犯在定例前，姑从宽免死。著仍留军台三年，再行请旨"⑤。可见乾隆帝也明白"法不溯及既往"，完赃减等例固然有不尽完善的地方，也不应在此例废除前对杨灏定以情实处斩。法贵于一，前后两案案情相似而判断截然，这完全是皇帝越过三法司和法律，依统治需要和自己对法律的理解，来运用手中的最高司法权进行的"权断"。

　　皇帝往往还根据自己对形势的判断来行使"权断"。当感觉案件性质对

① 档案《刑部案卷》78 号。转引自郑秦：《皇权与清代司法》，《中国法学》1988 年第 4 期。
② 《清高宗实录》卷五四六。
③ 《清高宗实录》卷五七〇。
④ 《清高宗实录》卷五七〇。
⑤ 《清高宗实录》卷五七〇。

其统治根基有巨大危害性时，他会毫不犹豫地越过三法司核覆，将犯人即行正法。乾隆朝大量对文字狱的处理就是最好的证明。例如乾隆三十三年（1768），江苏巡抚明德奏柴世进造作逆词一案，请按律凌迟处死。乾隆帝初阅折时，以其事属悖逆，已批三法司核拟速奏。及详阅该抚封进各帖原词，认为该犯乃系疯狂丧心，多剿引小说家谬诞不根之语，"不值交法司覆谳，视同重案"，但"此等怙病妄行，实足诬民惑世，其人究不可留。著该抚将该犯柴世进即行杖毙，以示惩儆"①。国家的最高权力，包括司法权由一个人行使时，就会出现这样的情况。

（三）将三法司定拟之案交"更高层级"核拟

所谓"更高层级"，系指朝廷的中枢机关——议政王大臣会议、内阁、军机处，以及九卿会议。三法司将案件的审拟结果题（奏）报皇帝后，皇帝或对法司所拟不满，或出于对案件处理的慎重，会将案件再交由更高层级会议复核。当遇有全国性重大案件或者案情疑难复杂案件等，皇帝还会将案件直接交更高层级的议政王大臣、内阁大学士、军机大臣、九卿等审拟或与三法司会议。一方面，可以确保案件得到公正合理的科断、避免冤狱，另一方面，通过扩大会审的范围来牵制三法司，以便使中央最高司法权牢牢掌握在皇帝手中。其中，经议政王大臣会议、九卿会审的案件，一般具有"终审"的性质；而除大学士、军机大臣等奉旨与三法司会审的案件外，内阁、军机处作为皇帝的秘书班子并不直接参与司法审判，对案件的处理不具有最终性。

皇帝将三法司核拟进奏复批更高层级、或令三法司会同其他机关会审的情况，虽未成定制，但有清一代屡见不鲜。依表3所示，这类案件共有14件，从交其他机关会审案件分布角度来看，一是集中在官吏(役)枉法案件、命盗案件，这说明两类案件的重大复杂程度，更体现了维护社会稳定与保障

---

① 《清高宗实录》卷八〇三。

国家统治机器顺畅运转是历代政权常抓不废的主题；二是针对特定领域的案件，往往具有专业性和特殊性，需要三法司会同其他专门机关会审，如军政案件往往同军机大臣会审、涉及少数民族的案件往往同理藩院会审等等。

1. 议政王大臣会议、内阁、军机处

（1）议政王大臣会议

清入关前便有议政王、大臣共商国是的传统，入关后，议政王的权限已经大大缩减。顺治十一年（1654）谕刑部曰："重囚犯罪，法固难宥，但……人命至重……自今以后三法司照常核拟进奏，复批议政王贝勒大臣详确拟议，以凭定夺施行。"① 故而顺治、康熙、雍正三朝，包括司法审判在内的国家重大政务仍多交由议政王大臣会议具奏。就司法来说，清初诸帝于反叛大逆、职官贪墨之类的重大案件，常发议政王大臣会议定拟。

如顺治十一年（1654），镶白旗牛录章京郭文焕家刘三将妻刘氏打死一案，经刑部审拟具题，于当年九月奉旨"三法司核拟具奏"。三法司遂再行复审定拟具题，十二年正月再奉旨"议政王贝勒大臣详确拟议具奏"，议政王贝勒大臣遂再行审拟。再如康熙四十四年（1705）闰四月，刑部题：原任吏部郎中陈汝弼、原任温处道黄钟，行贿作弊，俱拟绞监候。上曰：着议政大臣、九卿詹事科道，会同再行严加确审定拟具奏。② 以上案例均系经刑部或三法司审拟后，皇帝再发交议政大臣等复审定拟，在这些情况下，议政王大臣会议实际上相当于三法司的上一审级。

有些特别重大的案件，皇帝甚至直接发交议政王大臣等会议定拟具奏，取代了刑部或三法司于此类案件的初审。如康熙八年（1669）五月，上命议政王等拿问辅臣公鳌拜等。该案为清初大案，经康亲王杰书等会谳，列鳌拜三十大罪状，议将鳌拜革职立斩，其亲子、兄弟亦斩，妻并孙为奴，家产籍没。得旨，鳌拜从宽免死，革职籍没，仍行拘禁。③ 又有康熙二十一年

① 《清世祖实录》卷八六。
② 《清圣祖实录》卷二二〇。
③ 《清圣祖实录》卷二九。

（1682）正月，议政王大臣会议，将逆贼耿精忠等 10 人拟以凌迟处死。上曰："耿精忠等事关重大，著议政王大臣、九卿、詹事、科道会同详议。"①

（2）内阁

清初，内阁地位崇隆，关于其职掌，《大清会典》定曰："掌议天下之政，厘治宪典，总钧衡之任，以赞上理庶务。"② 所谓"议天下之政"当然包括司法审判与司法行政。

内阁之下设有满汉大学士，大学士亦经常以个人身份奉旨审判或会同三法司审拟重大案件。例如康熙五十五年（1716）四月，"复请刑部等衙门复浙闽总督觉罗满保所题，大盗许阿福等贼首尚未缉获，赃银费尽，并无失主凭证，仍照前拟斩监候，秋后处决，准如所拟一疏。上曰：'许阿福等事已多年，应将此等从宽免死，减等完结。尔等（指大学士）等会同三法司议奏。本发回。'"③

内阁参与司法是通过"票拟"的形式实现的。各省的刑名题本，多奉旨"刑部议奏"或"三法司核拟具奏"。罪至斩绞的案件，由三法司核拟，军流以下案件，由刑部核拟。三法司（或刑部）于案件之题本会先送内阁，经内阁票拟后恭递于皇帝，皇帝批览题本并下达谕旨作出最终判决。对于三法司"两议"具题的，内阁亦应"双签"请旨，《会典》规定，"各部院题请事件，有应准应驳未敢擅便……本内双请候钦定者……俱照拟票写双签。"④ 例如嘉庆四年（1799），三法司衙门具题：浙江民人汪应凤殴伤胞兄汪应陇身死，并声明救母情切。经内阁票拟斩决及斩候，双签请旨。皇帝批阅后谕内阁："固皆系按例办理……汪应陇辄敢将其母推跌压住……（汪应凤）情急用拳向殴……实属出于迫切，以情急救母之人，毙忤逆不孝之犯，固不得以寻常殴死胞兄论。即改拟斩候，亦尚觉情节可悯。汪应凤，

---

① 《清圣祖实录》卷一〇〇。

② 《大清会典》卷二。

③ 《康熙起居注》，康熙五十五年四月初三日壬辰。

④ 《康熙起居注》，康熙五十五年四月初三日壬辰。

著免死改为满流，定地发配。"① 此外，三法司核拟罪名，"其有罪名已定
而情节实可矜悯者，照拟票一签，再票九卿定议一签"。又规定"三法司
驳审本，票依议一签，再票部驳甚是一签"。② 除上述内阁双签的形式外，
《会典》还规定有三签甚至四签者，"三法司驳审本有该督抚原拟本无舛错，
法司误驳者，除票双签（前述依议一签，部驳甚是一签）外，再票照该督
抚所拟完结一签"，"凡票拟双签、三签、四签，（内阁）皆加具说帖，申
明义例"。③ 可见，内阁与三法司不同，它通常并不直接进行司法审判，而
是通过"票拟"的形式审核法司的定拟是否允当或合法。内阁于三法司（刑
部）的题本，或拟准、或拟驳、或拟以其他方式处理，备拟以候钦定，从
而参与司法。

内阁还具有驳回三法司本章的权力。雍正六年（1728）上谕禁止"一罪
两引条例"，皇帝便要求嗣后再有两引条例者，"外省督抚提镇本章，著通政
司驳回，将情由参奏；三法司本章，著内阁驳回，将情由参奏。"④ 此外，雍
正元年（1723）起，清代开始确立以大学士为"管部大臣"统摄部务的体制，
以强化皇帝对中央司法权的控制。大学士直接听命于皇帝，这反映了对刑部
加强控制以强化皇权的趋势。管部大臣的地位、权力在刑部堂官之上，遇有
钦重要案，管部大臣偕刑部堂官驰往查办，"期功服制改缓、强盗免死减等
具会大学士，勾到略节送大学士"。⑤

（3）军机处

清初，"章疏票拟，主之内阁；军国机要，主之议政处"。⑥ 朝廷的中枢
机关是议政王大臣会议与内阁，国家重大政务皆出于此。到雍正年间，因用
兵西北，往返军报频繁，而内阁距内廷过远，不便其亲授机宜，于是在内

① 《清仁宗实录》卷四八。
② 《大清会典》卷二。
③ 《大清会典》卷二。
④ 《清世宗实录》卷六五。
⑤ 《刑案汇览·刑部事宜》。
⑥ 《枢垣记略》卷二二。

廷设立军机处，①以期"入值承旨，办事密速"②。以后其事权逐渐扩大，"掌书谕旨，综军国之要，以赞上治机务"，③以至军国大计莫不总揽，使得议政王大臣会议名存实亡，最终被取消；而内阁的部分职权也被军机处侵蚀，"自雍、乾后百八十年，威命所寄，不于内阁而于军机处，盖隐然执政之府矣"。④

军机处于司法上的职权，《大清会典》定曰："议大政，谳大狱，得旨则与。"⑤此处的"议大政"当然包含司法审判事务，而"谳大狱"则特指审判重大案件，多由军机大臣等亲自审判（或参与会审）。例如乾隆二十年（1755），御史胡定参奏琉璃厂监督刘浩侵帑剥商一案，便是军机大臣等奉旨共同研鞫审拟的。⑥再如道光十二年（1832），上谕："所有会匪王老头子即王法中等习教一案，系给事中隆勋于上年冬间访闻奏请拿办，兹据军机大臣会同刑部，审出该犯等拜师传徒敛钱惑众实情，分别定拟……"⑦

除此之外，军机处的主要职掌是为皇帝处理奏折，有关司法审判的奏折，同样由军机处来处理，使得军机处得以参与到司法环节中。相较于内阁于题本有票拟权，军机大臣于奏折虽无票拟权，但有"处理建议权"⑧。各省死罪案件奏折，由该省督抚直接奏闻于皇帝，康熙雍正时期，此类奏折均由皇帝亲自处理，并不假手大臣，而乾隆以后，这类奏折的数量大幅增加，皇帝渐难亲自处理。各省死罪案件奏折奉旨刑部议奏、或奉旨三法司核拟具奏者后，经刑部（或三法司）复核具奏，皇帝便将奏折发交军机大臣，军机大臣须共同研议处理意见，奏闻皇帝。有时皇帝更召见军机大臣独对，征询处

---

① 《枢垣记略》卷二二。

② 《清德宗实录》卷五六四。

③ 《大清会典》卷三。

④ 《清史稿》卷一七六，《军机大臣年表一》。

⑤ 《大清会典》卷三。

⑥ 《大清会典事例》卷一〇〇〇。

⑦ 《大清会典事例》卷一〇〇八。

⑧ 那思陆：《清代中央司法审判制度》，北京大学出版社2004年版，第77页。

理意见。这种对奏折的处理建议权，其作用类似于内阁对题本之票拟权。不同的是内阁票拟有一定的格式，军机大臣对奏折的处理建议，格式较为灵活，或以奏片、或以口头方式奏闻皇帝。

需要指出的是，即便军机大臣可"谳大狱"、且对刑案奏折拥有建议权，司法权很大，但除奉旨与三法司会审的案件外，其奉旨议覆的案件同其他中央机关奉旨审判的程序一样，最终仍要交办三法司定拟具奏，方为履行完司法程序。例如雍正十一年（1733），办理军机大臣等议覆：振武将军傅尔丹、原任副都统阿三遇贼怯战一案，应将傅尔丹、阿三交三法司定拟具奏。得旨："傅尔丹……从宽免其治罪，著留军营……效力赎罪行走。阿三……已在军前取有确供，交三法司定议具奏。"① 同年，办理军机大臣等遵旨议覆：副将纪成斌负恩纵贼、漫视军务，相应请旨革职，按律究拟。得旨："依议，纪成斌著革职，交三法司核拟具奏。"② 又有雍正十三年（1735），办理军机大臣等遵旨议奏伊都立浮冒开销军需银两一案，认为应行正法，请交三法司速行定拟。得旨："三法司速行详拟具奏。"③

2. 九卿会议

薛允升的《读例存疑》中，在"有司决囚等第"律下的条例中有一则按语，对"九卿"的解释是："此例与上条统言九卿、詹事科道，则六部、都、通、大理，皆系九卿。"④ 所谓九卿会审或九卿定议，即由六部尚书及大理寺卿、都察院左都御史、通政使司通政使等九位高官组成，三法司堂官属于九卿自毋庸议。

"九卿"最重要的司法职能便是参与历年秋审和朝审大典。除此之外，九卿会议还是清代皇帝之下最高级别的司法审判形式，各省死罪案件题本，经法司定拟、内阁票签后，皇帝如认为案情重大，为示慎重，常谕令九卿、

① 《清世宗实录》卷一二七。
② 《清世宗实录》卷一三〇。
③ 《清世宗实录》卷一五九。
④ （清）薛允升：《读例存疑》卷四九，《刑律·断狱下·有司决囚等第》。

詹事、科道等会议具奏。而经三法司定拟之案复交最高规格的九卿等会议，不但体现了对审判重大案件的慎重，也使得案件的审判结果更有说服力。例如乾隆二十六年（1761），民人张百受因教棋起衅殴伤吕兰身死一案。江苏巡抚陈宏谋以该犯祖母周氏、母郭氏两代孀居家无次丁，题请留养。三法司议："该犯因教棋起衅，用砖掷伤吕兰鼻梁，以致身死。"将留养之处议驳。御史周于礼两议，称"事属偶戏，伤非致命"，请照该抚原议。于是案件发九卿等会议，奏曰："吕兰，业经身死，伤即非轻，未便遽请留养。"得旨："九卿所议甚是。……（陈宏谋、周于礼）均属有意姑息求名，殊昧明刑弼教之义。"① 因此，九卿会审还是解决三法司"两议"的途径之一。三法司内部对拟案有分歧导致"两议"具奏时，本身便说明案件可能存有疑难复杂之处。这两种意见报皇帝裁决时，或依其中一议、或驳回并令三法司划一具奏，还有一种方式便是扩大会审范围，将案件发交大学士、九卿、詹事、科道等会审，集思广益，会议具奏。

对于案情重大而又需要作速处理的案件，皇帝甚至会直接命九卿会同三法司定拟具奏。乾隆四十一年（1776），舒赫德奏，山西候选吏目严谱，捏造谤言称贪官作福谋利害民，并妄谈宫闱一案。皇帝览奏气愤万分，首先该犯"敢于肆行污蔑，实属可恶"；其次"请立正宫，妄言宫闱之事，且欲启告四阿哥，并思离间父子"一事，乾隆称"实为乱民之尤，罪大恶极"。他认为"不可不令廷臣公同确讯，明正其罪"，且"必当审讯明确，典刑肆市"，并著交九卿、三法司会同严审定拟具奏。乾隆以该案触犯皇威而视之为需要作速严厉处理的大案，紧接着他又发上谕："止须将该犯即速讯明，照律拟罪完结，不必延缓株连……（严谱）非寸磔不足蔽辜……著传谕舒赫德等，此时且不必过用重刑，以致刑毙，俾得幸逃显戮。且俟九卿法司公讯拟罪，将其明正刑章。"②

① 《清高宗实录》卷六四三。
② 《清高宗实录》卷一〇一三。

80

除上述将三法司定拟重案交九卿复核以示慎重的情况外，若法司原审存在疑窦，皇帝对所拟结果有异议时，常将案件发交九卿等会审，以期通过更高规格、更大范围的会审查明案情乃至改判。康熙年间吏部郎中陈汝弼被参受贿开缺一案，就是很明显的例子。

案件缘起康熙四十三年（1704），工科给事中王原上疏参吏部文选司郎中陈汝弼，原因是新授浙江温处道黄钟为"投诚伪官"，已于陕西道御史王自修请斥失节文职案内被革职，而陈汝弼竟敢朦混开列予以补授。八月，掌管"百官风纪"的都察院议覆，将陈汝弼拟革职、交刑部审理；（吏部）尚书敦拜等俱应降三级调用。康熙皇帝认为"此案甚大，情弊显然"，继而发交九卿、詹事、科道会议具奏。九卿等议覆，认同都察院所拟处理意见。于是皇帝下旨，将敦拜等降三级留任；陈汝弼，革职、交刑部。① 由此，陈汝弼案由弹劾程序转入司法程序。

到了第二年即康熙四十四年（1705）闰四月，刑部等衙门审得，原任吏部郎中陈汝弼等受贿作弊，将其拟以绞监候具题。康熙皇帝不禁疑问，当初有人具荐陈汝弼"贤能"，正是看中他"持身廉洁""奉职敬慎"，方才特授为吏部文选司郎中的要职，而刑部等衙门具题"反侵逼堂官、凌辱同辈、凡事专擅、率意恣行、骄纵狂妄"各款，尤其是受贿一项，与康熙先前之认识大相径庭。因此，他将该案发交议政大臣、九卿、詹事、科道，会同再行严加确审定拟具奏。② 五月，议政大臣、九卿遵旨覆审，陈汝弼被拟以更重的刑罚——立绞。康熙细阅卷宗，发现陈汝弼并未招认得财之指控，就被拟以正法，这样的判决何以服人心？与此同时，皇帝也通过其他渠道听闻，此案审理中"左都御史舒辂独擅行之"，又有"陈汝弼曾出私书三封并不察讯"，遂召议政大臣、领侍卫内大臣侯巴浑德等入内，详细查问。巴浑德等奏称，鞫审时陈汝弼确实曾出私书三封，三法司官员也予以取供，但舒辂"复加改

---

① 《清圣祖实录》卷二一七。
② 《清圣祖实录》卷二二〇。

削"，因认为无甚情弊，故未写入疏内。康熙皇帝"所闻不爽"，决定亲鞫此案，命参与审理此案的官员及案件相关人等，于初六日早俱集畅春园。

是日，议政大臣、大学士、九卿会齐，康熙问，尔等将陈汝弼拟以死罪以何为据？礼部尚书席尔达奏，陈汝弼虽未招认受贿，但黄钟亲书口供及其家人口供甚明。刑部尚书安布禄奏，曾以前述口供向陈汝弼出示，但陈汝弼不对，故而坐之。左都御史舒辂奏，陈汝弼见该口供，"并无一言有招认形状"，因坐死罪，"臣等意见不到，不能明晰有何辩处？"上曰："朕所委者乃人命攸关之事，尔云意见不到，则必何事尔方见到耶？"随后召陈汝弼入问，陈汝弼奏称自己系"无辜抱屈"。上曰："明系尔办事有失，岂可言无辜抱屈，专主此事之堂官司官为谁？"陈汝弼答："三法司堂司官公同鞫审，无专主者。"上命陈汝弼出，令侍卫吴什、楚宗，侍郎穆和伦等再问黄钟，你在口供中俱以招认，现还有何要辩解？黄钟供称，一日之内被"夹讯六次，两足俱折"，方才亲书供招。侍卫吴什等将黄钟供词回奏。康熙遂命刑部侍郎常授取黄钟的亲书口供，以及陈汝弼出首王原等嘱托私书三封，阅后，质问常授曰，"陈汝弼并无口供即拟以罪，而汝无一言，何也？"又谕大学士等，"此事除前审三法司堂官外，著交议政大臣及九卿再审具奏"。

于是，议政大臣、包括三法司在内的九卿等遵旨再审，查得陈汝弼虽未受贿，但有错用黄钟之处，应议处，因已经革职，无庸议。此外，将原审三法司堂司官等分别议处具题。康熙皇帝批准，将舒辂、王原等革职，劳之辨、常授等各降三级调用、降二级留任不等。其余依议行。①

综合本案，康熙皇帝先因案情重大交九卿詹事科道会议，后又以法司对案件关键证据处理不当，继而"亲鞫"，查出系三法司内部出了问题——能证明陈汝弼是否受贿的关键证据即"私书三封"，鞫审时三法司官员取证、但都察院左都御史舒辂以"无甚情弊"附加改削，在没有陈汝弼口供的情况下便拟以罪，而刑部侍郎常授"并无一言"。这不论在实体上还是程序上都

① 《清圣祖实录》卷二二一。

是有问题的，康熙复交议政大臣、九卿、三法司议奏，方才审得实情。由此可见，对于重大案件，皇帝交由更高层级或者令三法司会同其他中央机关共同审理，在其他中央机关的监督和掣肘之下，保证了皇权对三法司的控制和对司法全局的掌握，也在一定程度上有利于司法的透明公正。

另外，值得注意的是，作为九卿会议的一种特殊情况，所谓"九卿定议"，是清代有法外量刑情节的服制命案所需履行的特别程序。该类重案，督抚拟罪具题后，经三法司按律核拟，但因案情有可矜之处，或有法外量刑的需要，需再经奉旨交"九卿定议"，经九卿具题后，奉旨减等监候，归入秋审。① 对于何种案件会发交九卿定拟，雍正帝曾这样解释："各省人命抵罪之案其应轻应重，朕确有所见者，即降旨定夺。若其情罪在疑似之间，而拟罪在可轻可重之际，朕心不能即定者，方交九卿定拟，以期平允。"②"九卿定议"虽与"九卿会审"中的"九卿"相同，但其所处司法程序的阶段及导致结果不同。

乾隆十一年（1746），云南总督兼管巡抚事张允随题，李文贵殴死胞兄李文远一案。刑部等衙门将李文贵依弟殴胞兄致死律，拟斩立决。又据御史宜兆熊等复议，以此案李文远之伤，俱由自行碰跌及夺爬所致，究与实在弟殴胞兄者有间，奏请量为末减。得旨，此案着九卿定议具奏。该案，弟殴胞兄致死，例应斩决，乾隆也称"三法司照例定拟，原未差谬，所以重人伦也"。但是对于立决案件，"具题时皆三覆奏，其中情节，稍有一线可原者，朕必交九卿定议，以期至当"。可见立决案件转交九卿定议的条件是"有一线可原"，而"向似此等改从监候者、不知凡几"，③ 即情有可矜之处的立决案件，经九卿定议往往减等改为监候。因此，"九卿定议"是对有法外量刑情节的服制命案所采取的一种特别程序。九卿定议程序，说明审转具题程序

① 俞江：《论清代九卿定议——以光绪十二年崔霍氏因疯砍死本夫案为例》，《法学》2009 年第 1 期。
② 《大清会典事例》卷八五三。
③ 《清高宗实录》卷二六七。

仍在持续，对该案犯是立决还是监候，尚待"定议"。此外，"九卿定议"和"九卿会审"的结果也不相同，"九卿定议"的结果一般是改立决为监候。在中央集权体制下，皇帝严格控制三法司的司法权，并规定了司法官员必须依照律例行使权力。但严格适用律例，尤其像上述服制命案，在实际操作中可能会出现有违人情的、不合理的判决结果。由此，在皇权授意下、更高规格的"九卿定议"制度，便间接地发挥了法外量刑的作用。它虽然并非命盗案件的一般程序，却体现了古人对待特殊命案时的法律态度，体现了人性的光芒。另一方面，经九卿定拟的案例有可能在修例时被收入条例，相当于一项准立法程序，使得清代的律例法典愈发完善与进步。

总之，皇帝严加防范的是法司掌握生杀权柄，因此对三法司予以严密控制，三法司成为君主加强对司法权控制的重要载体。不但要求法司依照律例定拟，不得臆为轻重，否则将会受到严厉处罚；皇权的触角还常常介入司法领域，或指示三法司遵照圣意定拟，或改判、驳回法司所拟，或将案件交更高层级的九卿会审，甚至创造"例外"越法权断，以制衡三法司、彰显其最高司法权。

三法司体制在清代法律运行中具有不可替代的作用和地位。作为死刑等重罪的规范式审理机构，三法司内部互相制衡，形成很强的内约束，尤其是"两议"之制使得都察院、大理寺的权力得到加强，有力制约了大部专权，保障了司法公正。这种制衡作用不仅存在于三个法司衙署之间，若将三法司视作一个整体，在整个清代司法体系的运行上，它们都是最重要的一环：在对下监督方面，三法司在对地方司法的把关和监督中发挥了体制性作用，有力地维护了司法正义和法制统一，这是一种制衡；在对上制约方面，重案必交"三法司核拟具奏"的"祖制"和法定程序，对制约皇权"任性"司法起到一定作用（虽然有限），这是一种制衡；而当三法司所作判决与圣意不合，专制君主又会采用驳回、发更高层级会审乃至径直改判的方式限制三法司的职权，这也是一种制衡。这些都是清代国家法律体制成熟的重要标志。"三法司核拟具奏"这种判案形式，反映出清代司法审判最基本的价值取向是重公正、轻效率，最终目的是减少冤狱错案，因而三法司制度在最大限度上给予了被拟死罪者"活着"的可能，这也是每个人最无价、最现实的权益。另一方面，虽然三法司在法律上和程序上对皇权司法有一定的制约作用，但是在清代乾纲独断的政治体制下，他们是作为皇权的延伸来发挥作用的，是强化皇权，特别是加强皇帝对司法权控制的重要载体，最终难逃专制皇权的"五指山"。

第二章　清代刑事诉讼审判制度

当事人直接向司法机关提起诉讼，这是一种最古老最通常的起诉方式，成为中国古代引起诉讼审判的重要原因。清律关于诉权的限制大体沿袭明律，即须先向基层审判机构州县衙门具控，审断不公，方可赴上一级司法机关呈控。地方从州县到督抚的严格审级制度，既是清代诉讼审判制度的重要特点，同时也是清代诉讼审判制度完善化的重要标志。

清代刑法沿唐明之制，分为笞、杖、徒、流、死五级。除了笞、杖可以由州县自处外，徒、流以上的案件即事关罪名的刑事案件，特别是死刑等重大刑事案件，有一套极其严密的审判程序。

第一节　徒、流、军、遣的审判程序

一、徒刑审判程序

徒刑是对一般或较轻刑事犯罪的刑罚，据《大清律例》：诸如窃盗不满百两，匿父母及夫丧不举哀，祖父母、父母故杀子孙，雇工人骂家长，白昼抢夺，奴婢告家长等，均属徒刑，分别徒一至三年。应拟徒刑的案件，由州县初审，依次经府、按察司，报至督抚，逐级复核。总督、巡抚是一省的最高长官，有权对徒刑案件作出发生法律效力的判决，只须按季度报刑部备案。对于已判决徒刑的罪犯，发往省内指定州县服刑，充作驿站等处苦役。

二、流刑及军、遣的审判

流刑为减死刑一等的刑罚，较徒刑为重，用于比较严重的刑事犯罪。按《大清律例》：诸如犯私盐带军器，窃盗 120 两以下，白昼抢夺并伤人，强盗已行未得财，谋叛正犯之父母、祖孙、兄弟，书吏伪造印信诓骗财物等，均属流刑，分别流二千里、二千五百里、三千里三等。

充军和发遣，是从流刑派生而来，充军有五等，发遣为发黑龙江、新疆等地给披甲人（八旗官兵）为奴。一般不涉及反逆、人命的流、军、遣案件，由各省督抚审结后，将案卷咨报刑部，人犯则递解回原州县待命。刑部相应的各司将案卷核拟，而后呈刑部堂官批复，再咨复各省执行。

流刑及军遣案件，刑部批复即可执行，发生法律效力。年终由刑部向皇帝汇题，以备监督。以实际情况看，军、流案件的终审权在刑部。如道光三年（1823）案，湖督咨：周恒玉等因帅承法遭风溺舟，该犯等荡划捞取箱物。虽在覆舟之后，非实在乘危抢夺可比。惟既经帅承法等在岸喊阻，该犯等并不理睬，仍将所捞箱物携回隐匿。已有抢夺情形。该犯等各自荡划捞取，并无首从可分。将周恒玉等均照"乘危抢夺得财未伤人拟流例"，量减一等，满行徒。[1] 又如嘉庆十八年（1813）江西巡抚咨案：黄明斗乘火抢夺学院衙署内衣物，将黄明斗比照偷窃衙署拟军例，加重发往新疆当差。[2] 军、流犯人虽然按等级定有发配里数，但具体发往何地，初时并无明确规定，刑部批结后，由各省督抚按照里数，酌情发配，但不免失之不均。乾隆八年（1743）

---

① 《刑案汇览》卷一五，《刑律·贼盗》。
② 《刑案汇览》卷一五，《刑律·贼盗》。

刑部编纂《三流道里表》，三十七年（1772）兵部编纂《五军道里表》，将某省某府属之流犯、军犯，分别等级，应发往何省何府属安置，开列清楚。"凡发配者，视表所列"，减少了发配中的分歧。

第二节　死刑的审判程序

《大清律例》中死刑的罪名有400多条，包括斩、绞两种重刑，和称之为极刑的凌迟，还有枭首、戮尸、株连等加重刑。

清代的死刑在执行上有"立决"和"监候"两种。主要用于强盗首犯的枭首、谋反、大逆等严重犯罪的凌迟，都是一经皇帝裁决，即"决不待时"。如嘉庆十六年（1811）案发的浙江张良璧采生毙命案，经安徽巡抚钱楷拟斩决，嘉庆帝认为轻纵，嘉庆十六年（1811）十二月初六日奉上谕：

> 钱楷奏审拟张良璧采生毙命一案，并请将不为究办之知县、知府革职、再行严审各一折。

> 此案：张良璧舐吸婴女精髓，前后共十六人，致毙女孩十一人，成废一人。实属穷凶极恶、人形兽性。该犯自嘉庆元年九月作俑，其始尚可托词不知，因此伤生。迨连毙一、二命后，该犯岂毫无知觉。乃稔恶至十六年之久，毙命至十余人之多，凶残已极。

> 钱楷比照"采生折割人"凌迟处死律，量减，拟以斩决。庇护人妖，是何意见？试思：杀死一家非死罪二人，即应斩决；三人以上即应凌迟处死。该犯残毙婴孩十余命，岂斩决所能蔽辜?! 张良璧一犯着即凌迟处死。

> 该犯年已七旬，设因病致毙或畏罪自戕，岂不幸逃显戮！着由四百里传谕钱楷，接奉此旨，即先将该犯凌迟正法，示众；传齐十六家亲丁环视，以快人心而抒众愤。所有张良璧家产并着抄没。

集被害之十六家亲属，当官分给。仍将情形具奏。①

一般的人命、强盗两大类死刑案件，其案情较严重的也为立决。立决案是批复下达后，立即执行。监候是缓决，在第二年秋审时定其生死。属于监候的有案情较轻的命、盗案件以及其他死刑案件。为维护中央司法权的高度统一与集中，对地方督抚不经部复擅结重案，予以坚决纠正。乾隆二十一年（1756）揭露出来的江苏巡抚庄有恭擅权绞罪外结案即属此例。乾隆十二年（1747）三月，泰兴县捐职州同朱畊的雇工顾五图奸陶永盛之妻，被永盛之弟陶永年撞获，诉知朱畊，朱畊令永盛将顾五拴打，因伤致命，朱畊惧罪贿嘱尸亲私和寝事。未久案发，朱畊照威力主使殴打致死者以主使之人为首律拟绞监候，朱畊之妻等呈请捐银三万两赎罪，经庄有恭令按察司核议批允，饬令照数缴清赎罪银，另详候夺。至二十一年庄有恭丁母忧离任，遂以未了之案奏明②。乾隆帝据奏，立即降旨命两江总督尹继善查办此案，谕称："庄有恭所奏泰兴县捐职州同朱畊赎罪一案，此事殊不明晰，朱畊既从重归于殴死顾五案内，应拟绞监候，即据家属呈请，亦应俟题结覆拟，再行据实奏明，饬部定议，岂有未经具题，遽行准赎之理？是外省督抚竟可虚拟罪名，饬司拟赎，自行完结，不必上闻矣，从来无此理也！"③乾隆帝认为庄有恭"专擅妄谬"，"大失人臣敬事之道"，令其家居待罪。嗣经查明庄有恭等办理朱畊绞罪外结属实，命革职拿问，查抄其行装字迹。翌年四月，拟绞。以此案无赃私入己情弊，庄有恭从宽免死，发往军台效力。旋又命戴罪署理湖北巡抚。

督抚具题的死刑案件，经内阁票拟，进呈御前，照例是奉旨"三法司核拟具奏"，于是将案件批到刑部。京师的死刑案件由刑部直接审理，题奏皇帝。而后也经三法司核拟。

所谓核拟就是对案卷进行复核。根据《律例》看其量刑定罪是否准确。刑部奉旨核拟案件，核拟后由刑部尚书领衔，都察院、大理寺会签，以三法

---

① 参见《簪曝杂记续·妖民吸精髓》；《刑案汇览》卷二八。

② 《宫中档乾隆朝奏折》第十辑，台北"故宫博物院"1982年版，第100—111页。

③ 《清高宗实录》卷五二七。

司名义，以题本的形式上奏皇帝。刑部等三法司核拟的题本照例又经内阁票拟，呈请皇帝批示，对于一般的命盗斩绞案件，所奉谕旨均有例行程式。立决案批："某某著即处斩（绞），余依议。"监候案批："某某依拟应斩（绞），著监候，秋后处决，余依议。"皇帝的这种批示，由内阁用朱笔批在题本的封面上，称为"批红"，实际上就是死刑判决。

至此，死刑案件的审理程序即全部结束，皇帝作出终审判决，此案即已"题准"，立决案即由刑部咨文该省，"命下，钉封飞递各州县正印官或佐贰，会同武职行刑"，刑部下达的咨文可以视为"死刑执行命令"。死刑执行完毕须向上司申报备案。监候案则由初审州县将犯人管押，等候秋审。

第三节　逐级审转复核制

清代地方司法审判制度中，有一个重要特点：人命等徒刑以上（含徒刑）刑事案件须据律例拟罪后逐级向上申报，从而构成上一级审判的基础。每一级都将不属自己权限的案件逐级上报，层层审转，直至有权作出判决的审级批准后才终审。这样，徒刑至督抚，流刑至刑部，死刑最后直至皇帝，形成严密的"逐级审转复核制"。①

一、第一审级——州县

雍乾时的河南巡抚王士俊，曾三任知县，他讲述任州县官时处理命盗案件的经验时说：

> 余三任知县，所定命案不下百余，惟于当场研取确情，从未在

---

① 郑秦：《清代地方司法管辖制度考析》，《西北政法学院学报》1987 年第 1 期。

堂录囚。一遇命案，单骑前赴，兼裹数日粮，从仆二人、刑书二
人、干役二人、快头一人、仵作一人、皂隶四人，不令远离一步，
以杜私弊。公案离检所不过丈余。至则先问两造口词，即令仵作同
两造及地保公同检验，不厌其详。所报伤迹，详录草单，候三词合
同，方余至检所逐一加验，稍有疑惑，令仵作再验，果见伤迹凶具
相符，然后亲注伤痕。如犯证俱齐，即先录邻佑口词，再录证人，
再录死者之亲，众供画一，始取凶犯口词，或一人或两三人，细细
研鞫，别何人造意，何人先下手，何人伤致命，务求颠末了然，确
定首从，不可模糊。所伤械物，迅即追起，不可姑缓，果无遁情，
再复问各犯，翻驳尽致，果无反覆，令刑书朗诵口词，与各犯仔细
倾听。书押毕，即将凶犯重杖，其不行解散助殴加功者，亦加重
杖，以纾生者之忿，以慰死者之心。各犯应释者释，应保者保，应
羁者羁，务于当场研决，不得迟滞牵累。返署后，即行申报，密即
串叙招看。覆妥协，候宪批下日，即行点解。①

这是按法定程序办理的命盗案件。可见，州县审理刑事案件，首先要有
报案的告状或禀状。经准理后，或差快壮、捕役、书吏，或州县官亲往，或
侦查、缉捕，或查赃、勘验现场，或检验尸伤，或当场研鞫，或堂上录囚，
查得实情，并同时对各犯采取相应的强制措施。或释或保，或杖或羁，作出
决断。回署或退堂后，由刑书起草案情详文，画押用印通详上司。同时又由
刑幕根据案情、引用律例，作出审判的"拟律"意见。俟上宪批覆下日，立
即将案犯、证佐、凶器、案据、审录一同点解知府衙门。一件刑事案件就这
样在州县基本审理完结。一般刑事案件，经报案准理后，多由州县官用信票
或传票的形式，差捕役或快役与乡保合同调查、拘拿、传唤案犯、干证。如
乾隆二十三年（1758）巴县信票一件：

　　本年四月二十七日据船户彭林具报，伊挠夫陈荣在船头失足落

---

① （清）王士俊：《谳狱》，《皇朝经世文编》卷九四。

水溺死等情。同时又据同船挠夫郑士富、余朝英等报同前由，各等情，据此合行饬差打捞。为此票差该役前去协同船户、同船人等即速沿江打捞溺便陈荣尸身，分获禀报，本县以凭亲临相验。去役毋得需索迟延，如违，重究不贷，速渎票。

    巴县　　快头　　杨洪搭

    乾隆二十三年四月二十七日　　差　定限　　日销。①

州县办理刑事案件有法定限期，据《清史稿·刑法志三》载："直省寻常命案限六阅月，盗劫及情重命案、钦部事件并抢夺、掘坟一切杂案，俱定限四阅月。其限六月者，州县三月解府州；……其限四月者，州县两月解府州。如案内正犯及要证未获，或在监患病，准其展限或扣限；若隔属提人及行查者，以人文到日起限"。越限，州县官将受到行政处分。

二、府为第二审级

州县将自理以外的徒刑以上刑事案件上报后，其上级府级政府要根据案件的不同，分别定限二十日、一月、一月半、二月不等审核完备解司。府一级的审转，不仅是文案上的查檄，而且要对州县解到的人犯、佐证、案据进行一次重新开堂审理，审核州县卷宗是否齐备，犯证口供是否一致，有无刑逼，拟律是否允当。若无异情，便作"与县审无异"的批语解司；若犯证翻供或拟律不当，便一面详报臬司、督抚，一面发回原审州县重审或遴委他员覆审，得出实情，改正拟律解司，并揭参原审州县官。

三、按察使司为第三审级

清代各省徒刑及徒刑以上刑案，经府州县初审，府或道审转，都需招解

---

① 《巴县档案·乾隆朝》卷二四五。

臬司覆审或查檄。① 按察使覆审的意见，基本上代表省级司法官的意见，雍正帝首言："朕惟直省大小狱讼民命所关，国家各设按察司以专掌，一切州县申详，至尔司而狱成，凡督抚达部题奏事件皆由尔司定案，任岂不重"。② 按察使对上报来的徒刑案卷进行复核，对招解来的军流、死罪案犯、证佐进行复审。如发现案情有疏漏、供证不符或犯证翻供，就会对州县进行驳斥，或发回重审，或发首府、首县或调他县更审。如发现承审官审不出实情、出入人罪，除进行驳斥外，还要对承审官、监察官进行揭报。康熙年间知县黄六鸿曰：

> 大约据招供以序事，依律例以断罪，辨论精详使无驳窦，能事毕矣。辨论精详，使无驳窦是矣。但系申详上司之案，未有不驳者。若系钦部事件，愈驳而其案愈可定也。每有招看极安，以无可驳，而上司必寻一渗漏处驳之，故有司比拟既当，于不紧要处故留一破绽，使为驳地，再详则为批允。否则，恐将律例未相允协，或供招尚属含糊驳下，未免从头审理取供，虽仍照原拟具申，不多费精神而烦纸笔乎？此又不可不知也。③

行使驳审权力最多的，在地方主要是臬司，在中央主要是刑部。因此，州县自然有一套避驳之术，重聘刑名幕友的深意就在于此。

清代臬司的覆审有限期，对于不紧要处的破绽，只须文移驳正即可。甚至徒罪人犯不必由府解司，只将案情详报核批；军流罪人犯也不必由司解院，只将案情详报。所以，薛允升说："向来各府州县承审案件，斩绞重罪，由司转解巡抚审理，军流则将案详报，其人犯止解按察司，而不解巡抚衙门；徒罪以下人犯则归各府州县自行审理，不过将案情详报核批，其人犯即臬司衙门亦不解审，此向来办法也，而无明文……徒犯解府而不解司，军流

---

① 嘉道时期，边远府州县承审的一般军流以下刑案，由该管道覆勘，案犯不必解司，但案件卷宗必须送司汇总核。
② 《清朝文献通考》卷二〇七，《刑》十三。
③ 《福惠全书》卷一二。

解司而不解院，办理最有区别"。① 但有关人命、强盗案内的徒罪人犯仍坚持解司，军流人犯也要由司解督抚覆审。臬司驳正后便可加上"审供无异"的看语上报督抚。解来的军、流、徒人犯、佐证可发回原审府州县，而死罪人犯则留待督抚覆审，案卷则不论死罪，还是军流徒一概报送督抚。

四、督抚为第四审级

地方徒刑以上（含徒刑）案由臬司复核后，由督抚判决便可发生法律效力。清律明文规定："寻常徒罪，各督抚批结后，即详叙供招，按季报部查核。"所谓寻常徒罪即不涉及人命者，督抚批结就可结案执行。而涉及人命的徒刑案犯则要像军流案一样，督抚专案咨部核覆，仍令年终汇题。档案《顺天府全宗》中的徒刑案例可作说明：

道光十一年四月初二日宝坻县陈德元控王仁和殴伤案，因买卖土地，争执地价，王用小刀划破陈手。宝坻县初审王仁和拟徒，并逐级详报转核。八月十二日直隶总督批示："如详，饬将王仁和发容城徒一年"。九月二十九日王仁和从宝坻县起解赴容城充徒。②

又如道光二十一年七月初二日顺天府宝坻县拿获合伙盗回民王四等人，经初审查明王四原是在逃徒犯、惯窃，拟充军。经层层审转到直隶总督，直隶总督以"回民行窃结伙三人以上，但有一人执持械器者，无论绳鞭小刀棍棒，俱不分首从，不计赃数次数，改发云贵两广极边烟瘴充军例"，将王四拟军，咨报刑部。刑部于二十二年三月二十三日咨复："应如该督所咨办理，仍令照例汇题"。③ 直隶总督接到刑部咨复，便按《五军道里表》择地充军。

对地方死刑案件的审转以及督抚具题等，已如前述。逐级审转复核制的

① 《读例存疑》卷四八。
② 《顺天府全宗》第九八号。
③ 《顺天府全宗》第六三号。

立法原意是使各级司法部门对案件都负有责任，使某一个审转环节很难徇私舞弊。但由于整个司法系统是下级对上级负责，因而从上到下集体徇私的案件又屡见不鲜。在监察职能弱化的情况下，这种弊端就更为明显。而且，由于各级司法机关负有共同责任。因此，即使冤情重大，也难以平反昭雪。这些弊端将在后面详及。

五、秋审制度

清代刑事审判制度颇为完善的另一重要标志是秋审制度。秋审是在每年秋季举行的对各省斩监候、绞监候案件的复审，由明代的朝审制度发展而来，初定于清初，康熙十二年（1673）正式确立①。后文将专章讨论清代秋审制度，在此从略。

第四节　刑讯与证据原则

诉讼活动的核心是认定犯罪事实，并以此对案件作出处理。其中证据制度是诉讼的核心。为取得证据尤其是口供，清代沿袭以往朝代，允许刑讯。但对刑讯活动种类有严格的规定。

一、刑讯种类及其规定

清律常规的刑讯种类有笞、杖，是为正刑，此外还有枷号、夹棍、拶指等加重的刑讯种类，亦为法律所承认。清律对笞、杖的定制是：

---

① 《清圣祖实录》卷四四。

1.笞，小竹板，长 5 尺 5 寸，大头阔 1 寸 5 分，小头阔 1 寸，重不过 1 斤半。

2.杖，大竹板，长 5 尺 5 寸，大头阔 2 寸，小头阔 1 寸 5 分，重不过 2 斤。

笞和杖，首先是作为基本刑罚"五刑"中的两种轻微刑罚，同时又是审判中刑讯的方式，正如清人所说："笞、杖有义，有断决时之笞杖，有讯问时之笞杖。"①在实际行用时，二者很难分别。尤其在刑事案件中，笞杖可以被看作是刑讯，但也可以作为轻罪人犯的刑罚。

笞、杖在形式上虽有轻重，但在实际行用时也不拘泥，"薄责二十"，"重责四十"，全凭当堂立断。清代加重的刑讯种类主要还有夹棍、拶指、枷号等。

3.夹棍，又称三木之刑，中梃木长 3 尺 4 寸，两根旁木各长 3 尺，上圆下方，圆头阔 1 寸 8 分，方头阔 2 寸。用刑时将犯人绑在梃木上，用旁木穿以皮条夹犯人腿。

4.拶指，由五根小圆木组成，各长 7 寸，圆径 4 分 5 厘，皮条穿上，夹犯人手指。

由于夹棍、拶指属于重刑，因此清律规定，只有案情严重的命盗案件才可用夹、拶："强窃盗人命，及情罪重大案件正犯，及干连有罪人犯，或证据已明，再三详究，不吐实情，或先已招认明白，后竟改供者，准夹讯外，其别项小事，概不许滥用夹棍。"②清律中的这项规定有个过程。顺治十七年（1660），朝廷诏准，凡问刑衙门，无真赃确证及户婚田土小事，不得滥用夹棍。康熙四年（1665）诏令，凡审理强盗、窃盗及人命大案，犯人已经在别的衙门招认，后来竟然改了口供，或者已有确凿证据而犯人坚持不吐真情，这种情况下才可以使用夹棍；其他小事案件，如果问官滥用夹棍，要以故意违犯法规的罪名受到题参究治。康熙九年（1670）又诏令，凡是官员审讯犯

---

① 《读例存疑》卷一。
② 《大清律例》卷三六，《刑律·断狱上·故禁故勘平人》附例。

人，不准于拶指、夹棍之外再用别种非刑，对妇女不准使用夹棍，对怀孕妇女不得轻易使用拶指，违者要受到降职或罚俸的处分。其所以对夹拶严格限制，是因行刑时异常酷烈，往往刑未终而犯人已被夹死。拶指专用于女犯，十指连心，女犯因受拶而指尖鲜血淋漓，常常昏死过去。在清朝中期，夹拶常被滥用，所谓"三木之下，何求不得"？造成非常惊恐的气氛。后来不得不制定上引的条款来加以限制，经过几次修改，至道光年间改定如上述。

5.枷号，木枷长2尺5寸，阔2尺4寸，普通的重25斤，加重的枷35斤。枷在犯人的颈部，以示惩戒。枷号常用来惩治事关伦常、有关风化的案件，使犯人戴枷立于衙门口或闹市，既处罚、羞辱犯人，又教训、警诫其他人。从这方面看，枷号是一种刑罚。但是，有时在审判中，犯人不招供，也使其戴枷，迫其认罪，这就是一种刑讯。

枷号大小不一，正给法司徇私提供条件，康熙二十年（1681）八月，谕刑部清理狱具，康熙帝谓尚书魏象枢曰："朕闻尔部枷具，板有厚薄，孔有大小不一。贿嘱者，板薄而孔大；无贿者，板厚而孔小。此等情弊，尔等亦当严禁。"①

清朝的枷号没有限期，一般为数日或十数日，但重者有枷号至三月、半年，以至一年及二三年者，甚至有永远枷号的犯人。

清律"准其照常行用"的刑讯还有拧耳、跪链、压膝、掌责等。事实上，在刑讯中法外之刑举不胜举，仅清律中列举的就有：小夹棍、大棒棰、连根带须竹板、木架撑执、悬吊、敲踝、针刺手指、数十斤大锁、并联枷、荆条击背、脑箍、匣床、站笼等等。不见诸《律例》而在各地使用的还有奴汉架、魁点斗、饿鬼吹箫等等。但清朝对法外之刑是严禁的，康熙十年（1671）十二月，从兵部等衙门题，内外满汉文武问刑衙门，除用夹棍拶指外，有另用非刑者，俱革职，免其提问。其武官将妇人用夹棍者，照吏部例革职；该管兼辖上司，不据实察报者降二级调用；该将军、提镇不行题参者，降一级

---

① 《康熙起居注》第一册，第742页。

留任；将孕妇用拶指者，降一级调用；该管兼辖上司不据实察报者，罚俸一年；将军提镇，罚俸六个月。①

但法律规定不可能遏止滥施刑罚之事，实际上地方滥施大刑之事司空见惯。雍正二年（1724）十月，河南巡抚田文镜在《严饬慎用大刑以全生命事》中通饬全省："照得夹棍拶指等刑原不得任意滥用，恭蒙皇上如天好生之仁，钦恤民命，凡在大小衙门，自应仰体圣心，慎重刑狱。虽有疑难之事，苟能设法推求，隔别研讯，实情无不吐露。间或命、盗重案，刁猾之徒狡口支饰，万不得已始用夹拶，亦不可连拷叠夹。如重刑之下果得其情，尚为不枉，万一痛楚难忍，信口成招，则罗钳吉纲、无从再雪盆冤。问刑者即幸逃夫清议，安能免于冥诛？本署院披阅各属详到刑名案件，不曰连拶不承，即曰屡经夹讯等语，殊属可骇。及细查犯证供词，尽有前后矛盾、彼此互异之处，不无龃隙可以指摘，何难讯取确情？总因问官粗浮，未审之前不肯细阅卷宗，临审之时又不肯耐心驳诘，肝火上升，怒从中发，颐指气使，遂不顾阶下之存亡矣。"②田文镜体雍正严苛为政，但属下法司严刑逼死人命之事仍使他骇异。雍正五年（1727）正月，田文镜在《为严饬事》中说：灵宝县知县梁昌年，因境内居民姚绍谛家被盗，获贼陈弘福、赵金洪、刘心荣等三名，又续获刘汉臣一名。刘心荣等三犯甫报患病即报病故，而陈弘福一犯患病病故，报文又系一日投到，显有酷刑致死情弊。又：邵琳继妻刘氏带有两子，被人背绑，土塞口鼻，弃置东关赵姓枯井之内，次日救起，长子已死，次子被救得苏。井主家人及乡地禀县，该县并不得凶，亦不详报。视盗案如同儿戏而酷刑连毙三命，视人命漠不关心而任意讳匿不究。似此草菅人命、惨酷已极，断难一刻姑容。据司道暨陕州详揭，本都院已经纠参，请旨严审，究拟在案。③

从法律规定而言，只有三法司和各省督抚、按察司和府州县正印官（长

---

① 《清圣祖实录》卷三七。
② （清）田文镜：《抚豫宣化录》，中州古籍出版社1995年版，第85—86页。
③ （清）田文镜：《抚豫宣化录》，中州古籍出版社1995年版，第195页。

官）才可动用夹、挭，其他衙门"不准擅用"。还特别规定州县审理"自理案件"（民事案件）"不得擅用夹讯"，如初审向上审转的刑案，用过夹挭，还应声明，报上司"察验"。

清律规定"老幼不拷讯"，凡70岁以上，15岁以下，及废疾者，不得用刑，审判时依"众犯"（三人以上的证言）定罪。这种限制往往只停留在纸面上，并不能制止随处可发生的滥刑。

清律对于挟嫌报复、敲诈勒索而刑讯致死囚犯，严加禁止，予以严惩，要处以斩监候。对于其他情况，刑讯致死囚犯，也定有不同处分，从杖一百到流三千里。但是，对于"依法拷讯，邂逅致死，或受刑之后因他病而死者，均照邂逅致死律，勿论"。这种规定又无疑是对无限制的滥刑提供了法律借口。

二、刑事审判中的证据

清律对刑事审判中的证据有一些规定，如："凡人命重案，必须检验尸伤"，填写部颁"尸格"（验尸报告）；"鞠审强盗，必须赃记明确"；"事主呈报盗案失单，须逐细开明"等等，以上"尸格""赃证""失单"都是证据，是审判的重要依据，也是立案的必要准备。如河南巡抚田文镜要求河南各司道府州县："报命文内务必开明报官日期，乡地报呈尸亲告状，验明尸伤，填具分寸颜色，开明系何器械所伤，注定致命不致命字样，凶器务与伤痕比对相符，声明贮库。如或尚未追起比对，亦将缘由于文内声明后叙。当场简切口供，毋得泛叙闲文。报盗文内开明到官日期、乡地失主报呈并失单什物，查验出入形踪及地邻更夫，简切确供。如拿获盗贼，先开明获盗日期、起获赃物、失主认领缘由，验明有无捕役私拷伤痕，并讯究窝家贼线下落、同伙未获逸盗年貌住址、有无行劫别案，逐一开报，毋得遗漏。随详书册内口供，务必别提开写，先将一人口供写完，末用'是实'二字煞住，另提一行，再写别人口供、不得接连压写。其书册内，字迹务须端楷清楚，不得以蝇头细字挨紧并连，致难查阅。"①

证人证言、被害人陈述也是重要的证据。但是在所有证据种类中，被告人口供乃是最重要的一种，口供是定案的关键。清律规定："凡狱囚，鞫问明白，追勘完备……审录无冤，依律议拟，法司复勘定议奏闻。""凡狱囚，徒流死罪，各唤本因及其家属，具告所断罪名，仍责取囚服辩文状。如不服者，听其自行辩理。""鞫问明白""审录无冤""服辩文状"，都强调要取得犯人"服输口供"才能定案，口供是结案的必需条件。否则，其他证据再充足，也不得结案。

清律有"众证明白，即同狱成"的例外规定，但这只是对共同犯罪主犯在逃等特殊情况而言，对拘押中的犯人，不能众证定罪，一定要取得"服输供词"。清律还规定，官府审判案件时，应依所告本状推问，不得于状外别求他事摭拾人罪，应依法决罚，据供定案。审判时，应招书吏照供录写，当堂读与两造共听，果与所供无异，方令该犯画供。该有司亲自定稿，不得假手胥吏，致滋出入情弊。如有司将供词辄交与经承，致有增删改易者，许被害人首告，题参议处。书吏受财者，以枉法论。若犯人果不识字，许令在官不干碍之人依招代写。若吏典代写，即罪无出入亦以违制论处。初次招供不许擅自删改，俱应详载揭帖。若承问官有意增减原供，希图结案，按察使依样转详，令督抚严察参处。按察使亦不得借简招之名故意删改原供，倘遇有意义不明，序次不顺，与情罪并无干碍，即就近核正申转，将改本备案，不得发换销毁。如承审官改告口供，故行出入，或草率定案，证据无凭，枉坐人罪者，一律革职。

清代由于查取人证等引起民变的事也时有发生。乾隆六年（1741）十一月，钦差大臣汪扎勒等审案扰累，激成杭州民变是为著名者。原任浙江巡抚卢焯营私受贿一案，自是年七月由闽浙总督德沛和钦差副都统汪扎勒在杭州正式开审，历时半年，涉案人互相扳扯，拖累株连，案犯竟至百

---

① （清）田文镜：《抚豫宣化录》，中州古籍出版社 1995 年版，第 183 页。

名之多。汪扎勒坚持每犯一名，拨兵数名、衙役数名，并各派千把总一员看守，庶无串供情弊。因此，百名人犯和千余兵役员弁占民房百余家，杭民惊恐不安，怨声载道。至十月十九日原任杭嘉湖道、革任山西布政使吕守曾押解至杭，初讯之夜，即在民房内自缢身毙，人心益不自安。是日晚掌灯时分，汪扎勒审案毕，自总督衙门回公馆，被沿街围观百姓阻拦，即速回总督衙门，德沛亲往大门化导，及至掩门后，众民复击鼓喊嚷，只叫汪扎勒出来。嗣经杭州将军傅森派兵弹压，拿获闹事者十余人，众民始散去。① 杭州织造伊拉齐、浙江布政使安宁先后将杭州民间骚动等情密折奏闻，安宁并言："浙省审理参革巡抚卢焯等一案，可以结而不结，不当严而过严，督臣、钦差不能和衷共济"。乾隆帝据奏降旨称此案"案外拖连多人，案内要犯监毙数人，且有严刑迭夹，腿骨已碎尚未招认者"。又严责德沛未将彼地审办情由及时陈奏，且稽迟日月，未能及早定案，遂命一俟新任浙江巡抚到任，德沛即来京陛见。汪扎勒于此事审定后亦即速来京。

定罪量刑，除案犯的口供外，还需要其他人证、物证做参考。凡官司鞫囚时，证佐之人不言实情，故行诬证，致出犯人全罪者，减犯人全罪二等；若增减其罪者，亦减犯人所得增减之罪二等。凡词内干证，令与两造同具甘结，审系虚诬，将不言实情之证佐按律治罪。

审命案必须检验现场尸身。在京师则由刑部司官，及五城兵马司、京县知县负责；在外由州县正印官负责。该官得报后，应立即亲往相验，只许随带仵作 1 名、刑书 1 名、皂隶 2 名同往。一切夫马饭食自备，严禁书役人等需索。未检之先，务须详鞫尸亲、佐证、凶犯人等，令其实招以何物致人死亡之处，立为一案。随即亲诣尸所，督令仵作如法检报，察看要害致命之处，细检其圆、长、斜、正、青、赤分寸，果否系某物所伤。令有关人证质对明白，各情输服，然后成招。验尸时，尤要分别致命之处与

---

① 第一历史档案馆藏：《宫中档朱批奏折·法律》，4932—4990。

致命之伤，逐一辨别后，由掌印官亲填尸格。犯人行凶之器物，必须立即验收，以为物证。

　　尽管清代司法审判中一再强调证据的作用，但由于刑讯的广泛存在，证据本身的可靠性都成问题，据此成谳的案件当然也值得怀疑。

第三章　清代民事诉讼的制度化与调解的盛行

　　清朝的法制以完备著称，虽然仍无单一的诉讼法，但民事审判程序与法律适用，都已形成了明显的特色，不仅如此，民事诉讼还逐渐从民事依附于刑事的状态，走向相对地独立。无论起诉、受理、审理、审理的方式、依据、判决的执行、调解等等，均已形成完整的法律规定，显示了民事诉讼与刑事诉讼二水分流之势。清朝的民事诉讼是以"田宅户婚钱债"，或"户婚田土继嗣"面貌出现的，民事纠纷也以土地、房屋、继承、婚姻、收养、赁屋、典当等私权益为主要争讼内容。

　　档案资料显示，在顺天府宝坻县4269件清代诉讼档案中，民事诉讼2946件，占总数的60%。另据宝坻县刑房词讼簿所载案件的统计，自咸丰三十一年至光绪五年间，民事诉讼案件58件，刑事及其他案件55件，前者占了51.3%。而在陕西紫阳县清代司法档案中，民事诉讼竟然占90%以上，此外，四川省南充县和贵州省锦平县也相继出土了大量的清代司法档案资料，其中绝大部分属于民事诉讼档案，并且附有各类契约和婚约。

表4　冕宁县档案民刑案件数量的粗略统计 ①

皇帝年号	民事案件					民事案件合计数量	刑事案件数量	民事案件百分比
	土地	债务	婚姻	析产	其他			
康熙	9	4	2	1	2	18	8	69%

---

① 此为李艳君博士根据诉讼书状所作的粗略统计。参见李艳君博士论文《从冕宁县档案看清代民事诉讼制度》，中国政法大学 2008 年博士学位论文，第 233—234 页。

续表

皇帝年号	民事案件					民事案件合计数量	刑事案件数量	民事案件百分比
	土地	债务	婚姻	析产	其他			
雍正	11	16	5	5	2	39	41	49%
乾隆	28	101	9	20	8	166	270	38%
嘉庆	3	15	5	5	6	34	46	43%
道光	27	75	40	6	8	156	104	60%
咸丰	30	110	39	20	19	218	168	54%
同治	29	66	15	6	6	125	169	43%
光绪	78	259	58	31	46	472	406	54%
宣统	1	4	2	1	0	8	6	57%
合计	216	650	175	95	97	1236	1218	50%

在世代相聚而居的广大乡土，"大凡乡曲邻里，务要和睦。才自和睦，则有无可以相通，缓急可以相助，疾病可以相扶持，彼此皆受其利。"[①] 所以，民事案件相对于那些危害国家和社会安全的刑事"命盗"案来说，就显得平常甚至是轻微，"户婚、田土、钱债、偷窃等案，自衙门内视之皆细故也，自百姓视之则利害切己，故并不细。即是细故，而一州一县之中重案少，细故多，必待命盗重案而始经心，一年能有几起命盗耶？"[②] 故此，民事诉讼在清朝被称作"细故"。问题是这些"细故"如果不予以解决，同样会酿成社会危害。一段时期以来，很多人认为民事诉讼是细事，官方不予重视。同时，百姓受"和为贵"和"贱讼""畏讼"观念的影响，遇有侵害个人权益的状况，多忍让而不敢告官，由此得出结论，百姓缺乏诉讼权利观念。大量清代民事诉讼档案的发现，可以说这些看法在清代已不完全适

---

① 《名公书判清明集》卷十，《乡里》。

② 方大湜：《平平言》卷三，《勿忽细故》，光绪十八年资州官廨刊本。

用。事实是清朝民事诉讼无论制度、程序、判决、执行，都形成了一整套的规程和原则，而百姓也相信国家王法，遇有侵害个人权益的行为发生时，是敢于告官，提起诉讼，寻求法律保护的，实际上他们的诉讼权利意识在不断地萌发。

第一节　管辖

清代民事诉讼案件实行州县自理原则。清代地方区划严格而论为省、府、县三级。县为地方基层最低一级政权。清代在全国各省普遍设县，同时于关津冲要地方设州，于边远或特殊地区设厅，在专管地方、亲民理政的基层政权的意义上，州、厅与县完全相同。因厅的设置特别而又较少，故清人多以"州县"连称县级单位。①

州县作为地方司法机关的第一审级，对民事案件及应判笞杖、枷号等轻微刑事案件有判决权。《大清律例·刑律·诉讼·越诉》附例规定："户婚、田土、钱债、斗殴、赌博等细事，即于事犯地方告理，不得于原告所住之州县呈告"。此条例为雍正六年（1728）订立，乾隆五年（1740）修律时，增为附例。律例特别规定："原籍之官亦不得滥准行关，彼处之官亦不得据关拘发，违者分别议处。其于事犯之地方官处告准关提质审，而彼处地方官匿犯不解者，照例参处"。② 所以，民人呈控户婚田土案件时，州县衙门必须受理，清律334条规定："凡告……斗殴、婚姻、田宅等事不受理者，各减犯人罪二等，并杖止八十。受财者，计赃，以枉法从重论。"③

《大清律例》规定断罪不依律条，一部《吏部处分则例》，自罚俸以至革

---

① 郑秦：《清代法律制度研究》，中国政法大学出版社2000年版，第314—317页。
② 《大清律例》卷三〇，《刑律·诉讼·越诉》。
③ 《大清会典事例》，卷八一七，第1页。

职，各有专条。《大清会典》"官非正印者，不得受民词"①。

民事诉讼在清朝统治者看来均是"细事"，档案里保存的大多数的田土案件均在州县官一级即被解决，也有少数经年不决、影响力大的民事案件经过覆审等程序。民事关系里若是涉及命案重伤等，触犯律例，则会纳入刑案范畴，经过覆审、京控等刑事程序。瞿同祖提及，"州县官在上级官员的监督下，未被赋予作重大决定之权，除了像轻微民事案件处理之类的例行公事外，大多数行政事务，州县官必须向上级通报并取得其赞同。"②顾炎武认为，"在所有的官员中州县官拥有最少的权力。"③但绝不意味着，民事诉讼在制度与程序上不被重视，相反，从田土部分的民事档案来看，有着一套完善的制度与机制与之相适应，以确保大多数民事案件在州县一级得到很好的解决。

清朝的社会经济经过了顺、康、雍、乾几代的统治，开始了新的繁荣。城市发展，交通通畅，商品流通速度加快，对内对外贸易活跃，由此引起的钱债纠纷逐渐增加。《大清律例·刑律·诉讼·越诉》条附例规定："直省客商在于各处买卖生理，若有负欠钱债等项事情，止许于所在官司陈告，提问发落。若有蓦越赴京奏告者，问罪递回。奏告情词不问虚实，立案不行。"此条例是由明朝旧例改定而成，雍正三年（1725）修律时，修律馆以客商不止江西为由，将明旧例中的"江西等处客人"，改为"直省客商"。据此，直省客商在异地经商所发生的钱债纠纷案件，也只许向所在地司法机关陈告。

属于特定诉讼主体的民事诉讼，要适用特别的管辖。宗室和觉罗之间因继嗣、宗籍、婚姻而发生的民事诉讼，依照《大清会典》的规定："户婚田土之讼，系宗室由府会户部。系觉罗，由户部会府"。即户婚田土案件的两造系宗室的，由宗人府会同户部审理；系觉罗，则由户部会同宗人府审理。《宗人府则例》则作为解决宗室贵族内部各种纠纷，包括民事纠纷的法律依据。旗人案件分为京师旗人和驻防旗人。《大清律例》规定："（在京）八旗

---

① 《大清会典》，卷五二，第2页。

② 瞿同祖：《清代地方政府》，第193页。

③ 顾炎武：《日知录集释》卷九，第15页。

人等如有应告地亩，在该旗佐领处呈递，如该佐领不为查办，许其赴（户）部及步军统领衙门呈递"。旗民之间的争控，"旗人由各本旗具呈，民人由该地方官具呈。如该管官审理不公及实有屈抑，而该管官不接呈词者，许其赴部控诉，亦有事系必须送部者，该管官查取确供确据，叙明两造可疑情节，送部查办"。军人之间的民事诉讼，"从本管军职衙门自行追问"。① 军民之间的民事诉讼，由管军衙门会同州县一体约同，即所谓："军民约会词讼"。蒙古地区的民事案件甚至少数民族苗人、回人的民事诉讼都有专门的适用管辖的规定，这里暂不做讨论。

第二节　诉讼主体

民事诉讼的当事人为原告、被告、抱告和证人。

原告被称为"原造""告状人""具告状人"等，被告称为"被造""被论"等。依据《淡新档案》，被告提出辩诉时，普通用具诉呈人字样。依实例，往往坊乡、街庄、番社、郊、商铺、地方公益团体后公号（业户）等，亦为原告或被告。

在广西民间一些地区，习惯"以诉之先后为标准，先诉者为原告，后诉者为被告"或"以理之曲直为标准，理直者为原告，理屈者为被告"。② 前者称为"诉之先后"标准，后者称为"理之曲直"标准。在以"诉之先后"为标准的情况下，如果出现两造同时起诉者，则"不分别原告被告，听其互控，批准后列为一票，遣差传提，谓之并票，此例大多数州县行之"。在以"理之曲直"为标准的情况下，印官就两造呈状所申之事实来确定原被告，

---

① 《大清律例》卷三〇，《刑律·诉讼·军民约会词讼》。
② 石孟涵辑：《广西调查民事诉讼习惯报告书》，国家图书馆普通古籍铅印本，广西调查局，清宣统二年（1910）。

"不独同时起诉者如是，即有诉在先而理曲诉在后而理直者，亦得由后诉者请求批销原告为被告而自居于原告地位。如桂林之临桂；平乐之贺县；柳州之雒容；浔州之平南；太平之养利州及百色直隶厅皆此例也"。①

抱告也称抱呈、代告。《六部成语》解释曰：抱告，"遣族属，家丁代为告官业"。"若无故不行亲……故令老幼"，故抱告也称抱呈、代告。可见，抱告本人除应具备完全诉讼能力外，还须与告状人之间有特定的身份联系。

《大清律例·现禁囚不得告举他事》条规定："其年八十以上，十岁以下，及笃疾者，若妇人，除谋反、叛逆、子孙不孝，或已身及同居之内为人盗、诈、侵夺财产及杀伤之类听告，余并不得告"。该条附例则规定："年老及笃疾之人，除告谋反叛逆，及子孙不孝，听自赴官陈告外；其余公事，许令同居亲属通知所告事理的实之人代告"。《大清律例·官吏词讼家人诉》条规定："凡官吏有争论婚姻、钱债、田土等事，听令家人告官对理，不许公文行移，违者笞四十。"这里的官吏，包括现任官和致仕官。由此可见，年老及笃疾之人必须由他人代告。官吏在诉讼中不能自行呈控，须由家人代告。生监亦须由他人代告。

宝坻县档案资料在每一案件之后，都附有单独一页"状式条例"，关于女性诉讼，这样写道："绅衿及妇女老疾无抱告者不准。"据《淡新档案》记载："妇女递禀，不列抱呈，又无代保戳记，不阅，掷还。"甚至"凡词内牵连妇女者，于吏呈票稿内即除其名，勿勾到案。其有不待呼即至者，不许上堂，只讯男丁结案"②。如需要可以另提其"子侄、兄弟代审"。③

在礼教思想的影响下，原则上，妇女非列抱告者不予受理，但是在冕宁县档案中却意外地发现多张记有妇女名字的签票。

> 正堂胡，签饬该役前往协同该处地保首人，即将柳洪兴供出之

① 石孟涵辑：《广西调查民事诉讼习惯报告书》，国家图书馆普通古籍铅印本，广西调查局，清宣统二年（1910）。
② 袁守定：《牧令书》卷一七，《诉讼》。
③ 《大清律例》卷三七，《刑律·断狱下·妇人犯罪》附例。

周广者、周赵氏唤获，刻即赴县以凭讯究，去役毋得籍签需索刻延
干咎，速速须签。

光绪五年十二月初九日刑房呈 ①

巴县档案中也有一则寡妇呈请立继的禀状：

> 情氏翁与氏夫前后俱故，氏子亦亡，谨氏与姑孀居，无人照
> 理，屡被夫表戚秦怀寻害，氏姑王李氏去年五月初具禀……氏姑媳
> 无靠，荷沐恩谕，民选抱一子，承氏王门宗枝。氏遵谕令……将抱
> 约呈验。②

虽然从诉讼的原始资料来看，看不出抱告者为何人，但可以肯定的是诉
讼主体是妇女本身，说明在有些地方妇女是可以出庭堂讯的。③ 妇女出面状
告的事由多是丈夫死亡或外出等情况，如顺天府宝坻县刑房档案190卷34号，
顺天府宝坻县刑房档案99卷153号；《巴县档案》第211—212页所载之案例。

《大清律例》"越诉"条附例明确规定："军民人等，干己词讼，若无故
不行亲赍，并隐下壮丁，故令老幼、残疾、妇女、家人抱赍奏诉者，俱各立
案不行，仍提本身或壮丁问罪"。《大清律例会通新纂》"越诉"条所附同治
十二年通行"计开条款"中规定："生监、妇女、老幼废疾无抱告者不准。"

民间黄岩档案"状式条例"中规定"凡有职及生监、妇女、年老、废疾
或未成丁无抱者，不准"。譬如清雍正十年（1732）祁门县"告状不准事项"
中规定："绅衿妇女老幼废疾无抱告及虽有抱告年未成丁者，不准。"巴县档
案"状式条例"中也有类似规定："有职人员及贡监生妇女无抱者不准。"陕
西省档案馆藏清代紫阳县正堂司法档案"计开条款"中规定："年七十以上
及有残疾并妇女生监无抱者不准。""状式条例"或称"计开条款"是当时诉
讼状纸上所载的告状不准条款，当事人告状时必须遵守，否则官府不予受

---

① 冕宁县清代档案，光绪五年。参见张晓蓓：《冕宁清代司法档案研究》，中国政法大学出
版社2010年版，第96页。

② 四川省档案馆、四川大学历史系编：《清代乾嘉道巴县档案选编》，第477页。

③ 见《冕宁县清代档案》轴号32，卷号391-45；轴号32，卷号398-22。

理。由此可知，平民告状的抱告多为亲属，生监及官吏则多为雇工。

呈递诉状之权和公堂对审之权，为抱告人的法律责任，《大清律例》"现禁囚不得告举他事"条附例规定："年老及笃疾之人，……许令同居亲属通知所告事理的实之人代告。诬告者，罪坐代告之人。"

证人、证言，对于判断民事案情具有重要意义。清代将那些知悉案情，并被传唤到堂证明案件事实的人，称为"干证"或"证佐"。

清代民事诉讼中，当事人交易时的中人通常作为证人。"中人"，在明清时期又被称为中证、凭中、中见、中保等。清代俗有"无中不成契"之说，在买卖、典当、借贷，乃至分家析产等交易中都有中人参与，"防讼结信"。一旦发生纠纷，这些中人就扮演仲裁人和调解人的角色。如果纠纷最终进入诉讼阶段，中人自然成为必不可少的证人，会被传唤到堂作证。"清代社会也并不是一个单纯的未开化社会，在日常社会生活上远远超过面对面的范围，而是一个大规模的社会。而且在那里有相当程度分化了的民事契约诸多类型同时并存，并在起作用。这样一个社会用这样一种方式得以运行，至少大体上还能维持民事秩序。"[①] 所以，中人在交易中通过自身的参与使交易事实公开化，起到了保证这种交易的有序进行并使其保持在一种平衡的状态中的作用。同时中人还充当着见证人的角色，一旦日后当事人之间就交易发生争议，中人就会成为他们之间的仲裁人和调解人。

人们往往会选择那些德高望重，具有一定权威性的人如族长、长老做证人或中人，这是契合了中国传统的宗法伦理观念的。因为在古代宗法社会的背景下，社会成员之间存在着广泛的血缘纽带关系，具有很强的约束力。宗族是以血缘关系为基础的族内组织，是维系宗族的重要的精神力量，也是封建社会赖以维护其统治的重要社会支柱。即使是地方官，在处理和解决民事纠纷时，也重视依靠宗族长老、族长的势力和影响。

---

① ［日］寺田浩明：《关于清代土地秩序"惯例"的结构》，载刘俊文主编：《日本青年学者论中国史》（宋元明清卷），上海古籍出版社1996年版，第673页。

族长、邻佐、媒人等，均有向官府提供证言的义务，而官府强调"词内干证"与"两造同具甘结"。《大清律例》"诬告"条附例规定："词内干证，令与两造同具甘结，审系虚诬，将不言实情之证佐，按律治罪"。受血缘、地缘因素的影响，民事诉讼中的证人一般数量较多，以致法律对当事人可提供的证人数量作出限制，并允许州县官择要传唤证人。《大清律例》"诬告"条附例规定："凡词状止许一告一诉，告实犯实证，……承审官于听断时，如供证已确，纵有一二人不到，非系紧要犯证，即据现在人犯成招，不得借端稽延，违者议处"。但对于"其于律得兼容隐之人，及年八十以上，十岁以下，若笃疾，皆不得令其为证，违者，笞五十"。[①]"若非实系证佐之人，挺身硬证者，与诬告人一体治罪，受赃者，计赃以枉法从重论。地方官故行开脱者，该督抚题参，交部严加议处。"[②]

第三节　呈控

《大清会典事例》规定："凡鞫狱，须依（原告人）所告本状推问。若于（本）状外别求他事，摭拾（被告）入罪者，以故入人罪论（或以全罪科，或以增轻作重科）。"[③] 说明州县官受理词讼的依据，首先是诉状。

清代民事诉讼的起诉方式有三种：呈诉、禀诉和喊诉。其中，前两种为书面形式，后者为口头形式。

呈诉是普遍适用的方式，原告初递者曰"原呈"，次递者曰"续呈"；被告所递者曰"诉呈"；多数人联名公递者曰"公呈"。诉状格式，由各州县自行刊发，遇讼事发生时，诉讼人至官署购买呈纸，请官代书作状填写；或自

---

① 《大清律例》卷三六，《刑律·断狱上·老幼不拷讯》。
② 《大清律例》卷三〇，《刑律·诉讼·诬告》附例。
③ 《钦定大清会典事例》卷八四二。

拟状稿，仅请代书照录盖戳呈递，并标明"来稿照录"字样。

例如：

顺天府宝坻县刑房档案二八全宗二目录九八卷二号

具禀：民人杨致祥、高名山住好礼里大兰各庄

为公恳仁慈俯鉴细事解明格外施恩免讯事。切有刘孟氏具禀，伊家地内丢失谷子，经管地账人不认赔偿，反使令王帼向伊家讨要。看青高粮将伊殴伤等情一案，现业传讯何敢昌渎。情因身等舆两造均系亲谊，不忍坐视，又兼刘孟氏微伤早愈。身等将两造邀集一处查询，明确所有刘恭丢失谷子原未入账、交看青人看管。王帼等因刘恭地亩既未入账，想伊必系自行看管以致，王帼等并未留心稽查，致被人偷窃。两造均有不合今经，身。察明，刘恭地内丢失谷石，身，等公议。着看青人包赔一半。刘恭情愿息讼，两造均各各平△身等因仰△仁天息事予人平息为此不△△昧公叩仁天太老爷，俯金细事，解明格外徒宽，究讯销案。身等　顶感　鸿慈无既　矣上禀

阮据察明，呈恳请宽免讯饬两造出具遵结送

察核销案

道光二年十月一日

禀诉即用禀式起诉，一般仅限公益事件之诉讼。因属公益案件，所以禀词字数不设定限，亦不由代书录写盖戳。禀词分红禀和白禀两种。"广西通例，凡诉讼事件皆用白禀，非诉讼事件则用红禀。又有红白二禀并用者，以白禀叙事，红禀摘由候批。此惟下级官吏对于上级官吏用之非诉讼事件也。其关于诉讼事件亦间有用红禀者，但居少数"。①

禀词的呈递方法，或由三八告期堂递，或由收发房传递，与呈诉同。所

① 石孟涵辑：《广西调查民事诉讼习惯报告书》，国家图书馆普通古籍铅印本，广西调查局，清宣统二年（1910）。

异者呈诉由期呈者多，由传呈者少，禀诉则期呈与传呈皆有。禀词字数不设定限，亦不由代书录写盖戳，因属公益案件，故不照普通之例。但是，广西的习惯，"各属中亦有公益案件仍须遵用呈式不用禀式，或虽用禀式而必由代书盖戳者"。①

喊诉即口头起诉，仅限于危急案件及重大怨抑案件的起诉，有登堂喊诉和拦舆喊诉两种，属于特殊情况下启动的司法救济方式和途径。

民事起诉使用规定的格式书状，诉状分正状和副状，各地规定不一，正状一般由原告提交官府并存档。诉状限定文字，"状刊格眼三行，以一百四十四字为率"。② 如不足以说明案情，当事人可于呈状之外，另呈补充案情的"投状"。投状虽为律例所禁，目的是防止当事人借投状牵连他人或他事，混淆案情，但实际上也是禁而不止，有时也对司法官了解案情有些帮助。

从档案中可以看到，民事诉讼状一般包括当事人（原告、被告、抱告）基本情况，及保人的姓名、住址以及官代书的戳记等内容；案件的事实、理由和诉讼请求。告状和供状也呈现出浓厚的地方特色。首先，在称谓上，无功名的具状人自称为"蚁"，意为小民，指男性，如巴县档案"乾隆三十四年十二月十七日廉里六甲文彩荣禀状"中，具禀状人文彩荣亦自称为"蚁"，而道光年间的宝坻档案多自称"小的"或"身"，如宝坻档案"二八全宗二目录九六卷四九号"被告张远自称为"小的"。巴县女性自称为"氏"，如巴县档案"乾隆五十五年五月二十二日王张氏抱约"中，立出抱约人王张氏自称为"氏"。取得生员资格的人则自称为"生"，如巴县档案"道光二十二年五月十三日田式美禀状"中具禀状人田式美自称"生"。其次在格式上，巴县档案的诉状都以"情"字起首，表明案由。案情叙述简单明了。供状则以"问，据"起首。清时，在科举无果的读书人中逐渐分化出一些专门为人代写状纸谋生的讼师，尽管讼师助人诉讼被视为讼棍滋讼，受法律打击，但是因为有

---

① 石孟涵辑：《广西调查民事诉讼习惯报告书》，国家图书馆普通古籍铅印本，广西调查局，清宣统二年（1910）。

② 黄六鸿：《福惠全书》卷一一，第2页。

广阔的社会实际需求，收入较高，禁而不止，有的讼师与胥吏勾结，垄断该地的状纸写作。由于长期的业务训练，他们所代写的诉状，展现出了较高的概括能力以及业务水平，其中有些成为诉状中常用的标志性的格式语词（如上述案例中的"情""问，据"），甚至可以据此判断某一状纸出自何州何县。

根据康熙时人黄六鸿所著《福惠全书》，清代的民事诉状分正状和副状，其格式如下：

正状式

告状人某告为……………………………………………………………… 事

……………………………………………………………………………… 上告

本州（县）正堂老爷施行

计开

被告某住某村，离城若干里

干证某　　同前

两　邻　　同前

地　方　　同前

年月日　　告状人　　年岁某府某县某里某甲籍住某村离城若干里

抱告　某人

代书　某人

副状式

告状人某告为某事

被告某　　　住某村，离城若干里

干证某　　同前

两　邻　　同前

地　方　　同前

年月日　　告状人　　　某

抱告

代书

以下为咸丰年间宝坻县状式：①

縣	坻	寳
由欠節年各　各 已照全數完　未已 完　借領年 口糧／籽種　常社義倉穀　又欠節年各　已 完　應納屯 糧已照數全完　豆　未	狀式 新案　　　　　　舊	並無拖欠　糧租　銀　拖欠 年　糧租　未 已完　糧租　地畝 應完　糧照數全完　租　糧租名 承種　民糧地畝　項 租　其呈寡婦王尹氏　地畝前呈敘明

对诉状的要求更多地集中在实体内容上，譬如，对于所告之事不得称疑，不得于呈词内牵连无辜及原状内无名之人，不得呈控不干己之事，尤其对所请求的内容要符合法律、情理，并有实体的请示权等，是为官府能否受理的实质性要件。

民事诉讼呈状的同时必需举证。除证人、证言外，凡告田园、房屋、坟墓、钱债、婚姻、继承、行账等事，均需交验粘连契券、绘图、注说、婚书、行单等。《福惠全书》载："凡告户籍者，必以族长坟产为定；告婚姻者，必以媒妁聘定为凭；告田土者，必以契券地邻为据……若状式有违，不与准理。"②

民事诉讼允许代书，因为大部分民人不识字，且呈词有固定样式，非专门之人难以知晓，尤其是户婚田土案件属于细事，更需要一定的呈控技巧。否则难以受到官府重视，防止批词不准理。是故，便出现了代书。代书一般有两种形式，一种是官代书，一种是私代书。后者因恐有人教唆增减呈词内容不被允许。因此，民事诉讼的代书，必须是经官备案的"官代书"。呈词

---

① 《宝坻县档案》，咸丰元年四月初一日。

② 黄六鸿：《福惠全书》卷一一，第2页。

均须有官代书盖戳，否则不准理。依据《淡新档案》代书人要具名，否则不准理。① 为防止代书人挑词构讼，增减情罪，雍正七年（1729）定例："内外刑名衙门，务择里民中之诚实识字者考取代书。凡有呈状，皆令其照本人情词，据实誊写，呈后登记代书姓名，该衙门验明，方许收受。无代书姓名，即严行查究。其有教唆增减者，照律治罪"。②

第四节　放告

　　州县官拘于特定日期放告，受理民事案件，农忙时期除外。

　　《大清律例》"告状不受理"条附例规定："每年自四月初一日至七月三十日，时正农忙，……其一应户婚、田土等细事，一概不准受理；自八月初一日以后方许听断，若农忙期内受理细事者，该督抚指名题参"。③ 在农忙停诉期间，"其余一切呈诉无妨农业之事，照常办理，不准停止……如州县将应行审结之事，借停讼稽延者，照例据实参处。经管道府如不实力查报，该督抚一并严参例处"。④ 此外，春节前后一个月，州县官照例须"封印"，停止处理一切公务。⑤ 如果遇有灾荒等较严重的自然灾害，州县官亦有可能暂不受理民事案件。⑥ 清朝关于放告日期的规定，

①　《大清会典事例》卷八一九。
②　《大清律例》卷三〇，《刑律·诉讼·教唆词讼》附例。
③　这一项是原则性的规定，实践中多分别情况予以处理。可参见《钦定大清会典事例》卷八一七及《牧令书》卷一八，陈宏谋，"申明农忙分别停讼檄"。
④　《大清律例》卷三〇，《刑律·诉讼·告状不受理》附例。
⑤　《大清律例》卷三〇，《刑律·诉讼·告状不受理》附例。
⑥　乾隆时期曾要求州县官除农忙停讼外，不得再沿隆冬岁暮停讼之陋习。参见《钦定大清会典事例》卷八一七。薛允升指出："命盗等案限期，均应扣除封印一月，应参看。"参见薛允升：《读例存疑》，黄静嘉编校，成文出版社1970年重刊本，卷三九。

是着眼于农业生产，防止因民事上的纠纷造成误农、病农。州县官拘于特定日期放告，受理民事案件，目的在于"无定期以伸大屈，有定期以息小争"。①

三八放告之期为确定之日期，随时呈诉之期为不定之日期。遇停讼期间内虽三八日亦不受理诉讼。每年自四月一日至七月三十日农事繁忙之时，除谋反、叛逆、盗贼、人命及贪赃坏法奸淫骗劫有确证之种罪外，其他户婚田土细故概不受理，为律例明文规定。但是，当案件涉及天旱争水，黄热抢割，坟山土地等案件，即使在农忙时间也应受理。因为此类案件若不及时处理，往往会演化为群殴、械斗等刑案。"州县审理词讼，遇有两造俱属农民，关系丈量踏勘有妨耕作者，如在农忙期内，准其详明上司，照例展限至八月再行审断"。《大清律例》新增条例规定：在非放告期内，"若查勘水利界址等事，现涉争讼，清理稍迟，必致有妨农务者，即令各州县亲赴该处，审断速结。总不得票拘至城，或致守候病农。"②

乾隆二年（1737）臬司阎熙尧条奏："州县自理词讼，务须分别事情轻重缓急，随时酌准，不得藉称农忙，概置民瘼于罔闻"。③乾隆十年（1745）蒋前院条奏，"地方于农忙停讼期间，凡遇坟山土地等项，务须随时勘断。至自理案件，倘事关紧要，或证佐人等现非务农，即不得以时值停讼，藉词推诿，亦不得滥差羁候，致滋扰累各等因，俱奉旨通行，遵照在案。再户婚田土似在应停之内，然抢亲、赖婚、强娶、田地界址、买卖未明，若不及早审理，必致有争夺之事"。④上述条奏均奉旨通行。如发生"抢亲、赖婚、强娶、田地界址、买卖未明，若不及早审理，必致有争夺之事"，也不受"受理期间"⑤的限制。

---

① （清）潘月山：《未信编》（清康熙二十三年刊本）卷三，《放告》，载刘俊文主编：《官箴书集成》（第三册），黄山书社1997年版。（下引版本相同，注释从简）
② 《福惠全书》卷一一，《放告》。
③ 陈宏谋：《牧令书》，《申明农忙分别停讼檄》卷一八，第6页。
④ 陈宏谋：《牧令书》，《申明农忙分别停讼檄》卷一八，第6页。
⑤ 《福惠全书》卷一一，《放告》。

《大清律例》新增条例规定：在非放告期内，"若查勘水利界址等事，现涉争讼，清理稍迟，必致有妨农务者，即令各州县亲赴该处，审断速结。总不得票拘至城，或致守候病农。"①

虽然民事纠纷被视为"细故"，并在受理前设置了一道道门槛，防止滥诉滥准和轻下批词。但是，州县官一旦受理了民事诉状，就必须及时处理，不得借故推脱。《大清律例》规定："府州县自理事件，俱限二十日审结"。"州县自理事件，限二十日审结。上司批发事件，限一月审报。……每月奏报，声明曾否逾限。如有患病及查传等情，亦得依例扣展。速议速题，均限五日复。"② 若无故不受理或使审判迟缓，"随所告事理轻重以坐其罪。"③

第五节　批呈

民事诉状经州县官"批呈"后方可进入堂审程序。"批呈"，就是州县官坐堂亲自接收当事人的呈词，从呈状形式到诉状内容是否有违律例进行审查，作出准与不准的批或驳。可谓："一词到官，不惟具状人盛气望准，凡讼师差房无不乐于有事。一经批驳，群起而谋诋其隙，批语稍未中肯，非增原告之冤，即壮被告之胆，图省事而转酿事矣。"④

1."准理"的批呈

州县官认为民事诉状符合规定的形式和实质要件后，做出准予受理的批词，准理的批词寥寥几字，但却意味着当事人的诉讼权利得到认可，可以进

---

① 《大清律例》卷三〇，《刑律·诉讼·告状不受理》附例。

② 《大清会典事例》卷八三六。

③ 《大清律例》卷三〇，《刑律·诉讼·告状不受理》。

④ 汪辉祖：《续佐治药言·批驳勿率易》。

入正式的审理程序。

如：

顺天府宝坻县刑房档案一八六卷一一五号

禀

具禀孝行里乡保孟美堂

为禀明事。切据张均呈控，李福龄不认抵还账目，嘱使李天申复讨未允，摘门抢钱等情一词，前经身协同天差查明，调解禀复，蒙批："张均原欠李福龄钱文业已抵清，李天申既非中保又非债主，何得平空向张均讨要并敢摘门、抢钱？若非李福龄主使，即系李天申妄为，均属为恶。此地词讼之多，未始不由于此。亟宜复加惩治，以挽颓风。候传案讯究。此票销。"等因。现蒙传讯，身遵票协传，其两造均因连得春雨，恐失布种，各愿息讼，免劳天心。身复遂细查询，缘李福龄与李天申从先系伙卖布匹，讨得账目，应伊二人分受。张均抵还账目，李福龄未向李天申告知，是以李天申复向张均讨要，张均疑系李福龄主使控案。至于门扇、钱文，前已经身调解，均各送还清楚。今伊等再三着身代为具禀，意图免讯。身为此禀明，叩乞

太老爷查核施行。上禀。

（批）姑候销案。即传谕李天申，嗣后安分，如再妄为，一经控□，定行拘惩不贷，并着原差将票送销。

道光二十七年二月廿八日

清代巴县档案中，准予受理的批词就有："准唤讯""候讯""准拘讯，如虚坐诬，代书并究""候唤讯详""候讯毋渎""准添唤讯""准唤讯追""仰差随堂带讯""据详已悉，候提讯明确，缉拿娄五等到案讯究""候验并讯，如捏定责""准拘讯""准讯究""候讯法究，毋得捏渎""候质究""姑候唤讯查断""候查夺""已经差唤，毋渎"等。但有些批词则在批明"准予"受理的情况下，还同时明确了有关法律事实或法律规定，为案件进一步审理作

119

了准备。

2."不准理"的批呈

《大清律例》规定不准理的情形有：

以赦前事呈控者（参见清律第 336 条附例）。

呈词内牵连无辜者（参见清律第 336 条附例）。

事不干己而呈控者（参见清律第 336 条附例）。

无故不行亲赍者（参见清律第 332 条附例）。

被囚禁人呈控者（参见清律 339 条）。

老幼笃疾妇人呈控者（参见清律第 336 条附例）。

律例不准理的规定在地方档案的状式条例里得以细化。

如：乾隆到光绪年间清朝淡水厅状式纸附载例规：

——以赦前事控告，出不准外，定行重究。

——绅衿、妇女及老幼、残疾，无抱告不准，告妇罗织多人，不准。

——命盗案件不开事年月日期，命案不开正伤，盗案不开失单，受赃不开证据者，不准。

——以自尽假命，捏情控告，提代书，并将诬告人反坐。

——不俟放告日期，辄敢拦舆混递红呈，除不准外，定即拿究，并将做状人严行究处。

——不将批语判语抄录粘呈，及不全录本衙节次批示，不准。

——无代书，无状人姓名，又不注明地方及歇业住处者，不准。

——以旧事翻新，希图耸听，及控无影事，架题诬告者，查出，除究处代书，同时诬告人等治罪。

——不遵颁发状式及双行叠写，无副状，不准。

——齐民及胥役人等，非老幼病残，辄令抱告投呈者，除不准外，将告人及抱告究处。

——生监士绅等，事非干己者，不得恃矜挟嫌出告，并为原告被告作证者，不准。

清朝道光年间宝坻档案中在状纸上附状式条例一页，内容有：

　　——凡赦前事判断，复控者不准。

　　——凡上宪此结之案，再行具控者不准。告斗殴，无凶器伤痕确

证者不准。

　　——告强盗。不开明地邻及日月失单者不准。

　　——词止许据情直书，不得混扯别项，发人隐私，违者不准。词

内只许一告一诉，如有陆续读投词，牵连无干证之者不准。

　　——被告不许过五名，干证不许过三名，违者不准。

　　绅衿及妇女疾老无抱告者不准。告婚姻，无媒妁书者不准。

　　——告田土、钱债，无中证契卷者不准。告奸情，无确据者

不准。

　　——非奸情及命道重案，牵连妇女者不准。

　　——每张呈词字限二百以外，多亦不过三百，违者不准。

　　无代书戳记及具状人欣家者不准。

　　——无副状者不准。

　　——呈词不许越格错落，一空两字、双行夹写以舔贴余纸不准。

　　田土案件批词不准者的法定情形有："田土无地邻债务无中保及不黏连

契据者，不准；凡争控坟穴山场，具应据实直书，如敢以毁家灭骸盗发等

词，架词装点，希图耸听者，除不准外，定将代书究革。"①。

　　冕宁县地处凉山州北部，居住着汉、彝、藏、回等几十个少数民族，

冕宁县清代档案的珍贵之一，就是它反映了边陲少数民族地区的司法状

况，也体现了民族特色。如乾隆时期规定："告彝人偷借盗骂捆绑抢夺，系

本人坐落失事地方营讯辖者，不准"。乾隆时期还规定，"告状只许一告一

诉，干证不许超三人及无副词代书图记者，不准""无代书戳记者不准""原

① 《大清律例会通新纂》，第2923—2924页。

告过三者，干证过四者不准""以老幼残疾之人及妇女做干证过付者，不准"。道光、咸丰时期增加了"告吓诈财物无见证过付者，不准""告田地价足再行索取后补者，不准"。① 上述这些"不准"规定，有些在中原地区是没有的。

批呈一旦"准理"后，需及时传唤当事人和证人，以便查明事实，进行裁判。传唤当事人和证人，采用差票的形式，差票分为6种，即：传票、拘票、快票、并票、协传票、过界票。冕宁县档案中，还出现印票、火票、牌票。② 具体而言，在传唤过程中，民事案件传集原告、被告或中证人，用传票。对于民事案件的原被告或证人抗传不到者，则用拘票，拘票又称为提票。秘密案件不使机宜漏泄须迅速传提者用快票。互控案件并传原被告两造用串票。协助外府或外州县传提人证用协传票。传集外府或外州县之民事案件人用过界票。

签票的名称和使用没有严格的规定，属于司法惯例之一。在紫阳县档案中，被称为"查夺"。州县官签票传唤时，就根据传唤人数的多寡、道路的远近及案情的难易等因素确定了到案的日期，差役负责传唤当事人、证人等。

顺天府宝坻县刑房档案二八全宗二目录九八卷一四二号

为传究事。案准前县移交：据孝行里蛤窝庄民人胡玉琛、文功等措契霸地案。当经前任差饬乡保协同。词证兰兆兴，查未据禀复。兹准移交。并据张文成以张治平即张均，挟伊诉其扬言放火之嫌，嘱母李氏于伊家寻思讹赖等因；又据乡保盂美堂以胡玉琛系立慈恩里兰家庄△△△△禀覆前来。据此，合行传究。为此，仰役协同新乡牌即将后开人等限日内传集赴县，以凭讯究。去役毋得延扰干咎。速速。

① 参见张晓蓓：《冕宁清代司法档案研究》，中国政法大学出版社2010年版，第51页。
② 参见张晓蓓：《冕宁清代司法档案研究》，中国政法大学出版社2010年版，第87页。

计传

被告张治平即张均、胡玉琛　　又系首先原告

词内张文功　　干证兰兆兴

牌头张文银

原告张文成　　又系被告

　　　　　　　　　并传禀西伏乡保盂美堂

票据

　　　　　　　　　距城十五里

道光二十八年正月十七日刑房周篡承

　　正堂杨

　　　　　　　　　　　　三样

　　　　二差　　陈文△

　　　　　　　王福△

如差役未按期传唤，即予比责，仍令限期传唤；如未传唤到当事人，则须向州县官禀报，由州县官缴销原票，另票传唤。如已按期传唤，即令原差带被传唤人照到单点名过堂，予以核实。核实后，确定审期。审期确定后，书吏即将所有的案卷材料按时间次序整理成卷以备州县审讯之用。如传唤之人因病不能如期到堂，也当禀告州县官再做安排。

顺天府宝坻县刑房档案二八全宗二目录九六卷一七一号

状　马文玉

具禀　快头　袁永安

　　皂　马文英

为回明事。切后等押带之司四于二月二十八日染患病痕，现在沉重，饮食少进，后等恐有不测。理会明。叩乞太老爷查核施行。上禀。

　　府验明取保调治。

　　道光三十年三月初七日

第六节　勘丈

民事案件无刑事案件的查验、检验，与之相对应的是勘丈，勘丈即查勘或丈量田地、房屋、坟地、山场地、滩涂等。

田土案件之勘丈，通常由州县官、县丞、巡检、典史等官为之。勘丈时州县官须带画工及丈手，有文描述说"官下乡踏看水灾旱灾山场坟墓田塘水路等事，须分户房工刑兵画工办理。若下乡者，务要分随画工前去画图，若有丈量处，带有丈手"。①《淡新档案》"刘福受诉叶阿义毁坏祖坟案"，裁判官包括一位知府、三位知县，无一不饬差实地勘察、绘制图说，所绘制的图说前后达六份之多。这些图说是弄清地形地界、确定坟地归属的标准。案中实际使用的证据远不限于此。书证是另一主要证据，如原告呈上的"让山字""山批字"，不仅是描述坟地流转事实的记录，还有在场的证明人，内容翔实，有较强的证明力，证明了涉案坟地的所有权取得方式和途径，以及该持有人享有该财产权利的合法性。另外，还有证人佐证，如竹南二保猫里街的总理谢镇基，就被传唤作证。可见，清代民事审判重视证据，物证、书证、证人证言、勘验结果等形成一个证据链，共同揭露事实真相，为裁判官正确适用法律、公正裁判提供事实上的依据。

清人官箴书中对勘丈的论述颇多，涉及勘丈的重要性、勘丈的方法及勘丈的注意事项等。此外，州县官也可批示保约族邻等人踏勘，并如实汇报，以作剖断。

清朝名吏徐士林在担任安庆府知府和汀漳道道员时，审理了众多的民事案件，并写下《守皖谳词》和《巡漳谳词》，为我们了解清朝的民事诉讼状况提供了真实、宝贵的资料。如他审理的"朱维彤越界冒祖案"，这是一

---

① 蔡申之：《清代州县故事》，《清代州县四种》，朗文书店1968年版，第25页。

起借葬祖之名侵占他人土地的案件。徐士林在仔细阅读卷宗后，命人赴现场，重新绘制了原、被告两造祖坟的地理位置图。当他发现两造所执契约均没有明确记载两家坟冢的距离，而双方又对坟冢的丈量争执不下时，徐士林则会同双方当事人，亲自以步弓进行丈量，证实"自旧坟中心算起，新坟已半逾六步之外，实与亲邻越界之说相符"，由此取得了朱维彤"越界"的证据。又如《谢鸿等互控建闸案》，这是一起水利纠纷案件，徐士林在"提核县卷"，核实一审卷宗后，又"复委经历司踏勘绘图，并取两造呈图对阅"，做到对"其形其势，了若指掌"，惩罚了阻塞河道，侵害他人利益的被告人李惟选。

州县自理的轻微刑事案件或因民事纠纷而引起人身伤害时，如果需要进行验伤的，由差役、仵作、乡保等先行检验，并将检验报告提交县正印官再验。在宝坻县档案中发现这样的记载：

> 九月十六日
>
> 梁继孟供：小的今年三十岁，租种康旗人地十亩半，每年交租来钱四十二吊一百八十文，向来九月十五日交下年租钱。九月十五日，康旗人起租人赵三因向小的要租，小的应许二十日给租，发生口角，就用烟袋锅打伤小的头上，打伤小的左耳下，使小的压租。小的有收付帖是实。
>
> 验得梁继孟左额角近上破伤一点，血结周围，不肿。左耳下打伤一条皮，微破。余无伤。

显然，查验伤情及其部位应该是在堂审前所做的。

第七节　堂审

民事案件经过诉前的批呈和勘丈后，正式进入审理阶段。

审理民事案件叫"堂审"，①州县官可以根据案件的情况，选择在大堂或二堂审理，民事案件多在二堂审。因为"坐大堂问案是极其严重而且极其少见的事情"，②"坐大堂者绝少，因坐大堂的仪式太隆重，甚不方便"，③"顾听讼者，往往乐居内衙而不乐升大堂。盖内衙简略可以起止自如，大堂则终日危坐，非正衣冠尊瞻视不可，且不可以中局而止，形劳势苦皆以为不便。"④

堂审的场景档案没有记载，但我们可以从清代官箴书和后人的考证中略知一二。

> 午时升堂，将公坐移至卷棚，必照牌次序唤审，不可临时更改。恐听审人未作准备，传唤不到，反觉非体。开门之后，放听审牌，该班皂隶将原告跪此牌，安置仪门内近东角门；被告跪此牌，安置仪门内近西角门；干证跪此牌，安置仪门内甬道下。原差将各犯带齐，俱令大门外伺候。原差按起数前后进跪，高声禀；某一起人犯到齐听审，随喝令某起人犯进，照牌跪。……动刑皂隶俱归皂隶房伺候，唤刑乃出，堂上门子二人，供执签磨墨，靠柱远立。堂左侧，招书一人，听写口供。⑤

民事案件的审理严格遵循据原告诉状推问，不得于本状外别求他事的原则，否则以故入人罪论。凡准理的民事案件，由州县官签发传票，唤被告到庭，或一并传唤乡约地保及证人，同时查验证据。民事诉讼必须在两造及关键性的人证齐集以后进行。如有一方缺席，州县官即不得升堂问断。清律虽

---

① 参见那思陆：《清代州县衙门审判制度》，中国政法大学出版社2006年版，第108—119页。
② 陶希圣：《清代州县衙门刑事审判制度及程序》，（台北）食货出版社1972年版，第31—33页。
③ 张伟仁：《清季地方司法》，载《食货月刊》第一卷第6期，第51页。
④ （清）汪辉祖：《亲民》，载（清）徐栋辑：《牧令书》卷十七《刑名上》见官箴书集成编纂委员会编：《官箴书集成》第七册，黄山书社1997年版，第384页。
⑤ （清）黄六鸿：《福惠全书》，载官箴书集成编纂委员会编：《官箴书集成》第三册，黄山书社1997年版，第337页。

规定抱告之案可由抱告代审，但通常抱告亦必须与本人同时赴案，以便对质，除非抱告所代理之人废疾不能赴案或职绅不愿赴案。

堂审由印官自行审问。《清会典》规定："凡官非正印者，不得受民词。户婚田土之案，皆令正印官理焉。罪至徒者，则达于上司以听核。若命案、若盗案得报即通详。"① 唯首县事繁，间有委员代审者。民事案件的审理，如未经州县长官特别授权径直审理者，必须由州县长官"亲加剖断，不得批令乡、地处理完结。如有不经亲审批发结案者，该管上司即行查参，照例议处"。②

堂审允许旁听。原被告所提出的证据，任州县官自由取舍。清代司法审判原则是据供定案。审理时，州县官必须问明案由，由书吏照供录写，当堂读与两造听，无异议时，两造画供，州县官据此写下谳词。可见，州县官对案情的判断不是以诉状而是以供词为根据的，口供是影响案件最终判决的关键。

民事诉讼据供定案，当事人的供述是最终据以定案的证据，但是，由于民事案件自身复杂多样的特点，决定了州县官在堂审阶段除通过对案件当事人和证人的讯问外，还必须通过对相关证据的审核认定，查明案件事实，作出判决。而当事人所提出的证据鱼龙混杂，经常掺杂着假证或伪证，这就需要州县官的办案经验和分辨能力。袁守定在《听讼》一文中说道："如证佐可凭也，而多贿托。契约可凭也，而多伪赝。官册可凭也，而多偷丈。族谱可凭也，而多裁占。然则决讼者将何所据乎？惟有准情酌理，详细推鞫，但能详细，民不自冤，所可据者此耳。"③ 有鉴于此，州县官有权力自行处理假证或伪证，"凡田土案件，当事者呈验印契，若官吏视为非真，可即时毁销"。④

为了保证佐证之人对其证言负责，法庭强制"词内干证"与"两造同具甘结"。不言实情者，"按律治罪"，"若非实系证佐之人，而挺身硬证者，与诬告人一体同罪，受赃者，计赃以枉法从重论。地方官故为开脱者，该督抚

---

① 《清会典》卷五五，中华书局1991年版，第509页。

② 《大清律例》卷三〇，《刑律·诉讼·告状不受理》附例。

③ 袁守定：《牧令书》，《听讼》卷一七，第23页。

④ 当堂涂毁虚假证据的做法，在各地的民事诉讼习惯中，比较普遍。

提参，交部严加议处"①。除此之外，对作伪证者也可以罚银。

清人孙鼎烈笔下记录了一个通过鉴定契约真伪而确认山地归属的民事案件。"冯马两姓山场皆由章姓契卖，冯契载山粮五分，有四至而无弓尺，马载山粮二分五厘，并详四至弓尺，但适于横阔上下四字之下弓字之上破碎成洞，并无字迹，其破左右边有'才'字。马如麟指为捌字之旁，故坚称横阔八弓，验其墨色笔迹，迂回行款，亦偏左甚多，上下不相连贯。且马界统算南北三十二弓、四尺，若准横阔八弓，应积步一百七弓有余，核山粮四分五厘，与契载二分五厘之数不符甚多。故契中横阔八弓之说必无。"②像这样需要去粗取精、去伪存真的案例在清代不在少数，"寻常讼案，亦不易理也。凡民间粘呈契约议据等项，入手变需过目，一经发承，间或舞弊挖补，补自不慎，后且难辨。"汪辉祖以其审判经历不无感慨地说："余佐幕时，凡遇成粘契据借约之辞，俱于紧要处纸背盖用图记，并于词内批明，以杜讼源。至楚者，则人情虽诈，只知挖改决卖为暂典而已。欲以笔迹断讼者，不可不留意。"③可见相对于涂改契证，笔迹鉴定的难度更大。

对于争议中的财产，如租谷、牲畜等，可以因当事人的申请，而由官府采取类似保全的措施，"先行封贮存佃"，至案件审结后再判归应得之人。

清代视户婚田土案件为轻微案件，受理的门槛比较高。受理后，拘提、逮捕、监禁必较少，至多看押而已。在宝坻档案中就一例，"呈控地佃赵明清、赵思印故捐租霸地等情一案"中"业发天案讯追，屡业票传。奈伊等坚抗德不到案……"④可见，最常用的方法是传唤被告，严重的采取看押。

由于在审理民事案件的过程中，注重证据的确凿性，州县官主动调查证据，尤其对涉及田房水利坟墓等案件的现场进行勘丈，这就为州县官在堂审

① 《大清律例》卷三〇，《刑律·诉讼·诬告》。

② 孙鼎烈：《四西斋决事》卷二，《马如麟判》。

③ 汪辉祖：《学治臆说》卷下，《据笔迹断讼者宜加意》。

④ 《顺天府宝坻刑房档案》28 全宗 2 目录卷 005 号。

过程中查明事实真相，做出准确判断做了很好的铺垫。清代司法官积累了丰富的实践经验，对证据形成了颇具规律性的认识。《牧令书》卷一八《听断》所载：对于户田之诉，要详查印册。对于田土混淆之诉，要"核其四至，四至相类，核其形图，形图不符，勘其现田"。坟山之诉"问其户税，有官有私；阅其形图，相近相远；质之山林，何时殡葬，经祭何人；就供问证，以图核词。勘其形势，以地核图，聚族之葬，他姓莫参。众姓错葬，略坟界址，穿心九步，以为成规。粤中人满，变通以济，此其法也"。对于真伪间杂，券约账簿之类的书证，不仅要查看"字有新旧，纸有今昔，蛀痕可验，长短可比。如其伪契，数张同缴，年月远隔，纸张一色，比有赝契。如其伪帐，数年完欠，一笔写成，字迹浓淡，亦恒相近，比有赝约"。对于"非卖言买，非借言借，非偿言偿"的争讼，在查验证据时要审究"立契何地，交银何色，成交何所，同见几人"，并且要"隔别研讯"，发现口供不符，"再令同质"，以便做到"虚实难欺"。对于婚姻案件，不仅查验"庚帖""文定"，而且还要讯问"媒证"："主婚"何人，"送礼何仆"，综合物证和证人证言，然后"实情可得""罪有所归"。

在堂审过程中，州县官为了查明案情，断案方法五化八门，"或以五听断狱，或以刑讯威胁，或以鬼神恐吓，或以窃听侦知，或隔别讯问，或两造对质，其方法不一，小说、戏剧中之各种离奇断狱方法，实际上均可能存在"。[①] 清代允许刑讯。据清人判牍记载，审理民事案件的刑讯方式主要有笞、杖、掌责等，但在实际审理过程中，使用较少。大清律例规定：八议之人及老幼废疾；怀孕妇人；三品以上大员，皆不合拷讯。[②]

此外，宋明以来的回避制度在清律中得到传承和发展，《大清律例》"听讼回避"条规定："凡官吏于诉讼人内，关有服亲及婚姻之家，若受业师（或旧为上司，与本籍官长有司），及素有仇隙之人，并听移文回避。违者（虽

---

① 那思陆：《清代州县衙门审判制度》，文史哲出版社1982年版，第134页。
② 《大清律例》卷四，《名例律上·八议·应议者犯罪》；卷三七《刑律·断狱下·妇人犯罪》，法律出版社1999年版，第87、599页。

罪无增减），笞四十，若罪有增减者，以故出入人罪论。"①"凡在外州县有事款干碍本官不便控告，或有冤抑审断不公"②者，也可以援回避例，由上司官受理，不以越诉论。

虽然律法规定民事案件由州县长官根据法定程序进行纠问。但以科举出身的州县官，大多不通晓律例，加之律例本身的繁杂，和州县官"决讼断辞、劝农赈贫、讨猾除奸、兴养立教，凡贡士、读法、养老、祀神，靡所不综"③，对州县内之事无所不理，使他们无暇也没有热情去研读律例，因此受理案件后，不得不依赖衙门中幕友、书吏、衙役、长随完成，不得不委聘幕友审议案情，纠问疑点，草拟判词，乾隆年间的《再官法戒录》曾言："官吏必资幕宾，以运筹而决断，故官吏无权而幕宾最有权。幕宾有权，而凡官吏生杀、威福、利害之权，无非幕宾掌握之权。"④一般情况下，婚姻、争继等民事案件归刑名幕友办理，普通田宅、钱债等民事案件归钱谷幕友办理。幕友在诉讼中可以代批呈词、签差传唤拘提、定期集审，即安排开庭日期、参与审讯和代拟判决。几乎是贯穿诉讼的始终。所以，在州县官审理案件的背后，往往是幕友在操纵。幕友书吏所拟的司法文书，需要由州县官认可，才具有法律效力。因此，州县官对幕友、书吏是否严格监督、约束，直接影响到民事诉讼活动的效率和效果。

第八节　堂断（堂谕）

民事判决称为"堂谕"或"堂断"。

---

① 《大清律例》卷三〇，《刑律·诉讼·听讼回避》。
② 《大清律例》卷三〇，《刑律·诉讼·越诉》附例。
③ 《清史稿》卷一一六，《官职三》。
④ 转引自高浣月：《清代刑名幕友研究》，中国政法大学出版社2000年版，第4页。

堂断宣告系当堂为之。如《淡新档案》二二五一三号"据首保炮台脚庄村民谢妈愿告林治等纠占田一案"中堂谕为：

> 讯得谢妈愿租业在十块庄，林苏氏业附近沙仑，向前宪判断甚为明晰。惟沙仑接连尚有荒埔一段，年应纳明志书院洋银念（廿）元，至今两家但不承管，是以涉讼。至控告林治，讯并无田产，各呈契据，与谢妈原并无交涉，著令照现在各管各业。至荒埔一所，即饬原差却查上禀复，再提彭老邦讯究。此判，出结完案。①

也有退堂后完成判词制作的。② 判词一般书写于供单供叙之后。③ 大多数民事裁决是在当事人或监护人、调解人的呈状、保状人在表示悔过、服输、和解的甘结上作出的批示。一份完整的判词应包括事实、理由与裁判结果三个部分。判词制作完成后，一般应榜示头门，以示判决的严肃性。

民事裁判的法律适用，原则上有律例者依律例，无律例者依礼、俗。《大清律例》《户部则例》《清会典》以及有关的则例，均为审断民事案件的法律依据。但是由于户籍、田宅、婚姻、继承、钱债、买卖、租佃、雇佣等民事案件，情变百出，夹杂着许多习惯和情感的因素，一些律文无法适应千变万化的社会生活，所以民事案件的判决不必严格具引律令，州县官一般在不明显违背律例规定的前提下准情酌理而作出判决。在民族关系复杂，民事制定法比较单薄的少数民族地区，习惯法则成为民事裁判的重要依据，以保证民事法律纠纷的有效解决。

在清代民事诉讼档案中，经常可以看到这样的判决词：

> 准，从宽免究销案，仍取两造遵允，送查。

> 钱已清楚，伤已平复，姑准从宽免究，准息销案。

> 既据吁恳求息，姑准免究销案。

---

① 《淡新档案》二二五一三号。

② 《州县须知》，"理讼十条"；《平平言》卷四，"退堂不可草率""审结案件不必当堂书判"。

③ 《牧令须知》卷六，《检卷法》。现存清代司法档案亦可为明证。

> 既经处明，即取具遵允送查案，以凭查销，勿违。
>
> 既经尔等理，两造均已允议，准，据票销案。
>
> 如结完案，倘有不符之处，定于重咎。等等。

一个善于用法的司法官，不但能准确地理解律意，适用法律，同时也注意按律酌情，情理允协，这样既可减少执行法律的阻力，也能受到原、被告两造的认同。所谓"深文伤和，姑息养奸，戒之哉！夫律犹如医书《本草》也，其情事万端，如病者之经络虚实也。不善用药者杀人，不善用律者如之"①。

在法律明文规定的情况下，《大清律例》就是作为断案的法律依据。清朝名吏陆嫁书审理朱云章告未婚赘婿何小章殴打未婚妻，骂詈岳父母忤逆一案，就是依照《大清律例·户律·立嫡子违法》附例规定："无子立嗣除依律外，若继子不得于所后之亲，听其告官别立。"《大清律例·户律·婚姻·出妻》条规定："凡妻（于七出）无应出（之条）及（于夫无）义绝之状而（擅）出之者，杖八十。"进行的判决。

判词如下：

> 查律裁，夫妇恩断义绝者，得许退婚。此指已成婚者而言，其未成婚之夫妇，则恩义尚未发生，无所谓断，更无所谓绝。无故休弃，虽律所禁，然使以未婚夫而恒无端殴击未婚妻，遍体鳞伤，则嫌隙已生，后日即勉强凑合，恩从何来、义从何来，与其成婚而后再行休弃，何如及早退婚，免生后悔。……按律，嗣子不得于所后之父母者，准由嗣父母废弃，告官别立。翁岳对赘婿亦如之。小章一詈岳父母，再殴未婚妻。既合承嗣门之废弃别立，又合婚姻门之休弃另嫁娶。两律具备，未便姑容，应准朱云章所请，将九年前入赘何小章为婚之成议废弃，准小章归宗，所有婚姻亦一体休弃，准双方另行嫁娶，不得再有阻挠等情事。小章殴伤朱母，本应杖责

---

① 《国朝先正事略》卷一五。

四十，姑念伤势尚轻，且已悔议，准暂宽惩办。此判。①

当法律没有明文规定时，要有选择地依据（惯）例和（习）俗断案。由于中国是一个历史悠久，地域辽阔，民族众多的国家，民间长期以来形成的习俗和惯例复杂多样，这些习俗和惯例既是中国固有传统法律文化的组成部分，也是清代民事法律渊源的重要形式，所以"治狱不以刑讯，而以理折，不以迹拘，而以情求"，②是古代司法官吏的基本素养。另外，清代的民事制定法是零散的、相对薄弱的，而民事方面的纠纷又是经常的、大量的，为了调整民事法律关系，解决民事争端，只依靠制定法是远远不足的，那些在实际生活中存在的习惯、礼俗、家法、族规等等，都作为民事法律的渊源而起着实际的调整作用。

《徐公谳词》中记载的有关冒祖占葬案有 22 件，约占全部民事诉讼案件的三分之一。徐士林在审理此类纠纷时，就是以礼所要求的道德规范作为判案的依据，他经常用"祖宗卧榻，岂容他人酣睡"来痛斥那些抽换涂改祖谱，冒认祖宗，强占坟地的当事人。他认为，"谓他人之祖，冒为己祖，考耶妣耶，取之惟尔，弃之也惟尔"，是一种"是可忍，孰不可忍"的"败坏风气"之举，前述朱维彤冒认祖宗，越界葬亲，违背了礼教，"殊玷衣冠"，据此，徐士林判决朱维彤支付"追出山价钱八千"，"朱姓新厝之棺，立押扦移"。

太湖县秀才张玑，垂涎梅姓山地，把刻像石当作祖妣的像碑，图谋霸占梅姓之地，徐士林揭露了张玑"指鹿为马"的事实真相后，在判词中写道："士风至此，败坏已极。本应详革，按律究拟。姑网开一面，予以自新，以宽将该生发学严加戒饬"。同时，"特将此案情由，晓谕士民人等咸知：祖不可冒！心不可丧！官不可欺！"革除恶习，还乡民以淳朴之风。

县民王泽雅"未与父谋，则不当盗卖父产"，违背了"父在子不得自专"

① 《清朝名吏判牍·陆嫁书判牍》。
② 《徐公谳词》，第 8 页。

的尊卑之理，干犯了家长的财产权，因此受到了徐士林"加责十五板"的处罚。①

冕宁县档案中则完整地记录了一个"招夫养夫"争夺族产的审讯过程。

> 宁远府会理州批冕宁县查：署四川宁远府冕宁县为活夺嫁卖生妻事。乾隆元年十一月初七奉署理宁远府事会理州正堂加一级记录一次罗批，据陈友伯告前事，告称情缘云云，幸甚望光上告，计开被告生陈相、陈廷柱、陈廷举，飞棍陈廷爵、陈友仁、陈友亮，奸夺吴棍陈九和，黄氏干证邻人张紫，地方黄世英，奉批仰宁冕县查报，如有纵容情弊，同干证一并反坐，证结并发等因，奉此该卑职随即拘集一干犯证，逐一当堂研讯。冕宁县令经过讯问审理，认为："各等供据此，该卑职审看得，冕宁乃新改县治，汉夷杂处，风俗未淳，而其旧习之最，可都鄙恶者，则有一种穷苦老病之属，难以营生，辄将生妻另招一人入室同居，名为招夫养夫。卑职莅任之初，当经大书告示过贴，指陈伦理纲常，痛切严禁以期改革，毋污圣治。然其先无以禁于未然，而已成之事，听人怂恿，又复为油火讹诈之端，无耻尤甚，此风愈不可长。"经过对事实和法理的审理，判决如下："论法均应离异，黄氏应断归宗，财礼究追入官。在友伯虽系愚蠢，听人指使亦咎由自取。但念取呱呱贰子无人抚育，甚堪恻悯，可否于法外矜全，将黄氏母子仍归陈九和完聚抚养，友伯上年所领财礼银一十二两，既经陈友仁收掌，听其代为生息，即令友伯随弟友仁居住，好为照管，毋致冻馁，终其残生。不得仍与九和黄氏同居一室，以污雅化，庶幼者不致失其鞠育，而废者得以全其天年。所以慈幼禅释，而矜不成人，是在宪台哀矜之仁，非卑职所敢擅便也。至腾兆儒诱唆滋讼，代告硬证，应予重杖，庶避厥辜，余俱供明，均请省释。"

---

① 《徐公谳词》，"前引书"，第216、528页。

民事判决的执行既没有专门的执行机构，也没有规定专门的执行程序，亦无须通禀或通详上一级衙门，州县官当堂即可执行。前提是州县官作出判决后，当事人必须出具表示服判的遵结或称甘结，判决才可能生效。当事人出具甘结后，州县官再对甘结的内容进行审核，如经审核，甘结与判决一致，州县官便可在当事人的甘结上批"准结"或"附卷"，案件之审理始正式告一段落；如甘结的承诺与判决并不一致，则或令当事人重新具结，或须重新作出使当事人折服的判决。如果当事人当堂承诺接受州县官的裁决，具甘结，该案因当事人的主动执行而当堂结案。

如：顺天府宝坻县刑房档案一八九卷一七二号

具甘结王德禄、谢殿魁今于与甘结事。依奉结得：石万通控身等嗔讨砖钱，将伊殴伤一案，蒙恩讯明，石万通委因身王德禄着身谢殿魁包揽庙工，将身妄控。所具甘结是实。

（批）准结。

咸丰元年二月十五日王德禄

谢殿魁

涉及田宅、钱债等具有交付内容的民事案件，只须受领的一方当事人出具缴状、领状，经州县官批示"准缴""准领"等字样后存卷，执行便告结束。

顺天府宝坻县刑房档案二八全宗二目录九八卷十号

具交状

齐盛今于与交状事。依奉交得切马铉控身欠不交将地盗典与霍姓承种一案，蒙恩讯断，令身将陈欠租钱措交马铉。今身已将租钱十八千文措足交马铉收讫，理合出具交状是实。

准交

道光六年四月初七日齐盛（画押）

顺天府宝坻县刑房档案二八全宗二目录九八卷一一号

具收状

马铉今于与收状事。依奉收得，切身控齐盛将租种身任承林地亩盗典与霍姓承种，齐盛欠租不交一案，蒙恩讯断，令齐盛等交身租钱。今齐盛将租钱十八千文；霍魁将本年租钱三吊六百文俱照数交身收收讫。理合出具收状是实

准收

道光六年四月初七日马铉（画押）

如：

具缴状王爱今于大老爷台前为缴状事。实缴得蚁欠汪华光钱七千整，如数当堂呈缴。中间不虚，缴状是实。

乾隆四十六年三月十七日

缴状人：王爱

知县批词：准缴。①

如当堂不能交付钱债的案件，无法当堂执行时，州县官一般要求当事人讨保，并限以具体的交付期限，将款项如期缴案。此种情况一般出现在钱债类民事纠纷中。

如：

具限状王爱今于大老爷台前为限状事。实限得蚁欠汪华光钱十串，现缴三串，下欠七串，限至本月二十五日如数当堂呈缴。中间不虚，限状是实。

乾隆四十六年三月十六日

具限状：王爱

知县批词：准限。②

对于拒不执行民事判决者，要"带案讯纠"，予以笞杖或监禁，以示判决的严肃性。清代司法档案中有很多民事附带刑事的综合性案件，对于这类

---

① 《冕宁县清代档案》，乾隆四十六年。

② 《冕宁县清代档案》，乾隆四十六年。

案件的审判结果，一般民事部分适用民事手段，刑事部分则适用刑事手段。但是，在实践中对民事案件适用刑事手段是比较慎重的，有些即使是该受刑责的部分，也往往以承担民事责任来代替。冕宁县档案中曾有这样的记载：这是乾隆四十年"署四川宁远府正堂总理铜政四川理事府加三级记录五次承为通饬恤狱囚"的一份司法文件，其中写道："其一切户婚田土钱债斗殴等项细事以及干连证人等，毋得违例滥禁，并须逐案清查。……如不恤罪囚并有违例滥禁等情，本府即行据实查参，毋违须至牌者"。①

有关民事案件执行，樊增祥指出："户婚田土，钱债细故，一堂了结，可谓明决矣。然具结下堂，或应交钱，或应交人，或应交房、交地，均抗不交，再控再讯，终无了期"。② 可见，对州县官而言，为了避免无休止的纠缠，迅速结案是解决民事纠纷的上策，因为民事案件存在着执行难的特点。

第九节　调解

俗话说："清官难断家务事"，所有的婚姻、家庭、债务、田土纠纷，往往与道德状况、村落文化、风土民情息息相关。为了达到化解纠纷的目的，调解息讼历来是解决民事纷争不二的手段。

早在西周时期，中国就有经过调解而平息诉讼的铭文记载。《曶鼎》第二段铭文记载：

> 昔馑岁，匡众（厥）臣廿夫寇盗曶禾十秭，以匡季告东宫。东宫乃（乃）曰："求乃人！乃（如）弗得，女（汝）匡罚大！"匡乃稽首于曶，用五田，用众一夫曰益，用臣曰疐、□（曰）朏、曰

---

① 《冕宁县清代档案》，乾隆四十年。
② 樊增祥：《樊山政书》，中华书局 2007 年版，第 14 页。

奠、日：用□兹四夫。稽首曰："余无攸具寇，正□□不□□（鞭）余"。智或（又）吕（以）匡季告东宫。智曰："弋（必）唯朕□（禾）秫□（是）赏（偿）。"东宫乃曰："赏（偿）智禾十秫，（遗）十秫，为廿秫。□（如）来岁弗赏（偿），则付□（四十）秫"。乃（乃）或（又）即智用田二，又臣□□（一夫），凡用即智田七田，人五夫，智觅匡卅秫。①

调解又叫"和息"或"和对"。秦汉以降至唐宋元明清，随着民事案件的增多，调解逐渐制度化，日臻于完善。

清朝调解息讼是民事诉讼中的一项重要制度，从顺治的《圣谕六条》、康熙的《圣谕十六条》到雍正的《圣谕广训》，都体现了对息讼的重视。如清康熙朝修订《圣谕十六条》中明确提出："敦孝弟以重人伦，笃宗族以昭雍睦。""和乡党以息争讼……息诬告以全良善。"② 调解因其有利于社会的和谐与官僚的治绩而被广泛适用，成为中国最具有文化代表性和最富于文化韵味的司法形式和长久的文化传统。

从史籍和档案记载中可以看到，清代民事调解有州县的官府调解与民间调解两种途径。

1.州县官府调解属于诉讼内调解，是在州县官主持下调解民事纠纷。官府调解具有一定的强制性，在清代的判例集和司法档案中，州县官在许多场合，都会不失时机地强调乡里调解的重要性。民事案件经州县官审理后就可以做出裁判，州县判决即为终审判决。但是，在州县官作出判决后，当事人要在"吁请"息讼的"甘结""和议状"或"无争状"上，申明"遵命和息""依奉结得"，在当事人"依奉结得"的甘结中，就体现着依照州县官的意思遵命和息。州县官在当事人遵结或保约等调解人的恳息禀呈的最后作"准结"或"准息"等批示。在结果为"准理"的批词中，州县官也尽可能注重借助

---

① 《西周金文辞大系考释》。

② 《圣谕实录》，康熙九年十月。

乡里解决民事纠纷。州县官可以将自己受理的民事案件，批交乡里基层组织调解，也可以委托乡里基层组织协助进行必要的调查。州县官甚至可以为调解确定原则，指出乡里调解时需要重点查明的问题，以及纠纷解决的关键及要点，此即"官批民调"。

经过官府调解和息状：

甘结

具甘结人胡瑞今于与甘结事。依奉结得：武宽禀身赖伊耕毁豆子争吵一案，蒙恩审讯完结，身回家安分度日，再不敢争吵滋事，所具甘结是实。

嘉庆十六年六月二十四日胡瑞（画押）

批：准结①

顺天府宝坻县刑房档案二八全宗二目录九六卷五四号

遵结

具遵结。张远今于控侵种理论被殴等情一案，蒙恩票传等因。今亲谊杨美忠等出为调解，已将身与王殿卿等地界分拨清。嗣后各守各界，永不敢争执。今身微伤已愈，王殿卿、王守义与身彼此服社，均无异说。理合出具遵结是实。

附卷

道光十二年五月廿四日张远　十

当事人主动和息状：

具请示吏员陆士杨、地保沈恒格为邀恩省释事。情因赵应据控寄银与李氏一案，蒙恩究追，例应候审。但吏等念在案赵应与李氏均系翁媳，兼之同室不忍参离，于中排解，其赵应所失银布李氏接收柜内，柜放于堂屋中，人口冗杂，房屋不紧，不知何人窃取，无所查考。吏等念在案李氏居寡，伊子赵文大年幼，现在功书。吏等

---

① 《宝坻县全宗》（档案）。

处令李氏、文大如数垫赔，仍令赵应领邀恩免审，赵应已服无词，情愿具结息和。吏等未敢擅便，理合出具请示，邀恩太老爷台前赏准，批示施行。

乾隆二十四年八月十七日

具请示吏员陆士杨、地保沈恒格①

州县官还可以通过"不准"状的办法，促成双方和解。所谓"善批者可以解释诬妄于讼起之初"②。在结果为"不准"的批词中，州县官一般会建议原告向乡里寻求帮助。所以在民事诉状中，有经验的代书，都要说明纠纷提交司法审判之前，已经寻求了乡里的解决。要么对方蛮横，乡里调解无法进行；要么对方反悔，致使纠纷无法解决；要么纠纷经过乡里解决后，对方置之不理，乡里调解不能起到应有的作用，等等。

调解的范围是民事案件和轻微的刑事案件，超出此范围即为法律所不允许。调解的活动是在政府机构制约下进行，是州县堂审的补充形式。任何社会组织和社会力量，如借调解渔利、甚至危害国家与社会，均为官府所不允许。调解贯穿的是"息讼""德化"以及"和谐"等的原则与精神，是依法调解和依礼调解的互补。明德息讼被看作是德主刑辅的具体实施和以礼断案的实证。例如，清康熙时，陆陇其任河北灵寿县知县，每审民事案件时，均传唤原告、被告到庭，训导双方说："尔原、被非亲即故，非故即邻，平日皆情之至密者，今不过为户婚、田土、钱债细事，一时拂煮，不能忍耐，致启讼端。殊不知一讼之兴，未见曲直，而吏有纸张之费，役有饭食之需，证佐之友必须耐劳，往往所费多于所争，且守候公门，费时失业。一经官断，须有输赢，从此乡党变为讼仇，薄产化为乌有，切齿数世，悔之晚矣。"③

调解本身也秉承着"明刑弼教"的精神，通过调解息讼起到教化的作用。方大湜就认为："欲得民心，全在听讼，随到随审，可结便结，毋令拖累日

① 《冕宁县清代档案》，乾隆二十四年。
② 白如珍：《论批呈词》，载《牧令书》卷一八。
③ 吴炽昌：《续客窗前话》卷三。

久，以致荡产倾家。即便是养民，惩一儆百，即此便是教民。鲁庄公曰：'大小之狱虽不能察，必以情'；曹刿曰：'忠之属也，可以一战。'可见听讼之效甚大。"① 如宝坻县档案载：嘉庆年间，宝坻县孀妇孙张氏投状县衙，诉故夫堂兄孙文降霸占田地。在知县审理前，两造双方的亲友已经主动出面调解，并查明有争议的八亩地原系孀妇故夫典予堂兄孙文降而无力赎回之地。孙张氏自知理亏，甘愿息讼。调解人又劝被告量力资助孤儿寡母，使被告聆悟，"念系一脉，骨肉相关"，情愿将此典出地由原告无偿收回为业，重立契据，"俟后各守各业，永无争执，均敦族好"。之后参与调解的亲友联名上书知县，请求"仁天老父台太老爷附念事经讲解，施恩免讯，以全骨肉"，并得到了知县"准销案"的批示。调解的盛行，体现了国家安定的需要和发展农业生产的需要，同时也贯穿了中国传统的以"和为贵"，以"礼"示人的教化原则。清代名幕汪辉祖曾说："勤于听断善矣。然有不必过分皂白可归和睦者，则莫如亲友之调解。盖听断以法，而调解以情。法则泾渭不可不分，情则是非不妨稍措。……或自矜明察，不准息销，似非安人之道。"②

虽然清律并没有规定调解息讼是必经程序，但实际上，它往往处于被优先考虑的地位。经由调解而讼清狱结，是州县官治绩的突出表征，也是大计考官的一项重要指标，"凡自理词讼，随到随审，虚衷剖断，从不稽延拖累"的州县官，常常于大计中获得优等。③ 因此州县官对于自理案件，首先着眼于调解，调解不成时，才予以审决。

官府调解不一定在堂上完成，有时也批令乡保调解，并加派差役协助。档案中经常可以见到类似"饬差确查妥处""着乡保传谕安分"等批语。有时则令亲族乡邻堂下调解，而后再上堂具结。州县官如决定将案件批发保约调解，须向保约等受委托调解人发出谕饬，对具体案件的调解作出指示，要求保约等人秉公理处，并将处理方案报州县官审核批准。保约等人如查清了

① 方大湜：《平平言》卷二，《得民在听讼》。
② （清）汪辉祖：《学治臆说·断案不如息案》。
③ 《通永道大清册》，见《顺天府全宗》档案 12 号。

案件事实并调解成功，便向州县呈递恳息禀呈，汇报已查明案件事实并妥善解决了当事人之间的纠纷，当事人均已允服不愿终讼，请求州县官准息销案，以为民便。州县官审核后，如认可，即作出"准息"之类的批示，案件到此即告结束。保约等人如最终未能成功调解，亦须向州县官如实报告，案件遂转入审判程序，州县官会及时发出传票传唤双方当事人及相关证人，择期堂审，作出判决，解决纠纷。虽然大清律例规定："一切田土户婚不得问及保甲"①。《钦定大清会典事例》卷一百二十三载："凡州县等官，遇有民间一应词讼细事，如田亩之界址沟洫及亲属之远近亲疏，许令乡约地保呈报，地方官据复核明，亲加剖断"。卷八一七载："民间词讼细事，如田亩之界让沟洫，亲属之远近亲疏，许令乡保查明呈报。该州县官务即加剖断，不得批令乡地处理完结"。但禁而不止，形同具文。只要是能够调解息争，大事化小小事化了，州县官就会调动一切可能调动的社会力量，为调解息讼服务。甚至可以"乡党耳目之下，必得其情，州县案牍之间未必尽得实情，是以在民所处较在官所断为更允矣"②。据《顺天府全宗》档案 107 号，光绪十五年（1889）宝坻县知县在一宗土地纠纷的呈状上批令保甲介入："伤微事细，即自招乡保、首事妥了，毋轻涉讼。"

官批民调具有半官方性质，也是一种常见的"息讼"的有效形式，乡保如调解成功，则请求销案；调解不成，则需要禀复说明两造不愿私休，由官府提讯一干人证。

顺天府宝坻县刑房档案二八全宗二目录九六卷五七号

具状民人孙维年四十八岁　　　嘉善里

住　　　　　距城十二里

李各庄

为恶弟捎霸地基恳恩作主斧断事。切身与胞弟孙纯原有与小屯庄

---

① 《大清律例》卷二五，《刑律·贼盗上·盗贼窝主》。

② 《牧令书》卷一七。

孙玉堂交租空地基一处，四间宽。每年交租东钱五吊二百文，现有原中郭瑞生并孙玉堂可问。身与胞弟孙纯于道光四年间赴口外谋食，所遗空地基并字据，交与孙纯之子身胞侄孙保收存。于道光七年间，身胞弟孙纯先行回家。身于岁七月初七日，携眷回归。因安身之处，欲向此空基内夹房居住。奈身弟孙淳不但不容身夹房，反肆言无忌口称此空基伊一人自租等语。查此空基每年麦、大两季所获粮石除交租外，尚有余剩，本系伙产剩。伊一人何得揞霸？实系情理难容。为此，叩乞仁明太老爷恩准作主斧断，实为德便。上呈。

原告　孙维

被告　孙纯　孙保

干证　郭瑞生　孙玉堂

正堂　王

着乡保会同房族查理毋使滋讼

上为乡保会同族里的调解批令。调解成功，乡保则请求销案；调解不成时，则需要禀复说明两造不愿私休，出官府提讯一干人证。由于民事纠纷多发生在民间，着乡保调解，耳目所闻所见，易获得真情。相反，"州县案牍之间，未必尽得其情"。[①] 所以，虽然律例禁止"田土户婚""问保甲"，但仍然是禁而不止。但是，在乡保调解的问题上，州县官地位超然，因为他不必对乡保的调解行为和后果负责，而由乡保自负。

经过调解结案在民事诉讼中占有相当的数量。而经过调解化解民事争讼，不仅有利于社会生产与民众生计，而且有利于社会的稳定，因而被清朝政府看作是与"弭盗""完粮"并重。汪辉祖说："词讼之应审者十无四五，其里邻口角，骨肉参商细故，不过一时意气、冒昧启讼，或则有不肖之人从中播弄。果能平情明切譬晓，其人类能悔悟，皆可随时消释。间有准理后，

---

① 　袁守定：《牧令书》卷一七，《听讼》。

亲邻调解吁请息销者，两造既归辑睦，官府当于矜全，可息便息。"①

官府调解虽然具有一定的强制力，但不等于判决，不能强制当事人接受。官府调解虽以正名分、厚风俗的儒家思想为指导，但也不得公然违背事实和法律，否则无法达到"务要两平""不得偏党"的目的。②

如果说州县官是国家在地方的执行官，代表国家实现其诸如税收、兵役等管理职能的话，那么经过村民推荐，官府认可的乡约、地保就是基层组织的民间领袖。他们对州县官所尽的国家管理职能发挥着辅助的功能。

清代基层自然的村落组织有乡、镇、场、村等。乡之首领称"乡长"或"乡约"，镇称"镇长"，场称"客长"或"客头"，村称"村长"或"庄头"，均由当地百姓推举并经州县官点充，发给执照，负责地方事务。清朝初期，为了保证税赋征收等事务，继承明代，设立了里甲组织，以十户为一甲，一百一十户为一里，分别设甲长、里长为首领，负责办理征税、户口登记和徭役等事务。清代为维护社会治安，又推行"保甲法"，设立了保甲组织，通常做法是十户一牌，十牌一甲，十甲一保，各设牌头、甲长、保长为首领，负责稽查盗贼，查核户籍等事务。州县官也在每一个街坊或乡村委任一位"地保"或"地方"为乡村治安员，作为官府的代理人，负责把当地发生的命盗案件及其他讼案及时向州县官报告。

《大清律例》禁止保甲处理民事纠纷，规定"一切田土户籍不得问保甲"。但实际上州县官经常见案件批示保甲处理。根据《顺天府全宗》档案107号，光绪十五年宝坻县知县在一宗田土纠纷的呈状上批令乡保介入："伤微事细，即自招乡保，首事妥了，毋轻涉讼。"

樊增祥《批吴访莲等禀词》：

> 该生等言之谬矣。据称该里拟举乡约二人，保证四人，凡里民因事结讼者，先须投明保约，不投保约而具控者，公同议罚。就好

---

① 汪辉祖：《佐治药言》，"论息讼"。
② 参见张晋藩：《中国法律的传统与近代转型》，法律出版社 2009 年版，第 332 页。

一面说，似乎替本县省心省事，然天下最难得者人才。以州县官言
之，或科甲出身，或军功保举，大率读书登第，阅历多年，然贪赃
枉法，时有所闻。即或存心厚道，操守廉洁，而听讼是非不明，遇
事仁柔寡断者，比比皆是。何况所举保约，无非乡里愚民。小心畏
事者必不肯充亦不能了事；至小有才者，其居心未必公正，临财无
不苟得。若更假以听讼之权，非徇情即牟利，非附势即逞能，是非
何自而明，判断安能得当。果如所禀，里民不但不省事，而且添许
多事；本县不但不省心，而且操许多心。尔等既是学校中人，何以
出此糊涂主意。据称里约戈进长、杨全礼均以年迈力衰，退请辞
卸前来。此语尤堪诧异。进长等果欲辞卸，何以不恳县官而恳尔
等？试问该约，从前由县官点充乎，由尔等点充乎？至称择于本月
十九、二十两日演戏谢旧约，举新约，尤为荒谬。本县案下，旧约
既无辞退之禀，新约亦无举报之呈，即由尔等自谢自举，何其狂愚
胆大！既然事由尔等作主，何必又请本县出示晓谕？诸生中李宗桂
乃县考案首，一矜甫得，不思用功上进，而亦随同一班无赖，图吃
图喝，妄言妄作，实属有玷门墙。再查具禀者，有戈殿华、戈殿甲
两名，即乡约戈进长亲生之子。进长辞乡约，不辞之于县而恳之求
之于文武各生员，已堪怪讶，乃并恳及亲生之子，尤属千古奇谈。
作此禀者，岂但不通文理，抑且不懂人事。仰役迅将具禀之文武生
员十人，一齐传案，不准一名不到，听候训责。并传戈进长、杨全
礼备质。该灵阳里距县不远，限即日送讯，勿稍延误干比。①

戈殿华、戈殿甲等十名文武生员具禀要求推荐新乡约，并主张凡里民因
事结讼者，必须投明保约。批词首先批驳了保约调解为司法必经程序的错误
主张，认为乡里基层组织决非一级司法机关，不能假以听讼之权。在戈殿
华等人要求推举新乡约的问题上，批词也义正词严地维护了封建行政法律

---

① 《新编樊山批公判牍精华·批牍》卷一三。

制度，即：乡约的点充和辞退之权都归知县，对这一行政权，严禁任何人侵蚀。批令调解的案件，由于司法机关一般对调解中所调查、取得的证据予以尊重和运用，对调解意见，也一般地予以确认和重视，因而在这种情况下，判词便具有指导基层组织调解纠纷和确认基层组织调解结果效力的作用。在民事纠纷的解决中，无论官民，均重视州县政府与基层组织的相互配合，相互支持。《钦定大清会典事例》卷一百二十三载："凡州县等官，遇有民间一应词讼细事，如田亩之界址沟洫及亲属之远近亲疏，许令乡约地保呈报，地方官据覆核明，亲加剖断。"卷八一七载："民间词讼细事，如田亩之界让沟洫，亲属之远近亲疏，许令乡保查明呈报。该州县官务即加剖断，不得批令乡地处理完结。"

2. 与官府调解相反，民间调解是诉讼外调解，明清时称为"私休"。清代民间调解的主要形式有宗族调解和乡邻调解，而以宗族调解最为普遍。中国古代是在宗法伦理原则的支配下，家国一体，亲贵合一的宗法社会，宗法血缘关系是维系宗族的精神力量，宗法制度被赋予了浓重的政治色彩。而基于君臣、父子、夫妇、兄弟、朋友的伦常关系，受到法律和道德的特别保护。在这样的历史背景下，伦理法在整个封建法律体系中占有重要的位置。由于家法族规起着约束家庭和族人的行为的作用，与国家制定法的要求相一致，所以其合法性得到官府的认可，与国家制定法一起维护着宗族内部的尊卑伦常关系和社会道德。

陆陇其在办理民事案件时，便奉行"讼不以吏胥逮民，有宗族争者以族长，有乡里争者以里老；又或使两造相要俱至，谓之自追"。[1]四川巴县档案中98例民事调解案件，州县调解只占29例，说明调解的空间主要给予了民间。但宗族成员内部也不是完全平等的关系，有严格的尊卑之分，远近亲疏之别，门房的人丁财势有强弱，嫡庶之间的法定权利有差别。因此，族内成员在接受调解时，有可能会因其在族内的地位而受到不平等的对待，既无法

---

① 《清史稿》卷二六五，《陆陇其传》。

抵制族长的意志干预，又不得不忍受某种偏袒或处罚。如果坚持己见就会被斥为目无尊长，其处境会更为被动，可见宗族的调解贯穿的是族长的意志，带有某种强迫性。

广泛流行的乡规民约和宗法族规，不仅树立了家长、族长的统治地位，调整族内成员的权利义务关系，而且为民间调解提供了切实的依据，具有相当的约束力。"凡劝道风化，以及户婚田土争竞之事，其长（族长）与副先听之，而事之大者，方许之官"。①"有不平先鸣户长，再投乡保，复论情实，众公劝释"。②

"和乡里以息争讼，居家戒争讼。讼则终凶，诚笃言也。如族中有因口角细故及财帛田产至起争端，妄欲涉讼者，家法必先禀明本房房长理处，或理处不明方许伊赴祠禀告祖先，公议其是非，令其和息。"③在家族势盛的地区有的规定，族中民事纠纷必须经房长族众调解，不得擅自告官，否则将受到族规惩治。如安徽桐城《祝氏宗谱》卷一规定："族众有争竞者，必先鸣户尊、房长处理，不合遽兴讼端，倘有倚分逼挟恃符欺弱及遇事挑唆者，除户长禀首外，家规惩治"。又如江西南昌《魏氏宗谱》卷十一规定："族中有口角小愤及田土差役账目等项，必须先经投族众剖决是非，不得径往府县诳告滋蔓"。彝陵陈氏家范规定："凡同宗有衅，无论事之大小，皆当先请族正长来祠问明理处，万难解释，然后可白于官。倘未经评，率先控告，公同议罚"。④

顺天府宝坻县刑房档案二八全宗二目录九六卷五八号

具禀嘉善里乡保李兰起

为遵批查理禀覆事。切据民人孙维具禀，伊胞弟孙纯不容伊在公中庄窠内盖房居住等情一词，蒙批着乡保会同房族查理，毋使滋讼

①　张海珊："聚民论"，载《皇朝经世文编》卷五八。

②　安徽潜阳：《李氏族谱》卷　。

③　浙江萧山：《朱氏族谱》卷一一。

④　《义门陈氏大同宗谱·彝陵分谱·家范》。

等因。身遵即会同孙维、绪查处。缘孙维与伊胞弟孙纯原有与旗人孙绪五名下交租庄窠一分。孙维外出，孙纯家历年交租，业已盖房居住。今经理处，已着令孙纯拿出东钱二十千，交给伊兄孙维另租空基，自己盖房居住。而孙纯交租庄窠不与伊兄孙维相干，两无争执，仍归和睦，均无异说，情甘自讼。兹蒙批饬，理合将查理缘由据实禀覆。为此，叩乞太老爷核夺施行。上禀。

拟销案。

道光十二年九月初一日

顺天府宝坻县刑房档案二八全宗三目录一七〇卷，刑新一七二号

具呈孀妇王王氏，年四十三岁，抱呈长子王顺，年十七岁，城南五里。

住居仁里石桥庄。

为叩恩仁慈，俯准 批示存案事切：氏 夫已故，遗有二子一女。 氏 长子自幼凭媒，聘定西方寺庄李凤岐之女李氏为婚，有庚帖可凭。迨李凤岐病故，伊妻李孙氏守孀过度，于去岁冬间李孙氏因年岁歉收，家道贫难，遂将伊女李氏送至 氏 家童养。奈李氏已年十五岁，不服教导，不收心度日，时常私自走出。经 氏 找回，仍不听管束，伊竟寻死觅活。 氏 恐出意外受累，为此来案。叩乞：

仁明大老爷，恩准作主，批示存案备查。感德上呈。

正 堂 张

该氏邀集亲友善为开导调处，毋庸兴讼。

光绪二十一年四月初八日

清代司法档案证明，大量的民事纷争，在告官涉讼之前，先由族长剖决是非，在家族内部调解化解。但由于宗族内部成员的身份有严格的尊卑、支派、嫡庶之分，因此族内成员在接受调解时，往往会受到族长的强势干预和强迫，所以宗族调解未见得公允。

清代的判例集和司法档案中，记载了州县官强调乡里调解的重要性。凡未经调解的民事诉讼，州县官一般不予受理。在"不准"的批词中，多建议原告向乡里寻求帮助。故富有经验的代书，多于呈词中注明业经调解无效字样。

在"准理"的批词中，州县官也往往批转乡里基层组织协助进行调查与调解。州县官甚至可以为调解确定原则，指出调解时需注意的问题，此即"官批民调"。现有司法档案说明，调解的最终结果，仍需官府"准息"的认可。

乡邻调解则源于中国古代国情和安土重迁的观念所带来的悠久而强固的地缘关系。几代人相邻而居，互通有无，患难扶助的传统，使乡邻成员自觉遵守体现乡邻成员共同意志的乡规民约，即道德信条和生活准则，当纠纷发生时，这些乡规民约便成为调解纠纷所依据的"法规"。

但是，无论是官府调解、官批民调还是民间调解，都恪守着一条不可越过的"红线"，越过这条线即为法律所不允许：调解的范围必须是民事案件和轻微的刑事案件；调解息讼是在国家权力机构的制约下进行，调解是与堂审相配合进行的，参与调解的相邻、宗族都要受到州县官的约束和控制，而且要本着息讼止争，利国利民的目的，不许从中渔利或借机挑讼。调解的依据是国法，因此调解与执法是一致的。即使是适用作为国法的补充形式的家法、礼俗、乡规、民约等其他民事法律渊源，也不得悖离国法的规定。

调解息讼是与清朝所处的社会状况相适应的，有其存在的合理性。从客观上说，有利于社会秩序的稳定，有助于特定领域内人们相互关系的和谐，防止胥吏侵渔，减轻了诉讼当事人的讼累，传播了封建的纲常思想。但是，对于广大的民众而言，调解息讼更多的培养的是传统的道德伦理观念，而不是"法律意识"；"息事宁人"的思想因素，不利于发扬民众为自己的权益不受侵害而诉诸王法的精神。

第四章　清代的京控制度

第一节　京控的缘起：叩阍

自下而上之告为控，京控，为清代人对赴京控告行为之简称。

清代之前，官方与民间皆未通行这样的称谓。民间向有"叩阍"、"告御状"之称，此非官方认定之语，却较为人所广知。叩阍、告御状，按照字面意思，就是呈控者直接面谒皇帝控告。但是，叩阍与京控在清代不属于相同的诉讼程序，负责审理的机关、程序与审决问责，皆不相同。叩阍与京控，两者都是上控，京控的地理位置明确地限制在京城，叩阍则是皇帝在何处，控告即在何处；若皇帝不在京城，控告者采取面谒一类的"邀车马""冲突仪仗"控告，就不能称作是"京控"。

民间之所以将京控与叩阍两者视作同质，乃因两者皆源出于古代中国中央王朝建立的"直诉"制度。据传世可证之书面史料记载，直诉制度可溯源至先秦。《周礼·秋官》载大司寇"以肺石达穷民，凡远近茕、独、老、幼之欲有复于上，而其长弗达者，立于肺石三日，士听其辞，以告于上而罪其长"[①]。先不论周代是否真的推行过此一制度，亦可以视

[①] （汉）郑玄注，（唐）贾公彦疏，陆德明音义：《周礼注疏》，录于《文渊阁四库全书》第90册，上海古籍出版社2003年版，卷三五，第624页。

作先秦时人对理想制度的设计；王畿外诸侯及畿内地方长官，若是不肯将民间的实际情况上报，无依穷民可站立在肺石旁三日，表明申诉的意志之后，司寇属下的士官会出来听取告词。此一制度，后世称作"肺石听辞"。

除了"肺石听辞"之外，尚有"路鼓之制"。《周礼·夏官》载："建路鼓于大寝之门外而掌其政，以待达穷者与遽令，闻鼓声则速逆御仆与御庶子。"① 司寇属下的朝士欲将肺石听词告上，或是有申诉者前来击打宫门之外的鼓，则值鼓的"御仆、御庶子"需入告其长官大仆，大仆即将所告之事奏上。"阍"有宫门之意，后世遂称谒见者于宫门外拜伏申诉为叩阍。

无论《周礼》制度是否确实行于周代，汉代确实逐步实践部分《周礼》之制。按《周礼》载，中央王朝允许直诉的内容，最初主要是举报地方官员失职或自己蒙冤，并设立击鼓的厅堂，以供申告者使用。东汉郑玄曾对"穷者"有所解释："穷谓穷冤失职，则来击此鼓以达于王，若今时上变击鼓矣。"② 由郑玄之注，可知汉代已有"击鼓鸣变"事例，但似乎未见复原设立周代肺石之记录。再者，当时允许申诉之事，显然仍指地方公事，包括地方官在所部之地的公私作为与地方要事，呈控者个人的恩怨私事并未在此范围之内；这可能与当时的百姓对君王另有"上书"的自由有关。因此，汉代时所复原的"周礼之制"，实乃结合肺石与路鼓制度的"登闻鼓"制度。

自汉代确立"登闻鼓"，后世继之，《魏书·刑罚志》载："诸州国之大辟，皆先谳报乃施行。阙左悬登闻鼓，人有穷冤则挝鼓，公车上奏其表。"③至隋唐时期，除了延续登闻鼓制度外，因北朝之政权向有崇尚古礼之风，唐朝立国初期，曾重新恢复前人所立的"肺石听辞"制度，颁令规定，若鳏寡

---

① 《周礼注疏》，卷三一，第 575 页。

② 沈家本：《历代刑法考·明律目笺三·诉讼》。

③ 《魏书》卷一一一，《刑罚志》。

老幼人民有不能自申者，可立肺石之下。若身被监禁者，亦可由亲人代替申告。①

登闻鼓与肺石，皆是统治者避免下情壅塞，或民间有压抑，特别开启的申诉之门，并不能取代正常的诉讼渠道。然而相对于自下而上、费时费力的诉讼程序，直诉与越诉对呈控者而言，效率较高。隋代已出现百姓不顾地方行政机关，径行直诉，或是越级上控的情形，隋文帝曾为此下诏："有枉屈县不理者，令以次经郡及州，至省仍不理，乃诣阙申诉。有所未惬，听挝登闻鼓，有司录状奏之。"②明白规定地方申控需由下而上，由县至郡、州受理，如至中央省部仍不受理，方可挝登闻鼓。如果任意越过各级审级诉讼，即为越诉。唐律中，便已将越诉与直诉的不同性质说明清楚，越诉乃跳越各级既定审级径行诉讼，原告需笞五十；直诉得实不为罪，如有冲突仪仗之举，即属"邀车驾"，所控又不得实，原告问罪；控告不实，杖八十；如冲入仪仗之内，杖六十。

大体而言，唐代的直诉方式，主要是挝登闻鼓、邀车驾，迄明不改。民间将挝登闻鼓与邀车驾等行径，一并称作叩阍。如清代有名的"杨乃武与小白菜"案，同治末年，杨乃武被控与邻家美貌少妇小白菜，即葛毕氏，通奸并合谋杀死其夫，杨家人深以为冤，至京城京控两次。但当时文人记载此事，有称杨家叩阍者。可知一来叩阍传统深入民间，二来文人并非朝中官员，书写未必处处符合制度。

直诉制度发展至清代，历经千余年，已有了不少改变。因民间"赴京呈控"情形渐增，至明末清初，已有"京控"简称。相较于前代，清代京控的变化更多，也更系统化。

---

① ［日］仁井田升：《唐令拾遗·公式令》（日本，东京大学出版会1983年），卷四〇，《辞诉皆从下始》。
② 《隋书》郑二五，《刑法志》。

第二节　清代京控制度的发展

洪武元年(1368)，明太祖"置登闻鼓于午门外，日令监察御史一人监之。凡民间词讼皆自下而上，或府、州、县省官及按察司不为伸理，及有冤抑重事不能自达者，许击登闻鼓，监察御史随即引奏，敢沮告者死。其户婚、田土诸细事皆归有司，不许击鼓"。① 除了都察院外，承受四方章奏的通政使司，亦可接受部分民间申诉。清初承袭了明代大部分的制度，最初主要由都察院掌管登闻鼓，通政使司亦可接受一部分呈词。

为了得取民心，清统治者对民间上控最初未严厉禁止。然而，匿名投书或赴京控告者，其中不乏挟仇报怨者，诬告者亦多。加上清朝以八旗劲旅立国，旗民相处，颇多不公之处。顺治年间，工科给事中翁自涵曾经上奏，称控告者中多见有"挟诈恶习"，并建议朝廷审理叩阍奏牍，"果系奇冤异枉、曾经督抚问理失实，通政使司、都察院、扶同蒙蔽者，当与申雪。倘本无冤屈辄敢渎扰，宜尽法究治，以儆奸顽。"②

清初之中央政府，对到通政使司与都察院处叩阍的调控，由宽到严，很大的原因是基于旗民之间的隔阂与不信任，百姓如欲如明代一般，向都察院与通政使司呈控，其受理的标准，已与前朝有所区隔。再者，相较于民人，八旗旗人拥有更多的特权。旗人诉讼，首先可在旗下佐领之处呈诉，如情节严重，再分别刑名与户婚田土，诉于刑部与户部，是以清代在京八旗的事务，大多由中央部院直接管辖。清初皇帝对于旗人，也是较为优礼。康熙朝时京城内的各类诉讼，旗人诉讼的比例增高，包括直诉案件。例如康熙四十五年（1706），刑部议奏关于正红旗萨克苏佐

---

① 《明太祖实录》卷三七，洪武元年十二月己巳。

② 《清世祖实录》卷八五，顺治十一年七月庚戌。

领下原任助教喀济礼孀妻诉讼一事，喀济礼孀妻以其夫前妻所生之子穆罕不孝，欺侮继母，欲害其继母初生幼子穆善，并占据家业叩阍。喀济礼不过一八旗旗学助教，不过领微末薪俸，并非官吏出身；再者，此案为一般争产诉讼，并非命盗案件，但康熙皇帝受理此案，并曰："穆罕欲害孀妇幼子，该部不审出真情，两边劝息，议分家产，明系徇庇。本发还，另议具奏。伊等若不能审，朕当另委大臣审之。"① 可知清初八旗地位特殊，八旗孀妇更为皇帝所关切。

旗人直接向皇帝呈控，实为关外习气，在清太祖、太宗时期，汗（皇帝）即为大旗主，旗人有诉讼或争议，最终由汗（皇帝）裁断。由于清初对赴京控告之举，并未有真正的约束，加上清代初期帝王，颇喜出巡，刺激了直接叩阍案件的数量。康熙朝时，因皇帝出巡与秋狝次数频繁，百姓得见天颜概率增加，凡皇帝出宫或出城，在路旁遇见叩阍者已成常态。相较于由都察院、通政使司、步军统领衙门接受的案件，皇帝能直接接触叩阍者，处理的方式也没有固定流程，经常是因人因事而异，皇帝也未必理会所有的叩阍者。如康熙皇帝曾经路过江苏宿迁县，看见夹道叩阍者甚多，便谕身旁侍卫："此断不可收览！民人果有冤抑，地方督抚等官尽可申诉。今因朕巡幸，纷纷控告，不过希图幸准，快其私怨。若一经发审，其中事理未必皆真，地方官奉为钦件，转转驳讯，则被告与原告之人皆致拖累。以小忿而破身家，后悔无及矣。"②

大体来说，康熙皇帝纵使对叩阍者偶感不耐，采用仁厚处理的方式居多。至乾隆朝，乾隆皇帝效法祖父，出巡与秋狝次数亦是频繁。但是乾隆朝时对于叩阍的惩处转严，大学士傅恒曾建议，日后"圣驾临幸地方，虽未陈设卤簿，如有民人具呈妄行控诉者，照冲突仪杖例，杖一百，发近边充军"③。清

---

① 中国第一历史档案馆：《康熙起居注》，康熙四十五年丙戌十二月二十日丁未，中华书局1984年版，第 2059 页。
② 中国第一历史档案馆：《康熙起居注》，第 1241 页。
③ （清）薛允升编：《读例存疑》卷二〇，第 454 页。

初律文本承袭明律规定，叩阍得实者可免罪。自从乾隆皇帝修例，叩阍如果所告为虚，不反坐诬告罪，而是照冲突仪仗律，问拟杖一百流三千里。事实上，根据呈告案情与呈控者身份的不同，案件被受理后，叩阍者被视作虚告者遭发遣驻防为奴或流三千里的情形也非常普遍。是以叩阍与京控在乾隆朝时被分析得相当清楚，"京控"一词，也取代了以往的"赴京呈控"。一如《清史稿·刑法志》所言：

> 凡审级，直省以州县正印官为初审。不服，控府、控道、控司、控院，越诉者笞。其有冤抑赴都察院、通政司或步军统领衙门呈诉者，名曰京控。登闻鼓，顺治初立诸都察院。十三年，改设右长安门外。每日科道官一员轮值。后移入通政司，别置鼓厅。其投厅击鼓，或遇乘舆出郊，迎驾申诉者，名曰叩阍。①

《清史稿·刑法志》作者许受衡曾任职于清末刑部与修订法律馆，与一般非入职刑名之文官不同，对于清代法制有基本了解。其将京控与叩阍分开，乃是避免民间俗称混淆专名。民间修志者，如连横《台湾通史·刑法志》即载："凡人民之赴诉者，……其不服者，则控之府。不服，复控之道。然道控之案，每饬府再勘，唯重人者亲鞫之。道判不服，控之省。复不服，则控之京，谓之叩阍。"②连横乃一文人，从未有深刻接触清代中央政府之机会，可知在传统中国，朝野之人对制度的记录，有无实际经验，为史料可信之关键。唯民间将京控称为叩阍或告御状，纵不精确，却是习惯使然。

赴京控告与叩阍案件增多，使得清廷对于叩阍的限制变得严峻，呈控者若是虚诬，则必论罪，八旗之人亦不例外。这刺激了呈控者改投京控，案件逐年增多，清代受理京控的机关产生变化，审理此类案件的程序也逐渐从非常规化转为常制。根据清代京控受理衙门与审理流程的制定情形，可以将清代的京控制度的发展分为三个阶段：

---

① 《清史稿校注》卷一五一，《志》一二六，《刑法志三》，第3990页。
② 连横：《台湾通史》卷一二，《刑法志》，广西人民出版社2005年版，第151页。

一、奠基期：顺治朝至乾隆朝初年

明代受理赴京呈控案件的机关原为都察院与通政使司，都察院本身为审理中央司法的三法司之一，其前身为秦汉的监察机关"御史台"，为风宪衙门，代皇帝监督百官。由于直诉之本质，在于避免地方官员不法，并且阻碍百姓冤不得伸，出身御史的监察官员与都察院承担受理案件的职责，实乃中国政治制度之传统。通政使司则是因为掌四方章奏，百姓之呈控与上书亦需形成文字，方能令中央得知；是以通政使司成为明代受理赴京呈控者的重要机关。到了清代，清代帝王汲取明代教训，为了避免机密被通政使司内官员与内阁官员事先掌控，康熙朝建立密折制度，地方封疆大吏与皇帝的往来文书不走通政使司，改由亲信传递，通政使司文书传递功能被削弱。对越诉呈控案件而言，通政使司的地位被具有维持治安、弹压地方、具有部分司法审判功能的步军统领衙门取代了。

步军统领衙门本为军事部门，统辖满洲、蒙古、汉军八旗步军，总司缉捕，向为满缺；并具有类似今日的警察功能。康熙十三年（1674），皇帝命步军统领提督九门事务，职从二品，掌京师辇毂重地，权力颇大。并规定凡审理八旗三营违禁犯法、奸匪逃盗一应案件，轻罪则步军统领衙门自行完结。徒罪以上录供送刑部定拟①。步军统领掌有对京师案件的会审刑狱之权②，又因外地赴京呈控者，皆非京师本地居住，步军统领衙门职掌颇类近代警察，需对出入京城之人盘查核对，是所有中央部院之中，接触赴京呈控者的第一线。步军统领衙门遂取代通政使司，成为受理京控与叩阍等案件的衙门之一。至乾隆朝，掌管京城京控的衙门被确立为都察院与步军统领衙门。

此外，虽有清代部分呈控者在理藩院、刑部、户部投递呈词封章，并且

---

① 《（光绪朝）钦定大清会典事例》卷一一五八，《步军统领》。

② 《（光绪朝）钦定大清会典事例》卷一一五八，《步军统领》。

成功被受理，这并非常态。嘉庆十年（1805），刑部奏准定例："刑部除呈请赎罪留养，外省题咨到部，及现审在部有案，俱据呈办理外；其余一切并无原案词讼，均应由都察院、五城步军统领衙门、顺天府及各旗营接收，分别奏咨，送部审办，概不准由刑部接收呈词。"① 可以推知确实有至刑部处直接京控者，否则不会有此定例。然刑部虽为天下刑名总汇，不属于直接受理京控机关，而是协助审理京控案件的机关；任何京控案件的覆核与终审结果，通常是刑部决定。步军统领衙门如遇"人命、水火、盗贼及京控事件，俱奏交刑部审讯"。②

户部因为掌天下户婚田土，也有上控者直接到户部申诉；但户部在清代被明确规定为旗人民事案件的上诉机关，并不直接受理来自各直省的诉讼。清代理藩院"掌内外藩蒙古、回部及诸番部，制爵禄，定朝会，正刑罚，控驭抚绥，以固邦翰"。③ 因此蒙古各部与西北新疆、川藏等各部落等非汉民族，到北京后不乏直接到理藩院京控者，偶尔理藩院也有直接接受的京控呈词例子。

二、兴盛期：乾隆朝到道光朝

乾隆皇帝在位时间共六十年，加上嘉庆皇帝在位时间二十五年，道光皇帝在位三十年，共一百一十五年时间，是京控制度发展完善的时期。嘉庆朝是京控制度发展成熟且运作顺利的高峰时期。乾隆朝京控制度与嘉庆朝最大的不同，在于案件受理之后，发审的流程尚未完全定型，乾隆皇帝在早期对于事涉地方吏治与行政的控案，通常是用派遣钦差大臣的方式解决，皇帝会从中央部院选择钦差，派遣地方审案，其余一般民人与命盗关涉的京控案件，大多是交由本省总督、巡抚、将军提调案卷人证，重新审理。而在乾隆

① （清）薛允升：《读例存疑（重刊本）》，第 985 页。
② 董康：《前清司法制度》，《董康法学文集》，第 356 页。
③ 《清史稿校注》，《职官二》。

朝时，到受理衙门呈递的京控呈词便已存在者一定的驳斥率，都察院与步军统领衙门对京控呈词的驳斥率，今人无从得知准确的数目，仅从现存奏折的数量可以推知，每日应有相当数量的呈词被驳回不许受理。毕竟清代中央部院并非服务百姓的部门，若是案件受理率极高，势必破坏直省地方司法审判的程序与制度运作。再者，对于任意越诉、不等候案件在本地审结径行京控、呈词内牵控人数过多、控告户婚田土钱债细事者，呈词中带有荒谬之语，一般情况下官员也不予受理。

嘉庆朝初年，嘉庆皇帝亲政后，首先扳倒权臣和珅。在审理和珅贪污弄权的过程中，发现地方上省级大员总督与巡抚吏治败坏，一手遮天。为了避免言路受到阻挡，影响皇帝对案件的知情权；也因为既然地方的总督巡抚不被皇帝信任，又不能一直从中央部院派遣钦差，使得臣工本职荒废，最好的方式之一，就是开放京控的呈控标准，并且详细规定京控如何受理与审理。嘉庆四年（1799）皇帝谕令都察院与步军统领衙门，"遇有各省呈控之案，俱不准驳斥。其案情较重者应即行具奏，咨回本省审办之案，在一月或两月内视控案之多寡汇奏一次，并将各案情节于折内分晰注明，等待皇帝披阅，倘有案情较重，不即具奏，仅咨回本省办理者，被皇帝发觉，必将堂官交部议处。"① 此后，京控案件正式明确奏咨之分。

都察院等衙门将各省呈控案件，其情节较重者具奏，即情节较轻，咨回本省审办者，仍分析案由汇奏②。奏件有由都察院与步军统领衙门直接奏交皇帝者，亦有受理呈词后，根据案件情节，将案件转咨刑部、理藩院等衙门奏交皇帝者。咨件则有由都察院与步军统领衙门受理后，直接转咨直省督、抚、将军者，亦有转咨刑部等衙门先行初步审理之后，再转咨给直省督、抚、将军审理者。如此分别奏咨办理，让京控案件分为"特旨交办之件"与"咨交之案"。大体而言，嘉庆朝都察院与步军统领衙门受理京控案件之后，

---

① 《钦定大清会典事例》卷九九八，《都察院》，第17092页。
② 《钦定大清会典事例》，卷一〇〇五，《都察院》，第17125页。

有三种处置方式：一为专折奏闻后，交钦差大臣或各省督抚将军重审；二为经刑部或都察院与步军统领衙门内部讨论后，直接咨回各省督抚或将军审办；三为直接驳斥①。嘉庆十五年(1810)，皇帝颁谕都察院等衙门订立章程，以令督抚随时咨报。自嘉庆十六年春季始，定限三个月，由都察院将已届例限各案，咨催各直省督抚审核京控案件。半年之后，如查有尚未核结者，开列清单奏请处分②。此后，都察院除了受理京控之外，一年内还必须咨催各省督抚逾限未结案件两次，二月份一次，七月份一次，并奏明皇帝，便于皇帝随时掌控。

嘉庆皇帝开放京控与落实奏咨制度，可谓是将京控地位提高，并进一步系统化的重要推手。道光皇帝本身对京控制度没有特别的建树，仅是子承父业；反而是各省地方官为了因应嘉庆皇帝完整京控制度之后、堆积如山的案牍，纷纷自行建立可以负责一省命盗与京控案件等积案的专门审理机构——发审局。

发审局，时人又称谳局，负责审理中央发交的京控、省控、奏交、咨交各案③，以及一省命盗案件④。清代发审局运作模式实际产生的时间，早于名目的出现，在乾隆朝后期已见雏形。乾隆四十九年（1784），乾隆皇帝建议各直省督抚，审理案件应尽量亲提应亲提人证卷宗至省，发交藩臬，亲率秉公审办。若或道路遥远、人证较多，可遴委公正明干、熟谙刑名之道、府大员前往审理⑤。如此既可免于督抚奔波，亦可避免发交原州县审理。此例虽为临时性质，可见乾隆朝时督抚任用道府属员审案已为常态。且调用属下官员审案，仅用正印官，人数有限，正印官自有其公务需要处理，调用人员人数势必不敷使用，亦非长久之计。

---

①　中国第一历史档案馆编：《嘉庆朝上谕档》(广西师范大学出版社)，第四册，第311页。

②　参见台北"故宫博物院"藏：《军机处奏折录副》，169901号。

③　(清)曾国藩：《直隶清讼事宜十条》，《皇朝经世文续编》，第478页。

④　(清)刚毅修、安颐纂：《晋政辑要》，《续修四库全书》(上海古籍出版社2002年版)，卷三四，《刑制》，第714页。

⑤　《清高宗实录》卷一二〇一，乾隆四十九年三月壬子。

　　嘉庆朝各地直省设立专局发审案件的情形越来越普遍，这些专局各省名目未必一致，基本都是督抚在省城之中召开，此时尚无固定编制。嘉庆十二年（1807），江西巡抚金光悌奏称，到江西上任后，发现巡抚衙门未结词讼即有六百九十五起，藩司衙门未结者有二百六十八起，臬司衙门未结者有五百八十二起，盐道各巡道未结者有六十五起，如此推算，省城附近，已有一千六百余起未结之案。假设其余府厅州县皆有未结词讼，则总数不下万余起。遂请旨允在省城设立"总局"，督同藩臬两司遴派明干委员、赶紧彻底清查积案①。这个建议经朝臣商议，有官员认为将积案提至"总局"审办，"道途远近不一，纷纷递解，致滋繁扰。而每一案中原被中证，牵涉多人，即听审人等盘费食用、守候经时，亦已重受其困"②。此议虽遭到中央的否决，并未能阻止地方各局的自然形成。此类审谳之局，经费如何筹划，如何办理，毕竟是硬件条件。清代地方省以下的各级官员俸禄有限，地方自留银两亦有限，若无中央支持，很难对制度有大规模的具体改革。嘉庆二十四年（1819），山东巡抚程国仁奏参同省臬司温承惠，奏内称温承惠在山东臬司任内，自以曾任督抚大员，不甘居人下，威福自擅。并设立发审专局，调派现任州县久住省城，又令犯罪之人四出缉捕③。可知当时于省会设置发审专局早已不是新闻，基层的州县官也加入了发审局的团队。

　　道光朝时各省纷起设立、规划谳局，各自订立章程，详定发审局编制规章。谳局中的协助审理人员，已非仅用现任候补道府，亦多有动用候补知县。通常一省发审局的局员包括：候补的道员、知府、直隶州、通判、同知与知县④。使用候补官吏，首先可以缓解经济问题，不用动用正项银两，也不怕候补官员埋怨薪资低廉。例如山西发审局最初设立的发审委员本无薪水，太原府仅提供饭食银等生活用费，犹如今日之实习员。一直到光绪

---

① 《清仁宗实录》卷一七四，嘉庆十二年二月甲申。

② 《清仁宗实录》卷一七五，嘉庆十二年三月戊午。

③ 《清仁宗实录》卷三六一，嘉庆二十四年八月乙卯。

④ （清）徐珂编撰：《清稗类钞》第三册，《发审局判讼事》，中华书局 2003 年版，第 977 页。

初年山西太原知府向巡抚请求月给薪水银两，每年才总共拨给全局薪水银一千三百二十两，但只有一部分职衔较高的官吏才有薪水①。即使薪水低廉，还是不断有候补官吏进入谳局。候补官吏大多即将成为地方父母官员，可以借此培训司法审判能力，并且成为日后升迁的关键。

总言之，清中叶后各直省已经成立专门审理司法案件的机构，这无疑是地方官员对传统将民政刑政归于单一行政机关办理的自我解救办法。谳局的设立，对京控制度的影响，理论上应是正面的，但随着吏治的败坏，京控制度在官员心中已为常态司法审判，失去古代对直诉的尊重。

三、晚期：咸丰朝至宣统朝

咸丰朝以后，各省设立谳局成为常态。如山东、江西向为兴讼之地，设立谳局最早。也有少数特例，这些特例也证明了清朝某些积习在国势日败之际，仍是无法逆转。如东三省地方被视作清朝龙兴之地，其地位与关内各省不同，清廷一直试图令东三省朴实，也许皇帝们认为文明会带来繁华，繁华会令满洲人的特性与专长消失。因此整个东三省行政设置与关内各直省有别，向为将军管理。受到清朝民族保护政策的影响，开发也较关内各直省为迟。

即便如此，因实际需要，咸丰年间盛京将军建议在治所设置发审局，这个建议却被否定，理由是乾隆皇帝曾定下规矩，盛京旗民命盗案件，均归刑部办理②。最后还是因为盛京地方奏交咨交及省控各案，积案如山，同治初年，盛京终于在奉天府③设立了发审局④。吉林地方迟至光绪初年，吉林将

---

① （清）刚毅修、安颐纂：《晋政辑要》，《续修四库全书》，第 715 页。

② 《清文宗实录》卷一二二，咸丰四年二月癸巳。

③ 盛京刑部侍郎庆裕于光绪十年七月十七日奏报："总督衙门发审处，承审盗赌各案以及随时委派之重大案件，一切均关紧要，奴才赴防后，拟即咨交奉天府府尹裕长暂为管理。"参见台北"故宫博物院"藏：《军机处奏折录副》，128819 号。

④ 《清穆宗实录》卷一〇二，同治三年五月辛丑。

军才上奏建议设立谳局①。黑龙江地方最晚，迟至光绪中叶一直未设立。光绪十八年（1892），将军依克唐阿欲设置发审局，此议却被朝廷以"该处原有刑户各司，足敷办理，所请着毋庸议"之语否决②。

京控制度的受理流程在嘉庆朝基本已经完成，都察院与步军统领衙门是最主要的受理衙门，其负责官员，随时根据呈控者呈控内容涉及的层面与情节严重程度，来决定是否批回地方审理，或是奏报皇帝闻知。控案天天有之，目前并不能完全推知，在清代的中晚期，都察院与步军统领衙门平均一天收到多少数量呈词，具体有多少数量的呈词被受理。借由都察院与步军统领衙门分别具衔上奏的京控奏折，大致可以推出，每个衙门平均一天内奏报皇帝的京控案件至多两件，但不一定每天都会出现官员们认为值得奏报皇帝的案件；咨交各省京控案件不用直接呈报皇帝，由现存清单折件大致可以猜测，每个衙门一个月内，来自于各省的京控案件，约数十件到百件不等。若是一省内京控成风或是省内人口多且"冲、繁、疲、难"之州县较多，或是离京较近，或是该地有变故，此省的京控案件数量也较容易偏高，例如山东、江苏、浙江、湖北等省。很难说一省京控案件多，便是该省吏治败坏；事实上部分案件的控告，多为民间私事，且人口大省，案件数量远过偏远地方，如以案件数量多寡来论断官员素质，并不客观。

清代中晚期京控制度已经常规化，呈控成功对寻常百姓已经并非难如登天之事，审理京控对于地方的重审官员，也就是总督与巡抚来说，大部分京控案件不再是需要打叠精神应对处理的事，尤其是咨交案件，不需要直接专折向皇帝汇报案情经过，加上各种原因，案件只是得到受理，部分案件并未真正得到解决或是认真重审。到了清末新政改革，清廷将原三法司之一，属于古廷尉系统的大理寺改名为大理院，掌管中央司法审判与最高级司法审判，同时也负责掌管接收京控案件，但对于当时地方的百姓而言，都察院与

① 《清德宗实录》卷五一，光绪三年五月辛酉。
② 《清德宗实录》卷一七，光绪十八年冬十月乙卯朔。

步军统领衙门（后被并入巡警部）仍是受理机关，等到新设机关的运作正要为人所适应时，清廷已然覆亡。

第三节 京控在传统中国司法审判制度内的运作

要讨论一个司法制度的作用是否能运作完整并且具有实际的功效，首先得理解其制度在运作的过程中，可能、可以解决哪些问题，以及可能会面临哪些问题。

一、呈控

在一般的诉讼流程内，原告需要提起诉讼，在京控流程内，也需要有原告。关于控告与对原告的要求，这一点和一般诉讼一样，生员、妇女与老幼不得亲自出面控告，但可以派遣抱告。抱告与原告的关系，通常是亲人或是家人。为了避免随意呈控，通常受理衙门对前来呈控者会口头询问，与呈词互相印对，呈词与口供内容如有接榫不上，呈词就不予受理。

跟所有的地方审级衙门一样，京控也被官员怀疑可能有讼师的介入，事实上，确实相当部分的呈词有可能有讼师介入。如雍正年间定例："凡将本状用财雇寄与人赴京奏诉者。并受雇受寄之人，属军卫者，发边卫充军；属有司者，发边外为民，赃重者从重论。其在京匠役人等，并各处因事至京人员，将原籍词讼因便奏告者，各问罪，原词立案不行。"乾隆三十六年(1771)改例："凡将本状用财雇寄与人赴京奏诉者。并受雇受寄之人，俱发近边充军。赃重者从重论。"① 所谓用财雇寄，与今人花钱聘请律师代理司法诉讼业

---

① （清）薛允升：《读例存疑（重刊本）》，第 1004 页。

务的道理是一样的，只是传统中国的诉讼，要求呈控者亲力亲为，不是很能接受与呈控者本身没有血缘与地缘关系的人代理诉讼。从另一方面想，也许是固守旧制的统治者，很难正视讼师这个行业确实存在且在各地生意兴盛，当时的中国也存在着许多讹诈与欺骗的诉讼行为，令充满积习惯弊的司法审判机关难以判读，只有持续对讼师采取压抑一法。

京控普遍衍生出的一连串服务，似乎是难以避免多利可图。一般百姓进京告状，势必要在城里过夜，在京城里有专供呈告者投诉的旅馆店铺，颇类似各地之"歇家"。这些地方的酒肴饭食，花费比一般的旅店还贵数倍。虽然花费相对较高，他们自己的人脉，可以协助没有诉讼经验的百姓交通衙门里的关系，或是替他们代找讼师写手等人咨询如何书写呈状，逐渐发展成"一条龙"式服务。甚至到清代中后期，呈告者只要在地方所在给讼师开设的铺店费用，他们会替主顾雇人在京城代写呈词并且协助投诉。

怀疑讼师介入京控，还有一个原因，是因为传统中国地方的识字率不高，但不少呈词文采斐然且情节丰富离奇，没有专业人士书写，实在很难相信这些文字是出自农民和一般小老百姓之手。例如湖南民人詹荣翔赴都察院衙门具控，原告呈词十分长：

具状詹荣翔年三十二岁，湖南长沙府益阳县民人，为谋毙两命，匿尸不验，蠹弊埋冤，号求奏办事。

民父魁百梗直，为人凡家庭有事，不论亲疏，秉公直剖，直道招尤，遂被一党横蛮之人嫉恨成雠，必欲谋死而后甘心。道光二十九年邑中连被水灾，人嗟鲜食，自将耕牛宰剥度命者甚多。本房横蛮之詹仁者，统率多凶，冲宅打毁什物，打伤民父母，口称境内黏有谣帖，指民次兄窃宰。伊系亲房，不能容隐。民父即云：若果窃宰，必有牛赃，必有失主出头，何得仅黏谣帖？况匿名谣帖，即控到官，尚不能准。何得该亲房无赃无据无失主，辄敢以匿名谣帖为凭，诬堕窃宰，统凶冲毁，丛殴伯父母，鸣族理论，族不能处。民父控县验伤，拘仁者等畏究串族。詹安宇等央和，愿具羊酒入宗祠陪俯外，补讼钱十二千，现交四千。安宁代书八千钱，期票寝事。民父执票，自三十年往取。

至咸丰元年五月初五日，安宁忽称仁者抗钱不兑，累伊受追，伊愤执其牛，交民父抵算，哄令民兄前往接牛。讵料做成圈套，甫接过手，即来仁者等夺去，此乃谋毙两命之根由也。

突初七夜，仁者等统凶数十，举火持械打门入室，睡梦中将民父暨次兄捆缚扛去，殴伤民母昏倒在地。时民以织布手艺在外工作，信赶民归，不知扛往何处。即星夜奔投甲族，天明族等回信云已溺毙，闻言同母赴县具报，奈距县城二百里，母年七十有四，家贫无钱雇轿，只得候附便船，滩干水浅，船重行，迟至十三夜方抵县城，十四日以捆殴溺毙事报。岂知仁者已由陆路先到县城，内外夤缘挥金打干矣，此乃通贿埋冤之始事也。

自五月十四日具报进去，一无批示，又无准与不准的信息，事已阴销。民母子每日赴县呼号，那些衙役只喊拿乌纱鞭赶了出去。拖延两个月，至七月十三方才传讯。陈知县不问谋毙二命之情由，只云：天热路远难以下乡，你的父兄既系溺毙，何必相验？民即禀诉，称是听得户族说已溺毙，其实自初七夜捆去，至今并未见死尸情形，必求太爷下乡，押令交出尸身，则或系打死杀死，或系溺死，一验立明白的话，苦苦哀求。陈太爷又说那夜捆了扛去，必有见证，你要赶得见证来，若无见证，这命案就是假的。

我又禀诉云：那夜捆殴扛去之时，我不在家，我母被殴倒地，家中只有两个跛子，寸步难行，无人跟著，安知路上有谁见证？惟有与我屋左右住居的蒋高技、詹鹏裔看见多人举火，捆扛而去，亦未随往观看，也不知如何致死的。今若要赶往返有四百里程途，必须数日方到，天气炎热，尸已有了两个月。若再耽延，恐尸身腐烂，难已相验，不若求太爷下了乡，唤来讯问就是。

陈知县总不肯验，定要赶证。迨我奔回赶时，已被詹仁者等将蒋高拔等哄至别处隐藏躲闪，寻找不获。民情迫奔省，以擅杀二命事控府，批县速验，填格通详。我奉批回县请验，又不肯验。其时詹仁者等已落了县书曹嗣章的歇保家，以藉命图诈事诉了，县有曹嗣章包了，不验不办，因抄得仁者等的诉词，也说的是二十九年境内黏谣的话。

我想我的父兄若果有不法的事，则仁者等岂有不尽行诉出倾陷的道理，何得也只说黏谣起衅？其为我父兄并无别项歹事已明白了。若我一面之词，恐难凭信。今就仁者所诉败露显然，据称我父亲恨了我的哥子，誓要扭溺，因而连毙湖内等语。真正画蛇添足，自露端倪，其情已辩论在控抚院词内求披阅，既有诉词在，县官自应揣情度理、推敲严办，何得一味口称：那我不管！不知做知县官的不管人命，只管何事？不得已于九月十五日，以县不验命事，控巡抚衙门，直至十月初五有了二十天，始行批示。我就归家措办饭食。

于是我才回乡，遂有詹燕甫对我说，那夜数十人打起火把扛台尔父尔兄，由此经过。闻尔父的声音喊我救命，我即赤身跑出挽拦，被詹仁者喊有五六人将我捉住，他们一声吆喝抬去了，致不能救等语，此又一证也。

更有胡永久对我说，他于初八日早看见多人，总在那山边来来往往，他也跟得出看。只见一铺晒簟将尔父兄的尸卷了，藏在茅草之中。此又一证也。

我即将此三人的话禀知陈知县，求他下乡相验，就近唤得此三人来讯问，就是确证。讵陈知县说我控院并未批验，仍要赶证来讯质，到腊月中方才赶了蒋高拔、詹燕甫赴讯。不知曹嗣章如何嘱了陈知县，总不听证实之言，一味抵拦，威吓箝证之口，更将蒋高拔收押班房，百端凌虐。原差郭辉要我具结，方肯开释蒋姓，不然押在班房，朝无饭食，夜无被眠，值此大雪严冬，年逾六十，冻饿交加，蒋必死于班房的话，向我追迫。缘蒋本属赤贫，尚有八十五岁老母在家，只此独子打更活命之人。其押蒋高拔原属串通，逼我具结之计，我不肯结，陈知县又要我赶詹瞿氏去。

腊二十六日我奔归赶瞿氏，讵知原差郭辉等窥我不在县城，告知署内忽唤我母，讯供时值我跛子四兄到城扶母上堂，被曹嗣章怂恿陈知县勒令出结，将蒋开释。今曹嗣章给路费钱六千外，超荐票钱三十千，埋冤了局。可怜人生在世，父子兄弟乃属天伦，今我父兄突遭横蛮之人捆去，致死尸不得见，官不肯验，被一县书把持埋冤了局，父兄之冤不能伸，我复何能留性命在世上？何以仰头见天？何以当面见人？生固难以对亲友，死亦何以对祖宗，更何以见父兄于地下？倘坐在家中日日见了母亲号哭，我又何以安身？情迫至此，只得匍匐来京叩求，俯赐核察情弊。……事关紧要，为此上叩。①

从詹荣翔的呈控可以看出，假设他所呈控的皆为实情，则詹家命案始于本家内斗，且当地知县并不能及时验尸与提调案卷人证审讯。这符合一般上控案件与京控案件的受理标准：地方司法审判不公、尊亲属被杀。试想一介乡间平民，可能不识多少字，何能书写如此文章，若无专业人士代草，必不能为。是以对于都察院与步军统领衙门来说，他们接受呈词时面临的问题和州县衙门一样，首先要合理地怀疑案子的可能性以及是否有讼师介入。只不过受理衙门究竟并非审理衙门，有没有讼师介入，他们无权也无力去原告本地追究，他们的职责只是不让看似含冤莫伸的控告无处伸张。真正承担京控后果的，还是地方的督抚。是以督抚对于讼师是否介入京控案件此事，特为上心。

例如道光七年（1827），江苏巡抚陶澍为当地兴讼成风所困扰，开始访查苏省的讼师棍徒，其间发现有一积年包揽的讼师叶墉等，搜出他们所藏的

---

① 台北"故宫博物院"藏：《军机处录副奏折》，084702号。

词底稿簿及构讼书信各件，据此究出他们在京设有呈控"包揽点"，只要在江苏本地付钱，就有人在北京替客人写好呈词，带人进京住宿，教导如何到衙门呈控，并且顺利被押解回本地保释等等。经过京城步军统领的通力合作，叶墉本人被起底，发现他自己本身曾有京控经验，发现在京包揽京控可以牟利，因此在老家苏州与北京安排好"联络处"，就开始做生意。步军统领耆英在京城拿获叶墉的合作伙伴"金声堂"讼师李玉山。李玉山，学名李泳禄，嘉庆二十三年（1818）间曾充刑部书吏，名唤李宗辉，今名李泳泰，现充工部制造库领催。① 传统中国并无严格身份制度，人可以随意改名，借尸还魂，不断地在公家机关内游走。而俗谚"京中有人好办事"，亦确实有其根据。

陶澍所查，仅为冰山一角，但都察院等衙门，并不能因为讼师不受理案件。通常都察院等衙门若询问呈控民人京控呈词为何人所做，呈告者回答多称这张呈词为"倩不知姓名过路人所作"②，或是请测字人代作。在各城乡游走的测字人们，受过基本的乡学教育，经常是流动的、不固定的，很难溯源抓人，也是官方遍寻不到这些人的最好借口。谁也不能去找到这些在本地的代书人核实，也没有制度要求呈词必须像州县诉状一样，需有代书人的画押与名章。只要案情令受理衙门觉得含冤在理，驳回的概率就少。

二、受理

乾隆朝中后期，京控制度的直接受理机关主要为都察院与步军统领衙门。都察院为文职监察机关，其下的五城察院是维护城外京城司法治安的文职系统，步军统领衙门就是维护内城司法治安的武职系统。清康熙年间以后，两处对内外城均有管辖权。都察院兼理京控，除了传统的监察职责外，

---

① 参见台北"故宫博物院"藏：《军机处奏折录副》，038583 号。
② 参见台北"故宫博物院"影印：《宫中档道光朝奏折》89（12）辑，第 616—621 页。

更因为他们是直接管理京城地面的官吏。

都察院之长官为左都御史，从一品；下辖十五道御史，从五品，分察全国地方官吏。左都御史与吏、户、礼、兵、刑、工六部共列"九卿"，可预朝廷大政，亦与刑部共列中央司法审判衙门"三法司"，覆核全国刑名案件。在监察全国官吏职责外，清代的都察院还承担了巡视京城治安的部分责任。都察院内受理京控呈词的，主要是各城当月轮值的御史与给事中。

至于步军统领衙门是由军卫系统的步军营与巡捕营组合而成，长官为提督九门步军巡捕五营统领，职设一人，掌"九门管钥，统帅八旗步军五营将弁"。他们兼管旗营与京畿，对于"户婚、田土、钱债细事，并拿获窃盗、斗殴、赌博以及一切寻常讼案，审明罪止枷杖笞责者，照例自行完结。如应得罪名在徒流以上，方准送部审办"①。由于步军统领衙门对京师与旗营轻微案件有审结权，徒以上案件有审讯权，本身已经有类似今日警察的职能。而清初步军统领衙门对京师案件有审理之权，使其日后对京控案件有受理权，似乎也顺理成章。

什么样的京控案件才会被都察院与步军统领衙门受理？事实上，清朝入关后268年国祚，不可能每朝每年的标准都是完全一样。例如乾隆皇帝晚年时，曾经大发牢骚：

> 向来各省民人赴京呈控案件，都察院步军统领衙门不敢壅于上闻，即行据呈转奏。朕勤求民隐，惟恐乡曲小民，含冤莫诉，每遇来京具控之案，无不特派大臣，前往审办。其中屈抑者固有，而近日不安本分之徒，见来京者控无不准，准无不办，赴诉求理者遂觉接踵而来。及钦差大臣提集案犯认真研鞫，所控情节多属子虚，不过挟嫌逞忿，妄砌诬捏之词，冀遂其拖累之计。②

由此可知，乾隆朝晚期曾经有一段时间，受理京控衙门对案件的标准

---

① （清）薛允升：《读例存疑》卷四九，第1256页。
② 《钦定大清会典事例》卷九九八，《都察院》，第17089页。

是放松的。会被受理的案件，基本上为控告命盗案件重情以及地方事务、官吏，以上呈词占各省京控案件的大宗。至于民人若有意见上书朝廷，或是控告其他案件，皆不许匿名并且密封呈状。明代对呈递封章，已经有律明文规定，投递匿名呈词者，会被判军罪流放。清代初期因改朝换代，社会阶层普遍存在对外界的不信任与紧张，为了遏制地方棍徒随意罗织罪名陷害他人，更是视此为重罪。清乾隆朝后，都察院与步军统领衙门虽然是京控受理衙门，通常并不会直接接收匿名投递呈词。若有随意投递呈词的情形，无论事件大小，官员可以直接将此事奏报皇帝。匿名呈词内开载的事可能也会被核查，但首先要问罪的就是投递呈词之人。如嘉庆二十一年（1816）五月，巡视北城汉御史罗家彦与满御史德庄联衔具奏，向皇帝奏报拾获匿名呈词：

> 窃臣罗家彦于本月初四日坐城理事，傍晚回寓，旋于夜间在大门内拾获匿名呈词一纸，封面写情急明冤四字。臣于灯下细阅呈内情节，缘该犯在吉林地方贸易有王殿英欠伊银两，于嘉庆十七年在将军衙门控告有案……呈内据称王殿英现居黑寺。臣查黑寺系北城地面，与外坊署相近。臣即于次早会同满御史臣德庄，密饬该坊副指挥李璜煜速访王殿英踪迹，根究匿名之人。该员即亲身率役潜访，于数日内将正犯李世兴及被告王殿英先后访获讯解前来。臣等公同讯问，据李世兴供：小的系山东海阳县人……王殿英供：我是吉林省武生……本月初三日早饭时，有我表侄李世兴乘醉向我要说我该他银子，忽又有一不认识之尤姓问我们怎么事，我就乘间躲开了。尤姓跟着向我说李世兴穷急了，你帮他几十两银子，我包管无事。我说不该他银子不能给他，至他告我的事情我全不知道。①

还有一例，嘉庆五年（1780）江苏上元县民庞大椿在都察院呈策，当时

---

① 台北"故宫博物院"典藏《军机处奏折录副》，049384 号，嘉庆二十一年十月十二日巡视北城御史德庄罗家彦奏折。

值班的御史陈嗣龙与继善，将庞大椿直接发到司坊官看守，三日后将原呈掷还，令庞大椿改去各督抚并河漕诸衙门呈递。之后，庞大椿仍不死心，嘉庆八年（1803）时又赴京呈递，都察院回覆他"是遵旨还是遵你"，后来遭直隶布政使颜检检举。皇帝命军机大臣传讯陈嗣龙与继善，两人均称衙门具呈者甚多，凡接受呈词后，必须经过公同商讨，决定应奏应咨。如有呈策且无违悖字句者，即将原呈发还。此时步军统领衙门正好拿获与庞大椿素识之庞洪智，其供称于嘉庆五年间，曾亲见庞大椿赴都察院呈递策语，嗣后庞大椿复向都察院具呈，仍不接收。

也许庞大椿对自己的呈词不被认可，感到非常不能理解。但是经历了乾隆朝文字狱与各种风波的官员们应该明白，人民呈策未必会得到好的回应，甚至有可能因此获罪，直接发还对呈策者反而可能是一种保护。再者，对于见惯世面的中央官员而言，有些呈策民人，也许一生未出过家乡，对于地方事务或国家政治，见识有限，所做之文，令人览之生笑。虽然不能得知庞大椿所呈之策内容究竟为何，但官员很明显认为他所说的一点也不重要。

再回头而论，受理呈词之后，都察院或步军统领衙门如果将接收呈词上奏，有直接由都察院等官审讯核对原呈后，解回原省者；亦有将呈控者与呈词咨转刑部，交由刑部审讯过后，再解回原省审问者；亦有皇帝看过奏交案件后，令刑部先行讯问再转交地方发审者。清末于刑部任职之董康曾云："凡京控事件经由步军统领衙门都察院奏交者，刑部仅录取京控人供词，交原省更为审判。即原问官有徇私枉断故为出入等情，由该省督抚另委别官审理，而刑部只秉有甲项（复核）之权限。"[1] 又言都察院收受京控事件后，须交刑部审讯[2]。都察院等衙门将各省呈控案件，其情节较重者具奏，即情节较轻，咨回本省审办者，仍分析案由汇奏[3]。因此可以得知，京控案件被受理之后，由于呈控者就在现场，有一部分的案件会被提到刑部询问核对案情

---

①　董康：《前清司法制度》，载《董康法学文集》，第354页。
②　董康：《前清司法制度》，载《董康法学文集》，第354—355页。
③　《钦定大清会典事例》卷一〇〇五，《都察院》，第17125页。

后，再将呈控者押回本地，案件交回地方重审。地方案件的重审权基本就归于封疆大吏。

三、审理

京控案件受理之后，经过对呈控者以及呈词的讯问，便会将呈控者（原告或抱告）一同发回到案件发生本地，交由驻扎省内之总督或巡抚（东三省或边疆地方交由将军）重新提调案卷人证审理。如前文所言，京控案件在乾隆朝之前，有一部分的案件是交由中央派遣的钦差大臣或是恰好路过的大吏，直接到地方审理。但若要简任中央部院大臣前往地方审理案件，要能与总督、巡抚品级并驾齐驱的，大概就是六部的堂官。清廷多派六部堂官与司员同行至地方审案，长此下来，六部堂官经常不在京内供职，也造成了地方的困扰，另生弊端。派委大员至地方，除了耗费国家公帑，钦差大臣们亦有"假钦差声势骚扰驿站，随行官员亦复不知敛戢，以致家奴跟役、讹索多端者"。地方督抚"惟求安静过境，曲加承应，违例滥支，即多用夫马车辆，勒取供给，亦不敢复行争较"①。

乾隆皇帝在位期间，是运用钦差大臣审案最为积极的时期。这主要是与乾隆皇帝对地方官员不信任有关；尽管地方督抚还是审理京控案件的主力，皇帝仍认为督抚是造成上控的渊薮之一。督抚是地方司法案件与政务承转至中央的重心，案件经州县审断后，呈控者如上控至司、道、督、抚，地方官长往往仍批交原审之府州县审办，不肯亲提。发回原审州县，则州县官断无自翻前案之理，民人上控，往往便是不服州县官审理结果，如此循环往复，只会造成案件的重复积压。乾隆皇帝更认为即使委审，派委邻近之府州县会办，亦不免官官相护②。嘉庆皇帝亲政之初，却对钦差问案之制不以为然，

---

① 《清高宗实录》卷一三六八，乾隆五十五年十二月庚申。
② 《清高宗实录》卷一二〇一，乾隆四十九年三月壬子。

即将京控案件发交原省督抚，不再派遣大臣①。要求督抚亲提审理，避免官官相护②。如遇重案或事涉该省督抚，再钦派大臣审理。此举无疑是造成嘉庆朝"谳局"形成的原因之一。

无论是钦差大臣或是督抚提调案卷、重启审讯，或是交由之后成立的辅助审案机构谳局来审案。基本的流程都是差不多。大多数牵涉到命盗案件的京控案件，由于通常物证与被害者的尸身都已经流散、破坏或腐朽，因此审理基本上就是对案卷的重新审理与调集原告、被告与相关人证重新审讯，无论是督抚或是钦差，自然不可能直接到案件发生地去，而是到省内首府。是以若是原告、被告、人证调集不齐，这件案件可能会被拖延。一开始京控案件还比较受地方重视时，京控交审案件，一般审限为两个月③，承审案件，自人卷解到之日起算④。自从京控案件分别奏交与咨交案件之后，地方官员对奏交案件比咨交案件上心认真，奏交案件必须专折具奏皇帝。但咨交案件只需要交刑部覆审，并且按时以清单的形式向皇帝汇报即可，是以尽管有明确的审限，各省咨交京控案件难免多有拖延。

究竟京控能否使冤屈得伸，或是使得原审案件结果翻盘，这很难一概而论。大体来说，乾隆朝以后的京控呈词，为了使控告成功，呈词通常会将小事做大，添加人证，制造案情的严重程度。真的严重的地方大案，并不需要过度地装点文字，即使是案情较大较重之案，只要原告呈控的内容与审讯结果不同，也会被督抚列入问罪名单。正因为呈词经常出现"牵控多人"的情形，除了更坐实了督抚认定的、呈词背后有讼师指点的想法，原告有时也因为牵控人证过多，一旦被认定为诬告，则按《大清律例》规定："凡诬告人笞罪者，加所诬罪二等。流、徒、杖罪，不论已决配、未决配，加所诬罪

---

① 《清仁宗实录》卷六五，嘉庆五年闰四月。

② 《清仁宗实录》卷二九五，嘉庆十九年八月。

③ 丁日昌：《臬司详盐城县民杨公元京控成德昌等欠钱诬奸一案请销由》，《抚吴公牍》（文海出版社，1968年版），卷三九。

④ （清）刚毅修、安颐纂：《晋政辑要》，《续修四库全书》卷三四，《刑制》，第713页。

三等，各罪止杖一百、流三千里。……至死罪，所诬之人已决者，依本绞斩，反坐诬告人以死。……未决者，杖一百、流三千里，就于配所加徒役三年。"① 若告二事以上，重事告实，轻事告虚，有一事告实免罪；但若轻事告实，重事告虚，反坐剩罪。告一人以上但有一人不实者，虽罪轻犹以诬告论②。又规定："诬告本罪仅止笞杖徒者，仍发边远充军。笞杖罪名，到配枷号一月，徒罪枷号两月。如诬告罪应拟流者，发极边足四千里充军。应拟附近、近边、边远、极边充军者，实发云贵两广极边烟瘴地方充军。应拟极边烟瘴充军者，改发新疆充当苦差。"③ 如果牵控人数过多且又被认定为诬告，一般审案官员会引这条条例："凡蓦越赴京及赴督抚按察司官处、各奏告机密重事不实。并全诬十人以上者，发边远充军。如有干系重大事情，临时酌量办理。"④

诬告罪是京控案件里最经常引用的罪责之一。京控呈控内容多牵涉命盗案件，如果控告得实，被告皆有可能被论以死罪。按诬告人死罪未决律反坐，罪止杖一百流三千里，加徒役三年，到配杖一百；而流三千里者，多有改近边充军者，减一等亦可改为杖一百总徒四年。但清朝对于此类"京控原告"军流犯人，态度暧昧；此类人犯究竟并非真正意义上的"罪人"与"贼犯"，甚至原告在控告成功之时，是站在"受害者"的身份，也不能详细得知清朝对于此类诬告人犯发配之后的管理究竟为何，从现存京控档案来看，不乏发配后脱逃再次京控的例子。在清代中后期，道光皇帝曾经这样评价京控的现况：

> 近年以来，外省咨结控案，审实平反，及审虚将原告照诬告办
> 理者，十不得一，大半皆系调停了事。一案之中，重款则大率消
> 弭，轻款则略与更张。既不审实，又不办诬。或称控出有因，或谓

① 《大清律例》卷三〇，《刑律·诉讼》，第481页。
② 《大清律例》卷三〇，《刑律·诉讼》，第482页。
③ 《钦定大清会典事例》卷八一五，《刑律·越诉》。
④ （清）薛允升：《读例存疑（重刊本）》，第979页。

怀疑误控。至无可解说。则又以到案即行供明为词，曲为原减。皆因问官将实作虚，无以服原告之心而杜其口。惧其复控，故不敢援诬告加等之律以治其罪。每遇审虚之案，原告只拟不应重杖罪，又不的决。所拟仅属虚名。藉以调停完案。甚至压搁控案，待其串和。然后讯供取结，两造均不重办。含糊了事。①

也许官员也认识到将原告以诬告治罪（除非案情较为严重或是真的报复诬告）实在意义不大，因此改引"申诉不实律"，罪止杖一百②，有时会并枷号一个月，以示加惩。此律条在京控判决里亦是引用颇为广泛，无论控告事情大小，如果承审官存心敷衍，多半引用此条。是以湖广总督张之洞曾感叹"诬告罕有办反坐者"③，到了清末，认定百姓所告虚诬，引用申诉不实的概率多过诬告。

京控案件发还到地方重新提调案卷人证审理，理应是京控制度的核心，但是为何清代的司法制度中，反而是对原告不利，难道被告都是无罪的？

确实是有一部分的被告，因为原告京控成功而受到惩治，例如道光七年，湖北光化县民刘必显，京控地方上有杨白狗等人抢劫自家财物，殴伤母亲，知县仅拿获杨白狗一人，其余匪徒又抢劫扎伤父亲身死，知县又只拿获甘升一人，未拿究他犯。因审讯后刘必显控诉得实，案中各犯均得罪，是以刘必显没有被论以任何处罚④。但像刘必显的例子并不占多数，除非原告确实身受奇冤，或是审案官员了解案中情由，企图借由开脱原告的方式消弭京控，不然原告通常在审讯之后，并不能全身而退。如道光十六年（1836），安徽怀远县民人王玉喜京控，声称自己的胞弟王玉贤与堂弟王玉书，被宿县民人赵小马孜伙同赵二成孜等砍伤身死，且有贿串州县书役纵凶不究的情

① 《清宣宗实录》卷二八二，道光十六年四月辛巳。
② 此为本律，《大清律例》卷三〇，《刑律·诉讼》："凡军民词讼，皆须自下而上陈告。若越本管官司、辄赴上司称诉者，即实亦笞五十。须本管官司不受理，或受理而亏枉者，方赴上司陈告。若迎车驾及击登闻鼓申诉而不实者。杖一百。"
③ 中国第一历史档案馆编：《光绪朝朱批奏折（法律审办）》，第105辑，第1007页。
④ 台北"故宫博物院"藏：《军机处录副奏折》，057441号。

形。这件案子批回地方后，凶手依聚众共殴致死一家二命率先聚众之人拟绞，其余从犯分别得罪，原告所控告的贿串书役，亦为属实。最后原告虽有多事告实，但因其中有妄告者，被拟以申诉不实之罪[①]。

以"申诉不直"传统立制的京控制度而言，如果原告经常要承担罪刑，何以京控者还是前赴后继，络绎不绝。其中原委，应有如下因果关系：

1.地方的上控渠道受到阻碍，上控难以得到平反或是重审，包括合法逐级上控者

清代的上控理论上承袭历代，允许自下而上控告。但由州县至省，或为一完整官僚系统，除非初审有极大过失，或是上级与下级私人关系不佳，一般涉及命盗重情的呈控，想在上级机关得到平反，并不容易；再者，清代并没有独立于各级地方政府之外的司法审判机关，即使上控被受理，也未必能尽如人意。因此都察院与步军统领在受理呈词之前，通常会询问原告或抱告是否在地方上控过，若曾上控，则该原告之上控层次与次数，都必须在奏报皇帝时开载明白。其中上控者，不乏上控达十数次甚至有数十次者。如道光十四年，广东潮州府大埔县贡生邱时成控告当地邱、萧两姓合族厮杀，邱时成在呈词内自称，最初邱姓不满意地方初审结果，遂控告长达17年，历次呈控府89次，道33次，藩司9次，臬司19次，巡抚16次，总督11次，控告期间，上级仅批府提讯1次[②]。

2.京控相较于在地方各级上控，更为简单且便利，效果也较为显著

就经济层面而言，在传统中国，只要涉讼，就开始了漫长的经济负担，清代著名幕友汪辉祖曾言："民间千金之家，一受讼累，鲜不破败。"[③]这主要是传统中国的产业结构以农为主，仅靠片断的土地发展农业、聚累财富本就困难。近代农民的生活困苦，学者斯各特（James Scott）在其《农民的伦理经济》一书中，认为农业经济就像一个男子不得不长久地站在深至脖颈的

---

① 台北"故宫博物院"藏：《军机处录副奏折》，072154号。
② 台北"故宫博物院"藏，《军机处录副奏折》，068974号。
③ （清）汪辉祖：《学治续说》。

水中，即使只是小小的风浪，也可能使他溺死。诉讼需要时间成本，农业于收成之前，又是片刻不能离开。因此即使是要乡间小民到州县城中诉讼，住宿、官司、规费、代书或讼师费，各项开支都是负担，更何况是去更远的上级机关上控。在清代的京控制度成熟之后，若是居住离京城较近的省份，还不如直接赴京呈控，只要呈控成功，更节约费用，等待时间也比较短。是以山东与直隶等省份，成为"京控大省"。

在部分京控呈词中，控告者认为在地方打官司的成本（主要是在于沟通衙门书吏交关请托），经常是无底洞，不知何时能了，因而产生"在外涉讼不得便宜，不如赴京控告"①的感触。例如嘉庆二十五年（1820），湖北民人刘继周就在呈词中自曝他们为了打官司，被当地县衙门的差役索要钱财六十千之后，又要去了六十两，最后要求三百银时，他不给，衙役就将身陷囹圄的父亲解往京山县；到了京山县，当地知县与刑书另外再要六百两②。他自觉花费无度，便直接京控。比起在衙门等待诉讼结果，或冀求胜诉需要付出的非常规诉讼费用，京控开支的费用较地方上的请托更能预期，还可以直接将呈状递到北京。

3. 京控可以令被告得到一定的惩罚

在京控制度的发展中，对原告而言，呈控与受理反而是最为费心的一部分。尽管原告经常容易在审讯后被问罪，先不论案件的真实面目如何，确实有一部分的京控被官方认定存在着"诬告""申诉不实"的情形。中国传统的诉讼存在着"图准不图审"的情形，只求控告得准，不求胜诉。而这样的诉讼思维又是建立在两个前提背景下：第一，传统中国只要令人涉入官司，等于就是一种陷害，不但可能令人破财甚至破家；第二，传统中国没有完全与西方相似的律师制度，在审判庭上不允许出现诉讼代理人，传统的讼师只能令诉状进入审判程序，最多教导其顾客如何胜诉，自己是不能出面的。要

---

① 台北"故宫博物院"藏，《军机处录副奏折》，077046 号。
② 台北"故宫博物院"藏，《外纪档》，303000017 号。

令诉讼得以被关注，就只能依靠刀笔功夫了。因此，有一小部分的京控原告，受理成功之后反而消失了，地方官提讯后，原告不到案，案件无头无尾，最后不了了之。

4.清廷并未规定原告不能重复京控

京控制度中，其中一个最大的问题就是控告不限次数。只要都察院与步军统领衙门愿意受理，原告对第一次京控审理不满意，还可以重新再告。即使是原告在第一次审讯时被认为是申诉不实，甚至是被认作诬告者流遣，原告也能找到逃跑机会，回到京城再次京控，或是再找抱告继续京控。这也许是因为统治者认为京控就是为民伸冤，官员初讯未必真能得其情，是以不设禁令禁止反复呈控。如此一来，京控者不乏重复，也造成了一部分熟能生巧的京控专业呈控者。

5.京控是最权威的渠道

无论案件详情如何，原告是否有冤，被告是否有罪。地方原有的各级机关，已经令当时百姓失去了信心。在传统的中国，中央与地方政府的立场不会是一致的，皇帝随时都在避免者自己受到蒙蔽，且厌恶吏治败坏，并不会为地方政府的失职承担责任。加上确实有一部分的京控，是民告官（实际上是民告吏居多）而被受理。京控在传统的小民心中，还是一个最值得期待的、最方便的、与在上位者有反馈机会的渠道。

四、具奏与刑部覆核

最为地方督抚重视的京控案件，无非便是奏交案件。京控奏交案件是由都察院与步军统领衙门按时奏报皇帝，有中央军机处的记录，并不好马虎应对。审理完奏交案件，督抚必须用奏折形式回复中央，而且还必须声明自己"亲提犯证研鞫"。最后必须仿照题本引律例定罪的形式，对原告与被告决定引用哪条律例定罪量刑。例如道光七年（1827）三月，署理山东巡抚程含章审理兰山县捕役马现至步军统领衙门处呈控的案件。原告为旧捕役，道光三年（1823）时贼犯潘文等挟嫌将他两目剜出，左耳割下，该县将潘文等六犯罪拟发遣，犯人竟然逃回本地继续伙窃。于是程含章督同臬司梁章巨审理，最后认为潘文等合依回民行窃结伙三人以上，执持器械，不分首从，不计赃数次数，发云贵两广极边烟瘴充军；马现则因受害告实，无罪勿论①。

都察院、步军统领衙门以及刑部先行审讯过的京控咨交案件，只需要定期用奏折，向皇帝以清单的形式汇报，并且开列粗略的审讯进度情形。由于京控咨交案件不用硬性要求督抚回覆完整的审讯过程奏折，只需咨回刑部，咨交案件经常被地方拖延。兹录一份安徽巡抚在道光八年九月初五日，对安徽省京控案件咨交完结各案清单为例：

都察院咨交，阜阳县民梁锋京控乔岩等殴辱成废，屡控不为究办。

都察院咨交，宿州秦天典京控韩玉簪等药朦伊女。

都察院咨交，桐城县赵遐林自缢身死，方裕溪京控赵琼林等图赖朦详。

刑部咨交，凤台县赵李氏遣子赵允武京控赵伦信图产争继，捏控伊父赵如兰抢照拖毙，并赵如玮等殴毙弟媳陈氏。

刑部咨交，广德县民杨泰广京控杨占魁占坟砍荫。

都察院咨交，颖上县民陈汉杰京控康尚升等，率众持刀抢伊侄孙女金姐。

刑部咨交，山西介休县民武成梁京控含山县知县管绳菜，串同曹致远抢伊欠约。

都察院咨交，霍邱县民裴荣京控荣光照诓骗钱文，架枪吓抵。

刑部咨交，蒙城县张运京控张云骧等诬伊殴死周光阎，并纠众抢伊钱物。

步军统领衙门咨交，湖北沔阳州监生黄荣京控霍邱县沈櫃等，

---

①　台北"故宫博物院"藏：《军机处录副奏折》，055111 号。

盗卖伊家女忠祠香火地亩。

刑部咨交，五河县生员沈石城京控陈行衢等诬伊把持衙门，勾通权书张开龙朦详请革。

步军统领衙门咨交，潜山县民熊雁信京控江克杰率众抢伊什物，将伊族熊盛和殴伤，京控奏交委审，不为公断。

此份清单，还附有道光皇帝朱批："督饬速行审结未完者，勿再延宕。"[1] 从这一份清单中也可以看到，其中一个咨交案件，之前已经京控一次，并且以奏交的形式批回地方，可能督抚是委交谳局审理，以至原告对结果不满意，再次京控。无论奏交或是咨交案件，最后都必须交由刑部覆核督抚之定罪引律是否情罪允协。若是刑部认为不合律例或不合情理，会将案件驳回地方，令督抚重新引律例，却不是要求重审。是以刑部对京控案件的审理的题本相同，仅是进行法律审，并非事实审。

第四节　京控与传统中国司法文明的关系

一、京控具有鲜明的传统中国制度特性

制度因时而变，因人而异，方能具有意义与现实价值，并能视作人类发展文明之一部分。然而所谓的文明史，多数建立在近代世界的主要价值判断之上。一般来说，近代欧美认为司法的最高价值，不外乎公平、正义，如何维护两造权益，如何维持审判衡平。中国拥有自己的文明，并且从未断绝，在法律制度上有本土之"中华法系"。非但独立于世界诸国，更影响东亚诸国法制。若要用西方诸国法制文明发展之价值论断，并不能完全贴切；但是

---

① 台北"故宫博物院"藏：《军机处录副奏折》，061391 号。

人类为谋求社会幸福之举动，大同小异，若以现世价值观清代诸般法制规建，仍可寻到不少值得肯定之处。例如刑部对秋审制度的规范，定罪条例的修订，以及京控制度。美国学者欧中坦（Jonathan K. Ocko）认为："与同时代其它国家制度比较，清朝的京控依旧是一种值得赞美的制度。在19世纪末以前，刑事上诉权在美国和英国都受到限制。"①

　　"上控"、"上诉"与京控，还是不太一样。无论是中国的上控，或是西方的上诉，基本上必须有两个先决条件，第一，必须诉讼与案件之裁判已经有定谳结果；第二，必须遵守诉讼程序。大致而言，传统中国的上控程序，在一省之内要求遵守"自下而上"的诉讼秩序。但这样的要求，经常是受到实际情况的挑战，呈控者被要求遵守秩序，但上级审判者未必愿意一一受理这些上控。因此京控虽是上控的一种方式，宽限运作却未必遵守"逐级而控"的秩序。能否遵守"逐级而控"，与上级机关的受理概率有关。清代地方上级机关，对刑事的上诉，准词率未必就高；民事也未必皆准上控。如清末名吏樊增祥之批词，就可略窥一斑：

　　　批凤翔县武生严桂芳控词（陕臬任内豪）

　　　民间无论何项生理，行头抽用钱铺家帮行用，乃闾阎通例也。该武生既开酒店，行头自应收帮。今虽歇业，然既被控押追，必系从前拖欠未清之故，何得逞习上控？而且两呈并递，一请提讯，一请宽免。细故固无提讯之理，饰诉亦无宽免之由。仰新任黄令秉公断结，无任劣生恃衿来辕哓渎切切。词不遵式，姑宽免责。即仰该武生迅回凤翔投案忽延。词发，仍乃缴。

以上为民事，又附刑事诉讼批词一件：

　　　批石泉县民吴兴武控词

　　　石泉县吕令诚属颟顸，然决无故纵正凶、自担四参处分之理。尔父被窃贼刀戳九伤致毙，原差获犯，自应带赴县城，何以将该

————————

① ［美］欧中坦：《清朝的京控》，《美国学者论中国法律传统》，第505页。

凶犯带至事主家中对质？凶犯到堂，即三木在前，犹不吐实？何以张尧成等一到尔家，即自认窃财杀人不讳？地方官遇有命案，幸获正凶，惟恐其狡供避罪，岂有当堂教令翻供之理？呈尾谓"吕令清讼册多是具文"，此因本司前札饬兴安府；谓"吕令造齐清讼册籍，荒唐敷衍"，尔遂援为口实，冀激本司之怒，准尔呈词。尔之熟衙惯讼，亦可见矣。试问吕令造册不实，尔一细民，从何得知？不准，并饬。①

从这两道批词，可以看到一些批驳上控的惯性用语，如"逞刁""惯讼""细故固无提讯之理"，由此可知，无论讼师或是职业的、非官方的诉讼文书秉笔代书人是否广泛地在中国各级地方政府内活动，并且影响了中国诉讼案件的数量，官方对于每一份文辞过于精巧的呈词，难免都会怀疑其初衷不正。这样的背景，势必会直接影响省内的上控秩序。

不少的京控呈词，都提到了曾经在本省内各级机关控告多次，有的是省内接受上控了，或不满意结果，或等不及判决，就改赴京城控告；有的是省内不接受上控，就改赴京城控告。也有直接在地方上遭受不公待遇或欺压；或是地方公事导致的问题；或是在州县初审过后，便因各种私人原因直接赴京控告，并未在各级机关逐级控告。例如官员京控其他官吏的问题，控告灾赈不公与地方乱事，皆可直接赴京控告。京控的内容，可以包含有司法审判的上控、公事、私人案件与问题，其在传统中国司法诉讼制度的意义，很难直接与西方任何一类诉讼制度画上等号。以今日诉讼程序观之，传统中国之京控制度，包含了今日司法诉讼之上诉、越诉，以及行政诉讼、诉愿，直接检举与投诉等。是以，京控制度，是帝制传统中国弥补缺乏民间申诉管道、司法救济制度所建构的，它可以是司法诉讼制度的救济，也可以是处理申诉地方政府作为的管道。

有不少人认为，清代的京控制度与今日中国的上访制度很像，但"很

① 樊增祥:《樊山政书》卷一，中华书局2007年版。

像"便只是"很像",绝对不是同一性质的制度。比如清代只在京城设立受理衙门,地方各级衙门没有独立的上控处,各级衙门既是行政衙门,又是审判衙门,还是上控案件受理衙门。而且在清代,对于个人的京控比较放任,涉及三人以上之团体或是聚众京控,便不会随意以常待之。例如光绪二十年(1894),直隶文安、大城两县士民因安州匪徒扒堤,导致居住地被水淹来京控诉。当时的直隶总督李鸿章上奏,其内有王卜世发动集体京控,要求每家出钱出力,每家应各去一人,如不愿出人,则需出资帮助盘费。李鸿章本想照刁民假地方公事强行出头,逼勒军民,聚众联谋,敛钱构讼来办理此案,原告最后病故,只好作罢①。实言之,今日的上访制度,与清代的京控制度,立法初衷有相近之处,却不是完全相似的制度。

清代对京控制度的设计是,在受理呈词与督抚将军等封疆大吏回报审判结果时,刑部均可以介入。刑部可以对呈控者先行审讯,也可以认可与批驳督抚的审判结果。那么,既然最后都有当时的"最高法院"协助定谳,所有清代京控案件的结果就是终审吗?

并不完全是。因为京控制度没有禁止重复控告,如果原告或被告不满,还是可以重复到京城继续控告,只要受理衙门再度受理,意味着另一轮的重审开始。而重审的结果也未必会和初次京控的判决一致,如果案件没有得到根本的翻盘判决或是修正,呈控者也不可能全身而退,可能会被问罪。对京控呈控者缺乏维护,意即不维护告诉人之利益,与今日西方法律主流意识并不完全相符。因此,京控是积累传统中国帝制历史、承袭"直诉"精神的制度,独立于世界诸国其他诉讼制度之外。

二、京控的公平与正义

在传统中国的司法术语之中,可以看到有一些与近代普世价值相近的概

---

① 台北"故宫博物院"藏:《军机处录副奏折》,132887号。

念，如"公""平"之于"公平"；"直""理"之于"正义"。一般传统中国士大夫较为喜欢引以为标榜的"公"有两种意思，一个是公正，如《荀子·不苟》："公生明，偏生暗"。明清的著名官箴将"公生明"之义引申为"吏不畏吾严而畏吾廉，民不服吾能而服吾公。公则民不敢慢，廉则吏不敢欺。公生明，廉生威"；一是公众、公开，如"天下为公"。是以明清官衙的匾额经常使用"公生明"或"公正廉明"。至于"平"，平本身有均一之义，又有"衡平""平准"之义，如《史记》载西汉张释之与文帝辩论执法，其曰："法者，天子所与天下公共也。今法如此，而更重之，是法不信于民也。且方其时，上使立诛之则已。今既下廷尉，廷尉，天下之平也，一倾而天下用法皆为轻重，民安所措其手足？"是可知自周至汉，法已从天子私家之器，流布天下，成为公之于世之文。而中央的司法官，在汉代初期，已有应该成为天下持平之器的自我期许与认知。

"直"作为为人为事之精神，应归功于《论语》。孔子多次提到"直"，且每个解释皆有不同。与法律最为相关者，不啻为《论语·子路》："叶公语孔子曰：'吾党有直躬者，其父攘羊，而子证之。'孔子曰：'吾党之直者异于是。父为子隐，子为父隐，直在其中矣。'"此文于汉代影响极深，董仲舒"春秋折狱"，即引过此言，作为直系亲属犯罪应该互相包庇的理由，后来发展到唐律，便成为"亲属容隐"律理之渊薮。然《论语》文中之"直"，虽有作"正直"解，后来孟子也继而提倡孔子所提到的"直"。此"直在其中矣"之"直"，事实上亦有"真正之性理"之义，如父子天性，按孟子的解释，为自然之性。孔子虽并未像孟子那样反复强调本性之善真，为人性义理之所在。但在叶公此问中，两个"直"的意思实际是有差别的，叶公之"直"，近于"正"；孔子之"直"，近于"义"。这就是为何近人欲求西方文明法律社会核心价值之一"正义"，会用传统经典中的"直"来相比拟。也因为"直"，在形态上，意味着不屈不曲。笔者认为传统称肺石路鼓之制为直诉，主要意义在于"直"等于"不屈"，如果以"直接"解释，或许过于片面。

作为古代直诉制度的变制，京控究竟可以发挥多少平反的作用。又或者以另一种角度说，京控制度能够实现多少法律与司法实践上的公平与正义？首先，京控制度的存在目的，对统治者而言，在于"避免壅塞"，也就是避免下情不能上达，最终呈控者想要达到何等目的或有无满足，这并不是统治者最在乎的，只有呈控者才是最在乎有没有被"平反"。至于清代的京控究竟有多少案例能秉持着"公"与"直"的高标准价值？实际上，真正的"公平"，在案件诉讼的理由中本身是不存在的。因为所有的案件，都是建立在"私欲"之上，即便是呈控与"公事"有关，无论呈控者是否具有冤屈，要重新伸张讨说法，就是个人的理想追求与现实不符合。

若不去追究案情的真假，从每一件呈词档案中，都能够清晰感受到呈控人的委屈以及诉求，其间不光是单纯地喊冤，更多的是要求官府能够给予合理的仲裁与处置。清代的中国虽然对"权利"这一字眼没有概念，但"利害""益处""应得"这样的词语随处可见。除了投机者，进京控诉的人，都是为了保卫自己的利益与企图扭转自己的逆势处境。

只是京控制度的流程设计，存在着"不公"。比如受理衙门的官员要决定是否接受此案，本身就有概率与不确定性；要将呈控列入"奏交"或"咨交"，也是由官员决定的。如前文所述，奏交与咨交案件在审判官员的心目中地位完全不同，在此前提下，也可能会影响判决结果。如以京控审理的流程而论，最讲求公正的审判官也许并不是地方封疆大吏，而是对律意字斟句酌的刑部。督抚对咨交案件远不如奏交细心，增加了积案产生的可能性。对审案效率的片面要求与发审局委员的素质，更让京控重新审理的公平性与正义受到了极大的挑战。根据一些史料记载，他们在审案上的刁难有时候比原审时遇到的州县官员更甚。道光十八年（1838），山西五台县民人边藩南到都察院呈控，控诉自己已经是第二次到北京，当时第一次京控被受理，发回地方审理后，不料承审京控的委员竟然回护原审官，导致原告尸亲被羁押班馆多时，不得释放，迄今因被关押而殒命者已有七人[1]。同时，湖北省的民

---

[1] 《大清宣宗成皇帝实录》卷三〇九，道光十八年闰四月。

人邓旺银也到京控告，声称自己原先控告的京控案件发回省内，交谳局委员审理后，审案委员马元骧，反倒滥用严刑拷打，勒令人证具结完案①。

三、身份性别之等差与判决差异

京控中原告的身份与性别，会影响到案件的受理情形与定谳，例如妇女出面呈控的京控案件，其结果会因为清律本身在对妇女受刑，非重罪可以收赎的规定，会较男性出面呈控较为和缓。而非汉族的民族京控，会比汉人受到中央朝廷更多的关注。如果呈控者是官员，可能会因为各种人事纠葛，以至于案件的审理结果与呈控官员最初的冀望相差极远。清代虽有官员可向皇帝奏报的奏折制度，但是通常只有三品以上官员才能向皇帝奏事，知府与知县，只有在雍正皇帝开特许之时，方才有奏事的记录，平日他们等同于一省总督与巡抚的属员。再者，《大清律例》规定，若"所属官被本管上司非礼凌虐，亦听开具凌虐实迹，实封径自奏陈（其被参后，将原参上司列款首告者，不准行，仍治罪）"②。大清律规定禁止官员被人检举后再检举他人，这是为了杜绝官员彼此间的报复风气。这意味着地方的低级官员，在官场中生存颇为不易。地方在职官吏，通常都属于同一个利益共同体，如有官员举报前任官员，或是上级官员，多数情况下，都是已经卸任或是被革职，才敢提起勇气上告。是以，清代的低品级官员，本身如果因罪要替自己辩护，也只能通过京控来替自己平反。恪于规定，这些想要伸冤的官员，也已经先被中央视作有罪之人，并且想要平反，又谈何容易。

这里兹举道光年间王庆元京控案为例。案件肇起于道光十二年（1832）湖南新田县发生民族动乱，当年湖南巡抚吴荣光上奏皇帝，认为代理新田县知县试用县丞王庆元虚报被抢官银与存粮数目：

① 《大清文宗显皇帝实录》卷三〇八，咸丰十年二月癸丑。
② （清）薛允升：《读例存疑（重刊本）》，第26页。

臣查本年猺匪窜扰，新田城垣失守，仓库被抢，官兵克复后，代理新田县知县试用县丞王庆元，查报所有前县任内征存道光十一二年地丁等项，共库贮银四千四百二十四两九钱四分二厘，被抢无存，又该县额贮仓谷六千石，除动用及现存外，被抢谷三千两百七十六石四斗等情。臣当即移饬司移会该管道府委员严密覆查。嗣据署新田县知县揭启德会同委员署宁远县知县陈坡查明，该县自知县王鼎铭阵亡之后，猺匪入城，吏民逃散，所有库贮银两被抢无存，至该县额贮仓谷六千石，除王鼎铭任内碾借营米给发乡勇口粮，曾动用谷三百六十余石外，代理县王庆元到任后，开仓动碾出谷四千七百余石，计被猺匪抢掠实止谷九百二十石，讯据仓书人等，佥供如一。与王庆元原报被抢谷数多寡悬殊，维时应即提究，适因王庆元已奉前督卢坤委解猺匪进京，无从质询。臣一面分咨王庆元，经过各省分查拿押解；一面饬永州府知府林倬奎先行摘提该县书差谢美玉等查讯，据供王庆元出谷四千余石，系支发乡勇人等口粮，并解大营兵米之用。其如何开报，系王庆元经手，伊等确实不知。……相应请旨将试用县丞王庆元革职。①

道光十三年（1833），已被上司革职之前任湖南试用县丞王庆元，派遣自己的儿子武生王印庭，赴都察院京控。这个呈控值得注意的是：第一，县丞本身是知县之佐贰官，正八品。王庆元依九品官位品叙，地位甚低，再加上为试用期，显然并未正式持有关防。第二，王庆元儿子王印庭为抱告，在京控案件中，尊亲属派遣卑亲属为抱告非常普遍，《大清律例》虽规定凡生监、妇女、老幼、残疾，无抱告者不准受理他们的呈词，但生监作为生身父亲之抱告，非告己事，尽人子之职，并不在此限内。王庆元在呈词内称，自己因下情不能上达，才采用京控的方式。他在署理新田县时，遭武冈州知州王景章以亏空仓谷的理由上报上司，自己被革，颇受冤枉。王庆元自述真正

---

① 中国第一历史档案馆藏朱批奏折，缩微号 04-01-01-102-0955，道光十二年十二月十九日。

的实情，在道光十二年二月间，地方有猺人乱事，因当时新田县知县阵亡，由他代理奉调军营，带乡勇夺路进城，会同武冈州知州王景章昼夜防守。四月十五日，王景章自大营粮台带回新田土猺一千七百余名，并替他们办理安插地方。这些土猺其中竟有首犯家属、从犯要犯等人，并且改名换姓，混入本地土猺。因王景章失察，将要犯放回，王庆元发觉后，守住要道，截住三十四名要犯，才多少挽回了这场严重的疏失。

王庆元又说，王景章自知失察，记恨于他，向上司汇报时，故意扭曲事实，在动荡时在新田防守的出力人员均被压抑，使王庆元无法补本班应升之缺。而他曾替王景章代垫盐菜银钱，一共五百二十五串零一千三百文，与买口粮米。这些买来的食物均有逐日给发底账可以核对，但王景章却私自报销，不还菜钱。再者，由军需局发交接署新田县，即转交给王庆元的印领银五百两，还被王景章扣押不给。王庆元遂引律例规定"直省各上司，有恃势抑勒属员。而督抚徇庇不行参究，或督抚自行抑勒者，准直揭部科"条文京控，并于呈词的末尾，特地注明"案关重大，参员实非疯迷"①。

这件案子经都察院奏交皇帝后，道光十四年（1834）三月二十八日奉朱批："该部议奏，钦此。"之后又有上谕："此案着交惠吉于路过湖南省城时，提齐人证卷宗，秉公严审，按律定拟。"根据广西巡抚惠吉的调查与审讯，王庆元已经于上年八九月间，"两赴总督衙门具禀，经督臣讷尔经额批饬查办，并据续禀批饬湖南藩臬两司审明详奏，该司等当查军营各卷，多贮衡永二府，即经飞札查取，于十二月初间札调王景章来省质审。王景章因等候代理人员未经到省，此外要证亦骤难调齐，致未审详，王庆元即以回护稽延不能审理，作就呈词，令伊子武生王印庭赴京具控。"根据王景章的供词，当时因为猺人一千七百余名，人数众多，眼目不能尽识。之后经王庆元究出逆猺三十四名，计凌迟斩决六名，军遣四名，病故十二名，其余皆省释安插。最后广西巡抚惠吉顺路提审讯明，"以王庆元前议不准开复，系咎所应得，

---

① 参见台北"故宫博物院"藏：《军机处录副奏折》，066064 号。

乃撷拾各条呈控，经督臣批准查讯，仅阅两月有余，辄以大吏不为申理，遣抱京控，例应照越诉科罪。惟改革员审出逆猺多名，究有微劳，业经革职，应毋庸议。……王景章照不应重杖八十公罪律降二级留任。……道光十四年六月初八日"。①

这件案子牵涉原任湖南巡抚，按回避以及事涉本省官吏的缘故，清廷通常会派遣其他大臣审案，而不会直接交给本省督抚。广西巡抚惠吉因到广西上任，顺路审了此案，认为这件案子最严重的就是猺人三十四名的问题，王庆元确实查出王景章没有留意的部分，但是惠吉似乎认为王庆元尽管有点微功，屡次上控并且京控，已经抵消前功。不去追究他的越诉之罪（事实上王庆元不能被论以越诉，因为他本人在省内控诉后才去京控。论以越诉之罪只是因为越诉罪笞五十，属于轻罪，常被清代官吏引用，用来略惩原告），但此后不准开复，意即断绝王庆元的仕途。而王景章虽然没有被革职，拟杖并降级，也得到了惩罚。这个结果应该是不合王庆元的意，觉得京控的结果不够合情理，他应该要被开复起用才是。从清代官员京控的例子里，可以看出，一般官吏京控，控告官员的品级不是特别高，被告才比较有可能会在审讯时被论以处分。通过京控来申诉，明明是合乎当时潮流，原告却通常是再也回不了官场，试想当时的人谁敢放心与一个京控者同为官共事呢？

通常直接涉及地方正印官的案件，有时候不一定能够让呈控者得到想要的结果。在非命案的案件中，绝大多数的被告者基本是地方上的吏，也就是征税收粮与民接触的衙门书吏。若涉及命案，多数人会控告衙门中的刑书与差役。所以在清代的京控案里，民告吏的比例远多过于民告官。直接控告官员的例子，反倒是一些地方上基层的官吏，为各种积怨，去职后向京城告状。清朝的地方基层官员没有奏事权，京控是他唯一能将申诉透露给皇帝的机会。但是承审的官员通常对通过这样方式控告的官吏，表露出的情绪是厌恶的。

---

① 中国第一历史档案馆藏朱批录副奏折，缩微号03-3809-012，道光二十二年三月二十七日。

严格来说，世上并没有完美的制度，清代的京控也不是一个百分之百讲求审讯客观与受理公平的制度，其本来只是一个补救司法弊病与协助中央监督地方的临时性措施，后来成为一个合法的诉讼渠道。但清代京控制度的整个流程里，可以看到清廷皇帝企图要发展与设计一个良好的上控受理制度，以规避地方司法审判制度的既有问题。是否可以就此认为，京控最大的问题，其实还是审判者本身素质的问题，这个结合中国传统监察制度与伸冤思想的制度，本身还是具备良法美意的特质，也带给陷在传统文化中的诉讼困境的呈告人一线希望。

究竟清代的京控制度想追求的最大价值为何？也许就是一个理字，使得不直得申，使得原告与被告都能合理地被处置。京控者所告之事是否皆为真？如为真，应该如何制裁被告；如有假，应该如何惩治原告；如果真假参半，应该如何根据人情与事理，衡平仲裁原告与被告之间的诉讼纠纷？这些都不是制度本身可以解决的，而是仰赖一个善于调解与能主持公平的审判官。可惜的是，清代的中后期吏治败坏，尽管各省开设谳局，企图提高地方审案的能力与效力，京控所能发挥的实际功用，已经减弱。

对于文明社会的进展，个人利益的追求无疑是最重要的一项推动力。在档案中反映出的原告，其维护自身与争取自身利益的动机与行动，是多么鲜明且强烈。虽然从京控制度对原告虚诬治罪的条例来看，原告的权益，并不是京控制度企图要维护的核心精神，京控制度的核心，是保护君主的知情权与维护权威。但是小民懂得利用这个制度，统治者也不会去阻止清朝的小民，继续利用这条申诉渠道来维护自己的权益。如嘉庆二十一年（1816）步军统领衙门盘获了一个来自河南的民人张东，他因为之前在路上被人抢劫导致财产受损，于是想进京告诉皇帝，希望皇帝能帮他捉到犯人，"又想空手进京觉得不好意思"，带了四斤酒与一瓶泉水想送给皇帝当见面礼[1]。小民的举动在皇帝与官员的眼中也许是极其荒谬的，呈控者更经常被怀疑其背后动

---

① 台北"故宫博物院"藏，《军机处录副奏折》，048416 号。

机与居心，但是皇帝还是不会禁止这样的行为继续发生。

　　清代的司法制度，存有不少优点。第一，清代承袭中国历朝法典之谱系，将明代的"例"发扬光大，利用各类事例、则例补充本律之下的条例内容，学界誉为"以例辅律"，又有称"以例破律"。清代定例，因人因事因地而定，虽然存在着审判难以划一的情形，例的时代性与实用性均强于律，也较有弹性。第二，清代的中央司法审判机关刑部，总体而言，对于多数的死刑案件，还是极力务求符合情理与罪刑的持平。第三，清代的京控制度，京控案件虽然在审理的过程里，未必能得到真正的公理、正义与持平。但没有一个制度是"最好"的并且完美的，制度会因为人而改变。

　　以今人眼光观之，在所谓的"诸法合体"的清代中国，在缺乏独立于民事与刑事诉讼的行政诉讼制度的传统司法制度而言，京控确实多少可以让最一般且毫无背景的小民，用最便利与直接的方式申诉，达到下情上达的作用。对于统治者也就是皇帝来说，京控也可以发挥最初"肺石"与"路鼓"的意义，避免下情被地方官员壅塞、压屈。这在没有新闻媒体与网路的传统社会里，也留给了在诉讼中遭遇挫折的当事人，一个可以真正获得重审与上诉的念想。而事实上，京控被受理者也获得了重审，尽管自己的重审结果不一定满意且合理，部分的被告却多多少少会因为京控重审的关系，受到制裁或处分。以清代的司法与社会本身的结构而言，京控无疑是一个较为正面的制度，是传统中国司法与近代社会文明相结合的代表之一。

第五章　清代秋审制度

秋审在清代被视为国家大典，是在每年秋季举行的对各省斩监候、绞监候案件的复审。清代秋审由明代朝审制度发展而来，初定于清初，康熙十二年（1673）正式确立①。作为一项特殊的死刑复核制度，秋审在清代发展成为一项由皇帝亲自参与并最后决断的、集中审理死刑案件的每年一度的重大审判活动，是清代刑事司法审判制度趋于完备化的重要标志。

第一节　秋审制度的历史渊源及其确立发展

一、秋冬行刑：秋审制度的最初源头

秋冬行刑，起源甚早。《左传·襄公二十六年》记载："古之治民者，劝赏而畏刑，恤民不倦。赏以春秋，刑以秋冬"，意思是要在春夏之季进行奖赏，在秋冬的季节执行刑措，秋审制度的产生即与"秋冬行刑"的有关。据春秋时期儒家典籍《礼记·月令》记载："孟秋，凉风至，白露降，寒蝉鸣，

---

① 《清圣祖实录》卷四四。

鹰乃祭鸟，用始行戮。"又曰："是月也，命有司修法制，缮囹圄，具桎梏，禁止奸，慎罪邪，务搏执。命理瞻伤，察创，视折，审断，决狱讼，必端平。戮有罪，严断刑。天地始肃，不可以赢"；仲秋"乃命有司，申严百刑，斩杀必当，毋或枉桡；枉桡不当，反受其殃"；及至季秋"乃趣狱刑，毋留有罪"。古人对四季的敬畏，使他们十分自然地想到，要利用秋天的肃杀之气，强化处决在囚的严肃性与震慑力。所以孟秋之月既要"审决断"时做到"狱讼必端平"，又要"戮有罪，严断刑"。[1]《礼记·月令》的这段记载被后人视为秋审制度的最初源头。[2]

西汉武帝时期，董仲舒提出"阴阳五行"和"天人感应"说，成为汉儒"重德轻刑，春生秋杀"的理论依据，并促成了秋冬行刑的制度化。在《春秋繁露》中，董仲舒对"秋冬行刑"的必要性加以阐释，他认为："王者配天，谓其道。天有四时，王有四政。四政者，四时通类也，天人所同有也；庆为春，赏为夏，罚为秋，刑为冬。庆赏刑罚之不可不具也，若春夏秋冬之不可不备也"，又云："阳为德，阴为刑。刑主杀而德主生。"由于天是"任德不任刑"，所以在春季和夏季，万物复苏和生长之时，不宜进行刑杀，对死刑的执行应尽量避开这两个季节。刑杀应在秋冬施行，以顺上天"肃杀"之意。除谋反、大逆等"决不待时"外，一般死刑犯须在秋天霜降以后、冬至以前执行。这是西汉法律儒家化思想深入司法制度的重要表现。

此后，历朝历代都以秋冬作为行刑决狱的时间。据《旧唐书·刑法志》记载："十三年，诏令春后、立秋一前，及大祭祀，月朔，望，上、下弦，二十四气，雨未晴，夜未明，休暇并禁屠宰日，皆不听决死刑，惟强盗不待秋后。"唐太宗又制："从立春至秋分不得奏决死刑。"唐律也有"诸立春以后秋分以前决死刑者，徒一年"的明确规定，同是禁止立春以后、秋分以前

---

① 沈厚铎：《秋审初探》，《中国政法大学学报》1998 年第 3 期，第 111 页。

② 吉同钧在《新订秋审条款讲义》的序文中指出："考之月令，孟秋之月审断，始用戮；唐律亦有立春秋分前不决死刑之条，可见古者行刑必于秋冬，所以顺天地肃杀之气也。"董康亦在其著《秋审制度》中引《礼记·月令》的记载为秋冬行刑之始。

决死囚。《金史·刑法志》有"大定十三年，诏立春后、立秋前及大祭祀、月朔、望，上下弦，二十四气，雨未晴，夜未明，休暇日并禁屠宰日，皆不听决死刑。惟强盗则不待秋后。"这里值得一提的是把"秋后"一词与"决死刑"连在一起。

综上可见，秋审制度的形成，一定程度上受到中国古代传统的行刑时间的影响。沈家本先生在论述刑以秋冬缘由时指出："《月令》刑杀皆在秋季，源于三代旧典。西汉以冬月行刑，即《传》所谓刑以秋冬，此古义也。章帝易为入冬十月，乃取三正之义也。陈宠论之可谓详矣。今世决狱，在冬至之前，殆权舆于此也"①。故而，在秋冬季节处决囚犯不仅符合古代礼制，同时，也符合阴阳调顺的传统观念，一直被中国古代历朝所沿用。虽然清代以前没有正式形成秋审制度，但是将决死囚定在秋季，兼有冬季行刑，正是统治者传承中国古代秋冬行刑的传统礼制的体现，他们认为所有人间的司法活动应与天道相配，顺于四时，应利用秋冬的肃杀之气，强化行刑的威严。清朝秋审制度，就是在这样一个数千年的历史基础上形成的。

二、从汉代录囚到明代朝审

清代的秋审制度直接承袭明代的朝审，而明代朝审又源于汉代的录囚。录囚即审录复核在押的人犯，通过平反冤狱从而使案件得到公允的处理，并借此平息民怨，维护统治，这是儒家"恤刑"思想在司法制度上的反映。如《汉书·宣帝纪》中记载：公元前五十四年的四月份出现了日食现象，在当时的科学水平下，人们还不能对日食现象作出合理解释，当时的人们就认为发生这种怪异现象的原因是人间存在冤狱，汉宣帝便下诏让官员进行录囚活动。一方面是他本人认为天出现异象是因为人间有冤狱会影响其统治，另一方面也把录囚作为一种重要的平反冤狱的手段。另

---

① 沈家本：《历代刑法考》，中华书局 1985 年版，第 121 页。

据《汉书·隽不疑传》记载:"拜为青州刺史,每行县,录囚徒还。"《后汉书·明帝纪》载,永平十八年(75)夏诏:"理冤狱,录轻系。"《后汉书·百官志》又载:"(州刺史)常以八月巡行所部郡国,录囚徒。"由此可见,此时录囚的性质是强调平冤,所录囚徒不分已决犯和未决犯,不分重罪和轻罪,录囚的时间也不确定。

北魏太武帝时期,"当死者,部案奏闻。以死不可复生,惧监管不能平,狱成皆呈,帝亲临问,无异词怨一言,乃绝之。诸州国之大辟,皆先敕报乃施行。"①太武帝认为人死不可复生,判处执行死刑必须经过严密审查,死囚犯必须无冤怨,经过其亲自过问方可予以通过执行。从中可以窥见魏晋南北朝时期死刑得到了限制,复核程序逐渐完善。

到了唐代,死刑复核制度到了一个发展高峰,录囚已形成定制。《唐六典》载:"凡禁囚皆五日一虑焉。凡在京诸司现禁囚,每月二十五日以前本司录其犯及禁时日月以报刑部。凡天下诸州断罪应申复者,每年正月与吏部择使,取历任清勤、明识法理者,仍过中书门下定讫以闻,乃令分道巡复。"②审录复核,京城每月一次,地方各州每年一次。唐太宗时还有著名的死刑三复奏、五复奏制度,对于地方死刑案件采皇帝"三复奏",对于京师案件则采"五复奏",死刑案件的判处更加审慎。

《唐六典·尚书刑部》记载:"凡决大辟罪,在京者,行决之司五复奏;在外者;刑部三复奏。(在京者,决前一日二复奏,决日三复奏;在外者,初日一复奏,后日再复奏。纵临时有敕不许复奏,亦准此复奏)若犯恶逆已上及部曲、奴婢杀主者,唯一复奏。"《旧唐书·刑法志》以及《通典·刑法六》卷一六八《拷讯》也有相同记载。凡属死刑案件,必须报由中央进行审核之后再奏请皇帝批准。唐代死刑案件在京城行刑的由行决官衙负责五复奏,复奏时间各分为"决前"两复奏和"决日"三复奏;地方死刑案件由刑部负责

---

① 《魏书·刑罚志》。

② 《唐六典》卷六,《尚书刑部》。

复奏，实行三复奏。还有部分特别是谋反、谋大逆、谋叛、恶逆及部曲、奴婢杀主等重大的案件，不分在京或在外，均实行一复奏。这是对确立于北魏和隋的死刑案件的审核，以及复奏进行了进一步完善，但于审录的程序和分类的标准，还没有明确规定。

明代的朝审是历代录囚的发展。据《明太祖实录》记载：洪武十五年（1382）十月丙申，命刑部、都察院断事等官审录囚徒。明太祖曰："录囚务在情得其真，刑当其罚。……今命尔等审录囚徒，务以公破私，明辩惑，毋使巧伪繁滋而疑狱不决。生者拘幽于囹圄，死者受冤于地下，非惟负朕慎刑之心，实违上天好生之意。凡录囚之际，必预先稽阅前牍，详审再三。其有所诉，即与办理，具实以闻。"洪武三十年八月戊戌，都察院奏："狱囚律应死者二十四人，请以时决之。"上曰：'尔等仓卒论决，其中岂无情可矜持、法可疑者？古人云，求其生而不得，则死者与我皆无憾也。苟遽置于法，一有不当，误伤人命。'遂命群臣审录，果得其不当死者，皆徙戍边。"此皆明初"会官审录"的记录，是最早的朝审。朝审的出现，使得死刑复核制度更加成熟。

朝审是明朝的一项重要刑事诉讼制度，由朝廷派官员会审在京重囚。据《明史·刑法志》记载，明朝时"各省决囚，永乐元年定制，死囚百人以上者，差御史审决"。永乐十七年（1419）也曾诏令"在外死罪重囚悉送京师会官审录"。[①] 明初的朝审时行时停，并未正式确立。朝审真正的开端始于明天顺三年（1459），史载：英宗"天顺三年，令每岁霜降后，三法司同公、侯、伯会审重囚，谓之朝审。历朝遂遵行之"。[②] 根据董康《秋审制度》所引明天顺二年（1458）九月二十五日诏旨："人命至重，死者不可复生。自天顺三年为始，每至霜降后，但有该决重囚，著三法司奏请会集多官，从实审录，庶不冤枉，永为定例。钦此。"由此可知，降朝审诏旨是天顺二年，而实际

---

① 《明会典》卷一七七，《刑部朝审》。

② 《明史·刑法志》。

开始实行是天顺三年，从此朝审"永为定例""每岁霜降后"进行，历朝遵循，所以史称"朝审始于天顺三年"，成为对在京重囚法定的每年必行的制度①。其所以称朝审是因审录在京囚徒。至于外省囚徒仍然是延续唐朝以来的派官审录的方式，遣恤刑官下去进行，五年一次。沿袭历代录囚的做法，明代的朝审和外省遣官录囚的对象，既有死罪重囚，也有一般徒流罪囚。

据《清史稿·刑法志》记载，秋审"原于明之奏决单，冬至前会审决之"。《明史·刑法志》记曰："凡决囚，每岁朝审毕，法司以死罪请旨，刑科三复奏，得旨行刑。在外者，奏决单于冬至前，会审决之。"可见，明代审决京城以外的死囚，首先是派"审决重囚官"前往审决，然后带着"奏决单"，向皇帝奏明审决人犯的名单，限期复命，然后，在冬至前将外省的死囚最后审毕，当决者得旨行刑。可以看出，明代朝审与秋审尚没有十分明显的区别。"奏决单"是因为犯人在外，所以先行派人专门审理，而后才可能带着"决死"的名单回朝奏明圣上。从程序上看，清代的秋审与之有一定的相似，清朝的秋审制度遵循了明朝朝审的一些旧制，可视为明朝朝审制度的继续，具体做法与明朝大体相同。清代的秋审制度，可能是借鉴明代乃至更前朝代的司法制度建立起来的。②

三、清代秋审的确立与发展

清朝在入关之前就以"参汉酌金"为立法路线。但从《满文老档》《盛京刑部原档》等档案史料来看，努尔哈赤时期的死刑形式是以"斩"为主，另有鞭一百、贯耳鼻、监禁、示众或折磨酷刑等等，并无死刑监候制度。皇太极时期效法明制，逐步建立起典章制度。天聪六年（1632）正月，皇太极下谕旨，凡事都照《大明会典》行。虽然汉化的步伐加快，现存的档案材料

---

① 郑秦：《清代司法审判制度研究》，湖南教育出版社 1988 年版，第 197 页。

② 沈厚铎：《秋审初探》，《中国政法大学学报》1998 年第 3 期，第 111 页。

也不足以证明这一时期进行过朝审或秋审。清代秋审的产生、发展与完备，按其演进过程中的不同特征，可分为三个阶段：

1. 顺治时期

考秋审之名，从目前所能见到的文献来看，最早产生于顺治元年（1644）刑部左侍郎党崇雅的奏言：

> 旧制凡刑重犯，自大逆大盗绝不待时外，余俱监候处决。在京有热审、朝审之例，每至霜降后方请旨处决。在外直省，亦有三司秋审之例，未尝一丽死刑辄弃于市。望照例区别，以昭钦恤。①

据《清史稿》记载"此有清言秋、朝审之始"②，这是清朝历史上第一次正式提出秋、朝审的建议。

党崇雅的奏言得到了清朝统治者的肯定。但由于顺治初年南方各省尚未一统，清原有司法审判制度又与明相异，故秋审制度直到顺治十年（1653）才付诸施行。《清实录》记载："（顺治十年八月甲申）刑部题朝审事宜日期，于霜降后十日举行。将情实、矜疑、有词各犯，分为三项，俱具一本请旨。其情实各犯，奉有御笔勾除者，方行处决。在外则督抚会同三司，查应决囚犯，酌量行刑。其余仍监候奏闻。直隶地方，则刑部差司官二员，前往会同督抚审决，从之。"③刑部所题虽系有关朝审事宜日期，唯外省死罪案件，则督抚会同三司，查应决囚犯，酌量行刑，所述情形与秋审无异。据此，顺治十年可以视为清代秋审的重要起点。

吉同钧在《新订秋审条款讲义》序言中指出："顺治十年，京师设朝审，直隶始设秋审。十五年，各省遍设秋审。由刑部差官二员会同该抚、按审奏，后改差三法司堂官会审。"④顺治十五年（1658），"刑部等衙门遵旨会议，各省秋决重犯，该巡按会同巡抚、布、按等官，面加详审，列疏明开情真应

---

① 《清史稿》卷一四四，《刑法志三》。
② 《清史稿》卷一四四，《刑法志三》。
③ 《清世祖实录》卷七七。
④ 吉同钧：《新订秋审条款讲义》序。

决、应缓、并可矜疑者，分别三项，于霜降前，奏请定夺。命永著为例。"①
其"永著为例"之例，载于《大清会典事例》："其各省秋审，务依地方远近，
先将奉旨秋决重犯，各该巡按会同该抚及布、按二司等官，照在京事例详
审，将情实应决、应缓并有可矜可疑者各案，分别开列，均定期于霜降前具
奏，候旨定夺。"又据《古今图书集成》载："顺治十五年，题准：重罪人犯
除畿辅照旧审录外，其各省秋审务依地方远近，将奉旨秋决重犯，巡按会同
该抚及布、按二司等官，照在京事例详审，将情真应决、应缓、并有可矜、
可疑者分别开列，于霜降后具奏，候旨定夺"；又"令：人命至重，凡内外审
拟重犯，应监候者，俱分别秋后处决，及监候缓决两等具奏"②。由上述史料
可知，以顺治十年为清代恢复秋审制度之始，至顺治十五年定各省秋审，清
初秋审制度的雏形已基本形成。

2. 康雍乾时期

康熙年间，秋审制度得到进一步发展。清初顺治年间的朝审、秋审与明
代的朝审、外省差官审录基本一样，只是清外省秋审也每年进行，而不是明
代的五年一次。顺治年间各省均有巡按，权力极大，会审案件时，均由巡按
领衔具题。顺治十七年（1660）裁撤巡按后，各省秋审遂由巡抚照例举行。
康熙五年（1666）题准，直隶各省的差遣司官"永行停止"，③从此以后，秋
审不再遣官审录，完全由各省自己办理。④

秋审开始成为地方经常性的一项司法制度，并且像朝审一样经三法司、
九卿会议复核，是在康熙十二年以后。康熙十二年（1673）十一月丙寅，上
谕刑部："各省秋审本内止有节略，观览未能明晰。……以后各省秋审应令
照在京朝审例，豫期造册进呈，亦著九卿、科道会同复核，奏请定夺。"⑤由

---

① 《清世祖实录》卷一二一。

② 《古今图书集成》第五十卷，律令部汇考三十六。

③ 《大清会典事例》卷八四六，刑部断狱。

④ 郑秦：《清代司法审判制度研究》，湖南教育出版社 1988 年版，第 199 页。

⑤ 《清圣祖实录》卷四四。

此可见，各省秋审不但不再遣官审录，而且须像朝审一样经九卿复核（在此以前秋审是无须九卿、三法司复核的），清朝的秋审制度正式建立了起来。①

此后，在不断地实施中，关于秋审的立法也不断严密，制度不断完备。康熙十九年《刑部现行则例》规定："凡秋审监禁重犯，该督抚仍会审详拟情实、缓决、矜、疑具题，应令每年七月十五日内到刑部。"从这一规定中我们可以认识到当时秋审决囚要决断出四种类型，到了雍正年间又增入了"留养承祀"。雍正三年（1725）八月，奉旨将情实、缓决、可矜分为三项，各依省分。雍正二年（1724）上谕："朝审重囚，其情实者，刑科必三复奏闻，勾除者方行处决，而外省情实重囚，惟于秋审后法司具题，即咨行该省，无复奏之例。朕思中外一体，岂在京诸囚宜加详慎，在外省独可不用详慎乎？人命攸关，自当同仁一视，自今年为始，凡外省重囚经秋审具题，情实应决者，尔法司亦照朝审之例三复奏闻，以副朕钦恤慎罚之至意"②。

雍正皇帝为表现自己的明刑弼教爱民如子的皇恩，他下令审理情实应当处决的人犯，案件仍要"三复奏"。当然加强了对处决人犯的审理，可以避免草率杀人，但每年集中全国的死刑犯，凡是"情实"该杀的都要三复奏也是一件十分烦琐而又沉重的负担。负责秋审工作的官员自然是感到十分难受，因此，也有不少人不断向皇上进言改掉三复奏的烦琐程序。于是在乾隆十四年（1749），高宗皇帝就发下谕旨："各省秋审亦皆三复奏，自为慎重民命，即古三刺三宥遗制。谓临刑之际，必致详审，不可稍有忽略耳，非必以三为节也。朕每当勾决之年，置招册于旁，反复省览，常至五六遍，必令毫无疑义。至临勾时，犹必与大学士等斟酌再四，然后予勾，岂啻三复已哉？若夫三复，奏本章科以遽具题，不无亥豕。且限于时日，岂能逐案全览？朕思为政，惟当务实，而师古不在徇名。三复之例行之虽久，实不过具文。若不详阅招册，即照例十复亦不过照例禀旨，此廷臣所共知者，徒事繁文何益

---

① 郑秦：《清代司法审判制度研究》，湖南教育出版社 1988 年版，第 200 页。

② 《清世宗实录》卷一八。

于政。嗣后刑科复奏，各省令一次，朝审仍三复，亦足寓存革之意，实敦行简之风。"① 这样，秋审情实案从三复奏又改成了一奏即勾决。

自秋审会议开始，时有九卿等与议之官不行到班者；或到班则"不发一言"；或"随声附和"。长此以往，会审必然徒具形式。因此，雍正十一年（1733）已有御史奏请要将这些人"指参"，十二年刑科给事中黄佑进一步上奏，开创了"查班制"和"签商制"：

> 窃唯刑部衙门每年办理秋审、朝审，关系最为重大……查上年三月内侍郎臣韩光基奏准，会审时派出查班御史二名，稽察不行到班之人，并将默无一言、附和观望者立即指参等语。窃思不行到班者，其缘由易于查询，而缄默附和之人，其情形碍难指劾。臣窃以为历来刑部所劾重犯招册，皆系先期送与各衙门预加细阅，然后定期会审，则其中情节或应如该督抚所拟之处，必已各自具有成见，原不待到班之际，姑行仓猝推求。请嗣后每日会审之时，会审各官将本日应审案内，有不应如该抚所拟者，各据己见，摘出另写一单，开列罪犯姓名，注明作何改拟字样，先交查班御史收查。除签同议改、签同照复之案一体书题外，其参差不同者，务期各化成心，虚衷商论，改归画一。若或坚持己见，另议具闻，则彼此之是非，得圣鉴而有折衷矣。若无故不行到班，及不将有无改拟之处，先行开单交出，该御史查明，据实纠参。如此则会审各官于招册内情节并皆留心，而稽察之处亦有实据。臣言是否可采，伏祈皇上察鉴施行。②

查班制与签商制保证了会审的顺利进行和与议者作用的发挥③。其独特

---

① 转引自沈家本《叙雪堂故事》，载刘海年、杨一凡主编：《中国珍稀法律典籍集成》丙编第3册，中国社会科学出版社1994年版。参见沈厚铎：《秋审初探》，《中国政法大学学报》1998年第3期，第112页。

② 《秋审档案》二，《雍正十二》。

③ 宋北平：《秋审条款源流考》，社会科学文献出版社2009年版，第19—20页。

的设计体现出以集思广益讨论来确保人命案件确当的意图，从中又可折射出秋审的制度特色与清代中央司法运行状况。

清代秋审制度在雍正、乾隆两朝规模大备。欲了解雍正、乾隆两朝秋审和朝审制度之沿革，除清会典事例可供取资外，通过阮葵生所撰《秋谳志略》亦可得其梗概。①《清史稿》载："乾隆以前，各司随意定拟，每不划一。三十二年，始酌定《对比条款》四十则，勘分各司，并颁诸各省，以为勘拟之准绳。四十九年，复行增辑。嗣刑部侍郎阮葵生别辑《秋谳志略》，而后规矩略备……"② 阮葵生别辑《秋谳志略》，使得秋审的标准更加完备。《秋谳志略》规定了哪条罪名应入情实，哪条应入缓决，它的颁行对秋审案件定拟的公正性起了很大的作用，进一步确立了秋审在清代诉讼制度中的地位。总之，秋审制度自顺治时设立，又经康熙、雍正朝进一步发展，到乾隆朝更加完善，作为清代司法保障制度之一发挥了重要的作用。

值得一提的是，雍正十一年（1733），"巡视南城御史阿布纳奏，每年秋审在天安门外风雨无避，难以翻阅招册，奏请令工部每年八月在金水桥之西搭盖芦席彩棚一座，俾九卿围坐商酌"③。这座"芦席彩棚"也标志着秋审此后永远在"天安门外金水桥之西"的开始。

康雍乾时期，秋审为清代一项重要司法审判制度渐次发展，渐成定制。乾隆以后，直到同治以前，秋审制度在司法实践中日趋成熟，清朝统治者对秋审始终保持高度的重视，不断对秋审进行完善，使之发展成为一种十分周密的程序、严格的制度和完整的法律规定。

3. 嘉庆至清末时期

清代秋审制度在康雍乾时期日臻完备，亦为嘉庆、道光两朝所法守，"一切率由旧章"，无甚创新，只对康雍乾时期形成的规章、条例进行些微增

---

① 孙家红：《清代的死刑监候》，第90—91页。
② 《清史稿》卷一四四，《刑法志三》。
③ 阮葵生：《秋谳志略》，抄本，载杨一凡主编：《历代珍稀司法文献》，社会科学文献出版社2012年版。

损改易。

值得注意的是，随着嘉庆年间清朝进入中后期，秋审制度的执行也逐渐遭到破坏。白莲教起事以及天理教起事相继爆发，使清朝统治者一筹莫展。在这一非常时期，清王朝一方面组织军队进行清剿，另一方面采取严刑峻法的大力镇压和震慑，从而忽视了对原本规定较为完善的秋审制度的执行。本来有一套完整的死刑审理复核制度，这时既定的法律程序也可以不要了。军前战场杀人自不必说，一般的"刑事犯罪"也可以军法从事。①

秋审制度遭到进一步的破坏是在道光三十年（1850）太平天国农民起义的爆发，十余省都受到起义硝烟的波及。在清军与农民起义军交战过程中，地方大吏往往对俘虏实行"先行正法"，然后再向朝廷奏报的方式。咸丰三年至四年（1853—1854），正值太平天国运动迅速发展的时候，太平军所到之处往往大开监狱大门，释放犯人，这使得秋审程序受到极大的冲击，犯人们往往在出狱后与太平军结合，共同进行反清的斗争。各督抚官员意识到此问题的严重性，纷纷上奏请求变通秋审章程。如咸丰四年（1854）直隶总督桂良上奏清廷："因直隶贼氛未靖"，"将各该州县案犯酌核犯罪情节，其谋故、凶盗、拒捕杀人重犯，法无可贷者，即行正法。至情有可矜及例应缓决各犯，拟即减等，并将向拟情实免勾之犯，开单请减。"清廷随即"降旨允行，其案犯较轻、罪不至死者，应如何妥为设法密加防范之处，亦著严饬各属妥速筹办，以免勾结"②。又如陕西道监察御史毓禄亦上奏清廷，要求变通秋审事宜，建议"酌量变通，不必拘守成例"。各督抚官员的建议得到清廷的认同，咸丰四年闰七月初四日，皇帝谕令两江、江苏、安徽、山东、湖北、湖南各督抚将秋审人犯按照类别速结，免于留滞："著各该督抚于接奉此旨后，无论已题未题，即将本年应入秋审人犯并上半年停止各省分，一概查照直隶省现办章程，其例应情实者立予正法，若情有可矜及例应缓决各犯，即按照

①　陈爱平、杨正喜：《试论清朝的秋审制度》，《江汉论坛》2004年第7期，第84页。
②　《寄谕两江等督抚著将秋审各犯情实者正法例应缓决减等发配》，中国第一历史档案馆编：《清政府镇压太平天国档案史料》第15册，社会科学文献出版社1994年版，第169页。

应减罪名先行减等发配。至旧事情实免勾，并新事例应情实向俱免勾各犯，亦即由该督抚开单奏请减等，仍将查办原因迅速奏明遵办，总期狱无留滞，毋得稍事拘泥，致有疏虞。"①

清政府在配合军事围剿的同时，继承封建统治者"治乱世用重典"的衣钵，在法制上实行"就地正法之制"②。"就地正法"原指将罪犯抓获审清后在当地立即斩首，但到了晚清时期发展成为特定的死刑审判程序。适用"就地正法"的死刑案件虽然仍然需要经过审转复核程序，但只需要地方审级间的审转复核，来自刑部、三法司和皇帝的复核和监督全部被省略。地方督抚在认定犯罪事实、所拟刑罚无疑义的情况下，无须奏报上级机关，即有权直接向下属下达"就地正法"的命令，由下级的行政长官执行死刑，至于死刑人数、犯罪缘由等只需三个月汇总一次，上报中央。③

为了不限制地方政府对农民起义军的镇压，清王朝政府在咸丰三年（1853）时颁布了《就地正法章程》，在咸丰五年时又进一步规定"嗣后凡遇盗劫之案"，"仍依强盗之已行，凡得财者不分首从皆斩"。④ 这种形式下放的死刑核准权是对清王朝司法制度的极大程度的破坏，死刑也因这种就地正法的实行失去了控制，这就使原有的秋审复核制度以及一套死刑审理程序失去了它们的作用，能够纳入到法定程序的案件不足总案件的十分之一，每年在"法外"都有数千人被处决。太平天国运动的爆发，不仅动摇甚至也摧毁了清王朝曾经传统的司法制度，当然这种命运也萦绕在秋审制度周围，秋审制度在"就地正法"制度规定的颁布和实施后受到了很大程度上的动摇，死刑核准的控制权逐渐从清王朝的手中丧失，这导致无法真正地落实其所坚持的"生杀之柄断不下移"，原有的一套秋审制度几乎失去了其应有之作用。

---

① 《寄谕两江等督抚著将秋审各犯情实者正法例应缓决减等发配》，中国第一历史档案馆编：《清政府镇压太平天国档案史料》第15册，社会科学文献出版社1994年版，第169页。
② 《清史稿·刑法志二》。
③ 参见娜鹤雅：《清末"就地正法"操作程序之考察》，《清史研究》2008年第4期。
④ 刘锦藻：《清朝续文献通考》，浙江古籍出版社2000年版，第29页。

　　由此可以看出，道光咸丰以来，时局混乱，外有列强侵略，内有政治腐败，民变丛生，作为司法制度的秋审在此时难以维持其在太平盛世时的重要地位，其原有的实际效力开始发生异化。秋审的正常解勘、审理程序受到严重影响，死刑复核权发生一定程度的下移，并且出现从重、速结倾向，慎刑思想遭到破坏。光绪末年，清政府实行新政，《大清现行刑律》将原来的《大清律例》做了大幅修改。此次法律改革对秋审条例的修改极大，秋审亦顺应政务化繁为简的趋势，但我们也应当看到，清末法制改革期间，秋审制度一直在变通后"归复旧制"，即使与西法激烈碰撞时，仍被要求保存部分旧制，反映了有清一代"秋谳大典"在司法制度中的地位。

第二节　秋审制度的运作程序

　　清代的中央司法审判，分为朝审与秋审，而在中央推行秋审程序之前，地方各直省需要作大量的造册与审核工作。其中地方程序大体经历了州县造册解犯、臬司核办招册、督抚等会审汇题等阶段；中央程序则有刑部看详核拟、九卿等会审汇题、情实复奏与皇帝勾决等阶段。地方和中央的相关部门和官员在秋审大典召开前和进行中都要进行大量工作，其具体程序大致如下：

一、地方秋审程序

1.核办招册

　　清律规定，"各省每年秋审，臬司核办招册"①，所谓招册即案犯清册。各省核办招册的截止日期，因距京师的远近而有所不同：云南、贵州、四

_____

① 《光绪会典事例》卷八四五。

川、广东、广西，是年前封印日；福建是正月三十日；奉天、吉林、黑龙江、陕西、甘肃、湖北、湖南、浙江、江西、安徽、江苏，是二月初十日；河南、山东、山西，是三月初十日；直隶是三月三十日。一般而言，各省从年初开始，先由州县将本省截止期前的斩监候、绞监候案件清理造册。截止期以后的此种案件，则归入下一年度的秋审。但特别重大案件，经奏请后也可归入本年度的秋审。州县招册逐级呈送至省，主要由按察使司核办。如道光二十年（1840）二月初二日，直隶按察使司札饬全省州县核办秋审事宜称：

> 某某州县官吏知悉：照得秋审人犯情罪略节，向系本司衙门饬发该县缮造呈送，本司填写会看详题。兹查本年秋审将届，所有新案略节，合亟札发……遴选能写书手用洁白官连纸张遵照所颁册式□□照缮三十番，每番尾后留空白书册五十页，磨对清楚，悉行草钉。此外每起另备书册五百张，大官连纸二百张，以备临时抽换装钉……

宝坻县接到按察使司札饬后，即于二月十四日申禀按察使司：

> 计申送旧案秋审免解囚犯张赵氏等（人名略）共七人，每人略节册二十本；新案应解秋审囚犯李幅恒，略节册二十本，空白书册八百张，官连纸一百二十张。新旧案犯均毋庸留养①。

2. 审录

各州县接到臬司的札饬后，即对监候囚犯一一审录。所谓审录就是核实案情，将犯人分为情实、缓决、可矜、留养承祀等几大类。实际上，州县在办理招册时，就开始对案犯审录，然后将招册和案犯转送府、司审录。为提高秋审的办事效率，乾隆三年（1738）规定，不必经府，由"州县径行解司"②。乾隆二十五年（1760）又规定："缓决人犯解审一次之后，情罪无可更定者，只令有司叙由详报，停其解审。"所以，一般情况下，旧案犯不再解

---

① 《顺天府全宗》第 55 号。转引自郑秦：《清代司法审判制度研究》，湖南教育出版社 1988 年版，第 173 页。

② 《大清律例·断狱·有司决囚等》条例。又见《大清会典事例》卷八四四。

省，只有新案犯必须解省审录。乾隆年间案例，距省城边远的府、州、县秋审人犯，无论新事旧事，均不必解省，而由该管巡道审录，再将审录所做的册表报送臬司、督抚复核。从州县解省的案犯全部关押在臬司狱中，如犯人太多则分一些关到首府首县狱中，审录完再押解回原州县狱中。臬司将州县招册核办后，拟出各案看语略节定稿，再会同藩司及在省的道台共商定案，联衔向督抚具详。臬司的审录及先期定稿是秋审的关键，对犯罪人或生或死的判决皆基于此。

督抚接到详文后，即约定时间，率司道和首府首县到臬司衙门共同审录。乾隆二十六年（1761）以后，督抚会审改在巡抚衙门举行，总督则轮流到所辖各省参加会审。由于秋审有时间限制，因此地方督抚往往不论案件多寡，皆于一日内草率定局，甚至有结彩设席、征歌演剧为乐者。雍正十三年（1735）闰四月，有旨："嗣后各省秋审时，该督抚务率司道等官，敬谨周详，殚心办理，必使权衡不爽，情罪相符。向来并无限期，何妨多宽时日，安得视为虚文故套，轻忽民命，以供其自便之私。倘再有肆筵设席，仍蹈从前陋习者，必严加议处。"[①] 由此可见，被视为慎重民命的秋审，大多徒具形式。雍正时以严刻著称，各省督抚尚如此，更不论其他时期。

乾隆九年（1744）也曾下旨斥责："从来明刑弼教，贵于平允，凡决狱之宜轻宜重，必须详慎推勘，使情与罪符，方定足以成缩谳。今岁各省秋审册内，情实、缓决、可矜各案，经九卿改正者甚多。其中如贵州之李文件、湖北之毛论、湖南之石老六、文四仔、浙江之姚四、山东之张小兰、顾小生、王璋、直隶之周存、陈三小等案，前后案情不符，混行矜减或毁陷殴官之罪，而宽其情实，或以屡行谋杀之犯，而置之缓决，或扎奸阴控殴死人命，或连掘数冢、开棺取物，或与族婶通奸拒捕、致死本夫，或殴毙尊长二命，或陷告伊主死罪以及屡次行窃、持刀强奸，与故杀病妻情极残忍之人，皆予缓决矜减。殊属姑息至于情有可原之案。督抚失龄推勘，草率拟断应缓

————————
① 《清世宗实录》卷一五五。

决，而置情实应矜减而缓决者不一而足。夫法律，为国之纪纲，出入关乎民命，过重则垂矜恤，过轻则长奸恶，该管大吏所宜究心。今年各省案件，朕举其一二情迹，显然其尚如此辨理，则各该督抚平日所辨刑名之事，未能允当者，谅亦不免，著该部传谕申饬。"①实践中对案犯的会审出现草率的情况，仅仅是皇帝的斥责，也无法改变这种情况，这种地方督抚草率办案的情况一直存在。

限于当时交通不发达，距离省城较远的州县秋审人犯解省审录的条件还不完备，对此清政府另辟蹊径，指派巡道在"冬季巡历"的时候，代表省去审录案犯。例如清律规定"广西省泗城、镇安、太平三府所属之凌云、西林、西隆、镇边、天保、归顺、奉议、崇善、龙州、宁明、永康、左州、养利等各厅州县人犯责成，左江道；思恩府属之武缘百色人犯，责成右江道"。②巡道审录后，做册表上报至臬司、督抚，由其进行复核。不过巡道审录也不能避免草率审录的发生。乾隆四十一年（1776）斥责"云南省迤西道不亲加斟鞫，仅以册结了事，以致案有冤抑"。③巡道在清中期后逐渐流于形式，冬巡也被停止了。

3. 汇题

督抚对本省的秋审案件审录完结后，将全省案件向皇帝汇题。秋审题本不是一案一题，而是全省汇题。如乾隆五十九年（1794）山西巡抚蒋兆奎的秋审题本共开列了三百三十五件新旧事案由。其体式为：

谨题为慎刑奉有恩纶事例，请归画一，以重民命，以广皇仁事。……所有山西省乾隆五十九年分，免解应解共三百三十五起……各厅州县将免解各犯查叙案由，由本管道府州核转，并将应审各犯委员亲身押解前来。

臣随同布政使善泰、按察使祖之望、冀宁道张曾谊、太原府

---

① 《清高宗实录》卷二二七，第936页。
② 《大清会典事例》卷八四五。
③ 《大清会典事例》卷八四五。

知府邓希曾、太原府同知梁世治、太原府通判德晖、署阳曲县知县李会观在于臣署,将旧案会同确核,并提新事应审各犯逐细审明,除问语、口供遵照定例不叙外,如一起为活杀父命事……(三百三十五起案犯分为实、缓、矜、留四大类各简叙案由)。伏乞皇上睿鉴,敕下三法司核复施行。为此具本谨题请旨。

奉旨:三法司知道。①

这本题本非常厚,所有新、旧事案由都在题本中一一开列。督抚审录汇题本,如果刑部驳回,督抚则需要再重新商议,如果没有驳回,就只需等待中央秋审的谕旨即可。直省本年度秋审的地方运行程序即结束,秋审就此进入中央的程序。

各省督抚除了以题本正式汇题之外,还应当缮造黄册来奏报。黄册与题本不同,主要为御览之用。奏折制度兴起后,督抚等地方大吏又往往通过奏折,向皇帝汇报各省秋审的情况。

下文以乾隆二十七年(1762)江西省办理秋审的具体章程为例,虽系一省一时的个案,却在一定程度上具有代表性:

一、江省办理秋审,每年二月中旬,本司衙门查明,已经缓决两次、情罪无可更定人犯及秋审一次之犯妇,详明照例免提。至前拟情实后改缓决、前拟缓决后改情实及缓决人犯内,情罪尚有可矜、案情尚涉可疑者,详明提鞫,奉批饬遵后,同应提新入秋审人犯,一并分檄行提解省,并饬慎选兵役及经过沿途文武加意防范。一面查核各犯情罪,酌拟情实、缓决、可矜,叙具略节,以四五十案定为一册,于三月内陆续呈送,并将各犯年贯造册,请咨其有理应留养之犯,檄行该府县,确查取结详送。监候人犯病故,造册汇详请题。再已经三次缓决人犯,内有窃盗满贯者,亦详咨照例改发云贵、两广。此条应仍请照旧办理。

① 《刑科题本》秋朝审,乾隆五十九年,十九包。

一、江省各州县离省远近不同。乾隆七年奉准刑部咨：南安、赣州二府，于三月十五日以前准咨者提审。袁州、吉安、建昌、广信、饶州、九江六府及南昌府属之宁州，于四月初一日以前准咨者提审。其余南昌府属及瑞州、临江、抚州、南康等府，于秋审以前准咨者，随到随提临时酌请。如提解不及，审后汇详咨入于下年秋审。再查宁都州向系宁都县，本隶赣州，于乾隆二十年改为直隶州，该州属人犯，仍照赣州府三月十五日以前准咨者提审。此条应仍请照旧办理。

一、江省秋审应办公件，向系南昌县承办两年，新建县一年。此条应仍请照旧办理。

一、江省每年秋审赏给囚犯衣裤、钱物及搭盖棚厂、修理司监，并案书造册、纸笔、饭食等项费用，曾于雍正七年奉前院宪奏明，于公费内动支三百三十八两，每年于二月内详明批允，后赴藩库移领，事后造册报销。有余移还，不敷于外结赃贿内动支凑用。此条应仍请照旧办理。

一、各州县人犯解审，历年照例穿着赭衣，不得任穿杂色衣裤。此条应仍请照旧办理。

一、每年秋审，例系本司衙门檄行南、新两县，派定谙练差役，将姓名具折送司，至期每犯两解，协同长解取监收监，本司衙门仍示谕加谨管押。此条应仍请照旧办理。

一、秋审人犯解到本司衙门，谕令司狱司严明各犯肘锁，差点解役，将犯分发南昌、新建、司狱三监，檄行清理监狱，晓示加谨防范，一面委员巡查监狱、解道，并札饬南昌府督率地方。此条应仍请照旧办理。

一、每年四月人犯解齐之日，本司衙门并写人犯牌数、姓名清折，详情示期勘审。起具印批投递，一面将各犯情罪略节，并牌数清折移送司道。此条应仍请照旧办理。

一、每年秋审日，本司衙门先期檄行南昌府，谕令保捕人等把守各街巷口，以防疏虞。此条应仍请照旧办理。

一、每年秋审日，本司衙门票差值日，差役即赴各监取出人犯，管押棚内听审。此条应仍请照旧办理。

一、每年秋审，本司衙门饬县，准备高脚虎头粉牌送司，将各犯及解役姓名书写，每起十牌，朱点发给解役领挂，随牌听审。此条应仍请照旧办理。

一、每年秋审勘毕之后，本司衙门檄行南昌府，将各犯分起递回，仍令三监有狱、管狱各官会同委员加意查察。并饬各监候人犯解回，照例剃头取具收管汇批。此条应仍请照旧办理。

一、每年秋审，本司衙门檄行南昌府，将佐杂职名开列二十员，以备审日领批、解犯、报门、唱名等项执事。今应请饬府照旧调取送司，派定执事。一面出檄一面详报，仍候宪台临时委官，先于辕门点名挨顺次序，以免紊越。

一、每年秋审先期饬县买备竹木，于本司衙门头门内搭盖棚厂，安置众囚听候勘审。今应请饬县赴宪辕搭盖棚厂，仍赴司具领工价，事竣报销。

一、江省秋审人犯向例每犯赏给红布衣裤一件、白布袜一双、纸底鞋一双、葵扇一把、钱一百文，并包子两个、猪肉半斤。乾隆二十四年，经亢（保）前司将包子、猪肉两项改折钱二十七文。仍出三监堂晓谕：其衣裤鞋袜，本司衙门委首领官制备，但各项俱系两县输值，所有赏赐各物，应请嗣后一并饬县承办经送宪辕，听候给赏，仍赴司领价，事竣报销。

一、每年秋审日，本司衙门先期移会城守营，整齐器械，预备炮火，伺候升堂。今人犯归宪辕勘审，似可毋管移营备炮。（本司）仍移营派拨弁兵，于各接巷口补授，以昭慎重。

一、每年秋审日，本司派定谙练差役，于大堂旁散给囚犯赏赐。今应听候宪台临时委员督办，毋庸司役散赏。仍派司书一人在旁计数，将司书姓名先期开折呈报。

以上各条，是否有当，相应详请宪台核示，以便遵循办理。乾隆二十七年正月二十五日奉巡抚部院常批：据详酌定办理秋审，是以均属妥协。①

上述具体记录，印证了前文地方秋审的基本程序，即州县解犯、臬司核办招册、抚司等员在省共同会审②。对于知悉清代各直省办理秋审的一般情形具有重要的参考价值。

二、中央秋审程序

各省秋审题本具题后，照例奉旨：三法司知道。刑部奉旨后，正式开始办理该年中央之秋审。清初，刑部设立总办秋审处，办理秋审业务。雍正十三年（1735），刑部设立总办秋审处，办理秋审业务。在秋审实际运作上，刑部各司应先核办各该省秋审案件，各司核办后应送秋审处汇办，然后呈报堂官批阅，再送九卿会审于会题。俟皇帝裁决后，再行办理复奏勾决。

1. 刑部看详核拟

这是中央秋审程序的开始。看详就是审核案卷。刑部看详核拟往往经过各司、秋审处、堂官等三个层次。清初，朝审和秋审分别由刑部的广西司和四川司分掌，秋审事务由四川司专办，究其原因，乃是四川地区因清朝前期的战乱，人口锐减，人烟稀少，故刑部四川司相对其他司来说事务较少，故由其承办秋审较为妥当。雍正十二年（1734），始设刑部总办秋审处，掌核朝审和秋审，其职责是起到中枢的作用，通过核定各司对相应各省案件的核议，向刑部堂官呈报。秋审处的人员配置为："于通部司官内简委总办，秋

---

① 《西江政要》卷六，《酌定办理秋审事宜》。

② 魏淑民：《清代乾隆朝省级司法实践研究》，中国人民大学出版社2013年版，第139页。

审满汉各四员专司其事，谓之总看。历年又另派明敏司官十余员，俱在刑部行走"。①

中央会审"秋谳大典"之前，刑部应就各省秋审案件先行定拟看语。《清史稿·刑法志》曰："刑部各司，自岁首将各省截止期前题准之案，分类编册，发交司员看详。初看蓝笔句改，覆看用紫，轮递至秋审处坐办、律例馆提调，墨书粘签，一一详加斟酌，而后呈堂核阅。"②详言之，秋审处总办司员于年底即请堂（刑部尚书、侍郎）选派各司满官1员、汉官2员，为专办次年秋审的官员。次年年初，各司秋审官即将各该司应入秋审人犯，依原案题结先后，"以次摘叙案由，分别实缓矜留，出具看语"③，用蓝笔标记，称为初看。再看用紫笔标记，称为覆看。随后，将其陆续汇送秋审处，由坐办司员负责略节删繁补漏的工作，再交总看司员酌核允当，加具看语，呈堂批阅。需要说明的是，看详从年初开始，与地方秋审同步进行，并不等待各省秋审题本，而是"依原案"来核拟，"待五月中旬前后各省题本到齐，再查阅外勘与部拟不符者"④。倘有不符者，即另缮一册，先是司议，后是堂议（在白云亭进行，由满、汉尚书、侍郎主持），正式审定部拟意见，决定各案的实、缓、矜、留。从看详和核议的批语分别用蓝笔、紫笔（均为司看详）、墨签（秋审处核定）而堂签（堂官批语），可见它们在整个中央秋审程序中很重要，刑部对此也极为重视。

2. 九卿詹事科道集议

《大清会典》载："刑部将原案及法司看语，并督抚看语，刊印招册，送九卿、詹事、科道各一册，八月内在金水桥西，会同详核情实、缓决、可矜，分拟具体，请旨定夺"。⑤每年开印后，秋审处即具行催稿呈堂，传各

---

① 沈家本：《叙雪堂故事》御史嵩桂条奏裁撤总办秋审司员。

② 《清史稿》卷一四四《刑法志三》。

③ 《大清会典》卷五七。

④ 《清史稿》卷一四四《刑法志三》。

⑤ 《大清会典事例》卷八四四。

司行文各省催取秋审后尾，限四个月内到齐。堂官阅定《秋审略节册》后，先发写红格，交匠役刊刻。俟各省后尾到京后，秋审处将刑部和各省的看语一并刊入招册，于集议前 15 日，分送九卿詹事科道。凡各省秋审题本和揭帖，如系"新事"，必须备叙案由，确加看语，以便据以会核。如系旧事缓决人犯，则摘叙简明略节，依次汇为一本具题，俱不叙入问供。接着就是整个秋审程序中最为壮观的"秋谳大典"。

秋谳大典在八月的某日上午举行，是日，九卿詹事科道齐集于天安门外金水桥西朝房，集议开始。吉同钧和董康对秋审的过程有过细致的描述。吉同钧在《新订秋审条款讲义》中写道：

> 八月下旬，择日在金水桥西朝房，刑部堂官合大学士、九卿、科道，按次席地而坐，将外省秋审名册逐一唱名，并将朝审人犯提至朝房，按名分别实缓，唱令跪听。①

董康的文字可以和吉同钧的描述相印证：

> 先期颁给赭衣及黑毡帽各一，……时，钦派之覆核秋朝审大臣，及三法司、九卿、翰詹、科道等咸集。各官自备坐褥，叙位东西向敷设坐地，刑部书吏点囚人，一跪即起去，吏喝唱某人情实或缓决。②

可见，先以各省秋审案件起数，按照情实、缓决、可矜、留养承祀的顺序，逐案唱报。其与外拟不符另行改拟之案，即将应改缘由朗诵，如在场的九卿詹事科道有商签应准应驳之处，亦应朗诵，使众人皆知，共同商议。秋谳大典时，内阁大学士、学士也参加会审，因此场面更为壮观。如乾隆五十九年的秋审在八月十八日举行，这一天内，从直隶到江浙、云贵、陕甘、湖广，上千件案一日而毕③。九卿等商议既定，即将情实、缓决、可矜、

---

① 吉同钧：《新订秋审条款讲义·序》。
② 董康：《清秋审条例》，参见何勤华、魏琼编：《董康法学文集》，中国政法大学出版社2005年版，第 450 页。
③ 《刑科题本》秋审类，乾隆五十九年。

留养承祀各犯分拟具题，恭候皇帝裁决。在缓决本内应将由情实改缓决者开列在前。秋审案件内如有蒙古人犯，应知会理藩院堂官到班会审，依《蒙古律例》治罪时，理藩院堂官亦应列衔具题。

凡会审后判为情实者，应复详叙案由及督抚看语，并由刑部加具出语于后，分缮黄册进呈。官犯为一册；罪于服制，由立决改为监候者为一册；卑幼听从尊长主使，殴死本宗小功大功兄姊及尊属，例应斩候者，另缮一册，附于服制册后边，官犯、服制二册俱列于情实常犯之前；留养承祀者，别为一册。

秋审题本经过皇帝朱批后，就表明已有了最后的裁决。凡朱批情实的案犯，还要经过复奏和勾决程序，才能知其最后的结果。而朱批缓决案犯，仍然监候人明年秋审。如康熙二十四年 1685）九卿会议广东、云南秋审人犯，康熙帝谕曰："凡别项人犯尚可宽恕，贪污而不悛者，只以缓决故耳。今若法不加严，不肖之徒何以知警？此内贪官耿文明等正法外，其余正犯俱照尔等所议完结。寻又谕大学士等曰：人命关系重大，今年所拟秋决贪官甚多，若尽行处决，朕心不忍，若不行处决，贪劣之徒何以知儆？且或有赃犯虽多，而情有可矜者；或赃犯虽少，而情有可恶者，若一律议罪，殊属未便。王熙曰：此内有贪赃入己者，亦有因公挪用者。又赃数虽少，酷虐杀人等案，实有不同。康熙帝命将应决贪官罪犯分别轻重送进，酌量定罪。可矜和留养案犯，大多得到宽恤，或免死减等，或责放。"①

3. 刑科给事中复奏

死刑犯执行前向皇帝复奏，是谓遵行"三刺三宥"的古制，是慎刑思想在司法制度中的具体体现。会审大典后，刑部领衔将会审后的情实案件向皇帝具题，皇帝的朱批一般是："这情实某某、某某……（开列案犯名单）著复奏，册留览。"②因刑科给事中有谏议封驳之责，故由其担任复奏工作。

① 《康熙起居注》第二册，第 1374—1375 页。

② 《刑科题本》，档案，秋审题本。

清初秋审无复奏之制，只有朝审复奏。雍正皇帝曰："朝审重囚其情实者，刑科必三复奏闻，勾除者方行处决；而外省情实重囚惟于秋审后法司具题，即咨行该省，无复奏之制。朕思中外一体，岂在京诸囚宜加详慎，在外省独可不用详慎乎？人命攸关，自当同仁一视。"于是奉上谕，从雍正二年（1724）开始，"凡外省重囚经秋审具题情实应决者，尔法司亦照朝审之例，三复奏闻，以副朕钦恤慎罚之至意。"①秋审三复奏实行十多年后，乾隆帝以其"每当勾决之年，置招册于傍，反复省览，常至五六遍，必令毫无疑义，至临勾时，犹必与大学士等斟酌再四，然后予勾"，三复奏闻多成具文，故于乾隆十四年（1749）下令"嗣后刑科复奏，各省皆令一次"②。

刑科给事中的复奏本，一般是："红本……钦此钦遵到臣，科臣等复看得某某、某某……（开列名单）俱各情实，罪当相应，开列姓名情由具题，伏候命下之日，仍敕该御史恭候勾到处决施行。谨题请旨。"皇帝批示："著候勾到。"③

乾隆五十九年（1794）九月二十三日刑科掌印给事中福伸等复奏湖广情实题本："……今乾隆五十九年九月二十二日接出红本（指刑部所上情实本）该刑部等衙门题为秋审事。奉旨：这情实孙继康……著复奏，册留览。钦此。钦遵。到臣科，臣等复看得湖广省斩绞各犯孙继康等八十名口俱各情实，罪当相应，开列姓名情由具题，伏候命下之日仍敕该御史恭候勾到处决施行。谨题请旨。计开孙继康……"奉旨："著候勾到。"④

4. 皇帝勾决

复奏之后，勾到是秋审的最后一道程序。勾到题本由都察院十五道监察御史分别办理，一般写："为处决重囚事。某月某日，刑科抄出刑科掌印给事中某某等题前事，复奏某某省情实重犯，奉旨：'著候勾到。'钦此。臣等

---

① 《清世宗实录》卷一八。
② 《钦定台规》卷一四，《六科》《分掌》。
③ 《刑科题本》秋审类，乾隆五十九年。
④ 《刑科题本》秋审类，乾隆五十九年。

谨遵定例，将某某省情实重囚开列花名具题，伏乞睿鉴勾除敕下，臣等遵照勾除，交与刑部行文该省行刑。其决过日期令该抚仍照例奏闻。臣等未敢擅便，谨题请旨。斩犯若干名，绞犯若干名。斩犯某某，系某省某府某县人……绞犯某某，系某省某府某县人……（逐个开列名单、案情及判刑结果）"如上述乾隆五十九年秋审，云南省勾到题本：

十月初六日掌云南道监察御史宗室明绳等题："为处决重囚事。九月初七日刑科抄出刑科掌印给事中福伸等题前事复奏云南省情实重犯，奉旨：著候勾到。钦此。臣等谨遵定例将云南省情实重囚开列花名具题，伏乞睿鉴勾除敕下，臣等遵照勾除，交与刑部行文该省行刑。其决过日期令该抚仍照例奏闻。臣等未敢擅便，谨题请旨。斩犯八名，绞犯七名。斩犯一名郭瑞荣，系四川重庆府大足县人，……（略，各犯名上加朱笔勾除）绞犯一名张必学，系普洱府洱县人，……"① 奉旨："这所勾郭瑞荣……著即处决。"②

十五道御史写的勾到题本送上后，由钦天监选择深秋某日为举行勾到日期。一般钦天监会选择更多的日期，然后大学士奏请，由皇帝决定。仪式由皇帝亲自主持，地点临时决定，时间由当天清晨开始进行至全部勾决完毕为止。

勾决仪式一般在皇宫懋勤殿举行③。据《光绪大清会典》卷五十三载：皇帝端坐在御案后边，位于正中。御案右前方，跪着大学士、军机大臣、内阁学士、刑部尚书、刑部侍郎等官员；御案左前方，侍立着记注官；御案正前方，设有一个矮小的学士奏本案，奏本学士将各省勾到题本的重囚名放在案上，面对皇帝向上跪着。"奏本学士奏勾到某省，大学士一人展汉字本于案。奏本学士奏各犯姓名，恭候御览黄册。"奏本学士每奏一名，在场的大学士

① 《刑科题本》秋审类，乾隆五十九年。
② 参见郑秦：《清代司法审判制度研究》，湖南教育出版社1988年版，第182页。
③ 除懋勤殿外，圆明园在洞明堂，避暑山庄在依清旷，香山在正直和平殿、勤政殿，个别年份在盛京迪光殿、瀛台等地。

等即翻阅手中的小折核对案情，皇帝边翻阅御案上的黄册，边思考对案犯的最后裁决。当皇帝开口降旨说声："予勾"或"免勾"时，秉笔大学士遵旨在该犯姓名上用朱笔画个勾，或免勾。汉字勾到题本勾完后，秉笔大学士即捧出照勾清字（满字）勾到题本，缮写清汉票签，再送批本处进呈。批出清字时，兼批汉字，最后密封交该道御史。①

当该道御史奉旨将皇帝勾批过的勾到题本交到刑部时，刑部要预设黄案于大堂中，该道御史全部到齐，由刑部侍郎一人跪接。接着，将勾到题本交由刑部各司行文传达执行。勾到文限期依地方远近而定：云南、贵州、四川、广西、广东、福建、新疆，均限 40 日；江西、浙江、湖南、甘肃，均限 25 日；江南、陕西、湖北，均限 18 日；河南限 12 日；山东、山西，限 9 日；直隶、热河，限 4 日；盛京限 15 日；吉林限 30 日。

每年勾到后，大学士、军机大臣会同刑部，将已勾、未勾各案情节，摘叙简明事由奏闻，行知各省督抚，于处决囚犯时揭示通衢，晓谕军民。②

皇帝勾决后，地方即对已勾人犯执行死刑，行刑后还须向上申报，最后由省汇题。由于犯人审勘后仍关押在原州县监狱，而督抚接到刑部奉旨勾决的咨文后，由道、府转行州县，层层批转，罪犯已知风声，遂屡有反狱之事发生。如：乾隆四十八年（1783）九月二十九日，安徽颍州府阜阳县在监斩

---

① 对于勾到仪式的记载，另见于《国朝宫史》的内容最为细致：到了黎明时分，内阁大学士、学士、刑部尚书、侍郎、记注、翰林等聚集在乾清门外。懋勤殿太监安置宝座，案朝东面，放上笔砚，红本处陈黄册。再将朱笔朱砚放在前面和右边的两个低案上。至巳时，皇帝驾临懋勤殿，换素服，升座。大学士等身着常服，脱去素珠，从乾清门进到墀内。四名记注官从左入阶入殿门，向南站立。一名内阁学士捧名单匣，大学士授覆奏本匣。与记注官不同，刑部尚书等应从右阶入殿。捧黄匣的学士折回居中，在前案的西面跪下。大学士等走到右案，南北相对而跪。皇帝令一名大学士执笔。这名大学士打开匣子，在案上展开奏本。此后大学士等叩首并坐下。接着皇帝展阅黄册详细酌定是否宽宥，其他官员也各自阅读携带的手折。对予以勾决者，大学士用朱笔加勾。完毕后，内阁学士、大学士分别将名折和勾到覆奏本收到匣中。此时众官员才可以退去，皇帝也回到便殿。详见鄂尔泰、张廷玉等：《国朝宫史》卷五，《礼典一》。

② 参见郭松义等著：《中国政治制度通史》第 10 卷，人民出版社 1996 年版，第 341—349 页。

犯王刚等三十七名犯人打断锁铐，放火烧栅，并打伤典史、禁卒，越狱逃走。巡抚富躬奏闻。乾隆帝命传谕两江总督萨载即速亲住处置反狱大案，严饬文武将逃犯全部擒拿，其已获二十五犯，无论首从，概行正法。与阜阳县监反狱同时，河南、广西、江苏亦陆续发生奉文处决监犯越狱之事。乾隆帝以监犯越狱，从来未有今年奏报之多者，遂命传谕各督抚于要紧地方务使慎选妥员随时督饬。萨载等旋以办案迟缓交部严议；富躬降为三品顶戴，从宽留任，仍罚养廉一年；按察使袁鉴降三级调用；分巡道王懿德降二级，从宽留任。①

鉴于奉文处决监犯屡有反狱之事，从地方督抚到皇帝都寻求更稳妥的处决形式。乾隆五十一年（1786）八月十六日，直隶总督刘峨具奏："秋审留禁司监人犯内有罪在不赦者，即于审录时先行剔去脚筋"，乾隆帝于该折朱批"览"字后，令此折不必发抄，并面谕军机大臣曰：既据刘峨具奏，应听该督自行办理，若将此折发抄，恐舆论又谓添出非刑，有碍政体。军机大臣遵旨寄信告之刘峨曰："希大人酌量自行办理，不必行文他省，亦不必专折覆奏，俟面晤时再行细叙也。"②刘峨之所以有此一奏，系因本月初六日夜间直隶按察司监内，斩绞重犯徐兆兰等二十二犯商同越狱，彼此轮将长发剃去。徐兆兰等旋依原拟罪名即行正法。③"嗣以近年越狱事件增多，定越狱罪名；如有越狱人犯，既逃就获，其本罪系属斩绞应入情实者，俱即处决；如本罪系斩绞缓决者，俱入于秋审情实；其原拟军流以下人犯，无论原犯罪名，概行问拟绞候，入于秋审缓决。如是官犯定案后，即收禁于按察使衙门，待秋审勾本到省，即照部内决囚之例，将情实官犯全部绑赴市曹，令按察使监督执行，奉到谕旨当场开读，按照予勾之犯验明处决。"

清代沿袭明制，对京师重犯实行朝审制度。清代朝审先于秋审一天举行，在程序上与秋审不同，它基本上由刑部审录确定，向皇帝具题，不经会谳。朝审后处决犯人时，由刑部派 1 名侍郎监视绑犯，刑部每司各派司员 2

---

① 《宫中档案乾隆朝奏折》第五八辑，第 233、234、460 页。
② 《乾隆朝上谕档》第一三册，第 391 页。
③ 《乾隆朝上谕档》第一三册，第 392 页。

人将犯人押赴市曹，步军统领衙门派步兵翼尉 1 员护送，刑部侍郎 1 人会同刑科给事中共赴法场监督执行。当京畿道御史送本至时，侍郎、给事中恭接，下令遵旨行刑。行毕复命。

　　秋审和朝审在中外法制史上占有独特的地位，它既能收到镇压的效果，又宣扬了统治者的恤刑德政，还保证了皇帝的最高司法权。在统一多民族的国家中，法制的统一和平衡，意味着社会的稳定。乾隆朝是清代的太平盛世，每年大约有 3000 件死刑案件，其中 1000 余人被处死，这个数目并不大，显然与社会的长期稳定和皇帝对死刑的严格控制有关。当然，瘐毙狱中或由州县等地方官擅自审结不报的死刑案件不在其列。如果加上这些，清朝每年因罪而死的案件当远远超过官方记载的数目。①

第三节　清代秋审的实、缓、矜、留

　　作为"秋谳大典"，秋审的实质是对在押的监候死囚作出进一步的处理结果。决定哪些死刑监候犯人的死刑应该执行，哪些可缓或免。据《光绪会典》载："凡秋审之别有四，曰情实，曰缓决，曰可矜，曰留养承祀"②，康熙十九年（1680）《刑部现行则例》规定："凡秋审监禁重犯，该督抚仍会审详拟情实、缓决、矜、疑具题，应令每年七月十五日内到刑部。"从这一规定中我们可以认识到当时秋审决因要决断出"情实、缓决、矜、疑"四种类型，到了雍正年间又增入了"留养承祀"。

　　秋审之沿革，除清会典事例可供取资外，通过乾隆中叶刑部侍郎阮葵生所撰《秋谳志略》亦可得其梗概。据《清史稿》载："乾隆以前，各司随意定拟，

---

①　张晋藩:《中国司法制度史》，人民法院出版社 2004 年版，第 414—415 页。
② 　《光绪会典》卷五三。

每不划一。三十二年，始酌定《对比条款》四十则，勘分各司，并颁诸各省，以为勘拟之准绳。四十九年，复行增辑。嗣刑部侍郎阮葵生别辑《秋谳志略》，而后规矩略备……"① 该书堪为清代第一部详细介绍清代秋审和朝审制度沿革的书籍，它的颁行对秋审案件定拟的公正性起了很大的作用。对于秋审案件结果的定拟，《秋谳志略》的记载亦较为详细："秋审之类凡五，一情实，二缓决，三可矜，四留养，五承祀，各别其情，以统于类。按国初分情真应决为一项，缓决为一项，可矜可疑为一项，矜者减等，疑者覆问。雍正三年间，改情实、缓决、可矜三项"②。可见，清朝秋审和朝审结果的分类并非一成不变，而是经过几次变化。以此材料为根据，大致可分三个阶段：其一，从顺治十年恢复朝审至雍正三年以前，分情真应决、缓决、可矜可疑三类；其二，雍正三年后，分情实、缓决、可矜三类；其三，乾隆年间，复改作情实、缓决、可矜、留养、承祀五类。③

一、情实

明朝和清初称"情真"，就是"情真罪当"的意思，雍正时因避世宗胤禛之名，改称情实。雍正后刊刻的实录、律典等均作情实，致使人忽略了"情真"的本名。情实是秋审人犯罪情最重者，所以入情实就意味着所拟死刑要执行。秋审案件中凡十分严重的情况都被列入此类。如谋杀、故杀、侵盗钱粮等，也有情节严重的伤害案件。比如：

道光二十一年（1841）"李亚东案"："抢夺刃伤事主，如实系图脱情急，刃划一伤，历有入缓成案，此起虽被捉情急图脱，刃划一伤，惟事后与伙犯携赃回艇。未便率缓。"

道光二十七年（1847）"岑亚火案"："抢夺刃伤事主，如实系图脱情急，

---

① 《清史稿》卷一四四《刑法志三》。

② 阮葵生：《秋谳志略》，二总类事。

③ 孙家红：《清代的死刑监候》，社会科学文献出版社 2007 年版，第 112 页。

带划一二伤者，向有酌缓成案。此起刀划一伤，另带一伤，系由恐被拿获夺刀所致，……未便率缓。改实。"①

前者的严重情节有抢夺、事后与伙犯携赃回艇等，后者的严重情节有抢夺、恐被拿获夺刀致伤等，故都按情实处决。

我们也可以根据罪犯身份将情实类的案件分成三类：一是官员犯罪；二是家族里的卑幼斗杀尊长犯罪，三则是一般人犯罪。

情实类案件有予勾和未予勾两类，入情实，大都要勾决，如果未勾，或是侥幸，或是案情有可悯之处，后者应是主要原因。乾隆皇帝就曾对个别案件谈了自己的勾决意见：

> 朕细阅本内两案罪名虽同，而情节各异。陈明贵因林氏嫌伊家贫，辄与伊母卢氏吵闹，屡欲找房另住。经陈明贵责斥，林氏复将卢氏大声辱骂。如此悖伦逆理之妇，实为法所不容，陈明贵一时气愤，将林氏用带勒死。是陈明贵杀妻实由伊妻忤逆，与逞凶故杀有间。娶妻本为养亲，而明刑所以弼教。陈明贵一犯将来秋审时即该部按例入于情实，亦不予勾也。至王添富因伊妻于氏不肯同寝，辄行殴踢，用火烫烙，以致遍体伤痕，逾时殒命。该犯年已三十余，于氏年甫十七，乃以不肯与伊同寝，顿起杀机，殴烙兼施，残忍已极。刑部定拟绞候固属故杀专条，将来秋审时自当情实予勾，以儆凶残。朕办理庶狱，期于至平至允，如此二案，罪名虽同，而一由愤激，一由淫凶，其间权衡轻重，分别办理，无非刑期于中之义。②

以上两案，罪名相同。但是案情各别。陈明贵之杀妻实由其妻林氏"忤逆"：只因家贫，辄与婆婆卢氏吵闹，屡欲找房另住，后经陈斥责，林氏复将卢氏大声辱骂。陈乃一时气愤，用带将林氏勒死。王添富年已三十余，其妻于氏年仅十七，乃以不肯同寝，顿起杀机，殴烙兼施，残忍已极，实为故杀。

---

① 《旧抄内定律例稿本》卷四。
② 《清高宗实录》卷一二○六，乾隆四十九年五月丙寅。

因此皇帝认为，"陈明贵一犯将来秋审时即该部按例入于情实，亦不予勾也"，而王添富"将来秋审时自当情实予勾，以儆凶残"。这样才能"至平至允"。

若未予勾，会继续被拘押在监狱中等下一次秋审。据清律之规定，"官犯俟十次免勾之后，服制、常犯俟两次免勾之后，大学士会同刑部堂官将人犯招册复加详勘，其有实在情节可宽者，摘叙案情，确加看语，请旨改入缓决。"[①]由是可见，家庭犯罪案的监侯罪犯经过两次秋审，虽情实但未被勾决执行的，就转为缓决类，改判其他轻于死刑的刑罚；而官员或一般人犯罪则要经过秋审十次未勾决方改为缓决，可以减刑。但实际上要连续十次都逃过皇帝的勾决，概率相当之低。而且被勾决之前，没有正式的罪名却一直可以被拘押长达十年。虽然是出于慎用刑罚的目的设立这个程序，但有失公平也难以保障犯人的权利。

二、缓决

指案情虽属实，但在秋审案犯中属罪行较轻，危害性不大者，例如误杀，窃盗三次，每次赃满五十两以上等，将列入缓决类。嘉庆年间王有孚的《秋审指掌》记载了若干当时秋审和朝审拟缓的情况，诸如："殴因夺赃，死系罪人；扎由顶撞，死系悍妻；殴由义愤，死系图奸罪人；衅起索欠，扎由情急；死者强乞逞凶，扎由先被按殴；伤由误中，死出不虞；棒由夺获，死系理曲；殴由还抵，死非徒手；殴起护父，伤系他物；殴因辱詈，伤非致命，死越旬余；趋劝被殴扎情急；理直被屈，一伤适毙；衅起疑奸，杀由泼骂；伤非金刃，死系奸淫；死者逞凶肇衅，伤由自碰刀尖；死虽缌麻服兄，但被殴回掷，伤止一处，情非逞凶；鼠窃赃未至五百两；强奸刃伤本妇伤轻平复，妇未奸污，情稍可原；窃贼拒由图脱，刀划一伤，尚无护赃格斗；受伤格殴，械系夺获；先被刀扎，情急抵砍；理直扭论，死由失跌；情切救父，拦抵一

---

① 薛允升：《读例存疑》卷四九。

伤适毙；掷由被追，死由伤溃；死系不顺之妻，杀由先被詈殴。"①

下面从一系列杀死"抢窃族人"案件的秋审中可以窥见拟缓的缘由。

> 道光二十五年蔡月儿案中。死者强割稻谷，系属罪人。定案时因亲属相盗，不得照擅杀定拟。秋谳衡情，自应照道光七年马源开案内通行，入于缓决。照缓。

> 道光二十五年"叶石富案"中。火器致毙抢夺族人，定案时因系亲属抢夺，不得照擅杀科罪。应照道光七年马源开案内通行，入于缓决。照缓。

> 道光二十一年"纪讲案"内。火器杀人之案因系亲属抢窃杀伤，例不得照擅杀科断，仍照律定拟者，经道光七年题明，酌入缓决。历届遵照办理在案。此起因无服族伯抢夺伊母羊只，该犯闻喊追赶，点铳吓放适毙，核与入缓章程相符，照缓。②

这些案中，亲属相盗相抢，不为抢、盗，因古代有"家族共财"之礼。因此不能照一般人因抢盗而被对方打死治对方擅杀之罪处理（擅杀之罪因是杀死有罪之人，故最后结果都减死处理）。那么杀死抢窃族人只好按一般谋故杀人定罪，一般谋故杀人最后的处理结果往往是情实处决。这样又有不妥，所以经过秋审衡情、酌情处理而被免于处死。这类案件的衡情免死始于"马幅周案件"，以后都照此办理。为方便理解，现把"马幅周案"略述于下：

> 道光六年福建省马元开（马源开）因无服族弟马幅周行窃伊家衣服，事后查知，将马幅周铳伤身死，因系无服族人，不得照擅杀科断，仍照竹铳杀人例拟斩监候。经臣部已死者究系行窃之人，秋审时若照寻常竹铳杀人之案概入情实，未免向隅，应衡情酌入缓决。当经题奉谕旨允准，并通行各直省，嗣后如有似此之案，均酌

---

① 王有孚：《秋审指掌》，《拟缓类》。
② 《旧抄内定律例稿本》卷六。

入缓决办理。①

多数死刑监候犯人在经历若干次缓决后即可减等。乾隆九年议准，凡缓决五次人犯又情罪稍轻者可奏请宽减。乾隆三十一年（1766）议准，抢窃满贯（120两）或三次犯窃赃至50两拟绞监候人犯，缓决一次后改发新疆给披甲人为奴。乾隆三十六年（1771）内阁奉上谕，秋审缓决三次人犯分别减等。乾隆四十二年（1777）奉上谕，缓决三次者方准减等，以后渐渐形成惯例。如情罪较重，就不准奏请减等，只有在特赦及其他一些特殊情况下才可奏请减等，如欣逢甲子年缓决五年以上的人犯可减等，乾隆九年（1744）、嘉庆十年（1805）均岁在甲子，都举行过这样的特别减等。② 减等处理的，多改为军流刑或普通流刑。得不到减等的人犯中，少数可能在某次秋审时被改为情实，执行死刑，多数将长期"缓决"下去，长者有缓一二十年者，实际上已经变为一种长期监禁刑。如《清史稿·刑法志》说，他们要被暂放在一边，两年后再入秋审，作最终判决，在这期间，案犯仍拘留在监。许多监候犯就可能在长期监禁中痧毙，在狱中被病痛折磨至死。

三、可矜

指案情真实，但其中情有可原，具有可以予以宽恕的量刑情节。例如为年老、幼小或具有减刑情节，便通过秋审，免去死刑，减为流刑或徒刑的情形。在清代司法文书中，常常矜、减并称，言外之意，可矜者即可减等发落。《秋审指掌》一书中同样列举了几种"可矜"的条件，诸如："死系图奸罪人，拒捕有据"；"一伤适毙，死系不孝之妻"；"衅起戏谑，伤由适中，并无争斗情形"③。可矜就意味着原来给了死刑犯一条活路，主要在于案情要"有一线可原"。清朝皇帝在秋审过程中不断强调"凡有一线可原，

① 沈家本：《刑案汇览三编》卷二五。
② 《大清会典事例》卷八四六——八四八。
③ 土有孚：《秋审指掌》，《可矜类》。

即予减等发落"，说来简单，其实不免要在每一件死刑监候案件上颇费斟酌。然而，究竟什么是"一线可原"？可以说，当时任何人，包括皇帝在内，根本就没有固定的标准，更没有像"缓决三次入犯减等条款"的类似规定出现。根据《大清律例》"杀死奸夫律"律文规定："若奸夫杀其夫者，奸妇虽不知情，绞（监候）"。而乾隆四十二年（1777）新纂例文同时规定："凡奸夫自杀其夫，奸妇虽不知情，而当时喊救与事后即行首告，将奸夫指拿到官，尚有不忍致死其夫之心者，仍照本律定拟。该督抚于疏内声明，法司核拟时夹签请旨"。又据乾隆二十七年（1762）所定条例："如子妇不孝，詈殴翁姑，其夫愤激致毙"，"或因该犯之母，素有奸夫，已经拒绝，后复登门寻衅，以致拒绝殴致毙者"。看来所举可矜都是因为孝和礼"情切天伦，一时义激，与寻常狠斗者不同"的，这种案情肯定不会多见，可"照免死减等例，再减一等发落"①。

四、留养承嗣

案件事实明确真实，但因为该罪犯的父母或祖父母年老或有病而没人奉养，经刑部向皇帝提出申请、得到其恩准后改处枷号、笞杖等刑，允许其留在家中，侍奉父母，延续祖宗香火，不执行死刑的情形。

有关犯罪存留养亲的事例最早出现于晋朝。咸和二年（327），句容令孔恢罪弃市。诏曰："恢自陷刑网，罪当大辟。但以其父年老，而有一子，以为恻然，可悯之。"②不过，就其制度设置则始见于北魏，"诸犯死罪，若祖父母、父母年七十以上，无成人子孙，旁无期亲者，具状上请。流者鞭笞，留养其亲，终者从流。不在原赦之列。"③至此，犯罪存留养亲在律文中得以明细化并真正具备了可操作性。此后，唐律对犯罪存留养亲的规定较之先前更为具体，"诸犯死罪非十恶，而祖父母父母老疾应侍，家无期亲成丁

---

① 《大清律例·断狱·有司决囚等第》，乾隆二十七年定例。
② 《太平御览》卷六四六。
③ 《魏书·刑罚志》。

者，上请"；"犯流罪者，权留养亲"；"犯徒应役而家无兼丁者，依加杖法折抵徒刑"①，《明律》继承唐律，设置"犯罪存留养亲"的条文，在清律规定的条文为："凡犯死罪非常赦所不原者，而祖父母（高曾同）、父母老（七十以上）疾（笃废）应侍（或老或疾），家无以次成丁（十六以上）者（与独子无异，有司推问明白），开具所犯罪名奏闻，取自上裁。若犯徒、流（而祖父母、父母老疾无人侍养）者，止杖一百，余罪收赎，存留养亲。"②

清律在承继明律的同时，把存留养亲制度，通过不断增删条例的方式加以突破应用，使留养制度更加严密。到了康熙时期，随着封建统治的日益巩固，清王朝在处理个案的基础上形成一系列例文与成案，逐渐放宽了对留养的限制，使此制得到前所未有的广泛推行。在秋审中，留养承祀这一制度的规定直到雍正年间才得以确立，"初制分情形，缓决、矜、疑，然疑狱不经见。雍正以后，加入留养承祀，区为五类"③。清代秋审中存留养亲的适用条件主要内容有：

1. 犯罪之人应为家中独子，或者"家无以次成丁（十六以上）也就是说家中没有其他十六岁以上的男子，这是考虑为了维持家庭生活，否则，家中无成年男性劳动力，家族无法正常生活"。不过也有例外，"如该犯本有兄弟并俱出继，可以归宗者；及本犯身为人后，所后之家可以另继者：概不得以留养声请。"④

2. 杀人犯奏请留养的，须先查明被杀者祖父母、父母是否无人奉养，被杀者是否为独子。如被杀之人亦为独子，亲老无人奉养，则杀人者不得留养。⑤

3. 罪犯本身不能为不孝之人。清例规定："凡留养之犯在他省获罪，审系游荡他乡远离父母者，即属忘亲不孝之人，虽与例相符，不准留养。""凡

---

① 《唐律疏议》名例。

② 《大清律例》名例。

③ 《清史稿》卷一四四，《刑法志三》。

④ 马建石，杨育棠：《大清律例通考校注》，中国政法大学出版社1992年版，第248页。

⑤ 《大清律例》卷四，存留养亲条。

曾经忤逆案犯及素习匪类、为父母所摈逐者，虽遇亲老丁单，概不准留养。"①因为如果不孝的话，那么声请留养的意义就不复存在，制度设计就是为了能老有所养，声请之人若是一个不孝子，那么获准就不可能了。

4. 孀妇守节20年并无以次成丁者，其子亦可留养。清律规定的留养条件是："祖父母、父母老疾应侍，家无以次成丁"。律文夹有小注，说明老是指七十岁以上，疾兼指笃、废两种情况，成丁是指十六岁以上，老与疾不需兼备，或老或疾，有一条就够了。乾隆十一年（1746）定了一条孀妇独子留养之例，如果犯人之父已故，其母守节长达二十年，犯人又别无弟兄，则犯人可存留养亲。在一般情况下，犯人的父母至少要有一人或老或疾，而在孀妇独子的情况下，其母是否老疾，可以不论，比一般条件为宽。对孀妇独子的放宽的要点是其母守节，如果中途改嫁，即不得援为留养依据。刑部陕西司说帖说："查孀妇独子留养，向不论犯母之老疾与否，但守节逾二十年，即准留养。盖嘉其守贞抚孤之志，故较犯亲之限于年岁者为宽。然必妇人从一而终者，方可以守节论。其再醮之妇，已经失节，即不得以孀妇独子声请。"②

5. 就罪犯所犯罪名来说，犯十恶之罪者不准留养，但清例对此也有所放宽。例如杀伯叔父母、姑、兄、姊，叫做恶逆，是十恶之一，而清例规定："凡卑幼殴死本宗期功尊长，定案时皆按律问拟，概不准声请留养。其有所犯情节实可矜悯，奉旨改为斩监候者，统俟秋审情实二次，蒙恩免勾，改入缓决之后，由该督抚查明该犯应侍缘由，于秋审时取结报部核办。"③《大清律例》规定的罪名要件是"凡死罪非常赦所不原者"。有的被突破，但是清代规定十恶中的头三项"谋反""谋大逆""谋叛"，在任何情况下

① 马建石、杨育棠：《大清律例通考校注》，中国政法大学出版社1992年版，第246—247页。
② 《刑案汇览》卷二，参见吴建璠：《清代的犯罪存留养亲》，《法学研究》2001年第5期，第129页。
③ 席裕福、沈师徐辑：《皇朝政典类纂》，第36册，第8093页。

都不得留养。清代对十恶中的头三项谋反、谋大逆、谋叛，执行不准留养的规定最为严格。《刑案汇览》记载有一件阿小贵声请留养案。阿系谋逆案犯之孙，按例应缘坐流放。阿当时年仅三岁，不能离母。其母作为阿家之媳，又不在缘坐流放之列。官府决定将阿交伊母抚养，俟成丁后再行起解。等到阿小贵长大成丁，伊母患瘫痪已成笃疾，地方官向刑部请示，问阿小贵可否留养。刑部复文称："阿小贵系叛逆后裔例应缘坐发遣之犯，有关十恶，非常赦所原，未便率准留养，应即照例发配。"[1] 十恶中其余情节轻微的杀人案件，符合留养条件的，可以获准。

6.留养罪犯必须接受一定的处罚，对于受害者家属需要给予赔偿。清例规定："凡斗殴及误杀人之犯，如有祖父母、父母老疾应侍，奉旨准其存留养亲者，将该犯照免死流犯例，枷号两个月，责四十板。仍令该地方官酌量该犯情由轻重，以伤至数处及金刃致死者为重伤，以伤非金刃又止一、二处并戏杀、误杀为轻伤。如系有力之家，情重者追银五十两，情轻者追银三十两；如果贫难无力之人，情重者追银二十两，情轻者追银十两：给予死者家属养赡。"[2] 可以不用执行死刑，但不是不需要受到惩罚，比如接受枷号，对于受害者家属需要给予赔偿，给予死者家属养赡。这表明清代统治者已注意到对被杀者亲属经济利益的补偿。[3]

7.犯罪存留养亲以一次为限，获准留养之后再犯者按原罪处罚。清例明文规定，发遣人犯"果于未经发配及甫经到配以前，告称有祖父母、父母老疾应侍，与例相符，准其留养一次，照例枷责，分别刺字，详记档案。若留养之后，复犯军、遣、流、徒等罪，概不准再行留养"[4]。

留养承嗣是中国孝道在古代法律中的一大体现，但一直被统治者所沿用，一是维护家族关系、向民施恩，笼络民心，显示其皇恩浩荡；二是有利

① 参见吴建璠：《清代的犯罪存留养亲》，《法学研究》2001年第5期，第129页。
② 马建石、杨育棠：《大清律例通考校注》，中国政法大学出版社1992年版，第243页。
③ 参见薛允升等撰：《刑案汇览续编》卷三。
④ 席裕福、沈师徐辑：《皇朝政典类纂》，第36册，第8089页。

于维护国家政权稳定，缓和社会关系；三是，这也不失于是一种以德感化，促罪犯改过的方式。但这种法外施恩实际上却违背了刑法基本原则——罪刑相适应，又失去了刑法的本应起到的警示威慑的作用。

在实际审判中，矜、留两类是很少见的，因此秋审的主要任务在于区别实、缓。可以说，秋审的意义之一就在于区别实、缓，也就是将死刑案件中对社会制度危害较小的，可杀可不杀的那一部分案犯区别出来，法开一面之网，这样既可保持死刑的威慑力量，又可收到"恤刑"的效果。①

第四节　清代秋审的历史意义

一、秋审制度有利于稳定社会秩序

1. 皇帝掌握死刑最高裁决权以巩固王朝统治

死刑案件的处决是否允当，往往影响着社会的安定。因此，历代开明的君主都对死刑案件慎重处理。秋审被视为国家大典，为清统治者所重视，自顺治元年党崇雅建议举行秋审开始，直到宣统三年（1911），秋审制度未尝中断，与清王朝相始终。清统治者如此重视秋审制度，每年秋审投入的人力、物力相当巨大，是因为秋审可以将死刑案件纳入严格的司法程序中，使统治者牢牢掌握行使最高刑罚的权力，实行专制统治下的法治，以维护自身统治，包括秋审在内的法律制度就是对清王朝统治秩序的维护和保障。

《大清律例》规定："秋审时，督抚将重犯，审拟情实、缓决、可怜具题，限七月十五日以内到部。刑部将原案贴黄及法司看语，刊刷招册，进呈御览，仍送九卿、詹事、科道各一册，八月内在金水桥西会同详核情实、缓

---

① 郑秦：《清代法律制度研究》，中国政法大学出版社 2000 年版，第 188 页。

决、可怜，分拟具题，请旨定夺。"①通过秋审制度，皇帝将死刑的最终决定权牢牢把握在自己手里，通过从地方到中央的一整套严密、周详的法律体系，既使死刑复核的效能得到了很好的发挥，又加强了中央对地方的干预和控制，有利于朝廷的统治。另外，皇权专制的思想在秋审中的指导作用，也使秋审制度在维护封建统治的稳定方面能发挥很好的作用。《高宗实录》记载。乾隆二十三年（1758）曾下谕："军机大臣浙江秋审招册内该抚原拟缓决，经九卿改入情实者多至五案，如某某，某某。而该抚悉拟入缓决，若非九卿议改何以照法经而炯戒。秋审为秋狱大典理应详悉明慎，若以意存姑息，谓可博无识者之称，则殊非明刑弼教之道，允杨廷璋著传旨申饬。"②据此可以看出，皇帝不仅对秋审案件拥有最终决定权，而且对办理秋审案件的官员也拥有处罚权。突出了皇帝通过参与死刑审理程序的方式来巩固统治秩序的作用。皇帝通过过问重大刑狱、亲自审核死刑案件，以专本具题或专折具奏的方式等控制和监督全国的死刑审理活动，又通过复奏勾到的方式控制死刑人犯的生死权利，从而独揽了其对死刑确定权的控制，加强了皇权对司法活动的控制。这样权责分明、赏罚有序从而利于地方吏治，也有利于地方安稳。

秋审制度作为一套规范的体系加强了中央集权，将生杀大权集中在皇帝手中，从而体现天威，也可以规制地方治理，以免官吏为害一方百姓。借此，皇权与民间有了联系，使百姓知道皇帝才是那个具有剥夺他人生命权的人，宣示死刑的最终归属权，一种皇权至高无上的印象形成在百姓心中，使得百姓充分地信任、仰仗皇恩浩荡，最终该皇权获得百姓的认同，在正面上阻止了百姓反叛心理的产生，安定了社会秩序。此外，在遇到国家的重大庆典等举国同庆或帝王驾崩等举国同哀的时候，统治者一般都会停止秋审，大赦天下，此时往往宣扬的是其"好生之德"，暂时"停勾"，从而体现皇恩浩荡，为了标榜仁政，笼络民心，以为其稳固政治统治，维护社会秩序。

---

① 《大清律例》卷三七，《刑律·断狱卜·有司决囚等第》。
② 《清高宗实录》卷五七一。

2. 统一死刑的适用标准以限制错杀无辜

秋审案件的处理是从州县开始的，经过府道司院等多级审转，最后由以刑部为中心的三法司分工合作共同对上报的死刑案件进行复审复核，做出处理并将案件的最终确认权交由最高统治者。在这个过程中，上下级之间，中央与地方之间的沟通交流得到促进，上级将律令规定下达至地方，地方将处理结果向上反馈，以此有关死刑的法律条例的理解适用得到强化，保证了中央与地方法令的统一性。同时，皇帝处于秋审程序的最终端，将全国的死刑案件的核准权收归中央，各地案件处理情况都要具题交汇于中央，让皇帝知晓，有利于全国司法、律令、刑法执行标准的统一，能够有效避免各地死刑标准宽严不一的现象，最终以司法统一维护社会稳定。顺治十三年（1656），谕刑部："'朝审秋决，系刑狱重典。朕必详阅招案始末，情形允协，令死者无冤。'圣祖取罪案逐一亲阅，再三详审，其断无可恕者，始定情实。"① 皇权作为最高层次的专制权力，对封建法制有着直接的影响，并通过对死刑案件进行有效管辖的平台，对统治秩序进行专制和集权的监督与控制，有助于法律适用的统一，限制地方的擅杀与乱杀。

在"参汉酌金"的文化继承思想的指导下，清代有关秋审的大部分法律都是承袭仿照明代法律条文以成文法《大清律例》的形式出现的。但是随着秋审制度在实际中运用的扩大化以及为了更好地适应现实的需求，出现了一大部分以条例、皇帝谕诏的形式的秋审法律条文，秋审制度进一步规范化。各类律例对秋审的审理对象，程序运作作出了明确规定，使得地方和中央在复审复核死刑案件的时候有了具体的参照标准，全国上下遵循统一的实体法律依据，具有全国通行性，有效缓解了法律在适用过程中的混乱，对于全国司法、立法、执法之统一，稳定社会秩序发挥了不可估量的作用。

3. 案件处理得当以化解社会矛盾

死刑在清代是通过斩绞的方式剥夺囚犯生命的最严重最残酷的刑罚。死

① 《清史稿》卷一四四，《刑法志三》。

刑的不当适用尤其是冤杀错杀无辜，必将引起民愤，导致社会的动荡不安。《清世宗实录》载雍正帝谕曰："求罪犯可生之路，至于万无可生，然后勾决。"乾隆七年（1742）九月初三日，内阁奉上谕曰："朕办理勾到之时自有权衡，如果有一线可原，仍当免勾。"以上史料皆记载了清代帝王在勾决时无不慎之又慎，只要存在一丝可疑可宽容之处，便不予勾。这样能够较大程度上避免冤案的发生，也能够弱化皇帝与百姓，法律与民众之间的敌对性，增强法与情的亲和力，树立人们遵守法律的自觉性，缓解社会矛盾。

　　社会的稳定不仅要求不滥杀不错杀无辜，同时也需要对罪大恶极、严重伤害他人，破坏安定的人科以适当的刑罚处罚，不能放任其继续危害社会。如乾隆七年就曾谕旨大学士："福建秋审萧充致死本妇一案，法无可贷。该抚拟以情实，而九卿改为缓决……"乾隆斥责九卿执法不知轻重，《清高宗实录》里记载了两个案例："蒋希羌身充夫头，乃因散夫向其索赔钮扣，辄敢倚势将王朝秀殴死情甚强横。至李有伦、刘德玉、李有彩因杨朝富等索查夺钱微嫌，结伴谋殴泄忿，持械殴伤杨朝富、杨文受、杨进先后身死三人各毙一命，均属凶狠可恶"①。在第一则史料中我们可以看到乾隆皇帝严厉斥责了九卿官员将实改缓，放纵罪犯。可以想象该案若是未经皇帝纠正，列入缓决，就可能会导致案犯逍遥法外，受害人的冤屈得不到伸张，从大的层面来讲，久而久之，百姓会对法律失去信心，导致民心不稳，社会动荡。《清高宗实录》里的两个案例也是同一个道理，督抚过于放宽对罪犯的追究，幸得九卿更正，维护了法律的正当性，有益于社会秩序的维护。

　　4.加强对少数民族的司法管理以维护民族稳定

　　清王朝本身是以满族这一少数民族建立起来的政权，所以统治者深刻意识到处理好少数民族问题的重要性。统治者为了巩固和发展多民族的国家政权，在中央建立了专门管理蒙古和回族等少数民族地区事务的最高机关，也就是理藩院。理藩院的主要职能之一就是会同三法司办理少数民族地区的死

---

① 《清高宗实录》卷九四二。

刑案件，判处监候的案件则纳入秋审。将少数民族地区的死刑案件归入秋审制度进行处理，有利于打入少数民族内部，防止其动乱，危害政权稳定。此外，清王朝还专门制定了一系列针对少数民族地区的法律法规，以加强对少数民族地区的司法管理。在这些法规中，死刑案件统一由中央进行核准，死刑的监候案件要经过秋审制度复核，经过"秋谳大典"的案件最终由皇帝勾决后方能处决。可见，清朝统治者利用包括秋审在内的法律武器，把中央的司法管辖深入到少数民族聚居的边陲地区，以求达到震慑的目的，保障各少数民族对中央的臣服，实现国家的统一和这些地区的安定发展。

在康熙、雍正、乾隆和嘉庆皇帝统治时期，皇帝几乎每年都要率领各部官员及皇亲贵族到塞外进行巡视，有时在巡视期间举办秋谳大典，由皇帝按照刑部呈送的秋审招册进行勾决，这样做不仅在于加强与蒙古等少数民族之间的沟通，同时也在运用秋审制度对少数民族地区统治施加影响。嘉庆年间，由于热河地区靠近蒙古，同时又是皇帝的行宫所在，涉及蒙古等少数民族地区的案件数量较多，清政府为做好这一地区的司法管理工作，将该地区的秋审案件纳入直隶管辖，由皇帝直接审理，同时，将该地区知府行政级别提高至与行省等同的行政地位，可见清政府十分重视对少数民族地区特别是蒙古族地区的管理，清朝统治者以秋审制度为依托，影响和控制包括蒙古族在内的各少数民族部落，这是清之前历朝所不及的，也是清朝统一多民族国家政权比较稳固的重要原因。

二、秋审制度有利于满足人本需要

1. 秋审制度是慎刑思想的体现

秋审制度深受慎刑慎杀思想的影响。"慎"指一种对待和处理事情时小心、周全考虑的态度。慎刑，即指谨慎地运用刑罚；慎杀，即指慎重地判决和执行死刑。既包括以慎重的态度对待刑罚，又表现为慎重地去运用和执行刑罚。

慎刑思想是中国古代王朝推崇的主要思想之一，其有着深厚的历史的积淀。在西周时期便可寻其踪迹。周朝统治者在总结了商朝重刑辟以致亡国的历史教训的前提下，结合"人无于水监，当于民监""小民难保"等认识，在"以德配天""敬天保民"的基础上，提出了"明德慎罚"。汉武帝后，儒家思想被确立为正统思想，同时其所内涵的慎刑思想也得到了广泛的推行。将法律上的"慎刑"与"仁"相结合，"德主刑辅，礼刑并用"，施行仁政，获得民心，维护政权的稳定。唐初统治者对于司法极为重视，集中表现在慎刑方面，要求官员依法办案，不能滥用刑罚。"刑罚不可弛于国"，决不可肆意用刑。批准死刑的需向皇帝进行"三复奏""五复奏"。

　　历朝历代对慎刑思想的推崇，行至清朝，统治者在承袭中原汉族文明的同时，必定对"慎刑"这一政治统治手段进行吸纳，深刻贯彻。康熙皇帝曾自我夸耀："朕以仁政治天下，素不嗜杀。"一方面，基于清初政权并不稳固，尚须笼络人心，不能造成以刑杀统治天下的社会局面；另一方面，基于儒家的"惠民""恤民"思想以及历代统治经验，康熙认识到法律必须宽平简约，不能随意立法，执法官吏应当以公平之心秉公断处、罪疑唯轻、刑当其罪，方能使人心悦诚服。否则，滥用重刑、酷刑，罪刑擅断，势必冤枉无辜，激起民怨。而民心又关系到国家命运，一旦失去民心，就会失去天下。所以，用刑必须审慎。他还要求各衙门整饬事务，多数是要求刑部清查狱案，对死刑案件要再三符合审查，有怀疑者减等，"务期情法允协，有枉必伸"。也就是说，不管统治者是从何角度出发考虑的，在法律上和司法实践过程中，他都对生命的剥夺予以了严格的尊重，死刑的适用从来不是如我们想象那般随意。

　　在中国古代专制政治体制之下，死刑慎用思想制约了死刑的适用，使其不至于走向过度滥刑。秋审制度的推出恰恰是"慎刑"思想的集中表现。如秋审的审级设置，参与官员的安排以及判决结果的类型。"于死中求生，体天地好生之仁，寓宽于严之中，此所以为圣人之法也"①。此乃对于秋审制度

---

① 刘锦藻：《清朝续文献通考》，浙江古籍出版社 2000 年版。

作为慎刑思想体现极为深刻的概述。吉同钧也曾评价秋审制度："夫由刑部初覆看，以至堂阅，已经数十人之手矣，又必会同各院部九卿科道詹事等。"可以看出秋审制度彰显了对人生命的尊重，也是较早的实质意义上的人权表现。

2. 秋审制度融情理法一体

作为慎刑体现的秋审制度，融情理法于一体，实现了"人道"精神。情理法是贯穿秋审制度的三个重要方面，"情"是指个体情感；"理"是指作为正统思想的儒家伦理道德；而"法"则指朝廷颁布的各种成文法律。三者相互渗透，相互影响，在秋审制度中发挥着独到的作用。

秋审设有"可矜"和"留养承嗣"两款。"可矜"，即老幼废疾犯了死罪，可以免死。"留养承嗣"，即案情虽重，但因父母、祖父母等至亲无人奉养，所以出于对其尊长的怜悯，让罪犯回家尽孝。以上两种，均属于皇帝的法外开恩的情况。董康认为："凡此皆属仁政之一，永堪备后世模范也。"通过屈法伸情，使法律合乎情理，这是我国古代的统治者在德、刑适用上发生矛盾时的惯用手法，而且通过慎刑的手段还能弥补地方严格司法毫无自由裁量的限制。可见，中国古代法律在死刑复核程序上也能够生长出一种司法弹性空间，以屈法伸情来标榜仁政。

（1）秋审制度"理"之所现

存留养亲的处置方式满足了人本需求，宣扬了孝道。存留养亲是由皇帝给予的恩赐，专门适用于那些家中只有一个子女，父母年迈无人赡养的死刑犯，恩准其给父母养老送终。在清代早期的时候，法律制度还不完善，犯罪存留养亲只是存在于纸面上很少见诸实行。但是随着日益巩固的封建统治，在个案处理的过程中逐渐形成一系列例文与成案，并渐渐地放宽了对留养的限制，使得该制度得到了广泛推行。如对杀人罪的留养放宽：本来按照清律，杀人之罪常赦所不原，不在留养之列，但是在清例中，将诸如戏杀、误杀、斗杀、过失等罪行较轻的杀人罪，放宽处理允许留养。

清乾隆五年（1740）纂定一项条例："凡犯罪有兄弟俱拟正法者，存留一人养亲，仍照律奏闻，请旨定夺。"① 对"十恶"罪犯留养的放宽："十恶"本属于最为严重的犯罪，也是不在留养之列，但是例文规定，弟杀胞兄，侄杀伯叔的，对于这种情形的犯人，定案时要照律办事，不许声请留养，等两次秋审以后，该案由情实改为缓决，可以办理留养事宜。清代的秋审一年举行一次，也就是两年以后才可留养。② 对于孀妇独子的存留放宽更是体现了秋审在结果处置上宣扬儒家文化，深刻考虑到情感需要、彰显孝道。在一般的情形下，清律规定，适用存留养亲必须满足罪犯父母之中必须有一人是老或疾这一条件，但乾隆十一年（1746）确定了孀妇独子留养的条例规定如果死囚犯的父亲已经死亡，而他的母亲，守节时间长达二十年，犯人又没有其他的兄弟可以侍奉其母亲的，则犯人被准许存留养亲。在这种情况下，即使罪犯之母无疾未老也可适用。关注了法律条文的规定之后，我们也可以从具体案件中透析秋审在满足人本需要上的作用。

如《秋谳辑要》中记载的胡羊等共殴无服族叔胡秉舜身死一案③：罪犯胡羊与无服亲族叔胡秉舜同住一村，并无仇嫌，两家田地相邻。同治五年（1866）五月，胡秉舜在地里劳作时因为牲口管理不善，无心毁坏了胡羊地里的庄稼。后来胡羊的母亲刘氏知道后找胡秉舜理论，谁知胡秉舜拒不认错，反而将刘氏胳膊砍伤。刘氏告知胡羊，让他去告状，胡羊看到母亲为人所伤，一时气愤，不顾母亲刘氏阻拦，持腰刀前去为母亲要说法。胡羊已经出继的哥哥胡套得知此事，怕胡羊吃亏，便带着棍棒也来到胡秉舜门前叫骂。胡秉舜听到叫骂，将胡套头部砍伤。胡羊赶紧用刀背击打胡秉舜持刀的左臂，胡秉舜又用刀砍伤胡羊头部和脖颈。胡羊用刀将胡秉舜伤人之刀打落，并顺势砍伤他的右手大拇指，胡套此时也用棍击打胡秉舜背部。胡秉舜拼命用头撞向胡羊，情急之下胡羊用刀砍伤胡秉舜头部和右边太阳穴，胡秉舜九日后死亡。经查验，胡秉舜致命伤是由胡羊砍伤其头部，初步判决从犯

---

① 席裕福、沈师徐辑：《皇朝政典类纂》第 36 册，第 8089 页。

② 参见吴建璠：《清代的犯罪存留养亲》，《法学研究》2001 年第 5 期。

③ 刚毅：《秋谳辑要》，清光绪十五年刻本。

胡套杖刑，主犯胡羊与胡秉舜是服外亲属，互殴死亡同凡人论处，以共殴致死下手致命伤重者拟判处绞监候，秋后处决。

胡羊在受审时供述，其母守寡已经二十余年，其兄胡套出继伯父，家中仅有自己一男丁。地方将这些情况都如实记录，上报刑部。同治九年秋审，刑部认为胡羊在互殴中先受伤，情急之下才持刀砍伤胡秉舜，应当归位缓决，暂不执行。另外案件起因是胡秉舜现行毁坏胡羊田地庄稼，面对找来理论的刘氏竟然拔刀相向；在胡羊和其兄胡套再次找其理论时，胡秉舜又先砍人，实属蛮横凶悍。胡羊虽砍伤胡秉舜，也非故意，情急之下，激愤杀伤，情有可原。再者考虑到胡羊母亲寡居数年，家无次丁，如果处死胡羊，其母势必无人周到照料。综合以上因素，准许胡羊留养承嗣。从同治九年（1870）的秋审中，刑部将胡羊归位为缓决，暂不执行来看，秋审对于生命的剥夺可谓慎之又慎。这一案件也阐述了"理"之一字在秋审中的重要性。

"可矜"是指虽然案情真实，但是存在可以宽容怜悯的情节危害性不大的，在秋审过后，被减免改成徒流刑等。可矜案件适用范围的确定也多依据儒家之理，列入考虑的情节是否符合亲情孝道等。《秋谳辑要》里清朝江西万安县有一例：于同治七年（1867）五月，江西一男子萧杨嵩外出做工，这段时间该名男子母亲郭氏身患重病，于是嘱咐其妻子高氏留在家中侍奉母亲，照看、喂药。但是在该名男子打工回家后，与母亲谈起，得知高氏在母亲患病在床的这段时间并没有照料母亲，而是在自己外出后随即就回了娘家十三天。在当下萧杨嵩就责备高氏，但高氏对此感到不服气。两相冲撞下，萧杨嵩用拳殴伤高氏的左后肋、左右脊背，高氏准备捡石头防击，随后萧杨嵩一脚踢中左后肋，高氏立即殒命。对于验尸报告和审问的案情，萧杨嵩供认不讳。杀妻案依律法应将萧杨嵩"拟判绞着监候秋后处决"。但秋审大典前的一系列复审程序中，有指出"死系不顺之妻，萧杨嵩应缓决，死者因该犯外出不为病姑侍奉汤药，辄私回母家，原揭取由死亲人等供词即属不孝有据，向俱入矜自应备矜，改矜"。萧杨嵩杀妻是因为其妻在其外出期间未对其母亲尽到照顾之责，体现了萧杨嵩是个十分孝顺的人，而他的孝顺是为统治者所提倡的，得到了统治者的肯定，使其免于一死。

（2）秋审制度"情"之所现

秋审是注重原情定罪的，在实践中大力弘扬儒家的孝道，同时也关注个人与社会的感情。通过屈法伸情，使法律合乎情理，这是我国古代的统治者在德、刑适用上发生矛盾时的惯用手法。

孕妇在当前法律制度中是一种特殊的存在，不得被判处死刑。与之相对地，在秋审有关的法律条文中，针对孕妇这一特殊群体也有一套特殊的惩治措施。孕妇适用"缓刑"，当然这个"缓刑"与现代刑法中的"缓刑"有所不同，在秋审中的缓刑是指缓期执行，即待到孕妇生产之后，仍将执行先前未执行的死刑刑罚，而非减为终身监禁。清康熙元年（1662）题准："凡奸妇有孕犯死罪者，俟生产后立决。"① 宣统二年（1910）《大清新刑律》第一编第七章第四十条规定："凡孕妇受死刑之宣告者，非产后逾一百日、经法部覆奏回报，不得执行。"② 以上二例都表明了对于判处死刑的孕妇的特殊照顾，即使到最后其也免不了处罚，但是毕竟相较于其他死刑案犯多了那么些存活时间。正如清代赵翼所说，此乃是法外之仁。待孕妇产子之后行刑充分体现了清代统治者对于生命的重视，在执行法律的同时兼顾到了个人感情与社会接受力的问题，符合人道主义。

《清高宗实录》记载了王成砍杀江文珍一家等六命，冯吉杀死冯文炜一家六命两件案子。在两件案子中，两案犯绝人子嗣罪大恶极，理应缘坐，王成十岁的孩子以及冯吉五岁及二岁的幼子都将被判死，以全家的命去偿还王成、冯吉所犯之罪。"将伊全家抵死，仅足相偿为情真罪当而刑部定例将杀命之已绝嗣者，其子均拟斩决"③。此乃刑部向皇帝复奏时所言。但是乾隆帝认为该二犯的子嗣都属年幼，对其勾到，在个人感情上是很难让人接受的，所以对幼子免勾放生。再有《清高宗实录》里记载的乾隆五十二年四川省有

---

① 《古今图书集成》卷五〇，光绪二十六年刊本。

② 沈家本等：《大清新刑律》，宣统二年刊本。

③ 《清高宗实录》卷一〇九三。

奸夫杀死本夫一案。犯妇杜氏与元净通奸，岂料事情败露，被杜氏本夫梁大潮发现。元净一不做二不休将梁大潮打死，杜氏见到元净的行为即行哭喊，但是被元净恐吓后不敢出声，并将此事隐忍不告知梁大潮的老父。本案根据《大清律例》"杀死奸夫律"律文规定："若奸夫自杀其夫者，奸妇虽不知情，绞（监候）"。但是乾隆皇帝认为此案中杜氏与元净通奸，致她的丈夫被打死，又惧怕恐吓之言，隐忍不告，按照情节，本来无可宽恕。但在杜氏见丈夫被元净打毙，即行哭喊，表明她有不忍之心，尚有一线可原。所以最终犯妇杜氏未被判处绞刑，而是从典宽，减等处罚。以上两则案例皆是乾隆帝"放生"的典型事例，深刻体现了上天有好生之德，法也有情，按律行事的同时考虑到法外之情，于法外开恩，满足人的情感需求。

三、秋审制度有利于整顿吏治

韩非子曾言："明主治吏不治民"。自古以来，一个皇帝即使再有雄才大略，也不可能凭一己之力去统治天下。而应当是知人善用，通过发挥各级官吏的作用，来统领、管制天下。但是再严密的行政管理体系也有漏洞，官员腐败现象比比皆是，官员责任心缺乏，导致司法案件处置不当也频频发生。秋审制度的推行在一定程度上成为皇帝对官吏的监督和控制的合法的、操之有效的渠道之一，促进了官吏整顿，促进办案公正合理。

终乾隆一朝大量秋审谕旨的缘起，往往是基于外省抚司原拟缓决而经九卿等改拟情实的普遍情形，即由缓改实，也就出现了各省原拟过宽、出人应得之罪，是为"失出"。此外还有"失入"。官员多犯失出原因是失出的处分轻于失入。《清高宗实录》的例证显示，各省秋审失出，每五起吏部处分才降一级。① 而失入一次，即降一级调用②。在《六部处分则例》中也有对

---

① 《清高宗实录》卷一一九一。
② 《清高宗实录》卷一二三二。

官员审拟错误的行政处分①。因此,秋审制度下势必刺激官员合法合理审判,以免被纠责。案件层层上报,上级势必会对下级形成监督作用,皇帝对案件又掌握最终生杀大权。因此,监督作用越发严谨,最终利于官员办案公正,司法清明,有利于巩固中央政权和维护封建统治。

1.皇帝对官员的监督与上下级之间的相互监督

首先,秋审制度的存在,方便了皇帝行使死刑的最高裁决权,以达到对司法的有效控制。对于死刑案件,杀还是不杀,最终都要皇帝裁决才发生法律效力。司法的最高权力由皇帝行使,可以起到监督、约束下属的作用。

其次,列入秋审的每一件案件要求督抚"专案具题",缮造黄册以备皇帝浏览。皇帝通过题本、黄册了解官员的"治讼",认为存在错误的,完全可以颁发谕诏改正,同时对于那些"治讼"不严、有误的官员可以降罪处罚警示。在这样一种由皇帝最终裁决的模式下,办案官员为了不让皇帝抓到把柄,不受斥责,不受降罪,会更加尽心尽力地去审理案件,使案件在最大程度上达到公正合理。皇权对办案官员公正办案起到了威慑作用。如档案记载,乾隆二十二年(1757),官犯杨颧侵扣娄赃一案,三法司原来拟定的是"缓决",但是乾隆认为太轻应当改"情实",三法司除了立即遵照圣旨改拟之外,还连忙上奏折请罪:"今奉圣主恩加训饬,如梦初醒,惊惧战栗,心魂失措,虽方死不足以自赎。乃蒙皇上天恩,不加治罪,仅交部从重严加议处。返躬局脊,感激惶愧。实无地可以自容。谨将杨颧一犯改拟情实,恭缮黄册,另本进呈。"②皇帝以最高权力者的身份监督官员办案,纠正官员错案的同时,也对其形成极大的警示作用,令其认真办案,不冤错也不放纵。从杨颧案中我们也可以看到司法实践中存在着普遍的官官相护现象。乾隆皇帝也意识到了这个问题,并采取特殊措施,以密谕方式进行办理,防止官员相互勾结。保证了具有身份的罪犯案件的公正公平。

---

① 《六部处分则例》卷四八。

② 档案《刑部案卷》78 号。

当然纠正案件失误并不只是皇帝一人的事，其他官员也有权监督下一级的办理情况，这过程相当重要，不少秋审冤案就是通过上级对下级监督的方式得以纠正的。下级将案件呈报给上级，这个时候上级就有责任和义务对下级案件办理的正确性进行复核。认为案件事实认定不清楚、证据不确实充分，则发回原审地方衙门重新审理。所以下级为了不使案件发回重审，增加工作的负担与反复性，会在审录的时候更加谨慎，尽力查明案情。此外改判也是监督纠错的一种方式。乾隆十四年（1749）就曾谕："军机大臣等联阅四川省秋审招册内缓决之案，经九卿改拟情实者八起，九卿所改甚是。"[①]上级官员对下级的案件审判之后认为所判结果有误的也可以在查明案情的基础上进行正确的法律适用，改拟判决。在这种单项法律体制中上级对下级的监督是保证案件正确性的最主要的方式。清朝作为中国古代法律的集大成者，其法律制度相较于其他朝代自然是更加完善的，从其反向监督中可以看出。在逐级审转复核的过程中，其在保证上级对下级规制的同时，还在一定程度内规定下级司法官吏可以逆监督，当下级官员认为上级依仗手中权势混淆案件时可以直接向中央三法司进行检举，以此来防止上级官吏借势压制下级官吏，剥夺司法的公正性。

2.秋审中官员的职责规定与失职追究

清代秋审对于各级办案官员的职责都作了明确的规定。如大清律例规定：州县一级官员要负责秋审案件的造册，并且要在规定日期送交刑部，"各省每年秋审，臬司核办招册"[②]。各级官员都要将其所承担的职责予以落实，违反职责的将受到责任追究。无论从对成文律例的遵守还是从对皇权的绝对服从与尊重而言，都要求司法官吏必须严格依据律例和皇帝的旨意审理和裁判案件，否则就是违法或者犯上。[③]失职追究，要求造成司法案件错误的官员对其行为承担责任，接受惩罚。一套严密的官员追责制度，能够督促官员

---

① 《清高宗实录》卷三四八。

② 《大清律例》卷三七《刑律·断狱下·有司决囚等第》，乾隆二十六年条例。

③ 参见李燕：《清代审判纠错机制研究》，中国政法大学出版社2008年版。

认真履职、谨慎办案，更好地保障法律的权威，保证判决的准确性。

在清代对司法官员的追责体系根据违法行为所违反的法律的性质分，可分为刑事责任、行政责任；根据追责的事由分可分为不能依照法律裁判的责任，出入人罪的责任以及审案不实的责任等几类。如《大清律例·刑律·断狱》第415条规定："凡（官司）断罪，皆须具引律例。违者，（如不具引）笞三十。若（律有）数事共（一）条，（官司）止引所犯（本）罪者，听（所犯之罪止合一事，听其摘引一事以断之）。其特旨断罪，临时处治不为定律者，不得引比为律。若辄引（比）致（断）罪有出入者，以故失论（故行引比者，以故出入人罪全罪及所增减坐之；失于引比者，以失出入人罪减等坐之）。"①在秋审的层层复审中，该法律条款的规定可以约束司法官员的行为，防止其臆断，防止结果的做出毫无法律依据，使得每件秋审案件的做出都严格依照法律条文。

有关"出入人罪"方面的规定，如清仁宗嘉庆四年（1799）规定："各省勘拟秋谳，除失入仅一、二案者，仍毋庸议外，如失入至三案者，将臬司巡抚降一级调用，加级不准抵销。四案者，降二级调用；五案者，降三级调用。如过此数，以次递加。"②上述规定表明了司法长官如对秋审案件所审定上报的处理意见，与后来秋审的结果有出入，超过一定案数，要受到降级调任的处分。③对于承办案件的官员在审理中不尽职，最后导致案件真相未查明，根据该案件经历的审级，各级办案官员都要受到行政追责，责任的大小则是根据案件的轻重来定。秋审案件属于死刑监候案件，罪行的严重程度仅次于立决案件，所以若是列入秋审的案件存在审案不实的情况，办案官员将受到较为严厉的行政处罚。清代如此严格的责任追究制度，特别是对于秋审案件的追责更为严厉，有助于官员在责任压力的促使下，提高秋审案件办案质量，减少冤假错案的发生，维护法律的正当性。

---

① 《大清律例》卷三七《刑律·断狱下·断罪引律令》。
② 《大清律例增修汇纂大成》"死囚复奏待报"卷三七，《秋审实缓错误》。
③ 陈光中等：《中国古代司法制度》，群众出版社1984年版，第162页。

四、秋审制度体现了程序的合理性

秋审是中国古代死刑复核制度发展的巅峰。虽然对于死刑犯最终的处理要经过层层复审，但是秋审制度在实践过程中"形式大于实质""走过场"的现象历来为人诟病。无论是从州县将案件招册送往府、省，还是在刑部内部几个部门间的快速流转，又或者是秋审大典，这都是较为敷衍的流水线生产模式。特别是"秋谳大典"，在一天之内，要处理全国这么多省辖区内一年中所有的死刑案件，更不要说还剩下上一年秋审未解决的一部分缓决案件。岂是一天能完成的，大多的都是在走过场。连清代官员自身都对秋审之制颇有微词，认为秋审程序刻板，礼节烦琐，存在形式主义和文牍主义的弊病，并无多少实质意义。早在秋审实施的过程中，清代人就已经提出了类似的观点。如雍正九年（1731）六月廿九日，署河南巡抚、布政使张元怀上奏："夫既不能详阅细讯，则不过点名过堂，虚应故事，是有审之名而无审之实。"①同年广东布政使王士俊奏陈："即间有讯问，囚无异词，从未有案经秋审而与原招相悖者"②。乾隆年间的阿斯哈更为尖锐地指出："是秋审一事，直为犯人过堂之地，于公事毫无实济"③。虽然三者都是外省官吏，但此状况绝对不是个别地方的特殊现象。又如宪政编查馆："在未律令者，固难置一词，即稍明法理者，亦难于断定。是以朝审覆核，大臣及九卿驳正者恒不多见，久同虚设。外省督抚布政司各道之与秋审者，更不过随例公坐。其临时改定罪名者，亦罕所闻，实于刑名鲜有裨益。"④

从以上各方对秋审的评价可知，秋审在实际运作中存在着"走过场"的

---

① 《宫中档雍正朝奏折》第十八辑，雍正九年六月廿九日，署河南巡抚、布政使张元怀《奏陈地方办理秋审案件宜慎重折》，第 475—478 页。
② 《宫中档雍正朝奏折》第十九辑，雍正九年十月十二日，广东布政使王士俊《奏陈改革地方秋审事宜折》，第 20—21 页。
③ 《宫中档乾隆朝奏折》，第十二辑，乾隆二十年八月初三日，第 245—246 页。
④ 《政治官报》宣统二年三月十八日第八百九十四号，《宪政编查馆奏核覆修定法律大臣奏变通秋审覆核旧制折》。

情况。因此有人认为秋审实际上是多此一举，并无存在的必要。其实这样的说法也不无道理。在秋审大典之前，监候案件已经经过初看、覆看、总看、覆核、司议、堂议等多项程序，每个案件经办的官员前后竟有数十人之多。各案早在上班之前都已议定标明实、缓、可矜，并附上理由了。显然，秋审大典的意义已经超出了司法审判，或者说司法功能的秋审其实在秋谳大典之前就已基本完成。秋审大典的功能其实在其仪式性。无可否认，秋审制度的形式意义是必需的，秋审大典使得国家判处死刑有了正当依据、名义，回答了官员对于国家是否具有实行死刑权力的疑问，构建了清代国家死刑权威。

1. 秋审程序设计的合理性

秋审制度的运行分地方与中央两部分，在地方的审级就可划分为三级。州县一级为基层审判机构，负有对死刑案件的侦查、勘验等职责。在造册初审结束后，要将案件移送至府。府为二级审判机构，需要核实死刑案件的事实、证据，进行再次全案审理。地方审级设置的终端是在省会审。先由臬司审理，再经督抚复核审判，对死刑案做情实、缓决、可矜、留养等分类处理，具题上奏。从中央级别的审录工作来看，刑部在收到各省的正式题本之后需看详、核拟，之后举行秋审大典，大典结束后还需皇帝的勾决，秋审程序才算最终完成。从这繁复的审级设置中，我们可以认识到统治者对死刑的重视，不同层次多次审理，可以减少发生冤假错案的概率。所以说在程序的设计上是较为合理的，不怕繁复，极力以程序的公正来保证实体的公正。

秋审的审理的过程中为何需要如此多的官员参与？首先，由于我国古代的司法依附于行政的情况下，选拔的官员法律知识有所欠缺。此时书吏、幕僚等就起到了关键的作用，他们帮助审判官员了解案情、证据，适用法律，提出建设性的意见。这种行政官员主审，幕僚等辅助的形式，在一定程度上保证了法律适用的正当性，限制了判决的随意性，从侧面反映了慎重用刑。其次，随着审判级别的上升，进入到案件审判程序的官员逐渐增多，多人参与会审，共同分析案情、认定证据，集体审理研究。这种多人会审的方式不仅可以防止某些官员独断专行，剥夺案犯权利，还有助于集众人之智慧较快地理清案情，做出处理，弥补某些官员知识和能力上的缺陷，保证案件办理质量。

秋审的审理方式上以言辞审理为主，书面审理为辅。在地方三级衙门一级复一级的审理复核时需要将案犯由州县牢狱押解至省级监狱，并在开堂时将其带至堂上，使自觉受冤的罪犯能够申诉伸冤，保证死囚的参与性，可以在某种程度上保障罪犯的诉讼权利，可以提高案件的审判质量和避免冤案的产生。时至今日，仍然可以考虑借鉴秋审的有关运作，形成以开庭言辞审理为主，书面审理为辅这样一种死刑复核的审理方式。对于案情重大、有争议的案件，采开庭审理方式以保证公正性，最大限度地降低误判的可能性，把好最后一关，确保案件经得起时间的检验，以程序的公正来促进实体的公正。由于古代交通不发达，而且中国地域又非常辽阔，将所有刑犯都解送到省城或京城难度很大，清朝统治者充分考虑了这个情况，制定了灵活的审录方法。秋审有关条例允许在省、州、县三者之间采取灵活结合方法，离省府较远的人犯不用解送。在中央与地方之间也是如此。为解决人犯不到堂审理的问题，清朝采用书面审理来对言辞审录进行有效的补充。秋审复审启动的自动性，从州县到省，死刑案件的呈送都是由审理机关根据法律自行启动的，无须经被诉人提出申诉等，最大限度地保障生命权，保证案件的处置得当。

2. 秋谳大典构建了清代国家死刑权威

秋谳大典的仪式性表现在多方面：在时间上，秋谳大典的举行时间为每年霜降后十日，当然这个时间也并不是完全确定，不可变的，需要由钦天监观测天象，挑选吉日，看天行刑；再看勾到的日期，也需"等至霜降以后，奏请钦天监选定分定勾到日期"。① 朝审勾到的具体日期一般晚于地方的秋审的勾到日期。地方秋审在冬至前六十日勾到，而朝审的勾到则于冬至前十日，如遇停勾，次年则于冬至前五日。在空间上，秋谳大典的举办地点一般上是固定不变的，位于金水桥畔西朝房内，之前秋审是露天举行的，雍正

_____

① 吉同钧：《新订秋审条款讲义·序》。

十一年（1733）朝廷令工部每年八月在金水桥西搭盖芦席彩棚一座，供九卿围坐商酌；对于情实案犯的勾到地点，主要是在紫禁城的懋勤殿，但往往也会随着皇帝所处的位置而发生转移，勾到地点的变化反映了皇帝政务活动区域的变化；在过程上，秋谳大典的举行过程中，各部官员按次列坐，座席、朝向都有严格的安排，接着由刑部将一年内各省上报的死刑监候案件逐一唱报。此外，如勾到仪式中物品排放的位置、人员站立和走动的路线、需要做的动作都不是随机的，整个仪式是由许多事先预设的程序组成，而且物品颜色、摆放方位还有人员的动作都极具象征意义。虽说仪式性为人诟病，但这并不意味着秋审仪式就没有意义。首先秋审的举行时间为秋季，这正符合了顺时行刑的思想。《左传》襄公二十六年记载："古之治民者，劝赏而畏刑，恤民不倦。赏以春秋，刑以秋冬。"这就是说：古代治理百姓的方法，是要劝人追求奖励而畏惧刑法，要不停地抚恤百姓。要在春夏之季进行奖赏，在秋冬的季节执行刑措。春夏是万物滋育生长的季节，意味着生命的不息，代表着"阳"的一面；而秋冬事物凋谢，生命进入衰败的周期，阴气旺盛。在秋季举行大典顺应了世间万物生长的规律。此外，秋冬行刑是从汉代开始就已经存在，经过唐宋等几个时期的发展，到了清代被作为一项制度规定正式确立下来。作为一项制度必定存在一系列的程序，其也必定逃不开仪式上的约束。

在中国文明史发展的初期，"天"的观念就已经在人们的思维中占有很重要的地位。"天"在人们的思想中被认为是万物的最高主宰和本原。这种"天道"观被统治者用来解释行使政权、适用法律的最终依据。《尚书·皋陶谟》："天讨有罪，五刑五用哉。"刑罚来自天，人只是根据上天的授权而行使刑罚权。即所谓的"天讨有罪"，"恭行天之罚"。所以国家、天子之所以能对人进行生命权的剥夺与上天存在着莫大的联系。自古以来，刑罚、诉讼都被认为是"凶事"，《周易·讼》有云："讼，有孚窒，惕中吉，终凶"，更何况死刑这一极端的刑罚。而且鬼神之说不绝于世，使得官员们不敢去按照法律规定判处案犯重刑、死刑。清代司法中存在着严重的"失出"现象，作为最高统治者的皇帝往往会降旨斥责办案官员沽名钓誉，有甚者会受到行政处罚，但即使是这样，"失出"现象也没有减少，反而愈演愈烈。究其原因，除了清代对于"失入"的惩治后果较"失出"更为严重外，更重要的是官员的心理因素。佛家常说"上天有好生之德"，"救人一命胜造七级浮屠"，与判人死刑，招致凶事或者招致冤魂索命相比而言，官员们自然更趋向于"救生不救死"，在自己的职权范围内网开一面，给人一线生机的同时也给自己积德。善有善报，恶有恶报，在报应观的影响下，办案官员的恐惧心理极大地主导了他们的审判行为，他们对案件的轻判也就有迹可循了。此外，秋审案件需要经过多重审理，下级官员即使是轻判了也有上级可以重审改判。这也就是下级官员缓解判决所带来心理压力的方式，将本应判处死刑的案件上移，将难题抛给上一级处理，同时也将道德责任转移给了上级。这样一级复一级，各级官员为了自身的心理安宁，判生不判死，最终将死刑的道德责任都归结于皇帝一人，皇帝也承受了各级官员的心理压力。但是下级官员还有上级可以推脱，皇帝作为司法的最终端该如何去缓解这个压力，该如何去承受这么多死刑的道德责任。这时候秋谳大典也就发挥其应有之作用了。

如上文所述刑罚是"天"才有的权力，而古代皇帝一直都标榜自己是天之子，是天的代言人，是根据天的授权而对百姓实施管理的，是"奉天承运"的，因而他也具有代天刑罚的权力。秋谳大典在其中就扮演了一个平台、桥梁的角色。秋谳大典顺天行刑，钦天监观测天象了解"天"的旨意，在上天认为恰当的时候，对死刑监候犯做出符合天意的处理决定。所以皇帝对情实案犯勾决是顺从"天"的意思，是根据上天的要求，是上天予以确认的。这样不仅皇帝的道德责任由天承担，消解了心理压力，同时在迷信的古代社会，以天之名施行死刑，使得死刑有了权威，使老百姓信服。由此可以看出举行秋谳大典的真正目的并非再次对案件进行全面审查，毕竟在一天之内处理了如此庞大案件量是根本不可能的，其真正的目的是取得国家死刑的正当性，借用"天"的名义，构建权威。至此秋审制度的仪式意义也就不言而喻了，即使再形式化，其存在的正当性也无可否认。

第六章　清代司法检验制度

自先秦以来，传统司法检验制度经过数千年来的发展，逐渐形成了一套独具特色的体系。直至清代，鉴于当时政治、经济及社会制度并无重大变化，这一司法检验体系仍然在有效地运转。即使在鸦片战争以后清政府统治的最后七十年中，清代原有的司法检验制度在全国范围内仍然照旧施用。清代司法检验制度作为传统司法检验制度的最后代表，不仅承继了前代司法检验的规章制度和技术手段，而且有着自己的独特之处。

清代司法检验的制度规章在前代的基础上，采用了不断纂修条例的方法进行补充和完善，从雍正年间到道光年间增定有关司法检验制度的例文多达二十一条。这些条例是对《大清律例》"检验尸伤不以实"条的详细补充，不仅在检验人员、检验程序、检验报告的填写、检验用具等方面都有明文规定，而且第一次对检验人员"仵作"的编制、考核奖惩办法有所规范，使仵作的身份得到官方的认可，成为法定的检验人员，在司法检验实践中发挥着不可替代的作用。

从技术层面来看，清代围绕着以官订检验用书《律例馆校正洗冤录》为中心的知识体系，形成了尸骨检验、活体检查、现场勘验以及物证检验四类取证技术综合运用的模式。尤其是随着清代官颁检骨图格的创制，检骨方法的推广，以及姚德豫、许梿等人根据个人在司法实践中对人体骨骼的直接观察，使得清人对人体骨骼的认知水平不断提高，检骨技术比起前代有了长足的进步，标志着传统司法检验技术在清代达到顶峰。清代司法检验制度沿着古代司法检验制度的轨迹一路发展而来，成为传统司法检验制度的集大成者。深入探讨清代司法检验制度是今人观察、借鉴中国古代司法文明的重要途径。

第一节　清代司法检验人员

清代州县衙门从事司法检验的人员主要包括检验的主持者和检验的实践者两大类。具体来说，司法检验的主持者既包括州县正印官，也包括正印官的僚属；司法检验的实践者为专职检验人员仵作，以及兼职检验人员刑房书吏、刑名幕友等，呈现了司法检验人员构成的多元化特征。

一、司法检验的主持者

清代州县地位非常重要，所谓"天下治权始于州县"[1]，"万事胚胎，皆由州县"[2]。州县既是国家行政建制中最基层的单位，也是最基层的司法机关。州县官（知州、知县）即州县的"正印官"（印信掌握官）或"正堂"（官衙正堂主持官）虽然品秩较低，但他们在地方行政司法中扮演着非常重要的角色，由于行政与司法不分，司法同样没有审检分立的概念，州县正印官兼具警察局长、检察官、法官和典狱长等多重身份。除了维护社会治安与征收赋税这些职责外，司法工作成为评估州县官政绩的重要依据，司法检验成为州县官的司法职责之一，并且他们充当着司法检验主持者的角色。

---

[1]　《皇朝经世文编》卷二三。

[2]　郭成伟主编：《官箴书点评与官箴文化研究》，中国法制出版社2000年版，第159页。

作为基层的司法官吏，一旦案件控告到州县衙门，便开始了案件审理的各项程序，州县官需要处理包括批词决定是否受理该诉讼、传唤、拘提或缉捕被告到案、勘查犯罪现场，检验尸伤、向上级衙门通禀或通详案情等各项事宜。由于对犯罪事实的认定在案件审理中占据相当重要地位，直接影响着案件的审理结果，因此主持司法检验成为首先接触犯罪现场的州县官的最重要的司法职责。俗语说"人命关天"、"强盗必除"，清代州县衙门对命盗重案的处理十分重视。清律所附例文要求，"凡人命呈报到官，该地方印官立即亲往相验。"①《吏部处分则例》规定："地方呈报强劫盗案，责令州县印官，不论远近，无分风雨，立即会同营汛飞赴事主之家。查验前后出入情形，有无撞门毁户，遗下器械油捻之类。事主有无拷燎捆扎伤痕，并详讯地邻更夫救护人等，有无见闻影响，当场讯取确供，俱填注通报文内。"②当发生斗殴案件时，清律规定如果被害人因伤重而不能随意挪动时，不许扛抬赴验，检验官须亲临现场主持检验，"凡京城内外及各省州县，遇有斗殴伤重不能动履之人，或具控到官，或经拿获，及巡役地保人等指报，该管官即行带领仵作亲往验看，讯取确供，定限保辜，不许扛抬赴验。"③可见，按照清代律例的要求，当发生人命、强盗、斗殴等刑事案件时，按到报案后辖区州县正印官必须立刻赶往现场主持检验工作。

州县官亲临案发现场主持司法检验，其职责之一是当受害人家属对验尸报告提出异议时，州县官有义务向他们出示《洗冤录》并根据该书给当事人作出合理解释，从而"折服刁徒"。④所以，通常在验尸时，州县官会带一本被清代官方认可的司法检验的指导手册《洗冤录》，所以研读《洗冤录》成为州县官熟悉和掌握司法检验方法和技术的重要手段。州县官亲临现场主持司法检验的职责之二是监督仵作、刑书等司法检验实际操作者的检验活

---

①　张荣铮、刘勇强、金懋初点校：《大清律例》，天津古籍出版社 1993 年版，第 643 页。

②　《钦定吏部处分则例》卷四一，《贼盗上》"查验被盗情形"。

③　张荣铮、刘勇强、金懋初点校：《大清律例》，天津古籍出版社 1993 年版，第 475 页。

④　郭成伟主编：《官箴书点评与官箴文化研究》，中国法制出版社 2000 年版，第 218 页。

动，尤其是事关前程的命案检验。田文镜曾在《钦颁州县事宜》中告诫地方官："传集仵作、刑书，单骑减从，亲往相验，切勿差催搭棚等项，亦不可任仵作、刑书远离左右。"① 在仵作验尸喝报完毕，凶器查点清楚后，地方官还必须亲验一番，"亲验无异"并查对刑书填录的《尸格》后，才让仵作甘结"不致增减，遗漏伤痕"。② 勘验时"其书差一切夫马饭食俱系自捐，且所带之人令其在舆案前伺应，不许钻前落后"。③ 可见，仵作与刑房书吏的司法检验活动被地方官严加监管。

但是，掌握州县司法大权的正印官不可能事必躬亲，往往无法按照律例要求亲临案发现场主持司法检验。为了避免由于初验迟滞致使尸身发变、伤痕模糊，覆检时又使死者遭受蒸刷之惨，并造成案件迟延不结的情况，早在雍正十三年（1735）广西巡抚金鉷就曾上奏朝廷提出解决办法，建议当州县正印官公出在外时，令州县僚属官员"佐贰"代为检验。乾隆三年（1738），甘肃按察使包括（人名）针对甘肃的具体问题再次上奏，当州县正印官公出在外，由佐贰立往相验，如果州县无佐贰时，遇有人命案件允许州县僚属官员"吏目"、"典史"代验，并填写伤单。此办法经刑部议准后，奉旨依议钦遵在案。④ 后在乾隆五年（1740）及乾隆十二年（1747）云南巡抚张允随、贵州按察使介锡周又根据云南和贵州的特殊地理位置和气候状况，要求除州县正印官以外，其他州县僚属官员也可以参与司法检验工作。⑤

---

① 郭成伟主编：《官箴书点评与官箴文化研究》，中国法制出版社 2000 年版，第 117 页。

② "亲验无异"、"仵作不致增减，遗漏伤痕结甘"是清代人命案尸伤检验的套话，基本上每一人命案都有此话。例如，发生在嘉庆二十三年（1818）十二月初五日的一起服毒身亡案中，当仵作验尸喝报完毕，地方官仍需"亲验无异，当场填注图格，取具仵作不致隐漏伤痕，及尸亲人等各允结附卷，尸令棺殓"。参见第一历史档案馆：《顺天府全宗档案》，胶片 86-28-4-202-039。

③ 《官箴书集成》第六册，黄山书社 1997 年版，第 188 页。

④ 中国第一历史档案馆：宫中朱批奏折"奏为甘肃省地方辽阔命案相验迟滞如遇自尽等命案请准令吏目典史查验事"。档案号：04-01-01-0031-032。

⑤ 中国第一历史档案馆：宫中朱批奏折"奏为命案验尸因地援例敬陈管见事"。档案号：04-01-26-0002-022。

几经各省大臣奏议之后，当遇到境内同时发生几起人命案件，或者案件告到衙门时州县官正好因公外出，而检验工作又不允许拖延的情况下，清代律例中最终规定了由相关人员代替州县正印官主持司法检验的几种特殊处理办法。

第一，由邻邑印官代验。"地方呈报人命到官，正印官公出，壤地相接不过五六十里之邻邑印官，未经公出，即移请代往相验。"①

第二，由州县助理官代验。"地处遥远，不能朝发夕至，又经他往，方许派委同知、通判、州同、州判、县丞等官，毋得滥派杂职。其同知等官相验，填具结格通报，仍听正印官承审，如有相验不实，照例参处。"②又据《吏部处分则例》规定：遇有强劫盗案时，"失事地方印官公出，该佐贰捕官一面会同营汛先行勘验查缉，一面申请邻境印官复加查验。"③

第三，由书吏首领官代验。"凡黔、蜀等省遇有命案，其府、州、县原无佐贰，及虽有佐贰而不同城者，印官公出，准令经历、知事、吏目、典史等官，酌带谙练仵作，速往如法相验，写立伤单报明，印官回日查验填图通报。"④

第四，由巡检代验。"凡各省州、县同城并无佐贰，邻封窎远地方遇有呈报人命，印官公出，如原系吏目、典史分辖地方，即日可以往返者，仍饬吏目、典史验立伤单，申报印官覆验。其距城遥远、往返必须数日处所，该吏目、典吏据报，一面移会该管巡检就近往验，填注伤单，一面申请印官覆检通报，如印官不能即回，即申请邻邑代验通详。"⑤

---

① 张荣铮、刘勇强、金懋初点校：《大清律例》，天津古籍出版社1993年版，第644页。
② 张荣铮、刘勇强、金懋初点校：《大清律例》，天津古籍出版社1993年版，第644页。
③ 《钦定吏部处分则例》卷四一，《贼盗上》"查验被盗情形"。
④ （清）吴坛撰，马建石等校注：《大清律例通考校注》，中国政法大学出版社1992年版，第1102页。
⑤ （清）吴坛撰，马建石等校注：《大清律例通考校注》，中国政法大学出版社1992年版，第1102页。

因此，发生人命、强盗等重大刑事案件后，如果州县官因公外出时，那么邻近地区的某个州县官将会代替他主持检验工作；只有在邻近州县官往返路途遥远或也因公外出时，州同或县丞这些州县助理官才有可能被指派代理检验任务。在贵州和四川等未设州同、县丞或州同、县丞与州县官不驻同地，并且是邻近州县官距离太远的地方，才有可能授权典史或吏目之类书吏首领官代表缺席的州县官现场勘验。如果案发地点太远，典史或吏目无法一日内往返，这时允许巡检主持勘验工作。通过这些规定，基本解决了州县境内同时发生几起命盗重案急需司法检验的问题。

当然，除非迫不得已，地方州县官并不愿意将调查勘验事务委托给僚属官员，原因是"地方官担利害，莫如验尸。盖尸一入棺，稍有游移翻供，便须开检。检验不实，即干吏议，或致罪有出入，便不止于褫职"。① 另外，"两造报告伤，多先嘱托仵作，故仵作喝报后，印官犹必亲验，以定真伪。佐杂则惟据仵作口报而已，何足深信"。② 一方面州县官考虑到自己的仕途升迁，另一方面是由于对佐杂官吏缺乏信任，"他们可能接受贿赂，或者因为他们没有足够的威信获得百姓敬重，还因为百姓更愿意接受州县官的审判。"③ 因此，清代州县正印官仍然是主持司法检验工作的主要官员。

二、司法检验的实践者

进行司法检验要求具有一定专业技术和实践知识，而且司法检验的具体

---

① 郭成伟主编：《官箴书点评与官箴文化研究》，中国法制出版社 2000 年版，第 217—218 页。
② 郭成伟主编：《官箴书点评与官箴文化研究》，中国法制出版社 2000 年版，第 217 页。
③ 瞿同祖著，范忠信、晏锋译，何鹏校：《清代地方政府》，法律出版社 2005 年版，第 26 页。

工作既脏又累，对于那些仅仅饱习文章经史并无实践经验的州县官而言，顺利完成检验工作有些勉为其难。因此，清代司法检验的实际操作一般由州县衙门定额设置的专门从事检验差役的仵作担任。雍正六年（1728），朝廷正式规定了仵作的定额，"州县大者三名，中者二名，小者一名，此外再各召募一二名跟随学习，预备顶补，工作三年无弊，免其本身徭役，依州县事务之繁简分等赏银"。① 为了提升仵作的专业素质，《大清律例》中专门规定了仵作的学习与考试制度，每名仵作"给发洗冤录一部，选委明白刑书一人，与仵作逐细讲解。每年开印后，该州县将额设学习名数，造具花名清册申送该管府、州，汇册通送院司存案。该管府州，每年随时就近提考一次。考试之法，即令每人讲解洗冤录一节。如果明白，当堂从优给赏；倘讲解悖谬，饬令分别责革及勒限学习，另募充补。"②

另外，在仵作的工食待遇方面，清例规定："至仵作工食，每名拨给皂隶工食一分，学习者两人共给皂隶工食一分"，③ 具体薪俸数目，正式仵作"给发工食月各一两，如三年无过，月各二两"；④"在京五城司坊，每城额设仵作一名之外，各添设额外学习仵作一名，令该巡城御史召募考试充当。其工食照额设仵作减半赏给，每名月给工食银五钱，由户部支领，以资养赡"。清代改变了前代对仵作只罚不赏的规定，对于"暧昧难明之事"，如果仵作"检验得法，果能洗雪沈冤"，还有额外赏银十两。⑤ 从而确保仵作奉公守法安心从事检验事务，稳定仵作队伍。

清代司法检验的实践者中除了仵作，还有刑房书吏。在州县官外出勘验现场时，刑房书吏必须陪同，记录现场情况。凡涉及水利、田土、坟山界址、盗案的现场、赃证的起获等的案件呈报到州县官府后，初审州县官应

---

① 《清朝文献通考》卷二三，《职役考三》。

② 张荣铮、刘勇强、金懋初点校：《大清律例》，天津古籍出版社 1993 年版，第 645—646 页。

③ 张荣铮、刘勇强、金懋初点校：《大清律例》，天津古籍出版社 1993 年版，第 646 页。

④ 《钦定大清会典则例》卷一五〇。

⑤ 张荣铮、刘勇强、金懋初点校：《大清律例》，天津古籍出版社 1993 年版，第 645-646 页。

带领刑房书吏、皂隶亲往勘验；如果没有必要，则派刑房书吏前往会同乡保查勘。另外，在州县长官外出检验尸伤时，刑房书吏也必须陪同，并在尸格上逐一登记仵作喝报的尸体各个部位的具体状况。查阅清代地方司法审判档案，经常会发现判词中有一句套话，"随即单骑减从，带领吏仵亲旨某地"。①《大清律例》也要求："凡人命呈报到官，该地方官立即亲往相验，只许随带仵作一名、刑书一名、皂隶二名，一切夫马饭食，俱自行备用，并严禁书役人等，不许需索分文"。② 可见，仵作和刑房书吏是州县官亲临主持检验时必带的两类人员。仵作负责验尸喝报，刑房书吏则照报填录《尸格》。至于衙役等其他随从，其作用则是或者提前到达现场做好检验准备工作，或者在地方官出行时开道，协助维护现场秩序等等。

尽管仵作是《大清律例》中明文规定的专门从事司法检验的人员，专司验尸工作，但仵作也是民间约定成俗的贱民，他们出身卑微，大多没有接受过教育，目不识丁。虽然他们从殡葬从业者转化而来，比较熟悉尸体的体表特征，可是对清代司法检验的范本《洗冤录》并不能完全掌握，常常无法精确判断某一伤痕真正的致伤原因。正因如此，精通法律、熟悉律文，负责衙门里的大小刑事案件的刑名幕友有机会接触司法检验工作并积累大量的实践经验。刑名幕友不能以正式公开的身份代替地方官查验现场，他们名义上只能在幕后帮助幕主出谋划策，但是对于较复杂的案件，刑名幕友通过向地方官仔细询问踏勘时的具体情形，研读卷宗尤其是勘验现场的记录，弄清案情，协助断案。清代名幕汪辉祖在其回忆录《病榻梦痕录》中记载了一例发生在乾隆年间的命案，就是通过他仔细研读勘验笔录发现了被忽略的事实并协助主官顺利了结案件。③

---

① 第一历史档案馆：《顺天府全宗档案》，胶片 85-28-4-202-005；胶片 85-28-4-202-007；胶片 86-28-4-202-038。

② 张荣铮、刘勇强、金懋初点校：《大清律例》，天津古籍出版社 1993 年版，第 643 页。

③ 陈重业主编：《〈折狱龟鉴补〉译注》卷三，《犯奸下·平反逼嫁》，北京大学出版社 2006 年版，第 423—424 页。

第二节　清代司法检验程序

一、司法检验的启动

清代地方发生人命、斗殴等案件后，由尸亲、苦主或者案发地的地保、牌头、甲长、邻佑等人负责呈报，呈报人必须按照要求逐项据实报明，如有漏报、误报、瞒报等行为，呈报人承担刑事责任。黄六鸿在《福惠全书》中曰：

> 本境遇有人命，该庄地查明立时具呈报州县，注明某人于某日或系被某人谋死、杀死、打死、或现伤未死、或系与某人角口争闹、自己缢死、投河、刎死，身尸现在何处，务要逐项据实报明，不得含糊混饰。如有以轻作重、以真作假、或隐匿不报，迟至三日方报者，定将该庄地以受贿作弊重究枷责。①

如果是京师内城正身旗人以及香山等处各营房旗人命案，则"令本家禀报该佐领，逐报刑部相验。街道命案，无论旗、民，令步军校早报步军统领衙门，一面咨明刑部，一面飞行五城兵司指挥星往相验，逐报刑部"；如果是外城地方人命，则"不论旗、民，俱令总甲呈报该城指挥，该城指挥即速相验，呈报该城御史，转报刑部、都察院。若系旗人，并报该旗。"②

州县衙门接到呈报后，如果报词格式不符合规定或者报词有误，责令改正，"状稍与式不合，问明原告，或系错误，唤代书重责改正"③。经过审查后认为承状与官订格式相符，属于应予检验的案件范围，检验程序随即启

---

① （清）黄六鸿撰：《福惠全书》卷一四，《刑名部·人命上》"庄地呈报"，载官箴书集成编纂委员会编：《官箴书集成》第三册，黄山书社1997年版，第366页。

② 张荣铮、刘勇强、金懋初点校：《大清律例》，天津古籍出版社1993年版，第644页。

③ （清）黄六鸿撰：《福惠全书》卷一四，《刑名部·人命上》，"印官亲验"，载官箴书集成编纂委员会编：《官箴书集成》第三册，黄山书社1997年版，第366页。

动。从司法检验程序启动后至检验开始之前，州县官还要进行一些准备工作：首先，如果凶犯已经抓获，由州县印官带同前去案发现场；如果凶犯还未抓获，州县官会"立即出票，差老成妥役立限严拿"凶手，并提取凶器，然后星赴验所①。其次，需讯明案情。开始检验之前，应讯问尸亲、邻证、凶犯等人，查清案情。讯问的顺序依次是尸亲、干证和被告，"先问尸亲，因何起衅，何人用何物致伤何处，共有几人几伤，何人亲见。次问干证是否真情，再问被告是否相符"②。最后，州县印官带同仵作、刑书以及检验必备的物品，如朱墨、笔砚、纸张等物，亲身往验③。为了保证有效及时地检验，还需注意以下三个事项：

其一，"只要尸亲正原告与被告正凶犯及邻佑、庄头地方到在，便可相验。不必候状内人拘齐，若待拘齐，恐天气正值盛夏，身尸溃变，便难相验矣。"④

其二，"只严谕原差将正犯拿到即赴验所，其别犯干证，有一时不能齐者，令帮差随后拘来可也。"⑤

其三，"相验之时要听民便，不必多带闲役，致滋骚扰，不必搭棚，不用公案铺设，不许用原被等供给饭食，不许各役需索马钱。本官自备干粮，自带辟秽苍木甘松及塞鼻阿魏艾丸。所饮烧酒等物绝不一文花费原被两家。"⑥"如此办法，胥役不暇吓诈，其尸亲、事主心服，亦不忍逞刁

---

① （清）黄六鸿撰：《福惠全书》卷一四，《刑名部·人命上》，"印官亲验"，载官箴书集成编纂委员会编：《官箴书集成》第三册，黄山书社1997年版，第366页。

② （清）阮其新编撰：《重刊补注洗冤录集证》卷一，《检验总论》，浙江书局光绪丁丑孟秋版，第6页。

③ （清）黄六鸿撰：《福惠全书》卷一四，《刑名部·人命上》"印官亲验"，载官箴书集成编纂委员会编：《官箴书集成》第三册，黄山书社1997年版，第366页。

④ （清）黄六鸿撰：《福惠全书》卷一四，《刑名部·人命上》"印官亲验"，载官箴书集成编纂委员会编：《官箴书集成》第三册，黄山书社1997年版，第367页。

⑤ （清）黄六鸿撰：《福惠全书》卷一四，《刑名部·人命上》"印官亲验"，载官箴书集成编纂委员会编：《官箴书集成》第三册，黄山书社1997年版，第367页。

⑥ （清）黄六鸿撰：《福惠全书》卷一四，《刑名部·人命上》"印官亲验"，载官箴书集成编纂委员会编：《官箴书集成》第三册，黄山书社1997年版，第367页。

讹赖矣"①。

如果"该地方印官不行自备夫马，取之地方者，照因公科敛律议处。书役需索者，照例赃计，分别治罪。如故意迟延拖累者，照易结不易结例处分"②。

二、司法检验的步骤

一般而言，在清代除了法律所规定的免检案件以外，案件的初检是必经程序，覆检则是万不得已而为之的程序，并且对于一个案件不得违例进行三检。

《大清律例》规定："诸人自缢溺水身死，别无他故，亲属情愿安葬，官司详审明白，准告免检。若事主被强盗杀死，苦主自告免检者，官与相视伤损，将尸给亲埋葬。其狱囚患病，责保看治而死者，情无可疑，亦许亲属告免覆检。若据杀伤而死者，亲属虽告，不听免检。"③这条规定一方面说明了免检的前提条件，另一方面列举了免检的案件范围。

案件免检需具备尸亲、苦主提出免检请求，并且别无他故、情无可疑，以及官司详审明白两个条件。"所谓详审明白者，似宜亲诣尸所，相视情形，并讯取众供确凿，毫无疑义。如尸亲恳求免检，亦不防当场准结，以顺下情，仍一面通详立案。若甫经报官，忽递拦词，又或于中途拦验，则不可准行也。"④除亲属恳请后，再由官方决定的免检案件外，免检也可经过验前讯问尸亲等人，获得大致情况后，由官方直接决定，"遇告讼人命，有自缢、自残及病死，而妄称身死不明，意在图赖诈财者，究问明确，不得一概发检

---

① （清）刚毅撰：《牧令须知》卷一，《相验》，载官箴书集成编纂委员会编：《官箴书集成》第九册，黄山书社1997年版，第220页。

② 张荣铮、刘勇强、金懋初点校：《大清律例》，天津古籍出版社1993年版，第643—644页。

③ 张荣铮、刘勇强、金懋初点校：《大清律例》，天津古籍出版社1993年版，第643页。

④ （清）王又槐撰：《办案要略》"论详案"，载郭成伟主编：《官箴书点评与官箴文化研究》，中国法制出版社2000年版，第146页。

以启弊窦"①。

具体而言，免检的案件分为下列情形：

1. 免初检的人命案件：自缢身死及溺水身死两种自杀或意外死亡情况。王又槐在《办案要略》中对这条有所补充，特别指明"妇人轻生自缢、自残、投水、病毙，下身无伤者，取具尸亲免验甘结。"②例如，在宝坻县档案的上报公文中，就记载了一例赵朱氏投河身死后，其父母请求免检并取具甘结的案例，赵朱氏"下身据尸父朱添方、尸母朱杨氏禀称伊女下身并无伤痕，情甘具结，恳请免验等情，随取拦验甘结附卷"③。

2. 免覆检的案件：狱囚患病不治身死的案件；

3. 事主被强盗杀死也是免检案件，但这个规定过于简易，不尽合理，所以薛允升在《读例存疑》针对这条曰："被盗杀死，若不验明，将来获盗如何讯办？尔时例文简易，不似后来之纷烦，即此可见矣。"④

4. 路过官员病故亦可免检。"路过官员病故，有亲属同伴者，可无庸查验。无亲属者应验明通报，声说看明，实系病故字样，不必填格。应临时斟酌，不可拘泥也。"⑤

除了上面提到的免检案件之外，对于因杀伤而死的案件，一律不得免检。王又槐又补充曰："若告称谋故、殴死、服毒、跌伤及妇女因伤致死者，又当验明下身，以免日后诬指翻控。若男子，下身不论有伤无伤，从无免验也。"⑥

---

① 张荣铮、刘勇强、金懋初点校：《大清律例》，天津古籍出版社 1993 年版，第 642 页。

② （清）王又槐撰：《办案要略》"论详案"，载郭成伟主编：《官箴书点评与官箴文化研究》，中国法制出版社 2000 年版，第 161 页。

③ 中国第一历史档案馆：《顺天府全宗档案》，胶片 85-28-4-202-010。

④ （清）薛允升著，胡星桥、邓又天主编：《读例存疑点注》，中国人民公安大学出版社 1994 年版，第 864 页。

⑤ （清）王又槐撰：《刑钱必览》卷二，清嘉庆十九年刻本，第 9 页。

⑥ （清）王又槐撰：《办案要略》"论详案"，载郭成伟主编：《官箴书点评与官箴文化研究》，中国法制出版社 2000 年版，第 161 页。

与宋代司法检验制度相同的是，清代的免检程序也规定了"无凭免检"这种特殊的免检情况，即由于尸体严重腐烂造成检验困难，从而免除检验的情形。覆检时，"若尸经多日，头面胖胀，皮发脱落，唇口翻张，两眼突出，蛆虫咂食，委实坏烂，不堪措手，若系刃伤，他物拳手足踢，伤痕虚处，方可作无凭覆检"，如果由于他物、刀刃等致使骨头损伤的，就应该将尸体冲洗后再做仔细验看，并在验尸报告中说明致死原因，而不能随便作出"无凭检验"的结论①。

如果不属于免检案件的范围，就进入初检阶段。案件的初检，特别是人命案件的初检更为关键。所谓"人命重情，全凭尸伤定案。伤仗相符，供情明确，问疑始得乎平允"②。黄六鸿曰：

> 人命最重初验，其时尸未发变，伤痕好看。皮肉未破，则色或青黑紫赤长圆，而拳棍、砖石与跌磕之伤易验也。皮肉已破，则痕或平卷深阔长短，而刀斧鎗镰之伤易验也。原告报有凶器，以凶器与伤痕比对，而是否所伤易知也。以凶器与凶犯认看，而是否所持易明也。伤痕虽多，又必以致命为重，而致命之处是否凶犯之器所伤，而抵偿易定也。胡云相者略而检者详乎。但一经初验，其命案之真假，凶犯之抵填，与别有无漏网之正犯，大约俱于此时可见。矧凶犯之惊魂未定虚实，自吐真情，尸亲之命案方兴，变诈之机谋尚浅耶，不独此时宜研讯凶犯，若其中稍有推敲即原告亦宜细鞫，若初验之与初审既确，则后来之检不过循例印证而已。故鸿云人命以初时相验更为吃紧。③

因此，清代各级衙门非常重视案件的初检，要求检验官吏进行初检时，

① （清）阮其新编撰：《重刊补注洗冤录集证》卷一，《覆检》，浙江书局光绪丁丑孟秋版，第24页。

② （清）田文镜撰：《钦颁州县事宜》（一卷）"验伤"，转引自郭成伟主编：《官箴书点评与官箴文化研究》，中国法制出版社2000年版，第117页。

③ （清）黄六鸿撰：《福惠全书》卷一四，《刑名部·人命上》"印官亲验"，载官箴书集成编纂委员会编：《官箴书集成》第三册，黄山书社1997年版，第367—368页。

需遵循及时原则、亲往原则、减从原则及详尽原则。

首先，及时检验。为了防止各州县中命盗案件呈报到官后，"胥役视为奇货，先有干当衙役，作为前站，播弄是非，勒派规费，种种吓诈"的现象，要求"州县勘验命盗重案，总宜迅速，使原被不及商谋，则真情易得"①；

其次，亲往检验。检验官吏不仅要亲临案发现场，尤其对于人命案件的致命之伤一定要亲自验看，人体致命处包括"顶心、颐门、脑角额角、太阳、目眦、鼻山根、耳根、结喉、血盆、胞前乳胁、软肋、心腹、小腹、乘枕、谷道、阴囊、妇女阴户、乳傍"等②。

"检官亲验尸伤是第一要着。亲验则经目分明，自己放心。仵作不敢轻易作弊。凡伤或不能亲看，惟致命之伤抵偿在此断宜眼见，勿得避忌恶臭"。如果检验官吏只是"远坐香烟缥缈之中，而听其喝报也"，往往会给仵作留下可乘之机，"仵作受尸家贿买，造伤虚捏，以假为真。受凶家贿买，隐伤不报，以重作轻"，从而导致"生死俱含冤曲"。即使"嗣后虽亲身再检，或另委他官，别吊仵作，无如若辈铁例总以一检为定"③。对于非致命伤痕，因为关系到对伤者的保辜，检验官亦应慎重，不能随意委派佐杂进行检验，"验伤填单，例取保辜，何等慎重。或乃委之佐杂，不知两造报伤多先嘱托仵作，故仵作喝报后，印官犹必亲验，以定真伪。佐杂则惟据仵作口报而已，何足深信。且某伤为某殴，须取本人确供，辨其形势器物，万一伤者殒命，此即拟抵之据生前之供状，未明死后之推求，徒费犯供翻异案牍纠缠，率由于此则何如亲验之可恃也"④。

① （清）刚毅著：《牧令须知》卷一，《相验》，载官箴书集成编纂委员会编：《官箴书集成》第九册，黄山书社1997年版，第220页。

② （清）黄六鸿撰：《福惠全书》卷一四，《刑名部·人命上》"检验"，载官箴书集成编纂委员会编：《官箴书集成》第三册，黄山书社1997年版，第373页。

③ （清）黄六鸿撰：《福惠全书》卷一四，《刑名部·人命上》"检验"，载官箴书集成编纂委员会编：《官箴书集成》第三册，黄山书社1997年版，第373页。

④ （清）汪辉祖撰：《学治臆说》卷下，"生伤勿轻委验"，载郭成伟主编《官箴书点评与官箴文化研究》，中国法制出版社2000年版，第217页。

再次，减从检验。"检验尸伤，只带仵作、刑书各一名，差役二名，仆从一名。足矣"①；

最后，详尽原则。"印官于初相验时便须前后两侧周身详细看到，虽磕跌擦损之处，亦宜登记，以绝仵作日后增伤之弊。凡致命之伤要验得极真，于验完时，即令仵作将致命伤几处，磕跌擦损几处，逐一开明取结，以绝日后隐漏真伤，捏造假伤之弊。"②

至于初检的步骤，在中国第一历史档案馆所藏顺天府宝坻县刑房档案所记载的一例自缢身亡的人命案件③中有较明确的反映，初检过程从勘查现场开始，勘毕，紧接着就是两名仵作检验尸伤并当场喝报，验毕，再由州县官亲自验看，并当场填写验尸文件，然后取具仵作等人甘结附卷，最后命人盛殓尸身。④这个案例基本上反映了清代案件的初检过程，再结合黄六鸿在《福惠全书》检验篇中的论述⑤，可以将清代案件初检程序分为以下步骤：

第一，勘查现场。到达案发现场后，州县官按要求对案发现场进行勘查。勘查的内容包括案发地的地理位置、尸体所处位置、衣着状况等等。现场勘查完毕后，将尸体"移放平明地面，眼同尸亲地邻等，如法相验"⑥。

第二，准备物件。勘查完毕后，根据案件的性质和检验的要求，州县官将令乡保、庄头差土工搭建检验棚和官厂，作为检验场所。有些案件需准备火炕、地窖、灶厂等场所，还有雨伞、棉花、木炭、烧酒、酒精、桌子、凳

① （清）刚毅著：《牧令须知》卷一，《相验》，载官箴书集成编纂委员会编：《官箴书集成》第九册，黄山书社1997年版，第220页。

② （清）黄六鸿撰：《福惠全书》卷一四，《刑名部·人命上》"检验"，载官箴书集成编纂委员会编：《官箴书集成》第三册，黄山书社1997年版，第374页。

③ 中国第一历史档案馆：《顺天府全宗档案》，胶片85-28-4-202-005。

④ 不仅只是这一个案例，中国第一历史档案馆所藏宝坻县档案中有关自缢身死、投河身死、服毒身死、砍伤身死以及被车马轧伤身死的人命案件中，初检程序大同小异。

⑤ 参见（清）黄六鸿撰：《福惠全书》卷一四，《刑名部·人命上》"检验"，载官箴书集成编纂委员会编：《官箴书集成》第三册，黄山书社1997年版，第372-375页。

⑥ "将尸移放平明地面，眼同尸亲地邻等，如法相验"是勘验完毕后的必经程序。顺天府宝坻档案和巴县档案中，命案检验案例的记载均不脱此语。

子等物件。一般而言，如果是只做尸体检验，需要准备下列物件：

> 地方备顺风棚一座、信香火艾、荆芭苇席、土坑火池、土工四名、黄油新雨伞一把、木杠四根、棉被一床、木炭二百斤、尸图、酒糟十斤、纲连纸半刀，醋二十斤、大锅二口、烧酒十斤、瓮二个、水桶四个、蒜一个、糯米饭、苯箔、新棉花。①

如果需要做骨骼检验，则需要准备下列物件：

> 官厂一座（要朝南、标顺风旗）、洗骨厂一座（离官厂半箭地，下风）、土工四名、开火炕一道（长五尺宽二尺五寸、深三尺）和地窑一穴（长一寸五分、标骨用）、大桶两只、水缸二只、水木勺两把、大浴盆两个、竹洗帚四个、竹捞篱两个（捞骨用）、大锅二口（地灶就锅）、大蒸笼一架、铁条六根、铁钳两把、火锹两把、铁钯三把、箕斗一副（即拘斗）、鞋刷二把、篾簟四张、草席四张、草苫二条（浸湿蒸骨盖用）、剪刀四把（大、小）、小刺刀二把、铁寸金锁一把（锁骨桶用）、阔长板三块、新漆阔大门一扇、沙盆槌、丝棉四两、红绿线四两、粗麻绳六两、小白布二匹（包蒸骨）、红布一匹（包骨入桶）、围身布二丈、烧酒、酒精、酒、米槽、米醋、陈酒、香油、白盐、芝麻、姜、木贼草、苍术、甘草、白梅、鸡、鸭、肉白、皂荚、麻黄、松柴、细辛、艾葱、桑皮纸、大油纸、粗毛纸、白棉纸、荆川纸、大笔、徽墨、砚、香炉、烛台、炭灰、灰印、金钗、铜盆、锡壶、被絮、石灰、迷香、檀香、线香、粘米、糯米等。②

黄六鸿提到检验官检尸时应"先出牌，令搭棚厂。如尸已多日，须多备

---

① （清）白元峰撰：《琴堂必读》下，《验伤·检验应用物件》，道光二十一年芸香馆刻本，载杨一凡编：《中国律学文献》第三辑第五册，黑龙江人民出版社2006年版，第138—140页。

② （清）阮其新编撰：《重刊补注洗冤录集证》卷五，浙江书局光绪丁丑孟秋版，第27—28页。

糟、葱、食盐、白梅、醋等类，以为掩盖伤痕之用，但不可令差役借端需索"①；为了回避腐尸的恶臭，检验官需"至尸所宜坐上风，烧皂角、苍术、降香以辟恶臭，或用麻油擦鼻窍内，苏合香丸塞鼻，并略饮烧酒或口含生姜小片为妙。"②可见，糟、葱、食盐、白梅、醋、皂角、苍术、降香还有麻油、苏合香丸等物品都是检验官验尸时的必备之物。

第三，清理现场。"临检时，须出一高脚牌竖立验棚前，严禁闲人围看，拥挤喧哗，并尸亲等凌辱凶身。仍着皂隶二人巡风、驱逐闲人。敢有拥近场内者，扭禀重责。以尸场最宜肃静，以便仵作喝报明亮检官听真登填。"③

第四，严谕纪律。"检官到棚，向上风坐定，便唤仵作至案严谕。今日检验关系死生性命，汝须从公，用心细检，有伤据实报伤，不许模糊隐匿；无伤不许作弊，造伤妄报。致令死者含冤，生者负屈。明有王法，幽有鬼神，皆不饶汝也。仵作经官严谕，便知官府精明，自难作弊，稍有良心，亦当发现。自不忍作弊也。"④

第五，具体操作。如果是检验初死尸体，按四缝尸首法验尸，所谓"验初死之尸也，尸有四缝，验时须依后开次序看验。凡有伤损，即令仵作指定处所圆长斜正青黑分寸"⑤，然后由验官亲验无差后，再押解凶犯认明尸伤，并由尸亲干证等俱认。如果是久死之尸，程序就略显复杂。"若尸已溃烂，肉色难辨，必须用水冲洗污烂之处，肉色方显露。若伤处痕色不明，必剔开腐肉，验骨上自有血晕血荫等伤痕。但见何处伤痕，是何色道，及方圆长短

---

① （清）黄六鸿撰：《福惠全书》卷一五，《刑名部·人命中》"验尸"，载官箴书集成编纂委员会编：《官箴书集成》第三册，黄山书社1997年版，第382页。
② （清）黄六鸿撰：《福惠全书》卷一五，《刑名部·人命中》"验尸"，载官箴书集成编纂委员会编：《官箴书集成》第三册，黄山书社1997年版，第382页。
③ （清）黄六鸿撰：《福惠全书》卷一四，《刑名部·人命上》"检验"，载官箴书集成编纂委员会编：《官箴书集成》第三册，黄山书社1997年版，第372页。
④ （清）黄六鸿撰：《福惠全书》卷一四，《刑名部·人命上》"检验"，载官箴书集成编纂委员会编：《官箴书集成》第三册，黄山书社1997年版，第372—373页。
⑤ （清）黄六鸿撰：《福惠全书》卷一五，《刑名部·人命中》"验尸"，载官箴书集成编纂委员会编：《官箴书集成》第三册，黄山书社1997年版，第381页。

分寸，俱要仵作详细指定喝报，检官亲临眼看所报是否相同。随带凶犯看明，又令尸亲干证等看明。"①

第六，填格取结。填写尸格工作应由检验官完成。"检官依报，亲笔朱填尸格。格上虽不便轻填系何物所伤，然须度量与凶犯所持之器是否相合，与前初验之伤是否相同。此检更有无看出之伤，要辨是真是假。凡系致命处伤最要仔细看报，明白登填。"尸格填写完毕，为了防止仵作漏报、瞒报及混报行为，还需取具仵作甘结。在清代巴县档案中，就有一份在乾隆三十四年（1769）赵大淮通奸败露自杀案中仵作甘启荣出具的甘结：

> 仵作甘启荣结状
>
> 仵作甘启荣今于太爷台前与结状，为报明事。
>
> 验得已死赵大淮，问年一十八岁，身长四尺八寸，面色赤，两眼闭，口微开，舌出齿三分。致命咽喉下缢痕一道，斜长九寸，宽四分，深二分，紫红色，斜至左右耳后，直入发际。八字二寸五分不交，两手微握，两脚俱有如火灸斑痕。实系生前自缢身死，中间并无遗漏伤痕，甘结是实。②

这份甘结的内容几乎是对通详中检验内容的重复，却是清代检验中不可或缺的文件，检官"照尸格验填毕，随摘取仵作并无隐漏、扶同、混报甘罪结状"。取具仵作甘结的同时亦需取具尸亲、凶犯以及众邻甘结，"并尸亲、干证、在事人等照尸格后姓名花押。检官判日朱封带回。"③从清代宝坻县档案来看，尸亲、邻众的甘结，有时可以联合出具。

第七，殓埋尸体。填格取结后"尸着尸亲暂殓掩埋。"④对于身份不明的尸

---

① （清）黄六鸿撰：《福惠全书》卷一四，《刑名部·人命上》"检验"，载官箴书集成编纂委员会编：《官箴书集成》第三册，黄山书社1997年版，第373页。

② 四川省档案馆编：《清代巴县档案汇编·乾隆卷》，档案出版社1991年版，第88页。

③ （清）黄六鸿撰：《福惠全书》卷一四，《刑名部·人命上》"检验"，载官箴书集成编纂委员会编：《官箴书集成》第三册，黄山书社1997年版，第373页。

④ （清）黄六鸿撰：《福惠全书》卷一四，《刑名部·人命上》"检验"，载官箴书集成编纂委员会编：《官箴书集成》第三册，黄山书社1997年版，第373页。

体，"宜量明尸处四至，尸身系何处有伤，是何等伤痕，面貌有无印记疤痕，有无胡须，约略年纪老少，身体长短，所穿是何衣服，有无行李包裹兜肚银钱及文书字迹，是何处人民籍贯，逐项登记存案。仍出示晓谕，令尸主跟寻。其尸着地方掩埋，用木牌标记以上面貌、年纪、衣服、籍贯，以便尸主识认"①。

第八，检官回府。"同地方看守，检官起坐令带凶犯前行，防尸亲攒打。至衙门如人命果真，当堂将凶犯重责，收监。其余犯应收监仓者，分别投监寄仓。应取保者，取的保宁家，候具招拟起解。"②

案件经过初检以后，如果"印官初次亲验无差，犯证指供明确，则覆检亦可不必"③。因为往往在初检以后，就已经取得了案件的核心证据，没有必要再进行覆检。《大清律例》规定："凡人命重案，必检验尸伤，注明致命伤痕。一经检明，即应定拟"④。但是，"若尸亲控告伤痕互异者，许再行覆检，勿得违例三检，致滋拖累。"⑤可见，"尸亲控告伤痕互异"是进入覆检程序的先决条件。"覆检之事，皆因初验草率，一任吏仵朦报，受贿匿伤，致尸亲不服，哓哓告奸，始万不得已而用之"⑥，但覆检并不是任何案件的必经程序。

覆检官员仍需遵循初检程序中的亲临原则、及时原则，不同的是覆检程序中增加了回避原则，即原审官员及初检仵作不得参与覆检，须另派官员和仵作负责检验。"遇告讼人命，……其果系斗杀、故杀、谋杀等项当检验者，在京初发五城兵马，覆检则委京县知县；在外初委州、县正官，

---

① （清）黄六鸿撰：《福惠全书》卷一六，《刑名部·人命下·验各种死伤上》"验杀死无主之尸"，载官箴书集成编纂委员会编：《官箴书集成》第三册，黄山书社1997年版，第384页。

② （清）黄六鸿撰：《福惠全书》卷一四，《刑名部·人命上》"检验"，载官箴书集成编纂委员会编：《官箴书集成》第三册，黄山书社1997年版，第373页。

③ （清）黄六鸿撰：《福惠全书》卷一四，《刑名部·人命上》"检验"，载官箴书集成编纂委员会编：《官箴书集成》第三册，黄山书社1997年版，第373页。

④ 张荣铮、刘勇强、金懋初点校：《大清律例》，天津古籍出版社1993年版，第643页。

⑤ 张荣铮、刘勇强、金懋初点校：《大清律例》，天津古籍出版社1993年版，第643页。

⑥ （清）白元峰撰：《琴堂必读》下，《验伤》，道光二十一年芸香馆刻本，载杨一凡主编：《中国律学文献》第三辑第五册，黑龙江人民出版社2006年版，第114页。

覆检则委推官"①。

覆检步骤与方法与初检相同。覆检完毕后，检验官吏责令尸亲、地保或邻佑等人将尸埋瘗，并做灰印标记，防止日后再行检验。

第三节　清代司法检验技术

清代司法检验的技术，主要包括尸骨检验、活体检查、现场勘验以及物证检验。尸骨检验是针对人命案件的检验，其检验对象以尸体和人体骨骼为主，检验的重点在于查明导致当事人死亡的原因，以及由何人致其死亡，从而凭借尸图、尸格、骨图和骨格，并结合其他证据认定犯罪事实。活体检查则是针对斗殴案件的检验，其检验的对象是活人身体，检验的重点在于辨别伤势的轻重，并与保辜制度相结合，根据受害人伤势的轻重确定加害人应当承担的法律责任。现场勘验是检验人员对与犯罪有关的场所、物品及痕迹进行勘察，以便为尸体检验和案件侦破提供有力证据的侦查活动。相对于尸体检验而言，现场勘验仅居于次要地位，但却是司法检验中不可缺少的一个环节，其步骤与技术是尸体检验的重要配套措施。物证作为刑事诉讼中经常使用的一种证据，它对发现和揭露犯罪，查获罪犯有着不可替代的作用。因此，做好物证检验工作也是检验取证的重要组成部分。

一、尸骨检验与格图

对由于他杀、自杀以及各种意外事件等原因造成人身死亡的案件，在清

---

① （清）沈之奇撰，怀效锋、李俊点校：《大清律辑注》卷二八《断狱》，法律出版社 2000 年版，第 1034 页。

代有一套较为详细的办法对尸骨进行检验，其中既有对前代检验技术的承继，也有清代特有的发明创新。

（一）尸体检验术

1. 四面验法与两面验法

四面验法即"四缝尸首"法，两面验法即"仰面合面法"。黄六鸿在《福惠全书》"验尸"篇的开始就提到："验初死之尸也，尸有四缝，验时须依后开次序看验"①。这里的"四缝"就是宋慈在《洗冤集录》中所说的"四缝尸首"验尸法，分别从正面、背面、左侧、右侧四面对人体各部位进行检验。黄六鸿在《福惠全书》"验尸"篇中记载的"四缝验尸"法的检验部位与南宋《洗冤集录》基本相同②，这种检验方法被清代继承。除此之外，清代还根据元代检验法式，采用了"仰面与合面"的两面验法进行尸体检验：

> 检尸次序止作两面验法，作四面不同，从正面头上检起，解头发，量长若干，分开顶发检顶门、囟门左右、两太阳穴、擘双睛、鼻孔口齿舌，脸上须看有无刺字，或已有用药烂去，字痕黯淡及成疤者，用竹笓于痕处挞之即现。看两耳、□喉下、左右两臂、手掌手背、十指指甲、心胸两乳、乳傍胁肋、脐、大肚、小腹、阴囊、外肾、玉茎（妇人产门）、左右两大小腿、脚、脚底板、十趾、趾爪。翻身背面、看脑后承枕骨、颈项、背脊、腰脊、臀后看有无笞杖痕、看粪门。③

阮其新在《重刊补注洗冤录集证》中同样记载了两面验法，不同的是将

---

① （清）黄六鸿撰：《福惠全书》卷一五，《刑名部·人命中》"验尸"，载官箴书集成编纂委员会编：《官箴书集成》第三册，黄山书社1997年版，第381页。

② 参见（清）黄六鸿撰：《福惠全书》卷一五，《刑名部·人命中》"验尸"，载官箴书集成编纂委员会编：《官箴书集成》第三册，黄山书社1997年版，第381页。因其与前面所提到的宋代"四缝尸首"的部位大致相同，在此就不罗列。

③ （清）黄六鸿撰：《福惠全书》卷一五，《刑名部·人命中》"检肉尸"，载官箴书集成编纂委员会编：《官箴书集成》第三册，黄山书社1997年版，第382—383页。

仰面和合面各部位分为致命处与不致命处两大类，其中标明了仰面各部位中的致命十六处与不致命三十七处，合面各部位中致命六处与不致命二十处。

仰面：从头检起，量发长若干（有无被人扯落并刀剪割去），掌开头发，检头上顶心（致命）、连额门（致命）、有无他故（如火烧平头钉谋害之类）、偏左右（致命）、额颅（致命）、左右额角（致命）、左右太阳穴（致命）、有无他故（如他物伤痕、或自行碰磕，及尖物刺害之类）。两眉、眉丛、左右眼胞、眼睛（或开或闭，如闭，掌开验双睛全与不全），有无他故。左右腮颊（有无拳掌伤痕，再看面颊有无刺字，或已用药起，去可取竹削一篦子，于痕处挞之即见），两耳、耳轮、耳垂（不致命，有无口咬手抓，刀割伤损）、耳窍（致命有无签刺）、鼻梁、鼻濞左右、鼻窍（有无签刺）、人中、上下唇口（或开或闭）、牙齿（全与不全）、舌（出与不出）、两颔颏（不致命）、有无他故。咽喉（致命），有无他故（内用银钗探视取出，看黑不黑，外看肿不肿，有无伤痕致命）。食气嗓（用手揣捏塌与不塌），左右血盆骨、肩甲、腋肢（内通筋骨，伤重则死）、胳膊、月曲月秋、手腕、手心、十指、十指肚、十指甲缝（以上虽不致命，若骨损折及指甲缝内签刺暗害，将养不效，亦可死），有无他故。胸膛（致命）、左右乳（致命，妇人两乳旁）、心坎（致命）、肚腹（致命）、左右肋（不致命）、左右胁（致命）、脐腹（致命）、左右胯、有无他故。茎物、肾囊（致命揣捏两肾子，全与不全，妇人言产门，女子言阴户），有无他故（如尖刀签刺入内之类）。左右腿膝、臁肕、脚腕、脚面、十趾、十趾甲（以上虽不致命，若骨损折，将养不效，亦可死），有无他故。

合面：检脑后（致命，乘枕骨，有无他物及跌磕伤痕），发际、有无他故。项颈、左右耳根（致命）、有无他故。臂膊、胑肘、手腕、手背、十指、十指甲（全与不全，以上虽不致命，若骨损折，将养不效，亦可死）、脊背（致命有无灸迹）、背膂（致命）、左右后肋（不致命）、后胁（致命）、腰眼（致命）、榖道、有无他故。
左右臀腿（有无杖痕），月曲月秋、腿肚（虽不致命，伤重亦可致
命），有无他故。左右脚踝（不致命，若内外有伤，定是刑夹，若
只外面有伤，定是打损），左右脚根、脚心、十趾、十趾肚、十
趾甲缝（以上虽不致命，若骨损折，将养不效，亦可死），有无
他故。①

关于致命部位以及致命伤的确定在明代有所发展。吕坤在《实政录》中
指出：有致命的部位，有致命的伤害，顶心、囟门、耳根、咽喉、心坎、腰
眼、小腹、肾囊，这都是使人速死的致命之处。脑后、额角、胸膛、背后、
胁肋，这些是使人必死的部位。肉色青黑，皮破肉绽、骨裂、脑出、血流，
这都是致命之伤。致命之伤，又正当速死的部位，受伤者过不了三天必会死
亡。伤到必死的部位，过不了十日也会死亡。如果伤到致命的部位而极轻，
或者极重的伤而不在致命之处，即使死于规定的治疗期限之内，也应根据其
他情况对犯人轻判，不可一概判为死刑②。这段文字说明致人死亡需具备两
个要素，即致命部位与损伤程度。

清代采纳了吕坤关于致命伤为肉色青黑、皮破肉绽、骨裂、脑出、血流
的五种分类，清会典规定："肉色青黑、皮破肉绽、骨裂、脑出、血流，皆
是致命之伤"；致命部位也被细分为仰面十六处和合面六处，《大清律例》明
确规定了致命部位："凡审理命案，一人独殴人致死，无论致命不致命，皆
拟抵偿。若两人共殴人致死，则以顶心、囟门、太阳穴、耳窍、咽喉、胸
膛、两乳、心坎、肚腹、脐肚、两胁、肾囊、脑后、耳根、脊背、脊膂、两
后胁、腰眼并顶心之偏左、偏右、额颅、额角为致命论抵。"③清律中规定的

---

① （清）阮其新编撰：《重刊补注洗冤录集证》卷一，《验尸》，浙江书局光绪丁丑孟秋版，第
17—18 页。
② （明）吕坤著：《实政录》卷六，《风宪约·人命十二款》"。参见张希清、王秀梅编译：《中
国历代从政名著全译·官典》第三册，吉林人民出版社 1998 年版，第 238 页。
③ 张荣铮、刘勇强、金懋初点校：《大清律例》，天津古籍出版社 1993 年版，第 454 页。

致命部位比《洗冤集录·验尸》中所提到的十四个要害致命之处多八处。这些致命部位与《律例馆校正洗冤录》所载"仰面致命十六处"和"合面致命六处"完全吻合。《律例馆校正洗冤录》分别叙述了《大清律例》和吕坤关于致命部位的分类，其确定致命伤的基本原则是首先根据《大清律例》判定致命部位，其次根据吕坤的分类判定损伤程度是否亦可致命，如果两者相符，而且死在法定时限之内，就可以认定为致命重伤。

在清代的司法检验实践中，检验尸体时更多使用的是两面验法。在清代巴县档案与顺天府宝坻县档案中都有所反映。巴县档案中，一起舒德捉奸殴毙杨亮衢命案中，仵作甘起荣检验死者杨亮衢采用的就是仰面与合面的两面验法，并且标明两处仰面致命伤以及一处合面致命伤的尺寸、颜色及损伤的性质。

乾隆三十三年（1768）四月二十二日，据阜县孝里乡约邻王在玉等报称，本月二十一日，杨沛投称，二十日夜，伊父杨亮衢与舒德之妻杨氏通奸，被舒德捕获，将杨亮衢殴伤眼胞等处身死。身等往查属实，报乞验究。等情。同日，又据尸子杨沛报同前由。各等情。

据此，卑职随即单骑减从，带领刑仵，前诣尸所。查舒德住居草房二间，坐西向东，附近并无人户，内一间用竹笆间隔，前系灶房，后系卧室，外一间系堂屋，有竹笆门一扇，内外房间俱有窗格。尸身仰卧堂屋，头西脚东，身穿蓝布衫一件，下身无裤。勘毕，饬令将尸身放平明地面，眼同原报尸亲人等，如法相验。据仵作甘起荣喝报：验得已死杨亮衢，问年六十二岁，量身长四尺五寸，仰面：面色发变，眼口俱微开，下齿全，上牙只有五个，余系旧时脱□□。致命左眼胞一伤，围圆二寸五分，微青色，系拳伤。右腮颊相连下唇一伤，斜长三寸五分，宽四分，紫红色，骨损，系木器伤，致命。咽喉上偏左一连三伤，斜长一寸三四分不等，各宽二分。偏右一伤，斜长一寸，宽三分，俱微青色，均系手指掐伤，不致命。左前肋一伤，紫红色，围圆二寸五分，自下数上第五条肋

骨断，系膝盖挺伤。左臁肕一伤，斜长一寸，宽四分，紫红色，系
木器伤。合面：致命脑后偏左一伤，微斜，圆一寸三分，紫红色，
系跌磕伤。余无别故，实系生前受伤身死。喝毕，卑职复加亲验无
异，起取凶器木棍，比对伤痕相符，将尸棺殓，取具仵作不致增减
伤痕甘结附贵。①

另外，据宝坻县档案，无论是他杀案件还是自杀案件(包括自缢、投河、
服卤等原因)，无一例外地均采用了两面验法，与上例惟一的区别就是没有
标注致命伤与不致命伤。② 而且，无论是南方的巴县还是北方的宝坻县均使
用两面验法验尸，两面验法在清代具有普遍适用性。

2."八字不交"法与"血荫黑迹"法

"八字不交"法是清代检验自缢身死之人的重要方法，也是分辨自缢身
死还是勒死的关键证据。所谓"八字不交"，就是指自缢身死的人，上吊的
绳迹形似"八"字，但在脑后并没有交汇。如果出现相交的痕迹，那么有可
能并非缢死，而是被人勒死。在《律例馆校正洗冤录》中对缢死尸状的描述，
大部分不脱此语：

> 大约缢死痕，八字不交，惟缠绕系。是死人先将绳带缠绕项下
> 一二遭，高系垂身致死，或先系高出，双套垂下，踏高入头在套
> 内，又缠一两遭挂下者，其痕必成两路，上一路过耳后，斜入发际
> 不交，下一路平绕项下。③

> 自缢伤痕八字不交之处，其中定有淡痕，在于颌之左右，及耳
> 后之两旁，向上而渐微，即或单系绳帛，其著扣之两旁亦必各有微
> 痕、血荫，斜贯而上，非平平向后者也。④

---

① 四川省档案馆编：《清代巴县档案汇编·乾隆卷》，档案出版社 1991 年版，第 77—78 页。
② 中国第一历史档案馆：《顺天府全宗档案》，胶片 85-28-4-202-007。
③ 《律例馆校正洗冤录》卷二，《自缢》，载《续修四库全书·子部·法家类》，上海古籍出
　版社 2002 年版，第 283 页。
④ 《律例馆校正洗冤录》卷二，《自缢》，载《续修四库全书·子部·法家类》，上海古籍出
　版社 2002 年版，第 284 页。

上述记载总结了两种自缢而死的方法，第一种是先将绳索绕颈一两圈之后，再从高出跳下导致缢死；第二种是先将绳索系在高处，头套入后身体下垂导致缢死。无论哪种方法缢死，尸身上的绳索痕迹均有两道，一道为经过两耳并向脑后延伸的绳索痕迹，虽然沿着两耳斜入发际但并不相交。另一道是咽喉下的痕迹。正因为绳索未及脑后，绳索产生的勒痕由深至浅，而且并不相交。只是"将带先系项颈，然后登高吊挂，八字不交者，头向左侧，伤在左耳根骨；头向右侧，伤在右耳根骨。如缠绕系有一道交匝者，伤在项颈骨。皆须酌看形势"①。

在巴县档案中分别记载的乾隆三十年（1765）和三十四年（1769）发生的两个自缢案例中均采用了"八字不交"法识别死亡原因：

> 乾隆三十年六月初七日，据县民徐朝选报称，缘身次子徐日泰出外佣工，次媳戴氏在家，因贫无食，于本月初五日自缢身死，解救不苏。为此报乞相验。等情。同日，又据约邻文国明等报同前由。据此，卑职随即单骑减从，带领刑仵前诣尸所，将尸异放平明地面，眼同原报尸亲约邻人等，如法相验。据仵作甘起荣当场唱报：验得已死戴氏，问年二十二岁，身长四尺五寸，膀宽八寸，胸高四寸五分，面色发变，眼口俱闭，舌抵齿不出，咽喉上绳痕一道，斜长八寸，宽三分，深二分，紫红色，斜入两耳后，中空二寸八分，八字不交，两手微握，肚腹胀，两脚伸，两腿有火炙斑痕，余无别故，实系生前自缢身死。喝毕，卑职复加相验无异，饬取篾索与缢痕比对相符，将尸棺殓，取具仵作不致隐漏伤痕甘结附卷。②

除了"八字不交"以外，按照《律例馆校正洗冤录》的记载，缢死之尸还有其他一些特征：

---

① （清）王又槐撰：《办案要略》"论命案"，载郭成伟主编：《官箴书点评与官箴文化研究》，中国法制出版社 2000 年版，第 146—147 页。

② 四川省档案馆编：《清代巴县档案汇编·乾隆卷》，档案出版社 1991 年版，第 85—86 页。

　　　　自缢身死者，两眼合，唇口黑，皮开露齿。若勒喉上则口闭，
　　牙关紧，舌抵齿不出（一说齿微咬舌），若勒喉下，则口闭，舌尖
　　出齿门二分至三分。面带紫赤色，口吻两角及胸前有吐涎沫，两手
　　须握大拇指，两脚尖直垂下。腿上有血荫，如火炙斑痕，肚下至小
　　腹并坠下青黑色。大小便自出，大肠头或有一二点血。喉下痕紫赤
　　色或黑淤色，直至左右耳后发际，横长九寸以上至一尺许。①

　　这段描述与《洗冤集录》完全相同，是古人检验缢死之尸的经验积累，
是对缢死尸体长期观察记录的结果。其中"血荫"即淤血。其形成是由于缢
死者悬挂时间较长，血液下坠，下腹部、两腿（尤其小腿）血管积血严重，
皮肤呈现暗紫红色，甚至可有皮下出血小点。两腿、两手、直肠等部位亦可
因为血液沉降而产生出血点②。但缢死尸体的有些特征还需进一步澄清和说
明。比如"两手须握大拇指"并不是缢死尸体独有的征象，人死后肌肉僵
硬并有稍微的收缩，屈肌比伸肌力量强，所以手一般均为半握拳状③。另外，
缢死者舌头是否吐于唇外也不是判断缢死的主要特征，自缢身亡者可能"有
舌尽吐于外者，有舌微露半露着"，也有可能舌头并不出于唇外，因为"喉
为舌之根，项有长短，缢有上下，不可以舌之吐与不吐为定衡。如其缢在项
下，则根断而舌出矣。倘缢于颔际，止于喉搤，气闭毕命而已，其舌则不
至出也。"④上述第一个案例尸检的结果是"舌抵齿不出"，属于气闭而毙命。
而下面第二个案例尸检结果则是"舌出齿三分"，显然属于因为舌根断而舌

---

① 《律例馆校正洗冤录》卷二，《自缢》，载《续修四库全书·子部·法家类》，上海古籍出
　　版社 2002 年版，第 284 页。此处所载自缢身死者的尸体特征与南宋《洗冤集录》的记载
　　完全相同。参见（宋）宋慈著，高随捷、祝林森译注：《洗冤集录译注》，上海古籍出版
　　社 2009 年版，第 79 页。
② （宋）宋慈著，高随捷、祝林森译注：《洗冤集录译注》，上海古籍出版社 2009 年版，第
　　81—82 页注释（3）。
③ （宋）宋慈著，高随捷、祝林森译注：《洗冤集录译注》，上海古籍出版社 2009 年版，第
　　81—82 页注释（3）。
④ （清）王明德撰，何勤华等点校，《读律佩觿》，法律出版社 2001 年版，第 320 页。

头出。因此，绳痕"八字不交"才是判断缢死的关键，"凡自缢死者，必声明八字不交"①。

> 乾隆三十四年（1769）正月初十日，据县民赵万连报称：本月初七日，身子赵大淮，因与赵宪邦之妻林氏通奸败露，赵宪邦欲行送官，赵大淮畏罪，潜赴山林自缢身死，报乞相验。同日，又据约邻张东山等报同前由。据此，卑职单骑减从，带领刑仵前诣尸所，查该处系偏僻山林，距赵万连家约一里许，赵大淮尸身用葛藤吊于松树枝上，自地至树枝量高五尺七寸，头离树枝六寸，脚离地三寸。饬令将尸解放平明地面，眼同尸亲约邻人等，如法相验。据仵作甘起荣喝报：验得已死赵大淮，问年一十八岁，身长四尺八寸，面色赤，两眼闭，口微开，舌出齿三分，致命咽喉下缢痕一道，斜长九寸，宽四分，深二分，紫红色，斜至左右耳后，直入发际，八字二寸五分不交，两手微握，两腿俱有如火炙斑痕，余无别故，实系生前自缢身死。喝毕，卑职复加亲验无异，将尸棺硷，取具仵作不致遗漏伤痕甘结附赍。②

但并不是每一个案件都像上述两个案例那么简单，当死者先被勒死，后又被凶手伪装成自缢身死的情形，这时就很难断定死亡原因到底是自缢还是勒死，"惟有生勒未死实时吊起，诈作自缢，稍难辨"③。缢死与勒死两者的性质不仅截然不同，而且对当事者而言也至关重要，"如误缢为勒，其冤枉在生人，倘或误勒为缢，则冤又在幽魂。差之毫厘，即谬以千里"④。这样，在清代司法检验中又产生了区分缢死与勒死的检验技术。

---

① （清）许梿撰：《洗冤录详议》，载《续修四库全书·子部·法家类》，上海古籍出版社2002年版，第404页。

② 四川省档案馆编：《清代巴县档案汇编·乾隆卷》，档案出版社1991年版，第86页。

③ （清）黄六鸿撰：《福惠全书》卷一六，《刑名部·人命下·验各种死伤上》"吊死"，载官箴书集成编纂委员会编：《官箴书集成》第三册，黄山书社1997年版，第387页。

④ （清）王明德撰，何勤华等点校，《读律佩觿》，法律出版社2001年版，第324页。

若被人勒死假作自缢者，口眼开，手散发宽，喉下血月，血不行，痕迹浅淡，无血荫黑迹，舌不出，亦不抵齿，项肉有指甲痕。……若被人隔窗棂或林木之类勒死者，则绳不交痕，多平过，却极深，里溁色，亦不交于耳后际。①

在这里有无"血荫黑迹"成为判断缢死与勒死的重要依据之一。有"血荫黑迹"是缢死，无则是勒死假作自缢者。又据《办案要略》载：

检验自缢者，手足俱垂，血气凝注，牙齿手指尖骨俱带赤色，或血气坠下不均，则十指尖骨赤白不同，若俱白色，非缢死也。……被勒者多有制缚磕碰等伤，或牙齿脱落，指尖骨白色无血晕。凡自缢与被勒、被搭死者，顶心及左右骨有血晕，或又云缢死者无血晕。②

王又槐以十指尖骨的颜色作为判断缢死与非缢死的标准。如果十指尖骨呈白色，为非自缢死亡，反之，十指尖骨呈赤色，则为自缢死亡。这实际上也是运用"血荫"原理解释两种死亡征象的区别。当然，王又槐也指出死者有无磕碰等外伤，以及牙齿脱落等现象也可以作为区分缢死与勒死的标准。

综上，"八字不交"法是判断缢死者最基本的技术，在出现复杂案情时，有无"血荫"则成为判断死亡原因的补充技术。

3. 银钗探毒法与饭团验毒法

中国传统检验制度有一个重要的特征就是注重尸伤外貌描述的经验积累，因此，检验人员在检验因中毒而死的尸身时，不像检验缢死等以观察尸伤外部特征为主的案件来得容易，面对来自体内的诸种疾病或中毒症状，检验人员在分辨时往往会产生许多困难。正如许梿所说："各项伤痕真伪易辨，惟中毒一项，有似毒非毒者，如伤寒、阴证、暗中风、中毒之类，各有青紫

---

① （清）黄六鸿撰：《福惠全书》卷一六，《刑名部·人命下·验各种死伤上》"吊死"，载官箴书集成编纂委员会编：《官箴书集成》第三册，黄山书社1997年版，第387页。

② （清）王又槐撰：《办案要略》"论命案"，载郭成伟主编：《官箴书点评与官箴文化研究》，中国法制出版社2000年版，第146—147页。

肿突，形状犹然。"①面对这种困惑，古人在实践中总结了一套行之有效的检验方法。宋慈在《洗冤集录》服毒篇中，对古代的银钗验毒的技术进行了详细说明：

> 若验服毒，用银钗，皂角水揩洗过，探入死人喉内，以纸密封，良久取出，作青黑色，再用皂角水揩洗，其色不去；如无，其色鲜白。

> 如服毒、中毒死人，生前吃物压下，入肠脏内，试验无证，即自谷道内试，其色即见。

> 凡检验毒死尸，间有服毒已久，蕴积在内，试验不出者。须先以银或铜钗探入死人喉，讫，却用热糟醋自下卷洗，渐渐向上，须令气透，其毒气熏蒸，黑色始现。如便将热糟醋自上而下，则其毒气逼热气向下，不复可见。或就粪门上试探，则用糟醋当反是。②

上述材料显示，"银钗"（铜钗验毒的原理等同于银钗）是古代验毒的必备物品。检验前先用皂角水清洗银钗是为了避免它由于污染而影响到检验结果的正确性，检验结束后又用皂角水清洗则是为了确定银钗变黑是否由于中毒，而不是其他不洁之物造成。银钗等银质物件检验毒物的原理是当银质物件遇某些东西后可以马上变黑，主要见于银与硫化物或硝化物相互的作用后，硫化物可以在银器表面形成暗色的硫化银，使银钗或银针等物件看起来变黑。而有些毒物中就恰好含有硫或者硫化物，例如有剧毒的砒霜，即三氧化二砷，在古代生产技术比较落后的条件下，砒霜里往往伴有少量的硫和硫化物，其中所含的硫与银接触后，就会产生化学反应，使银钗表面生成一层青黑色的"硫化银"。而银钗变黑正是判断中毒死亡的依据。《洗冤集录》中提到的银钗探毒方法的使用可以分为三种情况：

---

① （清）许梿撰：《洗冤录详议》"论中毒"，载《续修四库全书·子部·法家类》，上海古籍出版社2002年版，第422页。
② （宋）宋慈著，高随捷、祝林森译注：《洗冤集录译注》，上海古籍出版社2009年版，第120页。

第一，一般而言，检验疑似服毒死亡的尸体时，先将清洗过的银钗伸进死者喉咙中，再用纸密封嘴巴，隔一段时间取出后，如果银钗上的青黑色无法洗掉，就可以认定为中毒死亡，反之，银钗洗后又变鲜白，则不能认定为中毒死亡。

第二，服毒或中毒死亡的尸体，由于生前吃的食物已经将毒物挤压到肠胃中，如果将银钗探入喉咙已无法验出中毒症状，这时只要将银钗塞入尸体肛门中，其上就会呈现出青黑色。

第三，检验中毒尸体，如果遇到由于服毒已久，毒素蕴藏积聚体内较深，银钗无法直接验出的情况，这时应先用银钗或铜钗放入死者咽喉，然后用热糟或热醋从尸体下腹开始敷洗，逐渐向上，使热气透入尸腹，毒气被熏蒸上来后，银钗就会显现出黑色。若在尸体肛门中用银钗探试，那么用糟醋敷洗的方向就正好相反。

清代完全继承了《洗冤集录》中所提到的"银钗探毒"的检验方法[1]，有所不同的是，在《律例馆校正洗冤录》中对银钗探毒的第一种方法做了进一步的解释："人既死，虽非服毒，未免有秽，故银钗亦作黑色，但洗之即去也，惟真中毒，虽洗数次，其色青黑，不能鲜白。"[2]另外，鉴于银钗的质地与成色往往会影响检验结果，《律例馆校正洗冤录》中反对验毒时银钗临事取办于民，应由官方统一制造并专做验尸之用，从而杜绝冤案发生。

> 按毒药身死者，事多暧昧。全凭银钗定案虚实，银钗假伪，一遇秽气其色即变，难以辨明。若临事取办于民，则情弊多端。必须令工匠用足色银成造，以官对牌试验，鉴记封收，专为验尸需用，亦绝冤滥之一端也。[3]

---

① 《律例馆校正洗冤录》卷三，《服毒死》，载《续修四库全书·子部·法家类》，上海古籍出版社 2002 年版，第 300—301 页。

② 《律例馆校正洗冤录》卷三，《服毒死》，载《续修四库全书·子部·法家类》，上海古籍出版社 2002 年版，第 300 页。

③ 《律例馆校正洗冤录》卷三，《服毒死》，载《续修四库全书·子部·法家类》，上海古籍出版社 2002 年版，第 300 页。

王又槐在《办案要略》中又进一步说明如何防范银匠造假，保障银钗（银针）成色的方法：

> 银针试毒，必须用真纹银打成，方可信用。银匠每多抽真换假，或以低色搭配，即当面目击，亦能弄弊。有司不知而误用，难以辨伪。惟有多发纹银，饬令成造二三条，另换工匠，抽出一条入炉倾熔，仍成原色，其针才可备用。①

只有经过上述方法制造及鉴别后的银钗，才能作为验毒之用。

银钗探毒法的发明虽然是古人的聪明才智在司法检验中的重要表现，但是这种方法有一定的局限性，并不适用于所有中毒症状，《律例馆校正洗冤录》载："服卤死者，身不发炮，口不破裂，腹不膨胀，指甲不青。钗探不黑，颇有暗色，洗之即白。"② 许梿也指出"诸毒俱可用银钗试探，惟服卤及澣衣灰水虽有银钗试探不出"③。这种情况下，只能通过查验死者的表象以及取验盛药器皿以定虚实，银钗已经无法发挥其验毒作用。顺天府宝坻县档案记载了一例服卤死亡尸体的检验方法：

> 为报明事，嘉庆二十三年（1818）十二月初五日，据阜县孝行里乡保顾士玉禀称，切有身带管之胡家庄牌头倪幅林呌称，初四日该庄刘文亮之妻刘李氏因做饭迟延被夫刘文亮斥骂后，乘间服卤身死，嘱身禀报，身往看属实，理合报明验讯等情，据此卑职随即单骑减从，带领刑仵亲诣胡家庄，先勘得该庄系东西街道，街西路南有刘文亮住房一所，进内草正房两间，已死刘李氏在西间屋内秫秸箔上，头北脚南，仰面停放，身穿青布夹袄一件，紫布棉袄一件，蓝布棉裤一条，外套绿细单裤一条。据尸夫刘文亮指称，炕东锅台

---

① （清）王又槐撰：《办案要略》"论命案"，载郭成伟主编：《官箴书点评与官箴文化研究》，中国法制出版社 2000 年版，第 145 页。

② 《律例馆校正洗冤录》卷三，《服毒死》，载《续修四库全书·子部·法家类》，上海古籍出版社 2002 年版，第 302 页。

③ （清）许梿撰：《洗冤录详议》，载《续修四库全书·子部·法家类》，上海古籍出版社 2002 年版，第 424 页。

安放滷坛一个，伊妻刘李氏服滷时，在炕上头东脚西，炕边放有取滷瓷碗一个，经伊摔破等语。查验滷坛尚有惨滷，饬取碗片查看，亦有残渍滷跡，勘毕，谕令将尸移放平明地面，眼同尸亲人等如法相验。据仵作潘锟当场高声喝报，验得已死刘李氏问年三十六岁，身长四尺三寸，膀阔八寸，胸高六寸一，仰面面色黄，两眼胞闭，口微开，有涎沫流出，两胳膊伸，两手微握，肚膁平，两腿伸，合面发际散乱，十指甲秃，余无别故，委系服滷身死，报毕，卑职亲验无异，当场填注图格，取具仵作不致隐漏伤痕，及尸亲人等各允结附卷，尸令棺殓。①

在上述这例服滷中毒死亡案中，银钗并没有发挥其验毒作用，而是通过盐卤中毒的痛苦症状"发际散乱，十指甲秃"等死者的外部征象判断死因②。况且，从科学的角度来看，银钗只要遇到含有很多硫的物质，无论这种物质是否有毒，银钗插入其中都会变黑。相反，一些剧毒物质，如氰化钾、氰化钠等，由于不含硫，用银钗检验就不会发生变黑情形。而且进入现代，随着生产砒霜技术的进步，砒霜被提炼很纯净，不再含有硫和硫化物。银金属化学性质又很稳定，在通常的条件下根本不会与砒霜发生化学反应。清末轰动一时的杨乃武与小白菜案件中，毕秀姑（小白菜）丈夫的尸体几经检验，有时银钗发暗，有时却查不出痕迹。检尸结果根本无法作为定案根据，全凭口供，造成轰动一时的冤案。正因为如此，清代司法实践中检验中毒尸体时，不仅仅使用"银钗探毒法"，还采用了"饭团验毒法"与"动物试毒法"。

> 又一法，用大米或黏米三升炊饭，用净糯米一升淘洗，讫用布袋盛，就所炊饭上炊蒸，取鸡子一个（鸭子亦可）。细破取白，拌

---

① 中国第一历史档案馆：《顺天府全宗档案》，胶片 86-28-4-202-039。

② 《律例馆校正洗冤录》中这样描述服卤症状："服盐卤死者，发乱，手指甲秃，胸前有爪伤痕，因痛极不可忍，遍地滚跌，自抓掐所致"。见《律例馆校正洗冤录》卷三，《服毒死》，载《续修四库全书·子部·法家类》，上海古籍出版社 2002 年版，第 303 页。

糯米饭，令均。依前袱起，着在前大米黏米饭上，以手三指紧握糯
米饭如鸡子大，毋令冷。急开尸口，齿外放着，及用小纸三五张，
搭闭尸口、耳、鼻、臀阴门之处。仍用新棉絮三五条，酽醋三五
升，用猛火煎数沸，将绵絮放醋锅内煮半时取出，仍用糟盘罨尸，
却将绵絮尽盖覆。若是死人生前被毒，其尸即肿胀，口内黑臭恶汁
自然喷来绵絮上，不可近。后除去绵絮，糯米饭被臭恶之汁，亦黑
色而臭。此是受毒药之状，如无则非也。

又一法，将白饭一块入死人口中喉内，用纸盖一二时辰，取出
饭与鸡吃，鸡亦死，即是。①

简单的说，对于被怀疑是服毒身亡的尸体，除了"银钗探毒法"以外，
还有一个办法是用经过加工的热饭团塞入尸体的口腔，再用纸把尸体各窍都
封住，在尸体上盖上二三条用醋煮过的新棉絮，一个时辰后取走，如果是中
毒死亡，尸体会肿胀发黑，棉絮，饭团上都会变成黑色，发出恶臭。反之，
则不是中毒症状。这种验毒方法完全继承了《洗冤集录》服毒篇中所记载的
方法，在宋代这种方法曾经过大理寺审定认可②，在清代同样被官订检验用
书所承认。将白饭直接塞入死者口中取出后喂食于家禽的验毒的"动物试毒
法"，则未见于《洗冤集录》，只在《律例馆校正洗冤录》有所记载，它比"饭
团验毒法"更加简捷方便。

"动物试毒法"，主要是用毒物或者怀疑有毒的食物喂食鸡、狗等家禽或
家畜，若动物身亡则说明所喂食的食物有毒，反之则说明食物无毒或毒物
还没有达到有致人死亡的剂量。据清朝光绪年间许奉恩所著《兰苕馆外集》
记载：

某氏子频年出外贸易，家惟有一母一妻。母老而且盲，赖妇贤

---

① 《律例馆校正洗冤录》卷三，《服毒死》，载《续修四库全书·子部·法家类》，上海古籍
出版社 2002 年版，第 300 页。

② （宋）宋慈著，高随捷、祝林森译注：《洗冤集录译注》，上海古籍出版社 2009 年版，第
121 页。

孝，籍针黹以供甘旨。晨昏定省，不敢或亏。姑妇二人，相依为命。他日，某氏子归，母喜命妇烹雌食之。中夜，某氏子暴亡。邻里以为异，鸣之官。验之，果是中毒。

邑令疑妇有私，倍加榜掠，妇不胜其苦，遂诬服。问奸夫为谁，妇本无私，况所识素无多人，仓卒间遽以十郎对。……乃不容十郎置辩，横加鞭楚，死而复苏者数次，十郎无奈，亦遂诬服。狱具，论辟。

行有日矣，巡抚某公虑囚至此，心甚疑之。……乃改装易服，亲诣某氏子家。……既诘得食鸡一事，便托腹饥，出钱命市一鸡。倩人烹好，即置于乡日子所具食之处，乃一葡萄架下。公留心默察，见热气上熏。少选，架上一丝下缒，直入碗中。公知有异，取一脔饲犬，犬毙。……公将熟鸡裹以旋署，檄邑令及承讯各官至，以实告之。众喏喏相视，若不深信。公随命呼一犬至，饲以鸡一脔，果立毙。众始服罪。命人往搜架上，得一蝎，长四寸许。盖所缒之丝，即是物也。①

在这起"误决奸案"中，巡抚正是运用了狗这种动物进行毒物检验的实验，证明了蝎子毒落入鸡汤后，鸡肉的毒性，致人或动物死亡，从而探明了毒源，最终查清案件事实。

清代，除了借助银钗、饭团、家畜等特定物件检验中毒尸体以外，往往通过检骨或者中毒后的各种外在症候判断中毒种类。按《律例馆校正洗冤录·论中毒》所载，"凡中毒尸骸溃烂，检骨则骨上下暗黑色，胸膛、心坎、牙根、十指尖骨俱青色"②。《洗冤录备考》就记载了一例通过检骨分辨中毒种类的案例：

---

① 陈重业主编：《〈折狱龟鉴补〉译注》卷二，《犯奸上》"误决奸案"，北京大学出版社 2006年版，第 246—247 页。

② 《律例馆校正洗冤录》卷三，《论中毒》，载《续修四库全书·子部·法家类》，上海古籍出版社 2002 年版，第 299 页。

广济县有用蛇毒命一案，先将手足网缚逼令开口入蛇头，用火烧蛇尾衡过咽喉盘搅五内，初相验时毫无伤痕，即银钗探试亦无青黑色，惟检骨可得其情。此骨从项至足周身四□凡一尺一寸之骨俱红赤色，鲜润明亮，将骨细刮，愈刮愈红。是由蛇入腹搅乱周身血髓，悉行透溢各种骨道故耳。□洗冤录表云，查用蛇毒命，既须先缚手足，则手足定有网缚痕，且逼令开口，定有他物撬伤牙龈去处，及有按住两腮提勒发辫种种痕迹可验。①

在清代各类有关司法检验的著作中，还记载了各种中毒症状的外部特征，这些记载是清代中国检验中毒、服毒死亡的重要方法。例如《律例馆校正洗冤录》中"诸毒篇"就仔细描述了各种不同中毒现象的典型特征，有蛊毒、金蚕毒、鼠莽草毒、巴豆毒、砒霜毒、钩吻毒、冰片毒、食果宝金石药、酒毒、盐卤等。在此就不一一列举。

（二）骨骼检验术

中国古人历来重视检骨，在古代司法检验的技术中，骨骼检验和尸体检验是并列的两大主要检验方式。在尸体尚未腐烂时，可以根据尸体表面征象推断死亡原因，但是尸体一经入土或是久经发现已经腐烂就只能使用验骨之法。但是，由于"开检之时，拆骨洗蒸，最为惨毒，疑似之间，出入重大"，因此，对待骨骼检验一定要非常慎重，除非实有枉抑疑窦，一般并不开检，"遇有尸亲翻控，先检原详图格，逐一精研，实有枉抑疑窦，然后详检，则问心无愧。倘系尸亲妄听误告，须细细开导，果能悔悟，自可陈请上官提审，取结免检。"否则，"盖检而无伤，不惟死者增冤，复令生者坐罪"。②

在情非得已，必须进行骨骼检验的情况下，古人创造了若干种检验骨

① （清）许梿撰：《洗冤录详议》，载《续修四库全书·子部·法家类》，上海古籍出版社2002年版，第424页。
② （清）汪辉祖撰：《学治臆说》卷下，《详开检宜慎》，载郭成伟主编《官箴书点评与官箴文化研究》，中国法制出版社2000年版，第218页。

伤的方法。《洗冤集录》在验骨查伤的技术方面就做出了重要贡献，介绍了若干种验骨方法，具体包括"晴明蒸骨法"、"煮骨法"、"灌油法"、"涂墨法"、"绵试法"等等。清代在继承《洗冤集录》中提到的验骨技术的同时，又发明了"黄光验骨法"与"新蒸骨法"两种验骨方法。下面分别予以介绍：

1."晴明蒸骨法"

据《洗冤集录》记载：

> 检骨须是晴明。先以水净洗骨，用麻穿定形骸次第，以箪子盛定。却锄开地窖一穴，长五尺，阔三尺，深二尺。多以柴炭烧煅，以地红为度，除去火，却以好酒二升、酸醋五升泼地窖内，乘热气扛骨入穴内，以藁荐遮定，蒸骨一两时。候地冷，取去荐，扛出骨殖，向平明处，将红油伞遮尸骨验。若骨上有被打处，即有红色路、微荫；骨断处其连接两头各有血晕色；再以有痕骨照日看，红活，乃是生前被打分明。骨上若无血荫，纵有损折，乃死后痕。……此项须是晴明方可，阴雨则难见也。①

这段记载中，骨上有无"血荫"成为判断生前死后伤的重要依据。王明德在《洗冤录补》中说明了血荫形成的科学依据，"盖凡人生一息尚存，气血仍周行于身内，若被伤损其处，气血即为凝滞，重则沁入骨中，经久不散，必为多方医治，使所积之气与血，消镕净尽，其骨始为复旧，否则虽至形销骨化，而所伤则存"②。用现代医学原理解释，骨上血荫的形成是由于损伤处流出血管外的血液浸润周围组织，血红蛋白分解物质滞留在组织间隙，或被活着的细胞吞噬，使损伤部位，尤其是骨骼断裂处能较长时间存在着血红蛋白成分，这就是所谓"血荫"。古人使用红油伞遮日验看骨折之处，如果骨头上有被打伤的地方，就可以发现有淡淡的血荫。这种方法与现代的紫

---

① （宋）宋慈著，高随捷、祝林森译注：《洗冤集录译注》，上海古籍出版社 2009 年版，第 72 页。

② （清）王明德撰，何勤华点校：《读律佩觿》，法律出版社 2001 年版，第 315 页。

外线照射法运用的是同一个原理①。使用这种方法时必须注意的一个前提条件就是要在天气晴朗的日子进行验骨。否则，另有他法。此方法被清代所继承，在《律例馆校正洗冤录》中有相同描述②。

2."阴雨煮骨法"

如果在迫不得已的情况下需要在阴雨天检验尸骨，就可以采用煮骨的方法。具体做法是：

> 以瓮一口，如锅煮物，以炭火煮醋，多入盐、白梅同骨煎，须着亲临监视，候千百滚取出，水洗，向明照之，其痕即见。血皆浸骨损处，赤色、青黑色，仍细验有无破裂。③

这一方法运用了透射吸光原理，将骨骼洗干净后对着阳光观察，若有血液浸入骨松质或骨髓腔，则可能见到血晕或者较深的颜色。但使用此方法需要注意两个问题，一是煮骨不能使用锡器，如用锡器煮骨，骨头会变成淡黑色。原因是尸骨含硫化氢，遇到锡器会产生化学反应，硫与锡化合成硫化锡，呈现淡黑色，使尸骨色暗，不利于检验生前骨损④。二是要防止检验人员作弊，如果有人将某种药物投入锅内，骨头有伤的地方就会变色，无法验出伤痕。《洗冤集录》指出："仵作、行人受嘱，多以茜草投醋内，涂伤损处，痕皆不见。"⑤ 茜草又称"血见愁"、"血茜草"，其中含有茜素，是天然的大红染料。用茜草汁涂抹伤损处直接影响伤痕的检验。还有就是如骨折端原有

---

① （宋）宋慈著，高随捷、祝林森译注：《洗冤集录译注》，上海古籍出版社 2009 年版，第 74 页注释 16。

② 参见《律例馆校正洗冤录》卷一，《检骨》，载《续修四库全书·子部·法家类》，上海古籍出版社 2002 年版，第 270 页。

③ 《律例馆校正洗冤录》卷一，《检骨》，载《续修四库全书·子部·法家类》，上海古籍出版社 2002 年版，第 270 页。此方法又见于（宋）宋慈著，高随捷、祝林森译注：《洗冤集录译注》，上海古籍出版社 2009 年版，第 72 页。

④ （宋）宋慈著，高随捷、祝林森译注：《洗冤集录译注》，上海古籍出版社 2009 年版，第 74 页注释 18。

⑤ （宋）宋慈著，高随捷、祝林森译注：《洗冤集录译注》，上海古籍出版社 2009 年版，第 44 页。

血荫，投入某种药物煮后，导致血色退去，同样影响检验。当"煮骨时恶仵作贿弊，置药水中，令骨色昏荫模糊，不可稽辨者"，其破解的方法是"麻黄、甘草二味为末，各二两，于水沸时投入煮过，取骨净水洗拭，依法按图穿定，入地窖蒸之，新旧痕损无不毕见"①。

3."油灌检法"、"墨涂检法"与"新绵拂拭检法"

对于多次洗蒸过的骨骼检验，由于骨色发白，单纯从辨骨骼颜色难以辨别伤情的情形下，可以采用"油灌检法"、"墨涂检法"和"新绵拂拭法"予以检验。"油灌检法"是"将合验损处骨，以油灌之。其骨大者有缝，小者有窍，候油溢出，则揩拭令干，向明照之，损处油到即停住不行，明亮处则无损。"②灌油验骨伤是利用了油脂浸润增加透光性的原理，骨有损伤时，油即浸入，使损骨的透光性强于原先，有利于辨认伤痕。但这种方法有其局限性，虽然骨损处浸油后透光性加强，同时在骨松质、骨小孔中，油同样可以浸入，这样不利于正确判断骨损③。

"墨涂检法"是将磨好的浓墨涂在骨上，"候干，即洗去墨，如有损处，则墨必浸入；无损处则墨不侵入。""新绵拂拭检法"即"用新绵于骨上拂拭，遇损处，必牵惹绵丝起；再看折处，其骨芒刺向里或外。殴打折者，芒刺在里，在外者非。若髑髅骨有他故处，骨青；骨折处滞淤血。"④许梿对"墨涂检法"与"新绵拂拭检法"进一步解释道："亦有骨缝并无伤痕，被墨浸入，一时难以洗净，致滋疑窦"，因此，"墨涂检法"还是"以不用为妙"⑤。使用

---

① 《律例馆校正洗冤录》卷一，《检骨》，载《续修四库全书·子部·法家类》，上海古籍出版社2002年版，第270页。

② 《律例馆校正洗冤录》卷一，《检骨》，载《续修四库全书·子部·法家类》，上海古籍出版社2002年版，第271页。

③ （宋）宋慈著，高随捷、祝林森译注：《洗冤集录译注》，上海古籍出版社2009年版，第74页注释20。

④ 《律例馆校正洗冤录》卷一，《检骨》，载《续修四库全书·子部·法家类》，上海古籍出版社2002年版，第271页。

⑤ （清）许梿撰：《洗冤录详议》，载《续修四库全书·子部·法家类》，上海古籍出版社2002年版，第381页。

"新绵拂拭检法"检验生前或死后骨伤时，应注意验看，如果是"生前被打骨断，两头芒刺不齐，如系直截，则是死后打断无疑，并看有无月晕。"①

4."黄光验骨法"与"新蒸骨法"

除了上述的各种检验骨伤的办法外，清代司法检验人员根据不同情况又创造了"黄光验骨法"和不同于旧时的蒸骨法。《律例馆校正洗冤录》载："遇阴雨不可检，不必尽用煮法，惟将杭州黄油新雨伞罩定尸骨，则伤之在骨内者毫发毕露。年久尸骨所有伤痕，为风雨剥蚀，或因蒸检多次，久而霉暗。伤隐骨中，亦惟置之日中，将黄油雨伞罩定，则骨上伤痕朗然。"②《洗冤录表》云："检骨篇亦分阴晴，到底阴不如晴。……用黄油雨伞罩验骨伤，此检骨第一妙法。近来更有以受伤之骨置铜镜旁，仍用黄油雨伞罩定，只视镜中骨影，其受伤痕损愈觉显然。"③

又据许梿记载："近时蒸检先以大铁锅二口盛水，令满烧沸，将骨殖安放竹簟，盖以白布，用酒糟拥罨四五寸厚，扛置锅上蒸一二时辰，取起洗净，再入烧热地窖�熁之，往往重伤痕晕变成淡色，轻伤转难辨认，大非古人蒸检之法。"④ 这种方法已经完全不同于上面提到的"晴明蒸骨法"，是清人在实践中的新创造。

（三）检地术

发生人命案件后，在尸骨均被烧毁，没有尸骨可供检验的情况下，宋慈《洗冤集录》中并无记载可供操作的检验之法，只是勒令检验人员、邻居或

① （清）许梿撰：《洗冤录详议》，载《续修四库全书·子部·法家类》，上海古籍出版社2002年版，第381页。
② 《律例馆校正洗冤录》卷一，《检骨》，载《续修四库全书·子部·法家类》，上海古籍出版社2002年版，第270页。
③ （清）许梿撰：《洗冤录详议》，载《续修四库全书·子部·法家类》，上海古籍出版社2002年版，第380页。
④ （清）许梿撰：《洗冤录详议》，载《续修四库全书·子部·法家类》，上海古籍出版社2002年版，第380页。

者证人书面证明确实无从检验后，再向上级备文申报。"如尸被火化尽，只是灰，无条段骨殖者，勒行人、邻证供状：'缘上件尸首，或失火烧毁，或被人烧毁，即无骸骨存在，委是无凭检验。'方与备申"[①]。对于尸骨被烧毁，无从检验的情况，清代《律例馆校正洗冤录》中则描述了可以在实践中具体操作的检地术，谓"有等极恶之人，将人打死烧毁弃掷竟无骨可检，必为详究其打死何时，烧毁何地，但得其焚尸之地，众证分明，则尸伤便可立检"。其具体做法是：

> 于其烧死处设立尸场，令凶手见证，亲为指明，将草芟净，多用柴薪，烧令极热，取胡蘇数斗撒上，用帚扫之。如果系在彼烧化，则蘇内之油沁入土中，即成人形。其被伤之处，蘇即聚结于上，大小方圆长短斜正，一如其状。凡所未伤之处，则毫不沾恋。既已得其伤形，然无可见之痕。又将所恋之蘇尽行除去，将系人形所在，猛火再烧和糟水泼上，再猛烧极热，烹之以醋，急用明亮新金漆桌覆上，少顷取验，则桌面之上全具人形。凡系伤痕纤毫毕见。[②]

根据上述记载，运用检地术的前提条件是受害者被人打死，并烧毁弃掷，没有尸骨可供检验人员检验。检地术的具体步骤，首先是由凶手指明焚尸之地，寻找并确定焚尸现场。但是，查找焚尸之地一定要慎重，只有查明其确切情形后，才可以如法照检，否则不应该轻易举动。查找焚尸现场时，应注意查看焚尸之地的泥土和杂草等物，"该处土色必与他处不同，或有散碎泥珠，类血竭者取滚水冲泡，水面必有油浮，若将泥珠点烧，其声仿佛松香，即是焚尸处所"[③]；"盖焚尸之地，其草必深黑油润高大，异于众草，至

---

① （宋）宋慈著，高随捷、祝林森译注：《洗冤集录译注》，上海古籍出版社 2009 年版，第 115 页。

② 《律例馆校正洗冤录》卷一，《检地》，载《续修四库全书·子部·法家类》，上海古籍出版社 2002 年版，第 273 页。

③ （清）许槤撰：《洗冤录详议》，载《续修四库全书·子部·法家类》，上海古籍出版社 2002 年版，第 388 页。

久不易，因人之脂膏深入草根，为日虽久，草终畅茂。如系山野草泽之旁，素产蒿莱之所，则更加高大，竟同人形。若于有山石处焚烧，则以石之碎裂为凭"①。通过仔细查看认定焚尸之处后，再用检地法进行检验。焚尸之地确认后，紧接着需要做的工作，就是除去焚尸现场的杂草，用柴薪将地面烧热，然后将数斗胡麻洒在烧热的地面，并用扫帚扫之。第三步是除去胡麻，用猛火烧后泼上糟水，再烧并喷之以醋，将明亮新金漆桌面覆盖其上，片刻后取验。

在《洗冤录撮遗》所附《宝鉴编》中将检地术的步骤与方法编成便于检验人员记忆的口诀：

> 打死将人烧作灰，芟除烧处草根荄，用柴烧地全须热，再取胡麻数升来。（三诀全用，其义乃备。）
>
> 铺来埽去麻油出，入地成形是死骸，被害伤痕麻结聚，方圆大小逐层开。（无伤之处，麻不结聚。）
>
> 胡麻恋处见伤纹，除尽胡麻猛火焚，糟醋泼来还烧地，覆来漆桌自形分。（明亮金漆桌覆地上，少顷桌面人形毕见。）②

根据上述检地之法，如果尸体确实是在检地处烧化，那么由于胡麻油沁入土中，会在地面显现被烧化的人形，并且胡麻还会聚结在人体受伤处，伤痕的大小、方圆、长短以及斜正均一目了然。为了取得更加具有说服力的证据，还需要进行检地术的第三个步骤，使人形显现于桌面之上，其伤痕处也会纤毫毕见。许梿在《洗冤录详义》中所记载的乾隆五十五年（1790）"湖南武陵县僧麓庵殴死僧豁然案"就是一个运用检地术，根据上述步骤进行司法检验的实例。

> 湖南武陵县僧麓庵殴死僧豁然烧尸灭迹一案。该县会同龙阳县

---

① 《律例馆校正洗冤录》卷一，《检地》，载《续修四库全书·子部·法家类》，上海古籍出版社 2002 年版，第 273—274 页。

② （清）葛元熙新撰：《洗冤录撮遗》卷下，《宝鉴编》"检地"，载《续修四库全书·子部·法家类》，上海古籍出版社 2002 年版，第 469 页。

按照检地之法，将柴火烧地，极热扫去余火，遍撒胡麻，少倾用帚轻扫净尽。麻内之油沁入土中，现出人形，惟偏左及脑后均有胡麻恋结。其上各量斜长一寸宽四分。余复将恋结胡麻扫去，再以猛火烧，令极热，泼以醋醋，用明亮漆桌复盖，移时取验，有晕痕如气蒸水，与人形无异，偏左脑后两处伤痕，与初时恋结之麻长宽相符。照案拟结，乾隆五十五年检案。①

这个乾隆五十五年的检案所述的方法与《律例馆校正洗冤录》记载基本相同，这种方法究竟有没有科学依据，现在无从查证。但清代检验人员在缺乏先进的案件侦破手段的情况下，想方设法收集证据，而不是简单的使用刑讯方法取证，这是难能可贵的。

检地术并非适用于所有烧尸灭迹的案件，它会受到复杂地形的限制，如果因为烧尸处所崎岖凹凸并间杂石块时，不能使用检地法。许梿记载了一个曾经发生在嘉庆二十四年（1819）的案件，就是因为受到地形限制而无法使用检地术进行检验，最终根据邻地人等供证并绘图申送，才完结此案：

直隶广昌县民人张和尚殴伤伊妻刘氏身死，复听伊父张三元烧尸灭迹一案，报县勘讯，因烧尸处所崎岖凹凸间杂石块不能检验。复讯邻地人等供证，确实初报详内声明本应检地，今因山顶崎岖不能检验，且供证伤处已明，毋庸检地，绘图申送拟罪完结。嘉庆二十四年案。②

（四）格与图

检验人员对尸骨检验完毕后，还需要填写检验文件，作为审理案件的重要证据，其作用类似于今天的司法鉴定文书。在清代，虽然检验技术条件有限，

---

① （清）许梿撰：《洗冤录详议》，载《续修四库全书·子部·法家类》，上海古籍出版社2002年版，第388页。

② （清）许梿撰：《洗冤录详议》，载《续修四库全书·子部·法家类》，上海古籍出版社2002年版，第388页。

但对检验过程、检验结论等相关信息也做到了尽可能的保存。清代的格与图就是保存这些信息的重要文件，格与图又可以分为尸格、尸图、骨格以及骨图。

1. *尸格与尸图*

尸格是由清代官方刊定印刷，标注了人体重要部位并且供司法检验人员填注的表格式的记录检验结论的文书。尸图则是填写尸格时用于参考的仰合两面人形示意图，不需要填写。

清代的尸格与尸图渊源于宋元时期的"验状"、"检验格目"、"正背人形图"和"检尸法式"等检验文件。清初仍沿用元代的"检尸法式"，至顺治十三年（1656）才颁行了不同于"检尸法式"的尸格与尸图，"凡检验，以宋宋慈所撰之《洗冤录》为准，刑部题定《验尸图格》，颁行各省"①。

元代的"检尸法式"中既有仰合两面人形示意图，也包括需要检验人员填注的表格式检验文书②，而清代的尸格与尸图是两个分别不同检验文件，相当于将"检尸法式"的人形图和检验表格一分为二，成为两个不同的文件。清代尸格与元代"检尸法式"相同的地方是其检验部位也分为仰面与合面两面，《律例馆校正洗冤录》所载尸格表与《刑部题定验尸图》反映了清代尸格的详细内容：

---

① 赵尔巽等撰：《清史稿》卷一四四，《刑法志三》，中华书局 1976 年版，第 4213 页。

② 贾静涛：《中国古代法医学史》，群众出版社 1984 年版，第 98 页。

③ 《律例馆校正洗冤录》卷一，《尸格》，载《续修四库全书·子部·法家类》，上海古籍出版社 2002 年版，第 259—260 页。

上述这张表格是《律例馆校正洗冤录》中所列的尸格表。在这个表格中不仅将人体的检验部位分为仰面和合面，而且又将仰面、合面进一步细分为致命部位与不致命部位两大类，这也是元代"检尸法式"所没有的。其中，从仰面各部位中分出致命部位十六处（从顶心到肾囊），不致命部位三十七处（从左右两眉到十趾甲）；从合面各部位中分出致命部位六处（从脑后到左右腰眼），不致命部位二十处（从发际到左右十趾甲缝）。仰面的致命部位与合面的致命部位相加共有二十二处，这与《大清律例》中规定的二十二处致命部位完全吻合，"若两人共殴人致死，则以顶心、囟门、太阳穴、耳窍、咽喉、胸膛、两乳、心坎、肚腹、脐肚、两胁、肾囊、脑后、耳根、脊背、脊膂、两后胁、腰眼并顶心之偏左、偏右、额颅、额角为致命论抵。"[1] 尸格的这种分类是依照大清律例的规定而列出的。

又根据由日本东京大学东洋文化研究所收藏的清代《刑部题定验尸图》，可以进一步认识尸格中填写的具体内容：

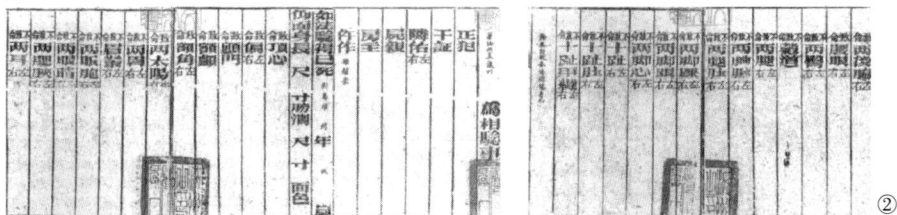

在上面的《刑部题定验尸图》中，尸格中所列需填写的内容有实施检验的衙门（汝州直隶州）、正犯、干证、左右邻佑、尸亲、房主和仵作（孙耀宗）；还要标明被验死者的姓名、年龄、身长尺寸、膀阔尺寸以及面部颜色；接下来需按照从仰面到合面的顺序填写注明尸伤部位，只填写致命与不致命

---

① 张荣铮、刘勇强、金懋初点校：《大清律例》，天津古籍出版社1993年版，第454页。
② 《刑部题定验尸图》，日本东京大学东洋文化研究所藏，扫描件见于北京顺义区一凡藏书馆。转引自茆巍撰：《论清代命案检验中的鉴定文书》，载《证据科学》2011年第1期，第21—22页。

的受伤部位，无损伤部位不需填写；最后填写的结论，即"余无别故，委系因伤身死"。通过这个尸格中填写的内容，可以了解在这起因伤致死人命案件中尸体检验的参与者、证人、死者的个人信息、致人死亡的伤损部位以及检验结论等尸检的基本情况。

清代尸格用于填注，而尸图则用于示意。因此，清代的尸图为了配合尸格的填注，也分为仰合两面图，将尸格中的人体各部位明确标注于人形示意图中。而在"检尸法式"中人形图中并无标明人体的各个部位，也没有致命与非致命的区别。

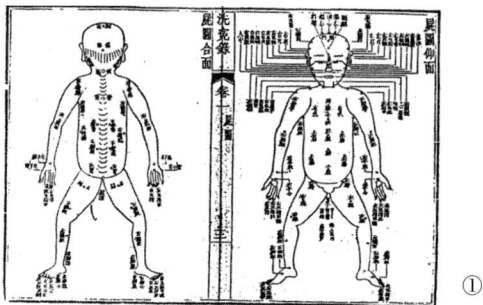

尸格的填写需要遵循一定的规范：

首先，填验尸伤时，须按照人体部位自左而右、自上而下、自前而后的顺序一一填写，不能颠倒错乱，更重要的是必须声明致命或不致命部位，"所验伤痕何处是致命重伤，最要比对填记明白，以此为抵命之本也。"②

第二，填注尸格时，须详细说明伤损的部位、色泽、形状、长短、深浅等具体特征。"伤既皮破，必有血污。伤既溃烂，必落浅深。骨折骨损，轻重悬殊。至骨伤骨折情形不同，如添报皮开损伤，须将有血污声明。溃烂伤必将浅深开列。或伤已骨折或骨损，或伤仅至骨，均须将相验实在情形，逐

---

① 《律例馆校正洗冤录》卷一，《尸图》，载《续修四库全书·子部·法家类》，上海古籍出版社 2002 年版，第 260 页。

② （清）黄六鸿撰：《福惠全书》卷一四，《刑名部·人命上》"印官亲验"，载官箴书集成编纂委员会编：《官箴书集成》第三册，黄山书社 1997 年版，第 366 页。

一填写，不得稍后含混。"①"验伤痕某某处是否状上相同，记明色道、方圆、深阔、长短、分寸"②；"尸上是何处伤痕、或青或紫、或赤或黑、或有血无血，并量大小、长阔、深浅等分寸，令仵作指定报明，检官亲临看视无差。押凶犯认明，并尸亲干证等俱认确，然后照报铢笔填入尸格"③；还有在检验因抽风身死案件时，"须验其伤痕，曾否结痂，曾否抓动，并将受伤轻重颜色浅深，一一填明，以凭稽核"④。

第三，填注尸格时，还须注意根据伤痕区分不同的凶器。"伤痕形状要与凶器相符，如《洗冤录》载。斜而长则为木器伤，圆而不整、尖而三角，则为砖石伤是也。"⑤又因为对于造成金刃伤的器具，在清律中被分为凶器和非凶器并且罪名出入很大，所以一定要在验尸文件中声明是何种刀具。"金刃伤形状稍异者，文内须将金刃式样声明，以免疑惑。……罪名出入攸关，须当分晰明白。"作为凶器的刀具，有裤刀、顺刀，兵器等，应该区别于日常生活中使用的镰刀、菜刀等刀具。不能只在检验文件中只是指出为"刀"，必须载明为何种刀具。"例载凶器之刀，是专备行凶杀人，不堪他用，故罪科遣戍，如裤刀、顺刀，兵器及备防御有鞘者是也。若镰刀、小刀、草刀、菜刀，凡民间日用所需者，止照刃伤论。凡遇持刀伤人、杀人案件，文内须声明刀之名目，不可单言刀也。"⑥尤其是在共殴命案中，更应"各别验明何

---

① （清）白元峰撰：《琴堂必读》下，《验伤》，道光二十一年芸香馆刻本，见杨一凡主编：《中国律学文献》第三辑第五册，黑龙江人民出版社 2006 年版，第 108—109 页。

② （清）黄六鸿撰：《福惠全书》卷一四，《刑名部·人命上》"印官亲验"，载官箴书集成编纂委员会编：《官箴书集成》第三册，黄山书社 1997 年版，第 366 页。

③ （清）黄六鸿撰：《福惠全书》卷十五，《刑名部·人命中》"检肉尸"，载官箴书集成编纂委员会编：《官箴书集成》第三册，黄山书社 1997 年版，第 383 页。

④ （清）白元峰撰：《琴堂必读》下，《验伤》，道光二十一年芸香馆刻本，载杨一凡主编：《中国律学文献》第三辑第五册，黑龙江人民出版社 2006 年版，第 107 页。

⑤ （清）王又槐撰：《办案要略》"论详案"，载郭成伟主编：《官箴书点评与官箴文化研究》，中国法制出版社 2000 年版，第 160 页。

⑥ （清）王又槐撰：《办案要略》"论详案"，载郭成伟主编：《官箴书点评与官箴文化研究》，中国法制出版社 2000 年版，第 160 页。

伤，确系何物所殴"，从而根据"执持何物"，准确判断殴伤之人，填报检验文件时"切勿含混疏忽，以致前后颠倒"①。

第四，尸格中检验结论一定要明确。"验报文内，声叙委系何故身死一语，为全案之关键，须查验伤处的确切实声明，不得游移两可，以致难以定案。"②

第五，如果死者伤痕与《洗冤录》所载情形不相符合，填注尸格后，须添叙仵作口供作为说明。"尸伤间有与《洗冤录》载不符者，须将受伤情形及不符缘由叙入仵作供内，要认得真切，说得确当，不可任意故翻。若有不符伤痕填入格内，而不叙具仵作口供辨明者，定干驳诘。"③

2. 骨格与骨图

（1）检骨格图的创制

中国自古就非常重视骨伤的检验，在南宋《洗冤集录》中已经记载了"煮骨法"、"灌油法"、"涂墨法"等若干种检验骨伤的方法。清代，继承了自古以来重视验骨的传统，不仅强调验骨的重要性，"虽尸化而伤不化，有骨可检者也。……髀骨中陷之血盆，嗓喉上之结喉，曲鬓上之顶心、眉际末之太阳、与眦鼻、山根、印堂、脑角，并钗骨下腰门，皆致命要处，检时最宜细看，盖它骨一伤，不过成残疾，此数处若伤，立致毙命。"④而且在乾隆三十五年（1770）刑部依照安徽按察使增福的奏折，题定检骨图格并颁行全国。增福在乾隆三十五年闰五月初二日奏称：

> 人命重情成招定谳，全以尸伤图格为准，倘检验稍有不确，

---

① （清）白元峰撰：《琴堂必读》下，《验伤》，道光二十一年芸香馆刻本，载杨一凡主编：《中国律学文献》第三辑第五册，黑龙江人民出版社 2006 年版，第 108 页。

② （清）白元峰撰：《琴堂必读》下，《验伤》，道光二十一年芸香馆刻本，载杨一凡主编：《中国律学文献》第三辑第五册，黑龙江人民出版社 2006 年版，第 109 页。

③ （清）王又槐撰：《办案要略》"论详案"，载郭成伟主编：《官箴书点评与官箴文化研究》，中国法制出版社 2000 年版，第 161 页。

④ 《律例馆校正洗冤录》卷一，《论沿身骨脉》，载《续修四库全书·子部·法家类》，上海古籍出版社 2002 年版，第 272 页。

填格略有游移，毫厘千里。不特罪名出入攸关，亦且生死含冤致失平允。查人命案件相验未腐之尸，携带尸图尸格，其伤之红肿、轻重、大小、分寸皆可按图填伤，非初任至愚之员断无错误。至于尸身腐烂及相验不实必须检验之案，全赖尸骨为凭，而洗冤录第一卷中虽载有检骨之法沿身骨节一篇，未颁奏有骨骼定式。是以外省办理检验案件，仅凭现发相验尸图、尸格各部位之下填注某骨某伤痕迹，其细微之处未能周匝，无论初任之员不能明白分晰，即久任之员无骨格可考，亦不得不任听书仵喝报填写也。

伏查初验命案男妇止有下体一处不同，而检骨则男女大有区别之处，即如男子髑髅骨八片，妇人则止六片，男子左右肋骨各十二条，妇人则又各十四条，男子两手腕两臁肋极皆有髀骨，妇人则无髀骨，男子尾蛆骨有九窍，妇人则止六窍，是男妇骸骨判然各别，与初验图格可以通用者迥乎不同，其尸骨在棺未经翻动者，谨慎仵作无难照依骸骨次序上下前后逐一排列标记。若遇薰葬之尸及残毁倒置之骨，上下前后先已紊乱失次，即极谙仵作亦难辨认真确，其稍欠谙练之仵作难保其必无牵混颠倒之差。倘验官填注时一有舛错，即与生前原伤部位不符，伤有致命不致命之分，罪有应抵不应抵之别，非改供以就伤，即移伤以就案，出入攸关，支离牵凑，动成冤狱。

睿虑至再至三，期于毫无枉纵，伏思命案检骨倍难于验尸，若不颁发图格定有准绳，检验之员终属渺茫，难免书仵作弊，合无仰恳圣恩，将检骨一项敕部亦照洗冤录中所载相验图格，将人身骨节定为检骨图格，先绘仰面合面人形周身各骨图一副，于前次列仰面合面沿身名目各骨格，于后男女各分一本，不致混淆，刊刻式样颁发直隶各省遵照填用。则骨之大小先后既有图像可稽，而骨之交接合离复有行格可据。无论初任久任登场检验，俱有按籍填写，书仵难以舞弊，实于检骨命案甚属有益。①

在增福的奏折中说明了创制检骨图格的必要性。首先，在人命案件中，查验尚未腐烂的尸体时，对于有经验的检验人员而言，参照尸图填注尸格，检验结论一般不会出现重大失误。但是对于尸体已经腐烂，或者由于检验不实需要重新检验的案件，人体骨骼则成为检验的重要凭证，而这时却没有颁布的骨骼定式作为依据，检验人员只得按照现有的尸格尸图填注某骨某伤痕迹，造成的结果就是不仅伤痕的细微之处无法填写周详，而且由于无骨格骨图可做依据，往往使得检验官员不得不听任书吏仵作等检验人员随意喝报填写伤痕。其次，如果尸骨未经翻动，有经验的仵作还可以按照骨骼的次序逐一排列标记。但是遇到草草埋葬的尸体或者残存倒置的骨骼，骨骼前后上下次序已经紊乱，即使是极其谙练的仵作也难以辨认真确，对经验稍稍欠缺的仵作更难保证其在辨认骨骼时出现颠倒混乱的差错。验官填注尸格时稍有不慎就会发生与生前受伤部位不相吻合的现象，以至于"非改供以就伤，即移伤以就案"，从而造成冤案。第三，增福还认为男女骨骼的结构和数量都大有区别，因此，检骨时，与初验尸体所填注的图格可以男女通用的情况迥然不同，还应分别绘制男女不同的检骨图格。可见，"命案检骨倍难于验尸，若不颁发图格定有准绳，检验之员终属渺茫，难免书仵作弊"。

鉴于上述三个理由，增福建议将"检骨一项，敕部亦照洗冤录中所载相验图格，将人身骨节定为检骨图格，先绘仰面、合面人形周身各骨图一副，于前次列仰面、合面沿身名目各骨格，于后男女各分一本不致混淆，刊刻式样颁发直隶各省遵照填用"。

乾隆三十五年（1770）闰五月十九日，乾隆皇帝朱批"该部议奏。钦此"。乾隆三十五年七月初六日，刑部依据皇帝的朱批，就创制检骨图格事宜上奏

---

① 中国第一历史档案馆：宫中朱批奏折"奏为重民命昭明允请颁检验骨骼并饬颁发疑难检法事"。档案号：04—01—26—0005—036。

皇帝，并得到批准：

> 查命案至于检骨，其伤痕之有无隐现，辨晰微茫，自应倍加慎重，以昭遵守。向来直省州县衙门，遇办检验之案，悉就现行相验尸图，于各部位之下填注某骨某伤，其骨殖之全缺多寡，虽俱于揭贴内详悉注明，诚不若专立检骨图格，俾验尸骨者当场依次填注，办理更觉周详。臣等遴派熟练司员，传集各衙门经习仵作，复汇查臣部历来办过检验成案，与《洗冤录》所论沿身骨脉名色形式逐细推究。臣等复详加考核，先绘仰面、合面人形，周身骨节全图，次列仰面、合面沿身骨格名目于后，并注明男女异同各处，绘图格一本，恭呈御览，伏俟钦定后，交律例馆刻板刷印，颁发直省。仍将检骨图格，续纂入《洗冤录》尸格之后，永久遵行于检骨之法，殊有裨益。……乾隆三十五年七月初六日奏。本日奉旨："知道了。钦此。"①

安徽按察使增福的奏折不久就得到认可，检骨图格增纂入《律例馆校正洗冤录》中。

（2）检骨图格

检骨图格完全是为了适应检骨的需要，经刑部审定后奏请皇帝批准的验尸文件。检骨格与尸格一样之处，均为事先在格内刊好"致命"或者"不致命"的字样。检骨格中表明的致命部位中仰面有十处，合面有八处。与尸格不同的地方是检骨格中对几个特殊的部位作有小字注解，特别是男女骨骼不同之处，"仰面合面周身骨节男子妇女各别者共四处，俱详注骨格本条下"。如在不致命尾蛆骨后，用小字注明"男子九窍，妇人六窍"。检骨图有两幅，分别是仰面检骨图与合面检骨图。下图取自《律例馆校正洗冤录》，是其中所载仰面、合面检骨格与检骨图（节选）：

---

① （清）张锡藩：《重刊洗冤录汇纂补辑》《附刊检骨图格》"刑部题定检骨图格"，载张松、张群等整理：《洗冤录汇校（下）》，见杨一凡主编：《历代珍稀司法文献》第十册，社会科学文献出版社 2012 年版，第 507—509 页。

检骨格①

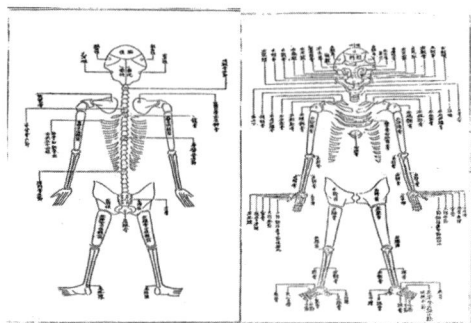

检骨图②

检骨格的填写内容与尸格相似，同样包括填注正犯、干证、左右邻佑、尸亲、房主以及仵作等相关人员的姓名；接下来需要按照仰面与合面的顺序逐一填注骨骼的致命伤或者不致命部位。未受伤部位无需填写。检骨格填注完毕后，为了防止检验人员贿嘱作弊，须"取仵作口供入详，将疑难缘由及《洗冤录》证据逐一供明，庶免驳诘。又必访查邻封谙练检骨仵作，详明关提，留于内署，免致贿嘱作弊。"③

当然，检骨图格中也存在一些谬误，后被许槤、姚德豫等人直陈己见，指正错漏。许槤在《洗冤录详义》中对检骨图格的错漏进行更正补充："验骨篇云：肋骨，男子左右各十二条，八条长四条短，妇人左右各十四条。检骨格

① 《律例馆校正洗冤录》卷一，《检骨》，载《续修四库全书·子部·法家类》，上海古籍出版社 2002 年版，第 321—324 页。

② 《律例馆校正洗冤录》卷一，《检骨》，载《续修四库全书·子部·法家类》，上海古籍出版社 2002 年版，第 319—320 页。

③ （清）王又槐撰：《办案要略》"论详案"，载郭成伟主编：《官箴书点评与官箴文化研究》，中国法制出版社 2000 年版，第 161 页。

云：肋骨共二十四条，妇人多四条，此皆沿内经骨度篇注之误。余历次会检，并详查各省成案，凡男女肋骨左右各十一条者十居其九，间有十条、十二、十三、十四、十五条者，不过十中之一。"[1] 姚德豫在《洗冤录解》中也明确指出："验骨篇大都本于《灵枢骨度篇》注。若检骨图格，则乾隆三十五年，因安徽增臬使奏请颁发，刑部令司员杂采前三篇并成案而订者也，但《灵枢》之注，今检骨不甚符合，以致现行骨格于采用其书之处，填注时每有参差。"[2]

尽管如此，仍然不能否认检骨图格对检验人员的监督指导及规范作用。许梿就指出："全身骨图仰合二面，并后检骨格系乾隆三十五年据安徽按察使增福奏请颁发，梿详加考核与今检案不甚相符。因另拟仰合二图并分别各骨图说以备参考，然图格系部颁之件，遇有检案仍当遵守以为法式。"[3] 至于在检验实践中发现检验图格有谬误之处，须详细分晰说明，才可以"免致驳诘，且以杜绝尸亲讼师执有成书故意刁难之弊"[4]。许梿还就如何详细分晰说明进一步解释道："如检骨格云肋骨男子左右各十二条，妇人各十四条，与今所检大相径庭，详后肋骨图说，惟于填格时声说某人肋骨生就若干条，凑对简窍相符等语，庶几不至两歧，举此可隅反矣。"[5]

二、活体检查

活体检查是针对活人身体进行的检查，其重点即在于验看伤情的轻

① （清）许梿撰：《洗冤录详议》，载《续修四库全书·子部·法家类》，上海古籍出版社2002年版，第366页。

② （清）姚德豫著：《洗冤录解》"验骸骨解"，载张松、张群等整理：《洗冤录汇校》，见杨一凡主编：《历代珍稀司法文献》第十册，社会科学文献出版社2012年版，第580页。

③ （清）许梿撰：《洗冤录详议》，载《续修四库全书·子部·法家类》，上海古籍出版社2002年版，第363页。

④ （清）许梿撰：《洗冤录详议》，载《续修四库全书·子部·法家类》，上海古籍出版社2002年版，第363页。

⑤ （清）许梿撰：《洗冤录详议》，载《续修四库全书·子部·法家类》，上海古籍出版社2002年版，第363页。

重，并以此作为定罪量刑的重要依据。这是与上节所提到的尸骨检验的最大区别。

王又槐在《办案要略》中，从主客观两方面分析了"斗殴"与"谋杀"、"斗杀"和"故杀"行为的区别，他给"斗殴"下的定义是"斗殴者，彼此互争而搏击之谓也。必临时有争斗之事、互殴之行，方谓斗殴。"①。"斗殴之案，有因携带器械他往，邂逅相斗执以殴伤者，有临时适便取殴者，又有夺取旁人器械以备抵御者，亦有夺获死者器具反殴者，并有凶手亲属在旁携给助势者。各种情由，均须分晰供明"②。但是，如果"或怀积怨深仇，或图财渔色，设计阴谋，致人于死，则为谋杀"；"彼此互殴而不觉其下手过重，邂逅至死，及被死者追迫失措，随手掷殴，并被死者推压，因而扭跌踢伤等类，皆为斗杀"；"若死者徒手未敌，而凶手即伤其致命处所，立时殒命，抑或连伤数次，皆重又狠，殴致命而死，则为故杀"。③

根据上述观点，斗殴行为只是给受害者造成了轻重不同的伤情，并没有当场致其死亡。至于因为伤情过重而死亡，则有保辜制度作为后续保障。正如沈之奇所说："人之斗殴，大概因一时之气，事起仓卒，非有成心，即有同谋共殴者，亦意止于殴耳，故篇中专论伤之轻重以定罪。然必有因伤至死者，故后复有保辜之法，与人命律内斗殴条参看。"④由此看来，斗殴案件的检验对象是活人的身体，其重点即在于验看伤情的轻重，并以此作为定罪量刑的重要依据。这是与上节所提到的命案检验的最大区别。

---

① （清）王又槐撰：《办案要略》"论命案"，载郭成伟主编：《官箴书点评与官箴文化研究》，中国法制出版社2000年版，第142页。

② （清）王又槐撰：《办案要略》"论命案"，载郭成伟主编：《官箴书点评与官箴文化研究》，中国法制出版社2000年版，第143页。

③ （清）王又槐撰：《办案要略》"论命案"，载郭成伟主编：《官箴书点评与官箴文化研究》，中国法制出版社2000年版，第142页。

④ （清）沈之奇撰，怀效锋、李俊点校：《大清律辑注》卷二〇，《斗殴》，法律出版社2000年版，第718页。

发生斗殴案件后，对受害人伤情的检验同人命案件的检验一样，仍然遵循州县官亲验原则，其原因是：

> 验伤填单，例取保辜，何等慎重！或乃委之佐杂，不知两造报告伤，多先嘱托仵作，故仵作喝报后，印官犹必亲验，以定真伪。佐杂则惟据仵作口报而已，何足深信。且某伤为某殴，须取本人确供，辨其形势器物，万一伤者殒命，此即拟抵之据，生前之供状未明，死后之推求徒费。犯供翻异，案牍纠缠，率由于此，则何如亲验之可恃也？①

尤其是当被害人伤势极重，一旦挪动容易造成死亡的时候，州县官必须即时亲临现场，定限保辜，"凡京城内外及各省州县，遇有斗殴伤重不能动履之人，或具控到官，或经拿获，及巡役地保人等指报，该管官即行带领仵作亲往验看，讯取确供，定限保辜，不许扛抬赴验。如有违例抬验者，将违例抬验之亲属与不行阻止之地保各照违令律笞五十；因抬验而致伤生者，各照不应重律杖八十。倘内外该管衙门遇有伤重不能动履之人，仍令扛抬听候验看者，各该上司察实指参，交部议处。"②

但是，如果在州县官公务繁忙或者案发地距离太远的情况下，可以由州县僚属官代为检验，保辜期限还需州县官决定。"凡斗殴伤重之人，除附近城郭，以及事简州、县，照例正印官亲诣验看外；其离城窎远之区，及繁冗州、县，委系不能逐起验看者，许委佐贰、巡捕等官，代往据实验报，仍听州、县官定限保辜。倘佐贰、巡捕等官验报不实，照例议处。如州、县官怠弛推诿，概委佐贰、巡捕等官代验，致滋扰累捏饰等弊，仍照定例议处。"③

检验斗殴案的伤者之前，须先由苦主、地保或干证等人报告斗殴之事，

---

① （清）汪辉祖撰：《学治臆说》卷下，《生伤勿轻委验》，载郭成伟主编《官箴书点评与官箴文化研究》，中国法制出版社2000年版，第217页。

② 张荣铮、刘勇强、金懋初点校：《大清律例》，天津古籍出版社1993年版，第475页。

③ 张荣铮、刘勇强、金懋初点校：《大清律例》，天津古籍出版社1993年版，第475页。

并在被殴之日，伤者解衣由近亲属见证损伤状况，按人命告辜式的格式写出告辜状，投递到官。之后检验官吏向伤者本人了解基本情况、受害经过，然后亲自验看登记伤势大小、尺寸、形状和颜色，限以保辜日期。

> 凡宰州县者一有斗殴之事，著地方即时首报，若告者已至，而地方未报，即重责之。人命尸亲不是父兄伯叔便是弟姪妻子，被殴之日，即解衣共见。需问被殴之人年若干岁，某月某日某时被某某用何凶器殴打某处，见今某处斜伤，长若干，阔若干；某处圆伤，横若干，围若干，青色红色，有肿无肿，曾否皮破骨裂。某某见证，即照状式告辜到官。唤问地方，果系重伤即不许扛抬赴验，恐破伤处，中风致殒。即时亲行，匹马兼舆，少带人从，诣彼相验，登记伤痕，限以保辜日期。①

伤情的检验方法适用两面法，即仰面合面法。检验顺序如下：

> 正面自顶心以至指甲，合面自脑后以至十指甲缝。何处有伤，或青紫或青黑，系汤火伤、铜伤、汁伤、刀伤、铁伤、水伤、砍伤、拳伤、磁伤、垫伤、擦伤及有无皮破骨损，并浅深、大小、长短、阔狭、方圆，逐一亲验之。②

验毕，接着"填注图格，并起获凶器与伤痕两相比对，是否相符，当场讯取各犯口供，是否相对，逐一详细声叙取结附卷。"③填注验伤图格时，须"声明致命某处某伤、不致命某处某伤，并长阔、深浅、分寸、颜色，不可但称某处某伤，而不照写致命、不致命也。至无伤之处又必声明。其有死后残毁、别伤及生前疮杖旧痕，亦须分别填明，取具仵作供结"，如果因伤致死，在叙完各伤之后，还需"点出委系因何身死一语，最宜详慎，不可率

---

① 《律例馆校正洗冤录》卷一，《验伤及保辜总论》，载《续修四库全书·子部·法家类》，上海古籍出版社 2002 年版，第 258 页。

② （清）白元峰撰：《琴堂必读》下，《验伤》，道光二十一年芸香馆刻本，载杨一凡主编：《中国律学文献》第三辑第五册，黑龙江人民出版社 2006 年版，第 110—111 页。

③ （清）白元峰撰：《琴堂必读》下，《验伤》，道光二十一年芸香馆刻本，载杨一凡主编：《中国律学文献》第三辑第五册，黑龙江人民出版社 2006 年版，第 111 页。

混，致有出入"①。

三、现场勘验

清代的司法检验主要分为现场勘验和尸体检验两项活动，而司法检验是以尸体检验为重心，相对于尸体检验而言，现场勘验仅居于次要地位，"至于命案，以检验尸身为主，查验（即查勘）尚在其次。"② 现场勘验有别于尸体检验，它是检验人员对与犯罪有关的场所、物品及痕迹进行勘察，以便为尸体检验和案件的侦破提供有力证据的侦查活动。为了检验的需要，现场勘验先于尸体检验而进行，清代现场勘验的步骤和技术作为尸体检验的配套措施，更多地记载于官订检验书籍《律例馆校正洗冤录》中。这里将主要以《律例馆校正洗冤录》为参考，考察清代现场勘验的具体运作。

依据《律例馆校正洗冤录》的内容，清代的现场勘验可以分为两项活动步骤。一是现场调查访问，二是进行实地勘验。

（一）现场调查访问

现场调查访问（简称现场访问），就是对事主、目睹人、发现案件的人和保护现场的人员等进行调查访问，了解事件发生、发现的时间、经过及其他有关情况。有些案件受害人和罪犯有过接触，应当详细调查罪犯体貌、衣着特点和逃跑方向；有财物被盗或被抢的，应了解财物数量和特征。现场调查访问和实地勘验所得到的材料结合起来，相互印证，相互补充，可以反映现场的全面情况，为正确判断案情提供可靠依据。

《律例馆校正洗冤录》要求："凡检尸须先令亲属及邻保识认是否本尸，或尸首经久胖胀腐烂，识认不真，须先问原着甚衣服色样、有甚记号，及

---

① （清）王又槐撰：《办案要略》"论详案"，载郭成伟主编：《官箴书点评与官箴文化研究》，中国法制出版社 2000 年版，第 160 页。

② 那思陆：《清代州县衙门审判制度》，中国政法大学出版社 2006 年版，第 76 页。

身上有甚疤痣处。令分明立状讫，方可检验。"① 如果遇到疑难案件，更须广为访察，不能专任一人。"凡检验遇有大段疑难，须更广为访察，庶几无误。……然访察亦不可专任一人，仍宜善使之。不然，适足自误。"② 对于因为斗殴导致当事人在保辜期限内死亡的情形，如果曾经医治，还须向医生讯明是什么病症，曾经用过何种药物。"如斗殴限内身死，痕损不明，若有病色，曾使医人师巫救治之类，多因病患而死，若不访则不知也。"③ 许梿在《洗冤录详议》中补充说："非立时身死而曾经医治者，必传医生讯明是何病证，用何方药，且恐有意外他故，密访亦不可少，但须信任得人，方无贻误。"④

清代名幕汪辉祖以自己的实践经验阐明了现场访问的重要性。

> 呈报命案，非尸亲，即地保。宜立刻研问衅由，及斗殴之状，受伤之处，细细诘问，察看供情虚实，自可得其要领。盖尸亲等甫至县城，未暇受讼师指挥，代书写词，不敢大改情节，且乡民初见官长，尚有惧心，立时细鞫，真情易露。往余在宁远，蒋良荣、刘开扬自毙诬人二案，皆于初报时讯有疑窦，不致冤滥平民。故知初报即讯是最要关键，若被告亦到，则更可对簿明确矣。⑤

因此，访问群众和询问证人不仅是为了监督检验人员，防止徇私舞弊，增加勘验活动的公正性，而且便于勘验人员及时了解案情线索、案发过程以及犯罪嫌疑人特征，发现和收集相关证据，为破案创造有利条件。

---

① 《律例馆校正洗冤录》卷一，《检验总论》，载《续修四库全书·子部·法家类》，上海古籍出版社 2002 年版，第 256 页。

② 《律例馆校正洗冤录》卷一，《检验总论》，载《续修四库全书·子部·法家类》，上海古籍出版社 2002 年版，第 255 页。

③ 《律例馆校正洗冤录》卷一，《检验总论》，载《续修四库全书·子部·法家类》，上海古籍出版社 2002 年版，第 255 页。

④ （清）许梿撰：《洗冤录详议》，载《续修四库全书·子部·法家类》，上海古籍出版社 2002 年版，第 340 页。

⑤ （清）汪辉祖撰：《学治臆说》卷下，《命案受词即宜取供》，载郭成伟主编《官箴书点评与官箴文化研究》，中国法制出版社 2000 年版，第 217 页。

（二）实地勘验

清代的实地勘验可以分为现场环境勘验和现场内部勘验。所谓现场环境勘验做的工作就是札下四至，划定勘验范围，为进一步的现场内部勘验做好准备。现场内部勘验则是以尸体为中心展开，采取静态勘验与动态勘验相结合的方式。静态勘验即检验人员运用感官进行观察，查明现场上由于犯罪行为所引起的一切变化情况，观察各种物体和痕迹所处的位置、状态以及物体和痕迹间的相互关系。但勘验时，不触及任何物体、痕迹或改变其位置。动态勘验是在不破坏痕迹的原则下，对怀疑与事件有关的痕迹或物品逐个进行勘验和检查，必要时可以翻转移动物品，也可以放在不同的光照角度下进行观察，或者采用各种技术方法进一步发现痕迹和细微物证，以研究各个痕迹形成的原因和各种物证的状态，以及它们与犯罪行为的关系。静态勘验和动态勘验是实地勘验时相互联系的先后两个步骤。[1] 具体来说，清代人命案件的实地勘验由以下具体活动构成：

第一，札四至。札四至就是现场环境勘验，指检验人员勘定案发现场的方位，划定勘验范围。通览《律例馆校正洗冤录》可知，"札四至"是清代尸体检验之前的一个必经程序。"凡验状，须开具尸首原在甚处，如何顿放，彼处四至"[2]；验未埋尸"或在屋内地上，或床上，或屋前后露天之处，或在山岭溪涧草木上，并先打量顿尸所在，四至高低，所离某处若干，在溪涧之内，上去山脚，或岸几许，系何人地上，地名甚处，若屋内，系在何处，及上下有无物色盖簟讫。舁尸出验"[3]。上面提到的验状"即检验律之尸状，今称尸格"[4]。验已攒尸时"先验坟系何人地上，地名甚处，土堆须量高若干尺

---

[1] 《中国大百科全书·法学》，中国大百科全书出版社 1984 年版，第 635 页。

[2] 《律例馆校正洗冤录》卷一，《检验总论》，载《续修四库全书·子部·法家类》，上海古籍出版社 2002 年版，第 256 页。

[3] 《律例馆校正洗冤录》卷一，《验未埋尸》，载《续修四库全书·子部·法家类》，上海古籍出版社 2002 年版，第 262 页。

[4] （清）许梿撰：《洗冤录详义》，载《续修四库全书·子部·法家类》，上海古籍出版社 2002 年版，第 341 页。

寸，长阔若干尺寸，及尸现攒殡在何人屋下，亦如前量之"①；"验处女尸，刽四至讫，异出光明平稳处所"②；验已烂尸"量四至讫，用水冲去蛆虫秽臭，皮肉干净，方可验"③；"验身首异处者，先令尸亲辨认尸首，量尸处四至讫，须量首与身相离远近，或左或右，或去肩脚若干尺寸"④；"检自缢之尸，先要问在甚地方，甚街巷，甚人家……打量尸身四至"⑤；"池塘或坎井有水处，可以致命者，须量见浅深丈尺，坎井则量四至。"⑥

"札四至"程序在清代巴县档案及顺天府宝坻县档案中得到了充分的反映。巴县档案中舒德捉奸殴毙杨亮衢案载：

> 查舒德住居草房二间，坐西向东，附近并无人户，内一间用竹笆间隔，前系灶房，后系卧室，外一间系堂屋，有竹笆门一扇，内外房间俱有窗格。尸身仰卧堂屋，头西脚东，身穿蓝布衫一件，下身无裤，勘毕。⑦

顺天府宝坻县档案中王立成自缢案载：

> 勘得扒头港有东西街一道，街中路南有王盛卿新盖土房三间，后有王立成住房三间，西屋系杨居住，东屋系王立成居住。据王盛卿指称，王立成系在伊新盖房内西间枨上自缢。⑧

---

① 《律例馆校正洗冤录》卷一，《验已攒尸》，载《续修四库全书·子部·法家类》，上海古籍出版社2002年版，第262页。
② 《律例馆校正洗冤录》卷一，《验处女尸》，载《续修四库全书·子部·法家类》，上海古籍出版社2002年版，第267页。
③ 《律例馆校正洗冤录》卷一，《验已烂尸》，载《续修四库全书·子部·法家类》，上海古籍出版社2002年版，第269页。
④ 《律例馆校正洗冤录》卷二，《杀伤辨生前死后》，载《续修四库全书·子部·法家类》，上海古籍出版社2002年版，第280页。
⑤ 《律例馆校正洗冤录》卷二，《自缢》，载《续修四库全书·子部·法家类》，上海古籍出版社2002年版，第282页。
⑥ 《律例馆校正洗冤录》卷二，《溺水》，载《续修四库全书·子部·法家类》，上海古籍出版社2002年版，第286页。
⑦ 四川省档案馆编：《清代巴县档案汇编·乾隆卷》，档案出版社1991年版，第78页。
⑧ 中国第一历史档案馆：《顺天府全宗档案》，胶片84-28-4-199-010。

第二，查特征。查特征就是查验尸体的体貌特征，以便确定被害人身份，它属于现场内部勘验的一个重要组成部分。"凡验状须开具尸首……有何衣服在彼，逐一检点名件。其尸首有无雕青，钤灸瘢痕，生前有何缺折肢体及伛偻拳跛、秃头、青紫黑红色痣、肉瘤、蹄踵。诸般疾状皆要一一于验状声说开载，以备推勘。"[1] 在这里，许梿专门就"雕青"进一步解释，"雕青自古有之，《礼记·王制》雕题交趾郑注谓，刻其肌，以丹青涅之孔疏题额也。谓以丹青雕刻其额非惟雕额，亦文身也。尝观《酉阳杂俎》载张幹劄膊、王力奴劄胸腹、赵武建劄一百六十处。五代史周太祖黔其颈为飞雀。元以前豪侠子弟比比皆然。明时禁严，此风遂绝。"[2] 验未埋尸体时"先将尸脱去在身衣服（系妇女并除去首饰），自头上自鞋袜逐一抄写，或是随身行李，亦开具名件，以温水洗尸一遍讫，乃验。"[3]

查验这些尸体的体貌特征与搞清致死原因没有关系，它一方面是为了确定被害人的真实身份，以便亲属及时认领，"无主尸首儿面貌身量并衣帽颜色式样，均宜详细开载，以便示召亲属认领。"[4] 另一方面查清死者身份，还有利于死者亲属日后应诉，"及有不得姓名人尸首，后有亲属呈告者，须验状证辨。"[5] 所以，查验尸体的体貌特征不应属于尸体检验的内容，而应属于现场勘验活动。

第三，勘位置。勘位置就是勘查尸体位置，并发现它与现场相关物体的关系，以便确定真正的死亡原因。由于死亡原因十分复杂，这就决定了检验

① 《律例馆校正洗冤录》卷一，《检验总论》，载《续修四库全书·子部·法家类》，上海古籍出版社 2002 年版，第 256 页。
② （清）许梿撰：《洗冤录详议》，载《续修四库全书·子部·法家类》，上海古籍出版社 2002 年版，第 341 页。
③ 《律例馆校正洗冤录》卷一，《验未埋尸》，载《续修四库全书·子部·法家类》，上海古籍出版社 2002 年版，第 262 页。
④ （清）许梿撰：《洗冤录详议》，载《续修四库全书·子部·法家类》，上海古籍出版社 2002 年版，第 341 页。
⑤ 《律例馆校正洗冤录》卷 ，《检验总论》，载《续修四库全书·子部·法家类》，上海古籍出版社 2002 年版，第 256 页。

尸体的重要性。"凡检尸差之毫厘，失之千里，切勿轻视。常有勒杀类乎，自缢、溺死类乎，投水、斗殴有在限内致命，而实因患病身死。僕婢因被捶挞，在主家自害自缢之类，情迹不同，并为疑难，务须临时审察。"① 但是，清人已经认识到单凭尸体检验往往难以查清案情，还需要利用勘查尸体位置等侦查手段，判断死亡原因。

按照《律例馆校正洗冤录》的记载，自缢身死与勒死"形证各殊"，"量得梁高几尺以上，其尸两脚悬空，舌出，项痕不匝"②，这是判断是否为生前自缢身死的重要标准。故检验自缢尸体前，需要详细勘查尸体的具体位置，"面向甚处，背向甚处，其死人用甚物踏上，上量头悬处所，弔处相距若干尺寸，下量脚至地相去若干尺寸，或所缢处虽低，亦看头上悬挂索处，下至所离处并量相去若干尺寸。……然后依法检验。"③ 这样，检验人员就可以凭借尸体悬挂的高低位置以及脚踏物的高低尺寸判断死者双脚是否能够悬空，进而推测死亡原因。清代的司法实践中使用了这种勘验方法。顺天府宝坻县档案"韩自义自缢案"载："该尸生前系脚蹬锅台，在头檩上用麻绳结套自缢，量得锅台高二尺三寸，檩至地七尺二寸，檩上尘土滚乱，量得缢绳通长一丈二尺。勘毕，谕令将尸移放平明地面，眼同尸亲地邻等如法相验。"④

进一步而言，由于自缢时所使用的绳套不同，在判断死亡性质时还应根据绳套与尸体位置的关系来确定死因，"自缢有活套头、死套头、单系十字缠绕系，须看死人踏甚物入头在绳套内，须垂得绳套宽入头，方是。活套头、死套头，脚到地，并膝跪地俱可死"；如果自缢属于单系十字缠绕，那么"悬空方可死，脚尖稍到地，即不死。单系十字是先用绳带自系项上，后

---

① 《律例馆校正洗冤录》卷三，《疑难杂说》，载《续修四库全书·子部·法家类》，上海古籍出版社 2002 年版，第 292 页。
② 《律例馆校正洗冤录》卷二，《自缢》，载《续修四库全书·子部·法家类》，上海古籍出版社 2002 年版，第 283 页。
③ 《律例馆校正洗冤录》卷二，《自缢》，载《续修四库全书·子部·法家类》，上海古籍出版社 2002 年版，第 282 页。
④ 中国第一历史档案馆：《顺天府全宗档案》，胶片 85-28-4-202-005。

自以手系高处，须先看上头系处尘土及死人踏甚物，自以手攀系得绳著，方是。"如果"上面系绳处或高，或手不能攀，及不能上，则是别人弔起，更看系处绳索伸缩，须是头坠下，去上系处一尺以上，方是自缢。若头系抵上，脚悬空，所踏无物，定是别人弔起。"①如此，检验人员可以通过尸体位置与绳套的关系以及其与系绳处的距离来判断是否为死后悬尸。

另外，在《律例馆校正洗冤录》"焚死"篇中，同样提到确定尸体位置对于辨别死亡原因的重要作用。"验烧死尸，须看有无屋瓦茅灰压衬。大凡盖屋或瓦或茅，若被火烧，其尸在茅瓦之下，或因与人有仇，乘势推入烧死者，则在茅瓦之上，兼验头足亦有向至。"②在"焚死"案件的现场勘验中，要求检验人员查清尸体与盖屋材料茅瓦的关系以及尸体的位置朝向，以便通过尸体所在茅瓦上面或者茅瓦下面的位置和尸体的头足方向来辨别死者是否为失火烧死。

第四，寻痕迹。寻痕迹就是搜寻和观察现场的物质痕迹，正确判断自杀或他杀。清代的现场勘验，有一项重要内容就是搜寻并观察现场的犯罪痕迹，用以推测死亡原因。例如，在勘验自缢现场时，根据不同情况要求查看现场足迹和系绳索处的尘土，因为"非有脚踏之处不能悬空上弔，即已放下亦须查明"③。"若当泥雨时，须看死者脚著何样靴鞋，踏上处有无印跡"④，没有印跡就是死后悬尸；"若是奴仆，先问雇主讨契书辨验，仍看契上有无亲戚、年纪多少。更看原弔挂踪跡处"⑤；对于因单系十字缠绕而死的自缢

---

① 《律例馆校正洗冤录》卷二，《自缢》，载《续修四库全书·子部·法家类》，上海古籍出版社 2002 年版，第 283 页。

② 《律例馆校正洗冤录》卷二，《焚死》，载《续修四库全书·子部·法家类》，上海古籍出版社 2002 年版，第 289 页。

③ （清）许槤撰：《洗冤录详议》，载《续修四库全书·子部·法家类》，上海古籍出版社 2002 年版，第 400 页。

④ 《律例馆校正洗冤录》卷二，《自缢》，载《续修四库全书·子部·法家类》，上海古籍出版社 2002 年版，第 283 页。

⑤ 《律例馆校正洗冤录》卷二，《自缢》，载《续修四库全书·子部·法家类》，上海古籍出版社 2002 年版，第 282 页。

者，"须先看上头系处尘土及死人踏甚物"①，如果系绳处很高，手根本无法攀及，则不属于生前自缢而亡；"在屋下自缢，先看所缢处楣樑枋桁之类，尘土滚乱至多"，才属于自缢身死。"如只有一路无尘，不是自缢"，究其原因"自缢者，初则专思搭绳，继则既系争命，尘土滚乱。若别人移动，或先勒死假作自缢，其人已死不动，只有一路无尘"②，但也要防止狡黠之徒故作装点，"如验尸并非自缢，而有尘土滚乱形跡，恐系狡黠之徒装点，不可不察"③。又如，在勘验勒死尸体现场时，须观察死者挣扎痕迹。"凡被人勒死，其尸合面仰卧为被勒时挣命，须是揉扑得头发或角子散慢，或沿身有磕擦痕，又须看尸身四畔有扎磨踪跡。"④再如，在勘验落井而死的尸体时，须注意观察落井处土痕。"大凡有故入井，须脚直下。若头在下，恐被人赶逼，或他人推送入井。若失脚落井，则口眼俱开，须看失脚处土痕。"⑤

第五，找物证。在进行现场勘验时为了防止由于物证被转移或隐匿，从而给案件侦破造成不利影响，还需及时发现和收集物证。"凡行凶器杖，索之少缓则行凶之家藏匿移易，柱成疑狱，干系慎重。初时必先急为收索，以凭参照。伤痕大小阔窄定验无差。或行凶器仗未到，不可分毫增减，防他日索到异同。"⑥

在现场勘验时，根据案件的不同类型，对发现和收集物证的要求有所差

① 《律例馆校正洗冤录》卷二，《自缢》，载《续修四库全书·子部·法家类》，上海古籍出版社 2002 年版，第 283 页。

② 《律例馆校正洗冤录》卷二，《自缢》，载《续修四库全书·子部·法家类》，上海古籍出版社 2002 年版，第 284 页。

③ （清）许槤撰：《洗冤录详议》，载《续修四库全书·子部·法家类》，上海古籍出版社 2002 年版，第 403 页。

④ 《律例馆校正洗冤录》卷二，《殴勒假作自缢》，载《续修四库全书·子部·法家类》，上海古籍出版社 2002 年版，第 285 页。

⑤ 《律例馆校正洗冤录》卷二，《溺井》，载《续修四库全书·子部·法家类》，上海古籍出版社 2002 年版，第 288 页。

⑥ 《律例馆校正洗冤录》卷一，《检验总论》，载《续修四库全书·子部·法家类》，上海古籍出版社 2002 年版，第 256 页。

异。例如，在手足他物伤类案件中，须认真收集伤人他物，通过仔细比对，搞清他物与伤痕之间的联系。所谓"他物"即"非手足者，其余皆为他物。故即兵不用刃，亦是。诸他物，铁尺、斧头、刃背、木桿、棒、马鞭、木柴、砖石、瓦砾、布鞋、纳底鞋、草鞋之类皆是。""凡伤痕大小，定作拳足他物，当以诸物比定，方可言分寸。若拳伤亦不尽系圈圆，而圈圆居多。至云脚足踢伤，比拳分寸较大，似未必然。足之用以踢人，惟在足前靴尖鞋头，焉能大于手拳，似当斟酌辨之。"① 在杀伤类案件中，衣物则可以起到印证伤情的作用。"快物伤死者，须看原着衣衫有无破损处，隐对痕，血点可验。"② 在溺井类案件中，须注意查看死者身间是否带有财物，身间带有财物可能为被人推入或者失足落井，不带财物则可能为投井自尽。"凡人身间有物者，必不肯投井。自投井者，身间无物者居多。"③ 在溺死类案件中，辨别是否为生前溺死须查看头与发际，手脚爪缝，或鞋内是否各有沙泥，有泥沙为生前溺死，否则不是。其原因是"昔有深池中溺死人，经久事发，官见皮肉尽无，惟骷髅骸骨尚在，其他并无痕跡。乃取骷髅骨洗净，将热汤瓶细细斟灌，从囟门穴入，看有无细泥沙屑自鼻孔窍中出，是否生前溺水身死，以此定验。盖生前落水，则因鼻取气吸入沙土，死后则无。"④ 在顺天府宝坻县档案的勘验记录中就有一例根据投河身死者手指和发际中发现的泥沙，从而判断其为投河身死的记载：

　　勘得该庄西北首，有东西蓟运大河一道，距赵殿一家约有一百五十余步，查看上流河边泥土有女脚踏动形跡，据捞尸人张俊

① 《律例馆校正洗冤录》卷二，《手足他物伤》，载《续修四库全书·子部·法家类》，上海古籍出版社2002年版，第275页。

② 《律例馆校正洗冤录》卷二，《杀伤》，载《续修四库全书·子部·法家类》，上海古籍出版社2002年版，第278页。

③ 《律例馆校正洗冤录》卷二，《溺井》，载《续修四库全书·子部·法家类》，上海古籍出版社2002年版，第288页。

④ 《律例馆校正洗冤录》卷二，《溺水》，载《续修四库全书·子部·法家类》，上海古籍出版社2002年版，第287页。

生、董建太同尸夫赵瑞回称：已死朱氏即由此处投水，伊等在于下流捞获尸身等语，随诣停尸处所，该尸头南脚北，在于下流河沿，仰卧身死，相距投河处约有三十余步，勘毕谕令将尸移放平明地面，眼同尸亲人等如法相验。据件作潘锟当场高声喝报，验得已死赵朱氏问年十八岁，量得身长三尺九寸，膀阔五寸，胸高六寸一，仰面面色黄，左眉近上碰伤一处，围圆一寸一分，青肿，两眼合，两鼻窍水沫流出，口微开，水沫流出，两手微握，两手心绉白，十指甲缝有泥沙，肚腹膨胀，有水声，两腿伸，合面，发际有泥沙，下身据尸父朱添方，尸母朱杨氏禀称伊女下身并无伤痕，情甘具结，恳请免验等情，随取拦验甘结附卷，其余沿身并无别故，委系投河身死，验毕，（卑职）复亲验无异，随饬役在于投河处所搄看，均系零星砖块，无凭查起比对，伤痕具当场填注图格，取具件作，不致隐漏伤痕，并尸亲人等允服各甘结附卷，尸令备棺盛殓。①

在清代，盗窃案件的现场勘验与人命案件的现场勘验的具体内容有许多相同之处，只是由于案件性质的不同，现场勘验的侧重点有所差别。盗窃案件的现场勘验大致包括盗案现场的方位与坐落方向，被盗物品的种类、数量以及存放处，现场遗留器械油捻之类物品、痕迹，以及盗贼进出盗案现场的路线等。

> 盗案以赃为要，赃真则盗确。……凡报盗刲，及临时行强抢夺拒捕之案，均应会同营汛会勘出入情形（印官公出移请邻封代勘），将事主房屋间数、层数、坐落方向、盗贼撬门撞门门上有无损痕。如系挖洞，量明洞口宽窄，及有无遗下油捻器械，何时被盗，从何处入，从何处出，何处搜赃，是否明火执仗，撞门毁户，抑系踰墙撬壁，一并讯明。叙明墩台远近，有无两邻，事主见贼几人，有无涂面装须，何处声音，赃在何处搜劫，有无捆殴奸淫，放火架挞等

---

① 中国第一历史档案馆：《顺天府全宗档案》，胶片 85-28-4-202-010。

情。取具切供。再问保甲邻佑更夫人等，有无见闻影响，逐一讯明。以免日后棘手。会勘后即行通报，并刊赏格。①

从顺天府宝坻县档案的记载来看，盗案现场勘验的程序与内容大致与上述记载相同。例如，道光年间的阴耀宗被窃钱文衣物案的勘验现场记录：

勘得西陇桂村有东西街一道，街西头路北有阴耀宗住房一所。临街瓦房大门一间，向南安设，内临街南平房两间，猪圈一个，东平房两间、西平房三间、过庭北平房五间，向南安门，东西隔□安门。进内东瓦房两间，西平房两间，北瓦房三间，西间隔墙安门，东西耳房各一间。据事主阴耀宗指称是夜西间无人睡宿，存放粮食小物。西墙下放有木办柜一个，柜内存放大□六十五千，衣服八件。柜上放有布口袋三条，贼开柜锁窃去大□五十五千，衣服八件、口袋三条。西墙下放有谷囤一个，北墙下放有麦囤一个，东墙下放有高□□囤一个、北瓦房两间前檐有□□□，拆去橡木一根，量宽一尺、长二尺六寸，紧靠西边烟洞，窟窿至谷囤七尺三寸，囤顶至地五尺。又据事主阴耀宗指称，贼从北瓦房西边空基上房，拆窟查看西耳房上有破瓦三个、空基房上微有脚蹬形迹。②

在清代现场勘验的活动中，现场调查访问是发现和收集言词证据的方法，而实地勘验则是发现和收集实物证据的方法，两者相结合有助于全面收集证据，准确认定案情。

现场勘验结束后，需要做出现场勘验结论，其基本要求是条理清楚，叙述明白。但在清代律例中对此并无统一规定，各地有不同的做法，有既绘制图又加说明文字的勘验结论，也有只是用文字记录而不加以绘图说明的勘验结论。王又槐在《办案要略》中记述：

---

① （清）刚毅撰：《牧令须知》卷六，《办盗案法》，载官箴书集成编纂委员会编：《官箴书集成》第九册，黄山书社1997年版，第260页。

② 中国第一历史档案馆：《顺天府全宗档案》，胶片28-2-124-157。

叙勘情形，各省不一。或有绘图贴说者，或有叙入详内而不绘图者，或叙详而又绘图者，总要分晰清楚，令阅者如同亲睹。遇盗窃、强奸、杀奸、自刎等案，处处形迹尤须验得确切，叙得明白。自缢命案，其缢处高低、尺寸，及有无垫脚物件、檩梁大小、尘土动静、缢绳长短粗细、套头样式，均须一一声明。……若孤村独户，四面所距村庄道路里数，有关涉者，亦须开明。其盗窃、刨坟及仇盗未明大案，注明有无墩台营房、相离里数。……路毙、受伤及无伤而被禽犬残毁者，尸旁脚迹、血迹并携带遗物，俱要叙明。①

四、物证检验

按照现代物证检验学理论，物证指的是"依法收集的与案件有关的经过科学鉴定或侦查措施，能以其形态特征或字迹特征、物质属性证明案件真实情况的各种物品、物质、文书和痕迹"②。物证的种类很多，自然界存在的一切物质皆可成为物证。例如犯罪用的工具，如凶器、引火物、毒物与药物、破坏工具等；作案时遗留的痕迹，如指纹、脚印、破坏工具的痕迹等；罪犯遗留的物品和斑迹，如烟头、纽扣、各种票证及罪犯的血痕、精斑、毛发、粪便等。广义上讲物证检验是"对刑事、民事案件，行政案件及其纠纷中可能成为物证的物品、物质、文书的痕迹进行发现、识别、记录、提取和鉴定所利用的各种科学技术方法的总称"③。由于传统中国的刑事法律制度较为发达，并形成了比较成熟的刑事案件中的实物证据理论。因此，本节中所研究

---

① （清）王又槐撰：《办案要略》"论详案"，载郭成伟主编：《官箴书点评与官箴文化研究》，中国法制出版社 2000 年版，第 159—160 页。

② 陈世贤主编，庄明洁、万立华副主编：《法医学》，法律出版社 2005 年版，第 236 页。

③ 宋占生等主编：《中国公安大百科全书（全四卷）》，吉林人民出版社 2000 年版，第 1003 页。

的清代"物证检验"特指狭义上的物证检验，即"对有关刑事诉讼过程中可能成为物证的物品、物质、文书和痕迹进行发现、识别、记录、提取和鉴定所利用的各种科学技术方法的总称"①。

在清代，涉及刑事诉讼中的物证包括人命案件的凶器、毒物，盗窃案件中的赃物，还有与案件有关并可为侦查提供线索，为审判提供证据，能揭露和证实犯罪行为的生物物品如人体残存组织、血液、气味、呕吐物等等。在痕迹方面，如指纹、脚印、工具的痕迹等。

（一）物证的收集

物证大部分是在现场勘验中发现的，也有相当多的物证是在搜查罪犯和嫌疑对象时发现的，还有的是在尸体或活体检验时发现，以及受害人或家属交出的物证。在现场调查访问中群众有时也可能提供有价值的物证。由于物证对侦查审理案件是至关重要的，所以在现场勘查和犯罪搜查及尸体、活体检验时必须及时收集各种物证。特别是发生人命案件后，在现场勘验时须及时起获凶器。"凡行凶器杖，……初时必先急为收索，以凭参照。伤痕大小阔窄定验无差。"②如果不能及时收集到伤人凶器，这时就需要仔细验看伤情，根据伤痕的分寸与形状查知凶器，"伤痕分寸要与凶器及受伤情形相符"，"伤痕形状要与凶器相符"。"若行凶人于虚怯要害处一刀直致命者，其疮比重。又用小刀子自割，只长一寸五分至二寸等论之类，须将物之轻重大小，伤之浅深宽窄，人之情形势力，三者比对较勘"；"斜而长则为木器伤，圆而不整、尖而三角，则为砖石伤是也"③。

根据案件的不同类型，清代的司法检验实践中对发现和收集物证的要求

---

① 宋占生等主编：《中国公安大百科全书（全四卷）》，吉林人民出版社 2000 年版，第1003 页。

② 《律例馆校正洗冤录》卷一，《检验总论》，载《续修四库全书·子部·法家类》，上海古籍出版社 2002 年版，第 256 页。

③ （清）王又槐撰：《办案要略》"论详案"，载郭成伟主编：《官箴书点评与官箴文化研究》，中国法制出版社 2000 年版，第 160 页。

也会有所不同。①

在杀伤类人命案件中，衣物可以起到印证伤情的作用。"快物伤死者，须看原着衣衫有无破损处，隐对痕，血点可验。"②

在溺死类人命案件中，辨别是否为生前溺死须查看头与发际，手脚爪缝，或鞋内是否各有沙泥，有泥沙为生前溺死，否则不是。③

在溺井类人命案件中，须注意查看死者身间是否带有财物，身间带有财物可能为被人推入或者失足落井，不带财物则可能为投井自尽。④

在中毒类人命案中，需要收集中毒而死者吃剩物、怀疑有毒物、呕吐物、盛过毒物的器皿等等，"误食毒物而死者，经查明毒藏何处，买自何人，有无同食之人及余剩之物取验作证"⑤；"服毒自尽，取验盛药器皿有无余剩毒药"⑥。

在自缢类案件中，需要查看收集现场足迹和系绳索处的尘土痕迹，"若当泥雨时，须看死者脚著何样靴鞋，踏上处有无印迹"⑦，没有印迹就是死后悬尸；"在屋下自缢，先看所缢处楣樑枋桁之类，尘土滚乱至多"，才属于自缢身死。

在勒死类案件中，须观察死者挣扎痕迹。"凡被人勒死，其尸合面仰卧

① 《律例馆校正洗冤录》卷二，《手足他物伤》，载《续修四库全书·子部·法家类》，上海古籍出版社 2002 年版，第 275 页。

② 《律例馆校正洗冤录》卷二，《杀伤》，载《续修四库全书·子部·法家类》，上海古籍出版社 2002 年版，第 278 页。

③ 《律例馆校正洗冤录》卷二，《溺水》，载《续修四库全书·子部·法家类》，上海古籍出版社 2002 年版，第 287 页。

④ 《律例馆校正洗冤录》卷二，《溺井》，载《续修四库全书·子部·法家类》，上海古籍出版社 2002 年版，第 288 页。

⑤ （清）王又槐撰：《办案要略》"论命案"，载郭成伟主编：《官箴书点评与官箴文化研究》，中国法制出版社 2000 年版，第 145 页。

⑥ （清）王又槐撰：《办案要略》"论详案"，载郭成伟主编：《官箴书点评与官箴文化研究》，中国法制出版社 2000 年版，第 161 页。

⑦ 《律例馆校正洗冤录》卷二，《自缢》，载《续修四库全书·子部·法家类》，上海古籍出版社 2002 年版，第 283 页。

为被勒时挣命，须是揉扑得头发或角子散慢，或沿身有磕擦痕，又须看尸身四畔有扎磨踪迹。"①

在落井而死的案件中，须注意观察落井处土痕。"大凡有故入井，须脚直下。若头在下，恐被人赶逼，或他人推送入井。若失脚落井，则口眼俱开，须看失脚处土痕。"②

在伤害类案件中，须认真收集伤人物件，通过仔细比对，搞清"他物"与伤痕之间的联系。"凡伤痕大小，定作拳足他物，当以诸物比定，方可言分寸。若拳伤亦不尽系圈圆，而圈圆居多。至云脚足踢伤，比拳分寸较大，似未必然。足之用以踢人，惟在足前靴尖鞋头，焉能大于手拳，似当斟酌辨之。"③

在盗窃案件中，应注意收集被盗物品以及现场遗留物品、痕迹等。"盗案以赃为要。赃真则盗确。……将事主房屋间数、层数、坐落方向、盗贼撬门撞门门上有无损痕。如系挖洞，量明洞口宽窄，及有无遗下油捻器械"④等均应勘查明白。

（二）物证的审查判断

在清代，对于凶器、毒物、血液、笔迹等物品物质以及痕迹而言，其审查判断的方法各有不同。对凶器的审查判断，其方法主要是通过比对人体伤痕识别凶器，"伤痕分寸要与凶器及受伤情形相符，如《洗冤录》载"，同时"伤痕形状要与凶器相符，如《洗冤录》载"⑤。《洗冤录补》中就提出了根据

① 《律例馆校正洗冤录》卷二，《自缢》"殴勒假作自缢"，载《续修四库全书·子部·法家类》，上海古籍出版社 2002 年版，第 285 页。
② 《律例馆校正洗冤录》卷二，《溺井》，载《续修四库全书·子部·法家类》，上海古籍出版社 2002 年版，第 288 页。
③ 《律例馆校正洗冤录》卷二，《手足他物伤》，载《续修四库全书·子部·法家类》，上海古籍出版社 2002 年版，第 275 页。
④ （清）刚毅撰：《牧令须知》卷六，"办盗案法"，载官箴书集成编纂委员会编：《官箴书集成》第九册，黄山书社 1997 年版，第 260 页。
⑤ （清）王又槐撰：《办案要略》"论详案"，载郭成伟主编：《官箴书点评与官箴文化研究》，中国法制出版社 2000 年版，第 160 页。

骨骼上的伤痕形状，推定凶器的方法：

> 验其处骨上伤痕，或斜而长，则为木器伤，或圆而不整，尖而三角，则为砖石伤。若或方而近长，窄而稍短，又或圆而大，或圆长不等，而骨碎血荫，皆深入骨中，甚或透乎骨之表里，其色深赤而更紧，更或赤紫而兼青黑，则其为铁器所伤无疑，盖铁器中有铁尺、金刚镯、抓子、流星等类，形有大小宽窄之不一，而铁器著其身，又皆深入骨内，为伤最重，非若木器拳脚之止以及手骨而止也。①

王明德进一步指出，如果按照这种方法进行检验，再加上用心查看，"有何真伤真命之不为毕得哉！"②另外，对凶器的识别还可以通过尸亲、邻居及凶犯辨认来判断，"于未检之先，详鞫尸亲、邻证、凶犯，令实供明某以何物伤某何处"③。

对于毒物的审查判断，清代所使用的方法是银针试毒法、饭团验毒法、动物试毒法以及司法检验的著作中所记载的各种中毒症状的外部特征判断是何种毒物。

清代对血液审查判断主要用于亲属关系的识别，其方法包括合血验亲法和滴骨验亲法。合血验亲法是将活体双方的血液刺出后，合在一起，通过观察凝血或者不凝血来判断滴血双方是否有亲属关系。对于"合血验亲法"，在《福惠全书》和《律例馆校正洗冤录》中有几乎完全相同的记载。按照其中记载，合血验亲法适用于父子及兄弟之间的亲属关系辨别。所谓"亲子兄弟离别日久不相识认，令各刺血出，滴一器之内，真则共凝为一，否则不

---

① （清）王明德撰，何勤华等点校：《读律佩觽》卷八上，《洗冤录补》"检验骨伤补"，法律出版社2001年版，第317页。

② （清）王明德撰，何勤华等点校：《读律佩觽》卷八上，《洗冤录补》"检验骨伤补"，法律出版社2001年版，第317页。

③ 《律例馆校正洗冤录》卷一，《检验总论》，载《续修四库全书·子部·法家类》，上海古籍出版社2002年版，第255页。

凝也。"① 而王明德提到的合血验亲法适用范围扩大到母子，甚至夫妻之间，"将两人之血，各为刺滴水内，如系子母、父子、夫妻，其血即合而相联，不则分张不属。"但是这种方法只适用于生者，不适用于人之朽骨。②

滴骨验亲法是通过将生者的血液滴在死人枯骨上，查看血滴是否入骨的方法判断双方是否有亲属关系，血滴入骨即认为双方有父母子女兄弟等血缘关系，不入骨则被认为没有血缘关系。"父母骸骨在他处，子女欲相认，令以身上刺血出，滴骨上，亲生者则血入骨，非则否"③。王明德在《洗冤录补》中也说："检滴骨亲法，子身刺血，滴骸骨上，是的亲生，则血沁入骨内，否则不入"④，"然滴血之法，不独子于父母，滴验为然，而妻与夫更验"。滴血验亲法之所以适用于夫妻之间，王明德的解释是"缘其有生之前，相感以气，是以身死之后，亦无不复还本来"⑤。

滴骨验亲法使用早于合血验亲法，"滴血认亲的方法，大概从汉代时兴起，到了南北朝时期广为流传，风行一时"⑥，这在《南史·孝义传》和《南史·梁豫章王传》的记载中可以得到印证⑦。宋慈《洗冤集录》中收入了这种方法以后，它在司法实践中广泛流行。清代不无例外地继承了这种检验方

① （清）黄六鸿撰：《福惠全书》卷一六，《刑名部·人命下》"检枯骨"，载官箴书集成编纂委员会编：《官箴书集成》第三册，黄山书社1997年版，第398页。另可见《律例馆校正洗冤录》卷一，《滴血》，载《续修四库全书·子部·法家类》，上海古籍出版社2002年版，第273页。

② （清）王明德撰，何勤华等点校：《读律佩觿》卷八上，《洗冤录补》"辨检滴骨亲"，法律出版社2001年版，第315页。

③ （清）黄六鸿撰：《福惠全书》卷一六，《刑名部·人命下》"检枯骨"，载官箴书集成编纂委员会编：《官箴书集成》第三册，黄山书社1997年版，第398页。另可见《律例馆校正洗冤录》卷一，《滴血》，载《续修四库全书·子部·法家类》，上海古籍出版社2002年版，第273页。

④ （清）王明德撰，何勤华等点校：《读律佩觿》卷八上，《洗冤录补》"辨检滴骨亲"，法律出版社2001年版，第313页。

⑤ （清）王明德撰，何勤华等点校：《读律佩觿》卷八上，《洗冤录补》"辨检滴骨亲"，法律出版社2001年版，第314页。

⑥ 闫晓君：《出土文献与古代司法检验史研究》，文物出版社2005年版，第59页。

⑦ 参见《南史》卷七三和卷五三，中华书局1975年版。

法。合血验亲法则"概起于明代之后，明末的《检验尸伤指南》，清初的《福惠全书》和《校正本洗冤录》都有完全相同的记载"①。

在使用合血验亲法和滴骨验亲法时，清人还提到了需要注意的问题。黄六鸿认为"生血见盐醋则无不凝者。故有以盐醋先擦器皿作奸朦混，须将所用之器当面洗净，或取新器，则奸自破矣。"②《律例馆校正洗冤录》中说"骨经盐水洗过，虽实为父子，滴血亦不能入。此作奸之法，不可不预防。"③"滴血误在破损骨缝中，即非亲人亦易渗入，不可不慎"④。

然而，清人也认识到合血验亲法和滴骨验亲法的非科学性，"滴血之事又未可尽凭也，附识于此以俟，高明者酌夺之"⑤；"夫妇各一父母，原非一体之分，滴骨岂能或受，如曰滴之而受，则怀抱他人初产之子，而乳之以长着，此子后天之质俱资此母血气滋化而成，滴之不愈当入乎？恐未然矣。"对于"滴血入水者，若器大水多，两血相去远，即不能合。或滴入时略有前后，则血有冷热之别，亦不能合也"⑥；"合血法兼及夫妻……此说近于无稽，殊难凭信"⑦。

尽管如此，现代法医学创始人林几教授仍然指出，"滴血法，滴骨法，可认为现代亲权鉴定、血清学之先声。"⑧

---

① 贾静涛：《中国古代法医学史》，群众出版社1984年版，第164页。

② （清）黄六鸿撰：《福惠全书》卷一六，《刑名部·人命下》"检枯骨"，载官箴书集成编纂委员会编：《官箴书集成》第三册，黄山书社1997年版，第398—399页。

③ 《律例馆校正洗冤录》卷一，《滴血》，载《续修四库全书·子部·法家类》，上海古籍出版社2002年版，第273页。

④ （清）许梿撰：《洗冤录详义》卷一，《滴血》，载《续修四库全书·子部·法家类》，上海古籍出版社2002年版，第387页。

⑤ （清）黄六鸿撰：《福惠全书》卷一六，《刑名部·人命下》"检枯骨"，载官箴书集成编纂委员会编：《官箴书集成》第三册，黄山书社1997年版，第399页。

⑥ 《律例馆校正洗冤录》卷一，《滴血》，载《续修四库全书·子部·法家类》，上海古籍出版社2002年版，第273页。

⑦ （清）许梿撰：《洗冤录详义》，载《续修四库全书·子部·法家类》，上海古籍出版社2002年版，第387页。

⑧ 转引自闫晓君：《出土文献与古代司法检验史研究》，文物出版社2005年版，第60页。

对笔迹以及文书上的印信的审查判断，在清代是运用对比的方法鉴别真伪，"现存者须令当堂书写，逐细比对；已故者则求其平日字迹而比之。"①"印可假造，有私雕者，有描摹者，有形质已具篆文字体已成，仅止笔画少缺者，有篆文笔画并未齐全者，有大小、宽窄、长短不类者，须将真印逐细比对。"②

对于指纹的审查判断，限于清代物证技术的发展水平以及检验设备和检验方法的欠缺，当时还无法从犯罪现场提取有价值的指纹，只是通过简单粗糙的比对方法识别指纹的类型。清代司法档案中所反映的往往是通过审查罪犯十指上乳突纹线的形状，来识别罪犯的身份。例如，道光十一年（1831）九月十九日，宝坻县民人王开太与芮发祥之妻芮白氏奸情败露，女方羞愧投井身死案中，宝坻县衙将人犯王开太的年貌及手指箕斗类型等个人特征描述如下："人犯王开太，锁铐镣坚固灌铅，赭衣裤，现年二十九岁，身中面黄，无须，左手五指俱箕；右手大指斗，余指俱箕。"③

（三）物证的保全

清代检验人员对收集来的各种物证采取以下几种方式保全其证据价值。第一，直接提取。"凡行凶器杖，……初时必先急为收索，以凭参照。伤痕大小阔窄定验无差。"④直接提取凶器并验明后，还需将凶犯认状附卷，然后将凶器贮库登记，以便日后解审上司。"如凶器已获，即问凶犯是否所持伤之器。如未获，即问凶犯提取。立限原差取到，仍问明凶犯是否此器，若系金刃所伤，凶仗或有血痕，亦未可定也，须试看，然关系不在此。凶器验

---

①　（清）方大湜撰：《平平言》卷三,《据笔迹涉讼须处处留神》，载官箴书集成编纂委员会编：《官箴书集成》第七册，黄山书社1997年版，第655页。

②　（清）方大湜撰：《平平言》卷三,《据笔迹涉讼须处处留神》，载官箴书集成编纂委员会编：《官箴书集成》第七册，黄山书社1997年版，第655页。

③　中国第一历史档案馆：《顺天府全宗档案》，胶片28-3-162-056。

④　《律例馆校止洗冤录》卷一，《检验总论》，载《续修四库全书·子部·法家类》，上海古籍出版社2002年版，第256页。

明，便摘取凶犯认凶器认状，亲笔花押，免其日后展辩，将认状附卷。凶器上用白棉纸裹束，上写某案某人凶仗，官用铢笔点过贮库。库吏随持贮库凶器赃物簿，注明某案某人某凶器，前件下，于某年月收贮讫，列前件者。日后解审上司，如并解凶器，以便于前件下，再注取解某衙门审验字样也。"①第二，验状记载。"将尸脱去在身衣服（系妇女并除去首饰），自头上至鞋袜逐一抄写，或是随身行李，亦开具名件。"②第三，绘图保存。"凡验被杀伤人，未到验所，先问原告人曾否捉得凶人，是何色目，使何刃物，曾否收得刃物。如收得，索看大小，着纸画样。如不曾收得，则问刃物在甚处，亦令原告人书刃物样。画讫令原告人于样下书押字。"③

第四节　清代司法检验的历史意义

清代司法检验制度作为中国人独创并长期沿用的一套制度，是古代中国特定政治、经济与社会环境下的产物，虽然在当今社会已经失去了实际的效力，但它的兴起、发达、没落与消亡，仍然可以作为历史的借鉴，通过以上的仔细梳理我们发现清代司法检验制度对传统司法文明的传承起着不容小觑的作用：

首先，清代司法检验制度作为传统司法检验制度的重要组成部分，是一个既较少接受传统中医学影响，又未借鉴西方法医学经验的具有鲜明特色的系统。如果按照近现代西方自然科学的划分门类和知识结构去套用中国古代

① （清）黄六鸿撰：《福惠全书》卷一四，《刑名部·人命上》"印官亲验"，载官箴书集成编纂委员会编：《官箴书集成》第三册，黄山书社 1997 年版，第 366—367 页。
② 《律例馆校正洗冤录》卷一，《验尸》，载《续修四库全书·子部·法家类》，上海古籍出版社 2002 年版，第 262 页。
③ 《律例馆校正洗冤录》卷二，《杀伤》，载《续修四库全书·子部·法家类》，上海古籍出版社 2002 年版，第 278 页。

的司法检验制度，今人往往会将其纳入法医学范畴，谓之"中国传统法医学"或"中国古代法医学"。但是，事实上无论从参与司法检验的人员，还是从司法检验的技术手段等角度出发，这些原本就被称为"检验"的知识体系，均被划分在传统知识分类下的"法家类"，而与传统医学没有发生比较直接明确的渊源关系，与西方近现代法医学之间更是毫无联系。造成这一现象的根源，一是传统司法检验体系经过近代西方化的洗礼之后，当代人未摆脱近代自然科学门类划分的束缚，以现代人的眼光去看待传统司法检验体系的发展轨迹，从而对中国传统知识分类的认识发生改变；二是当代人从医学的视角考察衡量传统司法检验问题，而实际上传统医学中根本没有形成类似于近代西方解剖学那样，只是以客观分析、记述、研究人体问题为目的的分支领域，传统医学自身无法具备司法检验需要借助的技术要素，从而使司法检验与医学两个学科之间无法产生紧密联系，也不可能产生两个体系的融合，并建立一个新的知识体系，即"法医学"。因此，考察清代的司法检验制度需要避免以现代知识分类的假设为出发点，必须照顾到古今时空的变换，从历史的角度研究司法检验制度的理论与实践。

其次，清代司法检验制度的发展，意味着对古代刑事诉讼"有罪推定"原则的修正。"有罪推定"即刑事诉讼被告人一旦被指控犯罪，不管控告材料是否属实，都被推定为有罪。在断案人员的主观意识中，被告人未经审判便被刻上有罪的烙印。被告人如果无法证明自己无罪，便是有罪。由于被告人口供是认定犯罪的主要依据，为了取得被告人口供，刑讯逼供便成为通行做法。清代司法检验制度经过逐步地完善与科学化，无论从检验程序、取证技术还是从证据的认定与运用等各个方面都要求办案人员及时、细致、公开地进行检验，以取得确凿的证据判定罪名，从而达到惩罚犯罪，为无辜者洗冤的目的。这些规定显然制约了司法人员先入为主，不以事实为根据的主观擅断权力，体现了统治者追求慎刑恤恤、德治仁政的政治理想，以及对人的生命和尊严的肯定与重视，在客观上起到了修正"有罪推定"原则的作用。这正是清代司法检验制度在促进社会进步与文明方面所表现出的重要价值。

　　最后，清代司法检验制度的推进，是对自宋代以来"实物证据"理论的进一步肯定。物证以其不以人意志为转移的客观性，拥有超越人的主观意识的证明能力。通过以司法检验方式取得的物证查明案件事实比起使用刑讯逼供的取证方式以及司法官吏采取"察情"、"观色"、"辨辞"等方式查证事实显得更加难能可贵。自唐宋以来，法律就规定"若赃状露验，理不可疑，虽不承引，据状断之"，强调物证在断案中的重要作用。清律虽然没有继承唐宋时期"赃状露验，据状断之"的规定，但其司法检验制度的不断完善，检验技术的相对发达不仅起到了督促司法官吏不轻易相信口供，积极寻找物证定案的作用，也恰好证明了清代对"据状断之"规则的遵循，对实物证据理论的进一步肯定，是重视物证理念的制度保证。

第七章　清代适用于民族地区的司法制度

　　法律是一个社会的产物，除了具备人类追求真理与正义的共性，在民族习性与地理风土等客观因素的差异上，想要建立一个适用于所有人与所有地区的法律是不可能的，族群唯有在实际的关系中求同存异，方能力保和谐。是以于广土众民之地，推行法律，建立一统之司法制度，实非易事。

　　清朝在传统与近代中国的版图与民族管理方面，意义非凡。清朝兴起于东北满洲部落，本曾被明朝以"夷狄"待之。建立国家之后，其对于蒙古与西藏部族，懂得利用"非汉"的政权优势谈判，手腕灵活，更在明朝的江山基础上，开辟疆土，使中国版图扩张。清朝对于民族的基本政策，大体方针是"因俗而治"，"因地制宜"；视地理与民族之不同，再略作调整。唯清代的民族政策并非是宽松无压制，对不同的部族，有不同的相待之道，即所谓"族有亲疏，礼有等差，政有次第"。蒙古部族，向为清朝最优礼之，例如《皇朝藩部要略》即言清高宗对蒙古诸藩的态度：

　　　　其于诸藩也，容之如天地，养之如父母，照之如日月，威之如雷霆，饥则哺之，寒则衣之。来则怀之，劳则劳之，患则救之。量材而授任，疏之以爵土，分之以人民，教之以字畜，申之以制度，一民尺土，天子无所利焉；寸赏斗罚，天子无有私焉。修其教不易其俗，齐其政不易其宜，旷然更始而不惊，靡然向风而自化。①

虽说清代在对各地方民族的司法制度建设，是在"因俗而治"民族政策的基础之上，调整政策，以国法即《大清律例》为最高法律，于各部族之地，刑事法律可以参照并援引国法，但各地方民族之法典、惯习与规范也可一并通行。国法与民族本族习惯与法律，如何彼此援引适用，清朝的标准是朝廷与地方政府互动关系之良否，与地理位置之远近。民族或族群与地方政府互动越少，其与清朝的关系越淡薄，自主性强；反之，则自主性弱。是以与清廷关系疏远的民族，适用《大清律例》与相关内地法令的部分就少。

传统中国行政与司法不分，若要区分清朝对民族的司法管辖，则较符合清朝管辖方式的，就是依负责管辖的行政机关来进行区分。清代管辖疆土内民族事务的中央与地方机关，分别是：一、理藩院；二、直隶州、厅与一般州县。兹以机关为类，分述管辖民族，并辖区的法制文明发展情况。

第一节　理藩院与其各属民族之司法管辖

一、理藩院的建制

满洲源起自东北建州，并声称自己为金代女真人的后裔。经过清太祖努尔哈齐与清太宗皇太极两朝的经营，再凭借军事征服与军民合一的制度——八旗制度，将周边民族一齐纳入满洲共同体的范畴之内。满洲共同体的扩张过程中，八旗融入了不少边邻蒙古的血液②，加上蒙古民族的文明在当时是

---

① （清）李兆洛著，包文汉整理：《皇朝藩部要略》，黑龙江教育出版社1997年版，第1页。
② 女真民族之中，也加入了不少蒙古民族的血统。如扈伦四部其中的叶赫部，就含有蒙古血统。

高于满洲的，满洲人不但利用蒙古文字来拼写满洲语言①，对于蒙古更是极力拉拢，尤其是最邻近满洲地方的科尔沁部。光是清廷入关前的 84 次满蒙联姻，与蒙古科尔沁一部联姻就占了 33 次②。由于政权起于部族，清朝民族行政体制，有别于中国历代正统王朝。如明朝外国、藩属及内部民族事务，主要归礼部掌管；清朝国家崛起之时，与漠南蒙古关系密切，在入关之前便已专设机关来负责处理与蒙古事务。

清太宗在位期间，是清朝蒙古政策制定的关键时期。天聪初年，清太宗屡次向服从的科尔沁、喀喇沁、敖汉、奈曼等诸漠南蒙古部落颁布军令盟约。天聪五年（1631）时，清太宗仿照明制，设立六部，其中各部均有"蒙古承政"。并进一步向蒙古绥服各部颁定法律，企图让听命于满洲的蒙古，逐渐归属于其法制系统之下③。天聪七年（1633）颁布的政令，史称"盛京定例"，主要是确定奸案的罚牲处罚④。崇德元年（1636）设置了"蒙古衙门"，专门处理蒙古民族的事务。崇德三年（1638），更名理藩院。理藩院职掌"外藩之政令，制其爵禄，定其朝会，正其刑罚"⑤。清朝入关后，随着征服疆域的扩大，理藩院管辖的对象范围除了内蒙古四十九旗、外蒙古四部八十六旗、内属游牧、回部、西藏喇嘛事务等外，也分了礼部与部分属国、外国的交通权力。凡往东南海路而来者归礼部掌管，西北两处陆路而来的归理藩院掌管⑥。

理藩院首长本称承政，清朝入关后改称为尚书，"掌内外藩蒙古、回部及诸番部，制爵禄，定朝会，正刑罚，控驭抚绥，以固邦翰。侍郎贰之"⑦，

---

① 《清太祖实录》卷三载："上（努尔哈齐）曰：'但以蒙古字合我国之语音连缀成句即可，因文见义矣，阿字下合一麻字非阿麻乎？额字下合一墨字非额墨乎'，……于是上独断将蒙古字制编为国语，创立满文颁行国中，满文传布自此始。"
② 杜家骥：《清朝满蒙联姻研究》，人民出版社 2003 年版，第 12 页。
③ 《清太宗实录》卷一七，天聪八年正月庚寅。
④ 赵云田：《清代治理边疆的枢纽——理藩院》，新疆人民出版社 1995 年版，第 23 页。
⑤ 光绪朝《大清会典事例》卷一一七〇。
⑥ 张德泽：《清代国家机关考略》，学苑出版社 2001 年版，第 143 页。
⑦ 《清史稿校注》，《职官二》。

尚书均为满缺，因办理蒙古事务需要，另设额外蒙古侍郎一人。清初执政者曾对理藩院有过此语："理藩院职司外藩王、贝勒、公主等事，及礼仪刑名各项，责任重大，非明朝可比。凡官制体统应与六部相同；理藩院尚书照六部尚书，入议政之列。"①可知清朝极重视理藩院。理藩院为专司少数民族司法案件上诉与审判的最高机构，地位与六部平级，其理刑清吏司专掌"蒙古诤讼"，并可因事兼理藏回之重大刑事案件，与刑部同为专司少数民族司法案件上诉与审判的最高机构之一②。此外，理藩院也可以受理蒙古及理藩院管辖对象的京控案件。

二、理藩院主要管辖与兼辖民族

1. 蒙古

明朝末年，以瀚海为界，蒙古分为三部：漠南蒙古、漠北蒙古和漠西蒙古。

漠南蒙古主要分布地带亦分为东部、中部、西部。

（1）东部漠南蒙古：分布从大兴安岭以北，包括呼伦贝尔草原直到克鲁伦河下游一带地区，包括阿鲁科尔沁、乌喇忒、茂明安、四子、翁牛特、喀喇车里克、伊苏特、阿巴嘎、阿巴哈纳尔等部落。

（2）中部漠南蒙古：分布于老哈河以东，广宁以北的辽河河套地区是实力最强的察哈尔部。往西一点是喀喇沁万户，接下来是山西、大同边外归化城和土默川地区的土默特。

（3）西部漠南蒙古：主要是位于黄河河套地区的鄂尔多斯部。

漠北蒙古为外喀尔喀部的游牧地，其地东自黑龙江，西至阿尔泰山，南接漠南蒙古，北至俄罗斯边境，清初所谓的喀尔喀部，也有称喀尔喀蒙古，

---

① 《清圣祖实录》卷四，顺治十八年八月戊申。

② 郑秦：《清代法律制度研究》，中国政法大学出版社 2000 年版，第 294 页。

由东至西分为三部：车臣汗部、土谢图汗部、札萨克图汗部。雍正朝后新设赛音诺颜部，共为四部。

漠西蒙古俗称额鲁特（亦称厄鲁特、卫拉特）蒙古，共有四部：和硕特、准噶尔、杜尔伯特和土尔扈特，或称四卫拉特①。

清代将蒙古改称，漠北、漠西蒙古等被称作外藩札萨克旗蒙古，漠南蒙古被称作内札萨克旗蒙古。此外，八旗系统内尚有因军事需要被编入八旗的八旗蒙古。

2. 西藏

西藏地区与中原王朝的关系一般认为始于唐代。唐末宋初吐蕃政权动乱，青藏高原逐渐析为三大地理政治区：一为安多地区，地理约在今日青海、甘南、河西藏区及四川阿坝藏族羌族自治州；二为多康地区，大体位于今日四川西部甘孜藏族自治州，西藏察木多地区、青海玉树及云南中甸等地藏区；三为卫藏地区，为操藏语支卫藏方言的藏区，大致相当于今西藏自治区的管辖区域。宋、元、明称"吐蕃"，亦有称"乌思藏"。至清代，正式出现"西藏"一词，来指称"卫藏"地区。理藩院系统的西藏，主要是指"卫藏"地区。

清初之皇帝已经开始优礼西藏黄教格鲁派之重要宗教之灵魂人物，达赖喇嘛与班禅喇嘛，然清代对西藏地区的实际管理，是康熙朝后期。等东南三藩完全平定，东北俄罗斯战事平息，蒙古噶尔丹叛乱病死之后，康熙皇帝才有余心关注西南与康藏地区。清朝对西藏宗教最大的影响是扶植格鲁派。康熙五十二年（1713），皇帝派人入藏，册封五世班禅罗桑益喜为"班禅额尔德尼"，正式确立了"班禅额尔德尼"称号以及班禅在西藏的政教地位。康熙末年，准噶尔进兵西藏之乱事平定，雍正二年（1724）五月，年羹尧奏准《青海善后事宜十三条》及《禁约青海十二事》。设置"钦差总理蒙古番子事

① 乌云毕力格、成崇德、张永江：《蒙古民族通史》第四卷，内蒙古大学出版社2002年版，第1—5页。

务大臣"，驻西宁。乾隆元年（1736）后，改称"西宁办事大臣"，额设一员，三年一换。西宁办事大臣，总理青海地区蒙、藏事务，可以节制西宁镇、道以下官员。

此外，雍正二年（1724），清廷对甘肃行政区域调整，裁撤明代遗留下来的行都司及卫所，增甘州、凉州、宁夏、西宁四府，添设营汛，改设"流官"。《青海善后事宜十三条》奏称："西番人等，宜属内地管辖也。查陕西之甘州、凉州、庄浪、西宁、河州、四川之松潘、打箭炉、里塘、巴塘、云南之中甸等处，皆系西番人等，居住牧养之地。自明以来，失其抚治之道。或为喇嘛耕地，或为青海属人，交纳租税，惟知有蒙古，而不知有厅卫营伍官员。今西番人等，尽归仁化，即系内地之良民，应相度地方，添设卫所，以便抚治。"① 雍正三年（1725），清廷派遣四川提督周瑛与副都统鄂齐、学士班第等勘定川藏分界，将原属四川之巴塘、里塘、德格划归四川，中甸等地划入云南。至于青海与四川交界之郭罗克（果洛），仍属四川管辖。雍正五年（1727），正式在藏设驻藏大臣。藏区至此被确认分为：驻藏大臣管理地区，即卫藏地区；四川地方官管理地区，即安多、多康地区。乾隆十五年（1750），确立了噶厦制度，规定噶厦的噶布伦（官员）由三名俗官和一名僧官组成，噶厦在达赖喇嘛和驻藏大臣的管理之下，处理西藏政务，达赖喇嘛地位自此被清廷更加重视。

清朝因蒙古崇奉喇嘛，最信黄教，因而加意保护其宗教习惯，最初从未想对西藏的宗教习惯有根本的干预，清朝皇帝向来较为理解宗教就是藏人的一切，也能够理解藏传佛教的精微之处，大力扶植昭寺的建设，并抄写《大藏经》。对于西藏环境的开发，也是十分保守。乾隆皇帝曾经不满朝中官员觊觎西藏的水土之利，拒绝汉人到此垦种："西藏乃极边之地，非内地可比，其生计风俗，自当听其相沿旧习，毋庸代为经理。"② 乾隆五十八年（1793），

---

① 《清世宗实录》卷二〇，雍正二年五月戊辰。

② 《清高宗实录》卷二六一，乾隆十一年三月壬辰。

廓尔喀第二次入侵西藏被抵挡后，清廷颁布施行《钦定藏内善后章程二十九条》（藏人称为《水牛年文书》），从政治、军事、宗教、经济、外交等方面，制定了各项制度和措施，完善和发展西藏地方的政教合一制度。此后《章程二十九条》被编入《理藩院则例》，是清朝治理西藏的基本行政原则，一直沿用到清末。

3. 回部

新疆以天山分水岭，天山以北为北疆，天山以南为南疆。明代南疆主要为今日维吾尔族为主的回人，北疆回人势力则受西蒙古影响。清初北疆为准噶尔蒙古占领。康熙二十七年（1688）至三十六年之间，噶尔丹三次举兵，清圣祖并御驾亲征。乾隆二十年（1755），清廷趁准噶尔部内讧，调军伊犁，平定北疆。乾隆二十四年（1759），南疆因大小和卓叛乱，最后平定，至此自天山南麓地区，正式成为清廷直辖的回部。

清廷对回部的政策本来是比照蒙古与西藏，"修其教不易其俗，齐其政不易其宜"①。乾隆皇帝曾言："回部与伊犁（北疆）不同，伊犁入我版图，控制辽阔，不得不驻兵镇压，至回部平定后，不过拣选头目，统辖城堡，总归伊犁节制。即从前准噶尔之于回人，亦止如此。"②乾隆二十七年（1762），清廷设置伊犁将军，驻北疆惠远城，总理新疆南北两麓事务，并节制乌鲁木齐都统、总理回疆事务参赞大臣、伊犁参赞大臣、塔尔巴哈台参赞大臣，以及各地办事大臣和领队大臣。其中总理回疆事务参赞大臣，为清廷设置管理南疆回部之最高品级官员。回疆各城大者设"办事大臣"，小者设"领队大臣"，皆为清廷派驻官员；其下设有伯克，伯克为回语官员之义，为本地土官，总理各城田赋、教化、商贾、税务、治安、刑名等事务。乾隆二十六年（1761），左都御史永贵上奏："今回部荡平，所设阿奇木等伯克俱照内地官制，分定品级，赏给顶翎，办事大臣等铸给印信。其阿奇木等不便仍用私刻

① （清）祁韵士：《皇朝藩部要略·序》。
② 《清高宗实录》卷五七〇，乾隆二十三年九月戊戌。

图记。请照各边省土司之例，一体给与印记，以昭信守"。① 可知清廷对于回部内部之管理，虽有参照蒙藏事务之处，但具体管理，一定程度参照了内地西南土司管理的办法。其军政管理系统，则是引用东三省将军与驻藏大臣的模式，令将军与大臣共管。理藩院对于回部，实际上是兼辖民族事务，并非直接管辖总理。

新疆回部的部民管理，军政务主要由伊犁将军与参赞大臣管理，部分事务，归理藩院负责管辖。理藩院将回部参照外藩札萨克的管理办法，并依《钦定回疆则例》定例管束，除死罪等重刑之外，多从民族本习治之，政治地位与内地回民不同。内地回民居于中国，历史源远流长，可从唐代追源，元代是色目人与回回迁移中国的重要时期，蒙古政权迁移北方之后，部分回人留居中国，与汉人共处但别居，早成为地方州县编制内的回民户口，归于户部管理，在清代已经与回疆无涉。

第二节　理藩院则例与蒙古法典的关系

一、从《蒙古律例》到《理藩院则例》

清立国之初，由于清太祖努尔哈齐金国政权初肇，与蒙古各部地位只是平行，主要借"盟誓"与蒙古归附各部约法。清太宗皇太极即位后，政权稳固，企图开展疆域，便开始加强对归附蒙古诸部的控制，天聪二年（1628），清太宗开始对来降部众颁布禁令②。天聪七年（1633）八月，清太宗派阿什达尔汉等往科尔沁土谢图济农处宣布"钦定法令"③，十月，"往外藩蒙古诸

---

① 《清高宗实录》卷六四二，乾隆二十六年八月戊寅。
② 《清太宗实录》卷四，天聪二年十月丙申。
③ 《清太宗实录》卷一六，天聪七年十月壬戌。

国，宣布钦定法令。"次年，清太宗颁布法令，令蒙古归附各部遵守，"禁其陋习，令遵我国定制"，史称"盛京定例"①。清太宗改元崇德，改立国号为清，专设蒙古衙门，负责处理漠南蒙古察哈尔、喀尔喀、科尔沁诸部等事务，正式介入归附蒙古的司法。崇德三年（1638），蒙古衙门改名理藩院，清太宗派官员阿什达尔汉及尼堪等人往科尔沁等部"察审各案"。崇德八年（1643），理藩院将以往清朝对蒙古颁发的各项例集结成册，形成法律文本《蒙古律书》。②

清入关之后，与漠南蒙古诸部关系密切，联姻频繁，并定期组织札萨克旗会盟，派理藩院官员监督管理。此外并增加与漠北喀尔喀蒙古之互动，与漠西保持朝贡关系。康熙六年（1667）九月，理藩院重新增订《蒙古律书》113 条。康熙三十年（1691），漠北喀尔喀蒙古归附清朝，清朝在康熙六年《蒙古律书》的基础上，修成适用于漠北蒙古的"蒙古律书"。雍正初年，雍正皇帝派年羹尧平定青海和硕特蒙古叛乱，允准年羹尧建议的《青海事宜十三条》，此章程援引了蒙古的制度，规定青海各部落分别游牧居住，照内札萨克制，编为佐领③。雍正三年（1725），清廷设置"总理青海蒙古番子事务大臣"，简称西宁办事大臣，负责管制青海蒙古和其他民族。

乾隆六年（1741），新修订的《蒙古律例》告竣，此后多次增修。以乾隆五十四年（1789）版本的《蒙古律例》为例，第一卷，官衔 24 条：规定蒙古王公台吉塔布囊额驸等的职衔、承袭、品秩、仪制、恤赏；蒙古王公、台吉等的顶戴、服色、坐褥、坐次和袭爵、袭职；以及皇帝出入迎送、迎接敕谕、迎接钦差大臣侍卫等制度。第二卷，户口差徭 23 条：规定外藩蒙古户口、组织、差役徭役、婚姻继承。第三卷，朝贡 9 条：规定蒙古王公的年礼庆贺、年礼来朝、朝贺定限、九白朝贡、进贡等的规格、班次。第四卷，会盟行军 13 条：规定会盟时间、会盟纪律、行军纪律、王公败阵、军器管

---

① 《清太宗实录》卷一七，天聪八年正月庚寅。
② 《清圣祖实录》卷二四，康熙六年九月癸卯。
③ 《清世宗实录》卷二〇，雍正二年五月戊辰。

理。第五卷，边境卡哨 17 条：规定侵入地界、贸易往来、偷捕猎物、买卖军器、坐哨人职责。第六卷，盗贼 35 条：规定盗贼罪如抢劫、抢夺、偷窃之刑罚。第七卷，人命 10 条：规定人命杀伤案件。第八卷，首告 5 条：主要为诉讼程序规定。第九卷，捕亡 20 条：规定捕获逃人、隐匿逃人、拿获逃人、隐匿贼人、疏脱斩犯等。第十卷，杂犯 18 条：如违用禁物、诽谤王公贵族、失火放火、发冢犯奸、诱卖人口等。第十一卷，喇嘛事例 6 条：规范喇嘛服饰、喇嘛班第及喇嘛庙管理、喇嘛犯罪。第十二卷，断狱 29 条：规定了罚罪牲畜的数目、罚誓、王公犯罪议处、死罪人犯审谳收赎、抄没、相验蒙古命案等，共 209 条①。

嘉庆皇帝即位后，意图修订一个更全面的法律文本，嘉庆十六年（1811），理藩院开馆修纂《蒙古则例》和《回疆则例》。《蒙古则例》内包括了《俄罗斯事例》和《西藏通制》，最后改称《理藩院则例》，以与其他部门《则例》的名称统一。《回疆则例》始修于嘉庆十六年七月，未收入初刊本《理藩院则例》②。《理藩院则例》于嘉庆二十年（1815）编纂完成，嘉庆二十二年（1817）刊刻颁行③。

从嘉庆十六年，理藩院原奏所述："理藩院谨奏为请旨增定《则例》事。窃臣院总理内外蒙古部落事务，凡蒙古王、台吉等袭职、年班、朝觐、户口、仓粮、军政及人命、盗案等事，较先增繁。查臣院旧有满洲、蒙古、汉字《则例》二百九条，自乾隆五十四年校订后，迄今二十余载，所有钦奉谕旨及大臣等陆续条奏事件，俱未经纂入颁行。臣等请将自乾隆五十四年以来应行纂入案件增修纂入，永远遵行。"可以得知，嘉庆朝的《则例》确实以乾隆五十四年的《蒙古律例》为基础。就体系而言，《蒙古律例》12 门中被《则例》保留下来的有首告、人命、捕亡、杂犯 4 门；变通沿用的有官衔、朝贡、

---

① 中国社会科学院边疆史地研究中心编：《蒙古律例》，全国图书馆文献缩微复制中心 1988 年版。

② 达力扎布：《〈蒙古律例〉及其与〈理藩院则例〉的关系》，《清史研究》2003 年第 4 期。

③ 刘广安：《清代民族立法研究》，中国政法大学出版社 1993 年版，第 11、7、13、15 页。

盗贼、断狱、喇嘛例、户口差徭、会盟行军、边境卡哨8门①。《蒙古律例》的内容，大部分为《则例》所吸收，《理藩院则例》比《蒙古律例》的内容更为多，不仅限于蒙古内部事务，还有理藩院的机构及职掌。

《理藩院则例》的前身虽主要为《蒙古律例》，但是实际上《理藩院则例》为理藩院仿照中央六部各部院则例的体例纂修，已经成为衙门的行政法规，并且是包含其部院职掌管辖的民族法规。因此《蒙古律例》是清廷通用于蒙古诸部的集合法规，《理藩院则例》却已经是可以用于蒙古诸部与西藏、回部的行政部门法规，性质改变。此后道光朝至光绪朝，《理藩院则例》屡经修订。光绪三十二年（1906）官制改革，理藩院改为理藩部，《理藩院则例》也改称作《理藩部则例》。

二、清代蒙古地方单行法规条例

清朝的民族政策是"修其教不易其俗，齐其政不易其宜"。无论是《蒙古律例》或《理藩院则例》，主要都是清朝在基于国法《大清律例》与中央部院则例的标准与体例下，制定出来，比较适合蒙古民族习惯与监督蒙古的法规。但蒙古分为诸部已久，其民族历史又早于建州女真，早有内部法律文本行于世。最初蒙古各部内部事务，基本上会优先使用本部族通行之法规，在对外，例如蒙汉、蒙满或是与清朝官方交涉时，才会运用到《蒙古律例》。以下列举数部蒙古内部通行之法典为例：

1.《喀尔喀—卫拉特法典》

喀尔喀是清代对漠北蒙古三部的称呼。崇德五年（1640），喀尔喀和卫拉特蒙古各部主会盟于喀尔喀札萨克图汗领地，为了共同抵御清朝结成联盟，颁布《喀尔喀—卫拉特法典》②。法典共121条，以畏兀体蒙古文和托

① 张晋藩：《清律研究》，法律出版社1992年版，第153页。
② 达力扎布：《1640年喀尔喀—卫拉特会盟的召集人及地点》，《民族研究》2008年第4期。

忒蒙古文传播。根据学者们的研究，此法典内容主要包括几个方面：1. 调整喀尔喀与卫拉特共同对敌关系，以及人口管辖问题；2. 尊崇黄教；3. 确定诺颜、塔布囊、赛特之阶层特权；4. 规定蒙古社会内部家族关系，如遗产继承权，婚姻礼俗、抚养养子；5. 对命案与盗案的严格处罚，如杀人、偷盗，以及疯子杀人、疯狗咬人畜、牲畜致死人命的赔偿办法；6. 逃人与其相关处置规定；7. 通奸的惩罚与赔偿；8. 斗殴损害赔偿；9. 与蒙古习惯有关的规定，如畋猎，殴打师长与父母妻儿，拒绝为路人提供饮料，破坏毡帐炉灶的惩罚等等。

现行之《喀尔喀—卫拉特法典》，已有汉译。首条即言："蒙古与卫拉特人应联合在一起，对违反法律规定、杀人和掠夺大爱玛克人民者，全蒙古和卫拉特应团结起来，攻击打倒之。犯人阙所，没收其犯人全部财产，一半交给受害人，一半平均分配。"[①] 从法典的声明可以看出，此一法典实际为部落间的盟约军事协定，主要是对统治的部落盟长、王公、札萨克规范其政治义务，并对蒙古民人各项犯罪有具题的惩戒。《喀尔喀—卫拉特法典》因时代较早，并未采用《大清律例》的内容对蒙古部落的犯罪行为进行调整，例如清代的《蒙古律例》载：

> 一、凡斗殴伤重，五十日内死者，下手之人绞监候。一、凡人因戏过失杀人者，罚给三九牲畜。一、凡官员平人过失杀人者，若有证佐成功者，毋庸发誓。罚给三九牲畜。若无证可疑之罪，于过失旗分内择人发誓。若发誓罚给三九牲畜，若不发誓者，绞监候。瞎人眼目者，额罚三九牲畜，折人肢体者，罚一九牲畜。若未至残废平复者，罚马。[②]

《喀尔喀—卫拉特法典》与此相关的则有第七十条："口角（打架）时，双方介入，因参与而死亡（被打死）者，科行凶者罚一九及贵重品一个；有

---

① 《卫拉特法典》，载《中国珍稀法律典籍续编》第 9 册，《少数民族法典法规与习惯法》（上），黑龙江人民出版社 2012 年版，第 30 页。

② 《蒙古律例》卷七，台北广文书局，第 66—67 页。

多少人参加，则（受害者）得马多少匹”。第七十五条："因嬉戏误杀（打死）人者，则被害者的继承人（从加害者）取得相当于参加游戏者人数的家畜；加害者系成人男子时，则并科贵重品一个的财产刑。两人在嬉戏时误杀对方者，则处一罚九之财产刑；但隐瞒其杀人行为时，则加重三罚九。"第七十六条："在游戏时误伤对方眼睛、牙齿、手和足时，经医治平复，则不治罪。如未（治疗）则罚五。"①

"监候"为汉制，蒙古游牧社会本无斩绞死刑，是以《蒙古律例》的法源或有与《喀尔喀—卫拉特法典》相近处，但《喀尔喀—卫拉特法典》并无汉制之影响。对于人命的损失，汉族重刑罚轻赔偿，杀人偿命；蒙古则重赔偿轻刑罚，若以贱犯贵，则赔偿与刑罚具重。本于游牧社会的特点，牲畜即一家财产之所在，因此蒙古历来对于盗窃与损失牲畜财产处罚，相关条规多且细，尤其重视如罚畜和罚没财产，重财产而轻人身损害，与汉人法典颇不一样。

2.《喀尔喀法典》

《卫拉特法典》之后，又有《喀尔喀吉鲁姆》，亦可称《喀尔喀法规》《喀尔喀法典》。这部法律是康熙十五年（1676）至乾隆三十五年（1770）先后议定的18篇法规与判例的汇编②。其中主要部分为《三旗大法典》，由康熙四十八年（1709），土谢图汗等三部长会盟制定。按其不同的内容可划分为七个部分，共194条：

第一部分规定了供给呼图克图、格根、大汗及使者的乌拉、首思之事，共25条；

第二部是对偷盗行为的处罚规定，共59条；

第三部是关于婚姻、男女关系、债务及捕亡的法规，共37条；

第四部分，关于"哈布其古尔"（被夹带而来之人）和投充户之间的法

---

① 《卫拉特法典》，第41—42页。

② 达力扎布：《喀尔喀法规汉译及研究》，中央民族大学出版社2015年版。

条，共 2 条；

第五部是对违背格根指令的处罚规定和保护树木、牲畜的规定，共 16 条；

第六部是对斗殴事件的处理规定，包括骂人，顶撞大人和醉酒者的处罚规定，共 38 条；

第七部分，关于墓地、住宿、宿营地、买卖、征用盔甲和堕胎等的处罚条，共 17 条。①

《喀尔喀法典》的内容主要对当时外喀尔喀地区有关宗教、会盟、偷盗、驿站、婚姻、债务、打架斗殴、禁酒、保护生态环境等许多方面作了详细的规定。如哲布尊丹巴呼图克图出门时所使用的乌拉（驿马、车辆）、舒思（汤羊）不限数量，必须保证供给，如果各级汗、王、平民等不予供应，均受到法律所规定的处罚；禁止偷盗寺庙、格根（活佛）之财产与畜群；禁止砍伐森林、树木；禁止打架斗殴；禁止喇嘛饮酒等。从《喀尔喀法典》制定的年代来看，是在喀尔喀蒙古已经归附清朝以后到乾隆时期制定和实施的法典，属于清朝统治下的喀尔喀地区的地方性法规。

《喀尔喀法典》的主要法源为《三旗大法典》与适用于库伦地区哲布尊丹巴僧侣与沙毕的法规，此类以蒙古各部之风俗习惯"约孙"为法源的禁令，具有高度内部约束力，就算是清朝一统蒙古各部，其推行之《蒙古律例》，也不能与此法典完全相违背，更别论《蒙古律例》实为清朝中央政府制定，其中部分内容亦具有统治蒙古之部院"则例"性质。然库伦地区在乾隆朝初年后，受到理藩院制定的《蒙古律例》影响增大。因此《喀尔喀法典》内部收录的一些判例（蒙古地区之成案），已经照清朝制定法律审判定罪。如果与《蒙古律例》抵触的部分，势必会受到影响，逐渐不能使用，但未抵触部分，可以作为地方习惯法继续使用②。

---

① 以上法典内容转引自何金山：《清代蒙古地方法规〈喀尔喀吉如姆〉研究概况》，《蒙古学集刊》2007 年第 1 期。

② 达力扎布：《喀尔喀法规汉译及研究》。

3.《阿拉善蒙古律例》

这部法典也是一部法令汇集。包括阿拉善和硕特蒙古札萨克，从嘉庆九年到道光九年间所拟订单行法规 21 件；历任札萨克从乾隆三十一年到咸丰十年间发布的札萨克令和批覆令 44 件；以及札萨克衙门从乾隆三十年至光绪三十四年间判例 95 件，合计共 160 件，今称为《阿拉善蒙古律例》①。

与蒙古的相关之法典或法规集，凡称"律例"者，多为清朝统治蒙古后，由中央与地方衙门制定的法律。汉译称"法典"者，基本都是蒙古内部制定的法规。蒙古传统的法规，有几点特色：重视领袖的地位，维护部落的联盟，保持贵族的特权，严惩偷窃的行为，贯彻罚畜的习惯。清代制定的法律，也必须与蒙古习惯法的精神相吻合，才能贯彻到各蒙古部落中。

三、清代蒙古地区审判制度的发展与特点

此处所言蒙古的审判制度，以清代官方规定为主。根据《蒙古律例》《理藩院则例》与蒙古各部单行法规的规定，掌控蒙古地区司法者，中央为刑部、理藩院；地方则在蒙古本部为各旗札萨克与盟长，在蒙汉交界处则由地方衙门、八旗官员、理藩院官员会同蒙古官员共同审理。

1. 审判官员

承审蒙古地区司法案件的地方官员可分为本地与中央派驻。本地官员为各旗札萨克与盟长，札萨克负责一旗政令，审理刑名案件。盟长则于三年一会盟时，审理刑名②，札萨克与盟长均受理藩院辖制。

中央派驻蒙地官员，具有控制蒙古与协调蒙汉关系的作用。内喀尔喀设置察哈尔都统、副都统，热河都统，绥远城将军等官，外蒙设置乌里雅苏台

---

① 参见金山：《清代蒙古地区地方立法问题研究——以〈喀尔喀吉如姆〉研究为中心》，内蒙古大学 2007 年博士学位论文。

② 那思陆：《清代中央司法审判制度》，（台湾）文史哲出版社 1992 年版，第 407 页。

定边将军、参赞大臣、科布多参赞大臣、库伦办事大臣等官①。理藩院本部内于乌兰哈达、三座塔、八沟、塔子沟、神木、宁夏等处另设理事官，隶属热河都统，人员由理藩院司员内简放，分主蒙古部落民人讼事。又设察哈尔游牧处理事员外郎，分主游牧察哈尔民人讼事②。

2. 司法管辖

（1）蒙古互控案件。如该地并无理藩院司官派驻，又非内四十九旗蒙古者，则照《大清会典》规定："凡蒙古之狱，各以札萨克听之，不决，则盟长听之。不决，则报院（理藩院）。"③又规定如札萨克与盟长判断不公，准两造赴院呈诉。如该地驻有理藩院司官，则由司官会同札萨克共同办理。如内属游牧④如归化城土默特等，则归该属地将军、副都统等官审覆办理⑤。

（2）蒙古与内地民人交涉案件，由基层地方官会同理藩院司官审理⑥。所谓的地方官，蒙方为札萨克，地方行政官员为理事同知、通判。

3. 审理程序

蒙古地区司法案件审理程序，亦因蒙古身份与旗分而略有区别。《理藩院则例》对不同旗分的命盗案件会验各有规定，如科尔沁、图什叶图王等旗命盗案件，系蒙古、民人两造交涉⑦，均由昌图通判会同札萨克验明尸伤，审讯明确后，再逐级上报至府、盛京将军，再由将军咨报刑部跟理藩院。如只系蒙古命盗，由札萨克会同通判审验后，由札萨克自行报部并呈报盟长复核报部⑧。至于中央拥有终审权，《大清会典》规定蒙古犯罪："凡罪至遣者，

---

① 张德泽：《清代国家机关考略》，第 247 页。

② 《清史稿校注》，《志·职官·理藩院》。

③ 《大清会典》卷六八，《理藩院》。

④ 游牧内属者。一曰察哈尔，二曰巴尔呼，三曰额鲁特，四曰扎哈沁，五曰明阿特，六曰乌梁海，七曰达木，八曰哈萨克。《清史稿校注》，《志·职官·理藩院》。

⑤ 那思陆：《清代中央司法审判制度》，第 408 页。

⑥ 那思陆：《清代中央司法审判制度》，第 408 页。

⑦ 张荣铮等点校：《钦定理藩部则例》，天津古籍出版社 1998 年版，第 338 页。

⑧ 张荣铮等点校：《钦定理藩部则例》，第 340 页。

报于院以会于刑部而决焉。死者则会三法司以定谳，若监候则入于秋审。"

4.分别蒙、民定罪

一般案件，蒙古在内地犯事，照内地刑律办理。如民人在蒙古地方犯事，即照蒙古例办理。蒙古例有许多轻于内地刑律的规条，蒙古人犯罪被拟以军流徒等罪者，可以免其发遣，分别枷号[①]；或是可以入誓作保等等。嘉庆朝是适用于蒙古律例编纂与修改的关键时期，除了《理藩院则例》的修订，更有条例的修改。嘉庆十七年（1812），刑部议复热河都统毓秀咨文，原来赤峰县有翁牛特蒙古犯人，名色末济特，其与伙伴三潭叶什、额尔克图、宫桑、陶和七等人听从赛吉拉呼，抢劫龙兴芝等人之银两并伤人。事发后，主犯赛吉拉呼畏罪（官府记载）自戕身亡，从犯应被论罪。由于这些犯人均为蒙古人，又在蒙古地方犯事，应照蒙古例办理。[②]蒙古例载："官员或平人，或一二人伙众强劫什物，杀人者，不分首从，俱即处斩，枭首示众。强劫伤人，得财者，不分首从，皆即处斩。"[③]热河都统认为向来强劫之案，蒙例比内地刑例轻。但是乾隆四十七年（1782）刑部议复云南巡抚刘秉恬之奏，伙同杀人，不分首从，问拟斩枭。此议复经奏准后，通行在案。结果导致地方州县官在审理蒙民交涉强劫杀人之案，拘泥成文，往往将随同但未下手者一律拟斩。热河都统毓秀认为三潭叶什、额尔克图、宫桑、陶和七等人，只是跟从没有下手伤人，应照蒙古偷窃银一百二十两以上，为从同行分赃，俱发云贵两广充当苦差。

刑部对热河都统毓秀的审拟，首先提出地方对于"不分首从"，向来有误解，乾隆四十七年（1782）的通行主要是指"一起下手杀人"的同伙。但是蒙古例确实缺乏伙犯一起行动最后却未直接下手的定罪条例，按照清代惯例，蒙古例无载可以援引刑律，因此热河都统毓秀的审拟最后还是被认可

的。随着蒙古地方的开发，越来越多的蒙民交涉案件，导致内地适用于蒙古的条例与则例不断增加，各蒙古部落的法制发展也越来越向清制靠近。例如嘉庆皇帝鉴于蒙古盗案频出，将蒙古地方蒙、民分别定罪的条例略做修改："向来蒙古风气淳朴，遇有过犯情节，本不甚重。是以蒙古条例，较刑律为轻。近来内地无赖游民，潜赴蒙古地方，引诱蒙古人肆行不法，盗劫之案日多。嗣后蒙古人犯事，如无民人在内者，仍照蒙古例办理。若案内有一民人。均照刑律问拟。着理藩院通行传谕各蒙古部落，俾知儆戒。"[1]会典并据此定例："蒙古地方抢劫案件，如俱系蒙古人，专用蒙古律；俱系民人，专用刑律。如蒙古人与民人伙同抢劫，核其罪名，蒙古律重于刑律者，蒙古与民人俱照蒙古例问拟；刑律重于蒙古例者，蒙古与民人俱照刑律问拟"[2]。

5. 对蒙古越诉的规定

《理藩院则例·越诉诬告》规定：

> 蒙古等凡有争控事件，先在该札萨克处呈控。倘负屈，许在该盟长处呈控。如盟长不秉公办理，许原告人将曾在该札萨克处呈控、如何办理、复在该盟长处呈控、如何判断之处开明，赴部呈控，由部详核案情，或仍交盟长等办理，或应遣大臣办理之处请旨。倘不在该札萨克处呈控，又不在该盟长处具控，径行赴部具控者，不论是非，台吉官员罚三九牲畜，属下家奴鞭一百。系寻常事件，仍交该札萨克、盟长办理。如关人命重案，由部详讯，应派大臣之处具奏请旨。若已在该札萨克、盟长处控告，均办理以例相符，无庸置议。如札萨克办理不公，将札萨克等议处；如盟长等办理不公，将盟长等议处。如所控不实，按事之轻重，将原告之人反坐其罪[3]。

此条则例规定蒙古与内地一样，严禁越诉，需自下而上呈告，清律规定

---

① 《清仁宗实录》卷三三九，嘉庆二十三年戊寅二月甲申。

② 《钦定大清会典事例》，《理藩院》。

③ 张荣铮等点校：《钦定理藩部则例》，第334页。

越诉者无论得实得虚，笞五十，蒙古则采用习惯法，改笞为鞭，立意不变。蒙古与内地民人风俗不同，清廷对蒙古地方的司法案件管辖既根据民族身份，蒙汉分治，又明确中央终审权。这样的弹性也表示尊重蒙古本地王公贵族，对蒙古与清廷的稳固关系起了一定的作用。

第三节　清代适用于西藏、回疆地区的法典与司法制度

西藏地区与回部地区虽然自身早有法典与习惯法，并且皆有内部民族遵行之宗教，但相较于清朝对蒙古的立法，清朝显然介入西藏与回疆内部民族事宜之处较少。这一方面是因为清朝女真与蒙古，毗邻而居，其民族文化较有共通性，政治联系紧密；清朝与西藏交往较晚，正式往来已是清太宗朝之后。回部于清乾隆年间方才归属，其控管性质与蒙古、西藏不同。因此西藏与回部虽然理论上应归理藩院系统兼辖，在雍正朝之后，清代对西藏与回疆政教管理与军事布局的政策制定与运作，以大臣与将军为主，理藩院只是辅助的性质。有时驻藏大臣可以兼任理藩院的堂官，以加强政区与理藩院之间的联系。西藏归驻藏大臣管辖，直接向皇帝奏报。新疆归伊犁将军统辖，亦直接向皇帝奏报。两管理体系均属军政合一性质，首重管理与治安。

一、清代适用于西藏地区的法典与规章

西藏地区最重宗教，宗教领袖有崇高的政教地位，因此西藏内部之规范，可以分为上层教法与世俗法。而世俗法实乃教法、政法（政治管理之用）、习惯法（地方族群之俗）之结合；是以教法并非仅影响僧人，而是影响整个藏地。也因为西藏地区本身的法规与习惯并不能为传统汉制所兼容，清朝皇帝没有企图让汉制进入西藏的意向，在清末之前，西藏地方与清廷的

关系，尚称平和。理藩院虽然编修《西藏通制》，但只是清朝对西藏政策的大要，严格来说，是给驻藏的大臣们与藏人官员们使用的则例，主要是规范驻藏大臣与藏人官员的权限与职能，并非是让藏民们遵奉的具体法规。

1.《理藩院则例》《西藏通制》与《喇嘛事例》

清初，顺治十年（1653）正式册封五世达赖，但同时又辅佐蒙古和硕部领袖固始汗统治西藏，敕给金册印。当时的清朝，便已经正式开始与西藏的政教往来。顺治十四年，设唐古忒学，专司翻译。康熙末年，蒙古准噶尔部的策妄阿喇布坦汗，以固始汗孙拉藏汗杀死官员第巴桑结嘉措为借口进兵藏地青海。雍正二年（1724），当时负责平定青海的将军年羹尧，向雍正皇帝奏准《青海善后事宜十三条》及《禁约青海十二事》。其中提到设置"钦差总理蒙古番子事务大臣"，驻西宁。乾隆十二年（1747）颇罗鼐次子企图结合蒙古准噶尔部起事，重启兵衅。平定后，四川总督策楞奏拟《酌定西藏善后章程》13条，乾隆十五年（1750），清廷正式在藏区建立噶厦，由4名噶布伦组成。噶厦内设有"协尔康"，掌管拉萨及附近地区司法，"朗仔辖"设有监狱审讯人犯。噶布伦需听命于达赖和驻藏大臣，达赖喇嘛可以管理西藏事务。

在乾隆朝期间的内府抄本《理藩院则例》，内载西藏相关事务，基本皆为设官（在乾隆末年设正式驻藏大臣之前，清朝的驻藏大臣主要为朝中官员简任，属于"钦差"）、喇嘛进贡与册封等事宜[1]，并无与司法审判相关的则例。可知当时的清朝对西藏的管理，主要是通过封疆大吏的《章程》来运作，而不是理藩院系统本身。至于《喇嘛事例》，则是理藩院将清朝将敕建或是重要藏传佛教宗教体系的活佛与喇嘛，其管理与朝贡、赏赉往来事例，择要编为事例，并不限于西藏地区。辖管范围遍及北京、直隶、山西、外喀尔喀，其中最要者便是对达赖、班禅、蒙古哲布尊丹巴的圆寂与呼必勒罕（转世灵童）的认定。

乾隆五十六年（1791），廓尔喀入侵，乾隆皇帝派福康安领军逼退对

---

[1] 张羽新编著：《清朝治藏典章研究》，中国藏学出版社2002年版，第269页。

方，福康安与大臣们拟定《藏内善后章程》102 条，最后裁定为 29 条《钦定西藏章程》。此一章程最重要的便是确立金瓶掣签制度，即"金奔巴"制度，将清朝对西藏宗教领袖的决定权明文颁布。由于达赖与班禅活佛的世系均由"灵魂转世"来继承，清朝要求西藏护法在认可转世灵童时，需由各呼图克图和驻藏大臣在大昭寺释迦牟尼佛像前正式认定："又若四位护法神认识一致，则将一有灵童名字之签牌同一无名签牌一并放入瓶（御赐金瓶）内，若抽出无名签牌，便不能认定之，需另外寻找。再者，认定达赖、班禅灵童时，须将其名以满、汉、藏三体文字书于签牌，如此则可取信于天下民众。"①

理藩院在编纂《理藩院则例》时，将章程对驻藏大臣的职责以及与达赖、班禅喇嘛协商制度、总理藏务的噶布伦与堪布、戴琫的充任、赋税缴纳与俸禄管理等项并入则例，修纂名为《西藏通制》。② 关于诉讼的规定也在其中，例如规定"卫藏唐古忒番民争讼，分别罚赎多寡数目，造册呈驻藏大臣存案。如有应议罪名，总需禀明驻藏大臣核拟办理。其查抄家产之例，除娄索赃数过多，应禀明驻藏大臣酌办外，其余公私罪犯凭公处治，严禁私议查抄"③。可知清朝对西藏本地人的司法诉讼，即使设置驻藏大臣，总体干涉不多。驻藏大臣主要是监督活佛、喇嘛与官吏。

所谓的《西藏通制》的成形，于清朝在对西藏青海地区历次用兵时，与历任大臣商量得出的行政管理"善后章程"，最后以编成则例的方式体现，并非类似蒙古律例的条例。这意味着，第一，清朝并未有意将西藏与蒙古等同视之，且与西藏的关系也不像蒙古一样，与清初帝王家族有密切的联姻与结盟关系，更没有编纂类似《蒙古律例》一样的条例去要求西藏遵守。清朝对西藏最重要的治理方针，就是尊重黄教噶举派，重视达赖喇嘛与班禅喇嘛。只要达赖喇嘛和班禅喇嘛与清朝关系交好，则除了西藏本身的内乱之

---

① 《钦定二十九条章程》，载《中国珍稀法律典籍续编》第 9 册，第 135 页。
② 张荣铮等点校：《钦定理藩部则例》，"前言"。
③ 张荣铮等点校：《钦定理藩部则例》卷六一，《西藏通制》。

外，清朝可以不用对藏内事务费心过多。因此宗教事务永远是清朝治藏政策的优先考量，金瓶掣签制度就是清朝对西藏宗教事务最直接的控管。

2.《十三法典》

清初，五世达赖喇嘛在世时，命令第巴索南饶丹，根据明朝时期的法典《十六法典》，重新删定《十三法典》，删去《十六法典》中"英雄猛虎律""懦夫狐狸律"和"地方官吏律"三条，对前言和内容作了修改和补充①。之后第巴桑结嘉措对《十三法典》改订，增加职官规定，名为《明述取舍直线水晶宝鉴》二十一条，俗称《水晶宝鉴》。②《十三法典》充分体现了西藏地方法律的特点，其内容涉及行政官吏为政的准则（第一条镜面国王律）；审判诉讼法（第二条听讼是非律、第三条拘捕法庭律、第九条狡诳洗心律），刑律（第四条重罪肉刑律、第五条警告罚锾律、第七条杀人命价律、第八条伤人赔偿律、第十条盗窃追赔律、第十二条奸污罚锾律等）；习惯（第十一条亲属离异律、第十三条半夜前后律）；经济方面的赋税管理法（第六条使者薪给律）等③。

《十三法典》的内容，等级制度十分鲜明，与原本的宗教思想结合在一起。例如第七条是杀人命价律，杀人不偿命，而是付"命价"，命价多寡按血统尊卑、地位高低而有定例，上、中、下不同等级的人命命价，相差甚大。如高级俗官，其命价为120两金，而惩戒罚金另外计算为钱物各半，计6大两。中等中级者则为政府职员等，命价为60两，而惩戒罚金另外计算为钱物各半，计3大两。在西藏上古时期，妇女、流浪汉、乞丐、铁匠、屠夫等皆入下下者之列，赔命价只有草绳一根；但是现在也必须视情况付钱财。④《十三法典》对于上中等级的人"命价"与"赔偿"有具体规定，比

① 五世达赖喇嘛时期制定的《十三法典》变迁，见周润年、喜饶尼玛译注：《西藏古代法典选编》，中央民族大学出版社1994年版。
② 《西藏历代法规选编》，西藏人民出版社1989年版，198页。
③ 《十三法典》，《中国珍稀法律典籍续编》第9册，第115—134页。
④ 《十三法典》，《中国珍稀法律典籍续编》第9册，第125页。

如拔掉头发，需给一钱金。第九条狡诳洗心律更规定在诉讼时，如果正直的人可以立誓取信于人，若狡诈之人，则对其行以"沸油取石""沸泥取石"之办法，借由山盟神证来证明自己的清白。

《十三法典》是达赖喇嘛用以规范审判官与判决过程的，要"依照事实，公正处理"，并非是行于百姓的习惯约束。

3.《铁虎年清册》

这一清册全名为《噶丹颇章所属卫藏塔工绒等地区铁虎年清册》，道光十年（1830），驻藏大臣任命西藏地方政府噶伦勘查卫藏宗谿所属政府、贵族、寺庙之所有冈顿差地，按其承担差赋情况，制定清册，内有清册60件。这些清册盖有汉藏印章，成为噶厦政府长期税赋征纳的基本依据①。

此外，达赖喇嘛发布的法旨、文告、封文或训令，班禅额尔德尼、郡王、摄政、噶厦的告示、法令，皆有法律效力与权威。

二、清代适用于回疆地区的法典与回部司法

1.《理藩院则例》内关系"回疆"则例

清朝并未将"回疆"完全划入理藩院的管辖，这从《理藩院则例》内可以看到。《理藩院则例》的架构与内容基础为《蒙古律例》，后将《西藏通制》编入，但回疆各条，皆以"散编"的方式散入各卷，并无专名。再者，《理藩院则例》的版本为汉、满、蒙，并无回文。《理藩院则例》与回疆相关的主要有：通例内"司员、笔帖式外差"条中提及理藩院内有"科布多兵差司员一员（三年更换，光绪年间停止）"与"伊犁驻班堪布笔帖式各一员"；按理藩院规定，以上两者均为"差官"，属出差性质，并非"本任官"。以及"徕远清吏司"条载：

　　承办驻京回子王、公、台吉，回疆各城回子王、公、台吉、伯

---

① 格桑卓嘎、洛桑坚赞、伊苏编译：《铁虎清册》，中国藏学出版社1991年版。

克等升降袭替、回子家谱、夏冬二季回子支派册籍；哈密、吐鲁番、库车回子王、公、台吉等俸银、俸缎、俸米、盘费、口粮、捐输、核奖；回疆各城赋役供税；哈密、吐鲁番、库车王、公、台吉来京年班请安、进贡、年节入宴行礼赏项，行在请安、筵宴、行围赏项；哈萨克赴热河朝觐、进贡；布鲁特进贡；颁给回疆各城时宪书事。①

《理藩院则例》对回疆事务记录少，这或许与回疆的政治与宗教地位有关。就宗教而言，回部不信仰藏传佛教，难以与蒙古西藏的则例混同。就政治而言，清朝将回部军政比照东三省将军管辖方式，但并未对回部限制汉人的移民，而蒙古、西藏地区，汉人是不能随意移入居住的。理藩院也不直接干涉回疆的司法事务，从"理刑清吏司"条内可知："承办内扎萨克六盟、外扎萨克各部落、盛京、吉林、黑龙江、察哈尔、归化城等处蒙古命盗案件"，其实不包括回疆；是可知回疆司法基本由将军、大臣负责总理管辖。

2.《钦定回疆则例》

《理藩院则例》对回疆事务记录少，还有一个根本原因，便是嘉庆朝时理藩院修订《理藩院则例》，发现"承办回疆事件内所有钦奉谕旨，及臣工条奏，积案繁多，未便纂入蒙古则例，以致条款混淆。应请另行编纂成帙，以便颁发遵行"②。此书一直到道光年间才颁行，另有满文本。由于《钦定回疆则例》本于《理藩院则例》架构纂修，其内容有职官、年班、赋税、驻防，属于行政性质，司法权归将军与大臣，此外并无与回部习惯相关之法例规定。

至于现行法规不足之处，清朝向例是以地方封疆大吏所拟订的"章程"与"事宜"来对其进行规范。例如乾隆五十九年（1794），喀什噶尔参赞大臣永保等奏请定回民出卡贸易章程：

---

① 张荣铮等点校：《钦定理藩部则例》，第21页。

② 《钦定回疆则例·序》。

一、喀什噶尔贸易回人等，如往充巴噶什、额德格纳、萨尔巴噶什、布库、齐哩克等处贸易者，给与出卡执照。如往各处远部落，俱不得给与，违则挈获发遣。

一、出卡回人，自十人至二十人为一起者，始给与执照。每起派阿哈拉克齐一员，往则约束，回则稽查，毋令羁留。如有不遵约束，枷号三月，仍重责示众，隐匿者并究。

一、出卡回民等，如贪利擅往布噜特远方，被人抢夺物件。查获后仍给原主。不足示惩。请嗣后半给原主，半交阿奇木伯克等，作为公项。地隔窎远者，应置不问，仍将违禁回民，枷号半年，不准出卡。

一、回民等被布噜特抢夺，必将实在遗失物数，报官查办。如有捏造私增，查出不准给还。半赏饬查之人，半交阿奇木伯克等，以备充公，该管人重惩。自行失去者，俱不准官为代查。

一、布噜特等如私进卡座，及于就近处所劫夺，挈获后俱正法。

一、回民出卡被窃，除照数追出外。查系初次行窃，照布噜特例，罚取牲畜，分赏饬查之阿哈拉克齐等。如有侵害人命，不论初次二次，抵偿办理。

一、布噜特等窃取零星什物，应先示薄惩，发交该伯克等收管。倘再不知儆惧，照初次加重办理。[①]

此类章程，主要为保护当地回人的利益。因此章程的内容，部分被并入到《钦定回疆则例》内。

3."回疆例"

在这里的"回疆例"，指的乃是回疆之习惯法。至于《大清律例》内与内地回民相关系之"回例"，并不适用于此地。

---

① 《清高宗实录》卷一四六四，乾隆五十九年十一月乙酉朔。

南疆回部与天山北疆蒙古管辖不同，回部主要信奉伊斯兰教，以伊斯兰教法为依据，刑罚分明，但没有具体记载罪行与刑罚的法律文本，可以说基本依伊斯兰教法与习惯，对罪人进行审判与处罚。各级阿奇木伯克衙门受理一般民刑案件，遇有刑事重案，须将犯证案卷等移送清廷驻扎于当地之大臣衙门。如诉讼涉及内地商民，可直接向当地驻扎大臣衙门呈控。

回部之法，有不少重于内地之法。根据清代文献记载：

> 回人有小罪，或褫其衣，墨涂其面游行以徇，次重者系之，又重者枷之，最重至鞭腰而止。阿奇木以下，犯小罪夺其职，当苦役，或课耕，或监畜牧，或责令入山取铜铅，三年五年；而复之窃物者，必断手。视其直十倍输之，无则械其足锁于市上以示众，役其妻以输直，再犯者刑之如前，掘地为牢幽之，一月乃出之。斗殴者，视其被伤之情形而坐之，伤人目者，抉其目；伤人手足者，亦断其手足。犯奸者，依回经科断则杀之，宽则罚令当苦役，终其身不复。有证则坐之，无则释之，杀人者抵有证者，据证佐之言以定谳；无证则鞠之，鞠之之法，或仰卧犯者于地，以水灌之；或攒缚其手足，悬诸高处或缚于柱，令足不着地而以绳勒其腹，不服则鞭其腰，继则刖其足，甚则囚之于地牢，期岁而出之，给苦主为奴。吐实则定谳，设木架于市悬于上以示众，至三日鲜有不死者。遁逃外附之人，缉获时施罪亦如之，甚则枭之。证佐有诬证人罪者，即以其罪罪之，有职者夺其职，褫其衣，鞭其腰，以墨涂其面，令倒骑驴游行示众以辱之。①

乾隆皇帝平定新疆后，在《大清律例》与"回疆例"之间，采取了从重处理原则，即惩治重罪犯人，引何者律法为重，即引何者。如乾隆二十五年（1760），拿获阿克苏盗马回人拜密尔咱，即照回人旧例，斩决枭示。皇帝并下令嗣后回人盗本处及内地人马匹，及内地人盗回人马匹，俱照回疆例

---

① 《钦定皇舆西域图志》，收于《钦定四库全书》卷三九，《风俗一·政刑》。

办理。① 乾隆五十七年（1792）皇帝谕令各驻扎新疆大臣，试图让内地律例进一步影响回疆："回子内苟有亲侄杀死亲叔伯，亲弟杀死亲兄，亲侄孙杀死亲叔伯祖之事，自应照内地律例拟罪。若系远祖命案，仍应照回子之例办理。"② 清律最重服制命案，回部人内部原本可以照本俗法审断，一如西藏。但乾隆皇帝却想令回人内部部分犯罪也能与《大清律例》内重辟条例互相援用，可知乾隆皇帝对新疆地方的政策，主要是实行重法，态度也与蒙古、西藏有所区别。

第四节　直隶州、厅之民族司法管辖

清代民族聚居之区，族大如蒙古，西藏，回部，居处占地辽阔，人数众多，可以内部自成官僚系统办理行政司法等事。或有民族居于直省之内，归地方衙门管辖；或有民族居于直省之内，平日归土官管辖；或有民族交由特殊行政机关，直隶州厅管辖。《清史稿》称："凡腹民计以丁口，边民计以户。盖番、回、黎、苗、猺、夷人等，久经向化，皆按丁口编入民数③"。各省诸色人户皆由其地长官造册咨送户部浙江清吏司。内地汉人户别，分为："军、民、匠、灶；若回、番、羌、苗、猺、黎、夷等户，与汉民一样，皆隶属于所在府、厅、州、县，由当地民官管辖。"凡是编列为民者，男曰丁，女曰口，丁口系于户。

中国西南地方民族众多，但相对于汉族与蒙古族等族，西南各民族多、人数少、居住分散。清廷对于西南地区的治理可分为三类情形：第一类是流官统治地区，遵守内地法制；第二类，仍是土司统治的地区，由朝廷授给当

---

① 《清高宗实录》卷六一二，乾隆二十五年五月戊午。

② 《清高宗实录》卷一四一七，乾隆五十七年十一月癸亥。

③ 《清史稿校注》卷一二七，《志》一〇二，《食货志一》，第3440—3441页。

地部落首领，土司制度主要分布于川、湘、黔、滇、桂，具有浓厚割据性，官职准其世袭；第三类是未设置土官与流官的生界部落。

清雍正皇帝对西南地区实行了"改土归流"政策。"改土归流"的满文是："aiman i hafan be halafi, irgen i hafan obumbi"，意思为"改部落的官员为民官"。民官为内地州县官，州县官一般三年一任流动，与世袭土官不同。"改土归流"政策其实明代就有之，只是没有彻底推行，最初实施并不全面，这一点从雍正皇帝的上谕便可得知，雍正六年（1728），湖南巡抚王国栋折奏"峒长官司向鼎晟具呈，愿效永顺土司之例，改土为流，沾沐皇恩"。雍正皇帝览后则谕示："湖广土司甚多各司其地，供职输将，与流官无异。其不守法度者，该督抚题参议处。改土为流以安地方，若能循分奉法，抚绥其民，即与州县之循良相同，朕深嘉悦。何必改土为流，使失其世业？"①是可知，雍正皇帝的改土归流并不完整，皇帝也没有意思要全面让土官改成流官。改土归流也曾受到西南地区当地土官的群起反抗，动摇到世袭土司的诸多利益，平定地方乱世，对于中央与地方政府都是需要付出极大成本的。土官的逐渐消失，流官的逐渐介入，主要还是与民人的开发相关联，"改土归流"，在清代中期已经成为实际的地方行政发展趋势，持续整个清朝，一直到现代。

西南地区散布着传承自元明的"羁縻"的未编户民族，他们拥有悠长的土官历史，无成文法律，拥有独立于汉制之外的司法运作。清朝对其虽主要秉持"因俗而治"的方针，但由于此区之多数民族与汉族毗邻而居，互动关系与蒙古、西藏、回部这些有天然地理隔阂的民族不同，其政治地位有元明统治的背景在，也与理藩院体系诸部不一样。土官为清廷所敕封，土官所辖户口，归地方行政机关管理，其司法审判诉讼之管理，亦归本地衙门管辖。此外，西北陕西、甘肃边界，青海与甘肃交界，四川康藏边区，亦有不少部

---

① 中国第一历史档案馆编：《雍正朝汉文谕旨汇编》（七），广西师范大学出版社1999年版，第307页。

族，非汉非藏，或融合回纥与蒙古、藏族之文化，或同时具有羌藏融合血统，这些民族，亦不在理藩院的主要管辖范围，而是归地方官员分别节制管理。是以清朝对西北西南民族司法诉讼之管理，自成一格，成为清代司法文明的一部分，也影响到近代。兹述如下：

一、清代专门管辖边民之政区职官

清代建国，设立北京与盛京两京，此外有十八行省，省领府，府领州、县、直隶州，本身亦领州县。嘉庆朝《钦定大清会典》对地方建制有其清楚的阐述：

> 凡京畿、盛京十有八省之属，皆受治于尹与总督、巡抚，而以达于部。尹分其治于府、厅、州、县；总督、巡抚分其治于布政司、于按察司、于分守、分巡道；司道分其治于府、于直隶厅。凡抚民同知，直隶于布政司者为直隶厅、于直隶州；府分其治于厅。凡抚民同知、通判，理事同知、通判，有专管地方者为厅；其无专管地方之同知、通判，是为府佐贰，不列于厅焉。州县、直隶厅、直隶州复分其治于县。①

清朝直省各级文职地方政府，地处汉与非汉民族居住地界者，一般由与府地位平级的直隶厅与直隶州负责管辖。清代直隶州厅的长官主要为理事同知、通判，正五品，或抚民同知、通判，正六品。清制，同知与通判，如果编列在直隶州厅，即为该行政区之长官；如果无专管地方之权，即为知府的佐贰官员，不列于厅。至于理事同知、通判与抚民同知、通判专管地方之厅，有属于"府"，属于"道"，"将军"管辖者。如果属于驻防将军下之理事同知、通判，此为驻防内特地设置，向为满缺，专为驻防官兵而设。《钦定八旗通志》言："各省理事同知，满洲二十一人，正五品，康熙二十五年

---

① 嘉庆朝《钦定大清会典》卷四，《吏部》。

三月奉旨，旗兵驻防江宁、杭州，俱设理事厅官。"之后，清廷陆续在直隶永平府、保定府、天津府、热河、宣化府，江南江宁府，山东青州府，山西朔平府、归化城，河南开封府，陕西西安府、潼关抚民，甘肃宁夏府，浙江杭州府、嘉兴府、乍浦，湖广荆州府，四川成都府等地设置理事同知①。驻防理事同知通判办理的是将军或副都统治下的旗民词讼，一般居于驻防满城内，办理交涉旗民事务；清廷因此要求驻防理事同知，"必得通晓汉文律例之人方能胜任"②。

驻防所属理事同知、通判司法审判，可分为与旗员会审办理与地方官会审办理。外省驻防旗人遇有命案，如为旗人内部命案，该管旗员即会同理事同知、通判，带领领催、尸亲等人公同检验。一面详报上司，一面会同审拟③。旗人犯命盗重案，照例会同州县审理。田土户婚债负细事，赴本州县呈控审理，曲在民人，照常发落；曲在旗人，录供加看，将案内要犯审解该厅发落。《大清律例》规定，"旗人谋、故、斗杀等案，仍照例令地方官会同理事同知审拟外，其自尽人命等案即令地方官审理。如果情罪已明、供证已确，免其解犯，仍由同知衙门核转；倘恃旗狡赖、不吐实供，将案内无辜牵连人等先行摘释，止将要犯解赴同知衙门审明。"

至于厅级理事同知、通判处理所管地方司法审判，是与府平级的民政官，有单独治所。但驻防、厅级两者品级皆同，也可以彼此调补官缺。只是"厅"原为"府"的派出机关，主要是因为所划出的政区，多位于初开发的新耕住土地或民族交界处，只要开发近似于一般的府州县，理事同知通判就会被裁撤或将政区升为府州县，因此清朝每个时期的厅数均不一致，每一时期均有裁撤升等之厅，或新设立之厅，以乾隆朝到嘉庆朝为例：

1. 直隶厅同知

凡抚民同知，直隶于布政使司者，为直隶厅。一共有18人：江苏海门

---

① 《钦定八旗通志》卷四八，《职官志》，第15页。

② 光绪朝《钦定大清会典事例》卷五五，《吏部·满洲遴选》。

③ 《大清律例》卷三六，《刑律·断狱下·检验尸伤不以实》。

厅1人；湖南乾州厅、凤凰厅、永绥厅3人；四川叙永厅、石柱厅、松潘厅、太平厅、杂谷厅、懋功厅6人；广东理猺厅、佛冈厅2人；云南景东厅、蒙化厅、永北厅3人；贵州仁怀厅、松桃厅、普安厅3人，皆直隶于布政司。[1]

2. 厅同知

理事、抚民有专管地方之厅，或属于府、或属于道、或属于将军，共47人，通判31人。

理事厅同知：直隶口北道属张家口厅、独石口厅、多伦诺尔厅，3人；吉林将军所属吉林厅、伯都讷厅，3人；山西归绥道属：归化厅，大同府属丰镇厅，伊犁将军所属理事厅3人。

抚民厅同知：江苏苏州府属太湖厅、松江属川沙厅2人；江西吉安府属莲花厅、赣州府属定南厅2人；福建漳州府属云霄厅、台湾府属淡水厅、噶玛兰厅3人；浙江温州府属玉环厅1人；陕西西安府属孝义厅、宁陕厅、同州府属潼关厅、汉中府属留坝厅、定远厅5人；甘肃兰州府属循化厅、巩昌府属洮州厅、平凉府属盐茶厅、西宁府属贵德厅、凉州府属庄浪厅、镇西府属吐鲁番厅、伊犁将军所属抚民厅7人；四川叙州府属马边厅、重庆府属江北厅、雅川府属打箭炉厅3人；广东广州府属前山寨厅、惠州府属碣石厅、潮州属南澳厅3人；广西思恩府属百色厅、太平府属龙州厅、明江厅3人；云南昭通府属大关厅、普洱府属思茅厅、威远厅、丽江府属中甸厅、永昌府属龙陵厅5人；贵州贵阳府属长寨厅、安顺府属郎岱厅、都匀府属八寨厅、镇远府属台拱厅、黎平府属古州厅5人。

理事厅通判：奉天府属兴京理事厅、岫岩厅、昌图厅、吉林将军所属长春厅4人；山西归绥道属和林格尔厅、托克托城厅、清水河厅、萨拉齐厅、朔平府属宁远厅5人。

抚民厅通判：河南开封府属仪封厅1人；福建泉州府属马港厅、台湾府

---

[1]　嘉庆朝《钦定大清会典》卷一〇，《吏部》，第120页。

属澎湖厅 2 人；陕西兴安府汉阴厅 1 人；甘肃西宁府属巴燕戎格厅、甘州府属抚彝厅、镇西府属哈密厅 3 人；四川宁远府属越隽厅、叙州府属雷波厅、嘉定府属峨边厅 3 人；广西桂林府属龙胜厅、镇安府属小镇安厅 2 人；云南昭通府属鲁甸厅、丽江府属维西厅、顺宁府属缅宁厅、普洱府属他郎厅 4 人；贵州安顺府属归化厅、镇远府属清江厅、黎平府属下江厅、都匀府属都江厅、丹江厅、大定府属水城厅 6 人。

从以上厅级官员设置，可以了解到，分布区域集中在陕西、甘肃、湖南、四川、云南、贵州、广西、广东、奉天、吉林、山西、新疆、台湾等内地州县省交界处或边陲地带。根据清例规定，厅级地方官员司法审转制度，与内地稍有不同：

（1）直隶承德府所属地方：承审札萨克蒙古与民人交涉命盗事件，先由地方官验讯通详，俟奉到上司批示，即移牒理事司员，订期会审。以会审之日起，扣限三个月，定拟招解完结。

（2）奉天所属地方：如系旗民交涉命盗等案，属州县界内者，令州县承审；属同知通判界内者，令同知通判承审。遇有旗人应行刑讯之处，仍行刑讯，无庸会同旗员审办。其旗人笞杖等罪定拟后，概行移旗发落。如不移旗发落者，将承审官照违令公罪律，罚俸九个月。若犯徒罪以上，定拟后，即呈送盛京刑部核办。

（3）距省窎远地方所属：承审案件，除罪应斩绞及命案内量减军流人犯，仍解省勘办外；其寻常遣军流徒各犯，均归该巡道就近审转，径详督抚，并移知臬司备案，免解犯赴省。[1]

可知清代厅级地方官员司法审转制度，依官员所属地方划分。直隶承德府所属地方，如有需审转之案件，需与理藩院系统官员共同审理。奉天所属地方，由八旗系统与地方州县分别属地审转。至于内地边陲之厅级地方官员，其审转流程较内地多了一层"道"的审级。

---

① 《钦定六部处分则例》，光绪十八年版，卷四七，《审断上》，第 967 页。

3.土官

土司为元代创立，主要是为了治理安抚中国西南边区民族的头人。元代封土司官职，可以世袭，不受朝廷俸禄，但是必须向朝廷缴纳贡赋。明代袭之，并设立九等官员，袭官需要有诰敕证明，也需要朝廷同意。明代对西南逐渐意欲实施改土归流，但推行不彻底，到清代雍正朝才具体推动西南改土归流。要废除原本的民族土官改由中央派遣的流动官员治理，一时之间，引起西南地区许多反抗，部分土司被撤，归入地方管辖；部分土司仍然存在，只是行政实力已经大为缩减。

根据清代官方记录，土官主要分布在四川、广西、云南、贵州四省。

四川：龙安府土通判1人，龙安府土知事1人，牟托水草坪土巡检各1人，竹木坎土副巡检1人。

广西：果化州、归德州、忠州、安平州、万承州、全茗州、龙英州、下石西州、太平州、茗盈州、结安州、佶伦州、都结州、镇远州、上下冻州、思州、江州、凭祥州、思陵州、向武州、都康州、上暎州、下雷州、南丹州、那地州、田州，土知州各1人；东兰州土州同1人；阳万州土州判1人；罗阳县、罗白县、忻城县、上林县土知县各1人，上龙司、白山司、兴隆司、那马司、定罗司、旧城司、下旺司、安定司、都阳司、古零司、大村峒、小村峒、小镇安，土巡检各1人。

云南：景东府、蒙化府、孟定府、永宁府，土知府各1人；广南府土同知1人；丽江府鹤庆府土通判各1人；开化府土经历1人；北胜州、富州湾、甸州镇、康州土知州各1人；北胜州、顺州、镇南州、姚州，土州同各1人；镇南州、新兴州，土州判各1人；景东府土知事1人；楚雄县、平彝县、云南县、新平县、南涧土县丞各1人；云南县、定远县土主簿各1人；浪穹县土典史1人；练象关、南平关、定西岭、青索鼻、凤羽乡、上江嘴、下江嘴、箭杆场、蒲陀崆、镇南关、纳更山、回磴关、沙矣旧、三岔河、保甸、猛麻、观音山、阿雄关；土巡检各1人；版桥驿、在城驿、观音山驿土驿丞各1人。

贵州：镇远府、独山州土同知各 1 人；镇远府土通判 1 人；镇远府土推官 1 人；安化县印江县、瓮水司、草塘司、余庆县，土县丞各 1 人；安化县、余庆县土主簿各 1 人；重安司、朗城司土吏目各 1 人；安化县盘江土巡检各 1 人。①

《大清律例》对土官的袭职亦有规定：

> 凡土官病故，该督抚于题报之时，即查明应袭之人，取具宗图、册结、邻封、甘结并原领号纸，限六个月内具题承袭。其未经具题之先，亦即令应袭之人照署事官例，用印管事。地方官如有勒揩沈搁留难者，将该管上司坧交部议处。其支庶子弟中有驯谨能办事者，俱许本土官详报督抚，具题请旨，酌量给与职衔，令其分管地方事务。其所授职衔，视本土官降二等文职；如本土官系知府，则所分者给与通判衔；系通判，则所分者给与县丞衔。武职如本土官，系指挥使则所分者给与指挥佥事衔；系指挥佥事则所分者给与正千户衔；照土官承袭之例一体颁给敕印号纸。其所管地方视本土官，多不过三分之一，少则五分之一。此后再有子孙可分者，亦再许其详报督抚具题请旨，照例分管地方，再降一等，给与职衔印信号纸。②

由此观之，土官与清廷最重要的互动就是袭封与敕书的核发与认证。地方土官为了继承官职与敕书，时常不惜内斗。《大清律例》规定各处土官袭替，其通事及诸凡色目人等，有拨置土官亲族不该承袭之人争袭劫夺仇杀者，俱发极边烟瘴地面充军。尽管发极边烟瘴地面此类处罚对西南土民而言，处罚意义有限。惟此一条例的留存，说明了此类的争夺应时有所闻。而土官若是因争继问题，地方不能协调，他们会采取"京控"的模式到京师呈控。如道光八年（1828），四川穆坪土司裔孙甲木恭彭楚，便曾派遣抱告京控呈称从

---

① 乾隆朝《钦定大清会典》卷七，《吏部》。
② 《大清律例》卷七，《吏律·职制·官员袭荫》。

前自己的父亲过世时，自己尚且年幼，不便直接承袭管理地方，世职遂被丹学江楚承袭。道光七年（1827）时，丹学江楚病故，遗下六岁长子，由其妻包氏七力洛妈护理土司印务。清律规定，凡土官袭职，若应袭之人未满十五岁者，许令本族土舍护理印务，俟岁满日具题承袭；又规定土舍嫡妻可以护印。他不甘心自己的辖地就此被他人承袭下去①。清廷后来替这件争继做了调解，令甲木恭彭楚接管鱼通地方。鉴于土官身份与一般民人不同，调解部族纠纷也属于民族政策中重要一环，并没有对原告以越诉议处。

二、清代土官与州、县、厅员的司法管辖权

《大清律例》言及土官，主要都是官员的任免问题，或是土官犯罪免发遣与迁徙的问题。土官究竟有无司法审判权？根据《钦定六部处分则例》规定土司归州、县、厅员管辖，例如湖南镇军设有凤凰、永绥、乾州、古丈坪四厅专管苗务，"其五寨土民，遇有逃盗等事，照例与土官一并处分"。又如广西土司地方，俱归州、县、厅员就近兼辖，"遇有失察疏防等事，即照兼辖官例开参，知府巡道，照统辖官例议处。其户婚田土，及征收年例银米，仍听各土司自行办理。"②《处分则例》又规定承审土苗案件："土、苗、夷、猓，凡有命案、抄抢掠拐、争讼等事，俱照内地限期审结。其承审一切处分，亦照内地之例查议。若苗夷有犯遣军徒流等罪，例应折枷免徒者，案从外结，仍抄招咨送刑部查核其罪，应论死并情节重大之案，一概不准外结，务按律定拟具题，亦不得以牛马银两抵罪。"③

清对于苗蛮番夷等土民的司法控管，是将户婚田土细事与轻微案件，直接交由土官自行办理，民官即厅级同知通判或州县官员，不用干涉其土民内部词讼。但如地方民人与土民争讼，以及命盗重案，不在此限内。清廷为了

---

① 参见台北"故宫博物院"藏：《军机处录副奏折》，059274号。

② 《钦定六部处分则例》，光绪十八年版，第795页。

③ 《钦定六部处分则例》，第794页。

避免土民本地有类似藏民"命价银"的习惯，杀人私和，以牲畜与钱财抵罪，务必要求地方官依律例拟罪。

清廷规范土官的司法审判管辖权之外，亦对土官本身犯罪明确管辖。"各处大小土官，有犯徒流以上，依律科断；其杖罪以下，交部议处。"雍正五年（1727），规定："凡土司有犯徒罪以下者，仍照例遵行外，其改土为流之土司，本犯系斩绞者，仍于各本省分别正法监候。其家口应迁于远省者，系云南迁往江西，系贵州迁往山东，系广西迁往山西，系湖南迁往陕西，系四川迁往浙江，在于各该省城安插。如犯军流罪者，其土司并家口应迁于近省安插，系云南四川迁往江西，系贵州广西迁往安庆，系湖南迁往河南，在于省城及驻扎提督地方分发安插。该地方文武各官不时稽查，毋许生事扰民出境，如疏纵土司本犯及疏脱家口者，交部分别议处。"①

而在军流徒罪上，对西南民族的特殊身份，采取的应对措施主要有：

第一，减少西南少数民族迁徙的机会。

土苗有犯军流徒罪，均应折枷。只是《大清律例》对此有但书，规定云南、贵州苗人犯该徒流军遣，仍照旧例枷责完结，若所犯情节较重，或再犯不悛，将本犯照例折枷后，将土、流所辖各等民族分别安插，系土司所管者，流遣汉官辖地；系流官所管者，安插至土司地方。雍正五年定例："凡土蛮、猺、獞、苗人雠杀劫掳、及聚众捉人勒禁者，所犯系死罪，将本犯正法，一应家口父母、兄弟、子侄俱令迁徙。如系军流等罪，将本犯照例枷责，仍同家口父母、兄弟、子侄一并迁徙；系流官所辖者，发六百里外之土司安插；系土司所辖者，发六百里外之营县安插。"② 因此，土民不能对免发遣有恃无恐。

第二，分别民苗身份治罪。

土苗地区民人只是住在土苗地面，身份没有改变。因此土苗地方的民人

①　《大清律例》卷六，《名例律·徒流迁徙地方》。
②　《大清律例》卷六，《名例律·徒流迁徙地方》。

不能自以为住在土民之地，犯罪就可以比照土民办理，若"民人有犯遣军徒流等罪，俱应照例充发。如有捏称土苗、希图折枷免徒，承审官失于查出，系军流遣罪，照失出例罚俸一年公罪；系徒罪，照失出例罚俸六个月公罪。其土苗中有剃发衣冠与民人无别者，犯罪到官，悉照民例治罪。如有折枷免徒者，亦照失出例议处"①。如土民服汉人衣冠，则等于视己身为汉人，官员需照"民例"即大清律例对其治罪。

第三，不许随意佥发汉人人犯发配土司辖区。

大清律例规定："各省佥发军流人犯，除广西土司所属地方，不得拨发安置，并广东琼连二属，及四川、湖南有苗民州县，令解巡抚衙门，就地方情形通融派拨，不得与苗民聚处外，余皆按照军流道里表内应发省份，毋庸指定州县。"②

三、西南"苗例"的制定

（一）"苗例"与"苗疆例"的区别

《大清会典》规定："苗夷犯死罪，按律定拟题结，不准以牛马银两抵偿。其自相争讼之事，照苗例断结，不必绳之以官法。"苗人与苗人之间的争讼，只需要依本族习惯裁断即可，不用使用大清律例，造成困扰，这是雍正三年（1725）制定的条例。至于此处之"苗例"，指的是苗人之"习惯法"，并非当真有一部名为《苗例》的"法律文本"。非理藩院系统管理的西南民族，大部分都有长久的历史，但缺乏成文历史记录，包括法律文本，处理内部争讼，基本上都是靠习惯，并且由类似汉人地方"里甲老人"身份的"理老"，负责调解与审理本族内部纠纷与诉讼。在部分苗区，将"理老"调解的行为，俗称为"理榔"，所议之规，又称"榔规"；所议之词，称为"理辞"。③

---

① 《钦定六部处分则例》，第794页。
② 《大清律例》卷六，《名例律·徒流迁徙地方》。
③ 胡晓东、胡廷夺：《"理辞"与"苗例"》，《贵州社会科学》2011年10月。

但《大清律例》内另有一"苗例"，此苗例为"苗疆条例"之简称，指的是律例中与苗疆管理与治罪相关之条例。大多数西南少数民族没有像汉蒙边界有清晰的地界之分，清朝也没有替他们特别制订一系列的相关法律条文来协助管理，反而是在刑律中制订严格的"苗例"，即与苗人相关的条例，来针对苗人等可能的聚众滋事行径。这些条例主要列在盗贼门内，属从重拟罪，并且可以"比附类推"，其他的族群或是与苗人习俗相近，或是犯罪行径相近，可以援引苗疆条例定罪。

例如：

（1）"白昼抢夺"律附例，"贵州苗人聚众百人枭示例"

苗人聚众至百人以上，烧村劫杀、抢掳妇女，拿获讯明，将造意首恶之人，即在犯事地方斩决枭示。其为从，如系下手杀人放火抢掳妇女者，俱拟斩立决。若止附和随行，在场助势，照红苗聚众例枷号三个月。临时胁从者，枷号一个月。至寻常盗劫抢夺，仍照内地抢夺例完结。其有掳掠妇女勒索，尚未奸污者，仍照苗人伏草捉人勒索例定拟。（乾隆九年，贵州总督张广泗奏准定例）。

（2）"白昼抢夺"律附例，"黔楚红苗聚众例"

凡黔楚两省相接、红苗彼此雠忿聚众抢夺者，照抢夺律治罪，人数不及五十名，伤人为首者，枷号两个月，为从者一个月。杀人者斩监候，下手者枷号三个月，为从者四十日。聚至五十人者，虽不杀人，为首者亦斩监候，为从者枷号五十日。杀人者斩决。下手之人，绞监候，为从者各枷号两个月。聚至百人者，虽不杀人，为首者斩决，为从者各枷号二个月。杀人者斩决，枭示。下手之人俱斩监候。为从者，各枷号三个月，所抢人畜财物追还给主。（康熙四十四年，户部会同刑部议覆湖广总督喻成龙题准定例。）

（3）"恐吓取财"律附例，"苗人伏草捉人勒赎例"

凡苗人有伏草捉人、横加枷肘、勒银取赎者。初犯为首者斩监候，为从者俱枷号三个月，臂膊刺字。再犯者不分首从皆斩立决。其有土哨奸民，勾通取利，造意者，不分初犯再犯，并斩立决。附和者，各枷号两个月，发边远充军。该管土官虽不知情，亦按起数交该部议，知情故纵者，革职杖一百。若教令指使或和同取利者，革职，枷号三个月俱不准折赎。（康熙四十四年，刑部议覆湖广总督喻成龙题准定例。）

（4）"谋杀人"律附例，"苗人图财害命例"

苗人有图财害命之案，垣照强盗杀人斩决枭示例办理。（乾隆二十九年，贵州巡抚图尔炳阿审题，苗民雄讲等图财杀死民人刘锡升一案，附请定例。）此律其他相关附例又规定，"台湾等处，商船图财害命之案，垣照苗人图财害命例，拟斩立决枭示。与命盗案内例应斩枭之犯，垣传首厦门示众，仍将犯罪事由，榜贴原犯地方。（乾隆五十一年，福建巡抚徐嗣曾条奏定例。）"由于清代台湾府有生熟番民，又属于移民社会，地多流氓，因此台湾若有盗贼犯罪，经常援引苗疆例来定罪，以示惩治。

（二）《番例》与"番例"的区别

1."番例"

"番"（蕃）之意义甚多，首先"番"为民族自称。吐蕃为藏区地名前身，因此"番"人与藏人本为重叠。但随着带有"番"字他称的民族增多，"番"的身份也随之复杂。四川打箭炉（民初改称康定）以西，属于藏、羌、彝等族分布之区。在清代档案内，并无今日民族识别之民族族称，此数省边区内彝苗之族则或作蛮，或称夷；藏民被称作番民，羌人与河州、洮州等地藏民（藏回杂处）也被称作番民，档案的称呼与《皇清职贡图》相同。是以虽然皆言"番"，并不是指同一种族，而是一个文化的民族概念。在陕、甘、青、川、藏交会之区，土民众多。有的有土官土司管理，有的则无，部族只有头人，游走各省交界。在这些地方，各土司通常没有成文法，只有私法，俗称"番例"。此一"番例"性质与"苗例"接近，均非成文法，而是习惯。四川藏羌交界处的土司，其习惯与西藏接近，喇嘛和官员贵族如被人杀，须以命抵命；其他命价银因身份高低而成赔偿正比，与藏区无异。然藏边番民不归理藩院系统管理，属于地方官如四川总督、成都将军与厅级官员共同管制。因此本章将番民列入直省，而不归入理藩院体系。

至于藏边番夷的司法诉讼程序，一般是藏番向所属之头人或土司呈诉，最后由头人或土司按"番例"裁决。如果头人或土司处断不公，则往往自相报复，很可能最后造成地方动荡。此时地方厅、镇、营汛的文武官员会主动介入或调解，如果因人数过多闹成大案，可能便会引国法弹压惩戒。

乾隆朝平定大小金川后，曾分设美诺、阿尔古二厅，乾隆四十四年（1779）并阿尔古厅入美诺厅，四十八年（1783）美诺再改名为懋功厅，属于屯务厅，治所在今日的小金县。最初番民户婚田土，需呈报懋功屯务厅粮务同知就近查讯，核明批结。命盗案件者，即连犯证解候粮务同知讯结，以息讼端。如两造均系番夷，应照其俗例完结①。

2.《番例》

亦称《番夷章程》《番夷成例》《西宁青海番夷成例》等，是由雍正十二年（1734）原驻西宁办事大臣达鼐等人，奉命从《蒙古律例》中，择选适用于藏民相关条款及习惯法纂成，以唐古忒文颁布，作为清朝在今青海及四川松潘地区运用的法律，沿用直至清末。②其制定缘起，可见原奏转录：

> 乾隆二年九月，川陕总督查咨，准总理夷情副都统保文内开，准川抚咨，据抚松潘同知详称，查雍正十一年九月二十三日，奉松潘道牌，为遵旨议奏事，案内雍正十一年八月十七日，奉抚院牌，准兵部咨，奉大学士鄂等奏议：得达鼐奏称，番人等愚蒙不知法度，应照给玉树、纳克舒番人等番字《律例》之例，颁发松潘口外驻牧番人等三十六套，化导晓谕伊等，令其知所畏惧，违法之事，禁其仿效行为等语。应请（如）达鼐所奏，颁给番子等三十六套《律

---

① 《金川案／金川六种》，中国藏学出版社 1994 年版，第 202—204 页。
② 达力扎布：《番例渊源考》，《青海民族大学学报》2012 年第 2 期，第 15 页。

例》，令番人通晓遵行之处，亦照玉书、纳克舒之例散给。但款项甚多，若将全部翻译颁给，甚属繁冗，且有系番人无用之条。应行文达鼐等，令于蒙古《律例》内关系番人等紧要条款选出，移送到日，交与该处译写番字颁发。等因。于雍正十一年五月二十七日，奉旨：依议。钦此。又雍正十二年八月二十二日，准总理西海夷情事务侍郎马（尔泰）等情咨，本年七月初八日，准办理军机大臣咨称，颁发番人《律例》一案，令将番人头目之等次改正，其罚服牲畜数目，酌量删除，均不得过九五之数定拟。再番人地方马匹孳生甚少，犏牛孳生甚多，应将罚服马匹改为犏牛，相应咨请示覆等语。查侍郎马等在西宁年久，其番地情形深为熟悉，例内条款与番人果否相符之处，令其公同酌议妥当，均照所议开载，翻译唐古特字，通行晓谕番人，仍将律例报部存案可也。①

由此可知《番夷章程》即《番例》，在雍正君臣的讨论中，主要是援用编纂"律例"的概念，并且最初没有汉文版本，汉文版本是后来才翻译的。雍正朝时修订66条，乾隆朝增加2条，共68条。因此《番例》确实更贴近于《蒙古律例》，而并非具有高度部院条式的"则例"。《番例》通行于甘、青、川边与西藏交会地方，即"安多"地区，民族复杂。《番例》内容除少数与出兵征讨有关，主要为刑事例与民事例，如命案、强盗、偷窃、奸情、斗殴杀伤、逃人、夺犯等。这些例文基本上是参考《蒙古律例》，例如"罚服"的概念，凡人因戏致误伤人死者，罚三九牲畜给死者之家；行窃殴死追赶之人，"追九九罚服"；藏民殴死藏民，追九九罚服。又因番地出产马匹少，而犏牛多，遂将蒙古律例中罚服的牲畜由马匹改为犏牛。藏民内部戕杀、偷盗等案，只要不涉及汉人汉地，"仍照番例罚服完结"。罚服的概念，基于藏民的"命价""赔偿"概念，一般杀人可以用赔偿的方式解决，只有几个杀人情形例外，不遵罚服，如家奴弑主人者，凌迟处死。

---

① 《番夷章程》，转引自达力扎布：《番例渊源考》。

清人有记载，当时《番例》在协定之后，清朝官员鄂尔泰曾经声明于番地实行《番例》五年后，再照内地民例办理。乾隆时多次展限，后经刑部议覆，此地番民僻处要荒，各因其俗，于一切律例素不通晓，未便全以内地之法绳之，不若以番治番妥洽。嗣后自相戕杀命盗等案，仍照番例罚服完结，毋庸再请展限。乾隆十一年（1746），户部等部议覆大学士川陕总督公庆复等上奏川省三齐等三十六寨番民的归隶茂州管束事宜：

一、查明番地四至，立碑定界，俾民番各安疆土。

一、三十六寨每寨择老成谨慎者，设正副头人各一名，将所管户口，造册送州稽查。其户婚钱债细事，令头人秉公排解。不服，赴州控断，并将头人功过，立簿查核，年底分别赏罚。

一、番民每岁纳麦粮六十石，编入赋役全书，责令各头人督催完纳，就近兑支威茂协营兵米。

一、番寨山头地角，旷土尽多。饬地方官令各头人，按户分段给垦，免其升科。

一、番民既入版图，即与编氓无异。应于该寨适中之地，设立讲约所。该州暨儒学等官，朔望轮往，传集番民，宣讲圣谕广训，及整饬地方利弊文告。并于律例中择其易犯之条，翻译讲解，晓谕化导。其子弟秀异可读书者，送州义学肄业。果能渐通文理，照土司苗猺子弟应试之例，准其考试。

一、新附生番，未便骤绳以法。或犯命盗等事，暂照夷例归结。十年后照内地一体办理。均应如所奏行，从之。①

清乾隆朝通过逐年地方官拟订的各类"章程"与"事宜"，来补充《番夷章程》的不足。至嘉庆朝，当时西宁办事大臣贡楚克扎布，因覆奏审结蒙古番子积案，奏请嗣后蒙古番子寻常命盗抢劫等案，仍照《番例》罚服办理，如有情节可恶者，随时奏闻。然嘉庆皇帝当时已经不知《番例》的详情，朱

① 《清高宗实录》卷二六四，乾隆十一年夏四月庚午。

批"所奏《番例》有何册档可凭"。后西宁办事大臣文孚奏准，对藏民大肆抢劫、扰及内地百姓或蒙古部落等，"如敢纠约多人肆行抢劫，严拿首从，随时奏明请旨办理；其余番民内部案件，不必绳以内地法律，仍照《番例》办理"①。可知除了与部民交涉的命盗案件，尤其是抢劫案，才是清朝愿意以"国法"（清律）介入之处，同族同部相杀，清朝基本不会干涉。一直到清末，内地法律皆未在青海及四川松潘地区的番地内大力通行。

清代对于民族政策制订，以及民族立法、司法之管辖，实为清代中央与地方司法审判制度的重要组成部分。对清廷而言，内地十八行省的诉讼程序与司法审判，皆有明代的制度可以继承。但是与蒙古、西藏、回部的关系，则主要是清朝帝王官员等，利用各种优势以及武力征服奠基下来的，其互动模式与司法审判管辖，也是清朝根据当时王朝的实情与需要制定的。至于西北西南民族，清廷试图将"因俗而治"与"因地制宜"落实在司法之上，由地方官员与当地土官协调，采用厅级这种不属于州县属于"临时性"的行政机关去管理土官与部民。等到开发成熟了，再将厅级机关裁撤，直接用州县管辖。虽说这样的管理方式不一定是最能解决问题的，却不失为相对平和、保留弹性的管辖方式。

清代中央政府对各地方民族的治理方针不同，也体现在法律之上。蒙古本为具有高度习惯法与丰富成文法的部族，因此清朝对其编纂的法律亦多，内容大体也能尊重蒙古本部的习惯。西藏因有其宗教领袖达赖与班禅，以及本地部族之贵族长官噶布伦等，内部诉讼清朝亦不主动介入，尤其是部族之间的案件，基本以命价银与赔偿的方式解决。回部政治与宗教地位特殊，因此清朝始终对回疆内部使用伊斯兰法的诉讼保留其法律实质效力。由内地管辖的民族，则是通过土官与地方官共同分管诉讼的方式，在一定程度上，清朝基本是支持习惯。针对这些民族的司法审判，清朝对于民族内部的纠纷、诉讼、案件，一般不主动干涉。只有事涉内地民人或是强盗杀人等重案，才

① （清）徐珂：《清稗类钞》卷一。

会援引内地刑律判决。

习惯乃是一个民族法律的重要法源。清朝对民族管理与介入司法审判的方式，到了清末民初，亦为民国政府所保留了下来。尊重他族习俗，利用他族习俗，将各民族习俗保留部分，与"国法"并行，同中存异，无疑为清代司法文明发展史的亮点之一。到了今日，其中仍有不少管理方式存有值得借鉴的地方。

第八章　清代司法监察制度

　　清朝的监察体制，发轫于天聪朝，形成于顺治朝，定型于康乾朝，在开国后百余年的时间里，不断进行调整，最终建立起极端专制主义的监察体制。涵盖了立法监察、行政监察、人事监察、经济监察、文教监察、司法监察、仪制监察和军事监察等各个方面，由于司法审判活动不仅与当事人的利益有关，而且各类纠纷的解决结果直接影响社会秩序乃至国家的稳定，因此司法监察作为监察制度的重中之重，得到历朝历代统治者的高度重视，对于保证司法公正，遏制司法腐败起了一定的作用。

第一节　司法监察机构

一、中央监察机构

1.都察院

　　清朝入关前，天聪年间，沿袭明朝建制，设都察院为最高监察机关，官制与六部同。《清史稿》记载："初沿明制，设都察院。天聪十年，谕曰：

'凡有政事背谬，及贝勒、大臣骄肆慢上者，许直言无隐'。"① 入关后，清世祖对关外时期都察院进行改革，将原来的承政改为左都御史；将参政改为左都副御史；另设右都御史、右都副御史、左、右佥都御史。顺治九年（1652）二月，世祖谕都察院："国家设立都察院，职司风纪，为朝廷耳目之官，凡事直言无隐，上自诸王，下至诸臣，孰为忠勤，孰为不忠勤，据实奏闻，方为无忝厥职。"② 顺治、康熙朝又对都察院官制进行调整，乾隆十三年（1748），裁撤左、右佥都御史，设左都御史满汉各一人，主掌院事，左都副御史满汉各二人，为实际主管官员，成为定制。《清史稿·职官二·都察院》："左都御史掌察核官常，参维纲纪。率科道官矢言职，率京畿道纠失检奸，并豫参朝廷大议。凡重辟，会刑部、大理寺定谳。祭祀、朝会、经筵、临雍，执法纠不如仪者，左副都御史佐之。"

作为监察内外文武百官的都察院，将司法监督、法纪监督、政纪监督等职能融为一体，其司法监察权表现在：首先，审核重案和疑案。康熙元年（1662），吏科给事中宋训诰疏言："我朝虽屡定成案，必下三法司核拟者，诚恐畸轻则纵，畸重则苛也。请严饬刑部，嗣后凡两造口供不全录，即为作弊，引律不确合者，即为欺公，严治以不职之罪。"事下三法司议。③ 可见，都察院参与重大案件的会审，其职司所在是监督案件的审理，有无冤情，定罪量刑是否恰当。因此，都察院行使着形式上的审判监督之权。其次，受理申诉和控告。清朝都察院有"明辨冤枉"之责，清代的上告，到都察院和通政使司具本奏闻为止。顺治十八年（1661）都察院题准："官民有冤枉许赴院辩明，除大事奏裁外，小事立予裁断；或令行该督抚，复审昭雪。"④ 由此看来，都察院乃是清代辨明冤枉的上告机关。此外，刑科给事中对已判决而待执行的案件，如有上书称冤者，有权宣布停刑，然后奏报皇帝。清沿明制，

① 《清史稿》卷一一五，《职官二·都察院》。
② 《清世祖实录》卷六三。
③ 《清圣祖实录》卷六。
④ 《钦定台规》卷一一。

置登闻鼓于都察院，派御史一人监守，受理申诉。再次，都察院有权巡视刑狱，审录囚徒。《钦定台规》规定，刑部南北二处监狱，十五道的御史按月轮流差委稽察。各旗衙门设的监狱，每月令满、汉御史前往稽察。最后，御史在执行纠举百官时，还可以采取强制性的司法手段，如拘捕、审讯等。都察院的左都御史等堂官，既是监察官，又是"天子的法官"，故历史上把都察院及以前的御史台称为"宪台"或"宪司"，御史称为"宪官"或"法吏"。

都察院下设经历厅、都事厅、值月处、督催所等专门办事机关。

2. 六科

天聪六年（1632），沿袭明制设吏、户、礼、兵、刑、工六科，自为一署，不受都察院管辖。顺治十六年（1659），六科每科设满汉给事中各一人，满汉左右给事中各一人，汉给事中一人，"掌言职，传达纶音，勘鞫官府公事，以注销文卷，有封驳即闻。"①六科为独立机构，不属都察院管辖，负责对六部进行监察，并执掌六部官员的京察考核，同时兼掌封驳。其中刑科负责稽核刑名案件，注销刑部文卷。

负有司法监察之责的是刑科给事中。刑科给事中，专掌稽核刑名案件，权力颇大。清初规定，内外立决人犯，奉到谕旨后，刑科照例发抄，密封下刑部执行。朝审、秋审必由刑科复奏，以示慎重民命。朝审人犯由刑科给事中监视行刑。直省重大事件，不论已决未决，令按察使司各道年终具题，造册送刑科察核，以示慎重。直省州县原谳情罪果与律例吻合，但上司有意混驳，则许承审官抄录原审供册和批驳案卷直揭刑科，以凭察核。如情况属实，则将上司议处；情况不实，则将承审官治罪。

雍正元年（1723），将六科划归都察院，实现"台省合一"或称"科道合一"。"六科自为一署"时，六科与都察院可以互相监督、互相牵制。台省合一后，皇权得到了加强，但监察力量有所弱化。有清一代，科道官不能很好履行其监察职能是不争之实。

---

① 《清史稿》卷一一五，《职官二》。

3. 十五道

顺治元年（1644）设立了由都察院统辖的十五道监察机关，光绪三十二年（1906）增加为二十二道。各道设监察御史主要"掌弹举官邪，敷陈治道，各核本省刑名"。此外还分工协管各部、寺、院、监的行政监察工作。如"掌纠察内外百司之官邪，在内刷卷、巡视京营、监文武乡会试、稽察部院诸司；在外巡盐、巡仓等，及提督学政，各以其事专纠察；朝会纠仪，祭祀监礼，有大事集阙廷预议焉"。①

雍正元年（1723）上谕道："科道诸臣，成为朝廷耳目，与朕最亲，与国家最初。"所以其权责范围远远超过宋元明各代。

4. 五城察院

顺治三年（1646），京都设五城察院，东、西、南、北、中五城各设察院。五城察院下辖五城兵马司，掌缉捕盗贼，平治狱讼。康熙十一年（1672）题准："五城词讼御史竟行审结，徒罪以上送刑部。"② 五城兵马司各官协助五城御史分辖五城十坊之境，故又称司坊官。雍正元年覆准："巡城御史所准词讼，除人命盗案送部外，其余俱自行审理，不得批发司坊官。"③ 根据清帝上谕，五城御史负责批饬兵马司各官，究辑命盗案犯，并详报五城御史审断，杖罪以下自行完结，杖罪以上，转报刑部，都察院按拟。其余民间户婚、田土、钱债等寻常词讼，均报五城御史衙门明断完结。

雍正六年（1728）定："凡刑部现审内行文五城查拿之案，如关系偷盗仓库钱粮并隐匿紧要重犯，即于文内加注'要犯勒限缉拿'字样，该司坊于文到之日按限缉拿，如限满不获，照京城定例议处。"④ 相对而言，五城御史职掌性质类似于公安司法，其职责范围既有平治狱讼的司法监察功能，更有加强基层治安管理的责任。如巡查城市、街道、寺院、酒馆、戏院等的治安

① 《清朝文献通考》卷八二。
② 《钦定台规》卷二一，《五城三》。
③ 《钦定台规》卷二一，《五城三》。
④ 《钦定台规》卷二三，《五城五》。

状况；严查各衙门役满应递解遣返回籍的书吏，发现潜匿逗留京师、或已回籍又私自来京者，拿送刑部惩办；督察原籍外省因获罪被革职的京官，令其按期限起程回籍，查出违限一月以上者，即参劾按例治罪；负责京城编查保甲；平治街道、疏浚沟渠，掌赈恤之政等。

除上述机构外，清朝还建立了宗室御史处、稽察内务府御史处，在理藩院、军机处设置稽察御史。

二、地方监察机构

1.巡按御史与专差御史

御史出巡是历代监察地方的传统方式，也是监察官履行作为的重要方式。清代监察体制的一项重要变化是，废止巡按御史。明代派御史巡按地方，监察地方事务，颇有成效。顾炎武称其"察吏安民之效，已见于二三百年者也"[1]。在其影响下，顺治皇帝仿明朝巡按御史之制，各省派御史一人巡视省下地方，纠劾贪官污吏，查拿豪蠹盗贼。自顺治元年到顺治十八年，御史巡按断断续续实行四次，合计十四年。御史离京出巡前，必须陛见皇帝，接受皇帝面谕，权力甚大，手握尚方宝剑。御史巡按以"察吏安民""澄清吏治"为宗旨，以"天子耳目之官"出现，一般由吏部会同都察院甄选优等、卓异、应差用的御史充任，并请旨遣派。巡按御史品秩虽低，但他们"内宣朝廷德音，外察督抚贤否，上考百官善恶，下问万民疾苦"，权势甚重。对布政司、按察司及道员等官，他们贤能必举，大贪必纠；对州县官则私派必参劾，蠹役必拿问；对总督、巡抚也可以进行监督和纠劾。顺治八年（1651）三月制定《都察院条议巡方事宜》，规定了御史出巡地方的名额和御史禁约，为御史出巡奠定了法律基础。顺治帝病逝后，巡按御史制度被废止。

巡按制废止后，清廷以十五道监察御史分省区负责对地方官员的监察。

---

① 顾炎武：《日知录·巡按》。

每道设监察御史若干，另有笔帖式、经历等属员数十人。十五道监察御史对地方官府的司法监察主要是稽查刑名。如前所述，监察御史受都察院的委派，参与"会小法"，即会同刑部司官、大理寺丞等一起"录问"，并"按法随科"审核各省申送的命、盗等重案。另外，对各省督抚布按以下官查处淹滞、冤错失察、挟私枉法等，也都予以参劾纠正。按照《钦定台规》，各级官吏"骄肆慢上，贪酷不法，无礼妄行"，"旷废职掌，耽酒色，好逸乐，取民财物，夺民妇女"，以及"交相比附，倾轧党援"等，监察御史均应"大破情面，据实指参"，"勿得畏怯贵要，瞻循容隐"。[①] 但在巡按制停罢以后，十五道监察御史对地方官员的纠劾明显减少，尤其是对总督、巡抚，因"督抚本重臣，言官恐外转为属吏，参劾绝少"。[②] 这也是清代地方徇私枉法之案虽屡有发生但得不到有效纠正的重要原因之一。

清廷还经常派员就某项专门事务进行稽察，或者巡察特殊地域事务，这类监察官员称为专差，由都察院从六科给事中、五道御史中简派，定期更换。专差科道每差人数虽少，但名目繁多，有巡盐（稽察盐课、盐运）御史、巡漕（掌催趱漕运）御史、巡仓（查仓）御史、查监御史（稽察刑部南北二监）、察旗御史（掌综核八旗旗务）等。还曾设巡江御史、巡视屯田御史、巡视茶马御史等。专察御史为奉帝命之制使，身份特殊，位卑权重，所在官吏不得非礼有犯，违者以辱朝命惩处。

2. 督抚臬道监察

清朝的封疆大吏总督和巡抚不仅总揽一省或数省的军事行政司法大权，而且同时兼有监察地方之权，如总督兼都察院右都御史衔，巡抚兼都察院右副都御史衔，以示其对地方的最高监察权。清初实行御史巡按制之际，清廷就有意让总督、巡抚兼有监察职能，与巡按互相监视，彼此纠察。顺治末巡按制废罢后，又决定将原巡按事务转交督抚办理。[③] 于是，一度形成各省官

---

① 《钦定台规》卷二。
② 《清史稿》卷二四四，《王命岳传》。
③ 《清圣祖实录》卷二。

吏不法"惟恃督抚纠劾"的局面。清制，督抚"以整饬官方为己任，遇有不肖属员劣迹昭著，一经访闻，即当随时参劾，立予重惩"①。对所辖军政官员，督抚也要按规定五年一次将其贤否情况造册送都察院核查，同时督抚本身除拥有省级最高司法权外，对地方司法事务有监察、督饬之责。

督抚以下设提刑按察使司，"职掌振扬风纪，澄清吏治"，负责全省的刑名，和监察府、州、县的双重职能。守道、巡道等自乾隆朝改为实官后，或专掌省内专门政务，或分辖三四府州，或加兵备衔节制军马，同时均兼有"职司巡察"，"以帅所属而廉察其政治"等监察职能。②

3. 府对所属州县司法行政事务的监察

清代府一级政府的长官与司道、督抚一样，俗称"宪台"。"宪"者，法也，宪台即护法之官。清代府及以上主官都俗称"宪台"，足以说明这些地方官不仅负有行政职能，还负有司法监察职能。

知府在司法方面，除对所属州县招解来的案件负有审转、查核的职责外，还对广泛的司法行政事务负有监察职责。主要包括监察所属州县招募的差役是否正身、刑具是否合格、衙役是否私设班房、监狱是否牢固、家人是否干预公事、已决军流徒犯解配所是否按时，以及官吏、差役有无贪污、受贿等犯法行为，等等。由于人命等重案多发生在州县，清代实行逐级审转复核的诉讼审判程序，因而作为监督州县、查核案件的第一个关口，知府这一级能否履行其司法监督职能就显得十分关键。对此，包世臣说：

> 至于招解人犯，已由本州县研讯得情，命案有凶器，盗案有赃具正赃，方始定谳招解，众供确凿，备载书册。解到府司，不过核对正犯供词是否与原审无异。如州县有刑求捏饰、贿嘱等弊，该犯一见上司势必鸣冤，就供指摘，果其冤抑有状，轻则驳回再审，重或提案亲鞫，方足以得其真情，而昭平允。今解犯到府，必发附

---

① 《掌故汇编》卷五，《考课一》。
② 《清史稿》卷一一六，《职官志三》。

郭，附郭与外县谊属同寅，谁无情面，假有翻异，专事刑逼，全依原供，不问事理之虚实，唯以周旋寅谊为心，或经附郭以原勘解府，该犯于过府堂时复翻者，又仍发回附郭，则拷讯酷烈更甚于前。查知府之事，较县为简，附郭政务又较外县为繁，彼既须自理其民，又代各外县鞫狱，模棱于发件，既抛荒本务。况每府一年招解之案，不过数十起，而该府尚不能自审得情，必倚重于附郭，是岂知府之当逸，抑知府之必愚耶！ ①

可见，知府并没有认真履行其监察复核之职责，而是将审转事务交给了附郭县，其自身则往来于上司的交结之中。难怪包世臣感叹："今以各府谳定之狱，而使首县复之，是以县监府也"。② 这种体制上的倒措是清代司法监督机制紊乱的反映。

4. 同僚互察与上下级监督

清代的官僚体系，集中而全面地体现了互相牵制、相互监督的设官原则。不但中央对地方，上级对下级形成系统的监察体制，而且，同僚间也有互察的责任。就省级大吏而言，不但总督与巡抚互相监督，而且，武职系统如将军也对督抚形成监督。尤其是密折制实行并扩大后，不但同僚间有监督，上下级之间也有监督。杨启樵在通过密折制之详尽研究后指出，"广东大小文武官员都在互相监视中"，"这种情形并非广东省独有，其他地方也有类似情形。"③ 本来，国家设官置署，俱各有职责，但奏折制广泛实行后，藩臬等又对督抚形成了反监督的局面。对此，雍正帝虽屡有告诫，但掣肘督抚之事仍然屡见，因此雍正在福建布政使黄叔琬于雍正元年（1723）八月初五奏谢许用奏折上朱批："虽许汝奏折，不可因此挟制上司，无体使不得。若督抚有不合义处，只可密密奏闻，向一人声张亦使不得。一省没有两个巡抚之理。权不画一，下重上轻，非善政也。尔可凡事与督抚开诚，就尔所知呈

---

① 《安吴四种》卷三一。

② 《安吴四种》卷三一。

③ 杨启樵：《雍正帝及其密折制度研究》，三联书店香港分店 1985 年版，第 173—174 页。

知上司，若有徇私不法之举，有实凭据之处，方是尔当奏之时。至于寻常地方事宜，与督抚共见同行之事，非尔奏之任也。"①此属于温谕训诲，对于某些微露揽权苗头者，则词气要严厉得多。同年八月署山东布政使须洲具折恳请："容臣具折条陈"，奉朱批："一省不便两个巡抚，不可越分，可与巡抚黄炳一体同心方可。与地方有益当奏者，有何可不告巡抚者？如见得远必可行而巡抚不依行处，或者间而一二密奏以出不得已之举还可。无益、越分、频奏、相争、夺权，使不得！"②雍正之所以打破传统政治中的尊卑统属关系，是为了皇帝更好地驾驭官僚机构的运转，强化皇权。但监督与反监督并行，必然使正常的监督体制受到破坏，尽管从专制皇权控制监督权上考虑有一些效果，但对整个体制是个破坏。

第二节　司法依律——司法监察的重要依据

"天下之患，莫深于狱；败法乱正，离亲塞道，莫甚乎治狱之吏。"③司法依律是监察活动的重要依据，也是司法监察效能正常发挥的保障。从秦墓竹简《封诊式》里记载了司法官治狱的一般性要求和司法调查、检验中应注意的事项及上报的文书程序，到汉朝以二千石官员和强宗豪右为监察对象的《刺史六条》，到唐代的《监察六法》。伴随着中央集权的高度强化，统治者更加强调司法监察在国家治理中的重要作用。

清朝是法律集大成的朝代，它在传承历代监察法的基础上，建立了相对独立的监察体系。除见于《大清律例》《大清会典》《都察院则例》《六部处分则例》及各部院则例中的监察法律外，《钦定台规》堪称中国封建历史上

---

① 《雍正朝汉文朱批奏折汇编》，第一册，第766页。

② 《雍正朝汉文朱批奏折汇编》，第一册，第775页。

③ 《汉书》卷五一，《路温舒传》。

最完备、最具代表性的监察法典。这些律例、规定不仅是司法审判活动的依据，也是司法监察的重要依据，它确立了监察机构都察院和监察官科道官员的特殊地位，及其上可谏君，下可纠臣的权力职掌和监察范围，保证了监察法实施的有效性。

一、《都察院则例》

乾隆二十六年（1761）卷本目录（此后，只续修《钦定台规》，不再续修《都察院则例》）。

表5　乾隆二十六年卷本《都察院则例》目录

则例	则例二（佚失）	则例三	则例四	则例五	则例六
宪纲		1.稽查部院事件	1.谳狱	1.巡城职掌	1.官员赴任
		2.注销期限	2.会审	2.司坊分理	2.废员回籍
		3.稽查部院书吏	3.热审	3.事件期限	3.乡会试禁约
		4.京畿道刷卷	4.秋审	4.五城地界	4.书吏役满
		5.稽查户部三库	5.巡视监狱	5.条教（宣讲圣谕）	5.驱逐游惰
		6.稽查工程二库	6.勾决	6.米厂	6.邪教
		7.稽查宗人府事件	7.州县揭报	7.栖流所	7.私销
		8.稽查内务府事件	8.侍仪	8.孤贫银米	8.下诈
		9.稽查理藩院银库、内外馆及照看俄罗斯来使	9.朝会纠仪	9.羁禁口粮	9.拐骗
		10.稽查八旗事件	10.祭祀纠仪	10.禁止遗弃婴孩	10.霸占
		11.稽查五城事件	11.祭祀纠仪	11.捕蝗	11.赌博

则例	则例二（佚失）	则例三	则例四	则例五	则例六
		12. 稽查步军统领衙门事件	12. 乡会试监察	12. 救火	12. 煤窑
		13. 稽查直省补参事件	13. 武乡会试监察	13. 巡夜	13. 戏馆
		14. 稽查直省难结事件	14. 殿试监察	14. 义冢	14. 经纪
		15. 稽查移咨直省事件	15. 会同审音	15. 命案	15. 马匹耕牛
		16. 稽查会议会审	16. 出差	16. 盗案	16. 火房
		17. 京察	17. 巡城	17. 窃案	17. 保结
		18. 大计	18. 巡仓	18. 发冢之案	18. 取保
		19. 军政	19. 巡漕		19. 送刷
		20. 盐政考核	20. 巡盐		20. 清理街道
		21. 议处	21. 巡察台湾		21. 沟渠
		22. 验看月官	22. 巡察盛京、船厂、黑龙江		22. 石路
		23. 验看因公将革人员	23. 台制沿革		23. 民房
		24. 科道将革留任	24. 内升外传		24. 客店
		25. 议叙人员	25. 补授掌道		25. 教场
		26. 满洲荫生	26. 补授给事中		26. 河涯
		27. 笔帖式	27. 御史定额		27. 追承
		28. 六科笔帖式	28. 直月		28. 羁禁
		29. 笔帖式考试	29. 督催所		29. 递解
		30. 司坊官俸满保题	30. 两厅分掌		30. 供应
			31. 笔帖式定额		31. 书吏
					32. 皂隶
					33. 总甲

续表

则例	则例二 （佚失）	则例三	则例四	则例五	则例六
					34.捕役
					35.仵作

从上述目录中可以看出，则例涉及行政、立法、人事、经济、礼仪、司法、治安、考试监察等方面，司法监察被放在首位，其次为谳狱、会审、热审、秋审、巡视监狱、勾决等监察事项。

二、《钦定台规》

《钦定台规》由都察院始纂于乾隆八年（1743），时为八卷，二十二目。嘉庆七年（1802）重修为十八目。道光七年（1827）增加到四十卷。光绪朝续修，目前保留的最完整的版本就是光绪年间撰修的《钦定台规》四十二卷，它在保留部分乾嘉旧例的基础上，增加了道光、咸丰、同治、光绪历朝新增的监察规定。光绪朝《钦定台规》汇辑了有关监察制度方面的上谕及皇帝批准的奏议、条例等，分为训典、宪纲、六科、五城、各道、稽查、巡查和通例八类，每类又分为若干目，按时间顺序排列，间有若干文献附于各类之后，它是秦汉以来，中国封建史上最完备的一部监察法典，在世界法制史上是仅有的。

台规以"钦定"的形式出现，显示了台规所具有的权威性，表明了皇帝拥有最高的监察权。它肯定了监察机构的特殊地位和功能，即"彰善瘅邪、整纲饬纪、铁面霜威、纠慝绳诡、私惠勿酬、私仇勿毁、敢谏不阿、忠贞常矢、言出如山、心情似水、勉尽丹忱、非图誉美、民隐敷陈、治隆患弭"[①]。台规规定，都察院的给事中、监察御史等科道官员，上可规谏君主，下可指

---

① 《钦定台规》卷二，《训典二》。

参臣僚，身负监察吏治、严禁朋党、稽核财政收入、监督各级考试、稽察刑名等多项职责，通过台规，将有关国家活动、社会秩序的方方面面的各机构及其官员全部置于监察机构的监督之下，为监察法实施的有效性提供了法律依据。

司法监察是一种专向监察，监察的主体特指从事司法活动的官吏，监察内容主要针对司法官在进行司法审判活动时发生的司法渎职违法行为。司法审判是实现国家职能的重要活动，为了约束官吏依法审判，不玩法行私，清朝承继了以往朝代的法官责任制度，对涉及诉讼审判活动中的各个环节，在律典中从司法权限、词讼受理到依法审判，明确规定了司法官的责任与违法制裁。

《大清律例》定有官司引律不当、出入人罪、辨明冤枉等详细律例，[①] 规定，凡断罪无正条，援引他律比附者，由刑部会同三法司议定罪名，于疏内声明，候旨遵行。若本有正条可引，承审官不得故意出入，不引正条而比照别条，以致可轻可重。应会三法司定拟者，如刑部引例不确，许都察院和大理寺自行查明律例改正。如果都察院和大理寺驳改犹未允协，由三法司堂官会同妥议。若都察院和大理寺官员共同朦混，草率疏忽，则将其交部议处。至于外省督抚具题案件内，有情罪不协，律例不符之处，刑部驳后再审。该督抚及司道等官，应虚心按律例改正具题，可免其议处；若驳到三次，不酌量情罪改正，仍执原议具题，经部院复核改正者，则将督抚司道等官一并议处。如州县审解案件，如招供已符，唯拟罪稍轻，引律稍有未协，察明果非徇私，以及军流以下错拟者，皆免其参究。若徇私枉法，颠倒是非，故出故入，情弊显然者，仍指名题参。原拟徒、杖罪名，驳审后改为凌迟、并斩、绞立决者，将承审之州县、核转之知府，照例降调。知府、直隶州有将各州县审拟错误，关系生死大案，虚心研鞫，究出实情，改拟得当，经上司核题议准者，交吏部查明，奏请送部引见。

---

① 《光绪会典事例》卷八四三，《刑部·刑律·断狱·官司出入人罪·辨明冤枉律例》。

　　清朝的法官责任的规定不可谓不细，但枉法渎职现象仍常有发生。如：断罪不如法、出入人罪、滥用酷刑、淹禁稽迟、受赇枉法、请托枉法、挟仇枉法等。这些状况，归纳起来可以分为审判中和审判外的司法渎职行为。司法监察就是对司法审判活动中出现的这些现象和行为进行督察，以图整饬吏治，规范司法。

　　1. 审判程序中的司法渎职行为

　　《唐律疏议》规定："诸断狱皆须具引律令格式正文，违者笞三十。""诸决罚不如法者，笞三十；以故致死者，徒一年。即杖粗细长短不依法者，罪亦如之。"清完全继承了唐律"断罪引律令"的精神与规定，并在此基础上根据社会情势的发展变化相应地做了补充和细化。继前述唐朝对断罪不如法的律文规定外，清朝由于"例"的法律地位提高，故《大清律例》将唐律的"具引律令"改为"具引律例"，规定道："凡官司断罪，皆须具引律例。违者，如不具引，笞三十。若律有数事共一条，官司止引所犯本罪者，听。所犯之罪止合一事，听其摘引一事以断之。其特旨断罪，临时处治不为定律者，不得引比为律。若辄引比致断罪有出入者，以故失论。故行引比者，以故出入人罪，及所增减坐之。失于引比者，以失出入人罪，减等坐之。"比唐律"断罪不如法"的规定更加具体。

　　出入人罪是司法渎职的重要表现。《大清律例·刑律·断狱》"官司出入人罪"条的规定极为细密。该条款及小注曰："凡官司故出入人罪，全出全入者，（徒不折杖，流不折徒。）以全罪论。（谓官吏因受人财，及法外用刑而故加以罪，故出脱之者，并坐官吏以全罪。）若（于罪不至全入，但）增轻作重，（于罪不完全出，但）减重作轻，以所增减论。至死者，坐以死罪。（若减重作重，入至徒罪者，每徒一等，折杖二十；入至流罪者，每流一等，折徒半年；入至死罪已决者，坐以死罪。若减重作轻者，罪亦如之。）若断罪失于入者，各减三等；失于出者，各减五等；并以吏典为首，首领官减吏典一等，佐贰官减首领官一等，长官减佐贰官一等科罪。（坐以所减三等、五等。）若囚未决放，及放而还获，若囚自死，（故出入，失出入）各听减一等。(其减一等与上减三等、五等,并先减而后算,折其剩罪以坐,不然则其失增、失减剩杖、剩徒之罪,反由重于全出、全入者矣。)"附条例:如"承审官改造口供,故行出入者,革职;故入死罪,已决者,抵以死罪。其草率定案、证据无凭,枉坐人罪者,亦革职"。清朝对出入人罪的各种情况及相应的刑罚等级规定得如此详细,足见其对司法实践中出现的出入人罪问题的重视。

古代司法审判遵循罪从供定的传统,重视口供。为了获取犯罪嫌疑人的口供,允许采取刑讯的办法。随着司法逐渐文明,拷讯也趋于法律化和规范化,但是仍然存在滥施酷刑。拷讯有度是对司法官治狱的基本要求,《大清律例》关于拷讯规定:"内而法司,外而督抚、按察使、正印官,许酌用夹棍外,其余大小衙门概不准擅用。若堂官法司审理事件,呈请批准方许刑审。若不呈请而擅用夹棍、拶指、掌嘴等刑,及佐贰并武弁衙门擅设夹棍、拶指等刑具者,督抚题参,交部议处。正印官亦照失察例处分。"对"将案内不应夹讯之人,滥用夹棍,及虽系应夹之人因夹致死,并恣意叠夹致死者,将问刑官题参治罪。若有别项情弊,从重论"。薛允升对《大清律例》有关刑讯规定作按语,曰:"[谨按]有例准用之刑,有例不准用之刑。准用者,防其改造;不准用者,防其私设,皆所以惩酷也。然严于官吏,必致过宽与匪类凶徒矣。夹棍、拶指,系刑之极重者,若不照定式造用,则残酷其矣,故严其禁。"

《读例存疑》记载了两个有关案例。案例一:河抚奏:"延津县知县黄家绅于缉获窃贼许二保、明林妮,因其狡供,迭用竹板荆条责打百余下,致许二保、明林妮受刑过重,先后身死。该犯等犯窃计赃,首从均罪止拟杖。许二保明拒伤捕役成笃,罪应绞候,例无致毙一绞一杖人犯二命治罪条文,将黄家绅照监临官因公事非法殴打致死律,杖一百,徒三年。"①

案例二:广西司奏:"临桂县知县田皖承审抚属窃案,并不虚心研鞫,辄

---

① 《读例存疑》卷四十九,《刑律二十五·断狱下》。

将毫无指证之郭升等刑逼多伤，复押毙一命。若仅照非法殴打致死律拟徒，尚觉轻纵，应请旨发往新疆效力赎罪。"①

淹禁稽迟一般指司法官应审不审、应释不释、应结不结等司法不作为的行为。《大清律例·刑律·断狱》中设"淹禁""鞫狱停囚待对""原告人事毕不放回"条，规定了淹禁稽迟的惩罚标准。"淹禁"条规定："凡狱囚情犯已定，在内经法司，在外经督抚审录无冤，别无追勘未尽事理，其所犯笞杖徒流死罪应断决者，限三日内断决。系徒流应起发者，限一十日内起发。若限外不断决、不起发者，当该官吏过三日，笞二十；每三日，加等，罪止杖六十。因过限不断决、不起发，而淹禁致死者，若囚该死罪，杖六十；流罪，杖八十；徒罪，杖一百；杖罪以下，杖六十，徒一年。唯重囚照例监候。"

2. 审判程序外的司法渎职行为

受赇枉法和请托枉法行为的共同特点是枉法。所谓枉法，就是歪曲和破坏法律，是一种明知而故犯的主观违法行为。

《说文》解释说："赇，以财物枉法相谢曰赇。"自汉朝起，受赇枉法成为一项法定罪名，对枉法的划分不断具体和规范。唐代重视以法治吏，对官吏守职有阙、违制违纪和贪赃枉法行为设禁严密，唐律首次将六种非法攫取公私财物的行为，冠以"六赃"之名，即强盗、窃盗、受财枉法、受财不枉法、受所监临财物及坐赃，其中受财枉法、受财不枉法、受所监临财物及坐赃的主体就是官吏。

《大清律集解附例》中对于官吏"受财"除计赃科刑外，还区分官与吏、有禄与无禄、枉法与不枉法，分别处刑。譬如，枉法赃至八十两，绞。不枉法赃一百二十两，止杖一百，流三千里。官吏如于任内求索财物，"计赃准不枉法论，强者准枉法论，财物给主。"②风宪官受财，则加罪二等。

《大清律例》"官吏受财"条，在律文后增加小注，附条例以示随势增减。

① 《读例存疑》卷四十九，《刑律二十五·断狱下》。
② 《大清律例通纂》，"受赃"条附例。

如："有禄人凡月俸一石以上者，枉法赃，各主者，通算全科。谓受有事人财而曲法处断者，受一人财固全科。如受十人财，一时事发通算作一处，亦全科其罪。若犯二事以上，一主先发，已经论决，其他后发，虽轻若等，亦并论之。一两以下，杖七十。一两至五两，杖八十……八十两，实绞监候。不枉法赃，各主者，通算折半科罪。虽受有事人财，判断不曲法者，如受为十人财，一时事发，通算作一折，折半科罪，一主者，亦折半科罪，准半折者，皆依此。一两以下，杖六十。一两之上至一十两者，杖七十。……一百二十两以上，实绞监候。"

"无禄人凡月俸不及一石者，枉法，扶同听行及故纵之类，一百二十两，绞监候。不枉法，一百二十两以上，罪止杖一百，流三千里。"

条例还规定了对各部院衙门书办及官人役等参与受财的严惩："各部院衙门书办，有辄敢指称部费，招摇撞骗，干犯国宪，非寻常犯赃可比者，发觉审实，即行处斩；为从知情朋分银两之人，照例发往云、贵、两广烟瘴少轻地方，严行管束。""凡在官人役，取受有事人财，律无正条者，果于法有枉纵，俱以枉法计赃科罪。若尸亲、邻证等项不系在官人役，取受有事人财，各依本等律条科断，不在枉法之律。""凡各衙门书吏，如有舞文作弊者，系知法犯法，应照平人加一等治罪。"①

另据"有事以财请求"条规定："凡诸人有事，以财行求官吏，欲得枉法者，计所与财，坐赃论。若有避难就易，所枉法之罪重于与财者，从重论。其赃入官。其官吏刁蹬，用强生事，逼抑取受者，出钱人不坐。避难就易，谓避难当之重罪，就易受之轻罪也。若他律避难，则指难解钱粮，难捕盗贼皆是。"该条附例规定："凡有以财行求，及说事过钱者，审实，皆计所与之赃，与受财人同科，仍分有禄、无禄。有禄人概不减等，无禄人各减一等。其行求说事过钱之人，如有首、从者，为首照例科断；为从，有禄人听减一等，无禄人听减二等。如抑勒诈索取财者，与财人及说事过钱人俱不

① 《大清律例》卷三一，《刑律·受赃》。

坐。至于别项馈送不系行求，仍照律拟罪。"清朝则集封建刑事法律之大成，循社会发展而随势增减律条，但是法律对贪赃枉法决不姑息。

"请托"是通过拉关系、走门路、通关节等手段，以私情、私利干预公权，曲法减免罪犯的刑罚的行为。请托立法源于汉律，专设"听请"条，汉律规定"诸为人请求枉法，而事已行，为听行者，皆为司寇"。此后历代沿袭，设置请托法，禁止请托。

《大清律例》"嘱托公事"条，区别请托的不同情节量刑科罪："凡官吏诸色人等，或为人，或为己；曲法嘱托公事者，笞五十。但嘱即坐。不分从、不从。当该官吏听从而曲法者，与同罪；不从者，不坐。若曲法事已施行者，杖一百。其出入所枉之罪重于杖一百者，官吏以故出入人罪论。若为他人及亲属嘱托，以致所枉之罪重于笞五十者，减官吏罪三等。自嘱托己事者，加所应坐本罪一等。若监临势要曲法为人嘱托者，杖一百。所枉重于杖一百者，与官吏同故出入人罪。至死者，减一等。若曲法受赃者，并计赃通算全科以枉法论。通上官吏人等嘱托者，及当该官吏，并监临势要言之。若不曲法而受赃者，只以不枉法赃论。不曲法又不受赃，则俱不坐。若官吏不避监临势要，将嘱托公事实迹赴上司首告者，升一等。吏候受官之日，亦升一等"。

此外，在清律中还出现了有关挟仇而枉法的惩罚条文。顺治三年（1646）规定："凡官吏怀挟私雠，故禁平人者，杖八十。（平人系平空无事，与公事毫不相干，亦无名字在官者，与下文公事干连之平人不同）因而致死者，绞（监候）。提牢官及私狱官、典、狱卒，知而不举首者，与同罪；至死者，减一等；不知者，不坐。若因（该问）公事干连平人在官，（本）无招（罪，而不行保管）误禁致死者，杖八十。（如所干连事方讯鞫），有文案应禁者，（虽致死）勿论。"

"若（官吏怀挟私雠）故勘平人者（虽无伤），杖八十。折伤以上，依凡斗伤论。因而致死者，斩（监候）。同僚官及狱卒知情，（而与之）共勘者，与同罪，至死者减一等。不知情（而共勘）及（虽共勘而但）依法拷讯者（虽至死伤），不坐。若因公事干连平人在官，事须鞫问，及（正犯）罪人赃仗证佐明白，（而干连之人独为之相助匿非）不服招承。明文立案，依法拷讯，邂逅致死者，勿论。"

"承审官吏，凡遇一切命案、盗案，将平空无事，并无名字在官之人，怀挟私雠，故行勘讯致死者，照律拟罪外，倘事实无干，或因其人家道殷实，勒诈不遂，暗行贿嘱罪人，诬板刑讯致死者，亦照怀挟私雠故勘平人致死律，拟绞监候。如有将干连人犯，不应拷讯，误执己见，刑讯致毙者，因决人不如法因而致死律，杖一百。其有将干连人犯，不应拷讯任意叠夹致毙者，照非法殴打致死律，杖一百，徒三年。……如有诬告平人，官吏不知情，依法拷讯致死者，将诬告之人拟抵，官吏交部议处。若被诬之人，不肯招承，因而迭夹致毙，照非法殴打致死律定拟。均不得删改律文内怀挟私雠字样。混引故勘平人，概拟重辟。在外不按实具题，在内含糊照覆，照官司出入人罪律，分别治罪。"①

对挟仇枉法的惩治，又契合了司法审判回避制度，即为了防止司法官因亲属、仇嫌关系而在审判中徇私舞弊，法律规定了审判回避，也叫"换推"。

第三节　司法监察的实施

中国古代的司法监察是与司法审判活动相结合，通过御史参与某些重大疑难案件的审理和定期或不定期的出巡、录囚来实现。

一、中央司法监察的实施

录囚，在某种意义上可以说是对司法进行的制度层面的监察。清朝都察

_____

① 《大清律例》卷三六，《刑律·断狱上》"故禁故勘平人"条及附例。

院长官通过参与秋审、热审、朝审等重案会审，及负责审理京控案件，实现对司法的监察。此外，都察院所属刑科给事中满汉各一人，"分稽刑名"事务。五城察院则负责审理京师五城词讼案件，杖罪一下自行完结，徒罪以上送刑部备案。

顺治元年（1644），在都察院门首设登闻鼓，每日御史一人，轮流监值。顺治十八年（1661）上谕："自今以后，凡有奏告之人在外者，应先于各该管司，道、府、州、县衙门控诉。若道、府、州、县官不与审理，应于该管总督、巡抚、巡抚衙门控诉。若总督、巡抚、巡抚衙门不准，或审断冤枉，再赴都察院衙门击鼓鸣冤。都察院问果冤枉，应奏闻者不与奏闻，准赴通政使司衙门具本奏闻。在京有冤枉者，应于五城御史及顺天府、宛、大二县告理。若御史、府、县接状不准，或审理不公，再赴都察院衙门、通政使司衙门具奏申报。至于六部其应呈应诉者，照旧例准理。"① 顺治十二年（1655），"改设登闻鼓于右长安门外，令科道满汉官轮流直鼓。"② 顺治十八年（1661）准："官民果有冤枉，许赴院辨明，除大事奏闻外，小事立予裁断，或行令该督抚复审昭雪。"同时，各级官吏有"被上司参劾冤抑者"，亦许"赴都察院控诉"。③

由于京控案数量大，致使很多被擅自驳回或压搁不办，针对该种状况，嘉庆四年（1799）专发上谕："嗣后都察院、步军统领衙门遇有各省呈控之案，俱不准驳斥。确有案情较重不即具奏，仅咨回本省办理者，经朕看出，必将各该堂官交部严加议处。著为令。"④

都察院审理上控案件，首先进行程序核查，不符合上控程序的，以越诉之罪先行处理；对于符合上控程序的案件，根据控案的性质和重大程度分别按照"奏""咨""驳"三种方式予以处理。对于案情重大者，即刻具折奏闻；

---

① 《钦定台规》卷二，《训典二》。
② 《清世祖实录》卷一〇四。
③ 《钦定台规》卷一四，《辨诉》。
④ 《钦定台规》卷一四，《辨诉》。

对已咨题到部的原案，咨回该省或刑部查办，但都察院定期"咨催"；对于户婚、田土、钱债等民事案件，则予以驳回，听其在地方衙门告理。处理京控案件是都察院一项繁重的职务，因数量巨大，需要由京畿道协助查办。

都察院还受理官员申诉，《钦定六部处分则例》规定："官员如有应行申诉情节，准其赴部具呈。""倘仍有真正冤抑，许其自赴都察院呈控。"① 都察院对官员申诉案件的处理遵循以下程序："查系应行准理者，即调取部议原案及一应定案，秉公复核，如实有舛错，即为奏请更正，并将堂司请旨察议。如察有营私受托等弊，亦即据实指参。倘本员挟诈怀疑、捏词妄控，即将本员交部治罪。"②

都察院所属科道对于直省及各省案件有权查核。顺治十一年（1654）覆准："凡直省重案已结、未结者，令按察使司、各道，年终具题造册送刑科察核。"③ 康熙十二年（1673）议准："各省刑名事件，分道御史与掌道御史一同稽核。"④ 雍正四年（1726）定："直省州县原谳情罪，果与律例吻合，上司混驳，许承审官抄录原审供册并批驳案卷，直揭刑科，以凭察核。实则将上司议处，虚则将属员治罪。"⑤

司法监察在唐朝，形成了由大理寺、刑部、御史台三大机关共同审理人狱重囚的"三司推事"制度，死刑案件，刑部须会同中书、门下三省更议，以示慎刑。清朝在唐代"三司推事"的基础上，建立了三法司——由刑部、都察院、大理寺组成的最高司法审级，对京师及各省的命盗重案（一般为死刑案件）进行会审。自顺治十年（1653），都察院题准："自今以后，凡犯罪至死者，刑部必详加审拟，成招定罪，奏请奉旨下三法司，然后会同部寺覆核。"⑥ 直省重大案件，无论已结未结，均由按察使司各道年终具题，造册送

---

① 《钦定六部处分则例》卷四。
② 《大清会典事例》卷一〇一三，《都察院》。
③ 《钦定台规》卷一六，《六科二》。
④ 《钦定台规》卷一三，《会谳》。
⑤ 《钦定台规》卷一六，《六科二》。
⑥ 《钦定台规》卷一三，《会谳》。

刑科核查。凡死罪中应处斩、绞的重大案件，在京由三法司会审，在外省由三法司会同复核。在京会审之案，先由"小三法司"即大理寺左、右寺官及都察院有关道按察御史至刑部，与承审司官一起会审录问，名为"会小法"。审毕，小三法司各以供词呈报堂官。然后，大理寺堂官（卿或少卿）、都察院堂官（左都御史或左副都御史）携同属员再赴刑部，与刑部堂官（尚书或侍郎）一起会审犯人，谓之"会大法"。如有翻异，则发司复审。经过审理，如三方对案情认定无疑，及所拟罪名意见一致者，由刑部定稿分送院、寺堂属一体画题。若都察院、大理寺与刑部意见不合或两议，可另缮稿送刑部一并具题候上裁决。监察官直接参与司法审判活动，有利于发现司法实务中的种种积弊，及时予以整治，对提高和发挥司法公正与效能起到了一定的作用。

乾隆十八年（1753），湖南永顺县潘文科与彭氏通奸，杀死本夫一案，经县初审，府、司、院审转、复审，均拟潘文科"依斗殴条律绞监候，彭氏拟以枷责"。经部驳覆审，究出实情，将彭氏依律拟以凌迟，潘文科拟斩立决。错拟之巡抚、按察使、知府、知县虽有旨均免差议，但从此定理，"驳审后，改为凌迟，并绞立决者，经承审、核转之府、州县均照斩绞重犯不能审出实情例，降一级调用。"①

遇有特别重大的案件，由三法司会同吏、户、礼、兵、工各部、通政司的官员共同审理，叫做"九卿会审"。"九卿会审"是中央最高审级，都察院参与会审重案是传统的监察权的延伸和深化。

各省总督、巡抚具题的重辟之案，亦要随本揭帖分送刑部、都察院和大理寺，由部、院、寺分发给其下属有关司道及左、右寺承办。按照清朝法律的有关规定，重辟罪，必须三法司意见一致才能定案，若意见不一致，则候旨裁决。在会审程序中，都察院及十五道对各重案案情的拟罪、引律，均可发表意见，大理寺对刑部引律不当行使驳正权时，如果"律无正条"，需要

---

① 《清文献通考》卷二〇一，《刑》七。

"引别条比附"时，刑部承审官必须会同都察院、大理寺官共同议定罪名。刑部引律不确，御史、寺丞"即行察明律例改正"，御史、寺丞"驳改未允，三法司堂官会同妥议"。①

清朝继承了明朝的朝审制度，发展成秋审制度。朝审是指刑部对京师在押监候死囚的审录。顺治十年（1653）恢复了京师的朝审。顺治十五年（1658）定制，每年霜降前由地方详审"秋决重犯"，奏请定夺。秋审是复审各省死刑案件的一种制度，因在每年秋季举行而得名。康熙年间，朝审与秋审渐趋一致。至乾隆时，秋审制度进一步规范化，成为饶有特色的完备的封建死刑缓刑复核制度。

都察院堂官和各道掌印监察御史例应参与朝审和秋审的全部活动。经朝审、秋审所定"情实"人犯，由十五道分别缮册具题，秋审由各道具题，刑科一复奏；朝审由京畿道具题，刑科三复奏，待皇帝勾决，以示慎重民命。由于朝审、秋审关系人命重案，因此雍正三年（1725）议准："秋审、朝审令满、汉御史各一人稽察。无故不到班者，题参。"②

热审是清朝复核京畿地区较轻案件，并予以减等的会审制度。热审于每年小满后十日至立秋前一日，由十五道御史会刑部承办司及大理寺左右二寺官员，审理发生在京师的笞杖刑案件。

都察院不仅参与重大案件的审理，而且对准确引用律例定罪负有查证的责任。雍正十二年（1734）议准："凡引用律例，务必情罪相符，如律内数事共条，合引恐有不合者，仍听止引所犯本罪。若一条止断一事，不得任意删改，以致罪有出入。若律例无可引用，援引别条比附者，应令刑部会同院、寺，公同议定罪名，于疏内声明律无正条，今比照某律某例科断，或比照某律某例加一等、减一等科断，详细奏明，恭候钦定。至都察院、大理寺同为法司，理宜一体详慎，嗣后凡应法司会议者，刑部引律不确，院、寺即

---

① 《钦定台规》卷一三，《宪纲五》。

② 《钦定台规》卷一三，《会谳》。

行察看律例改正。院、寺驳改未允，三法司堂官会同妥议。如院、寺扶同蒙混，或草率疏忽，一经发觉，将院寺官一并议处。"乾隆十八年（1753）上谕："嗣后三法司核议重案，如有一二人意见不能相同者，原可两议具题，但不得合部合院各成一稿。"①

都察院还负责派御史监察监狱的管理情况。譬如雍正十二年（1734）奏准："刑部南北两监，均系重犯，无论贫富，务使一体办理，并交与都察院委满、汉御史各一人，前往稽察。如有苦乐不均等弊，即行题参，将提牢、司狱等官议处，狱卒立拿严究。"又议准："刑部南北两监，十五道御史按月轮流差委稽察。仍于月底将所委御史知照刑部，转饬司狱，将羁禁人犯，造具花名清册，送该御史稽察。"②

此外，关押宗室犯人的宗人府空房，每月也由都察院派满、汉御史二名前去按名点验。御史巡视监狱和空房时，如发现狱内有违犯规章者，即具折参奏。

对监犯越狱潜逃，"定例不但该管有狱官吏不得幸免，并知府、直隶知州亦必明案议处，即因公出境之员，仍照越狱例处分"。③如各省司监第一责任人是臬司。乾隆三十五年（1770），应发新改发烟瘴之窃犯陆贵珑在广西司监狱越狱脱逃，虽经拿获正法，但按察使曾日理、司狱华烁均被革职，广西巡抚熊学朋等也"著交部分别议处"。④

清朝的督催、注销制度十分完备，从机构设置、办事流程，到督催内容标准及处置办法都有明确规定。

为防止官吏办事脱遁，影响公务执行，乾隆十四年（1749）将公务承办时间作为注销和惩处的依据。"嗣后各部事件在部题结者，吏、礼、兵、工四部及各衙门，各定限二十日；户、刑二部，定限三十日。行询、会稿

---

① 《钦定台规》卷一三，《会谳》。
② 《钦定台规》卷一三，《会谳》。
③ 《抚豫宣化录》，第189页。
④ 《清会典事例》卷一三五，《吏部·处分例·禁狱二》。

系吏、礼、兵、工及各衙门主稿者，定限四十日，户、刑二部，定限五十日；内所会各衙门，各定限五日，户、刑二部，定限十日，逾限即行参处。"三十三年（1768）奏准："嗣后各部院及八旗都统衙门一应文移……倘有仅写年月，不填日期者，许收到文书之衙门于每月注销时，送科道衙门验明，于注销内声明附参。"①

积案不结，任意压搁是清朝司法的通弊，清嘉道以后，愈加严重。"视民间争讼细故以为无足轻重"，地方官及督抚"狃于积习""任意延迟"，清帝因此通谕各省"地方词讼申详事件务须依限审结，不得迟逾"。对故意拖延不办的地方官严惩不贷。

嘉庆十五年（1810），都察院就积案不结，奏报仁宗，奏章指斥外省"疲玩因循"，并将咨交各省案件逾期不结者，开单进呈。引起仁宗重视，分别对旷废职守的各督抚予以惩处。为了杜绝地方积案之弊，都察院更定咨案审理章程，规定："凡咨交各省案件，都察院至三个月时，对届限各案咨催两次，参奏两次，年终统计汇参。咨案逾限不完省份的督抚，须自行处分。"该审理章程，从制度上保证了地方案件的按期审结，有助于减轻民间讼累。

会审是都察院重要的司法监察职能，但是在嘉道以后，常常怠忽从事，虚文应事，"若有一人驳斥改一案者，群起而攻，且为多事。"②会审官得过且过，苟且求安，会审制"徒有会议之名，而无核实之实"。

清朝也有很多监察官恪尽职守、务求信谳。《钦定台规》记载：道光年间，御史梁中靖在核实山西榆次县阎思虎强奸赵二姑一案时，发现"情节支离，疑窦多端"，遂奏请"彻底认真审办"。后经"刑部提犯严鞫，始得昭雪沉冤"，并将该省承审官贿嘱舞弊，以及山西巡抚"听任属员草率迁就，颟顸入奏"，逐一究出，分别予以惩处。③

---

① 《钦定台规》卷一五，《六科》。
② 《钦定台规》卷一三，《宪纲五》。
③ 《钦定台规》卷五，《训典五》。

二、地方司法监察的实施

清朝废止巡按御史制度后，对地方的司法监察职责由督抚臬道兼职监察。如田文镜任河南巡抚及河南山东总督"管理两省事务"期间，多次督饬所属，清理积案，慎用大刑，严防逃狱等。在每次所发文告的文尾，均有不遵者"或经访问，或经告发，本属院立即飞参，决不少贷"，"倘敢视为具文"，"本都院即以溺职题参"，① 等等。类似文告的发布，田文镜以监察长官的身份而司其责。

如前所述，清代府以上主官"宪台"，负有司法监察职能。他们能否履行其司法监督职责，对司法监察的实施显得尤为重要。譬如：乾隆三十一年（1766）勾到秋审官犯内，有两名知府因审转回护而被判处死刑。一案是浙江省诸暨县书吏侵粮，知县黄汝亮因染指，重罪轻判，知府高象震审转回护，先被判绞监候勾到，后乾隆帝参照另一知府回护案，以"承审时受人朦混，不能审出实情，继复固执己见，仍照前详率结，昏聩无能，尚属无心之过"，又改为"发军台效力"。但初审未能审出实情的知县黄汝亮被"即行正法"。另一知府回护案发生在湖南，由于知府"恐干失察处分，欲图回护，授意知县改换印串，以符征数，几至重犯漏网，实属玩法欺蒙"，乾隆帝即命由湖南巡抚监刑，将知府即行处决。②

但是，由于清朝的极端专制，司法监察体制紊乱，巡按制废除后，对督抚大员的监督缺乏，造成其司法权力膨胀，地方官之间官官相护。袁枚在《上两江制府黄太保（廷桂）书》有云："督抚之威，有雷霆万钧之势，从空而下。""尝闻天子有诤臣而不闻督抚有诤吏"，盖"忤督抚意，督抚不能以忤意罪之，必摭别事方登白简，虽得罪而所以被罪之故，天下不知，好名之士，亦不肯为"③。

---

① 《抚豫宣化录》，第86—90页。
② 《清文献通考》卷二〇八，《刑》一四。
③ 《清经世文编》卷二〇。

　　乾隆二十八年（1763）四月，湖北大吏冤良纵盗，不行奏咨，被刑部查究，是为地方大吏徇私枉法的集中体现。据奏称：张洪舜、张洪贵二人于上年间五月因盗劫被获，二犯之名与乾隆二十六年内归州知州赵泰交滥刑妄断案内之张红顺、张红贵兄弟字音相同。何以甫经审系良民，予以省释，曾不数月即又为盗犯案？且该省并未将张洪舜等为盗之案题咨报部。其中情节，颇多窦疑。请旨敕下该督抚另行查审。乾隆帝先已风闻湖北大吏冤良纵盗，物议沸腾，故刑部奏后，即钦派刑部侍郎阿用阿、河南巡抚叶存仁前往查办，并传谕湖广总督爱必达、巡抚宋邦绥不得稍存成见，回护前非。①

　　阿用阿及叶存仁随后具奏：臣等抵楚后提犯亲鞫，查得张红顺兄弟等于乾隆二十五年（1760）三月至本乡李作棋家盗得银一百六十两及衣物等，旋被拿获归案。翌年，以知州赵泰交滥刑妄断，全案翻异，张红顺等无罪开释，事主李作棋、保正袁志芳等以诬人为盗分别拟军、拟徒，赵泰交拟流。未久，张红顺又往赵启贤家劫得银约九十两，被知州秦辖拿获。原任臬司、升任湖北藩司沈作朋恐将前案翻改，坚持不将前案一并审办，只将后案另行完结。知府锡占等奉委覆查此案，迎合上司意旨，使冤案淹滞，木得昭雪。现已遵旨将张红顺、张红贵、张玉堂立即正法，被冤之李作棋、袁志芳等奏明开释，原拟流之知州赵泰交应予宽免②。乾隆帝据奏降旨曰：沈作朋、锡占固属酿成冤狱之罪魁，而承审各员之观望，实总督爱必达有以启之。遂命将爱必达拿解来京，一并治罪，所有承审此案之员，亦分别审拟治罪。嗣经乾隆亲自研鞫，行在大学士、九卿对沈作朋等纵盗冤良、朋比欺罔一案有关犯官拟罪如下：沈作朋、原任湖北巡抚周琬、原任湖广总督爱必达应斩立决；锡占应发伊犁当差；单言杨、陈铨、陈文枢均应发巴里坤当差。奉旨：沈作朋立斩；爱必达、周琬俱从宽释放，发往伊犁效力赎罪。

---

① 《宫中档乾隆朝奏折》第一七辑，第 422—524 页。
② 《宫中档乾隆朝奏折》第一八辑，第 38—57 页。

此案发生后，乾隆帝屡命传谕各督以沈作朋、爱必达等为鉴，痛改掩饰蒙混之恶习：向来各省督抚于地方应办事务，往往饬委属员，以次转详，遂成通例。此于寻常案件则可，若案情重大，督抚自应躬先统率。使爱必达早能亲提确讯，不难将案情彻底清厘，何至为沈作朋所愚弄，扶同回护，自蹈欺枉，以速罪戾乎？督抚大吏皆朕所倚任之人，朕尚不敢好逸恶劳，为督抚者固宜托名敦体，恶劳好逸乎？又各直省有司于承审案件，往往揣合上司意旨，不问案情之曲直，辗转迁就，遂致颠倒讹谬，是非失实。若不力为整顿，何以清吏治而肃官常？故朕于此案，有心者，特从重处分，其观望揣摩者，亦不令其幸而漏网，以为有意模棱、不实心任事者戒。又曰：之所以弗惮谆谆告诫者，不特为楚省整纲饬纪，亦正为直省各督抚提撕警觉。督抚藩臬为地方倚任大僚，乃敢上下联为一气，掩蔽欺蒙，几致覆盆莫白。若似此而不为之整顿，地方尚有何事不可为乎！

尽管皇帝三令五申，但司法机关徇私舞弊、漠视民命事件仍屡有发生。如乾隆四十六年（1781）十月十九日，广西僮民覃老贵以其父覃必俊受屈杖毙，赴总督衙门呈诉，遭拦阻，即用刀自刎案；乾隆五十年（1785）四月刑部错审军机章京海升殴妻案；乾隆五十一年（1786）十月，湖北孝感富户活埋抢夺农民案等，均因督抚等无所敬畏，因循怠玩，回护瞻徇受到乾隆帝的严厉诏谕而被惩处。康熙三年（1664）四月，御史李秀疏言：刑狱出入，生死攸关。在外督抚成招，在内刑部定案，自缢首以上，必敕三法司核拟。此诚明慎用刑之至意也。近见三法司衙门会审，皆勉强趋赴，当其承问时，出论多有参差，以至成招看语，仍然照旧，依样画题。近十年来，未见翻驳一案，出入一因者，总因法司诸臣，彼此恐招嫌怨，不肯力破情面。[①] 这种情况至乾隆后期更为严重。

清代虽然注意以法律化的手段监督各级职官，但是监察法如何实施，实施到什么程度，完全取决于君主的意志，监察法变成君主手中的治吏工具，

---

① 《清圣祖实录》卷一一。

监察官对所有官吏的弹劾必须称"实封奏闻请旨，不许擅自勾问"①，对被劾之人是否惩治，由皇帝决定；都察院审核的重大京控案件亦必须即时上奏，听凭皇帝裁决；科道在稽查时发现违失行为，也须奏报请旨，无权处断。皇帝随心所欲颁发的上谕，使都察院和科道官员正常行使的监察职权得不到确实保障，甚至稍有不慎，即至获罪，所以在皇权的高压下，监察官或保持缄默，或揣摩圣意，取悦媚上，丧失了监察的主动性和自觉性，更难以取得监察效果。

尽管监察机构的监察作用在减弱，但是监察机构对权力的制衡作用，对于约束官吏的不法行为，督促各级官吏恪尽职守，澄清吏治，提高政务效率，是适合专制主义发展需要的特殊功能。所以在清末"仿行宪政"进行官制改革时，清廷曾经仿照西方国家的部院之制进行改革，引发了都察院存废之争。光绪三十二年（1906）庆亲王奕劻在《奏厘定中央各衙门官制缮单进呈折》中重申："内阁大臣不可以兼充繁重差缺，犹虑其权太重也，则有集贤院以备咨询，有资政院以持公论，有都察院以任弹劾，有审计院以查滥费，有行政裁判院以待控诉。凡此五院，直隶朝廷，不为内阁所节制，而转足以监内阁，皆所以巩固大权，预防流弊。"②明确肯定了以监察院制衡内阁，最终保留了都察院的建制，只是裁撤了都察院的员额。

三、法官的责任及司法腐败的惩处

清代承继了以往朝代的法官责任制度，对涉及诉讼审判活动中的各个环节，都对法官有严格的限制和责任要求。

《大清律例》定有官司引律不当、出入人罪、辨明冤枉的详细律例。大清律例规定，凡断罪无正条，援引他律比附者，由刑部会同三法司议定罪

---

① 《大清律例统纂集成·名例律·职官有犯》。
② 《清末筹备立宪档案史料》，第 463—464 页。

名，于疏内声明，候旨遵行。若本有正条可引，承审官不得故意出入，不引正条而比照别条，以致可轻可重。应会三法司定拟者，如刑部引例不确，许都察院和大理寺自行查明律例改正。如果都察院和大理寺驳改犹未允协，由三法司堂官会同妥议。若都察院、大理寺官员共同蒙混，草率疏忽，则将其交部议处。至于外省督抚具题案件内，有情罪不协，律例不符之处，刑部驳后再审，该督抚及司道等官，应虚心按律例改正具题，可免其议处；若驳到三次，不酌量情罪改正，仍执原议具题，经部院复核改正者，则将督抚司道等官一并议处。如州县审解案件，如招供已符，唯拟罪稍轻，引律稍有未协，察明果非徇私，以及军流以下错拟者，皆免其参究。若徇私枉法，颠倒是非，故出故入，情弊显然者，仍指名题参。原拟徒、杖罪名，驳审后改为凌迟，并斩绞立决者，将承审之州县、核转之知府，照例降调。知府、直隶州有将各州县审拟错误，关系生死大案，虚公研鞫，究出实情，改拟得当，经上司核题议准者，交吏部查明奏请送部引见。

各级官吏对律令必须察其字义，辨其名称，方能在审判时参酌事理轻重，定立罪名。故要求百司官吏皆能熟练地讲读和应用律令，并规定："年终，在内在外各从上司官考校，若有不能讲解，不晓律意者，官罚俸一月，吏笞四十。"[1]若利用职权挟诈欺公，妄生异议，擅自更改变乱成法，则从重治罪。清代从中央到地方，因不能审出实情、引律不当、出入人罪，而受到处分、惩办的案例不胜枚举。如乾隆三十一年（1766）勾到秋审官犯内，就有两名知府因审转回护而判处死刑。一案是浙江省诸暨县书吏侵粮，知县黄汝亮因染指，重罪轻判，知府高象震审转回护，先被判绞监候勾到，后乾隆帝参照另一知府回护案，以"承审时受人朦混，不能审出实情，继复固执己见，仍照前详率结，昏愦无能，尚属无心之过"，又改为"发军台效力"。但初审未能审出实情的知县黄汝亮"即行正法"。另一知府回护案发生在湖南，由于知府"恐干失察处分，欲图回护，授意知县改换印串，以符征数，几至

---

① 《大清会典》卷五三，《刑部》。

重犯漏网，实属玩法欺朦"，乾隆帝即命由湖南巡抚监刑，将知府即行处决。乾隆三十八年（1773），湖南永顺县潘文科与彭氏通奸，杀死本夫一案，经县初审，府、司、院审转、复审，均拟潘文科"依斗殴条律绞监候，彭氏拟以枷责"。经部驳覆审，究出实情，将彭氏依律拟以凌迟，潘文科拟斩立决。错误之巡抚、按察使、知府、知县虽有旨均免查议，但从此定例，"驳审后，改为凌迟，并绞立决者，将承审、核转之府、州县均照斩绞重犯不能审出实情例，降一级调用。"① 如嘉庆十九年（1814），广西临桂县知县田皖承审抚署窃案，并不虚心研鞠，辄将毫无指证之郭升等刑逼多伤，又押毙一命，为此，清廷将知县发往新疆效力赎罪。道光三年（1823），河南延津县知县黄家绅，于缉获窃贼许二保、明林妮，因其狡供，叠用竹板、荆条毒打百余下，致许二保、明林妮受刑过重，先后身死。二犯窃赃、拒捕本罪不过一绞一杖，无故致二命。于是将黄家绅照监临官因公非法殴打致死律，杖一百、徒三年。这两案所涉知府均遭革职处分。② 说明贪赃枉法而受到处分、惩办的地方官确实很多。

另一方面，由于清代司法监察体制的紊乱，尤其是对督抚大员监督的缺乏，使后者的司法等权力膨胀，以致地方官官相护，是司法腐败的重要原因。

废巡按之后，司法弊端很快显现出来。康熙十七年（1678），工部右侍郎田六善指出："今日官至督抚，居莫敢谁何之势，自非大贤，鲜不纵恣"，以为"非遣巡方，此弊终不能解"③。雍正初翰林院检讨李兰也奏言："近来督抚提镇其权亦太盛矣，挟赫赫炎炎之势，令人敢怒不敢言，即有过举，谁能参究？"他建议恢复往昔"可以白简从事之按臣"，则"不惟小臣能廉而大臣亦能法也"。雍正在提到督抚权势过重、体统过尊时也说过："督抚提镇俱系朝廷简用之大臣，其因公晋接，自有一定之礼仪，不应过卑过亢，以

---

① 《清义献通考》卷二〇一，《刑》七。

② 《刑案汇览》卷六〇。

③ 《明清史料》丙编五本，第440页。

违制度。乃间有不肖督抚倨傲妄行，而不肖提督等遂卑躬屈节以为谄媚者，如年羹尧当日视提镇等如同奴隶，每令其披执进见迎送；常鼐在江南时，自坐于中而令两司侍立于傍。"① 至乾隆年间，特别是乾隆中期以后，督抚权势益盛。袁枚《上两江制府黄太保（廷桂）书》有云："督抚之威，有雷霆万钧之势，从空而下"，"南面而临，能荐人，能劾人"。在其所辖地方，督抚之威慑力甚至超过皇帝，是以袁枚又说："尝闻天子有诤臣而不闻督抚有诤吏"，盖"忤督抚意，督抚不能以忤意罪之，必摭别事方登白简，虽得罪而所以被罪之故，天下不知，好名之士，亦不肯为"。② 嘉庆亲政初，章学诚讲得更直截了当："州县之畏督抚，过于畏皇法。"③ 何以如此？程含章说："今日督抚之权不为不重矣，生杀予夺、钱谷兵刑皆其职掌。"④ 督抚藩臬既有此重权，故刁难蹂躏下属肆无忌惮。福建臬司钱受椿善于利用手中覆审之权婪索下属，长泰知县审讯械斗命案，尚未成招，即奉提解省，听候审办，然而钱受椿有意延搁不审，顾薛明白"是有心要借案勒索我的意思，我屡次具禀恳求审办此案，俱被钱臬司严批痛骂，我无奈于年底备购金叶三十两并大呢、羽毛等物，约共值银一千余元，差家人陈政于本年正月初间送省交钱臬司门上收受，原想完结此案，不料家人回漳说钱臬司尚不满意"。⑤

乾隆二十八年（1763）四月发生的湖北大吏冤良纵盗，不行奏咨，被刑部查究一案，集中暴露了地方大吏枉法徇私的弊政。据刑部堂官奏称：张洪舜、张洪贵于上年闰五月因盗劫被获，二犯之名与乾隆二十六年内归州知州赵泰交滥刑妄断案内之张红顺、张红贵兄弟字音相同。何以甫经审系良民，予以省释，曾不数月即又为盗犯案？且该省并未将张洪舜等为盗之案题咨报部。其中情节，颇多疑窦。请旨敕下该督抚另行查审。乾隆帝先已风闻湖北大吏冤

---

① 《雍正朝起居注》第一册，第 712 页。

② 《清经世文编》卷二〇。

③ 《章学诚遗书》卷二九。

④ 《清经世文编》卷一二。

⑤ 《乾隆朝惩办贪污档案选编》第四册，第 3486 页。

良纵盗，物议沸腾，故刑部奏后即钦派刑部侍郎阿用阿、河南巡抚叶存仁前往查办，并传谕湖广总督爱必达、巡抚宋邦绥不得稍存成见，回护前非。①

阿用阿及叶存仁随后具奏：臣等抵楚后提犯亲鞫，查得张红顺兄弟等于乾隆二十五年（1760）三月至本乡李作龋家盗得银一百六十两及衣物等，旋被拿获归案。翌年，以知州赵泰交滥刑妄断，全案翻异，张红顺等无罪开释，事主李作龋、保正袁志芳等以诬人为盗分别拟军、拟徒，赵泰交拟流。未久，张红顺等又往赵启贤家劫得银约九十两，被知州秦甿拿获。原任臬司、升任湖北藩司沈作朋恐将前案翻改，坚持不将前案一并审办，只将后案另行完结。知府锡占等奉委覆查此案，迎合上司意旨，使冤案淹滞，未得昭雪。现已遵旨将张红顺、张红贵、张玉堂立即正法，被冤之李作龋、袁志芳等奏明开释，原拟流之知州赵泰交应予宽免。②乾隆帝据奏降旨曰：沈作朋、锡占固属酿成冤狱之罪魁，而承审各员之观望，实总督爱必达有以启之。遂命将爱必达拿解来京，一并治罪，所有承审此案之员，亦分别审拟治罪。嗣经乾隆亲自研鞫，行在大学士、九卿对沈作朋等纵盗冤良、朋比欺罔一案有关犯官拟罪如下：沈作朋、原任湖北巡抚周琬、原任湖广总督爱必达应斩立决，锡占应发伊犁当差，单言扬、陈铨、陈义枢均应发巴里坤当差。奉旨：沈作朋立斩，周琬、爱必达改绞候，余依议。③本年朝审，爱必达、周琬俱从宽释放，发往伊犁效力赎罪。

此案发生后，乾隆帝屡命传谕各督抚以沈作朋、爱必达等为鉴，痛改掩饰蒙混之恶习：向来各省督抚于地方应办事务，往往饬委属员，以次转详，遂成通例。此于寻常案件则可，若案情重大，督抚自应躬先统率。使爱必达早能亲提确讯，不难将案情彻底清厘，何至为沈作朋所愚弄，扶同回护，自蹈欺枉，以速罪戾乎？督抚大吏皆朕所倚任之人，朕尚不敢好逸恶劳，为督抚者固宜托名敦体、恶劳好逸乎？又各直省有司于承审案件，往往揣合上司

① 《宫中档乾隆朝奏折》第十七辑，第422—424页。

② 《宫中档乾隆朝奏折》第十八辑，第38—57页。

③ 《清高宗实录》卷六九〇。

意旨，不问案情之曲直，辗转迁就，遂致颠倒讹谬，是非失实。若不力为整顿，何以清吏治而肃官常？故朕于此案，有心者，特从重处分，其观望揣摩者，亦不令其幸而漏网，以为有意模棱、不实心任事者戒。又曰：之所以弗惮谆谆告诫者，不特为楚省整纲饬纪，亦正为直省各督抚提撕警觉。督抚藩臬为地方倚任大僚，乃敢上下联为一气，掩蔽欺蒙，几致覆盆莫白。若似此而不为之整顿，地方尚有何事不可为乎！

尽管最高统治者三令五申，但地方官仍不以民命为重。

乾隆四十六年（1781）十月十九日，广西僮民覃老贵以其父覃必俊受屈杖毙，赴总督衙门呈诉，被门役拦阻，即用刀自刎。事闻，乾隆帝命交广西巡抚姚成烈审办。嗣又以两广总督巴延三将覃老贵父子之案视同寻常，有回护瞻徇之意，令其自行议罪。巴延三遵旨自行议罪，"情愿罚银八万两，解缴内务府"。①

乾隆五十一年（1786）十月，湖北孝感知县秦朴讳匿革生梅调元活埋多命大案案发，一时举朝震惊。据钦差刑部尚书李侍尧奏称，梅调元家业丰饶，素行刁恶，各湾民户俱听其指使，且其子捐职州同，横行乡里。该省去年大旱失收，孝感县民刘金立等向族姓借贷不遂，即将谷麦等物搬抢，旋有未被抢之梅调元因虑及受累，邀同居民杨维智等，殴毙刘金立，并捉获帮抢之刘大幺等二十三人，于本年春主使村民将刘大幺等23人活埋于查家山地方，复拿尸亲，逼令具结。旋有孝感县民赴汉阳府控诉亲属被埋，经府行县，署县秦朴竟数月不覆。李侍尧请将玩视多命、纵凶不究之知县革职审办。乾隆帝据奏严谕曰：梅调元等凶徒竟得漏网，地方大小官员所司何事？此而不严加惩创，督抚等无所儆畏，因循怠玩，其流弊伊于何底？将何以整官方而饬吏治？命将原任湖广总督、现任云贵总督特成额及湖北藩臬两司永庆、王廷燮俱革职逮问。是月置梅调元于法。②后藩司永庆以失察梅调元活

① 《宫中档乾隆朝奏折》第四九辑，第498页。
② 《乾隆末湖北孝感富户活埋抢粮农民案》，《历史档案》1997年第2期。

埋多命大案，"情愿缴银五万两以充塘工"，臬司王廷燮"情愿缴银四万两以充塘工"。①

在缺乏有效监督的司法体制下，中央司法机关徇私舞弊、漠视民命之事也屡有发生。康熙三年（1664）四月，御史李秀疏言：刑狱出入，生死攸关。在外督抚成招，在内刑部定案，自缳首以上，必敕三法司核拟。此诚明慎用刑之至意也。近见三法司衙门会审，皆勉强趋赴，当其承问时，出论多有参差，及至成招看语，仍然照旧，依样画题。近十年来，未见翻驳一案，出入一囚者，总因法司诸臣，彼此恐招嫌怨，不肯力破情面。② 这种情况至乾隆后期更为严重。

乾隆四十八年（1783）十一月，乾隆帝阅朝审招册时，即怀疑赵文达殴死夫役张二一案有顶凶情节，至朝审勾到之晨，大学士阿桂奏此案颇有疑窦，请旨再行研审，乾隆帝因派阿桂、和绅、福康安会同刑部堂官覆讯，赵文达仍坚承自己喝令打死张二，及研鞫再三，始供实系福隆安管事家人富礼善主使责打，赵文达不过听从动手。乾隆帝特明降谕旨：原案初供系福隆安署步军统领之时，移送刑部原咨内尚有家人富礼善喝打之语，而刑部定案，赵文达挺身直认，证佐、匠役等亦随同指供，司堂官遂不加深求，以致富礼善脱身事外。刑部司堂官有意瞻顾福隆安，俱交部严议。福隆安虽被家人瞒哄，于本案实不知情，但致令刑部堂司官意存观望，可见其平素恃恩以致人畏。福隆安罚公俸十年，并革职留任，刑部堂官降为三品顶戴，仍带革职留任，承办司员分别降调革职。福礼善即行处斩，赵文达改斩候。③

乾隆五十年（1785）四月，又发生刑部等错审军机章京海升殴妻致死一案。海升殴死其妻，装点自缳身故，尸亲贵宁以其姐吴雅氏并非自缳不肯画供，刑部奏派左都御史纪昀会同刑部侍郎景禄、杜玉林带同御史崇泰等及刑部司员前往开棺检验，纪昀等以实系自缳回奏。贵宁以海升系大学士阿桂姻

---

① 《宫中档乾隆奏折》第六四辑，第 190 页；第六三辑，第 447 页。
② 《清圣祖实录》卷一一一。
③ 《乾隆朝上谕档》第十一册，第 890、896、897、906 页。

亲，刑部显有回护，复往步军统领衙门具控。乾隆帝又拣派侍郎曹文埴、伊龄阿前往覆验，始得真情。复令大学士阿桂、和绅会同刑部堂官公同覆验，与曹文埴、伊龄阿所奏相符。乾隆帝以阿桂虽无请托情弊，但先有祖护之言，命罚公俸五年，仍带革职留任；纪昀命交部严议；刑部堂官喀宁阿、胡季堂、穆精阿、姜晟俱降为四品顶戴，仍带革职留任；景禄、杜玉林俱革职，发往伊犁效力赎罪；御史崇泰等附会草率，从宽交部严议。

至本年朝审，殴妻至死且装点自缢希图蒙混之海升处决。会大学士阿桂出差在外，特谕曰：该犯杀妻，虽非必死之罪，而实有必勾之情。外间无识之徒或以现在勾到时阿桂尚未到京，无人为其解救，以致予勾，则更属可笑。试思朕何如主，岂阿桂在朕前竟能觊法救人，而朕即听信其言、竟置人命重案于不问耶？是海升之死，阿桂非唯不能救之，而适足以杀之。

四、幕吏擅权与司法弊政

在司法审判的重重黑幕中，幕吏擅权起到了推波助澜的作用，是清朝的一大特点和严重弊政。

吏即胥吏，又称书吏，由胥吏把持刑名钱谷，擅权为害在明朝已然成为一大弊政。顾炎武曾经揭露说："今天下官无封建，而吏有封建。州、县之弊，吏胥窟穴其中，父以是传子，兄以是传弟，而其尤桀黠者，则进而为院司之书吏，以掣州县之权，上之人明知其为天下之大害，而不能去也。"[1] 至清代，胥吏擅权较明朝尤甚。清朝政府各部、院、司各有胥吏，地方州县衙门设吏、户、礼、兵、刑、工六房胥吏组织，承揽衙门实权，其中尤以刑名书吏揽权虐民为甚。刑名书吏负责开庭的准备和录供、勘验、票稿、办理文牍、收贮档案等项工作。由于清朝的地方官是以八股文为晋身之阶的，除了精于毫无用处的"制艺"以外，根本不了解民情世故和刑名法例，而清朝的

---

① 顾炎武:《日知录》卷八。

法律又对错引法律的官吏要给予惩罚，这就使得地方官不得不依赖以垄断法律条例知识为世业的胥吏。清朝大臣刚毅曾经指出：地方官"溺于制举帖括之业，苟且简陋，于律令格式每多阙焉不讲，间有博学多闻者亦且鄙为申韩家言，不屑措意"，其结果只能"一委之于幕客吏胥"。①

吉同钧在《大清律讲义》中也指出：清朝的地方官，"一遇疑难大事，（官）茫然无所措手，反委于幕府胥吏之手，欲不偾事得乎？"在清代流行一句谚语："随你官清似水，难免吏滑如油"。更何况官与吏之间经常是狼狈为奸，上下其手，借以榨取民财，遂其贪欲。由于清朝的胥吏无所不在，无孔不入，以至有人说：清朝是以胥吏共天下。对于这一点，清朝的统治者是有所认识的，顺治十三年（1656）上谕中指出："内外各衙门（胥吏）如有刁顽积蠹，挟诈告讦，诬蔑官长，或恐吓挟制借端行诈者，审问情真，定行加等治罪。"② 雍正时，"严各部书吏需索之禁"，强调"各部之弊，多由书吏之作奸，……奸胥猾吏，以诈骗为得计，视国法如弁髦也，……嗣后……藩臬经手之案，著督抚严查禁约，倘书吏有仍前需索者，督抚即时奏闻"，否则"照枉法赃治罪"③。其后，对书吏的录用年限，职权范围，采取一系列防范措施，并且绳以严法。在书吏中间接触民、刑案件事务较多的刑名书吏，由于了解官场的内幕，熟悉法律的漏洞，更是行奸弄权，助纣为虐。为此，在《钦定吏部则例》中专门规定，凡"官司出入人罪"以惩办主管"吏典为首，首领官减吏典一等"，"稽留囚徒"官吏同犯者，以吏为首科断；断罪"不引正条，比照别条，以致可轻可重者……书吏严拿"；书吏教唆词讼者严行查究；"书吏舞文作弊，借案生事扰民者，系知法犯法，照平人加一等治罪"。但直到清末，胥吏窃权已经成了不可挽救的"丛弊之薮"。④

乾、嘉时期曾经长期充当幕僚的进步思想家和官吏洪亮吉，深刻地揭露

---

① 刚毅：《审看拟式》自序。
② 《清朝文献通考》卷一九五。
③ 《清朝文献通考》卷一九八。
④ 《清朝续文献通考》卷六。

了吏胥的贪残凶狠，指出，"入于官者什之三，其入于吏胥已十之五矣"，他们"子以传子，孙以传孙，其营私舞弊之术益工，则守令闾里之受其累者益不浅"。①

近代资产阶级立宪派代表人物张謇也指出："旧制各部衙门胥吏三年而满，不听久据，今且成为世业，或为贩贸，舞文窃柄，勾结为奸，吏道之坏，大半由此。"然而清朝的胥吏擅权有它深刻的社会历史根源，是清朝腐败吏治的突出表现。尽管统治者多方设法防止，开明的思想家也为克服这一弊症大声呼吁，但直到清朝覆亡也没能改变"清代的律例比附，向来都是让刑名恶幕主持"②的现象。

所谓幕，是指活跃在地方各级政府中的幕友，他们不是国家官吏，而是官员私人聘请的宾客顾问，因而是宾主关系，不是上下级僚属关系，他们只接受主人的束脩，而不享有国家俸禄。幕友是以通晓刑名律例、钱粮会计、文书案牍等专门知识服务于官府的，有时也代主官查核胥吏。因此，幕友在官场上起着"代官出治"的重要作用。清人说："掌守令司道督抚之事，以代十七省出治者，幕友也"。③刑名幕友在司法审制中主要是拟律和批答案牍。清朝著名的幕友汪辉祖说："幕客佐吏全在明习《律例》"，"幕客之用律犹秀才之用四子书也。"④由此可见，幕友对于那些只通制艺，不晓律例的官吏，在进行"断罪引律令"的司法审制中起着何等重要的作用。当然，幕友通过拟律也操纵了司法审判。至于批答案牍，就是代州县以至督抚在民刑案件和其他司法行政公文上批写判词、批评、札饬。幕友之间经常是引类呼朋，串通信息，上下交结，形成一种势力，盘踞把持，作弊营私。尽管清朝政府也立法惩治劣幕，但是清朝的地方官吏与胥吏、幕友相互勾结，狼狈为奸，加剧了司法腐败。

---

① 《意言·吏胥篇》。
② 杨鸿烈：《中国法律思想史》（下）。
③ 韩振：《幕友论》，载《皇朝经世文编》卷二五，《吏政一》。
④ 汪辉祖：《佐治药言·读律》。

在乾隆中叶湖北通省扶同作弊大案中，最为典型地反映了幕友的作用。乾隆二十八年（1763）七月，弘历命传谕湖广总督李侍尧、浙江巡抚熊学鹏严密查拿沈作朋等纵盗冤良一案中劣幕徐掌丝兄弟等，乾隆帝曰：湖北省向有绍兴作幕人徐掌丝兄弟及卢培元等，盘踞多年，串通一气，与地方官交接往来。徐掌丝在臬司沈作朋署内，伊弟即在总督爱必达署内，伊妹夫卢培元又在巡抚汤聘署内。沈作朋纵盗冤良案各衙门公文往来，俱出自伊等数人之手。此等劣幕辄敢暗通声气，从中把持，为地方之害，不可不明正其罪，俾凡作幕者共知儆惕！李侍尧等即将徐掌丝兄弟等锁拿解交刑部，会同军机大臣审讯。

乾隆帝随即又通谕各省督抚切实查办幕友通同作弊恶习，谕称凡此等久惯恶幕，潜居省会，倚托上司衙门，因缘为奸者，立即严拿重究。同时饬禁新任督抚藩臬接用旧任幕友。本年冬，按察使周景柱来京陛见，奏称幕友中有在就馆地方另娶家室，出入官署，勾通作弊者；有布散党羽，招致本地亲串，狼狈为奸，非其党恶，百计排挤出境者；有彼此馈送往来，以上司衙门延留多日为荣，借声援以图影射者。乾隆帝遂再谕各督抚严行查办劣幕。但幕友盘踞要津，上下勾结，串通作弊之案仍屡屡发生。乾隆三十年（1765）闰二月，湖广总督吴达善奏请将劣幕按律治罪，据称臣到任以来，细访楚省吏治废弛，固由习气使然，但未必游宦楚省者遍皆庸劣之员。大抵中材初任，悉听命于幕府，而此等劣幕，或人本庸暗而自矜阅历，或交结朋党而暗挟私心，以致颠倒黑白，恣意欺蒙，自非精明干练之官，鲜不为其所误。查襄阳知府程梦元偏听滥刑一案缘其幕友浙江人闻元凯从中舞弊，主持作稿，从旁怂恿，诱吓认供所致。闻元凯应照"全入人死罪未决减一等律"，杖一百、流三千里。①

与此同时，湖北巡抚李因培亦奏陈湖北吏治废弛的重要原因之一是：官吏因循成习，不能亲理民事，一切委之幕客，而幕客之在楚者，识见手笔既陋，束脩供亿反丰，地方官倚以为重，若辈又倚书吏。如此则上下内外并

---

① 《宫中档乾隆朝奏折》第二四辑，第235—236页。

无一留心公事之人，公事何由得协？并指出"此向来积弊也"。① 幕友以其长于文书，熟谙律例，因而挟制长官，而长官甚至要仰幕友之鼻息。乾隆三十四年（1769）二月十一日，安徽巡抚冯钤题参颖州知府史鲁纵庇劣员、太和知县郭世谊荡检不职，据称郭世谊将重价所买之妾转送幕友史纬义、即上司史鲁族叔，该县巧为逢迎，该府有意徇庇。乾隆帝据题将郭世谊、史鲁革职究审，并就此事命传谕各督抚：上司荐幕友于属员，最为弊薮，久经通饬严禁。乃以该管知府族叔，公然充属县内幕，是上下通同舞弊，挟制逢迎，势将何所不至。即不必出自该府荐引，而属县揣知族谊，遂以延请为接纳之端，上司亦即以私人示夤缘之径。此等恶习，所关吏治官方者甚大！各州县凡延上司戚族在幕者，立即查办。乾隆帝随即以冯钤不能及早查参史鲁等，令共解任，听候部议。

乾隆三十七年（1772）八月，乾隆帝就幕友之害通谕全国曰：各省幕宾占据省会，联络声气，招揽事权，恶习相沿，不可枚举，而痼弊总未能尽除。常言官更而吏不易，足为政治之害。书吏且然，何况更加一幕客乎？若以督抚大吏一经迁调，而前任之幕，复留于后任，其事权之重，岂不较本官更甚耶？且国家所借以办事者，原在督抚大吏，幕客不过取资驱策，为大吏者，自应顾名思义，驾驭防闲，以期力挽陋习。乃无识者或云：主宾投契，办事熟谙，难以骤易生手。曾不思前幕即称得力，既已用之数年，何妨留心物色一明慎之人，以为将来更换之地？倘谓此官此任，非此幕不足以襄事，设使其人衰病物故，又安得不另为延致耶？此皆劣幕持此诡说，自为树党盘踞之计也。不可不明立例禁，以示惩创。遂命吏部就御史胡翘元所奏详议定例。寻议准：一、督抚司道及州县等，除籍隶本省幕友无论远近概不得延请外，其距所辖地方在五百里内，亦不得延请。二、在幕五年者，即行更换。三、如违例延请及逾限不更换者，本官降二级留任，幕友即行斥逐。但有清一代，刑名幕友之弊仍未能清除。

---

① 《宫中档乾隆朝奏折》第二四辑，第 596 页；《清高宗实录》卷七三五。

第九章　清代狱政管理制度

　　狱政管理是国家司法活动的重要内容之一，是保证国家机器有效运转的基本条件。清王朝在总结前代经验教训的基础上，使狱政管理制度进一步完善，各类各级监狱的设置更加完备，狱囚管理制度、悯囚制度以及对狱政的监督都达到了相当水平。

第一节　监狱设置

　　清代沿袭明制，从中央到地方，各个审级均设有监狱，所谓"内外大小问刑衙门设有监狱"。

　　中央监狱是刑部监狱，在刑部堂官掌握下由提牢厅具体管理，提牢厅设主事、司狱等官吏。刑部监狱分南、北二监，主要关押刑部现审的京师地区重犯和监候秋审的犯人。此外述有女监、病监、官监等。

　　地方各级监狱均在各级长官统辖之下，并设有专门官员负责。按察司及府、厅的监狱，各设司狱一人专管。州的监狱，设吏目一人主管。县的监狱，设典史一人主管。

　　除此以外，述有"特别监狱"，如京师步军统领衙门监狱、内务府慎刑司监狱、宗人府"空房"、盛京刑部监械、顺天府监狱、奉天府监狱等。据统计，清初全国各类监狱"有二千余处之多"①。

监狱一般分为内、外监。关押强盗及斩绞重犯的地方称内监；关押军流以下轻罪犯人的地方称外监；关押女犯（妇人犯奸及实犯死罪者）的地方称女监。内、外监之间隔以垣墙，监狱外垣四周堆有棘刺。强盗、十恶、谋杀、故杀等重犯，用铁锁、杻、镣各三道；其余斗殴人命等案罪犯以及军流徒罪等犯，只用铁锁、杻、镣各一道；笞杖等犯，只用铁锁一道；官犯公罪流以下，私罪杖以下，以及军民轻罪又属老、幼、废、疾者，皆散收，不必用铁锁。

清代监狱就大小而言，省、府、首县的监狱规模比较大，容纳犯人较多。省的司监自乾隆三十三年后，官犯均收禁于此，按乾隆帝的说法，"各省官犯于定案时即在按察使司衙门监，既与齐民犯罪者稍示区别，而司臬狱禁更为周密，亦可免疏虞替代诸弊，于防微杜渐之中，仍寓仁至义尽之意"；由臬司在省城监刑处决情实官犯，"于体例既为画一，而省会之地共见共闻，如此立法森严，益可使官寮共知儆惕"②。就重要性而言，州县监狱更为重要。因为州县监狱关押的人犯或者是初审徒刑以上刑案未结的现审案犯，或者是徒刑以上案犯经府审转、省臬司、督抚复审咨部、具题后押回原审州县关押，等候部文的重犯。

第二节　狱政管理

清代狱政管理较之明朝更为完善。雍正时开始纂修《提牢条例》，以供

---

① 丁道源：《中外狱政制度之比较研究》，（台北）中央文物供应社1989年版，第1006页。
② 《清朝文献通考》卷二〇一。

提牢官吏学习、援用。清律也规定了关于监狱管理的各种制度，如戒具、囚衣、囚粮、医药、亲属探视、监狱修缮、值宿查夜、警戒、提审、监狱循环簿、监狱交代等等。就入监和出监而言，清政府颁布了一系列条例。如规定，罪犯到案入监或解审发回时，狱官要仔细搜检所带的行李物品，无夹带金刃等物方许入监。出监时也要严格检查所带行李物品。如果监狱官吏不严加检查，依失察例处罚。乾隆元年，刑部议准："嗣后各省各府设立循监簿，饬令所属州县将每日出入监犯名姓填注，按月申送该府逐一查阅。其有不应收监而滥行监禁，及怀挟私仇故禁平人者，均照律拟罪；虽系应监人犯，如有吏卒借端需索者，以枉法从重治罪。该管官照失察衙役犯赃例议处，故纵者，照纵役犯赃例，革职"①。

关于囚衣囚粮囚病方面，清代除沿用明律的规定外，更责令提牢官督促实施这些规定。《大清律例》规定："凡牢狱禁系囚徒，年七十以上、十五以下，废疾，散收，轻重不许混杂。锁、杻常须洗涤，席荐常须铺置，冬设暖床，夏备凉浆；凡在禁囚犯日给仓米一升，冬给絮衣一件，病给医药。……有官者犯私罪，除死罪外，徒流锁收，杖以下散禁；公罪自流以下皆散收"②。如在巴县档案中，即有乾隆三十一年（1766）、三十七年（1772）等冬季发给监犯棉衣、工料银的记载。监犯生病，禁卒报吏目、典史，吏目、典史再禀报知州知县请求医治；监犯病死，吏目、典史甚至要禀明知府相验。如乾隆二十二年（1757）七月十一日巴县监犯胡君美患病身死一案，典史王谟向知府这样禀道：

> 本年六月十一日，据禁卒徐鹏著禀前事禀明情年月，三月二十日收犯人胡君美系盗案，四月初四日得染时疫病，初六日禀在案。请医调治未愈，至五月二十日转痢泻病，二十九日复报在案。医治不效，于本月十一日酉时病故，役只得报明等情。据此，卑职查验

① 《清朝文献通考》卷一九八，《刑》四。
② 《清会典事例》卷八四一，《刑部》，刑释断狱，狱囚衣粮。

无异，理合具文详报宪台府赐相验，为此备由，缮册同申，伏乞照详施行，须至册者。

右具　乾隆二十二年七月十二日

典史　王谟①

次日，知县王行又将验尸报告、禁卒甘结、仵作甘结、同监犯人甘结，"具文通报宪台府赐查核批示，除报总督部堂并详报督部堂摄抚宪既臬、道二宪外，为此备由，申乞照详施行"②。

清朝也很重视整饬狱政，乾隆五年（1740），谕外省监狱，因督抚驻扎省城，府县散居，远近不一，上司耳目不周，虽有监犯月报之虚文，不无隐匿遗漏之积弊。每有一案，人犯证佐未齐，或拘唤不至，或关解不前，有司又不上紧催提，以致经时累月囚系不释者有之；又有事涉牵连，因人讹误，有司不分轻重，概与正犯同系图圄，则无辜受累滥被拘禁者有之。是以圜扉之内，常见充盈，屋既湫隘，人复众多，浊气薰蒸，疾病传染，因此致毙者，不一而足。至于州县自理事件，并不报闻上司，更无稽考，草菅人命，视为固然。著各该督抚严饬司府州县，将现在刑狱逐一清厘，以副朕哀矜庶狱之意。

由于监狱仄小，重罪囚犯，几人关押一室，"秽气薰蒸，最易染病"。因此，雍正时名臣田文镜抚豫时，曾多次谕示阖省州县，顾恤监犯人命，如雍正三年五月，田移文按察使司：通饬所属各府州县，文到亲诣监所，将现禁人犯逐名点查。除钦部命盗大案重犯照常加谨固禁外，其余轻罪人犯并迹涉疑似者，一概不许滥行收禁。仍将厫房严饬吏卒人等勤加洒扫，多备苍术白芷，不时烧熏，锁钮镣铐不时洗涤。用大缸多贮凉水，以供渴饮。按名各给凉席一床，粗扇一柄。病则提出外厫拨医调治。人犯重多之处，或捐给囚粮，令在监禁卒炊爨均食。若重犯稀少，每日务给两餐粥饭。每犯官备瓦罐

---

① 《巴县档案》乾隆朝卷二四五。
② 《巴县档案》乾隆朝卷二四五。

一个，上挂犯名木签，禁卒早晚赴宅门领给，务使均沾实惠，毋得纵令牢头禁卒用强扣克。至于灯油钱、月规长例等项，永行禁革，不许苛索。州县监狱，例系吏目典史专管，责令每夜查点时，严加约束。如取漫不经心，苦累狱囚，一经访闻，定行咎斥，该管印官亦干未便。①

尽管清廷三令五申，谕饬大小官吏顾恤刑犯人命，但狱政疵坏仍十分严重。康熙五十一年（1712），文人方苞因狱案打入刑部狱，他向我们记述了"生人与死者并踵顶而卧"，"情罪重者便出在外，而轻者无罪者罹其毒"，尤为诧异者，"部中老胥，家藏伪章，文书下行直省，多潜易之，增减要语，奉行者莫辩也。"得出"其枉民也亦甚矣哉"的结论。②

清代十分重视监狱安全管理，特别强调监狱官吏轮流值班值宿，刑部监狱为此建立了严格的提牢官值班制度，由满汉提牢主事和满汉司狱在提牢厅内和南北监内轮流值班住宿。同时还规定，囚犯亲属入监探视必须立号登记，详细审查。若监犯越狱脱逃或在狱内滋事生乱，严厉追究值班提牢官、司狱官的责任。

对监犯越狱潜逃，"定例不但该管有狱官吏不得幸免，并知府、直隶知州亦必明案议处，即因公出境之员，仍照越狱例处分。"③如各省司监第一责任人是臬司。乾隆三十五年（1770），应发新改发烟瘴之窃犯陆贵珑在广西司监越狱脱逃，虽经拿获正法，但按察使曾曰理、司狱华烁均被革职，广西巡抚熊学鹏等也"著交部分别议处"④。四十四年（1779），广西司监又发生官犯革职道员自缢身死一案，署理臬司黄邦宁、司狱宋绂被"一并革职审拟"，巡抚熊学鹏"即著革职，发往川省办理军需奏销事务"⑤。人犯越狱，直接负责的官员都须及时向督抚禀报，督抚一面严饬限期缉获，一面具题或

① 《抚豫宣化录》，第134页。
② 《望溪先生集外文》卷六，《狱中杂记》。
③ 《抚豫宣化录》，第189页。
④ 《清会典事例》卷一三五，《吏部·处分例·禁狱二》。
⑤ 《清会典事例》卷一三五，《吏部·处分例·禁狱二》。

具奏上报。如乾隆十七年（1752）七月十一日，江苏徐州府丰县人、重监犯任三在更夫王连中的帮助下，伙同其他三犯越狱出逃。但后来任三夜被缉获，历审供认不讳，解由巡抚庄有恭提集节审，因任三先属斩立决案犯，"依例斩决枭示；禁卒杨伦、马言依律杖一百徒二年，季硕依律杖七十徒一年半；王连中照律杖六十徒一年，年末及岁收赎……逸犯刘玉、刘坡、刘黑缉获另结"，以此谨题请旨[①]。

从上可见，清代虽立法甚严，但越狱、脱逃之事司空见惯，究其原因，田文镜认为主要有二：提牢禁卒为囚犯提供消息和"官纵"："囚犯或关通在外之捕役得钱卖放，或商同在内之重囚听许财物，松其镣铐，去其桎梏，临晚而故不收风，开门而故不下锁，监墙低矮故不禀修，禁卒旷班故不禀究，或伺印官因公出境而乘机脱逃，或因兵役防范少疏而偷空遁逸。此皆提牢禁卒为之传消递息也。彼既贿纵，又恐官长识破，或故将头颅打伤，饰为反狱之形，或假称偶尔睡熟，装点不觉之状，而畏避处分之庸吏有不堕其术中、唯唯从命者哉？以致越狱者多。"[②] 为此，田文镜移文按察司，转饬所属：嗣后凡有应禁人犯，照其罪犯重轻分别监禁，围墙务必高厚，多加茨棘，狱门务必坚牢，重重下锁，铁锁镣铐必验明粗壮，每晚收风必亲诣查点；外则多拨更夫鸣锣击柝，内则多拨禁卒轮流守夜，白日不许纵放闲人进内，一切应禁物件概不许传递入狱，如遇公出及良时佳节，尤当严饬吏卒，委交属员加谨稽查，小心防守。凡城内监廒重地，前后左右禁止演唱夜戏，免致疏防。知府、直隶知州仍不时提撕警觉，毋任属员终年醉梦[③]。由于提牢禁卒同捕役"里应外合"，"以故越城、反狱之案贿纵者多，不觉失囚者十无一二"。[④]

中央的刑部监狱，情况似乎要好于地方监狱。但也时有监犯越狱、殴死

---

① 《内阁刑科题本》（乾隆朝）卷三三八，第8号。
② 《抚豫宣化录》，第190页。
③ 《抚豫宣化录》，第190页。
④ 《抚豫宣化录》，第210页。

之事发生。如道光六年（1826），发生刑部监狱绞犯董其书谋杀同监人犯，一死两伤案，"实属从来未有之事"，为此，刑部堂官责成律例馆妥议防范稽查事宜，律例馆遂订立《稽查南北两监事宜十条》，比较全面地反映了清朝监狱管理的规定：

（1）监犯内如有彼此口角挟有嫌隙者，责成司狱督令该禁卒回明提牢厅，将该二犯均另调别监，倘该禁卒有心徇隐，即行责革。

（2）禁卒内如有年力已衰及尚未成丁或患病聋聩者，责成司务应于每月点卯时查明更换。

（3）两所男犯各分四监，每监值班禁役额定四名，该头役等往往因散役偶有患病等事，即止令三人值班，不足以昭慎重，嗣后，如禁卒不敷四名额数，责成司狱饬令头役回明提牢，应另调别班补足。

（4）两监禁役吃饭时向定章程，必须向司狱报明，领取名牌始行放出内围，饭后仍将原牌交司狱收存，该禁役即归本班，现在该禁役等间有不遵旧章者，应责成司狱随时稽查整顿。

（5）现审人犯各司白日提审时，向系帮班禁役等押带，至申刻以后，该禁役等即各散去，夜间提审即系本屋住宿禁役押带，以致本屋乏人看守，嗣后各司遇有夜间熬审案件，须于当日午刻预先移付提牢厅，以便酌留帮班禁役夜间押犯。

（6）各监收封后，禁役分更看守，责成司狱不时前往稽查，如禁役稍有懈弛之处，即回明提牢厅，分别责革。

（7）两监更夫向分内外围，鸣锣击柝巡逻防夜，每日封门时由内司狱点名，近来司狱仍循旧规，每日查点，更夫分内外围，惟更夫等于点名后，往往乘间走出，夜间或留二三人，于头二更鸣锣巡走一二次，迨三更后，偶遇风雨竟至寂然无声，殊属瞻玩，嗣后责成提牢，率司狱细心访查，如有前项情弊，严加惩办。

（8）司狱向系正班人员在内厅值宿，如正班遇有患病等事，即帮班司狱代为值宿，近有正班司狱轮应上班时，动以患病有事推诿，而帮班之员亦彼此观望，抗不接班者，临时未免周章，嗣后无论正班帮班人员，如实系患病有事，均须先期一二日呈明提牢，不得于知会到日将有事缘由批写，知会带回，倘仍前因循，提牢厅即据实回堂参办。

（9）律例内关系监狱各例，应令提牢厅另行摘录，详加查察，毋得日久懈生，其现议章程如有尚未详尽之处，责成现任提牢司员随时回堂再行酌议。①

———————

① 《刑案汇览》卷末，《刑部事宜》。

第十章　晚清司法制度的近代转型

自 1840 年鸦片战争始，西方资本主义用坚船利炮打开了中国封闭的大门，清朝统治者遇到了中西交汇这一"三千年未有之变局"。就司法制度而言，一方面，随着领事裁判权的确立，中国司法主权丧失的同时，西方较为进步的司法制度也逐渐渗透、影响着中国；另一方面，随着督抚权力的加大，以及国家镇压职能的强化，清朝中央的司法权开始下移，出现了"就地正法"等新变化。这些都说明清朝原有的司法制度已经受到破坏和动摇。为了建立适应时代变化的司法体制，清末进行了一系列改革，使中国的司法制度在步履蹒跚中向近代转型。

第一节　领事裁判权的确立与清朝司法制度的若干变化

一、领事裁判权在中国的确立

领事裁判权是一种国际政治特权。是一个国家的人民，在他国领土内居住，不受居住国法律的管辖，而由驻在国家的本国领事对这些侨民行使裁判权。在近代，西方各国在中国享有的领事裁判权是伴随着一系列不平等条约而取得的，是中国半殖民地化程度不断加深的反映，是外国侵略者单方面享有的一种极端不平等的司法特权。其基本内容是：凡在中国享有领事裁判权的国家，其在中国的侨民如果成为民事或刑事诉讼的被告时，只能由其本国的领事依照其本国法律进行裁判，而不受中国的司法管辖，中国法庭无权审判。

鸦片战争前，尽管清王朝推行闭关锁国政策，对外交往不频繁，但外人来华贸易却从未中断。在对外交往中，涉外刑民案件也时有发生，如乾隆四十九年（1784）十月，英国船只休斯夫人号在黄埔下碇，因放礼炮误毙中国民船水手吴亚科、王运发二人，炮手由中国官厅审判处决。英人对此不满，从此拒绝将英籍被告交送清朝官厅审判，而送回本国，照英国法律审办。这是英国对中国作出的事实上的法权要求，"勾画了治外法权的轮廓"①。此时的清王朝由于处于强盛时期，故仍能坚持维护中国司法权的统一。道光元年（1821），美国思美雷号船上美籍船员因抛掷瓦罐，误中邻船一妇女头部，致该女坠水溺亡。该船员被中国官厅处决抵命。美人对此虽然不满，但公开表示船在中国领海，当服从中国法律之制裁。

随着英国在中国贩卖鸦片活动的猖獗，其在中国谋求治外法权的目的越加明显。道光十三年（1833），英国东印度公司董事兼英国众议院议员史汤登爵士向众议院提出一项议案，要求英国政府在中国设立法院以便审理与英国居民有关的各类案件，但未获通过。英国取消东印度公司垄断中国贸易权后，其驻华商务监督查理·义律在给英国外交大臣帕麦斯顿的报告中，曾明确提出：英国人如在中国境内犯罪，决不将他"送由任何其他审判制度去审判"②。帕麦斯顿还多次向英国下议院提出法案，要"在中国建立民刑法院，与一个海军法院"，以保证英国人不受中国人"损害"③。并在广东省新安县

---

① [美] 马士：《东印度公司对华贸易编年史》第一、二卷，中山大学出版社1991年版，第428页。
② 英国议会文件：《中国通信汇编》，1840年版，第231页。
③ 中国史学会编：《鸦片战争》第2册，第642页。

所辖珠江口东侧的香港岛一带，擅自设立法院审理英民案件。

为了禁止罪恶的鸦片贸易，道光十九年（1839）春，钦差大臣林则徐使粤后，查禁鸦片，严拿外国鸦片贩子，并严谕英国领事义律，如果以后再查出英国商船非法走私鸦片，一定要"遵照《大清律例》所载'化外人有犯，并依律科断'"的原则，"奸夷"应"与华民同照新例一体治罪，货物没官"①。

同年五月二十七日，五名英国水手在香港北侧的小岛尖沙咀村打死打伤多名中国人，林则徐随即派员到澳门谕令义律交出凶犯，由中国官府审办。义律不但"抗不收阅"②，声称英国没有把本国人交他国审判的法律，而且非法宣布在中国领海上设立一个"具有刑事与海上管理权的法庭"，并拟于七月十二日在一艘英国船上开庭审讯此案。林则徐据理力争，并援引嘉庆十三年（1808）清政府处理英军强占澳门事件成例，下令停止对于停泊在香港的英国船只供应柴米食物，限期撤回澳门英商雇用的中国职员和工役，并下令驱逐英船撤离澳门和黄埔。但英方无视一个国家的主权，不但拒不交出凶手，而且还对中国水师发炮攻击，挑起战争事端。

鸦片战争后，英国等西方资本主义国家通过一系列不平等条约先后在中国取得了领事裁判权。

最早在中国取得领事裁判权的是英国。在《中英五口通商章程》第13款中最初这样表述："英人华民交涉词讼一款……倘遇有交涉词讼，管理官不能劝息，又不能将就，即移请华官公同查明其事，既得实情，即为秉公定断，免滋讼端。其英人如何科罪，由英国议定章程、法律，发给管事官照办。华民如何科罪，应治以中国之法，均应照前在江南原定善后条款办理。"③ 文中的"原定善后条款"指道光二十三年（1843）签订的《虎门条约》，又称《中英五口通商附粘善后条款》，该条约第6款规定："凡系水手及船上人等，俟管事官与地方官先行立定禁约之后，方准上岸。倘有英人违背此条

① 《林则徐集·公牍》下册，中年书局 1983 年版，第 123—125 页。
② 《林则徐集·公牍》下册，中华书局 1983 年版，第 130 页。
③ 王铁崖编：《中外旧约章汇编》第 1 册，生活·读书·新知三联书店 1957 年版，第 42 页。

禁约，擅到内地远游者，不论系何品级，即听该地方民人捉拿，交英国管事官依情处罪，但该民人等不得擅自殴打伤害，致伤和好。"① 根据该条约规定，英人在中国领土犯罪，中国政府无权根据中国法律来制裁，而由英国领事根据英国法律来定罪。这是领事裁判权制度在中国正式确立的标志，也是清末司法主权丧失的开始。

随后，美、法等国也在中国取得了领事裁判权。道光二十四年（1844）五月，美国强迫清政府签订了《中美五口贸易章程》，通称《望厦条约》，同年九月，法国政府也强迫清政府签订了《中法五口贸易章程》，即《黄埔条约》，把领事裁判权进一步具体扩大。《中美五口贸易章程》第21款规定："嗣后中国民人与合众国民人，有争斗、词讼、交涉事件，中国民人由中国地方官捉拿审讯，照中国例治罪；合众国民人由领事等官捉拿审讯，照本国例治罪；但须两得其平，秉公断结，不得各存偏护，致启争端。"第25款规定："合众国民在中国各港口，自因财产涉讼，由本国领事等官讯明办理，若合众国民人在中国与别国贸易之人因事争论者，应听两造查照各本国所立条约办理，中国官员均不得过问。"《中法五口贸易章程》第28款规定："法兰西人在五口地方，如有不协争执事件，均归法兰西官办理。遇有法兰西人与外国人有争执情事，中国官不必过问。至法兰西船在五口地方，中国官亦不为经理，均归法兰西官及该船主自行料理。"② 这些条款，对审判机构和适用法律做了明确的规定。清朝自此丧失了对外国侨民的法律管辖权。而且领事裁判权的范围也从《中英五口通商章程》中所规定的"五口"扩大到各港口。

第二次鸦片战争后，不但俄、德、葡、意等十几个国家在中国取得了领事裁判权。而且，领事裁判权的内容、范围等均有所扩大。《中俄天津条约》第7条规定："通商处所俄国与中国所属之人若有事故，中国官员须与俄国领事官员，或与代办俄国事务之人，会同办理。"③《中美天津条约》第

---

① 王铁崖编：《中外旧约章汇编》第1册，生活·读书·新知三联书店1957年版，第35页。
② 王铁崖编：《中外旧约章汇编》第1册，生活·读书·新知三联书店1957年版，第54—56页。
③ 王铁崖编：《中外旧约章汇编》第1册，生活·读书·新知三联书店1957年版，第8页。

11 款规定："……倘华民与大合众国人有争斗、词讼等案，华民归中国官按律治罪；大合众国人，无论在岸上、海面，与华民欺侮骚扰、毁坏物件、殴伤损害一切非礼不合情事，应归领事等官按本国例惩办。"①《中英天津条约》第 15 条、第 16 条、第 17 条则分别规定："英国属民相涉案件，不论人、产，皆归英官查办。""英国民人有犯事者，皆由英国惩办。中国人欺凌扰害英民，皆由中国地方官自行惩办。两国交涉事件，彼此均须会同公平审断，以昭允当。""凡英国民人控告中国民人事件，应先赴领事馆衙门投禀。领事馆即当查明根由，先行劝息，使不成讼。中国民人有赴领事馆告英国民人者，领事馆亦应一体劝息。间有不能劝息者，即由中国地方官与领事官会同审办，公平讯断。"②《中法天津条约》第 38 款规定："凡有大法国人与中国人争闹事件，或遇有争斗中，或一二人及多人不等，被火器及别器殴伤致毙者，系中国人，由中国官严拿审明，照中国例治罪；系大法国人，由领事馆设法拘拿，迅速讯明，照大法国例治罪，其应如何治罪之处，将来大法国议定例款。如有别样情形在本款未经分晰者，俱照此办理，因所定之例，大法国人在各口地方如有犯大小等罪，均照大法国办理。"第 39 款规定：大法国人在通商各口地方，如有不协争执事件，均归大法国官办理。遇有大法国人与外国人有争执情事，中国官不必过问。至大法国船在通商各口地方，中国官亦不为经理，均归大法国官及该船主自行料理③。其后，德国通过《中德通商条约》第 38、39 款规定，葡萄牙通过《中葡和好贸易条约》第 15、16 款规定，意大利通过《中意通商条约》第 15 款规定等，也先后在中国取得了领事裁判权。

日本是后起的资本主义国家。甲午战争后，中日于光绪二十一年(1895)签订了《马美条的》，日本也在中国取得了片面领事裁判权。该条约规定："在日本国军队驻守之地，凡有犯关涉军务之罪，均归日本军务官审判办

---

① 王铁崖编：《中外旧约章汇编》第 1 册，生活·读书·新知三联书店 1957 年版，第 91 页。
② 王铁崖编：《中外旧约章汇编》第 2 册，生活·读书·新知三联书店 1959 年版，第 98 页。
③ 王铁崖编：《中外旧约章汇编》第 1 册，生活·读书·新知三联书店 1957 年版，第 91 页。

理。"① 翌年签订的《中日通商行船条约》进而明确规定："日本在中国之人民及其所有财产物件，专归日本妥派官吏管辖。凡日本人控告日本人，或被别国人控告，均归日本妥派官吏讯断，与中国官吏无涉"（第 20 款）。"凡日本臣民被控在中国犯法，归日本官员审理。如果审出真罪，依日本法律惩办。中国臣民被日本人在中国控告犯法，归中国官员审理。如果审出真罪，依照中国法律惩办"（第 22 款）②。

西方资本主义国家还对以往签订的条约进行有利于自己一方的解释，如对《中英天津条约》中的"皆由英国惩办"一句，在光绪二年（1876）的《中英烟台条约》中又特别加以明确为："由英国领事官或他项奉派干员惩办"。而"彼此均须会同公平审断"之"会同"二字，明确为："两国各口审断交涉案件，两国法律既有不同，只能视被告为何国之人，即赴何国官员处控告；原告为何国之人，其本国官员只可赴承审官员处观审，倘观审之员以为办理未妥，可以逐细辩论，庶保各无所隅，各按本国法律审断。③ 这使西方殖民者的观审权得到确认。在第二次鸦片战事期间和战争结束以后的一个时期，继英、法之后，俄国、德国、葡萄牙、意大利、日本、比利时、挪威、瑞典、丹麦、荷兰等 18 个外国资本主义国家相继在中国取得领事裁判权。

如前所述，领事裁判权中最重要的规定是，凡与中国结缔约的外国人与中国人发生争讼，无论是刑事案件还是民事案件，均归控告所属国家的法庭处理，适用法律也是被告人本国的法律。这是领事裁判权中的核心。由此，清王期失去了对外国侨民的法律管辖和制裁。

二、会审公廨与领事裁判权的扩大

道光二十二年（1842）中英《南京条约》中，有"自今以后，大皇帝恩

---

① 《光绪朝东华录》，光绪二十一年六月。
② 《光绪朝东华录》，光绪二十一年六月。
③ 《清季外交史料》卷七，第7—14 页。

准英国人民带同所属家眷，寄居大清沿海的广州、福州、厦门、宁波、上海等五处港口，贸易通商无碍"的规定。这是英国商民获得带同眷属在中国通商口岸旅居的权利。翌年签订的《中英五口通商附粘善后条款》第 7 款又有"中华地方官必须与英国管事官各就地方民情，议定于何地方，用何房屋或基地，系准英人租赁"的规定，这一规定实际上否定了英人"自行择地"的要求，由两国会商决定租地对于维护中国国家主权和当地居民利益，是有积极意义的。

在以后的谈判中，清朝军机大臣穆彰阿等认为，将英人的居留之处限定于某一特定地区，有利于中国对其管理和控制。道光帝对此表示赞成①。经过英国驻上海领事巴富尔与清上海道台多次谈判，道光二十五年十一月一日（1845 年 11 月 29 日），双方签订了《上海地皮章程》（又称《上海租界章程》）23 款，并以上海道台名义发布告示，承认黄浦江以西、边路（今河南路）以东、李家庄（今北京路）以南、洋泾浜（今延安路）以北的地段，约 830 亩，为英国外侨租借"居留和经商"的地区。这是资本主义国家在中国强占租界的开始。此后，英国租地不断扩大，至翌年西界确定时即达到 1080 亩②。

美国、法国也相继在上海强占租界。而且，由于美、法两国仍坚持其国的商民在中国的通商口岸应有自由居住之权，因此在道光二十四年议订中美、中法条约时，清政府不得不作出让步。于是，中美《望厦条约》规定，美人可在通商口岸建立医院、礼拜堂和殡葬之处。中法《黄埔条约》不仅允准法人在通商口岸建立学校、济贫院等，还明确规定，对法人在五口的"房屋间数、地段宽广，不必议立限制"③。这一条款使清政府试图采取限定外人居留区域的政策遭到破坏，其后果是严重的。由于当时中国国势衰弱，清政府畏惧洋人，划出成片土地供外人专用，致使当地集结了大批享有领事裁判权的侨民，这就为他们侵夺当地的行政管理权创造了客观环境。又由于中法

---

① 《筹办夷务始末》（道光朝）第 5 册，第 2783 页。

② 费成康：《中国租界史》，上海社会科学院出版社 1991 年版，第 16 页。

③ 王铁崖编：《中外旧约章汇编》第 1 册，生活·读书·新知三联书店 1957 年版，第 54 页。

条约对于法人在通商口岸的"房屋间数、地段宽广"不加限制，而英、美等国又都享有片面最惠国待遇，因此，外人又以这一约款不断要求拓展租界。同治二年（1863），英国租界与美国租界合并，成立所谓"公共租界"，就是拓展租界的结果。

早在签订《上海租地章程》时，清政府将界内的市政建设权以及部分征税权出让给外人享有，其中以英国领事对属地的行政管理权最为突出。这是殖民者从行政管理权进而能够攫取中国的司法权的又一原因。按照规定，各国商人包括中国商民在界内开设旅馆等，须由英国领事批推。对于界内治安，又有"公同酌议"之字样。一年后，英人正式建立"道路码头委员会"，负责市政建设、征收捐税等。从此驻沪英国领事不仅可对当地的英国侨民进行属人管辖，还可在一定程度上对这片中国领土进行属地管理，致使中国在当地的主权受到更严重的侵犯。自咸丰十一年（1861）起，英国领事等人获得独自而不是会同中国官员对英租界内各种行政事务的立法权。随后，其他租界开辟国依据片面最惠国待遇，也对其专管租界订立各种法律。而中国政府却反而丧失了对界内一切事务的立法权。

外国侵略者在中国的通商口岸强行划租界地，除筑路建屋外，还进一步在租界内取得"管理"权，实行完全独立于中国行政和法律之外的另一套统治制度，使之成为进行各种侵略活动的据点。19世纪40年代上海英人租地开辟之初，界内的华人仍完全受中国的司法管辖。咸丰三年（1853）七月小刀会攻占上海县城后，数以千计的中国难民逃到租界，租界当局在限制中国人进驻租界的同时，又擅自订立了保护其国生命财产的规则，警察队等组织也旋即成立。随后，上海英、法、美租界当局乘机夺取了对界内华人的司法管辖权。华人在租界内违反租界章程或犯罪，这些国家的领事都非法地进行审判，并非法地将案犯判处拘役、苦工等刑罚，只是把重罪犯移送上海官府审判。八月，英、法、美三国驻上海领事趁机擅改原订的《上海租地章程》，拟订《上海英法美租地章程》14款，咸丰四年六月十一日（1854年7月5日）公布，事后移文通知上海道台。根据这一《章程》规定，外国资本主义侵略者得在租界内设置巡捕、征收赋税，并成立工部局作为执行殖民政策的行政机构。

咸丰六年（1856），清政府恢复对上海的统治后，驻沪领事团作出一些"让步"，按照新规定，在租界中被捕，在英、美的领事法庭或法国的违警罪裁判所预审时查有确切犯罪证据的华人，均须送交上海地方官府审判。但由于此类案件每天不下20起，上海官府没有力量来翻译租界警方附送的案卷，仅知案由，不明详情，在审判时除听信案犯自己的供词，或逼迫他们招供外，实在没有其他的审判办法。其间，确有一些无辜的人被拘押、刑讯，而有些真正的罪犯却能蒙混过关，在稍事拘留后便被释放，随后即重返租界，窃盗如故。这无疑给外人攻讦中国留下了口实。同时，上海官府又无法辨别哪些是应由中国官府进行司法管辖的"无约国"外人及无国籍外人，更没有管辖他们的办法，只能坐视其中的犯罪分子为所欲为。这种状况引起驻沪领事团的不满。同治二年（1863）上半年，在订立美租界划界章程时，美国领事熙华德率先提出在美国领事签署签票前中国的差役不得在美租界内拘捕任何中国居民的要求，对于这一侵夺中国在租界地区司法权的要求，上海道台黄芳居然予以允准。该协议第3款载明："中国官厅对于居住美租界内中国居民之管辖权，吾人当绝对承认，惟拘票非先经美领事加签，不得拘捕界内任何人等。"其第6款载明："无约国人民凡事均应美领事之处置。但该项人民，苟向任何有约之领事馆呈文立案，愿受该领事馆之管辖，并曾经该领事馆认可，且发给凭证证明该民已经立案应受该领事馆之管辖者，得不受美领事之管辖。"按照上述条款，美国领事公然攫夺了中国官吏在美租界之逮捕权以及对于无约国人之管辖权。①

同治二年底，驻上海的英、美、法、俄、葡5国驻沪领事妄图将裁判无约国人民之权，授予工部局，于是联名致书上海道台："查贵国政府对于无领事代表之外人，既不愿行使职权，又鲜他法加以取缔，此类危险分子，实有制定取缔条例之必要。本领团会议时，认为授权予工部局并扩充其在租界

---

① 梁敬錞：《在华领事裁判权论》，全国图书馆文献缩微复制中心2003年版，第135页。

内固有之职权，以便管理无领事代表之一切人犯，似属可行。惟此项权限，既属于贵国政府，拟请将该权由本领团授予工部局，并由本团监督其施行，以取缔上开之人。"① 对于此种无理要求，上海道台黄芳以上海官府"实从无辨别管理""无约国"外人为由，竟答书承允。

在此前后，领事团进而主张在公共租界内建立一个违警法庭，专门审判华人违警案件，裁判员由领事团委派。遭到上海地方官员拒绝。英国领事巴夏礼又提出建立中外混合法庭，由外国领事与中国地方官联合组成。江苏巡抚表示支持。于是，同治三年（1864）三月，由上海道委任的理事及由英、美等国副领事等官员任陪审官的洋泾浜北首理事衙门在上海公共租界内正式成立，该衙门是中国租界史上第一个实行中外会审的混合法庭。法庭管辖权以华人为被告的轻微刑事、民事案件为限，刑事案件以监禁 100 天以内、服役苦工，枷锁 30 天以内、杖答 100 以内为限。民事案件以诉讼总额 100 元以内为限。法庭每晨在英领事馆开庭，英陪审官每星期出庭 4 次，美陪审官出庭 2 次。凡上诉案件，均移送上海道审理，涉及外国人利益者由上海道台与外国领事会同审理。理事与陪审官意见不合的案件也作上诉案件处理。法庭之判决书，由法庭名义用中文宣示。

在该理事衙门成立之初，中国官员曾力图限制外国陪审官的权力，但在事实上不能做到这一点，不但使该理事衙门扩展了审判权限，还依据西方的刑法来判处中国人犯，甚至以西方的苦工、罚金等刑罚来处罚中国人犯。从该衙门成立后至是年底，该理事衙门处置的 2178 名华人中，有 557 名被无罪开释，295 名被移送中国官府审判，612 名被申斥，363 名被处答刑，55 名被处枷刑，104 名被罚做苦工，192 名被处罚金 ②。同治四年（1865）九月，因租界当局企图役使更多的囚犯，外国陪审官将大批轻罪罪犯判作苦工。其中有个戴某，仅买了个据说是"贼货"的门钮，就被罚作苦工两月，并因饱受虐

① 梁敬錞：《在华领事裁判权论》，全国图书馆文献缩微复制中心 2003 年版，第 136 页。

② 费成康：《中国租界史》，上海社会科学院出版社 1991 年版，第 136 页。

待而死。为此，上海道应宝时向英国领事提出抗议，并以撤销理事衙门来进行抗争，英国领事文极司脱等只得同意废除苦役制度，并与上海道谈判有关组织正式的会审法庭的事宜。经过长期修订，清朝总理衙门及英、美公使于同治七年（1868）十一月分别核准《上海洋泾浜设官会审章程》，并确定该章程于翌年三月公布生效，理事衙门也正式改组为会审公廨(亦称"会审公堂")。

根据《洋泾浜设官会审章程》第 1 款的规定，会审公府为中国的司法机构，由上海道遴委的一员同知来主持。按第 3 款规定，廨内的翻译、书差人等均由该委员(后又称为"廨员")自行招募，并雇请洋人一二名"看管一切"，及提传、管押"无约国"外人。该廨的管辖范围为上海租界地区，审判权限包括钱债、交易等方面的民事案件，斗殴、窃盗等轻微刑事案件，罪至军、流、徒以上的案件及人命案，仍归上海县审断。如第 1 款规定：公廨的职权是："管理各国租借地内钱债、斗殴、窃盗、词讼各等案件。……凡有华民控告华民及洋商控告华民，无论钱债与交易各事，均准其提讯定断，并照中国常例审讯。并准其将华民刑讯、管押及发落枷杖以下罪名。"第 4 款规定：如"华人犯案重大，或至死罪，或至军流徒罪以上，中国例由地方正印官详请臬司审转，由督抚酌定奏咨，应仍由上海县审断详办。"如果案件涉及"有约国"外人，该委员须与领事馆或他所派出的官员进行"会审"。如"无约国"外人涉讼，该委员可"自行审断"，但须邀一名外国官员"陪审"，给这些外人酌拟的罪名，也应详报上海道核查，并与一名领事"公商酌办"。如系为外人雇用、延请的华人涉讼，领事官或其所派的官员可到席"听讼"，如案件并不牵涉外人，则不得干涉。对于逃入租界的中国人犯，该委员可派廨差直接提传，不用县票，也不用工部局巡捕。提传为外人服役的华人，该委员需将案情移知有关的领事官，由该领事立即将应讯之人交案。逮捕为专职领事官服役、雇用的华人，则须事先经该领事的允准。不服公廨判决者，可向上海道及领事官上诉①。

---

① 王铁崖编：《中外旧约章汇编》第 1 册，生活·读书·新知三联书店 1957 年版，第 269 页。

同理事衙门时期相比，清政府通过《洋泾浜设官会审章程》多少收回了上海租界内的一些司法管辖权，特别是取消了外国官员对原、被告均是华人的纯粹华人案件的会审权，及外国领事对中国官府提传界内普通华人的核准权。另一方面，通过章程正式确认的会审制度，又是严重丧权辱国的制度。根据章程规定，中国人在本国的某些地区成为华洋混合案件的被告，就要受中外官员共同审判；而"有约国"外人在这些区域成为华洋混合案件的被告，中国官员甚至无会审之权，这就使外国侵略者在中国的违法行径不能受到中国法律的惩罚，是清政府丧失独立的司法主权的又一重要标志。

三、外国侵略者扩大权力的企图

《洋泾浜设官会审章程》实施后，中国官府又被迫与法人另行订立章程，在法租界中另设会审公廨。该公廨长期设在法国领事馆内，由上海道遴派的一名委员主持，由法国副领事任陪审官，每周开庭 3 次。该廨与公共租界会审公廨的不同之处，主要是该廨提传界内一切华人的签票均须经法国领事签字，并须由租界巡捕房派巡捕与中国设在当地的会防局局勇会同执行。同时，对该廨作出的刑事判决，当事人均不得上诉。

会审公廨成立后，驻沪的英、美、法领事并没有遵守《洋泾浜设官会审章程》的规定，而是不断扩张外国会审官的权限，进一步侵夺中国在上海租界地区的司法权。到 19 世纪末叶，中国委员单独审判的仅有纯粹的华人民事案件，而纯粹的华人刑事案件也一概由外国领事官员会审。对于公廨委员可直接派廨差提传公共租界内中国人犯的规定，其后改为上海县的拘票须经领事签字，拘捕人犯也须由工部局巡捕房协助。尤其在法租界，中国的会防局被裁撤后，法租界的逮捕权全被租界巡捕房独揽。对于会审公廨判决的徒刑的执行权，外人也逐步加以侵夺。

在攫夺了租界内更多的司法权后，驻沪领事团又力图使这种侵夺合法化。领事团于光绪三十一年（1905）初订立的《续增上海洋泾浜设官会审章程》，是这种侵略意图的集中体现。该章程提出会审公廨所出的提传票均需经领事签字、公廨的审判权限扩大到徒刑 5 年等无理要求。由于在该年底爆发了震撼全国的"大闹公堂案",清政府因而拒绝批准这一新章程。但在驻沪领事团的强大压力下,清政府旋又作出让步,同意外人在《续增上海洋泾浜设官会审章程》中的一项要求,使会审公廨的判决权限正式扩大到徒刑 5 年。

必须指出的是,中国司法权的丧失不限于上海租界,因为建有会审公廨的还有鼓浪屿公共地界及汉口租界。而且,中国与列国签订的《厦门鼓浪屿公地章程》规定,界内"由中国查照上海成案设立会审公堂一所"[1]。会审公堂所实行的章程与上海公共租界会审公廨基本相同。甲午战争后,在汉口相继设立了英、德、俄、法、日五个租界,五个租界开辟国的领事馆内便分别设置会审公廨,使当地并存着五个中外混合法庭。为了适应这种局面,经湖北督抚核准,江汉关道在此期间设置汉口洋务公所,负责拘传界内人犯,及到各会审公廨参加会审等事宜。这一切都表明,晚清中国司法权的丧失不限于上海祖界,还扩及中国其他地区。

四、会审公廨对中国的影响

西方殖民主义者通过领事裁判权分割了中国的司法权,使完整、统一的司法权不复存在。但另一方面,西方较为进步的司法制度也通过租界渗透、影响到中国。这些影响表现在起诉、取证、审讯、辩护、判决等诸多方面,其中最重要的有以下三个方面:

1. 不滥用刑讯

中国传统的司法审判制度中,以口供为证据之王。为获得口供,大多数司法官员采取严刑逼供的办法。如前所述,清朝法定的刑具有竹板、荆条、皮鞭、夹棍、拶指、火链等,而审判官还常常违反刑律,滥用刑讯,这在当

---

① 王铁崖编:《中外旧约章汇编》第 2 册,生活·读书·新知三联书店 1959 年版,第 20 页。

时十分普遍。同时，由于民、刑不分，为钱债细故、田产纷争而对薄公堂的人们，甚至证人、邻居等案外无辜，也都会被毒刑拷打。事实上，外人反对由中国官员单独审判以华人等为被告的案件，重要的理由就是清朝司法制度中，行政官兼理司法，民刑不分，滥用刑讯。光绪三十一年（1905）夏，伍廷芳、沈家本等《奏停止刑讯请加详慎折》中，对御史刘彭年所言"刑讯为东西各国所窃笑，中国政治法律家久已心知其非"①深表赞成，并指出："齐一法制，取彼之长补我之短"，乃是修订法律收回领事裁判权之"第一要义"。②于此可见其影响。由于外国会审官的干预，会审公廨在审判时已注重于人证、物证，将这些客观证据作为判决的依据。不仅民事案件的当事人及作证的证人等不再有被刑讯之虞，即使是刑事案件的被告也很少受到刑讯。以《苏报》案来说，如果不是在会审公廨中，而是在清朝的衙门里，审判官根本不会让章炳麟辩解"载湉小丑"中的"小丑"二字本作"类"字或"小孩子"之解，而是早就动用大刑，逼他招供同谋的"逆党"。

2. 慎用及减轻肉刑

在中国封建社会里，笞、杖等除了作为刑讯的手段，还是对罪人进行惩罚的肉刑。会审公廨的审判权限是"发落枷杖以下罪名"，按此，公廨作出的处罚都应是枷号、笞、杖等肉刑。由于西方国家多已废除肉刑，不少外国会审官都慎用笞杖之刑。据裁，自光绪四年（1878）三月后的28个月之中，一名英国会审官仅同意中国廨员在47个案件中责打人犯，其中最多的被打100板，最少的被打20记手心。同时，他们还变通枷号的办法，将木枷改成仅重五六斤的轻枷，将示众的地点选在可避日晒雨淋之处，并在白天示众六七小时后即把木枷取下，允许受刑者回家吃饭、睡觉，直到第二天早饭后再重新枷号③。这种做法显然违背了中外约章，侵犯了中国的司法主权，但

---

① 丁贤俊、喻作凤编：《伍廷芳集》上册，中华书局1993年版，第268页。
② 《核议御史刘彭年折》。
③ 《英国国会文件·中国》第2册，第488—489页，转引自费成康《中国租界史》，上海社会科学院出版社1991年版，第146页。

在客观上却较符合人道主义。

3. 允许律师出庭辩护

在中国封建社会里，讼师不被官府承认。但在各个会审公廨中，由于外国会审官的允诺，外国律师很快扮演了重要的角色。据记载，早在1866年洋泾浜北首理事衙门开庭审判时，外籍律师已出庭辩护。到19世纪70年代，会审公廨在审判华洋混合案件时，已明确允许原被告双方延请律师出庭。律师进入中国的法庭，改变了中国法庭的审判程序，改变了过去只判不审，或只审无辩的传统做法，对于防止审判的偏颇，约束问刑官的独断专横，增加裁判的公正性，保护当事人的合法权益，多少有一些积极的意义。在会审公廨中出现的这些变化，对以后清政府改革刑律，废止肉刑，限制刑讯，及中国律师登上历史舞台都起过一定的推动作用。而这些公廨中中外会审官不时发生的纷争，既有因外人侵夺中国司法权而引起的冲突，也有因中西法律思想、司法制度的差异而导致的冲突。在这些冲突中，外国会审官肆意地践踏中国的法律制度，暴露了干涉中国主权的实质。但不应忽略的是，当时西方的法律思想、法律制度毕竟属于资产阶级的革命成果，它与清朝的法律制度相比，无疑具有进步性。因而外国会审官强加给中国会审官的某些做法，也具有某种进步意义。

第二节　"就地正法"与司法权的下移

鸦片战争以后，清朝的统治遇到了前所未有的危机，尤其是经过太平天国农民战争的冲击，固有的统治秩序被打破，其司法制度也发生了深刻变化，这主要表现在随着地方乡绅力量的崛起，以及督抚拥有"就地正法"权，使原有的中央尤其是皇帝操纵最高司法权的格局被打破，司法权开始下移。

一、"就地正法"权的扩大

清朝前期，皇帝拥有最高司法权，不但生杀大权操之在上，而且对法司的操纵无孔不入。试举二例。一是乾隆二十二年（1757）九月初九日，乾隆帝审阅本年秋审官犯册时，其中有拟斩之原任湖南藩司杨灏一案，巡抚蒋炳以限内完赃改拟缓决，乾隆帝对此大为震怒，"手战愤栗，"[1] 命将蒋炳革职拿解来京，并查抄其字迹、赀财；三法司及与审之九卿、科道等俱交部分别议处。侵贪至三千余两之杨灏即行正法。按蒋炳所拟，是根据雍正三年（1725）所定完赃减等附例[2]，并非枉法可比。乾隆帝之所以大动肝火，是从其对司法权之不可下移着眼。他在次日上谕中道出原委：朕临御二十二年，试问在朝诸臣，有敢窃弄威福、能生死人者为谁？不久，刑部拟蒋炳斩监候，奉旨免其斩候，发往军台效力赎罪。翌年乾隆帝命将侵亏人己完赃减等例"永行停止"[3]。

另一例发生于乾隆二十九年（1764）九月。向例秋审，凡有关服制之犯，督抚原拟情实，刑部、九卿复核时不驳改缓决，以预留皇帝勾决时酌量缓勾。而本年秋审时刑部尚书舒赫德等将情实人犯内伤毙缌麻尊长之杜廷顺五犯请旨改为缓决。乾隆帝以舒赫德之遽改章程，乃为博宽厚之名，故传旨严斥舒赫德，并掷还原折[4]。乾隆帝随即通谕九卿及内外用刑衙门：舒赫德等喋喋议缓，惟恐不及，是早以"三宥"自居，朕将何所用其权度乎？

以上两例可见，无论是中央刑部还是地方督抚大员，即使按律例拟罪或按成例办事，也会受到皇帝责斥，更不论违反律例之事了。但这种情况鸦片战争前后发生了变化。这主要有两个原因：一是法律维护统治阶级利益及意

---

① 《清高宗实录》卷五四六。
② 《光绪大清会典事例》卷七八一。
③ 《清高宗实录》卷五七〇。
④ 《清高宗实录》卷七一八。

志的职能得到强化；二是时势的变化。

乾隆中后期，清朝的统治秩序已经不像以往那样稳固，突出的表现，一是以各种教门起事的事件所在多有；二是聚众抢掠、抗官之案层出不穷。为了强化封建国家的镇压职能，并能迅速扑灭各种名目的反清起事，遏止随时可能蔓延的突发事件，统治者往往允许地方官不经中央审核即"先斩后奏"。这种情况的发展，使地方封疆大吏无法判断，何种为寻常命盗、械斗之案，何种为杀无赦的邪教之类案件，因此渐演渐变，寻常械斗案也可以就地正法。乾隆五十九年（1794），闽浙总督伍拉纳将内地寻常案犯照台湾漳泉械斗聚众之案从重定拟，即行正法。为此，乾隆帝通谕各督抚，重申寻常案犯不得概行从重定拟之意。但不久，又有云南巡抚冯光熊覆奏，地方如遇重大案件自应将法无可贷之犯立正刑诛，说明封疆大吏普遍要求有"就地正法"之类权宜处置权。对此，乾隆帝从维护司法权的高度统一着眼，再次通谕各省督抚，审拟案件当准情定罪，以期情法两平。但地方大员权宜处置之案仍然很多。不久，福建水师提督兼台湾总兵哈当阿上奏：审明因奸谋死本夫之郑月娘、张荣，恭请王命，分别凌迟斩决。乾隆帝以为所办殊属错误，并谕曰：郑、张二犯虽法无可贷，但因奸谋死本夫之案何省无之？若此等寻常案件亦一律恭请王命，尚有何案应行按例请旨定夺耶？随后陆续发生直隶总督梁肯堂将劣监抗粮殴官一案首犯等审明后先行正法，奉天府尹宜兴将抢劫、轮奸各犯先行正法等事，乾隆帝虽饬谕地方官不知缓急，但说明司法权已有下移的趋势①。

以后，随着川楚白莲教起义以及各地烽火四起的反清之事的出现，清朝实际上赋予了地方大员具有某种先斩后奏权。也就是说，"就地正法"并不始于鸦片战争后。但是，在鸦片战争前"权宜为之"的就地正法，因统治危机的加深，在鸦片战争后逐渐成为通例。

《清史稿·刑法志》称："唯就地正法一项，始自咸丰三年。时各省军兴，

---

① 中国第一历史档案馆编：《乾隆朝上谕档》第17册，档案出版社1991年版，第881、975页。

地方大吏遇土匪窃发，往往先行正法，然后奏闻。"《清史稿》所据是咸丰三年（1853）三月十三日的"就地正法"谕旨：

> "前据四川、福建等省奏陈绪匪情形，并陈金绶等奏遣散广东各勇沿途骚扰，先后降旨谕令该督抚等认真拿办，于讯明后就地正法。并饬地方官及团练、绅民，如遇此等凶徒，随时拿获，格杀勿论。现当剿办逆匪之时，各处土匪难保不乘间纠伙，抢劫滋扰，若不严行惩办，何以安戢闾阎。著各直隶督抚，一体饬属随时查访，实力缉拿。如有土匪啸聚成群，肆行抢劫，该地方官于捕获讯明以后，即行就地正法，以昭炯戒。并饬各属团练、绅民，合力缉拿，格杀勿论。俾凶顽皆知敛戢，地方日就乂安。至寻常盗案，仍著照例讯办，毋枉毋纵。"①

据该谕旨，"就地正法"是根据四川、福建、广东三省的请求，允许三省将抓获的"匪"和遣散的骚扰兵勇就地处决，无须按照历来的审转制度，层层转解，报告皇帝裁决。这说明在这道谕旨下达以前，"就地正法"至少已在四川、福建、广东等省施行。谕旨并有权宜之计的意思，即"现当剿办逆匪之时"。值得注意的是施行地域由三省扩展到全国所有地方，而且授权范围由总督巡抚扩大到各级地方官，团练、绅士也有了"格杀勿论"权。

实际上，"就地正法"谕旨发布前，地方大员早已施行，"就地正法"范围也不限于以上三省。以湖南为例，曾国藩于咸丰二年（1852）底到长沙办团练，"手书告各郡县官绅，遇匪徒窃发，密函达省，用巡抚令旗诛之，或杖毙，不以烦狱吏"②。他在寓所设审案局，派二人"拿获匪徒，立于严讯。即寻常痞匪，如奸胥、蠹役、讼师、光棍之类，亦加倍严惩，不复拘泥成例。③

---

① 北京大学图书馆藏手稿本：《刑部奏案》前谕旨。转引自李贵连：《沈家本传》，法律出版社 2000 年版，第 161 页。

② （清）王定安著，朱纯点校：《湘军记》卷二《湖南防守篇》，岳麓书社 1983 年版，第 11 页。

③ 《曾国藩全集》卷一《奏稿》，第 44—45 页。

咸丰三年（1853）二月十二日，曾国藩在所上《严办土匪以靖地方折》中，为其大张挞伐寻找根据：近年有司"苟且一日之安，积数十年应办不办之案，而任其延宕；积数十年应杀不杀之人，而任其横行，遂以酿成目今之巨寇。今乡里无赖之民，嚣然而不靖，彼见夫往年命案、盗案之首犯逍遥于法外，又见夫近粤匪、土匪之肆行皆猖獗而莫制，遂以为法律不足凭，官长不足畏也。平居造作谣言，煽惑人心，白日抢劫，毫无忌惮。若非严刑峻法，痛加诛戮，必无以折其不逞之志，而销其逆乱之萌。臣之愚见，欲纯用重典以锄强暴，但愿良民有安生之日，即臣身得残忍严酷之名亦不敢辞。"[1]曾国藩的做法得到了清朝最高统治者的肯定后，他又于六月十二日，上《拿匪正法并现在帮办防堵折》，其中说："臣设局以来，控告纷纷，或签派兵役缉拿，或札饬绅士踩捕，或着落户族勒令跟交，或即令事主自行擒缚。一经到案讯明，立予正法。"四个月间，"立予正法"者104名，"立毙杖下"者2名，"监毙狱中"者31名，总计137名。而曾国藩指令各县就地处死者和后来捕捉的串子会成员92名尚未包含在内[2]。

湖南的例证具有典型性。地方大吏之所以不烦"狱吏"，不拘成例，对所谓"痞匪"之类就地正法，是因为这符合统治阶级的根本利益。法律本来执行的是统治阶级的意志，至于具体的形式、程序是可以打破的。

二、地方督抚抵制中央收权

清代死刑案件，以命、盗为主。由于在全国推行"就地正法"，因此，过去的死刑复核审转制度遭到破坏。申报中央，由皇帝亲自裁决的死刑案件也就相当有限。

命盗案件的死刑裁决权，由集中走向分散，这是"就地正法"实施后所

---

① 《曾国藩全集》卷一《奏稿》，第44页。
② 《曾国藩全集》卷一《奏稿》，第56页。

带来的审判制度上的变化。这种变化的结果，是全国性的滥杀。几千年来，被封建统治者奉为圭臬的"治乱世用重典"，在封建末世，被统治者最后一次付诸实践。太平天国及捻军等反清起义被基本镇压以后，清朝出现了所谓的"同光中兴"。为了粉饰这种"中兴"，清朝最高统治者开始调整"外重内轻"的局面，试图收回各项权力。为了恢复生杀大权操之在上的传统体制，清朝中央政府与地方大吏进行了斗争，光绪初年震动朝野的三起著名冤案，便是十分典型的例证。

第一起浙案，即民间熟知的杨乃武与小白菜案。此案发于同治十二年（1874），由于自余杭县至杭州府乃至浙江省，皆以严刑逼供，迫使杨乃武诬服，后经浙籍京官联名上书，加之御史上奏，乃于光绪元年（1875）才由刑部审清，平反结案。原审此案之浙江巡抚杨昌浚、侍郎衔学政胡瑞澜等一批官员，或被革职，或被流放。

第二起为江宁三牌楼案。该案因光绪初年南京三牌楼发现一具无名尸体而起。按规定程序，它应由地方官查清审理。但是，两江总督沈葆桢却将它批给营务处总办洪汝奎，由参将胡金传经办。胡金传罗织罪名，认定这是哥老会匪内讧互相残杀案，沈葆桢据此援引"就地正法"章程，将僧人绍宗等处斩。沈葆桢死后，江宁地方官偶获真正凶犯，由于继任两江总督刘坤一与洪汝奎私交甚密，福建籍官僚又企图维护沈葆桢名声面提出诸多质疑，案延不结。最后，由清朝派钦差薛允升等前往江宁秘密审讯，才予平反。沈葆桢已死免议，胡金传问斩，洪汝奎等一批承审官员降革流放有差。

第三起河南临刑呼冤案，起于光绪五年（1879）。河南镇平县张楼寨职官张肯堂家被劫，抓获劫首之一胡体安。经胡贿赂，县捕头刘学泰将胡释放，另以农民王树文冒名顶替，以图结案。该案经南阳府知府伍恺、豫省按察使麟春审结无疑，由巡抚涂宗瀛具题。光绪七年（1881）七月，涂接刑部咨文，率臬司、开封府暨祥符县官员，亲提罪犯，绑赴市曹处斩。开刀问斩时，罪犯呼冤，声称自己不叫胡体安，真名乃王树文，系受差役蒙骗，冒名顶替胡体安。河南巡抚李鹤年，东河总督梅启照受命先后审理此案，虽明知王树文确非真犯，真犯胡体安早已逸走。但是，为庇护属员，仍坚持要处斩王树文。光绪八年（1882），经刑部奏准，著李鹤年将全案人证、卷宗派员解京，交刑部研审。刑部郎中赵舒翘等经几个月研鞫，该案才真相大白。李鹤年、梅启照等被革职。其他官员或被革职发往军台效力，或被议处。王树文杖一百，徒三年①。

　　对清廷平反冤狱，欲收回生杀大权的做法，督抚们几乎都持对立情绪。如浙案即将结案时，沈葆桢调任四川总督。进京朝觐时，他大闹刑部，公开替杨昌浚、胡瑞澜鸣不平②。重新审理豫案时，李鹤年不但"回护属员"，提京讯问后，"复以毫无根据之词，哓哓置辩，始终固执"③，革职后仍上奏不休，明奏刑部。针对他的辩词，三法司批驳说：李鹤年"拉杂行例，希图摇惑众听，颠倒是非。长外省草菅人命之风，其失犹小；启疆臣欺罔朝廷之渐，其罪实大。现在诸事内轻外重，势已积成，尚未有如斯之明目张胆，护过饰非者。"④

　　就本质而言，就地正法是一种"防盗匪之酿成乱匪，而预以治乱匪之法治盗匪"⑤的衰世恶法，终有清一代没有取消，它反映的是积重难返以及地方权力的加大。《清史稿·刑法志二》称："嗣军务衩平，疆吏乐其便己，相沿不改。光绪七八年间，御史胡隆洵、陈启泰等屡以为言。刑部声请饬下各省，体察情形，仍照旧例解勘，分别题奏。嗣后各省督抚俱覆称地方不靖，碍难规复旧制。刑部不得已，仍酌量以限制，如实系土匪、马贼、游勇、会匪，方准先行正法，寻常强盗，不得滥引。自此章程行，沿及国变，而就地正法之制，讫未之能革。"

---

①　苏华：《光结朝河南呼冤案述论》，《历史档案》1991年第1期。
②　刘体仁：《异辞录》卷二。
③　《光绪朝东华录》卷二，第1502页。
④　赵舒翘：《慎斋文集》卷五。
⑤　《政法浅说报》，第17期。

第三节　清末司法制度改革

一、变法修律中的司法制度改革

鸦片战争后，清王朝的统治危机逐步加深，原有的司法体制已经不能适应维护统治的需要。光绪二十六年（1900）底，清廷发布变法诏书，"著军机大臣、大学士、六部九卿，出使各国大臣，各省督抚，各就现在情形，参酌中西政要"① 各抒所见。翌年春，督办政务处成立。在清廷的号召下，两江总督刘坤一、湖广总督张之洞三次会衔，先后于光绪二十七年（1901）五月二十七日、六月四日、五日上疏清廷，提出变法的若干条建议，被称为"江楚会奏变法三折"。刘、张所上奏疏，既涉及清朝固有之官制，也涉及具体的法律，因此受到清廷的肯定。清廷下诏表示，"择西法之善者，不难舍己从人；救中法之弊者，统归实事求是"②。光绪二十八年（1902）四月，清廷任命刑部左侍郎沈家本、出使美国大臣伍廷芳为修律馆总纂，主持法律改革。光绪三十一年（1905）三月，沈家本等上《删除律例内重法折》，力主废除凌迟、枭首、戮尸、缘坐和刺字等项重刑。

涉及司法审判制度的改革是以渐进的方式进行的。首先是禁止刑讯。中国传统审判制度中，以证人口供为"证据之王"，没有口供即使有其他证据也不能结案。为达到获取口供之目的，大清律规定可以实行刑讯。尽管增加许多限制措施，但刑讯逼供仍是基本形态。刘坤一、张之洞会奏中有"省刑责"一款，极言刑讯之弊：敲扑呼号、血肉横飞，最为伤和害理，有悖民牧之义。夫民虽犯法当存哀矜，供情未定，有罪与否，尚不可知，理宜详慎。

---

① 《清德宗实录》卷四七六。
② 《清德宗实录》卷四八六。

况轻罪一昔，日后仍望其勉为良民，更宜存其廉耻。拟请以后除盗案、命案证据已确，而不肯认供者准其刑讯外，凡初次讯供时及牵连人证，断不准轻加刑责。其笞杖刑等罪，酌量改为羁禁或数日，或数旬，不得凌虐久系。①刘、张上疏于光绪二十九年（1903）底由政务处转咨修订法律大臣。光绪三十一年夏，伍廷芳等上《奏核议恤刑狱各条折》，对刘张原奏深表赞同，并指出：居今日而欲救其弊，若仅宣言禁用刑讯，而笞杖之名因循不去，必至日久仍复弊生，断无实效。然遽如原奏，改为羁禁数日、数旬，立法过轻，又不足以示惩警。臣等公同酌议，拟请嗣后除罪犯应死，证据已确，而不肯供认者准其刑讯外，凡初次讯供时，及徒流以下罪名，概不准刑讯，以免冤滥。其笞杖等罪，仿照外国罚金之法，凡律例内笞五十以下者，改为罚银五钱以上二两五钱以下，杖六十者，改为罚五两，每一等加二两五钱，以次递加。至杖一百，改为罚十五两而止。如无力完纳者，折为作工，应罚一两折作工四日，依次递加至十五两折作工六十日而止。旗人有犯，照民人一律科断。至此项罚金折为作工之犯，嗣后即应按照新章收所习艺。②

如前所述，笞杖既是五刑中的轻刑，又是刑讯中的常用刑具。如果单纯禁止刑讯，并不改革刑法，仍不能杜绝刑讯。因此，修订法律大臣从禁止刑讯入手，并相应地改笞杖罪为罚金法，不仅是司法审判制度上的进步，也是中国传统刑法的进步。

禁止刑讯由清廷颁行后，仍引起一些非议。如御史刘彭年上奏清廷称：外国不用刑讯者，以其有裁判诉讼各法也。凡犯人未获之前，有警察、包探以侦之。犯人到案以后，有辩护人陪审员以听之。自预审至公判，旁征于众证，不取供于犯人，供证确凿，罪名立定。今中国改定刑法，方有端倪，听讼之法，一切未备。有刑而不轻用，犯人虽狡，尚由畏刑之心。若骤然禁止

---

① 丁贤俊、喻作凤编：《伍廷芳集》上册，《奏核议恤刑狱各条折》，中华书局1993年版，第261页。

② 丁贤俊、喻作凤编：《伍廷芳集》上册，《奏核议恤刑狱各条折》，中华书局1993年版，第262页。

刑讯，则无所畏惧，孰肯吐实情。问刑衙门穷于究诘，必致积压案件，经年不结，拖累羁留，转于矜恤庶狱之法，有所窒碍。因此以为禁止刑讯，须俟裁判诉讼各法俱备后，方可实见施行。①

光绪三十一年（1905）四月五日，清廷着伍廷芳、沈家本就刘彭年上疏"妥议具奏"。伍廷芳等在《奏停止刑讯请加详慎折》中坚持原议，并称：臣等查该御史所奏，自系为慎重刑狱，恐有窒碍起见。惟泰西各国无论各法是否俱备，无论刑事、民事大小各案，均不用刑讯。此次修订法律原为收回治外法权起见，故齐一法制，取彼之长，补我之短，实为开办第一要义。惟中外法制之最不相同者，莫如刑讯一端。是以臣等核议刘坤一等恤刑狱折内，于省刑责一条，议如所奏办理，然犹必限以徒流以下罪名，不准刑讯。而于命盗死罪案件，未尝概行停止者，亦因此时小民教养未孚，问官程度未逮，出此补救目前之策，已属不得已之办法。②

由于沈家本等人的力争，清廷准其奏。这样，清末修律时，有保留地废除了中国古代的刑讯。

二、筹备立宪中的"司法独立"

光绪三十二年（1906），清廷宣布"筹备立宪"，并称"从官制人手""将各项法律详慎厘订"，这意味着沿袭二千年的传统政治法律体制将发生变化。随后，由首席军机大臣、庆亲王奕劻为首的官制编纂大臣，将"厘定中央各衙门官制缮单进呈"，要求按照立宪国制，以立法、行政、司法三权分立为原则，对中央官制进行改革。他们提出，"立法、行政、司法三者，除立法当属议院，今日尚难实行，拟暂设资政院以为预备外，行政之事则专属之内阁各

---

① 丁贤俊、喻作凤编：《伍廷芳集》上册，《奏停止刑讯请加详慎折》，中华书局1993年版，第268页。

② 丁贤俊、喻作凤编：《伍廷芳集》上册，《奏停止刑讯请加详慎折》，中华书局1993年版，第269页。

部大臣","司法之权则专属之法部,以大理院任审判,而法部监督之,均与行政官相对峙,而不为所节制,此三权分立之梗概也。"① 清廷迫于内外各种压力,采纳了官制编纂大臣的建议,并于九月二十日颁布上谕,"刑部著改为法部,专任司法","大理寺著改为大理院,专掌审判"。② 根据清廷谕旨,尽管内阁、军机处仍为政务中枢,法部、大理院隶属其下,资政院也非立法机构,并没有真正实现"三权分立",但是司法与审判相分离以及资政院的设置等,却是专制政体中的异体,是中国传统政体向近代转化的重要开端。

作为大理院正卿的沈家本立即着手大理院的筹设事宜。十月四日,他在上奏清廷时,详论设置全国最高审判机构的重要意义,以及借鉴西方法院体制,次第兴革的步骤:"方今环海交通,强邻逼处,商约群争进步,教会遍布神洲,愚民每激而内讧,利源遂因之外溢。且复藉口于我之裁判法制不能完善,日谋扩张其领事裁判权。主权不伸,何以立国。故欲进文明之治,统中外而纳于大同,则大理院之设,诚为改良裁判,收回治外法权之要领。""东西各国皆以大审院为全国最高之裁判所,而另立高等裁判所、地方裁判所,层累递上,以为辅翼,条理完密,秩序整齐。其大审院法庭,规模严肃,制度崇闳;监狱精良,管理有法。……今欲仿而行之,则法庭宜先设也,监狱学宜讲求也,高等裁判所及地方裁判所与谳局,宜次第分立也,裁判人才宜豫为储备也。"③ 清廷批准沈家本的这个上奏,"得旨:如所议行"。

沈家本于同月二十七日又上《审判权限厘定办法折》,仿照英美德法等国的体制,确定全国审判的四级三审制,即大理院下,京师、各省设高等审判厅,在省会及商阜等地各设地方审判厅和初级审判厅。按照沈家本的设

---

① 故宫博物院明清档案部编:《清末筹备立宪档案史料》上册,中华书局1979年版,第464页。

② 故宫博物院明清档案部编:《清末筹备立宪档案史料》上册,中华书局1979年版,第471页。

③ 朱寿朋编:《光绪朝东华录》(光绪三十二年十月),中华书局1984年版,第5586页。

想，大理院为全国最高之裁判所，"凡宗室官犯及抗拒官府并特交案件，应归其主管，高等审判厅以下不得审理；其地方审判厅初审之案又不服高等审判厅审判者，亦准上控至院为终审，即由院审结；至京外一切大辟重案，均分报法部及大理院，由大理院先行审定，再送法部复核"。

高等审判厅不收初审案件，"凡轻罪案犯，不服乡谳局，并不服地方审判厅审判者，得控至该厅为终审。凡重罪案犯，不服地方审判厅之判断者，得控至该厅为第二审。其由该厅判审之案，内则分报法部及大理院，外则咨提法司以达法部，至死罪案件并分报大理院。"

地方审判厅"自流徒以至死罪及民事讼案银价值二百两以上者，皆得收审，审实后拟定罪名；徒流案件，在内则径达法部并分报大理院，在外则详由提法司以达法部；死罪案件，在内在外，俱分报法部及大理院。"

乡谳局审理"笞杖罪名及无关人命之徒罪，并民事讼案银二百两以下"案件，"讯实以后，迳自拟结，按月造册报告。在内则分报法部及大理院，在外则提法司以备考核"①。大理院的上奏再次被清廷允准，"如所议行"。

最重要的变化还在于：在各审判厅内，设置了各级检察厅，为各级监察机关。其职权是：在刑事诉讼中，"遵照刑事诉讼律及其他法令所定，实行搜查处分，提起公诉，实行公诉，并监察判断之执行"；在民事诉讼中，"遵照民事诉讼律及其他法令所定，为诉讼当事人或公益代表人，实行特定事宜"②。在司法审判制度方面第一次突破封建专制主义的体制。

为了确认司法体制改革的成果，同年又公布了《大理院审判编制法》，明确各级审判机构的设置及权限。光绪三十三年（1907）在各地设立各级审判厅的基础上，颁行了《各级审判厅试办章程》，对各级审判厅的管辖、回避、预审、公判执行、诉讼程序及检察厅的设置等作了具体规定。宣统元年（1909）十二月又颁布了修订法律馆制定的《法院编制法》。《法院编制法》

---

① 朱寿朋编：《光绪朝东华录》（光绪三十二年十月），中华书局1984年版，第5599—5600页。

② 《法院编制法》第90条。

以日本《裁判所构成法》为蓝本，共十六章，一百六十六条。它再次明确规定：审判衙门为初级审判厅、地方审判厅、高等审判厅及大理院四级，实行三审终审制。初级审判厅和地方审判厅的一审案件，采取独任审判，其余各级审判厅的审判，实行合议制。在审判制度上实行辩护、陪审、回避、公开审判以及复判等西方资产阶级的审判制度。

《法院编制法》颁行后，根据行政不准干预司法等原则，宣统二年（1910）三月，沈家本等又上书清廷，废除清朝固有的三法司会审，以及九卿会审、秋审、朝审、热审等封建审判制度。

值得注意的是，宪政编查馆在核订《法院编制法》时，"以重审判独立之权"为名，提出大理院"现审死罪案件毋庸咨送法部复核"，但外省未设审判厅的地方，"一应汇奏、专奏死罪案件"仍由大理院照章覆判，具奏皇帝，"咨报法部施行"。① 尽管当时大部分地区未设置审判厅，但不经法部复核大理院就可审理死罪案件而且具有法律效力，这是对专制皇权掌握最高司法权的实质性突破，在中国司法审判制度发展史上具有重要意义。

三、民事诉讼与刑事诉讼的划分

中国传统法律中民刑不分的情况也在晚清变法修律中被打破。早在光绪三十一年（1905）四月，御史刘彭年所上禁止刑讯有无窒碍请再加详慎一折中，即涉及外国民刑分设一事，刘提出："东西各国裁判所，原系民事、刑事分设，民事即户婚、田产、钱债等是也。刑事即人命、贼盗、斗殴等是也。中国民事刑事不分，至有钱债细故、田产分争亦复妄加刑吓。问刑之法似应酌核情节，以示区别。所有户婚、田产、钱债等事，立时不准刑讯，无待游移。至于人命、贼盗以及情节较重之案，似未便遽免刑讯，相应请旨饬下修律大臣体察时势，再加详慎，并饬于刑事诉讼法告成后，即将民法及民

---

① 《大清法规大全·法律部》卷四，第5页。

事诉讼法赳期纂订，以成完备法律，则治外法权可以收回。"①伍廷芳等对刘彭年此议深表赞成，他在遵旨上给清廷的奏折中说："至该御史请于刑法及刑事诉讼法告成后，即将民法及民事诉讼法纂订，以成完备法律，洵属有条不紊。臣等拟俟刑律告竣后，即行分别编辑，陆续奏闻。再现在改章伊始，一切未能详备，必得诉讼法相辅而行，方能推行无阻。拟编辑简明诉讼章程，先行奏明办理，合并声明。"②

以后沈家本等人在《各级审判厅试办章程》中，首先区分了民事案件与刑事案件，"凡因诉讼而审理之曲直者"为民事案件；"凡因诉讼而定罪之有无者"为刑事案件。根据案件的性质或归民事诉讼，或归刑事诉讼。

当时还对民事诉讼的几个主要环节作出明确规定：民事案件"除属大理院及初级审判厅管辖者外，皆由地方审判厅起诉。"民事诉讼费用，"责令输服者缴纳"；"职官、妇女、老幼、废疾为原告时，得委托他人代诉，但审判时有必须本人到庭者，仍可传令到庭"；民事上诉人包括原告人、被告人或代诉人，但上诉不得越级，上诉期限为十日。

光绪三十二年（1906）四月，伍廷芳等在所上《奏诉讼法请先试办折》中，阐明"泰西各国诉讼之法，均系另辑专书，复析为民事、刑事二项。"日本明治维新后也以此"挽回法权"。近年华洋交涉之事日多，每因寻常争讼酿成交涉问题。因此他们提出将刑事、民事分开审理："若不变通诉讼之法，纵令令事事规仿，极力追步，真体虽充，大用未妙，于法政仍无济也。中国旧制，刑部专理刑名，户部专理钱债、田产，微有分析刑事、民事之意。若外省州县，俱系以一身兼行政司法之权，官制攸关，未能骤改。然民事、刑事性质备异，虽同一法庭，而办法要宜有区别，臣等从事编辑，悉心比絜，考欧美之规制，款目繁多，于中国之情形，未能尽合。谨就中

---

① 丁贤俊、喻作凤编：《伍廷芳集》上册，《奏停止刑讯请加详慎折》，中华书局1993年版，第269页。
② 丁贤俊、喻作凤编：《伍廷芳集》上册，《奏停止刑讯请加详慎折》，中华书局1993年版，第271页。

国现时之程序，公同商定阐明诉讼法，分别刑事、民事，探讨日久，始克告成。"伍廷芳等认为各国作为通例而中国亟应取法者有二：宜设陪审员，宜用律师。①

对伍廷芳等"试办"的建议，清廷令地方大吏讨论。光绪三十二年四月初二日奉上谕："法律大臣沈家本、伍廷芳等奏刑事、民事诉讼各法，拟请先行试办一折，法律关系重要，该大臣所纂各条究竟于现在民情风俗能否通行，著该将军、督抚、都统等体察情形，悉心研究其中有无扞格之处，即行缕晰条分，据实具奏。钦此。"②由于各省督抚的反对，伍廷芳等所上民刑分开审理之奏未获通过，但随着形势的急剧变化，清廷仍着手民、刑诉讼法的起草工作。

四年之后，即宣统二年（1910）底，沈家本等将《大清刑事诉讼法草案》与《大清民事诉讼法草案》进呈清廷，这是中国第一次明确将民事诉讼与刑事诉讼单列成文的法律文件，尽管因清朝灭亡面未及颁布，但对民国时期的司法审判制度仍有重要影响。

须加说明的是，以上所述的《各级审判厅试办章程》和《法院编制法》仅在京师、奉天、直隶省天津府等地试行，并没有在全国普遍实行。西方资产阶级国家所标榜的司法独立原则，并没有完全、切实施行，但清末的司法制度改革，仍对封建的司法制度给予重大的冲击。从形式上看，封建的司法制度基本上被废除了，刑讯逼供这一延续千余年的制度也被取消了。同时，司法从属于行政的情况有了极大的改观，这无疑是一种历史的进步。至于所来取的资产阶级的审判原则和制度，尽管多是形式主义的，但也反映了时代的要求和专制权力的削弱。清末所颁布的《法院编制法》等许多法律，被北洋政府所沿用，也说明了这种变革所具有的时代意义。

---

① 丁贤俊、喻作凤编：《伍廷芳集》上册，《奏诉讼法请先试办折》，中华书局1993年版，第279—280页。

② 丁贤俊、喻作凤编：《伍廷芳集》上册，《奏诉讼法请先试办折》，中华书局1993年版，第281页。

四、晚清司法制度改革的近代意义

晚清司法制度改革的主旨和大方向，是建立趋同于西方近代的司法文明，譬如：

1.维护诉讼当事人的合法权益。"凡审讯原告或被告及诉讼关系人，均准其站立陈述，不得逼令跪供。""凡审讯原告、被告及各证人，均不得拘留。"

2.公开审理。中国传统的审判方式是不公开的，所谓"读鞫"与"乞鞫"，仅限于罪犯的家属。只有宋代包拯改革司法时，允许局外人至大堂旁听，但那只是历史上的特例而已。晚清改革司法，以推行公开的审判作为一项重要内容。根据《刑事民事诉讼法草案》，无论是庭审过程，还是宣判，均需公开。"凡开堂审讯，准案外之人观审，不得秘密举行。有关风化及有特例者草案不在此限。""凡审讯终结，即定裁判之期，先期知会该案原告、被告及各律师，届期到堂，听候宣告判词。"即使庭审须秘密进行，至宣告判决时，仍应公开。宣统二年（1910）一月，沈家本奏呈《大清刑事诉讼律》草案时，特别提出审判公开是立宪国的通例，有助于监督司法和保护当事人的合法权益。

3.依法判决。中国封建时代的律法断罪与西方国家"法无明文不为罪"的法治原则，在性质上是不同的。晚清司法改革中所强调的依法判决，不是旧传统的继续，而是新原则的引进。《刑事民事诉讼法》草案明白规定："凡裁判均须遵照定律，若律无正条，不论何项行为，不得判为有罪。"这就从法律上约束了司法官的主观擅断，维护了当事人的合法权益。

4.禁止刑讯、重视证据。中国古代司法实行罪从供定的原则，为了取供，刑讯遂不可避免。早在先秦的文献中，已有刑讯罪犯的记载，《云梦秦简》提供了刑讯取供的确证。唐代的《狱官令》规定："诸察讯之官，先备五听，又验诸证信，事状疑似，犹不首实，然后拷掠。"[1]从唐迄清，刑讯入

---

① ［日］仁井田陞：《唐令拾遗》，长春出版社1989年版，第712页。

律，可见在中国古代司法中，刑讯已有悠久的历史，由此而带来了大量的冤狱。例如，唐时王涯"榜笞不胜其酷，仍令手书反状，自诬与（李）训同谋"，惨遭冤杀。"[1] 因此，鸦片战争前，思想家龚自珍、包世臣等，都从恤民慎刑、维持社会稳定出发，反对刑讯逼供。刘坤一、张之洞会奏"省刑责"一款中，也极言刑讯之弊："敲扑呼号、血肉横飞，最为伤和害理，有悖民牧之义。夫民虽犯法当存哀矜，供情未定，有罪与否，尚不可知，理宜详慎。况轻罪一笞，日后仍望其勉为良民，更宜存其廉耻。拟请以后除盗案、命案证据已确，而不肯认供者准其刑讯外，凡初次讯供时及牵连人证，断不准轻加刑责。其笞杖等罪，酌量改为羁禁，或数日，或数旬，不得凌虐久系。"[2]

光绪三十二年（1906），沈家本在《裁判访问录序》中指出："西方无刑讯、而中法以拷问为常，……中法之重供相沿以久，虽律有众证明白即同狱成，及老幼不拷讯，据众证定罪之文，特所犯在军流以下者，向来照此办理。至死罪人犯，出入甚巨，虽有此律，不常行用……西方重证不重供，有证无供，虽死罪亦可论决。"[3] 在他制订的诉讼律中，改变了罪从供定、刑讯取供的审判传统，体现了重视证据的作用，明确规定："凡审讯一切案件，概不准用杖责、掌责及他项刑具或语言威吓、交逼，令原告、被告及各证人偏袒供证，致令混淆事实。"对于实行刑讯逼供的司法官，要"降革治罪。""凡刑事、民事各案之原告或被告，均可带同证人到公堂作证，并可呈请公堂知会某人到堂作证。"

宣统三年（1911）制订的《法院编制法》中，对于证据的重要性作出了新的规定："承审官确查所得证据，已足证明被告所犯之罪，然后将被告按律定拟。""凡失而复得之物或相争之物，或可为原告或被告作据之物，均须

---

[1]　《旧唐书》卷一六九《王涯传》。

[2]　丁贤俊、喻作凤编：《伍廷芳集》上册《奏核议恤刑狱各条折》，中华书局1993年版，第261页。

[3]　沈家本：《寄簃文存》卷六，《裁判访问录序》。

当堂核验。""如证据未齐，原告或被告尚愿再呈他项证据，公堂可将该案展期审讯，使该造得以齐集证据。"

上述法律草案的规定，对于革除刑讯制度，具有非常重要的意义。不仅反映了法制文明的进步，也体现了广大群众要求尊重人格的呼声。

第四节　近代律师制度的产生

一、中国律师制度溯源

在我国古代，"律师"一词原本为佛家语，佛教称熟知戒律，并能向人解说者为"律师"，法律意义上的律师是从律师的本意引申而来。律是法令、法则，统称为法律；师是具有专门知识和技能的人。律师则是指熟知法律、善能解说法律，并且能为诉讼当事人和社会提供法律帮助的专业人员。

中国封建社会虽然也有诉讼程序，允许当事人在法庭上展开辩论，也允许当事人请辩护人或代理人出庭，但总体而言，封建国家对"民间细事"主要采取调解的办法解决，对"讼师"的介入严加禁止；又由于中国商品经济关系不发达，因而，在一个以自然经济为基础的农业社会里，产生职业律师的社会条件远不成熟。更为重要的是，中国封建社会，政治上实行高度集权的封建专制统治，在司法制度上集行政、司法于一体，司法从属于行政，这也是没有形成严格意义上的律师制度的重要原因。尽管如此，在中国古代社会，由于诉讼制度的存在，仍有类似律师的活动和现象。

秦朝就规定，对具有爵位的贵族可以不必亲自出庭，由代理人参加诉讼。当然这是一种特权。对于无爵位的人，自然不享有由别人代理诉讼的权利。自元代开始，法律规定了诉讼代理制度，但是，适用范围仅限于官吏和老废笃疾两部分人。明朝关于官吏的诉讼代理，仅限于财产、婚姻案件。这也为清朝所沿用。当然，这些诉讼代理与现代意义上的律师代理是有区别的。

现代意义上的律师，在中国古代与之相类似的职业可能要数讼师了。

讼师的活动早在春秋时期即已出现，至封建社会更为普遍，且逐渐为法律所肯定。在中国古代，打官司先要向官衙递交状子，陈述案情，由于当事人几乎都是文盲，他们无法用文字表述案情，于是社会上出现了专门为他人写诉状的人。由于讼师通晓法律，在能够保护当事人利益的同时，也有要挟官府之举。因此，如《唐律疏议·斗讼》规定："诸为人作词牒，加增其状，不如所告者，笞五十；若加增罪重，减诬告一等。"这说明，受人雇请代写词状的讼师在唐代就已经普遍存在。因此，对于代书讼师"加增其状"的现象，不得不在立法上加以限制。到了明代，不论加增其状，还是减消其状，法律规定一概治罪，而且在刑罚规定上，要比唐代严厉得多："凡教唆词讼及为人作词状增减情罪诬告人者与人同罪。 若受人雇诬告人者与自诬告同，受财者计赃以枉法从重论。其他人愚而不能申冤教令得实，及为人书写词状而无增、减者，勿论。"[1]清代对代书讼师的规定更为具体，形成了一定的制度。如《福惠全书·刑名立状式》中记载："凡原告状准发房，被告必由房抄状……被告抄状人手，乃请刀笔讼师，又照原词破调，聘应敌之虚情，压先攻之劲势。"即是说，被告人接到原告人起诉状副本之后，就可以聘请代书讼师针对原告状词代为写答辩状了。

清代对代书人有种种限制与规定，雍正七年（1729）定例："内外刑名衙门，务择里民中之诚实识字者，考取代书，凡有呈状，皆令其照本人情词据实代写，呈后登记代书姓名，该衙门验明，方许收受。无代书姓名，即行查究。其有教唆增减者，照律治罪"。[2]与清朝相比，明时尚无"代书人"专称，尽管现存明代诉状上印有"状内无写状人名者不准"[3]一条，但这种

① 薛允升：《唐明律合编》卷二四。
② 田涛、郑秦点校：《大清律例》卷三〇《刑律·诉讼·教唆词讼》附例，法律出版社1999年版，第490—491页。
③ 档案：《明代文件》第9号，万历七年徽州府、休宁县诉状。

人并非官方确定的"代书人""官代书"。清代确立代书人的法律地位的主要目的是以此杜绝讼师。所谓"讼师教唆词讼，例禁甚严"①。清代的告诉状有一定格式，每个官代书，盖上自己专用的"戳记"，呈词才有效而被州县印官衙门收受。"州县官考取代书，给人图记，原以杜讼之弊"，但是，仍有"劣衿莠民藐法唆讼，阳假代书之图记，实系讼师之捏词。"于是，又严饬代书，"务照本人情词据实开写，其有教唆增减者，照律治罪外，如有将讼师底稿嘱其誊写者，许令代书出首，按律治罪；如代书容隐不首，滥用图记，一体治罪，劣衿挑唆词讼，应加倍治罪"②。

从实质上讲，讼师不同于律师，他没有合法的资格和诉讼地位，不能接受委托充当诉讼辩护人和代理人。法律甚至根本就不允许讼师的存在。讼师仅限于在法庭以外代书诉状，不能直接会见被告，更不能出庭参与庭审。由于讼师的身份不尽相同，所以活动方式也不完全一样，有的甚至可以扮演"调解人"的角色，但其目的主要是为获利。这也是清代在法律上禁止讼师包揽词讼的原因之一。再者，在中国封建社会，只有官府才有司法审判权，讼师的介入在统治者看来，是分官府之权，因此，也在禁止之中。

二、近代律师制度的产生

鸦片战争后，随着西方资本主义的扩张，其法律文化也进入中国，冲击了中国固有的封建法律文化。外国律师出现在中国，大概就是在"租界"法庭执行职务的人，而后他们在中国法院担任辩护人或代理人。1902 年清廷设立修订法律馆，开始重订律例。

早在光绪三十二年（1906），沈家本等人在制定《大清刑事民事诉讼法草案》时，其中有"我法未备，为挽回法权而亟应取法各国通例者"，即有"宜

---

① 《牧令书》卷一八，《刑名》。

② 《清朝通典》卷八五。

用律师"一款，文中称："按律师一名代言人，日本谓之辩护士。盖人因讼对薄公庭，惶惊之下，言词每多失措，故用律师代理一切质问、对诘、复问各事宜。各国具以法律学堂毕业者，给予文凭，充补是职。若遇重大案件，即由国家拨予律师，贫民或由救助会派律师代理权利，不取报酬补助，于公私之交，实非浅鲜。中国近来通商各埠，已准外国律师办案，甚至公署间亦引诸顾问之例。夫以华人诉案，借外人辩护，已觉扞格不通，即使遇有交涉事件，请其申诉，亦断无助他人而抑同类之理。且领事治外之权因之更形滋蔓，后患何堪设想。拟请嗣后凡各省法律学堂，俱培养律师人才，择其节操端严，法学渊深，额定律师若干员，卒业后考验合格，给予文凭。然后分拨各省，以备办案之用。如各学堂骤难选就，即避选各该省刑幕之合格者，拨入学堂，专精斯业。俟考取后，酌量录用，并给予官阶，以资鼓励。总之，国家多一公正之律师，即异日多一习练之承审官也。"①

草案拟定后，清廷发交部院督抚大臣讨论。以湖广总督张之洞为首的督抚大臣，以草案违背中国立法之本原，奏请停止。清廷纳督抚之议，该草案遂寝。

宣统二年（1910），《大清民事诉讼法草案》修订完成。沈家本等人在上呈清廷的奏折中，对设立律师的必要性再次作了阐述："民事诉讼非俟人民起诉不能成立。既有起诉人，则必有相对人。起诉人一曰原告，相对人一曰被告，其受委任而从事诉讼者，则有诉讼代理人。真偕同而就审判者，则有诉讼辅佐人。命名既殊，地位各异，唯讼廷责无旁贷，案牍绝少牵连。庶两造有平等之观，而局外免波及之虑"。不久，因辛亥革命爆发，清朝被推翻，刚完成的法典未及审核与颁行。但现代意义上的律师及其制度的雏形在当时已基本形成。

综括以上，清末初创律师制度的主要内容是，关于律师资格的取得，包括两部分人才，一是各省法律学堂培养的专门法律人才，合格者给予文凭，

---

① 《大清光绪新法令》第 19 册。

分拨各省以备办案之用，二是选派"刑幕之合格者"，送入法律学堂进行培训，以补学堂骤难造就之不足。关于申请手续，一是申请人需将律师文凭亲自持往省高等公堂核验，并立誓声明没有假冒情节；同时申请人需有两名殷实之人立誓具保。申请一经批准即可在公堂办案。外省办案，需重新履行申请手续。申请人被批准以后，应向公堂照章宣誓，宣誓内容：不在公堂作伪或许人作伪，不故意唆讼或助人诬控；不因私利倾陷他人；尽份内之责，务代授托之人辩护，恪守法律。关于律师的职责。其中原告一方的律师的职责为：代写控诉词，准备各种法律文书；陪同原告参与公堂调查；在公堂上，代原告陈述；质问原告及其相关的证人；对被告一方对原告及证人"对诘"之后，原告律师仍可进行复问；当被告一方对所控事实进行申辩之后，可针对申辩，当堂进行批驳。被告一方律师的职责主要是：为被告代为答辩状，收集有利被告的各种证据，以备呈上公堂；在公堂为被告进行辩护，并注意公堂审讯是否根据证据，依据法律；代被告对原告人及其证人进行对诘，在原告及其证人公堂陈述之后，陈述辩护词提纲，然后传唤被告一方证人上堂作证；被告一方证人作证后，再将辩护词结合公堂调查及例案情况进行论述。

律师制度是法律制度的一部分，它受整个法律制度的制约。清末修律中对律师制度的引进，虽然因清朝旋即覆亡而没能实施，但它对中国传统诉讼审判制度仍有重要影响，是清朝司法文明的重要体现。

第十一章　清代律学的发展与传统律学的近代转型

第一节　清代律学是传统律学发展的高峰

清朝是统治中国二百六十余年的封建专制王朝。清代律学是传统律学之集大成，是中国历史上私家注律的鼎盛阶段，流派纷呈，注家倍出。他们源于传统，而又不简单重复和模仿传统，在共同的倾向性中表现出了多彩多姿的注释内容和各式各样的注释风格。他们既各有专长与侧重面，又彼此影响，互相推动，造就了清代注释律学超越前人的历史性成就。

一、清代律学兴起的原因

清代律学之所以达到鼎盛，历百余年而不衰，确有它深刻的社会历史根源：

1.清朝统治者从努尔哈齐到光绪帝都重视法律的作用，并强调任人执法，因此需要通过注释律学阐明法意，提高读书不读律的官僚队伍素质，更好地实现司法机关的职能

早在关外肇基时期，努尔哈齐便从明朝的衰败和自身的崛起中认识到法

律的重要性。尽管当时的法制还处于草创阶段，但他已经用朴素的语言把严格执法提到"为国之道"的高度。他告诫说："若谓为国之道何以为坚，则事贵乎诚，法令贵乎严密完备。毁弃良谋，轻漫所定之严格法令者，乃无益于政，国之鬼祟也。"① 他要求八旗将领"要怀公正之心，教导国人牢记法令"②。他欣赏蜀汉诸葛亮"有罪必诛，虽亲不庇，有功必举，虽仇不遗"③。他号召学习金大定帝之"严守法度，信赏必罚"。④ 他指出明朝之所以每况愈下，就在于"法令不公平，不严明"⑤ 所致。在严格执法方面努尔哈齐不仅是言者，也是行者，他诛杀了"通谋欲篡位"的女婿蒙格布禄，处死了心怀异谋的长子褚英，处罚了勒索财物和身为五大臣之一的养子达尔汗虾。为了防止贵族妇女干政，他召集诸公主训诫说："汝等女曹，或干政紊法，朕岂肯徇纵，废国典乎……尔等安居于家，若违法制坏基业，岂其可哉。"⑥ 努尔哈齐严格执法的事实，连敌对的明朝人陈仁锡也不得不承认，他在《无梦园初集·海一》中说：后金"法令之严，无徇无纵"。

至皇太极即位，公开宣谕以"宣布法纪，修明典常，为保邦致治之计"。⑦ 他继承了努尔哈齐公平执法的传统，强调"国家立法，不遗贵戚"。为了率先奉法执法，他明确表示"朕若废法，谁复奉法"。⑧ 在皇太极的法律思想中，最杰出的是关于"参汉酌金"的法律思想与实践。皇太极为了实现统一中国的宏图大业，积极吸收汉族先进的法文化，改革原有的后金习惯法。当文馆大臣宁完我提出"参汉酌金，用心筹思，就今日规模，立个《金典》出来"⑨

① 《满文老档·太祖》卷三，"癸丑年十二月"。
② 《满文老档·太祖》卷一一，"天命四年七月初八"。
③ 《清太祖高皇帝实录》卷一〇，第15页。
④ 《满洲实录》卷八，第11页。
⑤ 《满文老档·太祖》卷一一，"天命四年七月初八"。
⑥ 《清太祖高皇帝实录》卷八，第22页。
⑦ 《清太宗实录》卷三六，第13页。
⑧ 《满文老档·太祖》卷一一，第15页。
⑨ 《天聪朝臣工奏议》卷中，第35页。

时，他立即表示同意，说："夫知其善而不能从，与知其非而不能省，俱未为得也"。[①]在他统治期间明礼法、建六部、行监察等等都是贯彻"参汉酌金"的"一代制作"。

清朝开国史提供的历史经验是多方面的，其中值得称道的是积极吸收、融会汉族的法文化，努力建设一个法纪严明的政权统治，使上下一心，队伍整肃，进可以图天下，退可固一方。这个成功的经验，为入关以后的历代清帝所继承。从顺治朝到光绪朝不间断地进行多方面的立法，十分注意法律的实施与司法效果，迭次表达了重视法律的圣意。正是着眼于发挥法律的治世功能与社会调节作用，他们仿明制要求官吏讲读律令。

需要指出的是，清朝统治者固然非常重视法律，但更强调任人执法。由于清朝实行八股取士，废除明法科，以致入仕之官缺乏律例知识。对州县官说来兵刑钱谷是每天面对的要务，根据《大清律例》断案必须引律例，不引律例或引律例有误，都要受到刑罚制裁。这就迫使州县官不得不依赖幕吏断案，遂使幕吏擅权。为了克服这种弊端，清朝统治者在《大清律例》中沿袭《大明律》"讲读律令"的条款，要求官吏习律，并进行定期考试，使盲目不知法的官吏尽快充实律学知识以执法施刑。"讲读律令"条规定，"凡国家律令，参酌事情轻重定立罪名，颁行天下，永为遵守。百司官吏务要熟读，讲明律意，剖决事务。每遇年终在内、在外，各从上司官考校。若有不能讲解、不晓律意者，官罚俸一月，吏笞四十。……若官吏人等挟诈欺公，妄生异议，擅为更改，变乱成法者，斩（监候）"。"乾隆初吏部以内外官员各有本任承办事例，律例款项繁多，难概责以通晓为由，奏请删除官员考校律例一条，上不允，诚以律例关系重要，非尽人所能通晓，讲读之功不可废也。"[②]清朝讲读律令的规定，在康雍乾嘉时期的确认真执行，由此而推动解释律例条文的律学著作大量涌现。如《大清律例提纲》《读律心得》《大清律

① 《清太宗实录》卷一八，第13页。
② 沈家本：《历代刑法考》卷四，《大清律例讲义序》。

例便览》等简明读本，图表歌诀类的律学著作也应运而生，有的甚至冠以"钦定"字样以示得到官方认可。清朝私家注律的盛行，从某种意义说来是清朝最高统治者——皇帝召唤的结果。

清朝是极端专制主义的王朝，立法权、司法权高度集中，对于法律的解释权当然也不会漠视。由皇帝钦定某个私家的注律成果，恰恰反映了解释法律权的集中化与国家对律学宏观控制的加强。清代纷起的私家注律，实质上是受命于国家为国家注释法律服务的，是一个庞大的系统工程中的若干分支而已。因此，私家注律的自由是有限度的，国家的宏观控制是严格的。其具体表现就是只准注律，不可借此讥评时政，擅改王章。直到晚清帝国的尊严陵夷迨尽的时候，沈家本修律还遭到了守旧派的尖锐攻击，理由就是新修之律已经超出传统所能允许的界限。由此不难理解私家注律是不得轻越雷池一步的。

2. 清代私家注律的发展，"由它的先驱者传给它而它便由此出发的特定的思想资料作为前提"①

如前所述明中叶以后私家注律应运而生，具有影响力的释律著作不下二三十种。这些特定的思想文化资料给清代私家注律的发展，提供了重要的前提。清初律学家沈之奇、王明德都受惠于前明律学家的成就。不仅如此，清入关后于顺治三年修订的《大清律集解附例》实际无异于《大明律集解附例》的翻版，这是继续援用明代注律成果的客观基础。

此外，清朝政权的民族构成虽与明朝迥异，但其根本性质都是封建专制主义统治，就法律的功能、原则、结构、法意而言，基本上是相同的。这种体制上的清袭明制，也决定了在律学上的辗转相承。清朝统治者在总结明中叶以后私家注律对维护明代法制的经验的基础上，极力利用前明的律学成就来完善法制的创建，发展本朝的律学。这是清代在很长一段时间沿用明人注律成果的重要原因。

---

① 《马克思恩格斯选集》第 4 卷《恩格斯致康·施米特》，人民出版社 1972 年版，第 703 页。

　　在众多的明人著作中，王肯堂所著《大明律附例笺释》（以下简称笺释）是最具有影响力的。笺释以家学为渊源，并撮集明人注律的精华，被奉为明代权威性解律之作。顺治三年律中的小注便引自笺释，许多条例也是参改笺释纂修而成的。到康熙三十四年（1696）刑部律例馆总裁图纳、张玉书等人进呈的《大清律集解附例》律文后所附的总注，仍多援引明人释律的观点。尽管这时去清朝建立已逾半个世纪之久。至于清初私家注律之援引明人旧说者，更是比比皆是。例如，康熙朝吴达海等辑校的《大清律例朱注广汇全书》是当时通行的解律释本，其中不乏直接引用明人观点解释清律之处。这种文化上的继受关系是文化发展的客观规律。

　　但是清代注律学家经历了封建社会后期更为复杂尖锐的矛盾和斗争，他们涉及的领域更宽广，占有的材料更丰富，所作出的解释更细微，因此很快摆脱了依赖明人的倾向，踏上了新的道路。清朝注律学家站在更坚实的经世致用的基础上，加以西方科学技术的传入和科学思想的传播，使他们的注律思想中进一步剔除了非理性的因素，用务实求实的态度和比较科学的方法，并结合对社会问题的深入理解进行注律，因而取得了远超明人的成就。

　　清代私家注律迈出自己的创新步伐的代表作是康熙十三年（1674）王明德著《读律佩觿》。作者系任职于刑部三十年的大员，他将历年司法实践中的疑难问题和讨论意见、解决方案汇集成书，以适应司法实践的需要。他以"佩觿"为名，意在说明此书的应用价值。由于本书取材于实际，又复归于实际，作者又是富有经验的刑部官员，因此有可能摆脱明人注律的影响，而注入自己的新见解、新论断。正如他在自叙中所说"兹刻所笺，只缘在公同志偶为指难，共证互参，退而笔之……是以凡王君（指王肯堂）所已著，概不抄袭"。① 他的创新勇气是以坚实的经验为后盾的。

　　此后康熙五十四年（1715），浙江名幕沈之奇纂成《大清律辑注》，标志着清代律学的又一突破。沈氏在《大清律辑注·序》中说："采辑诸家者十

----

① 王明德：《读律佩觿·自叙》。

之五，出于鄙见者半焉。"由此可见他对明人的释律之作经过了认真的评析、甄选，而不是简单的援用。至于他自己的"鄙见"，恰恰是综合实际司法经验在释律上的体现。其中显示了新的注律方法、注律风格。它对清代私家注律的发展，起着开拓先路、遗惠后人的作用。

3. 基于统一适用法律的需要，清代私家注律兴起并受到最高统治者的鼓励

清代统治疆域广阔，及于边区少数民族聚居地区如回疆地区、青海地区、西藏地区、西南苗瑶聚居区以及黑龙江流域的少数民族地区。清朝统治下的中国曾经达到封建政治、经济、文化的鼎盛时期。特别是中国各民族出现了前所未有的统一，中央与地方之间形成少有的严密关系并制定出数量众多的一般法律和特别法律加以维系。中央政府的政令可以直达地方边陲之地和少数民族聚居地区。地方发生的重大事件无论是政治的、司法的也都要报请中央政府直接解决，或在中央政府指导下派人协助地方解决。但在版图辽阔的中国，京畿地区与沿海通商之地和广大内地及少数民族聚居区的政治、经济、文化上的发展是不平衡的，因此如何正确地理解和贯彻中央政府的法律，做到统一适用是一项十分艰巨的工作。以满洲贵族为统治核心的清朝最高统治者，深知治理情况十分复杂的中国之难，尤其理解将中央政府的法律统一适用于疆域空前辽阔的中国的艰巨，而统一适用法律又恰恰是巩固统一多民族国家所必需的重要环节。为此就需要加强中央政府对于统一适用法律的指导作用，就需要详细注解《大清律例》等现行法律，以便于地方官准确地理解和掌握现行法律的法意、原则、重要内容和名词术语。一部《大清律例》虽然只有436条，但却涵盖了诸多法律部门，以至寥寥数语所包含的内容都是既丰富而又复杂的。不仅如此，封建的律文历来十分概括，用词也很艰深和专门化，以致言愈简而意愈费解、辞愈艰而理愈难伸，如果不经过注解不要说难得要领和准确实施，即便是阅读也相当困难，这就向注律家们提出了详明注律的紧迫要求。

从司法实践看，由于清朝是政治、经济、文化发展不平衡的大国，地方

官又缺乏法律的素养，断罪量刑往往依靠幕吏操作，以致同一类案件，只是由于地方官对援引的法律条文的理解有出入，便出现了完全不同的判决。例如，同为"衙役侵盗仓库钱粮"案，但或者引衙役犯赃案例拟罪，或者引侵盗原定律拟罪，结果"官司审判多有异同之处"①。从清人汇编的成案集《刑案汇览》《驳案新编》中，可以看出刑部驳回的案件大都源于地方官审判时对律例的理解偏颇歧异所致。有时刑部对地方大员，也毫不客气地予以指斥："对法意甚未明了"，"情罪未协，未便率复"。② 由此可见，其舛误之大。因此，律学对于指导地方统一适用法律具有十分重要的意义。

在清朝死刑复核的秋审大典中，皇帝也经常指出地方审理案件在法理上或文字上的错误。康熙四十年（1702）诏中说："朕详阅秋审重案，字句多误，廷臣竟未察出一二，刑部尤为不慎，其议罚之。"③ 嘉庆十七年（1812），邢杰强奸儿媳邢吴氏，被咬落唇皮一案，伊犁将军奏请将邢吴氏依律问斩。在秋审复核中，嘉庆皇帝指出此案断结有悖法理，邢杰"蔑伦行强，翁媳之义已绝"，因此邢吴氏与一般干犯尊长不同，免治其罪。清朝皇帝对于秋谳的重视，不简单是"体恤民命"，更有其政治考虑。因为死刑案件的处决是否允当，往往影响到社会的安定和国家的统治，因此明智的统治者都坚持审慎处理。另外，法律是否统一适用，也关系到法律的权威。

综上所述，清代私家注律的兴起和受到最高统治者的鼓励，最重要的是基于统一适用法律的需要。清朝之所以维持了数百年的前所未有的统一多民族国家的统治，是和严格的统一适用法律分不开的。

4.清朝的立法体制与律例关系的复杂化，也推动了注律的兴起

清入关以后，经过顺、康、雍、乾四朝大规模的立法活动，至乾隆五年（1740）修成《大清律例》基本上告一段落。《大清律例》仿照明制采用律例合编的体例，律文是正文，例文是律的附文和补充。据《明史·刑法志》解

---

① 张镠赤：《牧令书》。

② 《刑案汇览》卷五〇，乾隆四十年说贴。

③ 《清史稿·圣祖本纪》。

释："律者，万世之常法，例者，一时之旨意。"可见律是具有稳定性的一般法律规范，例是具有可变性的调节律文适用的特殊法律规范，所谓"律设大法，例顺人情"。乾隆五年（1740）修成《大清律例》以后，清朝统治者认为经过近百年的反复研修，律文已经臻于成熟和定型。因此宣布不再修改，而以增修例文来补充由于时代的变迁造成的律文的不足，并且定制：例文五年一小修，十年一大修。就法律地位而言，律尊于例，是国家累世相传的"常法"，就司法实践中的作用而言，例高于律，是因时因事而制宜的"变法"。随着例的广泛应用，例的数目也迅速增加。例如，康熙初年例 321 条，雍正三年（1725）815 条，乾隆二十六年（1761）1456 条，同治九年（1870）增至 1892 条。可见，清律的变化主要在例，而不在律。按清律规定，有例不用律，例有新者不用旧者。随着例的急剧增加，日益冲击律的稳定性和权威性，造成效力上的扺牾和失衡。这既增加了法律适用的困难，也向注律者提出注新例的要求。由此，律学始终保持旺盛的生机。

另一方面，头绪纷繁的条例又给胥吏擅权纳贿以可乘之机。这就需要律学家们从法理上进一步阐明律与例的关系，明确其定位。同时通过对例的笺释，澄清例的变革源由、排列出变动的顺序，阐明增删的内容，这对于立法、司法都具有很强的指导作用。在这方面律学家们确实作出了应有的贡献。例如，在律例关系上，注律家们指出"律者，法也；例者，比也。非正文而分明也"，[1]"律者，垂一定之法；例者，准无定之情"[2]。尤其是薛允升在《读例存疑》中表述得更为清晰，他说："律为永久不变之根本法，例为随时变通之细目法。"由于乾隆五年宣布以后不再修律，因而出现了律文不足以概括社会发展所带来的新关系、新问题。在这种情况下，采取制定程序简易，针对性强，灵活实用的例作为补充，是不可避免的。但两者间的主次地位不能模糊，不能过于失衡，以至破坏法制。特别是要及时对数量众多的

---

① 《清律附例示掌·序》。

② 《大清律例全纂·序》。

例进行耙梳清理，删旧存新，在这方面律学家们是大有用武之地的。例如，《大清律例根源》一书，将顺治、康熙、乾隆、嘉庆年间的条例依次排列，考证其源委，阐明其增删改动情况，并从适用的角度，旁参互证，比较得失。清朝立法所形成的律例关系，以及例的广泛应用，要求律学家们既要注律也要注例，而且更关注于如何将非通用的散例，提升为通用的条例。

有的律学家在注释律文时还采辑案件，附于释文之后，以便于条、例互证，达到"衡情断狱，立议折衷，颇增学识"① 的效果。

总之，清朝立法体制所形成的律例关系，以及例的广泛应用所产生的弊端，要求律学家们，既要注律，也要注例，后者尤为司法实践所急需，因而促进了私家注律的发展和清代律学的昌盛。

5.清朝统治者重视司法，为司法服务的律学也备受青睐

清朝统治者从关外时期皇太极算起，沿至康雍乾嘉各朝，都十分重视司法，深切感到司法的状况不仅关系到当事人的身家性命，而且也直接影响到社会的稳定和国家的安危，因此，都亲自掌握司法。关外时期，皇太极执政时，亲自审理案件，直到他逝世前数日，还处理了九件案件，尽管这些案件并不是重案要案，他的这种作风对此后的继任者多有影响。清朝统 政权建立以后，对于监候的死刑案件，每年秋季进行一次复审，称为"秋审"，秋审结果分为情实、缓决、可矜、留养承祀几种情况，对于情实案件要由皇帝亲自勾决。据《秋谳纪要》记载，康雍乾嘉四朝皇帝都亲自审阅招册，及时发现同案异判的矛盾以及文字错误，都给予严旨切责，有时批语洋洋洒洒千余言，表现了对人命的重视。上行下效，皇帝重视司法，执法之官自然也不敢怠慢。正是由于重视司法，为司法服务的律学也就备受青睐。

6.清朝社会结构和社会关系的新变化，客观上要求清代律学家开展新的注律工作

清朝虽是中国封建社会的末代王朝，但经过清初几代开明皇帝的治理，

① 《大清律例重订辑注通纂·凡例》。

使得社会经济仍有相当的发展余地。清朝实行的"摊丁入地"的政策和取消匠籍的措施，都有利于农业、手工业的发展，而人身依附关系相对减轻，也带来社会结构的某些变化。由此而产生了一系列的新关系，要求法律及时地予以调整。除此之外，在以满洲贵族为主体的清政权的统治下，民族关系与阶级关系也更加复杂化了，从而提出了准确用法的问题。至嘉庆朝中朝以后，阶级矛盾显著激化，违法与犯罪的形势日趋尖锐，从而要求各级官吏充分发挥法律的专政职能，以维持走下坡路的清朝统治。总之，在清朝，法律的治世功能始终被强调，对官吏明法执法的要求越来越严格，在这样的背景下，注释律学受到统治者的青睐是不足为怪的。而前明遗留下来的注律成果随着相去明朝日远和风尚习俗的变化，只能作为历史的借鉴而失去了现实的生命力，客观上要求清代律学家面对社会新的需要，开展新的注律工作。

不仅如此，清朝统治者通过国家的干预，纳律学家的思考于一轨，既有助于立法与司法活动，又起了网罗与束缚律学士大夫的效果。这也是清朝私家注律得到统治者的鼓励，因而有所成就的另一原因。此外，清代中期兴起的考据之学，也为律学的发展提供了方法论上的支持。

总括上述，作为传统律学最后阶段的清律学，其发展不是偶然的。传承明律学使清律学获得了可靠的基石，国家对司法的重视以及择人而授之以法的政治需求，加之执法者积极著述，力求以其自身经验丰富律学著作有补司法实践，都构成了清律学发展的条件。

二、清代考据之学对私家注律的影响

清统治者入关以后，从统治全国的需要出发，把在关外时期形成的"参汉酌金"的总路线、总政策推行到全国，从更广阔的领域吸收汉民族的先进文化，特别是儒家文化，借以争取广大汉民族的支持，网罗汉族士大夫。这项文化政策从顺治朝开其端，到康熙朝更是不遗余力地推行。康熙帝奉孔子为至圣先师，他在晋谒孔庙时不惜以九五之尊向孔子的神主顶礼膜拜。他提倡程朱理学，尊朱熹为十哲之次，宣布"理学之书，为立身之本"，是"正学"，其他皆为"异端"。为了统一舆论，他亲自为大臣讲解"朱注"，主持编写《性理精义》《朱子全书》，重刊明初的《性理大全》，颁发《圣谕广训》，以示竭诚倡导儒家的纲常名教。与此同时，他还任用著名的理学家李光地、魏象枢、魏裔介、张伯行、汤斌、熊赐履等人为高官，号称"理学名臣"，借以充分发挥理学对束缚人们自由思想的作用。

作为牢笼封建士大夫最有效的科举考官制度，早在关外时期便已施行，入关以后尽管军务倥偬，百废待举，仍于顺治二年（1645）开科取士，前明举人生员的功名一律有效。康熙、乾隆两朝于正科之外还增加特科，以广泛延揽人才。

但是满洲统治者出于满洲族少数民族的心态，对汉族士大夫阶层既笼络、怀柔为我所用，又怀有深深的猜忌。他们鉴于抗清斗争常于士人聚集时发难，因而严禁宋明以来士人结社会盟的风气。顺治十四年（1657），下谕：内外大小名官"不许投拜门生"，以防"彼此图利，相扇成风"，[①] 借以"永绝朋党之根"。顺治十七年（1660）又下谕："士习不端，结社订盟，……深为可恶。著严行禁止"，如再发生，"学臣即行革默前奏，如学臣徇隐事发，一体治罪。"[②]

清初在特定历史条件下兴起的，以反对封建专制主义为主要内容的启蒙民主思潮和具有民族意识的抗清舆论，是清朝文字狱主要的打击对象。康熙朝突出的文字狱有庄廷鑨明史案、朱永祚擅称大明天德年号案、戴名世著《南山集》案、方孝标著《滇黔纪闻》案。以上诸案或本犯凌迟，或开棺戮尸，或家属充军，或株连无辜，完全超出了国家法定的程序。由于定案时以言论、文字为拟罪的根据，而无视是否构成犯罪事实，以及有无社会危险之后果，所以称为文字狱。至乾隆皇帝即位，他虽然在谕旨中多次宣称"朕从

---

① 《清世祖实录》卷一〇六。

② 《清代文字狱档》第一辑。

不以语言文字罪人"①，"文字之间亦偶有不知检点者，朕俱置而不论，从未尝以语言文字罪人。"然而，事实上乾隆一朝正是清代文字狱的高峰，往往一字一语，锻炼成狱。总括康、雍、乾三朝迭兴文字狱一百余起，以"莫须有"的罪名，横加屠戮，株连之广，惩罚之严，是历史上少见的。迫使当时的"学者渐惴惴不自保"②"士子不敢治史，尤不敢言近代事。"③因为"惧一身之祸"而大都埋首书斋，钻研故纸堆。清初一度兴起的着眼于经世致用的学风，逐渐为脱离现实的烦琐考据之学所代替。

考据之学由于得到清朝统治者的鼓励，因而至乾隆时已成为盛行一时的"显学"，它是士大夫阶层在文字狱高压政策的隙缝中寻求存在与发展的一条出路。他们举起汉学的旗帜，凡古必真，凡汉必好，因而愈有成就，脱离现实愈远。作为清朝文化的集中代表的考据之学，必然影响到清代的律学。在清代律学的系统中，以考证为特点的注律著作，成为一个重要的系统。这个系统致力于考证条文的沿革变化，并进行历史的探源溯流，通过历史的钩沉遗缺、参校得失，阐释立法的原意及变动的因由，使"用法者寻绎其源，以明律例因革变通之理"。④

律学考证派以曾任刑部侍郎的吴坛和曾任刑部尚书的薛允升为代表。吴坛所著《大清律例通考》和薛允升所著《读例存疑》，是考证清律的代表作。

《大清律例通考》三十册、四十卷，对上启唐虞，下至乾隆四十四年(1779)，历代律例条文的源流、沿革进行考证，特别是考证了大清律例的篇名、门名、律目与律、例条文的变化、因革关系。吴坛在考证律例变动的同时，还以评注按语的形式阐明自己的见解，他说：《通考》每一图一律一例后，各注按语，凡例文之修改，字句之增删，莫不竟委穷源。其已删之例，亦必附于本条之末，申明删去的原因。凡有拟欲删改及另有议论的条文，俱

---

① 《清代文字狱档》第二辑。
② 梁启超：《清代学术概论》。
③ 《鲁迅全集》第六卷，第62—63页。
④ 《大清律例通考·吴重熹跋》。

用'又按'以示区别。其于'服制'一类，折衷经义，尤为精详。"① 沈家本推重此书是考证《大清律例》历史沿革的最重要之作，"国朝之讲求律学者，惟乾隆间海丰吴紫峰中丞《通考》一书，于例之增删修改，甄核精详"。②

《读例存疑》四十册、五十四卷，该书上起乾隆四十四年（1779），下迄光绪朝。从某种意义说是《大清律例通考》的续编，在体例上仍沿袭吴著，对乾隆四十四年以后的律例条文的发展变化进行考证，特别是对光绪朝通行的《大清律例》逐条加附按语，疏证其源流因革过程，指出其彼此牴牾，前后歧异，或畸重不当，或分析未明以及应增应减之处。

以上二书不是简单的历史考证，而是注入了吴薛二人多年从事司法和掌管刑部的经验，因而具有很高的学术与应用价值，无论对修律还是执法都有重要的参考意义。

除此之外，雍正四年（1726）蒋廷锡著《祥刑典》、光绪末年沈家本著《历代刑法考》，也是律学考证派的重要研究成果。此二书均上起远古，下迄明清，详细记录了刑典、刑官、刑具、行刑方法等项内容。条分缕析、巨细无遗，考竟原委，校正舛误，是学律者必备之书。

考证派的主要著作还有夏敬一撰《大清律目附例示掌》、张澧中辑《大清律例根源》、黄恩彤辑《大清律例按语》等。

在文化专制主义大环境的拘囿下，律学家们只能在肯定现行律例合理性的前提下，研究对条文的理解和适用，而不得对现行律例进行自由探讨自由评价。由于专制主义越强化，越注重对法律的统一适用，越强调讲明律意，因而也就越需要律学家们的注律活动。与此同时，清政府也通过各种形式警戒他们应该怎样注释法律、宣讲法律。统治者倡导律学，是和加强国家的宏观控制结合在一起的。在这样的条件下，律学家们极力避开敏感的法律理论问题，而集中于研究律例操作的实用性和技术性，以此求得见容于国家。在

① 《大清律例通考·吴重熹跋》。

② 沈家本:《寄簃文存·读律存疑序》。

诸多的律学著作中，除考证之作受考据之学影响外，辑注法律与案例汇编同样是清朝文化政策的产物。在辑注的注律形式中，以康熙五十四年（1715）沈之奇所注《大清律辑注》为一代权威之作。沈之奇曾历任各级地方官府刑幕三十余年，深知地方官由于难解律意，加之官注过于简略，而产生的失轻失重，严重妨碍了法律的统一适用，因而编成《大清律辑注》三十卷、十册，于康熙五十四年刊印。该书"辑诸家之说，参以折中之见"，"其于律文逐节疏解，字字精练，无一言附会游移，遇疑似之处，引经质史，酌古斟今，以归至当"，① 而且"诠释详明，尤严于轻重出入之界限"。② 沈之奇无愧为清代注释律学的奠基人，他完成的《大清律辑注》不仅标志着清代律学独立发展的新时代的开始，而且影响了清代律学发展达百年以上。

沈之奇之后，乾隆时名幕万维翰纂成《大清律例集注》，共 20 册。该书类似于《大清律辑注》的续编。其注律观点也多为后世注律学家所遵奉。

为了远避清朝文化高压政策的触角，注律者们也有意识地将自己淹没在大量的资料当中，特别是从乾隆年间开始，注释律例大都援用成案作为阐述问题的根据。道光时期名幕祝庆祺编辑的《刑案汇览》是清代编纂成案的杰作。其后同治时期吴潮、何锡俨纂有《刑案汇览续编》。在成案汇编中规模最大、收案最多、时间跨度最长的是光绪时潘文舫、徐谏荃编辑的《新增刑案汇览》。它不仅汇集九千多案件，而且附以刑部和律例馆审议案件时提出的说帖与皇帝颁发的上谕，以及其他有关资料，使读者可以了然案件处理的全过程和统治者执法原情的各种考虑。

三、清代注律的群体

清朝律学在漫长的发展过程中形成了庞大的注律群体，其中既有官僚律

---

① 《大清律例集注·叙》。

② 《大清律辑注·蒋锡陈序》。

学家，也有私人律学家。

（一）官僚律学家

官僚律学家分为两类：一为殿阁大学士及各部堂官及刑部各司官员。他们或参与立法，或批答直省上报的案件。故其律学著作意在剖解律意，阐述立法的根据，指出某些律例适用时应注意之点。如：顺治时左副都御史李柟撰《大清律集解附例笺释》。康熙时刑部尚书对哈纳校解《大清律例朱注广汇全书》、吏部尚书朱轼撰《大清律例总类》《大清律集解附例》。雍正时兵部尚书鄂尔泰编撰《钦定京卫道里表》、户部尚书蒋廷锡撰《祥刑典》。乾隆时户部尚书徐本编撰《三流道里表》、刑部右侍郎阮葵生撰《秋谳志略》。嘉庆时兵部尚书明亮编撰《钦定五军道里表》。道光时兵部尚书伊里布撰《学案初模》、刑部尚书桑春荣撰《秋审实缓比较汇案》。光绪时刑部尚书薛允升撰《读例存疑》《唐明律合编》等。

至于刑部，为"直省刑名总汇"，所属十七省清吏司官员，对于各省题结案件或秋审核拟案件定罪量刑不当，可以奏准皇帝驳回，是为题驳。《大清会典》有云："外省督抚其题案件，内有情罪不协，《律例》不符之处，部驳再审。该督抚及司道等官虚心按《律例》改正具题，将从前错之处免其议处。"① 由于部驳案件涉及律意的理解、刑罚掌握的尺度以及适用律例是否得当。因此其所著律学之书，或从宏观视野进行剖析，或针对具体案例辨析疑难两可之处，指出应行驳正之点。故此类著作，具有较强的指导意义。如康熙时刑部郎中王明德撰《读律佩觿》、乾隆时刑部郎中曾恒德撰《律表》；刑部主事全士潮等撰《驳案新编》。嘉庆时刑部郎中张澧中撰《大清律例根源》。咸丰时刑部官蔡逢年、蔡嵩年撰《大清律例便览》。同治时刑部司官宋邦德撰《祥刑古鉴》。

二为地方州县官以至督抚。第二类官员，因系地方临民之官或封疆大

---

① 《大清会典》卷五四，《刑部》。

吏，故所撰多为读律与司法的经验心得，以及个人审结的案例汇编。由于州县官审理命案需亲自勘验，因此，不乏《洗冤录》之类的著作。如康熙时州县官于琨撰《祥刑要览》、知县黄六鸿撰《福惠全书》。雍正时知县蓝鼎元撰《鹿州公案》、河南总督田文镜撰《州县事宜》。乾隆时江苏巡抚徐士林撰《守皖谳词》《巡漳谳词》、江苏巡抚吴坛撰《大清律例通考》。嘉庆时广东提刑按察使陈若林撰《大清律例重订统纂集成》，湖南布政司理问、瞿中溶撰《洗冤录辨正》。道光时四川保宁府知府刘衡撰《读律心得》、州县官穆翰撰《明刑管见录》。同治时湖广总督李瀚章撰《大清律例汇辑便览》。光绪时湖北州县官江峰撰《大清律例略记》等。

以上概述官员注律成果的大略，由于官员注律者的身份、地位、经历，使之有可能较全面掌握国家整体与地方某些地区法律适用的情况，明了立法的重心和法律适用的症结所在，故其律注多是经验的总结与升华。而执法之官又竞相注律，由此形成了蔚然壮观的经验主义的佳作。这不仅是清朝律学发展的原因之一，也是清朝律学价值之所在。

（二）私人律学家

私人律学家以刑名幕友为主体，间有少数科场失意文人侧身其间。刑名幕友由来已久，迄至雍正朝已形成队伍庞大、家世相袭、门生众多的特殊社会阶层，直至清亡最终消失。幕友多为科举不第或仅取得生员之文人士子，各自以刑名律例、文书案牍、钱粮会计等专业知识，襄赞主官治理政务。所谓"佐官为治"，"掌守令司道督之事，以代十七省出治者，幕友也"。[①]

刑名幕友在司法审判中的主要职责为拟律和批答案牍。拟律即根据案件选拟适用的律例以定罪量刑。按清律，"凡（官司）断罪，皆须具引律例。违者（如不具引）笞三十"。"承问各官审明定案，务须援引一定《律例》"。然而科举出身的官员于律例或茫然无知，或知之甚少。而刑幕则多明习《律例》，

---

① 韩振：《幕友论》，载《皇朝经世文编》卷二五，《吏政一》。

明了律例条文的变化，因而不仅掌握了拟律之权，还代主官批答案牍。从州县至督抚，以主官名义批写的判词、批语、札饬等，多为幕友代笔，实际成为主官断案决狱的主宰。刑名幕友实际适用法律的需要，促使其钻研律例知识，总结审判经验，著书立说，聚徒传授。著名律学家沈之奇、汪辉祖、万维翰、沈辛田、王又槐、李观澜等人，均为一代名幕，其解释律意和应用律例的著作，既是学幕秘本，又是佐治司法的指南，在司法实践中被广泛援用。

刑名幕友的律例注释虽无权解释，但却受到朝廷的关注，视为"备律所未备"。① 在官府的支持下，幕友们纷纷以个人名义刊印发行其注律文本。著名的如康熙年间江苏吴兴钱之清撰《大清律例笺释合抄》、沈之奇撰《大清律辑注》。乾隆时浙江钱塘王又槐撰《办案要略》，江苏吴江万维翰撰《大清律例集注》，浙江武林鲁廷礼撰《律例掌珍》，浙江萧山汪辉祖撰《佐治药言》，江苏澄江夏敬一撰《律例示掌》。嘉庆时浙江山阴李观澜撰《大清律例全纂集成汇注》。道光时山阴姚润、胡仰山撰《大清律例增修统纂集成》、江苏常熟邵春涛撰《读法图存》。同治时会稽任彭年重辑《大清律例增修统纂集成》。光绪时会稽陶东皋等撰《大清律例增修统纂集成》等。

以刑幕为主的注律者，多从司法实践中发现律例中的难点、疑点以及适用上两可之处，因此除对律文作规范性的解释外，更关注如何适用条例。名幕夏敬一有言："自汉唐递相沿革，至我本朝（清）百余年来，因时损益，条例极繁……各律目中所附条例，有律轻例重，律重例轻，律与例不符者，有此条例与彼条例重复浮赘者，有一事数款不隶一门而散见于他条者，有即附此条而不用之，旧例尚存彼条者，有旧例已更而至今尚未修入者，有本例已经删改而另条仍复援引入例者"②，故"若不为之旁参互证，剖析注明，初学方苦"。③ 通过注律"阐发律例中之精蕴，而听狱讼者得资以为观指"④。

私家注律的成果着眼于实际应用，对司法审判颇有指导价值。

上述官、私并举的注律活动，蔚成风气，是治狱经验的升华。但在清廷文字狱的氛围中，注律的自由度是有限的，凡与圣谕及注律宗旨相抵触的注律不仅无效，而且难免受到惩罚。

四、清代律学的成就

清代律学的成就，可以从以下几个方面略作阐明：

1. 官私并举，流派分呈

如前所述，清代注律学家一部分是司法官员和地方官吏，如王明德、于琨、吴坛、薛允升等；另一部分是刑名幕友，为沈之奇、万维翰、沈辛田、蔡嵩年、王又槐等官僚注律家们，是清代注律的主力军，他们的注律活动虽然不是受命于朝廷，但由于其身份的特殊和朝廷的允许，应该说带有官方注律的性质。他们从理政、牧民、执法公允的立场出发研究律例，积极从事著述，不仅丰富了传统律学的内容和体系，而且确实推动了清代的法制建设。

由刑名幕友组成的注律私家是一个枝蔓相连、家世相传的庞大团体。他们由于得到主官的支持，而使其注律活动顺畅实行，注律成果也得以问世。作为刑名幕友的经历，决定了他们注律的热点集中于如何准确地适用律例。刑名幕友在注律时虽然对立法精神缺乏总体把握，也没有能从法理学的角度去综合所积累的经验，但他们来之于实践，又复归于实践的注律成果，却对清代的司法工作有着重要的指导价值。

作为刑名幕友，他们的身份是"私家"，其注律成果一般并不具有法律效力，在适用上也有一定的限制，但由于私家的队伍庞大，注律的内容既广泛而又具体，某些经验的总结具有很高的参考价值，因而也受到了官方的重视。有些律学著作或由长官作序，或荐至官书局刊印，有的甚至冠之以"御制"。如康熙时沈之奇所著《大清律辑注》便特定为御训之书。由此可见，私家注律成果基本上带有准官方性质，他们身份也不是绝对意义上的私家，而是公私参半。

自明中叶至清，私家注律之所以存在和不断发展，实质上是受命于国家，为国家注释法律服务的，是一个庞大的系统工程中的若干分支而已。因此，注律的指导思想必须是服从于专制政治的需要，维护现行法律的正确贯彻实施。正是由于私家注律体现国家的立法意图，符合司法实际的需求，因而受到统治者的认可甚至鼓励，才得以维持百余年之久。

2. 源于传统、超越传统

清代注释律学继承了中国的传统律学，尤其是对于明代律学有着直接的继受关系。明中叶以后为了统一用法，提倡注释《大明律例》，由此推动了律学家的成长和律学著作的问世。由于明清二朝国家的本质相同，因此清袭明制不仅必要而且是可能的。就律例而言，顺治三年（1646）的大清律除删去明律中少数条文，增加个别新条文及对若干条文的文字稍作修改外，基本上是明律的翻版。这就决定了清初律学家在注释大清律时直接援用明人观点的客观基础。

但是随着清朝政权的稳定、经济基础的巩固和社会关系的发展，清袭明制逐渐为清朝的独立发展所取代。历史也向清代的注律学家提出了摆脱明人注律观点影响的新要求，否则注律学家便失去了时代的新鲜感。为此清代注律学家不能不适应形势的变化而改变自己的律学研究态度与方法，把立脚点彻底地移向现实的基础上来。康熙十三年（1674）王明德著《读律佩觿》，标志着清代律学摆脱明人影响的开端。其后，康熙五十四年（1715）沈之奇编纂的《大清律辑注》，标志着清代律学走上独立发展道路的新风格、新观点与新成就。从此以后，清代律学家所关注的热点是开拓新领域，总结新经验，创造新价值，而不是重复明人的旧说。相反，对明人的权威著作也提出了批评，例如，关于"自首强盗杀死人命奸人妻女例"的解释，沈之奇便明确表示："《笺释》亦误也。"

由此可见，清朝律学确实源于明律学，但又发展了明人的成就。不继承明人的传统，无以构筑清律学的基础，不发展明人的传统，无以适应时代的需要。由于清代的特殊历史条件，使得清律学的发展规模、取得的成果和产生的作用都是前人始料所不及的。

3. 考证详审、阐释细微

清代律学家们对律例进行的"考竟源流"的工作，开阔了执法者的知识领域，便于他们从因革关系中把握清律的发展规律。

例如对"斗殴及故杀人"律文的考释如下："此条唐律内律目系斗殴误杀伤人，原列斗讼律中。明始改为斗殴及故杀人，将误杀伤人并入戏杀、过失杀两条内，另立专条列后。其律目下并律文内各小注，悉仍顺治初年所集注语。合并声明。"通过上述考证理清了该条律文变化的脉络。又如对"官司出入人罪"第三条例文的考释如下："此条系康熙年间现行则例，雍正三年馆修入律"；第四条律文："此条系康熙五十七年八月内，吏部议覆现行定例，雍正三年馆修入律"；第六条例文的考释："此条系乾隆四十一年十月内，安徽巡抚闵鹗元审奏：英山县知县倪存漠于僧广明因奸致死杜得正不能审出实情，转将杜子杜如意严刑枉断，诬拟凌迟，经六安州知州倪廷模讯出实情，将知县倪存漠参革拟徒一案，钦奉谕旨：以倪廷模能事，著即送部引见，并著为令。乾隆四十三年律例馆奏准，恭纂为例。"

以上可以说明清代律学考证详审之一斑。至于对律文注释的细微尤能反映清代律学所达到的水平。

以窃盗的概念为例，《大清律辑注》注释如下："窃盗二节律意甚微，须逐字推勘。曰'窃盗'，则其所谋所行皆系为窃，未有拒捕杀伤之意也；曰'临时'，则拒捕杀伤乃临时猝起之事，非预有此谋也。……事主捕之，盗者拒之，两相格斗，谓之拒捕。"又《辑注》："临时捕及杀伤人者亦斩，观'及'字可见此律意也。今须照'窃盗'例内有杀人、伤人、伤非金刃、伤轻平复条分别引用，不可拘泥律文。"

有的注释也采用音韵、训诂的方法解释词句，剖析律意。如对"发冢"罪的解释，"'见棺椁见尸'两'见'字，音胡甸切，显也露也。谓发掘坟冢至于显露棺椁，已开棺椁至于显露其尸也。开动曰发，穿地曰掘，义有浅深之别。下未至棺椁者，若蒙上文发掘而言，则于掘字又不合，故复用发字另起。止曰发不曰掘，谓虽开动尚未掘穿至棺椁也，律文精密如此。"

为弥补律文抽象难明的缺点，注律家们也作了扩大解释，如窃盗一词便作了如下的解释："言窃盗，则一切盗在其中。如掏摸与盗田野谷麦及坟茔、树木、马牛、畜产之类"。[①]

4. 群书竞献，各领风骚

清代私家注律之盛超越历代，注律家们如群星灿烂、互相推动，注律成果流传至今不下百余种。由于私家注律队伍庞大，因而形成了不同的流派，或以辑注擅长，或以考证名世，或以司法应用相标榜，或以图表歌诀为时人所称道，极大地丰富了律学的内容，其某些注释方法和律例应用理论，亦颇有可取之处。

如前文所述，由于清朝每年考校现任官的律例知识，并根据成绩确定赏罚，由此推动了官吏习法的活动，律学家们也适应官吏习法的要求，制定了简明读本，如咸丰九年（1859）蔡逢年、蔡嵩年兄弟所撰《律例便览》六册十四卷。为了便于记忆，律学家还以图表的形式疏解律例内涵，著名的有沈辛田的《名法指掌》一书，内分"期限、人命、匪类、盗案、窃盗、抢夺、奸情、略卖、发冢、赌博、私铸、诈伪、杂犯、盐务、疏纵、田债、户婚、词讼、六赃"等目，共计二百五十五图。

除此之外，同治时的程梦元《大清律例歌诀》，以便于习法者读记，例如"贼盗"："律例明条逐一纂，流行天下晓军民，谋反大逆同谋者，不分首从凌迟刑；同居异性皆斩首，妇女为奴家产倾，女若许嫁准免罪，知情故纵死罪应……"这不失为一种学习律例的方便法门。清朝州县官有的还将案件所作出的判词汇编成判牍，如《徐公谳词》《樊山判牍》《吴中判牍》等。

学治类律学著作著名的如康熙时工科给事中黄六鸿纂《福惠全书》，内含莅任、钱谷、杂课、清丈、刑名、保甲、荒政、邮政、庶政、升迁等十四部。

[①]　《大清律辑注》卷五。

此书系清朝较早涉及吏治之作，备受为官者推崇，成为后世吏治之书的范本。

总之，私家注律不仅著述繁多，体例多样，而且风格迥异，图文并茂，真正是群书竞献，各领风骚。

5.开辟考证、比较与汇编成案的路径

考证律学的代表是吴坛所著《大清律例通考》，其书以436条律文，1456条例文为考证对象，采取"谨按、又按、附考、应纂"等方式，逐一进行考释。"谨按"，重点在于考订《大清律例》各篇。各门、律目乃至律文、例文的历史渊源与时代流变；"又按"，主要针对条例的应删、应改、应并，以及另有议论而发；"附考"，为附加考释有关律例原始出处；"应纂"，为乾隆四十四年（1779）准备编入之新修条例。

比较律学，以清末薛允升著《唐明律合编》为代表。此书是将中国古代最有影响的唐、明律进行系统比较的律学著作。此书按时间先后，依唐律律目编列唐、明律律文及令与条例，并附以各家律学观点，从比较异同和分析中考订其源流、沿革、立法轻重与得失。

由于成案是司法实践中应用法律进行审判的真实记录，具有适用法律的示范与借鉴作用，因而在司法实践中也出现了以案代例的现象。根据乾隆三年例规定："除正律正例而外，凡属成案未经通行、著为定例，一概严禁，毋得混行牵引，致罪有出入。如督抚办理案件，果有与旧案相合，可援为例者，许于本内声明，刑部详加查核，附请著为定例。"但在五年后乾隆帝删改前例，谕称"司刑名者，偿引用律例，意为低昂，其弊亦不可不防。嗣后如有轻重失平、律例未协之案，仍听该督抚援引成案，刑部详加查核，将应准应驳之处，于疏内声明请旨"。①

至嘉庆朝以案代例的情况已经十分普遍，以至习刑幕者皆从熟悉成案入手，而不读律例。②乾嘉道三朝刑案汇编之书不断问世，较重要的有《成案

---

① 《大清会典事例》卷八五二。

② 张廷骧：《入幕须知·赘言十则》。

质疑》(洪弘等辑，八十册，乾隆十一年刊本)、《成案续编》(乾隆二十年刊本，十九册)、《成案续编二刻》(乾隆二十八年刊本，十册)、《驳案新编》(乾隆四十六年全士潮等刊印本)、《秋审比较条款》(乾隆四十九年本)、《成案备考》(嘉庆十三年沈廷瑛原刻本)、《刑部说帖》(有嘉庆十六年、道光五年、十一年、十三年、十四年等多种版本，计一百八十六卷、十三册)、《加减成案新编》(道光十三年刊本)、《刑部比照加减成案》(三十二卷，许槤等辑，道光十四年刊本)、李馥堂辑《两歧成案新编》(二卷)，等等。其中《刑案汇览》一书，以其资料源自档案，内容精确、案件收录多、时间距离长而备受推重。

《刑案汇览》，会稽名幕祝庆祺纂辑、歙(县)鲍书芸参订，道光十四年刊行。祝氏曾任福建总督孙文靖刑幕多年，通晓清代司法状况，潜心收集刑部驳议之重大案件与有关资料纂辑而成。全书分为二编，前编八十册八十八卷，辑录自乾隆元年(1736)至道光十四年(1834)，九十九年间刑案五千六百四十余件；续编二册十六卷，名为《续增刑案汇览》，辑录道光三十年(1850)间刑案一千六百七十余件。

《刑案汇览》主要辑录说帖、通行与成案。刑部说贴，"始自乾隆四十九年，因各司核覆外省题奏咨文并审办词讼各案，逐一拟稿呈堂阅画，遇有例无专条，情节疑似者，经批交律例馆核覆，于核定时缮具说帖，呈堂酌夺，再行交司照办"。①

"通行"，按刑部解释："各直省通行，系律例内所未备载，或因时制宜，或随地立法，或钦奉谕旨，或奏定章程，均宜遵照办理者也。""通行"为地方法司办案时必须参考之法律依据。部分"通行"于律例馆修例时作为新例编入《大清律例》。《刑案汇览》收录"通行"，共计六百余件。

"成案"，按《刑案汇览·凡例》："成案俱系例无专条、援引比附加减定拟之案"，"成案与律例相为表里，虽未经通行之案不准混行牵引，然衡情断

---

① 《刑案江览·凡例》。

狱，律无正条，准援他律例比附"①。《刑案汇览》共集入一千四百余件。如《刑案汇览》卷二《犯罪存留养亲》。嘉庆二十年（1815）案"川督奏：沈现顺杀死一家二命，拟以斩枭，沈现宇从而加功，拟以绞候。该督奏称，该犯父母现存弟兄二人，俱拟正法，例得存留一人养亲等语。相应照例声明，请旨定夺。倘蒙圣恩，将加功拟绞之沈现宇准留养亲，臣部行文该督，将沈现宇照例枷号两个月，杖一百，准其存留养亲。奉旨：准其照例留养"。

此外，祝氏自录所见成案与《邸抄》例无专条之案，以及《坊本所见集》所载例无专条尚可比附之案、《平反节要》与《驳案汇抄》所载之案，均为资料来源，故而《刑案汇览》规模宏大，史料丰富，影响深远。同治时，吴潮、何锡俨续辑自道光十八年（1838）至同治十年（1871）间刑案一千六百九十六件，名为《刑案汇览续编》。光绪时，潘文舫、徐谏荃再辑自道光二十二年（1842）至光绪十一年（1885）间刑案二百九十一件，名为《新增刑案汇览》，四编共收刑案九千余件，历时长达一百五十年，其规模之大，资料之广，均为历代所未有。而且附有刑部和律例馆审议案件时提出的说帖，以及皇帝就特定案件颁发的上谕及有关资料。使阅者了然案件的处理依据和量刑的弹性考虑，及司法审判制度的演变。

《驳案新编》系与《刑案汇览》齐名之一部驳案汇编，由乾隆时刑部官员全士潮、张道源、李大翰、怀谦、周元良、金德舆等纂辑。初版，十二册，三十二卷，汇辑清高宗乾隆元年（1736）至四十九年（1784）间刑部历年奉谕旨驳改拟及大臣援案奏准永为定例之成案。按律分类，分编于名例、吏律、户律、礼律、兵律、刑律、工律等目中，书后附续编七卷，继本书续辑至仁宗嘉庆二十一年(1816)历年驳案，内依律目分为名例、吏、户、礼、兵、刑、工等七部分，下各有细目。

凡各省题结案件或秋审核拟案件定罪量刑不当，为刑部奏准皇帝驳回，即为驳案。《大清会典》有云："外省督抚具题案件，内有情罪不协，《律例》

---

① 道光十三年李逢辰辑：《比引成案新编》序。

不符之处，部驳再审。该督抚及司道等官虚心按《律例》改正具题，将从前错之处免其议处。""凡部驳案件，如督抚拟罪过轻而部议重者，应驳令再审，如外拟过重而部议从轻，其中尚有疑窦者，亦驳令妥拟；倘所见既确，即改拟题复，不必辗转驳审，致滋拖累。"①

按清律，徒、流案件由督抚咨达刑部知悉或复核，无须具题，故称"咨驳"。死罪案件由督抚具题皇帝，刑部奉旨核拟。如有异议，提请皇帝驳审，是为"题驳"。"凡钦奉上谕指驳改拟及内外臣工援案奏准永为定例者，均依次编辑。每案先叙该督抚原题于前，然后恭录谕旨。次叙及内外衙门原奏，俾阅者知某案因何驳正，并某条律例因何改定之处，一目了然，源委悉得。""是编自乾隆元年至四十九年，凡遵驳改正者，十之八九。其中，照驳复审有始略终详，因疑得信，惟期详慎得当，虽仍照原议拟结者，亦所必录。""断罪依新颁律令，……其间有引用各条，稍与现行定例不符，俱详加考核，将增删修改之原委于卷端注明"。②

山西道监察御史、刑部律例馆提调阮葵生于书序中，对《驳案新编》的司法适用价值，特作如下说明："律一成而不易，例因时以制宜。谳狱之道，系于斯二者而已。全情伪百变，非三尺所能。该则上比下比，以协于中，此历年旧案亦用刑之圭臬也。……仝君秋涛，偕同曹诸君子，取近年驳案，汇集成编。予读之数过，见其博采广收，芟繁提要，按门排纂，具有手眼，极案情之变而为齐非齐，抉律例之精而有伦有要，斯其用意亦良深矣。司牧者得是编而读之，即一案而通乎情法之准，究心律令之源，庶与以礼制刑，以教祗德之微意肫然有合，而非第为引证比附之取资也。"③

由以案代例而发展起来的汇编成案，成为清中叶以后律学的新发展。此类著作不仅展示了清朝律例演变的轨迹，而且也表明清朝在重视制定法的同时也给予判例法一定的空间。这是汉以来律令科比相辅相成的传统在新的历

① 《大清会典》卷五四、五五，《刑部》。
② 《驳案新编》凡例。
③ 《驳案新编·序》。

史背景下的展现。《刑案汇览》可以说是编纂成案类律学著作的代表，不仅是中国古代所鲜有，也是世界法学史上所仅见的。

五、清代律学对立法、司法的影响

清代注释律学由于针对性强，始终着眼于实际，而且多为司法实践经验的总结，因而在一定程度上改进了立法、改善了司法，并促进了清法制的发展。

（一）清代律学对立法的影响

私家注律对立法的影响直接地表现为国家所认定的律注。按《大清律例》的体例，律中有小注，每篇正文后有总注，以疏解律义。但在雍正五年（1727）以前，小注、总注均采用明人注释，雍正五年颁布《大清律集解》，在律后总注中开始辑入沈之奇《大清律辑注》和王明德《读律佩觿》的注律成果，从而将私家注律引入法典成为组成部分，被国家认可其立法解释效力。

乾隆五年（1740）修订《大清律例》时，便将沈之奇《大清律辑注》中的有关观点或吸收为律注，或作为律注的指定参考释文，共达八处之多。例如，律文"弟骂兄妻，比照殴律加凡人一等"，据《大清律例通考》考证，"弟妹殴兄之妻，加殴凡人一等，独无骂詈之文。查《辑注》，仍'照殴律加凡人一等科之'，因增入。"[①]除沈之奇外，其他律学家的成果也有被确认为律注的，如："嫁娶违律主婚媒人罪"律文下附小注："主婚人虽系为首，罪不入于死，故并减一等。男女已科同罪，至死亦是满流，不得于主婚人流罪上再减。"《通考》："其第一节律文内'主婚人并减一等'句下小注，系乾隆五年律例馆查照《广汇全书》批注奏准增注。"[②]再如，《大清律例》纳赎诸图后，

---

① 《大清律例通考》卷二九，《刑律·骂詈》。
② 《大清律例通考》卷一〇，《户律·婚姻》。

便附以王明德所注"赃论罪""折半科罪"和"坐赃论"作为参考释文。《大清律例·凡例》明确规定其适用应查照《读律佩觿》的有关解释,"以免畸轻畸重之失"。①

此外,《大清律例朱注广汇全书》《读律管见》《笺释》等书的释律观点也选择编入律注,附于律文中,成为法典组成部分。如"投匿名文书告人罪"律文后附小注:"……其或系泛常骂詈之语及虽有匿名文书尚无投官确据者,皆不坐此律"。《大清律例通考》曰:"乾隆五年馆修,以匿名告人之罪易于诬指,因查照《笺释》及《辑注》之语,又于原注'皆依此律,绞'句下,增入'其或系泛常骂詈之语,及虽有匿名文书,尚无投官确据者,不坐此律'等语,辑如前往。"

"嫁娶违律主婚媒人罪"律文下附小注:"主婚人虽系为首,罪不入于死,故并减一等。男女已科同罪,至死亦是满流,不得于主婚人流罪上再减",系乾隆五年律例馆查照《广汇全书批注》奏准增注。②

"谋杀祖父母父母"律文后附注:"谓与子孙谋杀祖父母、父母及期亲尊长、外祖父母、缌麻以上尊长同。若已转卖,依良贱相殴论",系查照《笺释》《读律管见》奏准增注。③ 以上以释义为律注表现了清代注释律学的价值。

作为《大清律例》律母的八字——"以、准、皆、各、其、及、即、若"的释义,也以《读律佩觿》的注解为权威。例如对"以"的解释,说:"'以'者,非真犯也。非真犯,而情与真犯同,一如真犯之罪罪之,故曰'以'。"又如对于《大清律例》"併赃论罪",《读律佩觿》释文注释曰:"併赃论罪者,将所盗之赃,合而为一。即赃之轻重,论罪之轻重,人各科以赃所应得之罪,故曰併赃论罪。併与并绝不同。併者,彼此相类,即其所犯之或异,同为利等,以一其罪也;若并者,则不计人之多寡,盗之前后,及人各入己之轻重,惟以一时所犯皆算作一处……此併赃论罪之大义也。然法虽如此,而

---

① 《大清律例·部颁凡例》。

② 吴坛:《大清律例通考》卷一〇。

③ 吴坛:《大清律例通考》卷二六。

论法则分两途。如其盗之赃，非系一时所行，将其节次所盗，凡系一时俱发者，不问时日远近，人数多寡、不分人各所分之轻重，其算计赃若干，就所合算之赃数，人各论以赃数所应科之罪，此监守盗、常人盗并赃论罪之法也"。①

此外，在大清律文注中也多处采用沈之奇《大清律辑注》的观点。薛允升在《唐明律合编·例言》中曾表述如下："王明德之《佩觿》、王肯堂之《笺释》，②沈之奇之《辑注》、夏敬一之《示掌》各有成书，均不为无见，且有采其说入于律注者……亦犹唐律并列疏义之意"。沈之奇著《大清律辑注》的事例尤为地方官所重视。如斗殴、欺诈，官注解为："相争为斗，相打为殴。"但斗与殴组成一个律名，其重心何在，律文并不明确。对此《大清律辑注》不仅界定"斗"与"殴"的主要区别，以及律意重心所在，"斗者口语争论，彼此扭结，未至捶击也，殴则以手足相打矣。此以斗殴名篇，实则所著皆是殴律"；还引申出以伤之轻重作为追究刑事责任的标准，便于执法者判决，"人之斗殴，大概因一时之气，事起仓促，非有成心，即有同谋共殴者，亦意止于殴耳。故篇中专论伤之轻重以定罪。"

《大清律辑注》，对某些名词之解释，通过钩沉旧制，汇通古今，显示相关理论发展的脉络。如对"田""宅""窃盗"之解："曰田，则山园、陂荡之类，亦在其内；曰宅，则碾磨、店肆、车船之类，亦在其内"；"言窃盗，则一切盗在其中。如掏摸与盗田野谷麦及坟茔、树木、马牛、畜产之类。"

可见，清代注释律学的成果对立法者具有相当大的启迪作用，并以国家立法的形式作了必要的肯定，从而增强了官民对于律例原义的理解。

（二）清代律学对司法的影响

清代的注律成果也对司法起着相当的指导作用。地方司法机关在审判实

---

① 王明德：《读律佩觿》卷二。
② 指清人顾鼎重新编辑的《王肯堂笺释》。

践中较多参考《大清律辑注》。现存地方司法机关审判案例档案中，不乏引用或参考《大清律辑注》断案的例证。例如，甘肃某人劫持某女拟与其子成婚，被告发。刑部认为虽奸占，但尚未成婚应按犯奸罪论处，该地司法官引用《辑注》："律以犯者犯意为主。……若人犯强奸良家妻女，以犯奸论，若奸占其为妻妾者，以犯娶尊亲属妻女论。"最后，刑部同意地方官的定性。当《辑注》本的观点和本律稍有歧异或相悖时，司法官常常引私注而弃律例。据《刑案汇览》所载，引用《辑注》等私注观点作为审断案件依据的有近四十个案例。

不仅地方司法机关引用注律成果断案，刑部也表现出应有的尊重，甚至援用批复。例如，某地发生一起先强奸后通奸，奸妇自首案，地方官按犯罪自首律，定该妇为"犯奸为从犯"，减等科刑。刑部复审时根据《笺释》："凡犯有败伦伤化罪的不在自首之例"；《辑注》：犯奸"各自身犯是以无首从"，遂依"奸者不在自首之律"改判。

尤其是无律例明文可循时，常常引《辑注》作为审判依据。例如，某氏因子不肖，在食物中投毒欲杀其子，食物误被他人分食致死。由于"谋杀子孙而误杀旁人，例无治罪明文"，地方官引用《集注》："谋故殴之误杀，皆言凡人；若因凡人而误及亲属，因亲属而误及凡人，因亲属而误及亲属，当按尊长卑幼各律，轻重权衡，分别随事酌之"；又引《辑注》："律言谋杀、故杀人而误杀旁人者，以故杀论，此为鞫无亲故之律文"，但要"各依案情定罪，酌情从轻从重"，遂判为故杀，但减死入流，得到刑部的赞同。

可见，刑部在司法审判中也援用或引证《辑注》等私注观点作为判案的参考，或回复下级司法机关对于有关律例条文含义的疑问。尽管如此，为了维护法律的尊严，刑部严格限制地方司法机关援用私注，强调当律文与私注发生矛盾时，应以律文为准，不得引私注而弃律例。

综上，通过私家注律，使律文更具有可操作性，因而也增强了适用法律的准确性，提高了司法效能。如同马腾蛟所说"阐发律例中之精蕴，而听狱讼者得资以为观指"。①

第二节　传统律学的近代转型

一、传统律学的基本特点及其价值

传统律学是指中国古代律学而言，其内容以刑名律学为主，但又不限于刑名律学，是涵盖一些部门法的大法文化苑。由于法学的概念是近代海禁大开以后，西方输入的文化范畴，在古代是没有的。因此传统律学也可以说是中国古代特定历史条件下的法学。传统律学所达到的高度，是衡量中国古代法文化发展程度的重要尺度。

中国传统律学也和其他文化现象一样是源远流长的，而且很早就从宗教神学观的束缚下挣脱出来，它所涉及的法律关系，从个人到家庭，从家庭到国家，从国家到社会，领域十分宽广。它以准确地阐明律意，辨析法律原则，解释名词术语为基本内容，以加强用律执法为最终目的。历代虽有小异，但基本传统辗转相承，成为古代东方中国特有的传统律学。

由于律学着眼于实用，这是它的长处，也是统治者对注律解律家们的要求。但律学又始终是着眼于实用，缺乏进行理论上的概括，这个长处又变为短处。律学不同于玄学，也不同于经院哲学，它的研究领域从天上落到地上，从神转移到人，从法条变为实际，因此律学的应用价值超过了它的学术价值。

传统律学在其形成发展的漫长的过程中，基本上贯穿了儒学的精神。具体说来律学的指导思想是儒学的核心——纲常名教；律学的理论根据是儒学

_____

① 《大清律例集注·马腾蛟序》。

的教条；律学所追求的境界是明礼无讼的儒家理想王国。所以传统律学即释律又尊儒；既释法意又宣德意，二者紧密结合。律学家从引经解律的角度，维护了儒学在中国文化上的统治地位，也维护了专制主义国家的全面统治。

传统律学探讨了律例之间的关系，条文与法意的内在联系，以及立法与用法、定罪与量刑、司法与社会、法律与道德、释法与尊经、执法与吏治、法源与演变等各个方面，其微、其细、其广、其博、其实、其用均为世界同时期所少有。

传统律学通过解释法律谋求统一的法律适用，进而维护大一统的专制主义国家，这是传统律学的中心点。同时传统律学也维护和辩解建筑在自然经济结构之上的宗法伦理制度。传统律学的内涵及其发展规律的特殊性，就是由这个国情所决定的。具体说来：

1.律学反映了专制主义的政治与文化政策。中国专制主义的政治集中反映为大一统的皇权统治。律学所追求的统一适用法律就是服务于大一统的皇权统治。专制主义的文化政策集中反映为尊儒重经，纳士大夫的思想于一轨，禁止自由意志的抒发，这也给律学以深深的烙印。

2.律学显示了重刑轻民的倾向。在二千多年的封建专制主义的国家统治下，以惩治危害国家的犯罪行为为首要任务，而对民间的财产则视为细故。不仅在立法上缺乏应有的比重，在司法上也较为漠视，或听任调处和息；或一审了结。律学既然以律文作为研究对象，因此它的主要内容也只能是刑法学，以及与之密切相关的刑事诉讼法学。

3.律学是在一个封闭型的国家里发展起来的特有的法学。中国古代自然经济的保守性，闭关锁国的对外政策，以及专制国家的政治考虑，造成了古代中国在经济上、政治上、文化上的封闭状态。律学在其发展过程中，从未受过外来法律文化的影响，所以只存在着纵向的继受关系，而没有横向的比较。它的特殊性既表现为独立性，也表现为孤立性。

4.从汉代说经解律到晚清注释律学，一直贯穿了礼法结合、任法与任礼并举的精神。中国古代国家形成的特殊途径，血缘地缘关系的悠久束缚，以及封建王朝独尊儒术的政策影响，使得礼治具有广泛的规范力量。礼尊于法、礼主刑辅是封建统治者经验的积累和辗转相承的共识。因此律学家在释律中要奉礼不违礼，违礼的解释是无效的，律学与礼治如同律学与法制一样地不可分。

5.律学的发展方向受国家的宏观控制。律学基本上是官学，私家注律只是国家注律的补充。律学作为一种意识形态必然受到专制国家的关注。随着专制主义的强化，国家对律学的干预和控制日益加强，以确保其发展方向符合国家的利益。因此，从汉晋隋唐以来，律学一直是官学，即以官府注释为基本形式。明清时期国家对适用法律的要求更为迫切，对律学的期望值也愈益提高，因此鼓励私家注律以补充官府注律的不足。所谓私家，其实是具有官方或半官方身份的人士，他们注律或受命于朝廷，或被委聘于长官。他们注律时总结了从事刑名工作的经验，抒发了研究律学的体会，形式上是自由的，但不得逾越国家宏观控制的限度，不得违背传统的法律意识和礼的基本规范，不得另立异端思想。否则其所注之律不仅无效而且要受到惩治。因此私家注律是寓自由于不自由之中的。

6.律学是适应司法实践的要求而发展起来的，是注律者从事刑名断狱的经验积累和总结，因而以经验主义的特色著称，缺乏抽象思辨的内涵。综括律学之书，凡问题的提出无不源于经验，注释的根据与心得亦不外于经验，律学的最高成就就是综合新经验并使其条文化，成为国家修律的新内容。明清之季，特别清朝律学的发展是和律学家队伍壮大分不开的。清朝从事律学研究的不仅有已仕、致仕的刑部官员与地方大吏，还有从县府省到部院各级政权的刑名幕僚，这是一支庞大的与官员注律相配合的注律大军。他们不仅熟悉律例，而且饶有实际操作司法的经验，清朝私家注律的兴盛与注律成果的辉煌，充分反映了这支队伍的实力。

7.律学是随着社会物质生活条件、社会关系与社会存在的改变而改变的，因而具有阶段性和时代特点。律学的发展，又是以先驱者留给后人的文化思想材料作为前提的，这中间的继受关系便是律学发展的真实过程。至明清二代，科学技术的发展和西方天文学、数学、地理学的相继传入，也有助于注律家们剔除自己宇宙观和历史观中的神秘色彩，以及"束书不观，游谈无根"的理学教条的束缚，能够用务实的态度和比较科学的方法来观察国家的法制现象，进行复杂的注律工作。

8.律学经过了两千多年的发展，虽然道路迂回曲折，但确实历久而不衰，每一发展阶段都留下了极具影响力的代表之作，反映了中国古代法学在总体上所达到的高度，这是和它在维护法制建设方面的作用分不开的。譬如：

①律学家提出的法律实施中的问题和经验，对于国家立法具有指导意义；

②律学研究的成果丰富了立法者的法律意识和立法的针对性思考使法制建设不断完善；

③律学研究通过阐释国家的立法意图，概括国家的法律原则，注解法律的概念术语，评论条文的源流得失，有利于法律的统一适用，进而也促进了国家的稳定统一；

④提高了司法官吏的办案能力和用法的准确性，避免失轻失重；

⑤为学法者提供了教材，为讲读律例提供了范本，为读书不读律的官员提供了执法断狱的凭依；

⑥律学著作的广泛性与多样性，有利于法制宣传，加强了法制文明建设，也繁荣了中国的传统法学。

二、传统律学囿于特殊国情而未能成为探究法律理论的科学

中国古代律学经过了两千多年的发展过程，承担着阐明立法意图，辨析法意，解释法律术语和原则，力求用有限的法律条文，规范多样的社会关系。在这个过程中，不同历史阶段的社会思潮、政治和经济的变化，都对法律注释产生不同的影响，律学也适应社会需求进行着不停的变革。可以说中国古代律学的发展，沿革清晰，一脉相承，始终不停地沿着务实致用的道路

运动着，发展着。直到传统旧律解体，注释律学才失去载体，而寿终正寝。由于中国古代自然经济的保守性，闭关锁国的对外政策，以及专制国家的政治考量，造成了中国古代的封闭状态。律学就是在这样的封闭型的国家里发展起来的。从而决定了只有纵向的传承继受，而不受横向的法文化的影响。这种独立性，也是一种孤立性，使得注释律学的成果尽管丰厚但其领域却是狭窄的，没有超出刑法和刑事诉讼法的范畴。

律学的发展受到专制政治制度的操控和文化政策的影响。中国古代的统治者所追求的是大一统的政权的巩固，而律学的主旨是服务于法律的统一适用，因而符合大一统的政治要求。私家注律虽然受到官府的肯定，但不得逾越专制政治所允许的红线，律学作为一种意识形态必然受到专制国家的关注。随着专制主义的强化，国家对律学的干预和控制日益加强，以确保其发展方向符合国家的利益。因此，秦以官方注律开始，两汉时期随着儒家思想的法律化使得给了私家注律一定的空间，出现了以注律为业的注律世家；至魏晋，律学开始由官方掌握，《唐律疏议》则是官方注律之代表；至明清，根据形势的发展，提倡官私并举注律，但私家注律，或受命于朝廷，或被委聘于长官，既总结了从事刑名工作的经验，又抒发了研究律学的体会，形式上是自由的。然而他们只能在统治者设定的框架内，注释法律条文的含义，阐明法典的精神实质和立法原意，辨析相关罪名和条文之间的区别等，以使国家法律便于统一适用，并具有可操作性。如果超出了这个范围，其所注之律不仅无效，而且要受到惩治，因此私家注律是寓不自由于自由之中的。

除此之外，作为专制国家的文化政策，自汉罢黜百家、独尊儒术以后，便以儒家经典作为文化政策的基石，因此，注释律学不得离经叛道，违反国家的文化政策，特别是明清时期，发起文字之狱，更妨碍了思想的自由发展。以致考据之学兴起，读书人皓首穷经，沉湎于考据之中，这种学风对于律学也有相当的影响。

综观律学之书，充满了经验主义的论断，这是其所长；但缺乏抽象思辨的精神，这是其所短。律学是适应司法实践的要求而发展起来的，是注律者从事刑名断狱经验的积累和总结。凡问题的提出无不源于经验，注释的根据与心得亦不外于经验。律学的最高成就就是综合新经验并使其条文化，成为国家修律的新内容，因此，律学的应用价值超过了它的学术价值。清代律学的发展是和具有丰富实践经验的律学家队伍的壮大分不开的。清朝从事律学研究的不仅有已仕、致仕的刑部官员与地方大吏，还有从县府省到部院各级政权的刑名幕僚，后者是一支庞大的与官员注律相配合的注律大军。他们不仅熟悉律例，而且饶有操作司法的实际经验，清代注律成果的辉煌，充分反映了这支队伍的实力。由于律学研究大多未能超出经验性积累和直观性感悟的层次，缺乏应有的抽象思辨和理论升华，律学家们也无从建立某种逻辑化的律学理论体系。所以，中国传统律学始终只是一种直接指导法律实践的学"术"，而尚未发展成为一门真正探究法律理论的科学。

三、传统律学的终结与近代法学的兴起

（一）传统律学的终结

至 19 世纪，西方已经完成了资产阶级革命，建立了议会制的三权分立的国家和宪法所确认的法制秩序。东方日本经过明治维新，颁布了宪法，建立了君主立宪的政体，实行资产阶级的法律制度。独树一帜的中华法系，被打开了一个缺口，影响力日渐衰落，面临深刻的危机。而当时的中国，依旧完整地保留着封建专制主义的国家制度、法律制度，因而落后于当时的世界，孤立于历史前进的潮流之外。1840 年鸦片战争之前，虽然清朝还维持着天朝大国的外貌和主权国家的地位，但当时来华的西方人已经对清朝的法律制度十分鄙夷，而不愿受其约束，"他们认为这些法律在一些重要的方面是残酷的不合理的，不愿受中国法律的管辖，对其执法的公平正直是毫不信任的"。①

---

① 威罗贝：《外国人在华特权和利益》，第 368 页。

1840 年鸦片战争以后，中国的国门被西方侵略者的炮火轰开，西方的法文化通过各种译书的出版，以及新闻事业的创办，开始涌入中国。特别是孟德斯鸠的《论法的精神》、穆勒的《自由论》、卢梭的《社会契约论》等中译本的出现，使得当政者和在野的士大夫，开始接触到西方先进的法文化。如果说，中国几千年的法文化的发展，基本上是纵向的传承，而在西方法文化输入以后，有可能进行横向的比较。人们从比较中发现，传统律学的精神实质、理论基础和价值取向，都不同于西方的法文化。

中国传统律学以经学为主导，以注释国家的基本法典为职能，以统一地适用现行法律为目的。无论是历史源流的阐述，还是立法原则与制度的诠释，都表现出由中国国情所决定的重公权、重伦理、重义务、重家族、重传统等特点。这些传统律学的支撑点，恰恰是与西方法文化的基本区别点。

欧洲从 16—17 世纪文艺复兴开始，个人价值已经被强调，而逐渐凌驾于神的价值之上。至资产阶级革命成功，资产阶级国家以法律确认个人的权利地位。如美国《独立宣言》所说："我们认为这些真理是不言而喻的：人人生而平等，他们都从他们的造物主那里被赋予了不可转让的权利，其中包括生命权、自由权和追求幸福的权利。"[1]此时在清朝统治下的中国，君权依然被奉为至高无上，家族本位的社会依然稳固，家长制的家庭结构依然束缚着个人的自由和发展。但是，落后的中国已处于迟早必变的前夜，这已是当时先进的中国人模糊意识到的大趋势。

随着西方法文化的输入，中西法文化发生激烈的碰撞，传统法文化的封闭状态逐渐被打破，先进的西方法文化战胜了保守的中国传统法文化：由固守成法转向中体西用，由维护三纲转向批判三纲，由专制神圣转向君民共主，由以人治国转向以法治国，由司法与行政不分转向三权分立。日益成长的私法观念，侵袭着"以刑为主，诸法合体"的传统法典结构；以人权为基础的权利观念，逐渐取代单纯的义务观念；传统法律中的伦理制约力在减

---

① 《独立宣言》，载《世界人权约法总览》，第 272 页。

弱，法律的评判力在提升。以严复、梁启超为代表的一代新的法学家开始出现，所有这一切都预示着传统律学的终结势不可免，而 20 世纪初期清廷的变法修律由《大清刑律》取代《大清律例》，使得传统律学失去了载体，最终走上了转型之路。

1900 年，义和团运动失败以后，清朝已经不能再照旧统治下去了，终于发布了新政的主张。1905 年，日俄战争以后，国内主张立宪的思潮风起云涌，迫使清政府宣布实行预备立宪，并委派沈家本、伍廷芳为修订法律大臣，揭开了中国法制近代化的序幕。沈家本以"甄采中西""会通中外"为修律释法的宗旨，力图通过修律使中国的法律"与（世界）各国无大悬绝"[1]。他强调，"我中国介于列强之间，迫于交通之势，盖有万难守旧者"。在修律的实际过程中，多以日本、德国的法律为范本，终于修订了具有资本主义性质的《大清刑律》以及《刑事诉讼律》《民事诉讼律》等一系列新法。使得传统律学失去了载体，最终退出了历史舞台。

（二）近代法学的兴起

1895 年中日战争以后，中国的民族资本主义得到了一定程度的发展，从而为中国法制的近代化提供了经济前提。商品经济关系的发展要求相应的法律调整，这是保守的《大清律例》所不能完成的。而随着资本主义经济的发展，逐渐壮大和开始走上历史舞台的资产阶级，也要求清政府制订保护其利益的有关法律。近代中国法制的变化是和社会阶级结构的变化，与阶级力量对比的消长分不开的。

清朝政府内部也有些人鉴于 1840 年鸦片战争后，资本主义侵略者借口中国法律落后野蛮而掠夺了在华治外法权，并通过不平等条约的形式固定下来的事实，主张改革法制，收回治外法权。沈家本便指出："中国之重法

---

[1] 沈家本：《历代刑法考·寄簃文存》卷一，《奏虚拟死罪改为流徒折》，中华书局 1985 年版，第 2029 页。

西人每眦为不仁，其旅居中国者皆藉口于此，不受中国之约束。"① 迫于来自内部的舆论压力，慈禧于光绪二十八年（1902）四月初六日下谕："沈家本、伍廷芳将一切现行律例，按照交涉情形，参酌各国法律悉心考订，妥为拟议，务期中外通行，有裨治理"。②

晚清修律除希冀借以收回治外法权外，也以改良法律作为立宪陪衬。沈家本说：编纂新法典"实预备立宪之要著"，③"日本明治维新，亦以改律为基础"。④

其实晚清修改律例最重要的动因，是义和团以后清政府为了内缓危机，外媚强敌，以苟延残喘的举措。还在流亡西安时发出的《饬内外臣工条陈变法》的上谕，是很说明问题的。该上谕说："世有万古不易之常经，无一成不变之治法，……盖不易者，三纲五常，如日星之照世；而可变者，令甲令乙，不妨如琴瑟之改弦。……大抵法积则弊，法弊则更。……法令不更，锢习不破，欲求振作，当议更张。着军机大臣……各就现在情形，参酌中西政要，举凡朝章国故、吏治民生、学校科举、军政财政、当因当革、当省当并、或取诸人，或求诸己，如何而国势始兴，如何而人才始出，如何而度去始裕，如何而武备始修，各举所知，各抒所见，通限两个月内详悉条议以闻。"⑤ 光绪二十七年（1901）八月二日慈禧下谕："择西法之善者，不难舍己从人。救中法之弊者，统归实事求是。"⑥ 光绪二十八年癸巳清廷下谕："我朝大清律例一书，折衷至当，备极精详。惟是为治之道，尤贵因时制宜，今昔情势不同。非参酌适中，不能推行尽善。况近来地利日兴，商务日广，如矿律、路律、商律等类，皆应妥议专条。"⑦ 光绪三十三年（1907）九月五日清廷再

① 《寄簃文存》卷一，《删除律内重法折》。

② 《清德宗实录》卷四九四。

③ 沈家本：《奏修订法律大概办法折》。

④ 《寄簃文存》卷一，《删除律内重法折》。

⑤ 《光绪政要》卷二六，第28页。

⑥ 《大清新法令·御旨》。

⑦ 《光绪朝东华录》。

颁上谕："著派沈家本、俞廉三、英瑞充修订法律大臣，参考各国成法，体察中国礼教民情，会同参酌，妥慎修订，奏明办理。"① 从此具有历史意义的晚清修律便在沈家本的主持领导下正式开始工作。

光绪二十六年（1900）十二月初十日，清廷发布《饬内外臣工条陈变法》的上谕后，两江总督刘坤一，湖广总督张之洞在《第一次会奏变法事宜》的奏折中第一次谈到改革学校教育、讲授和学习"外国律法学"，实际就是外国法律学的问题。他们在《第三次会奏变法事宜》中，又提出"访求各国著名律师，每大国一名来华，充当该衙门编纂律法教习，博采各国矿律、铁路律、商务律、刑律、诸书，为中国编纂简明矿律、路律、商律及交涉刑律若干条，分别纲目，限一年内纂成……一面于该衙门内设立矿律、路律、商律、交涉刑律等学堂。选职官及进士举贡充当学生，纂律时帮同翻译缮写，纂成后随同各该教习再行讲飞律法，学习审判。"这里第一次提出请外国律师参与立法，并选择可靠之人讲习新制订的具有资本主义性质的律法，为此要建立法律学堂。这与传统的清代注释律学无论组织机构、讲习内容、与人员构成都是截然不同的。光绪三十一年（1905）九月，伍廷芳认为"日本改律之始，屡遣人分赴法、英、德诸邦，采取西欧法界精理，输入东瀛。然后荟萃众长，编成全典……莫不灿然大变"，因此奏请派遣"有学有识通达中外之负"，前往日本"调查法制刑政……研究鞫审事宜，按月报告，以备采择"，这是晚清第一次奏请派员出国考察法律。在一片积极向西方学习法律的热潮中间，《时报》在光绪三十二年（1906）丙午七月初四日，发表"改良法律所应注意之事"的文章。其中明确提出"提倡法学"，并且说尽管"法理深赜，头绪纷繁"，可是随着时代的变迁，"士大夫之研求法政者，接踵而起。法律之智识，虽未普及，然樵夫之谈王道，乡校之议时政，亦复数见不鲜，斯皆可善之现象也"。这说明法学已经逐渐地从官府和少数人的掌握中解放出来，走向社会。且这已经不是传统的律学而是新的具有资产阶级性质

① 《政治官报·谕旨类》七项。

的法学。传统律学的丧钟已经敲响了。

在这个转型期间起着联结新旧、沟通中西的重要人物是清朝官僚沈家本。他所著《法学盛衰说》虽然有些并不符合中国法文化发展的历史实际，但他用"法学"来概括中国传统律学的历史发展、因革变动关系，恰恰是西方法文化移植的结果。

沈家本是熟悉中国古代法律并在一定程度上给予批判总结的律学大师，同时他又是热心考察西方法律，接受资产阶级法文化的改良主义思想家，因此有可能在他主持修律期间积极引进西方的法律。近人杨鸿烈评价说："中国法系全在他手里承先启后，并且又是媒介东西方几大法系成为眷属的一个冰人"。①

沈家本在法治历史经验的理论概括上，如法的概念、作用、治人与治法、法与道德教化等关系上，受传统律学影响较多；但在修律实践中，在引进西方法学成果与立法成就方面，则给人以崭新的形象。他的努力不仅缔造了新的法律体系，而且基本完成了由旧律学向新法学转型的巨大工程，具体表现为：

（1）研究领域大大超过了以大清律例为对象的注释律学，而延伸到构成新法系的六法部门。

民刑不分、诸法合体是中国封建法典的传统构成。对于这种形式，沈家本认为必须改变，他说："窃维法律之损益，随手时运之递迁，往昔律书体裁虽专属刑事，而军事、民事、商事以及诉讼等项错综其间。现在兵制即改，则军律已属陆军部之专责，民商及诉讼等律钦据明谕特别编纂，则刑律之大凡自应专注于刑事之一部。推诸穷通久变之理，实今昔之不宜相袭也"。②

沈家本不仅重视实体法，也重视程序法，认为二者是体与用的关系，

---

① 杨鸿烈：《中国法律发达史》下。
② 《奏刑律草案告成由》（档、法、律例80号）。

"体不全，无以标立法之宗旨；用不备，无以收行法之实功。二者相因，不可偏废。"① 经过沈家本之手于 1906 年、1910 年二次编订《刑事诉讼草案》与《民事诉讼草案》。不仅为此，他根据司法独立的原理，还制订了《法院编制法》，"凡机体之设备，审级之制度，官吏之职掌；监督之权限……一一核载。"

以上可见沈家本视野的宽广，与设计修律的轮廓。在他主持修建法律馆期间，亲自组织制订了《大清新刑律》《刑事诉讼法草案》《民事诉讼法草案》《法院编制法》，至于民法、商法虽非他亲自组织起草完成，但也是在他主持修建法律馆期间的成果，与他的修律思想分不开。他的功绩不是注释祖宗成法，而是创造新的法律体系与新的法律学说。

（2）突破固有的纲常观念，以西学为新律的指导思想。

沈家本与传统律学最大的歧异，是他突破了固有的纲常观念的束缚，确立了以西学为指导思想。具体表现在他主持修律的活动当中：

第一，以君主立宪和三权分立为新律的基本原则。传统律学是以加强封建君主专制制度，巩固君主的立法权、司法权为宗旨的。沈家本与此相反，他明确提出编纂新法典"实预备立宪之要著"，② 因而把修律纳入了君主立宪的政治改革当中。同时他根据孟德斯鸠三权分立的学说提出"东西各国宪政之萌芽，俱本于司法之独立"，③"司法独立，为异日宪政之始基"。④ 因此他强调"政""刑"分离，反对"以行政而兼司法"，为此"考古今之沿革，订中外之同"，⑤ 制订了体现司法独立的《法院编制法》。不仅如此，沈家本在起草新刑律时，还借批判封建司法中的"比附援引"，表达了司法不得侵犯立法之权。他说："立宪之国，立法、司法、行的之权鼎峙，若许司法者以

① 《大清法规大全·法律部》卷一一，第 1 页。
② 沈家本《奏修订法律大概办法折》。
③ 《清末筹备立宪档案史料》，第 843 页。
④ 《清末筹备立宪档案史料》，第 827 页。
⑤ 《清末筹备立宪档案史料》，第 827 页。

类似之文致人于罚，是司法而兼立法矣。"①

第二，坚持法治原则，用以反对封建的礼教纲常。沈家本在西方法治思想的影响下，一方面主张"一切犯罪须有正条乃为成立，即刑律不准比附援引"，②旗、汉各族人民犯罪在法律上"一体同科"。另一方面在颇大程度上摆脱了传统的礼教纲常的束缚，把立足点放到"任法"而不"任礼"上来。这与传统律学家之奉礼教纲常为神圣教条，并赖以释律，是截然相悖的。正因为如此，沈家本在起草新刑律时删去干名犯义、无夫奸、子孙违反教令等一系列条款，从而引起了顽固的礼治派的尖锐攻击。例如，大学堂总督刘廷琛攻击经过修改的新刑律，"其不合吾国礼俗者，不胜枚举。而最悖谬者，莫如子孙违反教令及无夫奸不加罪数条"，"礼教可废则新律可行，礼教不可废则新律必不可尽行"。③提学劳乃宣认为"亲亲也，尊尊也、长长也，男女有别"等义关伦常诸条，"实为数千年相传之国粹，立国之大本"，"应逐一修入刑律正文"。他攻击沈家本，"专摹外国不以伦常为重者，特狃于一时之偏见。""不可不亟图补救。"④面对礼治派的挑战，沈家本鲜明地表示"无夫奸"和"子孙违反教令"，"此事有关风化，当于教育上别筹办法不必编入刑律"，表现了反对礼法合糅的资产阶级法治精神。

第三，在天赋人权思想影响下，反对买卖人口与奴婢制度，主张尊重人格。沈家本严厉批评了清朝盛行的奴婢买卖制度。谴责"官负打死奴婢，仅予罚俸，旗人故杀奴婢，仅予枷号"，"较之宰杀牛马，拟罪反轻"的现象，并以肯定的语气赞美欧美各国现在"均无买卖人口之事，采用尊重人格之主义，其法实可采取"。他在《禁革买卖人口变通旧例议》中提出对于买卖人口一事应该"永行禁止"。此外，他在《删除奴婢律例议》中明确表示"不知奴亦人也，岂容任意残害，生命固应重，人格尤宜尊，正未可因仍故习，

---

① 《明律目笺》卷一。
② 《历代刑法考·明律目笺一》。
③ 《清末筹备立宪档案史料》下册，第888页。
④ 签戴尚书书。

等人类于畜产也"。

上述思想是沈家本法律思想中最光彩的一页,是对于良贱尊卑法律上不平等的封建传统的否定。在清代注释律学家的著作中认为尊卑贵贱、同罪异罚是正常的现象,并为之进行辩解,这是不足为怪的。因为封建的法律就是等级特权的法律,为封建法律进行注释,当然不会反其道而行之。

第四,以"甄采中西""会通中外"为修律释法的宗旨。沈家本遵照清政府最高统治者的意图,确定以"甄采中西""会通中外"为修律宗旨。力图通过修律改变中国固有的传统法系,将中国法律纳入世界资本主义法系以便"与各国无大悬绝"。[①] 但在顽固守旧派主持朝政的条件下,他只能使新修之律"不戾乎我国世代相沿之礼教、民情",[②] 才能"融会贯通,一无扞格。"[③] 对于这一点他曾委婉地表述说:"余奉命修律,参用西法,互证参稽,同异相伴,然不深究夫中律之本原,而考其得失,而遽以西法参糅之,正如枘凿之不相入,安望其会通哉,是中律讲读之功,仍不可废也。"[④]

为了参酌甄采各国法律,沈家本"首重翻译",[⑤] 他说:"欲明西法之宗旨,必研究西人之学,尤必翻译西人之书。"[⑥] 他广购各国最新法典,多方聘请翻译人才,并亲自与"原译之员,逐字逐句,反复研究,务得其解"。在沈家本主持修建法律馆期间,外国的法典、法规大量译成,这给清末制订新律提供了范本。

不仅如此,在修订新律的过程中,沈家本"不惜重资,延请外国法律专家,随时咨问"[⑦]。他也非常重视派员去国外考察,认为"参考各国成法,必

---

① 《寄簃文存一·奏虚拟列罪改为流徒折》。

② 《沈家本奏刑律分则草案告成由》,(档、法、律例 80 号)。

③ 《沈家本奏修订法律大概办法折》。

④ 《寄簃文存六·大清律例讲义序》。

⑤ 《沈家本奏修订法律情形并请归并法部大理院会同办理折》,载《清末筹备立宪档案史料》下册。

⑥ 《寄簃文存六·新译法规大全序》。

⑦ 《沈家本奏修订法律大概办法折》。

先调查也。日本变法之初，调查编订，阅十五年之久，而后施行。拟……派员调查各国现行法制，……调查明彻，再体察中国情形，斟酌编辑，方能融会贯通。"①

在同顽固守旧的礼治派的斗争中，沈家本也以西方的法治原则以及现代的法律与道德教化的关系，来解释新刑律取消有关伦理、亲属的一些规定。

第五，按西方法学教育模式培养法律人才。沈家本从事法学研究与司法领导工作的多年经验，深知"法律之学世皆懵暗"②，而司法人才的奇缺，又绝非固有的律学家辗转承受的方式所能补救的，因此他非常同意伍廷芳所说"法律成而无讲授法律之人，施行必多阻阂，非专设学堂培养人才不可"。③为此，他以修订法律大臣的身份向清政府陈奏设立法律学堂，加强法学教育，培养司法人才，"为他日审判之预备"。他说："国法理昌明，学校林立，法律思想普及全国，其高等毕业法学之人，皆足备法官之登进，取才初不为难，故可由司法省大臣责任其事。"④经过沈家本的争取，终于"奉旨俞允"，于光绪三十二年九月（1906年10月）设立中国第一所法律学堂——京师法律学堂。这是一所基本上按照西方法学教育模式建立起来的法学最高学府，教育的内容以资产阶级法律为主。鉴于当时"教习无其人，则讲学仍记空言也"，特聘请日本法学家冈田朝太郎、松冈义正等担任主讲。由于培养司法人才是预备立宪与司法改革所急需，所以各地各类法政学堂纷纷设立，沈家本充满信心地说："吾中国法律之学，其将由是而昌明乎"。⑤各地法律学堂所开设的课程大体仿日本法科学校所定的课程，中国法制史以及宪法、刑法、民法、罗马法、诉讼法、行政法、国际公法、国际私法等均为必修课。

---

① 《清末筹备立宪档案史料》下册。

② 《寄簃文存七·元史新编跋》。

③ 《寄簃文存七·法律通论讲义序》。

④ 《酌定司法权限并将法部原拟清单加具案语折》，载《清末筹备立宪档案史料》下册。

⑤ 《寄簃文存》卷六，《法学通论讲义序》。

京师法律学堂完全不同于封建时代培养律博士的机构，更非私人律学家子孙相传所可比拟。这所法律学堂是晚清修律的副产品，也是中国法制走向近代化，由传统律学向近代法学转型的具体象征。法律学堂创办仅几年时间，便培养了大批专业人才，"毕业者千人，一时称盛"。① 说明各地设立的法律学堂成为研究新法学和培养法学人才的重要基地。例如，著名法学家王宠惠就是 1900 年毕业于北洋大学法律系的大学生，获钦字第一号文凭。1901 年赴日研读法学，1902 年转赴美留学，在耶鲁大学获法学博士学位。后赴英国再行研究法学，取得英国律师资格。还游历欧洲，考察各国宪法，并被选为柏林比较法学会会员。他赞同孙中山学说，组织发起成立国民会，1904 年曾在美国协助孙中山撰写《中国问题的真解决》的英文稿。辛亥革命后曾任南京临时政府外交总长、北京政府司法总长、大理院院长、教育总长，并一度组阁，署理国务总理。

（3）重视研究法理学，并使法理与经验相结合。

沈家本跳出了单纯研究法律适用的框框，强调研究法理学对于指导立法司法的指导意义。他说："不明于法，而欲治民一众，犹左书而右息之。是则法之修也，不可不审，不可不明。而欲法之审，法之明，不可不究其理"。②"若设一律而未能尽合于法理，……则何贵乎有此法也"。③ 他以深沉的笔触表达了专制制度下中国法理学的衰落，"举凡法家言，非名隶秋曹者，无人问津。名公巨卿，方且以为无足轻重之书，屏弃为录，甚至有目为不祥之物，远而避之者，大可怪也"，④"中国法律之学不绝如缕，非官此官者，莫肯一寓目焉，遑云穷究其源流而讨论其得失哉"。⑤ 他在《法学名著序》一文中大声疾呼："议法者欲明乎事理之必然，而究其精意之所在，法学之

---

① 《清史稿》卷四三三，《沈家本》。

② 《寄簃文存六·法学通论讲义序》。

③ 《寄簃文存二·论杀死奸夫》。

④ 《寄簃文存二·法学会杂志序》。

⑤ 《天一阁书目跋》。

讲求乌可缓乎？"

沈家本虽然提倡研究法理学，却也不忽视经验的意义。他说："不明学理则经验者无以会其通，不习经验，则学理无从证其是，经验与学理，正相两需也"。① 他批评那种只看到"今日法理之学，日有新发明"，而贬低中国法制的历史经验，统统斥之为"陈迹耳""故纸耳"的论调。

沈家本所说的法理也好，学说也好，都是指西方法学而言。至于他所说的经验，则是中国固有的立法与司法经验，其中也包括注释律学所提供的经验。这二者的结合恰恰表现了沈家本的思想特征。

（4）由注重公权转向公私权并重。

中国古代在专制主义统治下，法典以维护公权即国家统治权为核心，凡有侵犯国家利益，包括君主利益为最严重的犯罪，处最严厉的刑罚。至于私权观念较之公权观念十分淡薄，社会上发生的财产关系纠纷，常常根据德礼的规范进行调处，而缺乏必要的法律调整，同时也缺乏法律上的私人平等。尊卑贵贱不同的身份处于不同的法律地位，各有与之相应的权利义务关系，因此在中国传统法律中缺乏人格、权利、契约自由等概念，整个社会也没有形成私权神圣、身份平等、意思自由等价值观念。直到十九世纪中叶以后，商品经济的发展，社会结构的变化，西方法律思想的输入，私权观念才在人们的头脑中树立起来，其突出的标志是要求突破民刑不分的旧律体例，制订独立的民法典。沈家本在主持修订法律馆期间，多次提出修订民律。1911年完成的《大清民律草案》仿造西方资本主义国家民法体例，共分总则、物权、债权、亲属、继承五编，表现了对西方民法的继受和私权法律观念的确立，显示了中国法学由过去的只注重公权转向公私权并重。这是适应时代潮流的历史进步。

（5）由固守中国一国的传统的法观念到广泛吸收世界公认的法律与法学。

① 《寄簃文存六·刑案汇览三编序》。

　　沈家本从中国与世界关系的角度阐述了不能保守旧法律与旧律学，他强调"我中国介于列强之间，迫于交通之势，盖有万难守旧者"。他在制订新律时从总体上提出"专以折冲樽俎，模范列强为宗旨"，强调这是"趣时之义"。具体说来在修订新刑律时，他要求"参酌各国刑法"，但以日本刑法为主；在修订民律时，则根据大陆法系以法国、瑞士民法为主；在修订诉讼法时，主要参照德国、日本的诉讼法。总之，把眼光由中国一国投向世界，由传统的法理念注律，到引用世界公认的法学起草法律、解释法律，这是前所未有的。

　　综上可见，传统律学的存在、发展与终结，都有其历史的必然性。正是在进步的政治与法制历史潮流的推动下，中国的法文化走上了新路，中国的法学也迎来了新的曙光。

四、从传统律学看中西法律文化的差异

　　作为封闭的天朝大国的传统律学，只有纵向的比较，借以阐明发展沿革与继受关系，从来不作横向的比较，看不到外来法律文化的影响。它是独立的，也是孤立的。如果把传统律学与西方的法学相比较，便可以看出中西法律文化间的巨大差异。这种横向的比较把一个民族的狭隘法律文化投向更宽广的多民族的文化领域，可以开阔人们的视野，启迪人们的智慧，总结有益的经验。

（一）家族本位的公法文化与个人本位的私法文化

　　中国是东方文明的早熟形态。从中国进入阶级社会时起便以家族为本位，由家而国，家国相通，家是国的基本单位，国是家的扩大与延伸。当家族本位与专制政治相结合以后，皇帝也利用父权来加强政治统治，政治伦理化了，法律也变成了这个联合体的附庸。

　　为了保护家与国的利益不受侵害，以惩恶为目的刑法被特别强调，罪与

罚的规定是中国古代法律的中心内容，刑法典涵盖了中国法律的基本体系。民事法律由于缺乏法律上的私人平等和财产流转上的诸多限制，而处于零散状态，没有形成私法体系。

由于个人从属于家族，法律对他们所要求的是尽其应尽的对国对家的义务，而不是享受更多的权利。个人的价值决定于他们在伦常秩序中的尊卑和国家机关中的位置。法律不仅体现这种身份与伦常关系，而且维护这种关系，以示重纲常名教——中国几千年的古代社会，就是遵循着这样的规范运行着，既没有广泛的契约关系的发展，也没有为身份自由而进行的运动。

西方社会政治与法律的起点也是以家族为本位，但随着罗马发展成世界性的商业军事帝国，为了财产流转上的便利，而要求人们间的平权关系，个人逐渐摆脱了家庭的身份限制，获得了较大的独立自由权，家族本位开始向个人本位过渡。文艺复兴时代到来，以后罗马法中关于个人本位的法律原则得到了弘扬。它所强调的是个人是权利主体与法律主体。法律保障个人在个性、精神、道德及其他方面的发展所需要的自由。这种个人本位的学说，奠定了近代资产阶级人权理论的基石。在西方法律体系中，保护国家利益的公法相对弱于私法，相反调整平等主体之间的权利义务关系的私法，却代表了法律的主流，是以个人为本位的私法文化。

（二）封闭型的法律体系与开放型的法律体系

中国是一个内陆国家，自给自足的自然经济结构为这种独立生存提供了物质基础。专制政府长期推行的闭关锁国政策，使这种独立性固定化。血缘关系的因袭和地缘关系的联络，又为这种独立生存的封闭性、保守性提供了社会支柱。在这样的国度里建立起来的政治制度，是千余年不变的专制制度，法律体系是辗转继受陈陈相因的中华法系。在法律文化上只有输出，没有输入，只有单向的交流而无双向的交流。

就法律体系而言，刑法是最集中的代表，刑法典中包含了行政法律、民事法律、经济法律、诉讼法律等各个部门法的内容，形成了"诸法合体、民刑不分"的传统体例。重刑轻民的指导思想不仅表现在立法的比重上，也表现在以刑罚来处理民事的、经济的法律冲突上。

由于刑法典中体现了中国的法律体系，因此法律规范的性质基本是禁止性的、惩罚性的，是对某些法律主体的独立价值与人格的否定，它表现了中国古代法律的野蛮性。

在国家实行一元化的制订法和提倡法律官学的条件下，法律学说也比较单一，只能为大一统的国家立法辩护，倡行儒家思想指导下的法律伦理化。法学家（律学家）所起到的作用就是讲求法律的统一适用，而不可能在法理学上进行创造性的研究和构造新的法律体系。

在西方，作为法学渊源的古希腊法与古罗马法，由于它们的载体是海洋性的国家，海外贸易是维持生存的经济命脉，因此在文化上也处于开放条件下广泛交流的状态。古希腊法吸收了东方小亚细亚文化，形成了范围广泛、内容丰富的多元化的法律体系与法学理论。而希腊文化又为古罗马法提供了法观念与法原则的基础。至西欧中世纪时期，与罗马法、教会法并存的还有日耳曼法、地方法、城市法、商法、国王敕令，以致互相吸收，诸法杂存。西方法学的相互吸收与广泛交流，推动了法律体系的多元化，公法与私法、基本法与普通法、宪法与部门法、实体法与程序法共同组成了丰富多彩的法律体系。表现在法学理论上，也同样流派纷呈，既有理论法学，又有历史法学和部门法学。经验证明，开放的环境才能使法学研究充满活力，相互的论辩与批判吸收才能取得认识的升华。

（三）禁锢主义的法文化研究与自由主义的法文化研究

中国是法制文明起源很早的国家，但发展进程却十分缓慢，其根本原因在于专制政治制度。它在文化领域表现为限制学术与思想的自由发展。尤其是法学由于法是国家制度法，因而不容许任何非议，法学家只能是注释现行法律，领会立法者的意图，研究法律的适用，而不得自由评价，更不允许批判。

西汉独尊儒术的政策是对战国以来百家争鸣的学术风气的扼杀，是文化禁锢主义在深层次的表现。以儒学为指导思想的律学只能贯彻以王权为中心的纲常名教，只能在设定的范围内去研究礼法结合，一切研究成果都要符合大一统的国家思想和君主至高无上的王权观念，否则就是异端。

宋以后专制主义愈强化，学术研究的自由权愈受到侵凌，甚至国家以法律追究研究主体的刑事责任。明清二代的文字狱充分体现了对于学术施加的政治高压，它使人畏惧，使人在研究中失掉了独立性、科学的态度与人格和尊严。没有政治自由的学术研究，不可能产生合乎理性的成果。多年以来中国的律学家所涉猎的范围，不外立法技术、法典内部篇章的编排、法律术语的规范、法医检验学等，尽管在某些方面综合了悠久的经验，达到了较高的水平，但却从未着眼于法理学的探究，以致变成了实用上的巨人，理论上的矮子。

在西方，由于政治环境相对民主开放，以及商品经济的发展，为学术的自由研究提供了良好的条件。以罗马法学家为例，他们对于现行的法律制度和法学成果都抱着严格的批判态度，以致在人们的观念上认为一种法律制度不经过批判就不会完善，一种学说不经过批判也不可能充实，只有充满批判精神的法理学著作，才被公认为权威性的法学著作，这对于近代西方法学的发展具有深远的影响。

（四）附庸地位的律学家队伍与独立的职业法学家集团的对立

法学的兴盛离不开研究主体的学识、品格及其社会政治地位。综括中国古代律学家，或为官俸律学家，或为经学律学家，或为"幕友"，他们都不是以法律为专门职业，他们只对皇帝负责，只讲求用法的宽严、字义的疏解，而勿论理论上的是非。他们奉行的是国家至上主义、君主至上主义，而不论社会的公允和私人的利益。他们研究成果的价值决定于是否得到皇帝的认可。在他们的研究成果中，法律的功能单一化了，不外乎禁暴惩奸。律学研究也单一化了，不外乎刑的宽严适用。只有读书不成者才弃而学律，更鄙薄类似律师性质的讼师。

在西方由于法律是控制和改造社会的手段，因而具有极大的权威。与此相联系的，法学家的社会地位倍受人们尊敬。在研究上也充满了独立性与自由精神，显示了他们在学术上的个性，这对于真正独立的法律科学的形成具有重要的意义。例如，罗马法学家对罗马法的研究，推动了私法理论的发展，西塞罗系统地提出了自然法学说，为罗马法提供了理论基础。

在中国专制时代人治主宰一切，人治集中体现于君治和君治下的官治。无论是立法权、行政权、司法权都归属于君，并形成了与此相适应的行政管理体制与司法制度。随着专制主义螺旋式强化，皇权不断加强，人治的色彩也愈益浓厚。

西方在古希腊、古罗马时代出现了奴隶制的民主政体，并将民主的精神渗透到法律中去，形成了"法治"的意识。柏拉图曾经表述说："如果一个国家的法律处于从属地位，没有权威，我敢说这个国家一定要覆灭。"[1]甚至罗马皇帝狄奥多西也承认"权力服从法律的支配，乃是政治管理上最重要的事项""我们的权威都以法律的权威为依据"[2]。为了使法治获得制度上的保障，西方创立了三权分立的体制，亚里士多德认为优良的政体要由三部分构成：一是有关城邦一般公务的议事机能部分，一是行政机制部分，一是审判机能部分。如果"让一个来统治，这就在政治中混入了兽性的因素"。[3]显而易见，古希腊、古罗马的民主与法治精神对近代西方资产阶级民主与法治的影响是巨大的。

上述以清代注释律学为代表的中国传统律学，与西方法学进行粗略的比较，可以看出：它们经历了不同的发展道路和各自的规律性。这种比较不在于说明孰优孰劣，而在于展示两者的异同。凡是存在的都是有条件的，在当时都是合理的。以今非古、以外非中都是有失偏颇的。中外横向比较在于总

---

① 《西方法律思想史资料选编》，北京大学出版社1983年版，第25页。
② 《阿奎那政治著作选》，商务印书馆1963年版，第123页。
③ 亚里士多德：《政治学》，商务印书馆1981年版，第169页。

结过去，创造未来，取人之长，勇敢革新。中国的过去是今天发展的借鉴，外国的历史的起初过程，同样会启发人们的思维，将其成功的经验运用于中国，使中国永远自立于世界民族之林。

总括上述，清代注释律学是中国传统律学的集其大成，也是最后形态。因此，研究清代注释律学是对于传统律学的批判总结，既可看出辗转相承的发展的联系性，又可以看出它的转型的必然性。

研究清代注释律学并与西方法学相比较，可以看出中国传统律学发展的特殊道路，以及与清代注释律学的特殊规律性，从而可以丰富、加深对中华法律文化的认识。如果说西方法学长于法理学方面的抽象与综合，那么清代律学在应用法学方面树起了先进的旗帜，它不仅是对中华法文化苑的突出贡献，也是对人类法文化宝库作出的贡献。

清代注释律学对清朝这个统一大帝国法律的适用，起了很大的作用，它从一个重要的侧面加强了国家的统一，这是注律者们未曾预料到的政治效果。它起到的历史使命很有借鉴意义。

清代注释律学阐明的律意，丰富了司法解释、剖解了律例中的疑难问题，无论对立法、司法、习法、执法都起了积极的影响。表现了律学家们的重要作用。说明了法制的发展需要有一大批法学家为之呐喊，古今中外莫不如是。清代的注律学家是在文字狱的威胁下从事工作的，这是多么的可悲。只有独立的法学家，才会有自由争鸣的法学。清朝专制主义统治下，注律学家是相对独立的，他们自由争鸣也是有限度的，尽管如此，他们仍然作出辉煌的业绩。由此可见，民主的自由的政治环境对学术的发展繁荣，该有多么重要的意义。

责任编辑：赵圣涛

责任校对：吕　飞

封面设计：肖　辉　王欢欢

图书在版编目（CIP）数据

中国古代司法文明史／张晋藩 主编 . —北京：人民出版社，2019.9

ISBN 978－7－01－020157－3

I. ①中…　II. ①张…　III. ①司法制度－法制史－研究－中国－古代

　IV. ① D929.2

中国版本图书馆 CIP 数据核字（2018）第 284307 号

中国古代司法文明史

ZHONGGUO GUDAI SIFA WENMINGSHI

张晋藩　主编

人民出版社 出版发行

（100706　北京市东城区隆福寺街 99 号）

北京中科印刷有限公司印刷　新华书店经销

2019 年 9 月第 1 版　2019 年 9 月北京第 1 次印刷

开本：710 毫米 ×1000 毫米 1/16　印张：124

字数：1850 千字

ISBN 978－7－01－020157－3　定价：599.00 元（全四卷）

邮购地址 100706　北京市东城区隆福寺街 99 号

人民东方图书销售中心　电话（010）65250042　65289539